Wie Kinder sprechen lernen

Wolfgang und Jürgen Butzkamm

Wie Kinder sprechen lernen

Kindliche Entwicklung
und die Sprachlichkeit des Menschen

2., vollständig neu bearbeitete Auflage

Bibliografische Information der Deutschen Bibliothek

Die Deutsche Bibliothek verzeichnet diese Publikation in der Deutschen Nationalbibliografie; detaillierte bibliografische Daten sind im Internet über http://dnb.ddb.de abrufbar.

1. Auflage 1999
2., vollständig neu bearbeitete Auflage 2004

© 2004 · A. Francke Verlag Tübingen und Basel
Dischingerweg 5 · D-72070 Tübingen

Internet: http://www.francke.de
E-Mail: info@francke.de

Einbandgestaltung: Boening Design, Frankfurt/Main
Umschlagabbildungen: Image Source AG
Satz: Informationsdesign D. Fratzke, Kirchentellinsfurt
Druck und Bindung: Druckhaus Thomas Müntzer, Bad Langensalza
Printed in Germany

ISBN 3-7720-8057-X

Unsern Eltern, die uns Sprache gaben

Als ein wahres, unerklärliches Wunder bricht sie aus dem Munde einer Nation, und als ein nicht minder staunenswertes, wenngleich täglich unter uns wiederholtes, und mit Gleichgültigkeit übersehenes, aus dem Lallen jedes Kindes hervor. (Wilhelm von Humboldt)

Die Liebe ist das Mittel zum Werden des Kindes.
(Christian Morgenstern)

Inhalt

Vorwort 1

Vorspiel

Es beginnt im Mutterleib 5
   Warum es »Muttersprache« heißt 5
   Die Lebenswelt des Säuglings wird erforscht 6
   Das Ungeborene hört mit 8
   Ursympathie und die Gunst der Stunde: sensible Phase gleich nach
   der Geburt? 9

Spracherwerb als Gemeinschaftsarbeit

Du, ich, wir und die anderen 13
   Sprache im Gesamt der Entwicklung 13
   Ichbewußtsein und Selbstbezeichnungen 14
   Das Bedürfnis nach Zugehörigkeit 18
   Verläßlichkeit der Menschen und der Dinge 20
   Spiegelbild und Empathie 21
   »Erziehung« kommt später 23
   Geborgenheit befreit 25
   Was Babys uns lehren 27
   Trotzen ist natürlich 28
   Braucht der Säugling den Vater? 30
   Das Einverständnis ungleicher Partner 33
   Die Gabe der Mitmenschlichkeit 35
   Kommunikativ-emotionale und sprachliche Intelligenz 36
   Sicherheit durch personale Bindung 39

Die Besonderheit des sprachlichen Hörens 43
   Kategoriales Hören 43
   Frühe Verluste des Hörens 45
   Schibboleth oder Sibboleth? – Das ist hier die Frage 46
   Hören kommt vor dem Sprechen 47
   Frühe Zweisprachigkeit: Phase des Zuhörens 50
   Verzögerte Sprachentwicklung durch versteckte Hörprobleme 52

Unterwegs zur Sprache: das erste Jahr 56
Das Baby entdeckt seine Stimme 56
Zwei Stationen: vom Gurren und Lallen zum Silbenplappern 58
Routinen: Wiederkehr des Gleichen 61
Die elterliche Suggestionsmethodik: vom Schrei zum Ruf 61
Einstimmung, Übereinstimmung und Wechselseitigkeit 63
Zielbezogene Nachahmungskunst 65
Sprachhandeln – das absichtsvolle Baby 66
Du, ich und die Dinge: vom Zeigen zum Zeichen 68
Wer hat die Hauptrolle? 72
Ständiger Wechsel in der Regieführung 73

Weltbemächtigung durch Wörter

Die Welt wird Wort 77
Die ersten Wörter 77
Die ersten Bedeutungen 80
Einwortsätze 82
Helen Kellers Gedankenblitz oder das freudige Erlebnis des
Bedeutens 83
Leitmotivische Verknüpfung versus symbolische Gleichung 86
Das Als-ob-Spiel: Legosteine als Geldscheine 87
Ein Platzregen neuer Wörter 88
Frühstarter und Spätzünder 91

Das »Mutterische« nach Sprechbeginn: eine Art Unterricht? 96
Anpassung ohne grammatische Dosierung 96
Vokabelgleichungen, Trennhilfen und Lehrerfragen 97
Das Prinzip der Mehrdarbietung 100
Das Prinzip des doppelten Verstehens 101
Die Lehrbarkeit der Sprache oder was Eltern nicht leisten können . 103
Naturtatsache und Kulturleistung 105
Das Prinzip Freude 107

Kindliche Denkwelten 109
Arteigene Welten 109
Kulturwelten 110
Sprache muß sich erst durchsetzen 111
Die »knabenbringende Weihnachtszeit«: auf der Suche nach Sinn . . . 113
Moralentscheidungen: welches Kind war böser? 114
Die Denkwelten der anderen: ein Meilenstein der geistigen
Entwicklung 115

Wort- und Weltverständnis in Wechselwirkung 122
  Das allmähliche Fortschreiten von Wort- und Weltwissen 122
  Die »Tatsachen des Lebens« 123
  »Warum ist das Unkraut so un?« Kinder werden sprachklug 125
  »Kühne und doch richtige Wortbildungen« 126
  Zwischen Tradition und Originalität 129

Das Wort als Zeichen: Geniestreich der Evolution 131
  Natürliche und konventionelle Zeichen 131
  Das Herauskürzen der Bilder und Gesten 132
  Der Trick des Abbé Sicard 134
  Funktionserweiterung: Symptom – Signal – Symbol 135
  Das Wort als abstraktes Erfahrungsintegral 138
  Die neue Bildlichkeit der Sprache 139
  Kumulative Wirkungen und Abstraktionsstufen 140
  Erkenntnislust – Lernen, weil man nicht anders kann 142
  Namenszauber: Macht und Magie der selbstgeschaffenen Symbole . . 144
  Erfindung der Sachlichkeit 145

Zwischenspiel: Kinder von einem anderen Stern?

Taub geboren: zum Spracherwerb gehörloser Kinder 149
  Emmanuelle Laborit und das Dogma der Lautsprachlichkeit 149
  Der Kardinalfehler: üben statt kommunizieren 150
  Sprache und Identität: Ich gebärde, also bin ich 152
  Aus den Augen, aus dem Sinn 154
  »Flüchtiger als Wind und Welle flieht die Zeit« 155
  Zeit-Wörter: eine doppelte Erinnerungsspur 157
  Zeit-Wörter: sprachlicher Ordnungsdienst 159
  Gebärden als Erstsprache: reicher Zufluß der Wörter 160
  Sprechen und Hörverstehen: Gebärden und Sehverstehen 161
  Die Rückbezüglichkeit der Sprachtätigkeit und das
    Selbstbewußtsein 163
  Die Lautsprache als Zweitsprache 164
  Geben Sie Methodenfreiheit! 168
  Was soll man Eltern raten? 170

**Hauptsache: verstehendes Zuhören. Spracherwerb trotz
Sprechlähmung** 175
  Christopher Nolan 175
  Der Kraftakt mit dem Stirnstab 176
  Christie Browns linker Fuß 177
  »Ein vulkanischer Drang nach Mitteilung« 179

Das Rätsel des Autismus 181
  Die vermauerten Fenster 181
  Wie Eulenspiegel beim Schuhmacher: Verstehensdefekte 184
  Die Papageienmethode und andere Sprachfallen 187
  »Botschaften aus einem autistischen Kerker« 188
  Das Selbstzeugnis einer erfolgreichen Autistin 190
  Geheimnisvolle Sprechblockade 192
  Spracherwerb im Zeitlupentempo 195
  Der Wille zur Sprache 197
  Spracherwerb ohne Sprechen 198
  Schuldzuweisungen unangebracht 200

Grammatische Sprache als Ursprung der Freiheit

Das Zweiwortstadium 203
  Drei Aspekte der Sprache 203
  Keine Grammatik ohne Weltwissen 204
  Die Grammatikalisierung der Sprache 205
  Kindlicher Telegrammstil 208
  Von den Rollen im Handeln zu den Rollen im Satz 210
  Vom Tuwort zum Verb 212
  Pack-Enden für die Grammatik 213
  Grammatik und Wortvorrat 215
  Prototypen als Ausgangspunkt 216
  Der Sprachstand einer Zweijährigen 217
  Die Schrecken der deutschen Sprache – Achtung, Satire! 219

Das Problem der vielen Formen: der deutsche Plural als Exempel . 222
  Wie man mit wenig viel erreichen kann: Zahlwörter 222
  Grammatikalischer Entscheidungszwang 223
  Auswendiglernen genügt nicht 225
  Können statt Kennen 227
  Fruchtbare Fehler und kreative Unordnung 228
  Erwerb in selbstbestimmten Etappen 229
  Beobachtung und Experiment 233
  Regeln – »Niederschläge der Analogie« 234

Das Jahr der Grammatik 236
  Grammatik zwischen Bodenhaftung und Formenspiel 236
  Systematisches Experimentieren und Probierlust –
    das Analogiespiel 238
  Syntaktische Keimzellen: der fruchtbare Moment 240
  Die Produktivkraft der Präzedenzfälle 243

Zergliederbare Sprache: kopieren, variieren, neu kombinieren 245
Grammatische Entwicklungsfahrpläne und Zufälle 247
Einmischung verbeten: Korrektur zwecklos 248
Kinder: wahre Esperantisten 249
Ein sinnreicher Trick: grammatische Allzweckformen 251
Grammatische Lücken werden gefüllt: Satzgefüge 252
Die zweite Lernexplosion: die Grammatik startet durch 255
Sprachliche Fertigteile: blitzschnell verstehen, fließend sprechen .. 257

Freiheit und Phantasie als Errungenschaft grammatischer Sprache . 263
Vom Begriff zum Wort 263
Vom Wort zum Begriff 264
Der Moment des Verweilens 266
Sprache und das Vor-Urteil der Gefühle 267
Begriffspyramiden 269
Warum Kinder mit sich selbst sprechen 270
In Bildern denken 272
Konstruierendes Lernen: Operationsfeld Sprache 274
Befreiung des Denkens: der »Neinsagenkönner« 275
Beflügelung der Phantasie 276
Grammatik als stützende Struktur 278
»... der Güter Gefährlichstes, die Sprache« 279
Schimpfen statt schlagen 281
Feindesliebe – nur in der Sprache? 283
Ich spreche, also bin ich Mensch 284
Sprache und Weltbild – eine Anmerkung 286

Vielfalt des Lebens und der Lebenswelten

Keins ist wie das andere 291
Vielfalt als Prinzip des Lebens 291
Vielfalt der Sprachen 293
Vielfalt des Erwerbs: von Mädchen und Jungen 294
Von Geschwisterkindern 296
Von Hochbegabten: Spracherwerb im Eilverfahren 298
Verzögerte Sprachentwicklung 299
Die Verschiedenheit der Temperamente und Charaktere 300
Das Schweigen der Anja-Kristin 302

Entwicklung und Erwerb: die Lehrbarkeit der Sprache 307
Gibt es eine kritische Zeitspanne für den Grammatikerwerb? 307
Zu spät: das Mädchen »Genie« und die verlorene Grammatik 308
Gute Grammatik trotz geistiger Behinderung 311

Sensible Phasen und Hirnphysiologie 312
Funktionskreise: das arbeitsteilige Gehirn 315
Konvergenz von Innen und Außen 316
Sprache als quasi-rationale Leistung 319
Der Mensch – ein Genie des Lernens 320
Lernlust als natürliche Mitgift 322
Kinder-leichte Muttersprache: Gene für die Grammatik? 323
Geteilte Umwelt und individueller Erfahrungshintergrund 325
Die Muttersprache als Dechiffrierschlüssel für fremde Sprachen ... 326
Wider Rassenwahn und Machbarkeitswahn 328

Nachspiel: Pädagogik für Eltern

Zeit für Menschen, Zeit für Medien 333
Eine kulturelle Revolution: das Fernsehen 333
Fernsehen total und was man dagegen tun kann 334
Attentate auf die Seele des Kindes 336
Vorlesen und das Prinzip des Verweilens 338
Vom Sinn der Märchen 340
Anstiftung zum Selberlesen 343
Entwicklungsschub durch Schriftsprache 344
Lesen – der natürliche Ausweg für hochbegabte Kinder 347
Sich vorlesen lassen 350
Hörkassetten und Audio-CD's 351
Besinnung 352

Wie unsere Kinder verständig werden 355
Zuversicht und Weltvertrauen 355
Sich selbst fordern lernen 357
Interessen ausbilden: mit Kindern musizieren 358
Durch nichts zu ersetzen: das Gespräch 360
Strategie und Taktik beim Miteinanderreden 364
Höflichkeit trainieren und vorleben 367
Mit Kindern philosophieren 368
Auf das Kind hören 369

Epilog 374

Literaturverzeichnis 377

Personenregister 397

Sachregister 400

Abbildungsnachweis 404

Vorwort

Der Mensch ist nur Mensch durch Sprache. (Wilhelm von Humboldt)

Die Sprache ist die bedeutendste Errungenschaft im Leben eines Menschenkindes. Unter seinen großen Gaben ist sie vielleicht diejenige, die am gleichmäßigsten und gerechtesten verteilt ist – etwa im Gegensatz zu Musik und Mathematik. Sie ist unser wichtigstes Organ zur Aneignung der Welt. Durch sie kann die Welt unser Zuhause werden. Mit ihr regeln wir unser Zusammenleben. Eine Rechtsordnung gibt es nur in ihr und durch sie. Denn Recht wird gesprochen. Nur der sprachbegabte Mensch treibt Handel und tauscht Güter und Informationen mit Fremden. Sprache ist auch die Weise, in der wir uns zu uns selbst verhalten. Denken ist nicht gleich Sprechen, aber immer wieder kommen wir an den Punkt, wo wir uns selbst sagen müssen, was wir denken und was wir tun sollen. Darüber hinaus bezeugt die jüdisch-christliche Theologie Gott als einen, der spricht, und den glaubenden Menschen als einen, der zu seinem Gott spricht: Gebet als Zwiesprache. In der Sprache entdeckt der Mensch seine Freiheit und wird selbst zum Schöpfer. In ihr drückt sich unser Menschsein am klarsten aus.

Dieses Buch ist der Versuch, das Wunder der Sprache zu verstehen. Einblicke in das *Werden* der Sprache beim Kind bilden den faszinierendsten und schönsten Zugang zum *Wesen* der Sprache – und des mit der Sprache begabten Menschen. Sprache wird hier nicht (wovor schon Wilhelm von Humboldt warnte) »wie eine abgestorbene Pflanze«, sondern in ihrer lebendigen Aneignung erforscht. Mit dieser Aneignungsarbeit allein betreibt das Menschenkind einen Lernaufwand, der ohne Parallele im Tierreich ist.

Räumen wir gleich mit dem Vorurteil auf, daß Sprache allein Lautsprache sei. Gewiß: für sie ist der Mensch besonders begabt. Aber die Sprachlichkeit des Menschen ist nicht an den artikulierten Laut gebunden. Sie ist das Vermögen zur grammatischen Zeichenverwendung. Auch taube Kinder, taubblinde und Kinder mit angeborener Sprechlähmung können zur Sprache kommen.

Dieses Buch will zeigen, wie Kinder in die Sprache hineinwachsen, und damit Eltern, Großeltern und anderen Betreuern die Möglichkeit geben, die sprachliche – und soziale – Entwicklung ihrer Kinder bewußter mitzuerleben. Was machen wir denn da, wenn wir mit unseren Kindern sprechen? Die meisten Mütter wissen intuitiv, wie sie ihr Baby halten und auch, wie sie es ansprechen sollen. Haben wir nicht alle einst sprechen gelernt, ohne daß unsere Eltern gelehrte Bücher darüber gelesen hätten? Die Natur hat in diesem Punkt wenig den Zufällen von Geburtszeit und -ort, von elterlichem Rang und Stand sowie elterlicher Schulbildung überlassen. Beide, Eltern und Kind, sind auf den Spracherwerb instinktmäßig vorbereitet. Welche Verhaltensbereitschaften hier spontan vorhanden sind, das versucht die Wissenschaft der Natur erst mühsam nachzubuchstabieren. Da wäre es töricht, so zu tun, als ob wir unbedingt wissenschaftlichen Rat bräuchten, um unsere Sprache erfolgreich an unsere Kinder weiterzugeben. Viele Mütter und Väter sind, *wenn sie sich nur Kraft und Zeit für ihr Baby lassen*, die geborenen Sprachlehrer – Sprachlehrer aus Intuition und keineswegs als studierte Fachleute.

Noch mehr aber sind unsere Kinder geborene Sprachlerner. Wenn wir ihnen das Sprechen systematisch beibringen müßten, wie man das etwa beim Violinspielen muß, würden sie es nie lernen – es jedenfalls nicht zu der mühelosen Selbstverständlichkeit bringen, mit der wir gemeinhin unsere Muttersprache benutzen.

Trotzdem erlauben wir uns, hin und wieder einen Ratschlag zu geben. Den wichtigsten geben wir gleich vorweg: Zuallererst müssen wir auf die Kinder hören. Das bedeutet zugleich vertiefte Hinwendung zum Kind. Wir lernen dabei nicht nur unsere Kinder besser kennen und verstehen, wir entdecken uns auch selbst als Eltern und finden heraus, wie wir von unserem Unbewußten geleitet werden, um dem Kind den Weg in die Sprache zu bahnen. Fundiertes Wissen erzeugt Verstehen. Verstehen erzeugt Liebe. Je mehr wir über unser Kind wissen – und über unsere Beziehung zu ihm –, desto mehr werden wir es liebhaben. Liebe aber erzeugt ihrerseits Liebe. Das gilt nicht nur für unsere Kinder. Die Beschäftigung mit der Kindersprache hat uns Autoren auch unsere Eltern wieder nahe gebracht, obwohl sie schon längst ins Grab gesunken sind. Denn unsere Sprache gehört uns nie allein, war sie doch zunächst die unserer Eltern. So kann das bessere Wissen um den Erwerb der Sprache ein Quell der Dankbarkeit und Freude sein und zum Gelingen des Lebens beitragen.

Wie einst der große dänische Sprachforscher Otto Jespersen setzen wir uns eine biologisch-biographische Sprachwissenschaft zum Ziel. Der Spracherwerb sich normal entwickelnder Kinder wird durch die authentischen, von der Norm abweichenden Geschichten behinderter wie auch hochbegabter Kinder ergänzt und verdeutlicht. Mit diesem biographisch-vergleichenden, psychobiologischen Ansatz haben wir uns gleichwohl bemüht, Forschungsergebnisse unterschiedlichster Fachrichtungen einzuarbeiten, die moderne Hirnforschung eingeschlossen. Für diese zweite Auflage haben wir weitere Selbstzeugnisse wie das von Axel Brauns herangezogen ebenso wie Neubearbeitungen von Standardwerken wie die *Entwicklungspsychologie* von Oerter & Montada (2002) und den von Hannelore

Grimm herausgegebenen Band *Sprachentwicklung* der monumentalen *Enzyklopädie der Psychologie* (2000). Eingearbeitet wurden auch neue empirische Studien wie die von Gisela Szagun (2001). Kleinere Arbeiten wie der knappe Überblick von Jürgen Dittmann (2002) waren ebenfalls hilfreich. So stehen wir bei vielen Wissenschaftlern in Schuld. Denn ein Buch dieses Titels ist entweder wissenschaftlich und schöpft aus vielen Quellen oder lächerlich.

»Das Geheimnis der Menschwerdung und Sprachwerdung sind eins« (Martin Buber). Neue Erkenntnisse haben den Menschen immer näher an das Tier herangerückt. Sie haben uns Bescheidenheit und Demut gelehrt. Ohne seine Tiernatur zu verleugnen, hebt dieses Buch die Geistnatur des Menschen hervor, gegründet in der Unvergleichlichkeit seiner Sprache. Erst das umstandslose Funktionieren grammatischer Sprache – dies ist eine zentrale These des Buches – ermöglicht die Freiheit menschlichen Denkens. Der kindliche Spracherwerb ist uns somit ein Schlüssel zum Verständnis des Menschen überhaupt und dies Buch nicht zuletzt eine kleine philosophische Besinnung über den Menschen, der das »Sprachmonopol« (Plessner) hat.

Danksagung

Unser Dank gilt zuerst den Kindern, den eigenen wie allen, die hier das Sprachmaterial lieferten, das die Grundlage dieses Buches ist – den normalbegabten, den hochbegabten und vor allen den behinderten Kindern und ihren Eltern. Taube, taubblinde, gelähmte und autistische Kinder konnten ihre Behinderung so weit überwinden, daß sie sich mitteilen konnten. Ohne sie hätten wir die Entdeckungen und systematischen Beobachtungen der Wissenschaft nicht richtig einordnen können. Sie haben uns über den Spracherwerb aufgeklärt, eben weil ihnen Sprache nicht in den Schoß fiel. Ihre bewegenden Zeugnisse haben uns zudem gelehrt, wie man das Leben meistern kann.

Wir hoffen, daß sie über ihre Eltern, die ihre Worte aufschrieben, so denken wie Günther Stern (der später als Günther Anders ein bedeutsames philosophisches Werk schuf): »Zwar führten meine Eltern ihre psychologische Arbeit an den eigenen Kindern durch; aber niemals sahen sie in uns einfach das Material oder die Gelegenheit möglicher Forschung ... niemals war die Beobachtung etwas anderes als ein Teil der ›Achtung‹, die die Eltern uns entgegenbrachten ... und wurden Experimente durchgeführt, so ahnten ›wir Kinder‹, meine zwei Geschwister und ich, nichts davon, und jeder Versuch war ein neues, von den Eltern erfundenes Spiel.«

Nachzutragen ist unser Dank an unseren gemeinsamen Bochumer Lehrer Hans Hörmann, der allzu früh verstarb. Götz Beck danken wir für kritische Lektüre von Teilen dieser zweiten Auflage, die so sorgfältig von Jürgen Freudl im Francke Verlag lektoriert wurde.

Vorspiel

Es beginnt im Mutterleib

Der Mensch ist also als ein horchendes, merkendes Geschöpf zur Sprache natürlich gebildet. (Johann Gottfried Herder)

Warum es »Muttersprache« heißt

Das Abenteuer des Hörens, Zuhörens und Hinhörens beginnt drei Monate vor der Geburt. Damit setzt auch das Abenteuer Sprache ein, lange bevor das Kind auf die Welt kommt, den Mund auftut und zu babbeln anfängt.

Mit sechs bis sieben Monaten ist der Menschenkeimling in der Lage, auf Laute zu reagieren. Zu diesem Zeitpunkt ist das Innenohr in seiner Grundstruktur angelegt. Ultraschallaufnahmen konnten zeigen, daß das Ungeborene auf akustische Reize hin mit einem Lidschlag reagiert. Was es hört, ist vor allem die Stimme seiner Mutter, die es einmal über das Mitschwingen des Knochenskeletts vernimmt, zum anderen – abgeschwächt, wie auch die Stimme des Vaters und aller anderen – über die Bauchdecke und die Flüssigkeitsleitung des Fruchtwassers.

Entspinnt sich bereits hier der intime Dialog zwischen Mutter und Kind, wie wir ihn nach der Geburt miterleben können? Oder ist diese Kommunikation nicht doch nur ein passives Ver-nehmen? Das Ungeborene kann zwar nicht verstehbar antworten, aber es lauscht, nimmt Anteil an der Stimme der Mutter, merkt sie sich, prägt sie sich ein. Sie ist im Uterus deutlich präsent, wenn sie auch im Fruchtwasser anders klingen muß als draußen, wo sich die Schallwellen im Medium der Luft ausbreiten.

Gewiß, die Wortinhalte bleiben verborgen. So gesehen, sagt die Mutter dem Ungeborenen nichts. Doch darf man spekulieren, daß sich ihm über die Stimme, ihre Rhythmen, Klangfarben und Kadenzen sehr wohl etwas mitteilt: Erregung oder Ruhe, Sanftmut oder Anspannung, Festigkeit oder Zweifel, Gefühlswärme und Liebe, aber auch Ärger und Zorn. Stimme, das ist eben Stimmung und Gestimmtsein, der Spiegel der Seele. Stimme, Sprache und Gefühl sind eins. Ob das Ungeborene auch spürt, wenn sich die Mutter ganz ihm zuwendet, ihm ein Liedchen singt, nur ihm? Warum nicht? Jedenfalls wissen wir, daß es den Klang der mütterlichen Stimme geradezu erforscht. Es entziffert nicht nur die einzigartige Klangschrift der mütterlichen Stimme, sondern auch die ihrer Sprache. Denn Neugeborene können Äußerungen in der Muttersprache von solchen in einer unvertrauten, fremden Sprache unterscheiden. So das Ergebnis einer Studie aus Paris: Vier Tage alte französische Babys zeigten eine deutliche Vorliebe für Französisch im Vergleich zum Russischen, auch wenn es nicht die Mutter selbst ist, die spricht. Zwei Monate alte amerikanische Babys reagierten positiv auf Englisch im Gegensatz zur Fremdsprache Italienisch. Zwischen zwei fremden Sprachen, die beide Gruppen von Babys nicht kannten, machten sie hingegen keinen Unterschied. So reagierten die französischen Babys gleichermaßen teilnahmslos, ob ihnen nun englische oder italienische Texte vorgespielt wurden. Den amerikanischen Babys wiederum war es egal, ob sie französische oder russische Texte zu hören bekamen.[1]

Die Lebenswelt des Säuglings wird erforscht

Woher weiß man heute, daß das Neugeborene an schon Vorhandenes anknüpft und sich an etwas erinnert, das noch vor der Geburt liegt; daß es so etwas wie Gedächtnis hat? Wie kann man ein Neugeborenes darüber ausfragen? Wie kann man es überlisten, uns seine Geheimnisse zu verraten?

Fortschritte in der Wissenschaft verdanken wir nicht nur neuen Theorien. Manchmal sind es einfach neue Untersuchungstechniken, die Ideen findiger Bastler, die weiterführen. Neugeborene können noch nicht »Ja« oder »Nein« antworten, aber sie verfügen über andere Signale, die man zu Antworten umfunktionieren kann. Sie können schon ansatzweise eine Schallquelle orten, können schon ihre Augen wandern lassen, bevor sie richtig den Kopf drehen, sie können etwas länger oder kürzer anschauen. Vor allem können sie saugen und verändern ihren Saugrhythmus (wie wir das wohl auch tun würden), wenn sie plötzlich etwas stört oder ihnen etwas auffällt. Diese Leistungen machen sich die Forscher zunutze. Wir fragen: Was schauen sie sich bevorzugt an? Wem oder was hören sie interessiert zu? Welche Veränderungen in ihrem Gesichtsfeld nehmen sie wahr? Wodurch lassen sie sich überraschen? Was langweilt sie? Vielen Experimenten mit Säuglingen liegt das Schema »Habituierung – Dishabituierung« zugrunde. Der Säugling wird an ein Reizmuster gewöhnt, er wird darauf eingestimmt, sagen wir auf eine lange Folge von deutsch »papa papa papa ...«. Dann wird das Reizmuster an einem Punkt verändert: Dasselbe deutsche »papa« wird jetzt nach französischer Manier auf der zweiten Silbe betont. Reagiert er nun, fällt ihm der Wechsel des Wortakzents auf? Bei der Saugfrequenzmethode (engl. *high amplitude sucking*) verfährt man wie folgt: Dem Baby wird während des Nuckelns ein Seh- oder Hörreiz dargeboten. Nach einer Weile nuckelt das Baby still vor sich hin, d.h. es hat sich an den Reiz gewöhnt, das Interesse scheint verflogen. Dann wird die Reizvorlage in einem Detail verändert. Wenn nun die Neugier des Babys erneut entfacht wird, es also wieder länger hinschaut oder wieder heftiger saugt, so hat es die vorgenommene Veränderung entdeckt. Ein anderer Test funktioniert so: Die Babys bekommen einen Schnuller, der mit einem Tonbandgerät verbunden ist. Je nachdem, ob sie schnell oder langsam saugen, wechselt das Gerät von einem Hörprogramm auf ein anderes. Diesen Zusammenhang bekommen sie schnell heraus. Sie merken, daß sie mit einer bestimmten Art zu nuckeln ein bestimmtes Hörerlebnis gewissermaßen anwählen können. Was wird häufiger »herbeigesaugt«? Oder welches Reizmuster wird durch Drehen des Kopfes nach links oder rechts häufiger angeschaut? (Präferenzmethode)

Solche und davon abgeleitete Techniken haben u.a. gezeigt: Neugeborene zogen die Stimme ihrer Mutter anderen Frauenstimmen vor. Auch die Stimme des Vaters ließ sie kalt. Selbst dann, wenn die Väter bei der Geburt dabei waren und zwei Tage lang ausgiebig die Gelegenheit genutzt hatten, zu ihren Babys zu sprechen. Erst nach einigen Wochen zogen sie auch die väterliche Stimme fremden Männerstimmen vor.

Offensichtlich lernen die Kinder schon vor der Geburt nicht nur die mütterliche Stimme, sondern auch den Klang ihrer Sprache kennen. Den interessantesten Beweis dafür lieferte ein Experiment, in dem die Mütter angehalten wurden, in den letzten sechseinhalb Wochen ihrer Schwangerschaft ihren Ungeborenen zweimal am Tag ein bestimmtes Kindergedicht vorzulesen. Nach der Geburt wählten die Babys dieses Gedicht viel häufiger als jedes andere von der Mutter später auf Band gesprochene. Ein ähnliches Experiment wurde mit zwei Liedchen wiederholt. Neugeborene wollten *das* Liedchen hören, das ihnen durch tägliches Vorsingen zwei Wochen vor der Geburt schon vertraut war.[2]

Heute haben sich die pränatale (= vorgeburtliche) und perinatale (= um die Geburt herum) Medizin und Psychologie zu einem eigenen Forschungsgebiet entwickelt. Man hat das Schallmilieu der Gebärmutter mit akustischen Sonden erkundet, dazu physikalische Experimente über die Weiterleitung des Schalls durch das Knochengerüst durchgeführt sowie Frühgeborene beobachtet. Wenn letztere schon auf Schallreize reagieren, dürften auch Ungeborene gleichen Alters hörfähig sein.

Was genau haben die angeführten amerikanischen und französischen Babys an ihren Muttersprachen erkannt? In Bezug auf die Lautung unterscheiden sich Sprachen

– nach ihrem Lautinventar
– nach den Kombinationsmöglichkeiten dieser Laute (der Phonotaktik)
– nach den lautübergreifenden Merkmalen von Melodie (Intonation/
  Tonhöhenverlauf) und Rhythmus.

Nun kann man Hörtexte so manipulieren, daß der einer Sprache eigene charakteristische Rhythmus erhalten bleibt, aber nicht deren Intonation. So weiß man heute, daß Babys jedenfalls den Sprachrhythmus wieder erkennen, auch ohne die Intonation. Die Forschung geht weiter![3]

Fest steht: Neugeborene sind keine bloßen Reflexbündel.

– Sie unterscheiden die Stimme der Mutter von anderen Stimmen.
– Sie unterscheiden die Sprache der Mutter von anderen Sprachen.
– Sie unterscheiden Texte, die ihnen während der Schwangerschaft vorgelesen wurden, von anderen Texten.

Das Neugeborene reagiert, als ob es die Stimme, Sprache und Texte der Mutter wiedererkenne. Es hat das vorgeburtliche Erlebnis der Stimme, Sprache und Texte seiner Mutter aufbewahrt. Sein Gedächtnis hört mit. Dies bildet sich also schon vor der Geburt und bindet das Baby an die Mutter.

Gedächtnis aber ist die Grundlage jeder Lernfähigkeit. Alles, was uns begegnet, beziehen wir auf Bekanntes, vergleichen wir mit Erinnertem. Jedes Lernen ist ein Hinzulernen. Auch das Lernen von Sprache baut auf frühen Voraussetzungen auf. Sprache wird nicht aufgepfropft, sobald die ersten Wörter erscheinen; sie wird schon vor der Geburt angebahnt, vom Vernehmen. Vom Vernehmen aber kommt uns die Vernunft, das Wort selbst und das, was es meint.

Das Ungeborene hört mit

Das Innenohr, die Hörschnecke, ist mit dem Vestibularapparat und seinen Bogengängen verbunden, die uns Raumlageveränderungen rückmelden. Gleichzeitig sind diese Bogengänge sensible Rezeptoren für Rhythmik und Schwingungen, so daß wohl rhythmische Sprachelemente auch mit Hilfe dieses Vestibularapparates analysiert werden. Bei Menschen mit schwersten Behinderungen sind vestibuläre Anregungen (Schüttelbett, beschallte Wasserbetten) Entwicklungsanstöße dafür, den eigenen Körper in seiner Gesamtheit zu erfahren, sich selber aufzurichten (Auseinandersetzung mit der Schwerkraft), und ein Anreiz zum Hören und zur Sprachentwicklung.[4]

Es leuchtet ein, wenn der französische Ohrenarzt Alfred Tomatis, der schon früh die Klangwelt im Uterus erforschte, werdenden Müttern empfiehlt, noch intensiver zu tun, was wohl alle ohnehin gelegentlich tun: nämlich mit ihrem Kind reden, bewußt eine Art Zwiesprache mit ihm halten; dem natürlichen Bedürfnis stattgeben und auch einmal für das kleine Wesen in ihrem Leib ein Liedchen anstimmen. Die im Takt mitschwingenden Körperbewegungen gehören unmittelbar dazu und helfen, die Reizzufuhr zu gliedern.

Zudem steht das Ungeborene *physiologisch* in engster Verbindung zur Mutter. Es spürt ihre Stimmungsschwankungen nicht nur über die Stimme, sondern auch über die Veränderungen im Hormonspiegel. Die mütterliche

Wärme hält auch das Kind warm. Ihr Blutzucker versorgt das Blut des Fötus. Was sie ißt, trinkt und einatmet, gelangt in irgendeiner Form auch in den Körper des Kindes. Wenn sie raucht und trinkt, gibt sie Nikotin und Alkohol auch an das Kind weiter. Müßten nicht die Mütter mit ihrer Leibesfrucht seelisch ebenso innig verschmolzen sein, wie sie es körperlich sind?

> Ein einziges Mal in zwanzig Jahren als Lehrerin habe ich mich zu einer Ohrfeige hinreißen lassen. Das Kind hatte mich dermaßen gereizt, und die Hand ist mir ausgerutscht. Danach war ich so erschrocken, daß mir das passieren konnte. Ich war damals schwanger. Noch am Nachmittag spürte ich, wie auch mein Kind erschrocken war. Nie zuvor und nie danach hat es so in meinem Leib rumort.

Medizinisch gesprochen: Die Streßhormone, die ihr Körper ausgeschüttet hat, sind auch in den kindlichen Blutkreislauf gelangt.

So spüren wir auch ohne gelehrte Untersuchungen, daß es für Mutter und Kind gleichermaßen sinnvoll ist, wenn sich die Mutter immer wieder Momente der Ruhe gönnt, in denen sie sich dem Kind nahe fühlt, in ihren Gedanken Raum schafft für das ungeborene Leben und ihre Gelöstheit und Heiterkeit an ihr Kind weitergeben kann. Momente, in denen sie sich vielleicht heller und heiterer Musik hingibt, etwa den Verspieltheiten und Arabesken der Violinkonzerte von Mozart. Momente, in denen sie ihr Kind teilhaben läßt am Wohlklang und Rhythmus ihrer Stimme und Sprache.

Wer sich bewußt ist, daß sein Kind stets mithört, hat guten Grund, Streit zu vermeiden. Die Härte und der schneidende Tonfall kränken den Partner. Könnten sie nicht auch das Ungeborene krankmachen? Die Mutter kann nicht einfach die Tür zum Kinderzimmer zumachen und eine Meinungsverschiedenheit mit ihrem Partner ausfechten. Zwar ist man unter vier Augen, doch sechs Ohren sind dabei.

Ursympathie und die Gunst der Stunde: sensible Phase gleich nach der Geburt?

Das Menschenbaby kommt im Vergleich zu Säugetieren etwa 12 Monate zu früh auf die Welt. Da verwundert es nicht, daß es noch lange auf engste Verbindung mit der Mutter angewiesen ist. Was aber verwundert, ist, daß die Medizin – gewiß in den besten Absichten – so unbekümmert in die natürlichen Abläufe eingegriffen und diese Verbindung erst einmal unterbrochen hat. Denn es ist noch nicht lange her, da wurde in den Geburtskliniken der Mutter das Baby unmittelbar nach der Entbindung kurz gezeigt und dann für Stunden weggenommen.

Aus der Verhaltensforschung wissen wir aber, daß in bestimmten Fällen die Zeit unmittelbar nach der Geburt ungeheuer wichtig ist, um das Junge auf die Mutter und die Mutter auf das Junge zu *prägen*. Das Mutterschaf leckt sein Junges unmittelbar nach der Geburt ab, nimmt dabei seinen Geruch auf und erkennt es daran wieder. Bei vielen Säugern hängt die mütterliche Brutpflege davon ab, ob sofort ein Kontakt mit den Jungen erfolgt. Wenn nicht, erwacht auch die Mutterliebe nicht; das Junge wird verstoßen oder getötet. Die Erforschung des Prägungsvorgangs verdanken wir Konrad Lorenz, der seine Entdeckung machte, als er ein frisch geschlüpftes Gänschen mal eben unter der Hausgans hervorholte, um es näher zu betrachten. Das Gössel gab Laut, er antwortete, und es war passiert: Für dieses Küken war er hinfort die Mutter, der es immer folgen würde, unwiderruflich.

Solche Unumkehrbarkeit gibt es jedoch bei dem auf Freiheit angelegten Menschen nicht. Die Mutter-Kind-Beziehung entsteht nicht durch einen einmaligen Akt der Prägung, sondern in häufigen, intensiven und ungestörten Kontakten, frühen wie späteren. Richtig ist aber, daß die meisten Babys in der Stunde nach der Geburt wach und aufnahmebereit bleiben. Sollte das Zufall sein?

> Viele Mütter erleben ein überwältigendes Glücksgefühl, wenn sie ihr Baby gleich nach der Geburt in dessen erster Lebensstunde in ihren Armen halten, in seine offenen Augen schauen und mit ihm eine erste Zwiesprache führen können. Jede Bewegung des Babys, vor allem auch jeder Blick, ist für Mütter in dieser Stimmung ein mit innerem Jubel empfangenes Geschenk,

schreibt Bernard Hassenstein.[5] Wahrscheinlich ist das Kontaktbedürfnis des Neugeborenen in seiner ersten Stunde ebenso stark. Schon hier beeinflussen sich Mutter und Kind wechselseitig und lernen voneinander, sind Lehrer und Schüler zugleich.

Alle Sinne sind beteiligt, auch der – von den Menschen zumeist unterbewertete – Geruchssinn. Babys bevorzugen schon nach wenigen Tagen den Lappen, den die Mutter nach dem Stillen an ihre Brust legt, gegenüber anderen Stilleinlagen. Umgekehrt konnten auch Eltern das Hemdchen ihres Babys durch Riechen wiedererkennen. Und wenn die Mutter mit ihrem Säugling während der ersten halben Stunde seines Lebens zusammen war, konnte sie ihn sechs Stunden später am Geruch identifizieren.[6] Wird das Neugeborene, das die Krankenschwester sofort wegträgt, zum Waisenkind – wenn auch nur für kurze Zeit? In den siebziger Jahren haben amerikanische Ärzte das Verhalten von Müttern untersucht, die mit ihrem Baby ausgiebigen Erstkontakt hatten, und sie mit solchen Müttern verglichen, die ihr Baby nur kurz sehen durften, wie es der damaligen Routine auf manchen Entbindungsstationen entsprach. Diese Studien gaben den entscheidenden Anstoß zu einer neuen Praxis der Geburtskliniken, dem *Rooming-in*, das gewiß den natürlichen Bedürfnissen von Mutter und Kind besser entspricht.

Allerdings sind allein an eine Stunde gelungenen Kontakts direkt nach der Geburt keine Langzeiteffekte zu knüpfen. Menschliches Leben ist zu sehr auf Lernen und stetiges Erfahren angelegt, als daß ein punktuelles Ereignis für immer und stets Weichen zu stellen vermag. Wir dürfen also nicht dramatisieren. Das Menschenbaby wird nicht wie das Lorenzsche Gössel bei der Geburt ein für allemal auf seine leibliche Mutter geprägt. So reflexhaft geht es eben beim Menschen nicht zu. Wiewohl immer deutlicher wird, daß die leibliche Mutter schon aufgrund der vorgeburtlichen Beziehung die besten Voraussetzungen für eine enge Bindung mitbringt, ist diese mit der Geburt nicht automatisch gegeben. Sie muß erst erarbeitet werden. Damit ist auch die Chance gegeben, daß andere Personen einspringen können. Allerdings wird zwischen dem 7. bis 12. Monat die Beziehung zu den wenigen, ausgesuchten Bezugspersonen so eng, daß sie ganz individuell wird und nicht mehr ohne Belastungen auswechselbar ist.

Nunmehr bestätigt uns auch die Neurobiologie, allerdings bisher nur im Tierexperiment, daß mütterliche Wärme sich auch langfristig auf den Seelenhaushalt des Kindes auswirken kann. Umsorgte Rattenkinder erwiesen sich als viel resistenter gegen Streß als vernachlässigte Altergenossen, und mehr noch: die von der Mutter erworbene Streßresistenz – deren molekularen Grundlagen man auf der Spur ist – schlug sich später auch im Verhalten gegenüber dem eigenen Nachwuchs nieder. Die Nachhaltigkeit früher Erfahrungen wird durch Veränderungen im Baby-Erbgut erklärt.[7]

Mutterliebe reicht also weit ins Leben hinein, aber selbst der frühe Tod der Eltern hat *nicht zwangsläufig* einen durchschlagenden Effekt auf die spätere Persönlichkeitsentwicklung. Kinder können selbst solche Katastrophen letztlich unbeschadet überstehen und in eine liebevolle Adoptivfamilie hineinwachsen. Die beliebte Gleichung: Unglückliche Kindheit = Verpfuschtes Leben stimmt so nicht. Auch nicht die umgekehrte Gleichung: glückliche Kinder = emotional stabile Erwachsene. Es ist alles viel komplizierter.

Am Anfang des Lebens steht die sympathische Bindung zwischen Mutter und Kind, die Quelle jener Liebesfähigkeit, die beim Menschen ein ganzes Leben sprudeln kann. Je mehr von dieser mitgegebenen Sympathie wirksam werden kann, um so besser können sich Baby und Bezugspersonen finden. Mit ihnen akzeptiert der Säugling auch ihre Sprache, ja sogar mehr als eine Sprache, wenn Vater und Mutter verschiedene Sprachen sprechen.

---

1 Mehler u.a. 1988
2 DeCasper 1983; 1986a,b
3 Ramus u.a. 2002
4 Fröhlich 1991
5 Hassenstein 1987, 46
6 Morris 1991, 45f.
7 Weaver et al. 2004

Spracherwerb als Gemeinschaftsarbeit

Du, ich, wir und die anderen

> Das Kind wächst in das Verstehen der Sprachgemeinschaft hinein und beginnt sich darin selbst zu verstehen. (Friedrich Georg Jünger)

Sprache im Gesamt der Entwicklung

Die vorgeburtlichen Errungenschaften, so erstaunlich sie sein mögen, aber auch die Fortschritte im ersten Jahr sind noch Vorarbeit. Denn Sprache setzt erst einmal Erfahrung von Welt voraus, bevor sie schließlich zum mächtigsten Mittel wird, diese Welt zu begreifen.

Der Mutterspracherwerb ist auf vielfältigste Weise in die Gesamtentwicklung eingebunden. Das ist die »biologische Verklammerung« (Plessner) von Körper, Seele und Geist, die zusammen die eine Wirklichkeit des Menschen ausmachen. Deshalb gilt es zunächst, dieses Gesamt zu erkunden, in dem Sprache erworben wird.

- Sprache ist anfangs noch von der *körperlichen Entwicklung* abhängig. Die Anatomie des Stimmtrakts muß sich noch verändern, damit das Baby saubere Sprachtöne hervorbringen kann. Die Sinne – die Tore zur Welt und zu sich selbst – müssen sich weiterentwickeln. So braucht der Sehsinn noch drei bis fünf Wochen der Reifung und des Lernens, bis das Baby das Gesicht seiner Mutter von anderen Gesichtern unterscheiden kann.
- Spracherwerb ist aufs engste mit der *geistigen Entwicklung* verflochten. Es muß die Dinge ergreifen und erfassen, bevor es sie begreifen und benennen kann. Wenn es sie sprachlich miteinander vergleicht (»so groß«, »größer«, »kleiner«), muß es sie vorher mit Blicken vermessen und verglichen haben.
- Sprache ist etwas, was zwischen den Menschen entsteht. Sie wirkt mit bei der Entwicklung des Kindes zum *sozialen Wesen* und der Herausbildung seiner Gemeinschaftsgefühle. Bevor das Kind »ich« und »mein« sagen kann, muß es sich als ein Ich verstehen. Hierzu später mehr.

– *Gefühle* sind in alle Wahrnehmungs- und Entscheidungsvorgänge tief verwoben. Um mit seinen Gefühlen bewußt umgehen zu können, muß man sie für sich und andere versprachlichen können.

Das ist ja das Traurigste an den wilden Kindern, den Wald- und Wolfskindern ebenso wie den Käfigkindern, die außerhalb der menschlichen Gesellschaft groß wurden: Sie zeigten sich als emotional tief verstörte Wesen, die den Blicken der Menschen auswichen, dabei kein Schamgefühl besaßen, vielfach nicht weinen und mit anderen teilen konnten. Wenn überhaupt, gelang es nur mit unendlich viel Liebe und Geduld, tragfähige Bindungen zu ihnen herzustellen (vgl. S. 308ff.).

Schauen wir uns dagegen eine Dreijährige an, die in einen Kindergarten kommt, in dem man eine fremde Sprache spricht. Sie läßt sich von Freude und Trauer anderer anstecken und versucht schon, andere zu trösten: Mädchen sind besser im Trösten als Jungen. Sie kann andere versöhnlich anlächeln und reagiert, wenn sie so angelächelt wird. Sie ist schon auf vielfache Weise weltklug, so daß das Erlernen der Zweitsprache zu einem beträchtlichen Teil reine Lautierarbeit, Vokabel- und Grammatikarbeit ist: Wie drückt man das, was ich jetzt sagen möchte, auf die neue, fremde Art aus: »Ich hab' heute Geburtstag?«

Schauen wir sie uns einige Jahre später an, wenn ihr in Klasse 3 die erste Schulfremdsprache begegnet. Was ist nicht schon alles durch die Muttersprache angebahnt worden! Die Achtjährige weiß schon, wann und wie man sich entschuldigt, wann und wie man andere foppt, ärgert oder zu etwas überredet, versteht den Unterschied zwischen Du und Sie und ein ironisch gemeintes »danke!«, hat auch schon allerhand Ausreden und Ausflüchte auf Lager, hat einen entwickelten Zeit- und Zahlensinn, kann lesen und schreiben. Diese Vorleistungen der Muttersprache für die Fremdsprache fallen – selbst was die Aussprache betrifft – viel stärker ins Gewicht als die Hindernisse, die sie ihr in den Weg stellt.

Fazit: Der Mutterspracherwerb kann – im Gegensatz zum späteren Fremdsprachenerwerb – nicht für sich allein betrachtet werden. Zu viele Entwicklungen finden zu gleicher Zeit statt und beeinflussen sich gegenseitig. Es gilt, den sprachlichen Strang sorgsam aus dem Gesamtkomplex der Entwicklung herauszuschälen. Bevor wir dies in den folgenden Kapiteln tun, stellen wir einige Vernetzungen mit anderen Entwicklungslinien dar.

Ichbewußtsein und Selbstbezeichnungen

»Ich denke, also bin ich« war für Descartes die unumstößliche Gewißheit, der Ausgangspunkt alles weiteren Wissens. Bescheidener, kindlicher und näher am Ursprung des Ichs müßte es heißen: Ich *fühle* mich als Ich; als Zentrum von Empfindungen und Erfahrungen werde ich mir meiner selbst bewußt.

Grundlage für die Entwicklung des Ichgefühls sind die Empfindungen des eigenen Körpers und seiner Grenzen und das eigene Körperhandeln. Das Baby, das auf der Wickelauflage seine strampelnden Füßchen aufmerksam beobachtet und dann in den Mund zu stecken versucht, gewinnt erst allmählich ein Gefühl dafür, daß die Beinchen zu ihm gehören. Die Hände öffnen und begegnen sich, gelangen ins Blickfeld des Säuglings, die eine spielt noch mit der anderen wie mit einem fremden Gegenstand. Langsam macht es Bekanntschaft mit seinem eigenen Körper, schaut an ihm hinunter, lernt seine Konturen kennen und trennt, was von der eigenen Haut umschlossen ist, von dem, was der Außenwelt angehört. Am klarsten ist die Schmerzempfindung: Das Füßchen stößt an, und es tut ihm weh. Immer wieder, ohne Ausnahme. Daß es *nur ihm* weh tut, muß es vielleicht noch lernen. Muß nicht auch ein junges Kätzchen, das herumwirbelnd auf den eigenen Schwanz Jagd macht, erst noch lernen, da nicht hineinzubeißen, also erst noch erkennen, daß das Schwänzchen zu ihm gehört?

Wer bin ich? Ich bin Bewohner und Eigentümer meines Körpers. Mein Körper ist, womit ich handle, worüber ich verfüge. Er ist meine stärkste Gewißheit, Zentrum meines Handelns. Mit der zunehmenden Beherrschung der willkürlichen Muskulatur bekommt das keimende Ich ein Mittel an die Hand, sich als ein Selbst zu entdecken. »Ich« ist mein Wille und Begehren, dem mein Körper Ausdruck verleiht. »Das Ichgefühl ist der Instinkt, die Einheit des Körpers zu erwerben, die Herrschaft über den Körper zu erobern.«[1] »Leben« kommt von »Leib«, und es sind zu allererst die Eigenwahrnehmungen des Leibes, die uns zu uns selbst führen.

So erhält auch das Wort »mein« seine Bedeutung von »zu mir selbst gehörend«. Die ersten Dinge, die mir gehören, sind jene, die physisch ein Teil von mir sind. Dies ist der Ursprung unserer Eigentumsvorstellungen.[2] Danach wird der Begriff auf andere Arten von Eigentum ausgedehnt: »meine Milch«, »meine Schule«, mein Beruf« sind Erweiterungen dieser Grunderfahrung, wie auch die folgende Verwendung von »mein«:

> Gisa (3;0) trommelt mit der Gabel auf dem Tellerrand herum.
> Vater: Hör auf damit.
> Gisa: Is doch mein Teller.

Eltern tun wohl instinktiv das Richtige, wenn sie ihr Kind nicht immer mit *du* anreden, sondern auch bei seinem Namen: »Lukas muß jetzt schlafen.« Lukas ist eben eindeutig, in der Welt des Lukas gibt es zumeist nur den einen. Der Eigenname stiftet Identität. Wörter wie *du* und *ich*, *mein* und *dein*, *hier* und *da* aber sind vieldeutig; man könnte sie mit Jespersen »Wechselwörter« nennen. Abwechselnd sind wir *du, ich, wir, er, sie*, je nachdem, wer spricht. Es dauert eine Weile, bis die Kinder herausfinden, daß es vom Sprecher abhängt, wen oder was diese Wörter meinen. Lange werden *ich* und *du, mein* und *dein* miteinander verwechselt, bis – allmählich – der korrekte

Gebrauch immer häufiger wird.[3] Wie sehr hier ein Lernproblem besteht, zeigen uns Kinder mit verzögerter Sprachentwicklung, die mitunter jahrelang die Pronomina umkehren. Weil hier der Austausch meines Standorts mit dem des Partners verlangt wird, hilft ihnen ihr ausgesprochen imitatives Lernen hier nicht weiter (vgl. S. 181ff.).

Wer mit »Peter« angeredet wird, ist der Peter. Wer mit »du« angeredet wird, ist nicht »du«, sondern »ich«. Das finden Kinder verwirrend.

Es stellt aber keinen besonderen Einschnitt in der Entwicklung dar, wenn das Kind zum ersten Mal *ich* sagt:

> In der Tat braucht das Ichbewußtsein nicht schwächer zu sein, wenn ein Kind ruft: *Paul Suppe haben*, als wenn es ruft: *i au (ich auch) Suppe haben*; auch die Gegensätzlichkeit der eigenen Person bedarf nicht des Pronomens, sondern kann mit dem Namen bestritten werden, z.B. *is nich Günters Mütze, is Hildes Mütze.*[4]

Die Ehepaare Stern und Scupin, die schon zu Beginn dieses Jahrhunderts die Sprachentwicklung ihrer Kinder detailgetreu dokumentiert und analysiert haben, räumen auch mit dem Vorurteil auf, daß Kinder sich zuerst durchweg mit dem Eigennamen bezeichnen, bevor das *Ich* auftaucht. Dies gilt wohl nur für Erstgeborene. Wo schon Geschwister da sind, kann das *Ich* noch vor dem Eigennamen auftreten (zwischen 1;5 und 2;5); vielleicht weil häufig Situationen entstehen, in denen sich auf eine Frage der Mutter die älteren Geschwister mit *ich, ich auch* melden und das jüngste echot *i au, i au.*

Im übrigen läßt die Prioritätsfrage *Eigenname oder ich?* die Wirklichkeit einfacher erscheinen, als sie ist. Bei Bubi Scupin konkurrieren eine Zeitlang als Selbstbezeichnungen *du, er, ich, Bubi, mein.* Mädchen sagen manchmal *die* und meinen *ich.* Genau genommen wären noch Häufigkeitsverteilungen zu errechnen: ob eine Form nur vereinzelt oder gleich massiv auftritt, dann wieder verschwindet usw. Einige Beispiele:

> Peter (2;1):
> n Pipi mustu (ich muß ein Pipi machen)
> balla hastu (ich habe den Ball)
> tragdich! (Trag mich!)[5]

Beth M. (2;6) war eifersüchtig, wenn ihre ältere Schwester etwas von ihren Sachen anrührte, und falls die letztere auf ihrem Stuhle saß, fing sie stets an zu schreien: »Das ist *dein* Stuhl, das ist *dein* Stuhl.«[6]

> Günther (2;7) hat eine Sonne aus Papier zerrissen:
> Günther: Günther e Sonne erreisst.
> Erwachsener: Warum denn?
> Günther: Ich böse is.[7]

Im folgenden einige persönliche Notizen:

> Gisa (2;1) fällt hin und steht wieder auf:
> Wiedaaufateht. (Ich bin wieder aufgestanden)
>
> Papa trinkt eine Tasse Tee.
> Gisa (2;2): Gisa aucha Tasse Tee tunk hat.
>
> Kinderärztin: Wie heißt du denn?
> Gisa (2;2):   Gisa.
>
> Am selben Tag:
> Tante: Wie heißt du denn?
> Gisa: Mä(d)chen heiß-ich.
>
> Mutter: Gisa, du gehst jetzt nicht mehr an die Stifte.
> Gisa (2;3): Nein, die beiden darfa (*darf* er statt *darf* ich) haben.
>
> Gisa (2;4) sieht das Hochzeitsbild ihrer Eltern:
> Gisas Mama is das.

Gisa ist mittlerweile sechs Jahre alt. Man könnte meinen, sie weiß inzwischen über Namen Bescheid. Aber sie muß noch weiterlernen:

> Gisa: Eine Mutter kann doch nicht Gisa heißen.
> Papa: Wieso? Man ändert seinen Namen nicht. Deine Mutter heißt Ingrid, und die hieß als kleines Mädchen auch Ingrid.
> Gisa: Aber Gisa ist doch ein Kindname.

Sie kennt keine Erwachsenen, die Gisa heißen, ebenso wie die taubgeborene Emmanuelle Laborit keine gehörlosen Erwachsenen kennt und darum annimmt, nur Kinder seien gehörlos wie sie.[8]

Sprache ist also nicht allein entscheidend bei der Herausbildung eines Ichgefühls; vielleicht eher das Tüpfelchen auf dem i, indem sie das Ichbewußtsein faßbar macht und (humboldtisch gesprochen) »vollendet«. Sie wirkt klärend und bestimmend bei der weiteren Entwicklung mit, wenn es beim Menschen um Selbstbehauptung, schließlich um eine realistische Selbsteinschätzung und -bewertung geht.

Das Bedürfnis nach Zugehörigkeit

So ist Sprache mit allem, was wir Menschen tun, verwoben, besonders mit den sozialen Prozessen. Die Qualität der Eltern-Kind-Beziehungen ist nicht von dem einmaligen Erlebnis der Geburtsstunde abhängig, sondern Ergebnis eines langfristigen, fortlaufenden Prozesses. Es sind die ersten Lebensmonate bis zum Ende des 2. Lebensjahres, wenn es schon spricht, in denen sich das Schoßkind individuell an seine Eltern bindet: eine nicht mehr aufkündbare Beziehung. Eltern bilden die eigentliche Umwelt des Kindes. Dabei brauchen sie nicht die leiblichen Eltern zu sein. Unter Mutter verstehen wir ab jetzt die Hauptbezugsperson, an die sich der Säugling bindet. Es ist diejenige, die ihn hauptsächlich betreut, füttert, wickelt, badet, aufnimmt und herumträgt, wenn er weint, und die mit ihm spielt und spricht. Sie ist faktisch und psychologisch die Mutter, auch wenn eine andere Frau ihn zur Welt gebracht hat. Und es ist ihre Sprache, die das Kind lernen wird.

Das Bedürfnis nach Zugehörigkeit äußert sich auch in der Tatsache, daß der Säugling besonders gerne und intensiv Gesichter studiert.[9] An ihnen kann er sich nicht satt sehen, während andere Dinge ihn nur eine Zeitlang fesseln, bis er sich an sie gewöhnt hat und sie ihm langweilig werden. Dem entspricht nun auf Seiten der Mütter die intuitive Bereitschaft, ihr Kind in einem vergleichsweise verkürztem Auge-zu-Auge-Abstand von 20 bis 25 cm vor sich zu halten, d.h. genau in dem Bereich, in dem Säuglinge scharf sehen können, bis die Sehfähigkeit weiter ausreift.

Im zweiten Monat beginnt dann das *soziale Lächeln*. Vorher hat man schon ein rein reflexhaftes Lächeln beobachtet, das auch schon mal über das Gesicht des schlafenden Säuglings huscht. Der drei Monate alte Säugling begrüßt regelrecht die Mutter mit einem Lächeln oder lächelt zurück und heißt schließlich jedes ihm zulächelnde Gesicht freudig willkommen.

Zwischen dem sechsten und achten Monat engt sich das Feld der bevorzugten Bezugspersonen ein. Das Baby spart sich sein Lächeln oft nur für eine Person auf. Es ist das Gesicht, auf das es immer wieder forschend geblickt hat und das es sich eingeprägt hat, wenn es gehalten und gestillt wurde. Andere lächelnde Gesichter verschrecken es. Das ist das vorübergehende *Fremdeln*. Das Kind will jetzt nur seine Eltern, am liebsten die eine Dauerbezugsperson. Dies ist zum einen ein untrügliches Zeichen, daß es seine Eltern sofort wiedererkennt; zum anderen, daß es sich unerhört intensiv auf sie konzentriert. Als ob das Baby an dieser Stelle ein für allemal feststellen möchte: zu euch gehöre ich, hier gehöre ich hin. Nach einiger Zeit verschwindet diese Reaktion: Der Säugling hat nun die Sicherheit gewonnen, die er braucht, um sich auch anderen zuzuwenden. Mit seinen Eltern verschworen, kann er sich auch mit der Welt verbrüdern – oder ihr die Stirn bieten.

»Ich saß am Arm der Mutter und spürte durch sie hindurch den sichern Gang der Welt.«[10]

Ein Kleinkind muß möglichst lange in dem Zustand naiver Wundergläubigkeit und Unverletzbarkeit verharren, in dem es fest darauf vertraut, daß die Eltern alles heilen können, welche Übel auch kommen mögen. »Daß ich sterben muß, wird die Mama nie erlauben«, soll der kleine Bernt von Heiseler seinem älteren Bruder gegenüber behauptet haben.[11] Nabokov beschreibt das unverlorene Paradies der Kindheit:

Alles ist, wie es sein sollte, nichts wird sich je ändern, niemand wird jemals sterben.[12]

Nach Hassenstein ist dieser erste Bindungsvorgang mit etwa zwei Jahren abgeschlossen. Er bildet die Grundlage dafür, daß der Mensch später dauerhafte, verläßliche Bindungen eingehen kann.

Die Kinderpsychologie wird hier durch hirnphysiologische Beobachtungen in gewisser Weise bestätigt. Das hinter der Stirn gelegene Hirnareal verbindet Gefühle mit vernünftigem Handeln. Es gilt als eine der Konvergenzzonen, in denen Reize zu sinnvollen Erfahrungen gebündelt werden, eine Art Emotionsgedächtnis, mit dem wir Gefühle einordnen und steuern.[13] Genau dieser Bereich ist zwischen dem sechsten und zwanzigsten Lebensmonat besonders aktiv, wie man mit PET-Aufnahmen (Positronen-Emissions-Tomograph) beweisen konnte, die den Stoffwechsel des lebenden Gehirns abbilden. In eben dieser Zeit bauen Babys ihre Bindung zu festen Bezugspersonen auf.

Die medizinische Forschung hat ebenfalls herausgefunden, daß Menschen einen besonderen Wahrnehmungsschlüssel für das Erkennen von Gesichtern besitzen. Wird dieser Funktionskreis – etwa durch eine Hirnverletzung an einer ganz bestimmten Stelle – gestört, so entfällt die Fähigkeit, Gesichter wiederzuerkennen. Es ist schon kurios, wenn ein erwachsener Mensch, der ansonsten normal sieht, plötzlich seinen Arzt, seine Freunde und Verwandten, ja seine eigene Mutter am Gesicht nicht mehr identifizieren kann, sondern erst ihre Stimme hören muß.[14] Gesichter sind ihm nur noch der Ort, von dem die Stimmen herkommen. Gesichtsblindheit (*Pro-*

sop-agnosie, von *prosopon* = Gesicht und *agnosis* = Nichtwissen) kann auch angeboren sein.

Verläßlichkeit der Menschen und der Dinge

Studien über Gefängnisinsassen förderten zutage, daß ein hoher Prozentsatz während der Kindheit nicht die Zuwendung einer zentralen Betreuungsperson genossen hat. Bei 50% der Insassen wechselten die Betreuer bis zum 14. Lebensjahr. Zu oft wechselnde Bezugspersonen, auch wenn sie sich Mühe geben, entmutigen und überfordern das Kind.[15]
Ähnlich sieht es in schlecht geführten Säuglingsheimen aus. Sehen die kleinen Heimbewohner immer wieder andere Gesichter und hören sie immer wieder andere Stimmen, so führt dies schließlich zur Resignation. Die Lächelreaktion des Halbjährigen stirbt ab. Er hat *seinen* Vertrauten gesucht und nicht gefunden. Die Verlassenheitsangst wird ihn nie mehr ganz loslassen. Was das für das Neugier- und Erkundungsverhalten des Kleinkindes und damit für seine geistige Entwicklung bedeutet, kann man sich unschwer vorstellen. Das Kind, das sich nicht hat binden können, versäumt weitere Lern- und Erfahrungsschritte. So urteilt die Schweizer Logopädin Barbara Zollinger, die sich auf eine langjährige kindertherapeutische Praxis berufen kann: Wenn das Kind sich ständig vergewissern muß,

> daß die Bezugsperson noch anwesend ist, wird es sich der Gegenstandswelt nicht auf die Art widmen können, daß es die Bedeutung seiner Handlungen entdecken kann. Ist es einem Kind nicht möglich, eine gute Beziehung zu einer anderen Person aufzubauen, kann es sich auch von den Gegenständen nicht rufen lassen.[16]

Nie mehr in unserem Leben brauchen wir soviel Fürsorglichkeit und soviel Gegenwart der uns vertrauten Personen wie in den ersten beiden Lebensjahren.
Die zahllosen, unverläßlich-flüchtigen, jederzeit aufkündbaren Beziehungen der Erwachsenen sind nicht Sache des Kindes. Kinder brauchen die Dauerbetreuung durch wenige Personen. Das ist schon aus sprachlicher Sicht einleuchtend. Die Kommunikation klappt am besten mit denen, die das Kind ständig betreuen und Stück für Stück miterleben, wie sich das Kind Welt und Sprache erobert. Nur durch ständiges Dabeisein kann man sein Ohr für die unvollkommenen Artikulationen des Kleinkinds schulen und sie auf Anhieb verstehen. So ist es gar nicht selten, daß Mütter die Dolmetscher selbst für diejenigen Väter spielen müssen, die ihr Kind täglich sehen.
Die Verläßlichkeit der Welt ist aber auch eine Verläßlichkeit der Dinge. Das Kind drückt auf die Klinke, und die Tür gibt nach. Es greift nach dem

Löffelchen, und das läßt sich widerstandslos fortnehmen. Von einem Malstift kann man die Kappe abnehmen und wieder aufstecken. Wieder andere Sachen sind fest und lassen sich gewöhnlich nicht von der Stelle bewegen. Es bläst in seine Kindertrompete hinein, und es gibt einen Ton. Es bläst in Seifenlauge hinein, und schon steigen schillernde Blasen auf, die zerplatzen, wenn man sie antupft. Papier kann man zerreißen und zerknüllen. Schlüssel passen in Schlüssellöcher, wenn man lange genug stochert. Ein bißchen Druck oder Zug an der richtigen Stelle genügt, und schon rauscht ein Wasserschwall daher und spült alles fort. Man drückt das Plastikentchen unter Wasser. Wenn man es dann losläßt, schießt es wieder an die Oberfläche. So lassen wir uns von den Dingen belehren, bilden Erwartungen, tragen sie wieder in die Welt hinein und werden nicht enttäuscht. Solche Urerfahrungen mit den Menschen und den Dingen werden nicht von der Sprache geschaffen, aber in sie aufgenommen.

Ein Vater beobachtet seinen Sohn:

> Sein ganzes Interesse gilt dem Löffel. Nicht um damit zu essen. Um zu sehen, wie er reagiert, wenn man etwas zu ihm sagt. Oder wenn man ihn berührt. Er stößt ihn sachte an. Gibt ihm einen Schubs. Als möchte er sehen, was nun der Löffel tut. Ob er Antwort gibt. Oder ob er still liegen bleibt. Noch ein kleiner Schubs – und der Löffel fällt zu Boden. Pierre kann ihn nicht wieder aufheben. Er murrt. Nichts geschieht. Er beginnt zu schreien. Ich hebe den Löffel für ihn auf. Pierre lächelt. Gibt ihm einen kräftigen Schubs, so daß er wieder zu Boden fällt. Ich hebe ihn auf. Er wirft ihn weit weg und quietscht vor Vergnügen. Pierre und die ihn umgebende Welt. Er schaut. Er patscht. Er klopft. Er schreit. Er versucht. Er will herausfinden, wie das funktioniert. Was dahintersteckt. Er klapst hierhin. Nochmals. Sieh an. Und nochmals. Nun ist er überzeugt davon. Alles, was ihm einfällt, muß gleich ausprobiert werden. Ob das geht? Er versucht es. Er versucht, die Welt und die Kräfte, die in ihr wirken, zu verstehen.[17]

Spiegelbild und Empathie

> Ohne die Liebe zu sich selbst ist auch die Nächstenliebe unmöglich.
> (Hermann Hesse)

Bubi Scupin schien sich im Alter von einem Jahr im Spiegel zu erkennen. Haben sich die Eltern da getäuscht? Als Einjähriger und noch später drückte Darwins Sohn sein Gesicht auf den Spiegel und küßte sein Ebenbild – gewiß kein sicheres Indiz dafür, daß er sich im Spiegel erkannte.[18] Nach modernen systematischen Beobachtungen erkennen sich Kinder in Einzelfällen ab 15 Monaten. Die meisten brauchen bis zu zwei Jahren, bis sie merken, daß sie sich selbst gegenüberstehen. Dann sind Kinder auch in der

Lage, das eigene Spiegelbild mit dem eigenen Namen bzw. mit »ich« zu bezeichnen, und können sich auch auf Fotos erkennen. In der geistigen Entwicklung stark zurückgebliebene Kinder erkennen ihr Spiegelbild spät oder
gar nicht. Den Spiegeltest bestehen aber auch Schimpansen, Zwergschim-
pansen (Bonobos) und Orang-Utans. Denn wenn sie sich im Spiegel sehen,
wischen sie sich den von den Forschern aufgemalten roten Farbtupfer von
der Stirn, anstatt ihn nur auf dem Spiegelbild zu bemerken.[19] Die anderen
Primaten, Gorillas eingeschlossen, sehen im Spiegelbild den Artgenossen,
an dem sie bald das Interesse verlieren.

Schulen Sie sich im Beobachten ihres Kindes. Setzen Sie Ihr Töchterchen
vor den Spiegel und schauen Sie zu, was es macht. Berührt es den Spiegel
mit dem Gesicht? Will es seinem Bild etwas anbieten, wirft es ihm einen
Ball zu? Versucht es, hinter den Spiegel zu schauen wie hinter eine Wand?
Dann hat es sich wohl noch nicht erkannt, sondern behandelt sein Bild
ganz unbefangen wie einen Spielpartner. Schaut es weg, vielleicht sogar
ganz abrupt, wendet es sich ab oder geht es weg? Oder zeigt es ein scheues,
verlegenes Lächeln und wirft verstohlene Seitenblicke auf sein Ebenbild?
Befangenheit und Vermeidung könnten als Übergang zum Selbsterkennen
gelten oder sogar bereits als erstes Indiz dafür.

Wie alle Affen reagieren Berberaffen
beim ersten Anblick ihres Spiegelbildes
mit einer Mischung aus Erstaunen
und Vorsicht. Nur die großen
Menschenaffen erkennen sich selbst.

Um ganz auf Nummer sicher zu gehen, malen Sie ihrem Töchterchen, wie
es die Forscher mit Kindern und Äffchen taten, unbemerkt einen dicken roten Farbklecks auf Stirn oder Nase. Faßt es sich jetzt verwundert an die eigene Stirn anstatt nur nach dem Fleck im Spiegel zu greifen? Will es sich den
Fleck wegwischen? Schneidet es Grimassen oder turnt es vor dem Spiegel
herum, um zu sehen, wie das aussieht? Dann gibt es wohl keinen Zweifel,
daß es sich erkannt hat.

Die Zürcher Verhaltensforscherin Doris Bischof-Köhler hat eine Kinder-
gruppe, die sie anhand des Spiegeltests in »Nichterkenner«, »Übergänger«
und »Erkenner« einteilen konnte, vor folgende Situation gestellt: Eine erwachsene Spielpartnerin – nicht die Mutter, die im Hintergrund dabeisitzt –
hatte ihren Teddybären mitgebracht. Sie verwickelt das Kind in ein Spiel,

wobei nach etwa 20 Minuten dem Teddy beim Ausziehen eines Jäckchens »versehentlich« ein Arm abfällt. Die Spielpartnerin mimt Trauer, schluchzt und schneuzt sich, wendet sich ab. Wie reagieren die Kleinen?

Es gab »Helfer«, die ihre ganze Aufmerksamkeit der trauernden Partnerin und dem »armen« Teddy widmeten, sich ruhig und direkt neben sie setzten, ihr zum Trost ein anderes Spielzeugtier anboten, selbst den Teddy reparieren wollten oder zur Mutter liefen und sie zur Reparatur aufforderten. Es gab zweitens verwirrte, ratlose Kinder, die nichts unternahmen, und drittens deutlich »Unbeteiligte«, die das Ereignis nicht weiter zu berühren schien.[20]

Vergleicht man nun »Farbtupfer-Test« und »Empathietest«, so ergibt sich ein hochinteressanter Befund: Alle »Helfer« waren zugleich Kinder, die sich selbst erkannt hatten; umgekehrt gehörte keiner der »Nichterkenner« zu denen, die sich in die Betrübnis der Partnerin einfühlen konnten und sie zu trösten versuchten. Folgerung: Sich selbst erkennen ist eine Voraussetzung für die Fähigkeit, sich in die Lage des anderen hineinzuversetzen und Anteil an seinem Unglück zu nehmen. Ähnlich ist die bewußte Verfügung über eigenen Besitz Voraussetzung dafür, daß das Kind auch Achtung vor fremdem Eigentum entwickelt. Wer sich seiner selbst bewußt wird, sieht auch das »Du«. Und umgekehrt: Indem wir uns auf ein »Du« zubewegen, werden wir zum »Ich«. Im anderen erfaßt der Mensch den anderen als ein zweites »Ich«. Später wird klar: Nur wer sich selbst annimmt, kann auch andere annehmen.

Sich-selber-Erkennen und Empathie scheinen sehr stark auf Reifungsvorgängen zu beruhen und weniger auf besonders sorgfältiger Erziehung oder gar Dressur: Aus »Nichterkennern« und »Unbeteiligten« werden wenig später ebenfalls »Erkenner« und »Helfer«. Es handelt sich demnach um Fähigkeiten, die bei »normalen« Bedingungen, d.h. in einem Klima der Geborgenheit, innerhalb eines bestimmten Zeitraums gleichsam sprießen, platzen und aufbrechen, ohne daß man den Zeitpunkt des Knospens gezielt beeinflussen kann. Sie treten außerdem in einer festgelegten Reihenfolge auf (Selbsterkennen vor Einfühlungsvermögen), die man nicht vertauschen kann. Dafür gibt es eine gewisse genetische Garantie. Fortbestehen und weitere Entwicklung des Einfühlungsvermögens hingegen sind viel stärker umweltabhängig. Was heranreift, wird sich nicht immer voll entfalten können und kann auch wieder verkümmern. Auf die Verschränkung von Reifung und Entwicklung werden wir auch beim Erwerb der Sprache stoßen.

»Erziehung« kommt später

Das Kleinkind braucht *die eine Person*, bei der es Zuversicht und Trost findet, zu der es flüchten kann. Es kann aber von Anfang an mehr als eine Bezugsperson verkraften (bis zu drei?), wenn diese regelmäßig verfügbar sind. Sie müssen ihm die Treue halten, so wie es ihnen die Treue hält. Aus diesem Urvertrauen heraus kann sich ein Kind seelisch-geistig gesund und störungsfrei entwickeln. Das Kind, das immer wieder diesen Trost und Rückhalt findet und nicht zu oft darum betteln muß, hat alle Chancen, weitere Bindungen zu anderen Personen aufzunehmen und seine Intelligenzen zu entwickeln. In diesem Sinne kann man ein Kind im ersten Lebensjahr überhaupt nicht verwöhnen. Hier gibt es kein Zuviel an Bemutterung. Später wohl!

Ein Wolfswelpe z.B. hat eine Schonfrist von ca. acht Wochen, in denen er sich so gut wie alles erlauben kann, bis die Aufsicht ziemlich unvermittelt von der Mutter an das Rudel übergeht, das ihn zurechtstutzt: Die Sozialisierungsphase (8.–12. Woche) hat begonnen[21]. So kommen auch beim Kind Verbote erst später, wenn es Sprache verstehen, mitdenken und in Ansätzen vernünftig sein kann. Der weinende Säugling aber ist in Not. Eingebildet oder nicht – das Gefühl der Not ist echt. Vielleicht braucht er nur die Anwesenheitsbestätigung seiner Mutter. Aber er braucht sie, wenn sich nicht die Angst des Verlassenseins einstellen soll. Die Mutter ist für ihren Säugling nicht anwesend, wenn sie ruhig im Nebenzimmer sitzen bleibt. Diese Vorstellung von Anwesenheit ist ihm noch nicht möglich. Er muß erst lernen, daß die Mutter noch da ist, auch wenn sie außer Sichtweite ist, genauso wie er erst langsam begreift, daß es den Ball noch gibt, wenn er unter den Schrank gerollt ist (im Fachjargon: der Säugling hat noch keine Vorstellung von der *Objekt-Permanenz* und *Person-Permanenz*). Wie einsam kann er in seinem schicken Kinderzimmer sein, wenn ihn die Eltern, oft von den besten Absichten geleitet, dort kräftig schreien lassen! Erklärt wird die extreme seelische Verwundbarkeit des Säuglings mit der Tatsache, daß der Mensch im Vergleich mit verwandten Säugetieren zu früh auf die Welt kommt. Er braucht dann noch eine Zeitlang den sozialen Uterus der Familie, um möglichst vollkommene Geborgenheit zu erfahren. Die Schonfrist muß allerdings langsam auslaufen, schon weil das Kind immer beweglicher und selbständiger wird und damit auch in Gefahren kommt, vor denen es nachdrücklich – vielleicht auch mal mit einem Klaps – gewarnt werden muß.

Es ist aber ein unsinniger Gedanke, ein Säugling könne es darauf anlegen, seine Eltern zu tyrannisieren. Man muß das Kind nicht dazu erziehen, allein bleiben zu können und es in die Unabhängigkeit drängen. Das in emotionaler Geborgenheit aufwachsende Kind lernt das von selbst, ergreift selbst die Initiative. So macht es sich auf dem Spielplatz selbst los von der Mutter, braucht aber noch ihre Nähe und läuft in regelmäßigen Abständen zu ihr zurück.

Typisch auch die Begebenheit, die die Eltern Scupin von ihrem dreijährigen Bubi berichten:

Drollig ist des Knaben Verhalten dem kleinen Schwein gegenüber, er fürchtet sich wohl etwas vor ihm, besonders, wenn es ihn mit dem Rüssel betastet und täppisch-wild auf ihn zugaloppiert kommt; das Tier läuft oft auf der Wiese vor dem Hause frei herum. Mutig wird Bubi erst dann, wenn ein Erwachsener in der Nähe ist. Fühlt er sich durch uns im Rücken gesichert, so tritt er beinahe energisch einen Schritt vor und schilt nun auf das Schweinchen: Du unartses Schweindel, gehste hier weg, Du, ich hau Dich, Du bist so smutzig, alter Nuck! Macht nun aber das Tier eine plötzliche Bewegung nach ihm hin, so verschwindet Bubi eiligst hinter uns.[22]

Die Keckheit ist schon da, macht sich verbal Luft, bedarf aber noch der Rückversicherung und bricht zusammen, wenn sich die Situation anders entwickelt als erwartet.

Was immer die Eltern tun, das Kind gestaltet seine Entwicklung aktiv mit. Schon der Embryo schafft sich weitgehend seine Entwicklungsbedingungen selbst. *Er* bildet die Plazenta, stellt damit die zur Fortführung der Schwangerschaft notwendigen Hormone her und löst hormonell den Geburtsvorgang aus, nicht die Mutter. Dabei zeigen Neugeborene bereits große individuelle Unterschiede. Sie kommen nicht als unbeschriebene Blätter zur Welt. Einige wechseln abrupt vom Schlafen zum Schreien, sind anfangs durch nichts zu beruhigen. Andere sind viel pflegeleichter, verlangen den Eltern viel weniger Kraft ab, sind in dieser Zeit viel liebenswerter. Einige sind schon in den ersten Wochen aufmerksamer als andere und verstärken so die Aufmerksamkeit, die ihnen die Eltern entgegenbringen. Es entstehen Wechselbeziehungen, die sowohl auf den individuellen Eigenschaften des Kindes wie der Mutter aufbauen. Vielleicht besteht einer der häufigsten Erziehungsfehler darin, daß Eltern von dem jeweils »schwierigeren« Kind genau das erwarten, was das Geschwisterkind freiwillig zu geben bereit war. Menschen unterscheiden sich auf allen Altersstufen stark – von Anfang an.

Geborgenheit befreit

> Zweierlei hatten wir, das unsere Kindheit zu dem gemacht hat, was sie gewesen ist – Geborgenheit und Freiheit. (Astrid Lindgren)

Beobachten Sie Ihr Kind, wie es spontan und ohne Anleitung seine Welt auskundschaftet, wenn es sich behütet weiß. Der berühmte niederländische Verhaltensforscher und Nobelpreisträger Nico Tinbergen erzählt zum Beispiel, wie ein einjähriger Junge über eine Sanddüne kriecht. Tante und Großmutter sind in Sichtweite. Auf der Sanddüne wachsen Wegerich, vereinzelt auch Disteln. Nachdem er schon über einzelne Wegerichpflanzen hinweggekrochen ist, ohne ihnen Aufmerksamkeit zu schenken, stößt er mit dem nackten Füßchen an eine Distel. Er zuckt leicht zusammen, kriecht aber erst etwas weiter, hält dann an und schaut zurück. Probierend fährt er mit dem Fuß noch einmal über die Distel, um sie sich schließlich genau anzuschauen. Er berührt sie mit der Hand und macht dann, was Tinbergen »das perfekte Kontrollexperiment« nennt: kriecht zu einem Wegerich, fährt ebenfalls mit dem Händchen darüber und prüft die Distel jetzt noch einmal. Erst danach setzt er seine Reise über die Düne fort.[23]

Eines Morgens erklärte uns Gisa, sie gehe nun auf Besuch, und machte, ungebeten, ihre Runde bei den Nachbarsfrauen, egal, ob es da Spielgenossen gab oder nicht. Geborgenheit befreit. Nur das Kind, das sich sicher weiß, kann erkunden, neugierig sein, lernen. Wer sich im Schutz der Familie aufgehoben weiß, ist schneller selbständig und bereit, es mit der Welt aufzunehmen und Erfahrungen zu sammeln. Erst wenn seine Bindungsbedürfnisse befriedigt sind, kann und will das Kind explorieren. Kinder, die sich im Kindergarten allzu ängstlich und lange an einen Betreuer klammern, statt die neue Umwelt zu erkunden, sind nicht durch Überbehütung und Verwöhnen, sondern eher durch einen Mangel an Fürsorge so geworden. Eine Gruppe von Babys im Alter von sechs bis vierzehn Wochen wurde beim freien Spiel in der Gegenwart ihrer Mütter beobachtet. Dabei wurde festgehalten, wie oft und wie lange sie jeweils den Blickkontakt mit ihrer Mutter suchten. Es gab »Viel-Schauer«, die also immer wieder die Bindung zur Mutter suchten und fanden, »Wenig-Schauer« und »Blickvermeider«. Dieselben Kinder wurden zwei Jahre später noch einmal gefilmt, wie sie sich an einem neuen, dafür extra konstruierten Spielzeug zu schaffen machten, an dem es viel auszuprobieren gab. Bei den Viel-Schauern, die schon früh und intensiv Bindung gesucht und gefunden hatten, war die Bereitschaft, den neuen Gegenstand zu begucken, zu betasten und auszukundschaften – mit anderen Worten: die Lernbereitschaft – am stärksten ausgeprägt!

Freuen Sie sich also, wenn Ihr Krabbelkind alle Schubladen ausräumt, an die es herankommt. Es folgt einem Lerntrieb, durch den es später auch die Sprache meistern wird. Und es wagt sich nur an das Unbekannte heran, weil es sich bei Ihnen behütet und geborgen fühlt und weil es ihm momentan gut geht. Ist es hungrig, müde, ängstlich oder gar krank, dann sucht es Trost und klammert sich an die Mutter. Das Explorieren – und damit das Lernen – hört schlagartig auf.[24]

> »Der sich entwickelnde Mensch braucht nicht motiviert zu werden«, schreibt Leo Montada, Mitherausgeber des führenden Lehrbuchs zur Entwicklungspsychologie, »seine Erkenntnismöglichkeiten drängen nach Erprobung und Anwendung. Ein Kleinkind, das gerade werfen gelernt hat, wirft, was immer ihm in die Hände kommt.«

Nur dem Menschen ist es zugedacht, diesen Zauber des Anfangs durch die Zeit zu retten – bis ins Alter hinein.

Was Babys uns lehren

Kinder brauchen die Nestwärme einer beständigen Kleingruppe. Zu dieser Nestwärme gehört die Vertrautheit, die durch fortwährende Kommunikation von der Stunde der Geburt an entsteht und in die – zunächst nur auf Seiten der Eltern – Sprache untrennbar verwoben ist.

Der Bettelmönch und Geschichtsschreiber Salimbene von Parma berichtet über ein Experiment seines Kaisers, des Hohenstaufen Friedrich II.:

> Und deshalb befahl er den Ammen und Pflegerinnen, sie sollten den Kindern Milch geben, daß sie an den Brüsten saugen möchten, sie baden und waschen, aber in keiner Weise mit ihnen schön tun und zu ihnen sprechen. Er wollte nämlich erforschen, ob sie die hebräische Sprache sprächen, als die älteste, oder griechisch oder latein oder arabisch, oder aber die Sprache ihrer Eltern, die sie geboren hatten. Aber er mühte sich vergebens, weil die Knaben und (andern) Kinder alle starben. Denn sie vermöchten nicht zu leben ohne das Händepatschen und das fröhliche Gesichterschneiden und die Koseworte ihrer Ammen und Näherinnen.[25]

Der Mensch lebt eben nicht von Brot allein. Die auf kaiserliches Geheiß gewiß gut umsorgten Babys starben, wie Salimbene wohl richtig vermutet, weil es ihnen an liebevollem Zuspruch fehlte. Seelische Leiden – so wissen wir heute – können das Immunsystem schwächen, und auf diese Weise könnten die Kinder für allerlei Infektionen anfällig geworden sein, für die man damals noch keine geeigneten Medikamente hatte. So zeigen uns die Kleinkinder, was wir auch später noch brauchen, wenn wir an Körper und Psyche gesund bleiben wollen. Wir brauchen regelmäßige Kontakte mit immer denselben Menschen. Wir brauchen Beständigkeit. Häufiger Wechsel kann uns auf die Dauer nicht zufriedenstellen. Wir brauchen einige wenige, aber echte Freunde. In der Not sorgen wir für sie und sie für uns. Unmittelbarer Ausdruck solcher Freundschaft und Fürsorge ist – ähnlich wie beim Baby – der Körperkontakt: Händedruck und Umarmungen, aus Freude oder um zu trösten. Erst die Geborgenheit der Kleingruppe macht weitere wechselnde Kontakte, die auch der geistigen Erneuerung dienen, lohnend und sinnvoll.

Nach Bowlby, dem Londoner Kinderarzt und Senior der Bindungsforschung, sind enge Bindungen an andere Menschen der Angelpunkt unseres Lebens bis ins Greisenalter.[26] Aus ihnen gewinnen wir die Stärke, das Leben zu meistern und zu genießen.

Harry und Margaret Harlow unterscheiden *fünf* Arten von Liebe bei Affen und Menschen: die Liebe der Mutter zum Kind (1), die Anhänglichkeit des Kindes an die Mutter (2), die Zuneigung des Vaters zum Kind (3) und umgekehrt (4), und, nicht zu vergessen, die Freundschaft der Ge-

schwister und Spielkumpane untereinander (5). Fehlt in der Kindheit eine
von ihnen, so ist mit Entwicklungsstörungen zu rechnen. Später ermöglichen diese frühen Liebeserfahrungen auch die geschlechtliche Liebe.[27]
In kulturvergleichenden Untersuchungen hat sich herausgestellt, daß es
vor allem auf die Responsivität der Mutter ankommt.[28] Wenn wir geliebt
werden, halten wir uns auch für wert, geliebt zu werden. Daraus fließt unser Selbstwertgefühl und die Sicherheit, die uns befähigt, die Welt zu erkunden.

Trotzen ist natürlich

Natürlich müssen auch Verbote sein, müssen Regeln eingehalten werden.
Sie werden um so wichtiger, je selbständiger das Kind in die Welt ausgreift
und sich auch selbst in Gefahr bringen kann. Ziel jeder Erziehung muß
sein, die Einhaltung von Regeln und Verboten einsichtig zu machen. Die
folgenden Episoden vom 16 Monate alten Bubi zeigen, wie Sprache hier
mitwirkt:

> Er hat eine besondere Vorliebe für Nippessachen, Blumentöpfe und
> Aquariengläser und versucht trotz vieler Verbote immer wieder danach
> zu greifen. Doch bewies er schon sehr niedlich, daß er das Verbot begrif-
> fen hat, indem er beim Vorbeigehen an den verbotenen Gegenständen
> die Hände fest an sein Kleid legte, den Kopf schüttelte und »nein, nein!«
> sagte, wobei er uns so recht verständig und brav ansah.
>   Heute kratzte er die Mutter und schüttelte, als sie ihn zürnend ansah,
> schnell den Kopf und sagte: »Nein, nein!« Als wolle er dadurch seine Mis-
> setat zurücknehmen.
>   Wird der Knabe wegen einer Unart gescholten, versucht er recht
> schlau unsere Aufmerksamkeit von sich abzulenken, indem er plötzlich
> auf etwas zeigt: »Da, tickta. Da, bau!«
>   Hat man den Jungen durch einen leichten Schlag auf die Finger oder
> ein unfreundliches Wort oder durch Wegnahme eines als Spielzeug er-
> wählten Gegenstandes beleidigt, so steht er erst mürrisch da, auf alle Fra-
> gen antwortet er nur finster: »nein!« Dann ignoriert er unsere Anwesen-
> heit vollständig, tut, als wären wir Luft und beginnt allein für sich zu
> spielen; begegnen sich zufällig unsere Blicke mit denen des Knaben, so
> dreht er uns sofort den Rücken zu: »Nein!«[29]

Die Trotzszenen, die sich im dritten Lebensjahr häufen, sind wohl nur notwendige Kehrseite eines stärker werdenden Ichbewußtseins des Kindes, das
sich aus der sicherheitsspendenden Einheit mit der Mutter gelöst hat. Das
Kind kann jetzt auch seinen eigenen Willen klar artikulieren: »Will aber«
oder »Will nich« usw. Es weiß, was es will, und sieht sich durch die Eltern
klar gehindert. Unterschwellig mag es empfinden, daß es den Eltern sprach-

lich noch weit unterlegen ist und sich mit ihnen auf keinen Wortstreit einlassen kann. Also greift es zu anderen Mitteln. So mag man den Wutausbrüchen, so unangenehm sie sind, auch etwas Positives abgewinnen. Jedenfalls waren in Hildegard Hetzers Beratungsstelle weit überdurchschnittlich viele jener Kinder, die sich später als unselbständig erwiesen und ständig an die Hilfe der Erwachsenen appellierten, solche, die sich nie in einer den Eltern erinnerlichen Weise trotzig gezeigt hatten.[30]

Das Kind wird dabei von den eigenen Affekten überwältigt und ist keinem Zuspruch zugänglich. Was wie Bockigkeit aussieht, ist oft nur Unreife. Es hat sich etwas in den Kopf gesetzt, und es gelingt ihm so schnell nicht umzuplanen. Nachgeben wäre in den meisten Fällen falsch, noch törichter aber, den »Trotz« brechen zu wollen. Das Beste: sich mit Gelassenheit wappnen und den Anfall vorübergehen lassen. Später, wenn die Erregung abgeklungen ist, sagen: »Ich hab dich trotzdem lieb«. Denn ganz bewußt wollen Kinder jetzt auch »lieb« sein. Sie buhlen um die Gunst der Erwachsenen. Das ist nach Hansen die Kompensation der Trotzphase:

> Die Bewegtheit des Gefühlslebens während dieser Zeit zeigt sich auch in einem erhöhten Zärtlichkeitsbedürfnis des Kindes. Es sucht die Mutter mehr als sonst, will sie beim Zubettbringen lange bei sich behalten, schmiegt sich an und möchte liebgehalten werden.[31]

Die schönste Trotzgeschichte, die uns erzählt wurde, leistete sich die dreijährige Jana. Sie beschloß nach einem Verweis durch die Mutter auszuziehen. Sie schulterte ihren Rucksack, in den sie sich eine Flasche Sprudel gepackt hatte, ließ sich aber dann schon auf der Einfahrt des Nachbarhauses nieder, wo sie allen, die es wissen wollten oder nicht, erzählte, daß sie ausziehe. Nach einer guten Stunde kam die Mutter auf sie zu und fragte sie, ob sie nicht doch zurückkommen wolle. Sie fühle sich sehr allein im Haus. Na gut, erklärte Jana und ging heim.

Der Witz dabei ist, daß die Mutter dem Kind nicht das Unvernünftige seines Tuns klarmacht und damit sein Selbstwertgefühl schwächt, sondern dies sogar stärkt, indem sie auf ihre eigene Abhängigkeit hinweist. Die gefühlsmäßige Abhängigkeit von ihrem Kind ist ja ebenso real wie die emotionale *und* physische Abhängigkeit des Kindes von ihr.

Nicht immer gelingt es Eltern, so gelassen zu reagieren; viel weniger noch, so phantasievoll wie in der folgenden Begebenheit, die Bernt von Heiseler aus seiner Kindheit erzählt:

> Es war ein allverneinender Geist in mich gefahren, wie er ja nicht nur Kinder zuzeiten quält. Nichts war mir recht zu machen, ich widersetzte mich jedem freundschaftlichen Vorschlag zu einem Spiel oder Spaziergang. Das ging so lange, bis meine Mutter mich aufhorchen machte mit der Bemerkung, sie könne mich nicht mehr deutlich sehen, und den Vater herbeirief. Schon durch seine Anwesenheit – der tagsüber in seinem

Arbeitszimmer verborgen blieb und nur bei besonderem Anlaß sichtbar wurde – war die Situation verändert, aber noch war der Widergeist nicht bezwungen. Auf die väterlich ernste Frage, ob ich jetzt anständig sein wollte, gab ich wieder das Nein zur Antwort.

Kannst du ihn noch sehen? fragte die Mutter. Hm. Undeutlich nur, sagte der Vater. Wer immer nur Nein sagt, der wird zuletzt selber zum Nein, man kann ihn nicht mehr von der Luft unterscheiden; ich fürchte, bald wird er ganz verschwunden sein und wir finden ihn nicht mehr.

Nein, es ist nicht wahr, nein! rief ich mit Grauen. Sein Kopf und die Arme sind schon nur noch ein Schatten, sagte mein Vater mitleidig. Bernt, hörte ich meine Mutter laut, wie von weither, rufen. Willst du nicht lieber mit mir spazieren gehen? Ich schrie Ja, ja! und war für diesmal geheilt.[32]

Aber es geht nicht nur um zunehmende Selbständigkeit. Aus Berechnung haben Supermärkte die Süßigkeiten an der Kasse plaziert, an der jeder vorbei muß. Da riskieren Eltern ungern einen Aufstand der Kleinen und gewähren ihnen, was sie sonst verweigern würden. Warum aber diese gefürchteten Überreaktionen von Kindern, die doch gut versorgt werden? Das Kind läuft rot an, bebt am ganzen Körper, schreit wie am Spieß, ist ganz offensichtlich außer sich, nicht Herr seiner selbst. Hier wird ein uraltes Verhaltensprogramm aktiv – so die Evolutionsbiologen. Die Drängler und Brüller, die am kräftigsten Alarm schlugen, hatten bei einem großen Wurf die besten Chancen, gefüttert zu werden und durchzukommen. Selbst bei Einzelkindern tritt dies Verhalten auf: Wen haben nicht die Fernsehbilder beeindruckt, in denen eine von ihrem futterbettelnden Kind genervte Pinguinmutter schließlich davonläuft und von dem flügelschlagenden Kleinen durch die ganze Kolonie verfolgt wird? Übrigens haben Jungen (im allgemeinen) mehr Trotzanfälle als Mädchen.[33]

Braucht der Säugling den Vater?

Beteiligt sich der Vater an der Babybetreuung, akzeptiert das Kleine in der Regel auch beide Betreuer. Einige Babys machen allerdings durch ihr Verhalten deutlich, daß sie *einer* Betreuungsperson den Vorzug geben, ohne daß immer ein Grund für ihre Wahl erkennbar wäre. Babys sind also nicht bloß passive Objekte unserer Zuwendung, sie entscheiden mit darüber, wem sie ihre besondere Zuneigung schenken. Einige Studien lassen eine gewisse Überlegenheit der Mutter auch nach der Geburt erkennen.

Wahrscheinlich stärkt es die Bindung zu Mutter und Kind, wenn der Vater bei der Geburt anwesend ist. Väter kommen von Anfang an nicht nur als Spiel- und Sprechpartner, sondern auch als Betreuer in Frage, allein schon, um die Mutter zu entlasten. Bei Abwesenheit der Mutter braucht dann kein Fremder das Baby zu betreuen; die Konstanz und Regelmäßigkeit der Betreuung ist besser gesichert.

Aus kommunikativ-sprachlicher Sicht ist auch gegen eine Umkehrung der traditionellen Geschlechterrollen nichts einzuwenden: Beide Elternteile haben die – im nächsten Kapitel näher beschriebenen – Fähigkeiten, ihren Säugling in kindgerechter Weise anzusprechen und ihn zur Sprache zu führen. Deshalb sprechen Mechthild und Hanus Papousek auch von »intuitiver elterlicher Didaktik« oder vom »intuitiven Früherziehungspotential« der Eltern, also nicht allein von dem der Mutter.[34] Säuglingserziehung ist also auch Männersache! Selbst älteren Geschwistern gelingt es teilweise, ihr Sprachverhalten anzupassen und mit Säuglingen zu kommunizieren. Es kann wohl nur günstig für das Kleinkind sein, wenn ihm seine Muttersprache von mehreren Vertrauten mit den ihnen eigenen charakteristischen Sprechstilen zugesprochen wird. Und es vermindert Trennungsängste, wenn es gleich mehrere Menschen hat, denen es zutiefst zugetan ist. Auch Großeltern gehören dazu und können eine Brücke vom Elternhaus zur Welt draußen bilden. Denn wie kein anderes Wesen verbindet der Mensch Geselligkeit mit Kultur, d.h. der Weitergabe von Wissen durch die Generationen hindurch. Menschen lernen von anderen Menschen.

Kehren wir die Frage um: Brauchen Väter ihr Kind? Und brauchen nicht Großeltern ihre Enkel, um den Reichtum ihrer Lebenserfahrungen weiterzugeben? Um noch etwas zu haben, auf das hin sie leben können? Väter sollten sich den intimen Umgang mit ihrem Kleinkind nicht entgehen lassen – knuddeln, schmusen, Zärtlichkeit schenken, Nähe versuchen, auf Körpersprache achten, einen erwachenden Verstand beobachten und dabei viel über sich selbst lernen. Solche Väter werden auch mütterliches Verhalten besser verstehen, statt sich ausgeschlossen zu fühlen. Leider ist das Leben mit Kindern und Enkeln eine Erfahrung, die in unseren westlichen Gesellschaften immer seltener wird. Wenn dann die Kinder aus dem Haus gehen, bedauert so mancher Vater, sich weniger mit ihnen beschäftigt zu haben, als er es eigentlich gewünscht hätte: späte Klarheit im Moment des Verlustes.

Bewegend ist die Klage eines Vaters, der mit den nach seiner Erblindung geborenen Kindern nicht mehr so intensiv spielen kann, wie mit seinem ersten Kind. Diese Tatsache erzeugt ein »schneidendes Gefühl des Verlusts« und Panik bei dem Gedanken,

> »daß dies alles nun an mir vorübergeht und daß diese goldenen Jahre des kindlichen Spiels nicht zurückgewonnen werden können.«[35]

Die Verhaltensforschung, die Tiere untereinander und mit dem Menschen vergleicht, sagt uns, daß in der Tierwelt alle möglichen Betreuungsarten vorkommen: Mal kümmert sich gar keiner, mal nur der Vater, mal nur die Mutter, mal kümmern sich alle beide und reiben sich geradezu auf, damit die Brut groß wird, mal kümmern sich noch andere Angehörige des Rudels um die Aufzucht der Jungen, und in Insektenstaaten ist es ein ganzes Heer von Tanten. Bei der überwiegenden Mehrheit der Säugetiere beteiligen sich die Väter nicht an der Aufzucht der Jungen. Beim Menschen ist das Ausmaß des väterlichen Fürsorgeverhaltens in verschiedenen Kulturen unterschiedlich ausgeprägt und stark dem Wandel unterworfen. Offensichtlich hat aber die Natur doch einiges daran gesetzt, daß auch Väter einen Beitrag leisten. Gewiß werden Kinder in erster Linie »bemuttert«. Aber Mutter und Kind brauchen den Beistand der Väter. Kinder brauchen Eltern-Zeit und auch Großeltern-Zeit.

Hüten wir uns also vor einem neuen Mutterkult.[36] Es ist schon schlimm genug für ein Kind, wenn die Eltern sich scheiden lassen. Noch schlimmer aber, wenn es von einem Elternteil zum Besitzstand erklärt, damit zum Zankapfel wird und als Waffe gegen den anderen Elternteil mißbraucht wird. Es ist die Sehnsucht der Kinder, von beiden Eltern geliebt zu werden.

Darüber gibt es in der deutschen Literatur ein erschütterndes Zeugnis aus der Feder von Karl Philipp Moritz, der mit dem *Magazin zur Erfahrungsseelenkunde* (1783–1793) die erste psychologische Zeitschrift deutscher Sprache gründete. Gleich zu Anfang seiner als »psychologischer Roman« getarnten Autobiographie heißt es:

> Unter diesen Umständen wurde Anton geboren, und von ihm kann man mit Wahrheit sagen, daß er von der Wiege an unterdrückt ward. Die ersten Töne, die sein Ohr vernahm, und sein aufdämmernder Verstand begriff, waren wechselseitige Flüche und Verwünschungen des unauflöslich geknüpften Ehebandes. Ob er gleich Vater und Mutter hatte, so war er doch in seiner frühesten Jugend schon von Vater und Mutter verlassen, denn er wußte nicht, an wen er sich anschließen, an wen er sich halten sollte, da sich beide haßten, und ihm doch einer so nahe wie der andre war. In seiner frühesten Jugend hat er nie die Liebkosungen zärtlicher Eltern geschmeckt, nie nach einer kleinen Mühe ihr belohnendes Lächeln. Wenn er in das Haus seiner Eltern trat, so trat er in ein Haus der Unzufriedenheit, des Zorns, der Tränen und der Klagen. Diese ersten Eindrücke sind nie in seinem Leben aus seiner Seele verwischt worden, und haben sie oft zu einem Sammelplatze schwarzer Gedanken gemacht, die er durch keine Philosophie verdrängen konnte.[37]

Wenn ein Kind eine sichere Bindung zu ein oder zwei Betreuern aufgebaut hat, kann es ihm nur guttun, weitere Personen intim zu erleben und dabei auch andere Arten des Menschseins aus nächster Nähe kennenzulernen. Dann gilt wohl, was Lilli Palmer in ihrer Autobiographie schreibt. Das Wichtigste für ein seelisch-geistig gesundes Heranwachsen des Kindes sei die liebevolle Zuwendung der Eltern zueinander. Alles andere folge daraus:

Wir hatten eine so glückliche Kindheit, weil meine Eltern nie einen Hehl daraus machten, daß sie einander mehr liebten als uns. Sie hatten uns lieb, sie sorgten sich um uns, sie waren auch manchmal stolz auf uns, aber in erster Linie kümmerten sie sich umeinander und erst in zweiter um uns. Dadurch herrschte im Haus ein entspanntes, ausgeglichenes Klima allgemeiner Unabhängigkeit. Kinder, normale, gesunde Kinder, fordern und erhalten ihren Anteil Liebe sowieso. Es ist besser, daß es an ihnen liegt, noch eine zusätzliche Portion aus ihren Eltern herauszuschmeicheln, anstatt von vornherein damit überschüttet zu werden, als sei es ihr Geburtsrecht. Kinder aller Altersstufen sollten um ihre Eltern werben. Davon profitieren beide Parteien.[38]

Ehepaare, die besonders verständnisvoll miteinander umgehen, so bestätigt uns die amerikanische Forschung, sind zugleich diejenigen, die ihren Kindern im Auf und Ab der Gefühle am besten helfen.[39]

Das Einverständnis ungleicher Partner

> Es ist auch niemand sein eigner Lehrer im Sprechen. (Johann Conrad Amman, 1692)

Spracherwerb ist Gemeinschaftsarbeit. Jeder Spracherwerb ist zugleich Sprachvermittlung. So gesehen können auch Lehrer, die in den Schulen unter ganz anderen Bedingungen eine Muttersprache, Zweit- oder Fremdsprache vermitteln, von der Art und Weise lernen, wie die Natur Unterricht quasi inszeniert. Ausgangspunkt ist das *Einverständnis* der Beteiligten.

Wie ungleich sind doch die Partner in diesem Spiel! Die einen kennen sich in der Welt aus, der andere muß sie sich noch erobern. Die einen haben die Sprache, der andere hat sie nicht. Sprache will Schritt für Schritt, ja Laut für Laut gewonnen werden. Dabei ist dem Neugeborenen nicht einmal gezielte Gestik möglich. So müssen die Eltern die Führungsrolle übernehmen und Einvernehmen herstellen. Sie tun das auf eine Weise, deren Raffinement ihnen zumeist gar nicht bewußt wird. Mit welcher Freude, mit welchem Stolz registrieren Eltern selbst kleinste Entwicklungsschritte ihrer Sprößlinge!

Um so schlimmer, wenn Eltern sterben oder auch sonst kein Einverständnis, keine Liebe da ist. Manchem hat es gar die Sprache verschlagen (Fachjargon: *elektiver oder selektiver Mutismus*, das Erstummen nach Erwerb der Sprache bei Intaktheit der Sprachorgane). Die Mutter des amerikanischen Schriftstellers Harold Brodkey (*Die flüchtige Seele*) starb, und der trinkende Vater verkaufte das Kind regelrecht für 350 Dollar an Verwandte, die ihn adoptierten:

> Als meine Mutter starb, war ich zwei Jahre alt. Das Trauma dieses Verlu-
> stes war so stark, daß ich nicht mehr das Englisch meiner Mutter spre-
> chen konnte – ich verstummte, sagte zwei Jahre kein Wort mehr.[40]

Nichts vermag die Macht der Affekte über die Sprache besser zu verdeutlichen als dieses plötzliche Verstummen. Kinder, die sprechen können, sagen
in bestimmten Situationen nichts mehr. Einige schweigen von einem Tag
auf den andern, andere verstummen allmählich. Was anfänglich noch als
trotziges Willkürverhalten gedeutet werden kann, entpuppt sich als eine
tiefgehende Kommunikationsstörung, über die die Kinder offensichtlich
keine Gewalt haben. Manchmal scheint es so, als wählten sich die Kinder
die Personen aus, mit denen sie noch sprechen bzw. denen sie konsequent
mit Schweigen begegnen. Sie kommunizieren mitunter noch non-verbal,
grüßen vielleicht noch, sind u.U. auch zu bewegen, Texte für die Schule auf
Kassette zu sprechen oder mit jemandem zu telefonieren, in dessen Beisein
sie sonst schweigen. Manche entdecken als Ausweg das »Chatten« im Internet, anderen gelingt es zeitweise, mit der besten Freundin zu flüstern.
Wenn sie, manchmal nach Jahren, wieder zu sprechen anfangen, verhalten
sie sich zunächst nur reaktiv, nicht spontan. Bei anderen wieder löst sich
der Bann so plötzlich, wie er gekommen sein mag, sie sind auf einen Schlag
wieder normal. Eine Mutter berichtet über ihre Jenni, die seit ihrer Kinder-
gartenzeit außerhalb des Hauses schweigt:

> Immerhin lernte sie mittels Augenkontakt ja und nein mitzuteilen. Beim
> Rechnen und Lesen zeigte sie auf das jeweilige Wort oder die Zahl. In der
> Pause blieb sie auf ihrem Platz sitzen. Sie schaute zwar den Kindern zu,
> spielte jedoch nicht mit ihnen. Überhaupt saß sie immer gedrückt da. Sie
> so zu sehen, brach mir fast das Herz. Zu Hause war sie weiterhin ein auf-
> gewecktes und durchaus lustiges Kind. Aber niemand, außer der Oma,
> bekam sie so zu sehen.

Unglaublich, wie hier ein Therapeut drauflos fabuliert, Machtkämpfe in der
Familie als Ursachen diagnostiziert und den besorgten Eltern noch mehr
zusetzt oder das kindliche Verhalten als Trotz auslegt – so als ob sie etwa
Fremde, die sie gar nicht kennen, oder alle Klassenkameraden mit trotzi-
gem Schweigen bestrafen wollten. Obwohl doch mutistische Kinder im
Rahmen ihrer Möglichkeiten ihren Willen zur Kommunikation zeigen,
wenn die Umgebung dafür sensibel ist. Dafür ein anderes Zeugnis aus dem
Internet:

> In der dritten Klasse arbeitete ich mit Schreibtafeln, was mir zu Beginn
> nicht so passte. Aber ich stellte fest, dass ich so mein Wissen präsentieren
> konnte. Ich konnte die Hand heben und wenn ich aufgerufen wurde, die
> Antwort auf ein Stück Papier oder die Tafel notieren. So war der Unter-
> richt auch für mich zufriedenstellender und interessanter.

Mutismus wird heute als Angststörung verstanden, aber die Ursachen sind unklar, kein Fall ist wie der andere. In einigen Fällen ist es schlicht eine biochemische Störung. Denn Jenni konnte schließlich mit einem Serotoninwiederaufnahmehemmer innerhalb weniger Monate ihr langjähriges Schweigen besiegen. Unglaublich auch, wie Eltern hier von den Fachleuten im Stich gelassen werden. Nachdem Jennis Mutter schon vieles versucht hatte (Familientherapie, Bachblüten, chinesische Heilkräuter, Homöopathie) stieß sie selbst im Internet auf die medikamentöse Behandlung! Wir verweisen auf Anja-Kristin, deren Geschichte in einem späteren Kapitel erzählt wird (S. 302ff.). Extremfälle sind lehrreich. Sie zeigen uns, wie wenig wir im Grunde über die sprachliche Verfaßtheit des Menschen wissen und wie sensibel wir als Kommunikationspartner sein sollten.

Ein Therapeut schreibt ein Buch über seine Arbeit mit Laura. Laura wird von ihren Eltern, unzurechnungsfähigen Alkoholikern, aufs Blut gepeinigt und entrinnt knapp dem Tode, als sie mit eineinhalb Jahren mit schwersten Verbrennungen ins Krankenhaus eingeliefert wird. Von dort kommt sie ins Kinderheim und spricht zwölf Jahre lang kein Wort, bleibt stumm und teilnahmslos. Später führt der Autor mit ihr eine Therapie durch: er spricht wie gegen eine Wand, hält fast drei Jahre lang wöchentliche Monologe vor ihr. Sie liefert ihm nicht die geringsten Angriffspunkte für eine gezielte Therapie. Die Schwestern im Heim behaupten aber, daß Laura Sprache verstehe.

Dann stellen sich erste Erfolge ein: Sie nimmt ein Stück Schokolade an. Oder: der Therapeut möbliert ein Puppenhaus vor ihren Augen, und plötzlich reagiert sie, greift hinein und stellt die Möbel um, wie sie es haben will. Und so schmilzt ganz langsam der Eispanzer, der sie umgibt. Dabei wird immer klarer: Laura kann im Grunde sprechen, aber auch wenn sie möchte, scheint sie zum Zuschauen verdammt, braucht unendlich viel Liebe und Geduld. Die Sprache ist ein Hauptmittel für uns, die Welt vernünftig zu erfassen, und ein Kind benennt die Dinge aus Liebe, erklärt der sie behandelnde Therapeut, der ihr schließlich die Zunge löst.[41]

Die Gabe der Mitmenschlichkeit

Das Kind lernt, ein Gespräch zu führen – noch lange, bevor es sprechen kann. Das ist viel mehr, als zu wissen, wie man sich dabei abwechselt, wann wer an der Reihe ist. Das Kind entdeckt sich als ein in eine Partnerschaft und Gemeinschaft eingebundenes Wesen. Es beginnt, sich selbst als ein »Ich« zu verstehen und das »Du« als ein anderes »Ich«, das ebenso fühlen kann und mit dem man eins werden kann. Es beginnt, erste soziale Signale zu lesen.

Was das bedeutet, wird einem erschreckend klar, wenn man auf autistische Kinder trifft, denen diese grundlegenden kommunikativ-emotionalen

Fähigkeiten weitgehend fehlen. Ihr Blick geht durch einen hindurch. Hat
man ihren Blick doch einmal gefunden, kann man ihn nicht halten. Sofort
schweifen die Augen wieder ab. Auch wenn sie sprechen können, bleiben
Ansprechversuche oft ohne Reaktion. Anreden oder Fragen werden einfach
überhört. Es ist, als ob man als Partner nicht existiere. Sie scheinen nicht in
der Lage zu sein, unterschiedliche Gesichtsausdrücke auseinanderzuhalten
und ihre emotionale Bedeutung abzulesen, den leisen Unterton in der Stimme, den Anflug von Ärger oder Mißbilligung. Bei vielen Autisten muß die
Fähigkeit, aus Umgang Zuneigung zu entwickeln und andere in ihren Ge-
fühlsregungen zu verstehen, regelrecht antrainiert werden. Trotz sorgender,
liebender Eltern bleibt ihre zwischenmenschliche oder emotionale Intelligenz merkwürdig unterentwickelt. Auch die jahrelang schweigende Laura
war, solange sie schwieg, für ihren Partner kein soziales Wesen, das im anderen den Mitmenschen sah und suchte. Sie muß todunglücklich gewesen
sein.

Dank der Führungskunst der Eltern lernen wir aber nicht nur, wie man
mit anderen spricht und sie versteht. Wir neigen auch dazu, die Art und
Weise ihres Umgangs mit uns auf uns selbst zu übertragen. Reden sie uns
gütig und verständnisvoll zu, fällt es uns leicht, uns selbst zu lieben. Bauen
sie auf den sanften Zwang des besseren Arguments, statt uns nur herrisch
in die Pflicht zu nehmen, lassen wir auch im Umgang mit uns selbst Ver-
nunftgründe gelten. Geben sie uns die Möglichkeit, zu sagen, was wir empfinden, können wir uns über die eigenen Befindlichkeiten klar werden und
die anderer mitbedenken. Die Kommunikationsmuster der frühen Kindheit
legen Grundlagen für die Weise, wie wir mit uns selbst ins Gespräch kommen und dabei Entscheidungen treffen. Wir verlegen die Zwiegespräche
auf eine innere Bühne und lernen somit, uns selbst zu finden oder zu verfehlen.

Lange nachdem es gefremdelt und damit bewiesen hat, daß es seine Betreuer wiedererkennt, sieht das Kind im Spiegel sich selbst. So kommen wir
wohl nur über die Bilder, die die anderen uns liefern, zu uns selbst. An
ihren Reaktionen und Gefühlen gelingt es uns, die eigenen zu verstehen.

Kommunikativ-emotionale und sprachliche Intelligenz

Nach Gardner umfaßt das Spektrum der Intelligenzen die sprachliche (1),
die musikalische (2) und die logisch mathematische (3). Dazu kommen die
räumliche (4) und die Bewegungsintelligenz (5); beide sind wohl im Fuß-
ball bei den Regisseuren im Mittelfeld verwirklicht, die als brillante Ball-
techniker zugleich den Sinn für den Raum haben. Zu seinen sieben sepa-
raten Begabungsfeldern zählt Gardner noch die schon genannte soziale
oder kommunikative Intelligenz (6) und die Fähigkeit zur Selbsterkennt-

nis (7) und faßt sie als personale (intra- und interpersonale) Intelligenz zusammen.

Interessanterweise ist also die kommunikative Intelligenz von der sprachlichen geschieden. Auf andere Menschen eingehen und mit ihnen umgehen zu können, erfordert zwar oft erhebliches sprachliches Geschick, ist aber im Kern etwas anderes als eine besondere Begabung für Sprache, wie sie etwa bei Schriftstellern und anderen Wortkünstlern sichtbar wird. Soziale Intelligenz findet sich auch bei gesellig lebenden Tieren. In der Gruppe muß man mit anderen Individuen der eigenen Art auskommen, deren Handeln vorhersagen, ihre Wünsche, Stimmungen oder Ziele erraten können, einen passenden Sexualpartner finden, den Nachwuchs erziehen, einweisen, trainieren. Bewußtsein entsteht, so die Theorie, wenn wir nach innen blicken, die eigenen Motive und Gedanken lesen und auf diese Weise auch die der anderen deuten lernen. Schimpansen haben so etwas wie Schimpansenkenntnis und Menschen Menschenkenntnis – und zwar in individuell sehr unterschiedlichen Graden. Menschen wie auch Schimpansen können sich vorstellen, was andere vielleicht fühlen und wie sie reagieren werden. Erkenne dich selbst, und du verstehst auch die anderen. Und umgekehrt: Erkenne die anderen, und du lernst dich selbst besser verstehen. Denn jeder Monolog, jedes Gespräch mit sich selbst ist Fortführung und Verwandlung des ursprünglichen Dialogs.

Die Wahrnehmung der eigenen Gefühle und das Sich-hinein-Versetzen in andere entwickeln sich miteinander. Zwischenmenschliche Intelligenz ist zugleich die Fähigkeit, Zugang zum eigenen Gefühlsleben zu finden. Sie ist zwar schon ein Geburtsrecht des Kindes, bedarf aber auch der Mutter-Kind-Symbiose, um heranzureifen. Die Kindheit, später die Pubertät, sind wahrscheinlich besondere Zeitfenster, um diese Intelligenz zu formen. Wir haben es hier mit einem Komplex von Fähigkeiten zu tun, die weiter unterteilt werden könnten. Daher auch die unterschiedlichen Bezeichnungen: zwischenmenschlich/sozial/personal/kommunikativ. Goleman hat diesen Bereich bestsellerwirksam als »emotionale Intelligenz (EQ)« bezeichnet.[42] Zwar sind Gefühle per se weder intelligent noch dumm. Sie sind einfach da, und es geht darum, die eigenen und die der anderen zu beobachten, zu verstehen und klug mit ihnen umzugehen. Gefühle sagen uns selbst und unserem Gegenüber, was uns momentan bewegt, welcher Antrieb uns beherrscht. Sie haben eine kommunikative Funktion.

Gefühle sind Dauerbegleiter unseres Tuns. Was wir aus der Selbstbeobachtung wissen, bestätigt uns die moderne Hirnforschung. Ständig schießen Impulse hin und her zwischen der Großhirnrinde, in der Wahrnehmen, Denken, Erinnern stattfinden, und einem anderen Hirnteil, dem limbischen System mit dem sog. Mandelkern, das für Triebe, Affekte und die gefühlsmäßige Bewertung des Tuns zuständig ist. Ohne solche Mithilfe der Gefühle wären wir entscheidungsunfähig, würden uns im endlosen Für und Wider verfransen.[43]

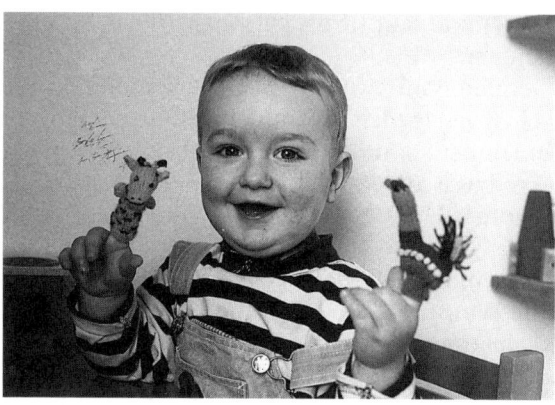

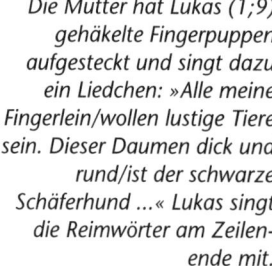

Die Mutter hat Lukas (1;9) gehäkelte Fingerpuppen aufgesteckt und singt dazu ein Liedchen: »Alle meine Fingerlein/wollen lustige Tiere sein. Dieser Daumen dick und rund/ist der schwarze Schäferhund ...« Lukas singt die Reimwörter am Zeilenende mit.

Es macht nichts, daß die Fingerpuppen Giraffe und Pfau darstellen, die im Lied nicht vorkommen. Im Gegenteil. Es geht auch ohne Puppen. Die Kinder haben keine Schwierigkeiten, im nackten Daumen den schwarzen Schäferhund zu sehen usw. Das wäre das »symbolische« oder »Als-ob-Spiel« (vgl. S. 87ff.).

Ein Schritt auf dem Weg, die eigenen Gefühle und die der anderen richtig zu deuten, sind die Phantasie-, Fiktions-, Illusions- oder Deutungsspiele sowie die eigentlichen Rollenspiele, die etwa im zweiten Lebensjahr auftreten und im dritten bis sechsten Jahr überschwenglich gespielt werden. Dabei kann sich alles in alles verwandeln, und die Rollen werden ohne Schwierigkeit gewechselt: Gast und Gastgeber, Kunde, Kassierer und Kaufmann, Autofahrer und Astronaut. Als Fiktionsspiele und Rollenspiele listet Charlotte Bühler auf:

Am Finger rauchen, den Stuhl mit Papier abstauben, das Spielzeug füttern, streicheln, mit ihm sprechen, Puppe und Papagei wie einen Kameraden behandeln, Schlafen spielen, sich in die Rolle der Tante, des Schornsteinfegers, Schaffners, Soldaten, Kutschers, Kellners, Kaufmanns, Briefträgers, Großvaters und Jägers hineinversetzen, sich zu einem Affen, Löwen, Hund oder zu Rotkäppchen und Wolf machen.[44]

Das Kind versenkt sich in unterschiedlichste Rollen und spürt beim Ausagieren ihrem Gefühlsgehalt nach. Wie ist das, wenn man Briefträger ist und die Post durch den Türschlitz steckt, hinter dem ein Hund wütend kläfft? Das Kind lernt sich selbst auf dem Umweg über das Bewußtsein von anderen kennen. Indem es andere nachahmt oder darstellt, d.h. sich mit einem Nicht-Ich identifiziert, erreicht es »ein kontrastierendes Selbstgefühl«.[45]

Worin könnte nun – im Unterschied zur kommunikativ-emotionalen – die sprachliche Intelligenz bestehen? Dazu gehört auf jeden Fall ein besonderes Ohr für den typischen Tonfall einer Person, ihre typische Sprechweise, ihren verbalen Habitus, auch eine bestimmte Leichtigkeit, Dialektalisches aufzunehmen und wiederzugeben, dazu wohl auch die Neigung zu allerlei Wortverdrehungen und Wortspielereien. Es sind Gaben, die man am ehesten bei Kabarettisten und Parodisten findet, Künstlern des gesprochenen Wortes, die sich im Nu sprachlich-gestisch-mimisch in einen anderen Menschen verwandeln können und diesen Menschen durch seine Sprache darstellen und entlarven können. Es sind meist auch Menschen mit Lust am Fabulieren, geborene Erzähler mit einem guten Gedächtnis für die verbalen Macken und Ticks ihrer Mitmenschen, professionelle Rückwärtssprecher, brillante Plauderer. Dies ist sicherlich ein Baustein sprachlicher Intelligenz im engeren Sinne. Sprachlich begabt sind auch die guten Verbalisierer, die in jeder Diskussion mitreden, sich in Szene setzen und fehlende Ideen durch geschickte Rhetorik überdecken können. Hier kommen sich sprachliche und kommunikative Intelligenz sehr nahe. Ein anderer Baustein könnte die Begabung sein, mehrere Fremdsprachen zugleich fließend sprechen (und behalten) zu können. Ein Sprachgenie wie Georg Sauerwein soll an die sechzig Sprachen beherrscht haben. Unfaßbar![46] Hinzuzurechnen wäre wohl auch die Sprachgewandtheit des guten Übersetzers: Hierin kann er dem Autor, den er übersetzt, durchaus ebenbürtig sein. Was ihm der Autor voraus hat, sind andere Eigenschaften wie etwa die Originalität des Denkens, die erfinderische Kraft oder die Intensität des Gefühls. Andererseits sind Ideenlieferanten und Denker mit Tiefgang nicht zwingend auch besonders sprachmächtig.

Die Forschung differenziert und sortiert verschiedene Fähigkeiten, die im Menschen aber stets zusammenspielen. Das »Erkenne dich selbst« ist für jeden eine Aufgabe, die ganz früh einsetzt und, so lehren uns die Kinder, nicht auf dem Weg monologischer Selbstversenkung ans Ziel gelangt. Menschen sind soziale Wesen; sie finden sich, indem sie Zwiesprache mit anderen, dann aber, und sich daraus entwickelnd, Zwiesprache mit sich selbst halten. Der Mensch, der mit sich spricht, hat in sich selbst ein Gegenüber gefunden. Er ist ein sprechendes Wesen, nach Kant das einzige, das zu sich »Ich« sagen kann.

Sicherheit durch personale Bindung

So finden in den ersten Lebensjahren wichtige Entwicklungen auf vielen Ebenen zugleich statt. Das herausragende Thema gerade auch in Hinblick auf Sprache ist das kindliche Bedürfnis nach Bindung, die Entwicklung zum sozialen Wesen, das Aufeinander-Eingehen und Miteinander-Umgehen-

Können. Zunächst bildet sich die Fähigkeit heraus, sich auf den Partner einzu*stimmen* (das ist ganz buchstäblich gemeint) und sich gefühlsmäßig mit ihm auszutauschen.

Die seelische Not schwer hörgeschädigter und noch sprachloser Kinder macht uns auf das Zusammenspiel von Körper- und Lautsprache aufmerksam. Sie können ja zunächst nur abgucken und nachahmen, sind beim Verstehen oft ganz auf das Mienenspiel angewiesen. Wenn man ihnen etwas abschlagen muß, gehört zur verneinenden Geste auch die strenge Miene. Wie einfach haben wir es dagegen, wenn wir ein notwendiges »Nein« mit einem freundlichen Blick und herzlichem Ton begleiten können, mit Körpersprache, die unmißverständlich signalisiert: »Ich hab dich lieb, es ist nicht bös gemeint.« Wieviel einfacher ist es, wenn wir unser »Nein« erklären und um Verständnis werben können!

Berühmt geworden sind Harry F. Harlows Beobachtungen an Rhesusäffchen, die er isoliert von ihren Müttern aufzog, ohne es sonst an etwas fehlen zu lassen.[47] Als sie später in die Affengemeinschaft entlassen werden, zeigen sie kein Interesse an anderen, spielen nicht mit, wippen, wie man es auch bei Autisten beobachtet hat, oft stundenlang stumpfsinnig hin und her, kneifen sich an immer derselben Stelle, bis sie bluten, sind entweder übermäßig aggressiv oder ängstlich und als Sexualpartner ungeeignet. Kurz: Sie erweisen sich als asozial und letztlich lebensuntauglich. Ebenso wurden in Einzelboxen aufgezogene Schimpansen zu sozialen Krüppeln, wenn auch ihre Verhaltensschäden nicht ganz so gravierend waren. Weniger bekannt geworden ist die Tatsache, daß Harlow sich später teilweise korrigiert hat: Es muß nicht unbedingt eine Mutter da sein; soziale Bedürfnisse können z.B. auch durch Geschwister und Spielkumpane befriedigt werden. So können sich auch Kinder, die in einer großen Geschwisterschar aufwachsen, besonders eng an ein älteres Kind anschließen und dabei Liebe und Fürsorge erfahren.

Der Unterschied zwischen Rhesusäffchen und den intelligenteren Schimpansen ebenso wie Lauras Geschichte deuten darauf hin, daß es dem Menschen, der wie kein anderes Wesen bis ins Alter lernfähig bleibt, doch noch möglich ist, frühe psychische Schäden später zu überwinden oder abzumildern. Unser Leben muß nicht durch eine unglückliche Kindheit auf alle Zeiten verpfuscht sein.

Gleichwohl steht fest: Beim gesunden Kind sind Bindungen, d.h. liebevolle Beziehungen zu anderen Menschen, der Transmissionsriemen für die sprachliche, ja die gesamte soziale und geistige Entwicklung. Denn »der Mensch wird nur unter Menschen ein Mensch« (Johann Gottlieb Fichte).

---

1 Mauthner I, 660. Dass der eigene Körper erst erobert werden will, wird vor allem dem einleuchten, der ihn verlor und zurück gewinnen mußte. Dem Neurologen Oliver Sacks (1984) passierte es mit seinem Bein, mit dieser Gipsröhre, die da wie ein Fremdkörper neben ihm liegt. Nach seinem Unfall und folgender Operation beschreibt er eindringlich die unheimliche Erfahrung, die Mediziner »Körper-Agnosie« nennen. Er versteht einfach nicht, dass dieses dick umwickelte Etwas zu ihm gehört. Er hat – eine Zeit lang – kein inneres Bild des Beines mehr, das aus den uns normalerweise ständig zufließenden körperlichen Eigenwahrnehmungen erzeugt wird.

2 Humphrey 1995, 187

3 Wenn gehörlose Kinder Gebärdensprachen erlernen, kommt es ebenso zu Verwechslungen zwischen den Gebärden für *ich* und *du* (Boyes Braem 1990, 167)

4 Stern & Stern 1928/1987, 272

5 Ramge 1975, 54

6 Jespersen 1925, 103

7 Stern & Stern 1987, 274

8 Zu Emmanuelle Laborit siehe S. 149ff. Auch der vierjährige Julius meint, Julius sei ein Kindername. (Katz & Katz 1928, 160)

9 Das war auch Darwin schon aufgefallen: »Younger children, such as Annie now a year old, look at people with a degree of fixedness which always strikes me as odd ...« (Darwin 1988, 421).

10 Carossa 1977, 10

11 von Heiseler 1971, 175

12 Nabokov 1967

13 Damasio 1995

14 Luczak 1994

15 Kaiser 1978

16 Zollinger 1995, 47

17 Jacob 1988, 289

18 Darwin 1988, 419

19 Schon Darwin (1877, 290) hatte sowohl mit seinen Kindern wie mit Affen Spiegelversuche angestellt.

20 Bischof-Köhler 1989

21 Trumler 1989

22 Scupin & Scupin II (1910), 20

23 Tinbergen 1972

24 Weitere Forschungsergebnisse: Sicher gebundene Kinder zeigen größere Begeisterung und mehr Durchhaltevermögen beim Problemlösen; sie zeigen größeres soziales Interesse und Einfühlungsvermögen und sind darum auch bei Gleichaltrigen beliebter. Sicher gebundene Kinder waren auch noch im Alter von 9, 12 und 15 Jahren bessere Schüler als unsicher gebundene Kinder. Vgl. Riksen-Walraven 1991 und Jacobsen & Hofman 1997.

25 Salimbene von Parma 1914, 359. Salimbene war politischer Gegner des Kaisers. Diese sonst nirgendwo berichtete Episode könnte von ihm – in Anlehnung an Herodot, der von einem ähnlichen Experiment eines Pharao erzählt – erfunden worden sein.

26 Bowlby 1971; 1991

27 Harlow u.a. 1966

28 Kornadt 1993, 194
29 Scupin & Scupin I (1907), 62, 64, 68, 87
30 Charlotte Bühler 1967, 188
31 Hansen 1965, 232
32 von Heiseler 1971, 10
33 Rauh 2002, 203
34 Papousek, M. 1994
35 Hull 1992, 176
36 In einer dänischen Untersuchung wurden 3- bis 5-jährige Kinder miteinander verglichen, die entweder beim Vater oder bei der Mutter aufwuchsen. Das Verhältnis der Kinder zu den alleinerziehenden Vätern war »weniger problematisch«. Sie hatten weniger Wutanfälle, die Väter waren toleranter und straften weniger (Christoffersen 1995). Vorsicht gegenüber einem Einzelbefund aus einer einzelnen Untersuchung ist jedoch angebracht, auch wenn diese Studie sorgfältig angelegt ist. Deshalb verweisen wir auf die umfassende Darstellung der Frage, wie Mütter und Väter Kindheit unterschiedlich prägen, bei Paul & Voland (1997).
37 Moritz 1972, 12–13
38 Palmer 1974, 19
39 Nach Goleman 1996, 240
40 Scheck 1995
41 D'Ambrosio 1970, 21
42 Goleman 1995. Das Kürzel »EQ« suggeriert fälschlicherweise, daß es sich hier wie beim IQ schon um eine etablierte Meßgröße handele. Diagnostische Instrumente für diese den IQ erweiternden Fähigkeiten fehlen noch. Der IQ ist ein äußerst stabiler Faktor und besitzt damit hohe Vorhersagekraft. Man kann sich noch so anstrengen: den Wert, den man mit etwa acht Jahren erreicht, kann man bei späteren Test-Wiederholungen kaum verbessern. Der IQ mißt hochabstraktes, d.h. aus unmittelbaren Lebenszusammenhängen ablösbares, schlußfolgerndes Denken. Er bleibt ein wichtiges Maß, ist aber als Ganzes angesichts der Vielfalt intelligenter Leistungen unbefriedigend.
43 Damasio 1995
44 Charlotte Bühler 1967, 134
45 Gehlen 1974, 396
46 Masalskis 2003
47 Harlow 1969; Harlow u.a. 1959; 1966

Die Besonderheit des sprachlichen Hörens

Das Ohr, der erste Lehrmeister der Sprache. (Johann Gottfried Herder)
Die Erweckerin, / die menschenbildende Stimme. (Friedrich Hölderlin)

Kategoriales Hören

Max Tau, der 1950 als erster den Friedenspreis des deutschen Buchhandels erhielt, erzählt folgende moderne chassidische Geschichte:

> Ein alter Rabbi in Jerusalem wurde sehr schwer krank. Sein junger Arzt wollte ihn ablenken, und er brachte ihm einen Radioapparat. Damit spielte er Bach und alle Musik, die der alte Rabbi liebte, und dann brach er voller Entzücken aus. »Rabbi, sehen Sie das Gerät, und denken Sie dann, daß die Musik aus Amerika kommt. Ist das nicht ein Wunder?« – »Nein, mein lieber junger Freund«, antwortete der Rabbi, »das ist kein Wunder.« Dann zeigte er auf sein Ohr. »Daß dies hört, das ist ein Wunder.«[1]

Alle unsere Sinne sind hochkomplexe, aus vielen Teilleistungen zusammengesetzte Systeme. Schon das Neugeborene kann den Schall orten: Es dreht den Kopf zur Schallquelle hin. Dieses räumliche Hören kommt zustande, indem sein Gehirn den Zeitunterschied zwischen der Ankunft des Schalls an dem einen und dem anderen Ohr auswertet. Ein klares Beispiel für eine angeborene Fähigkeit, denn der kleine Unterschied wird uns nicht einmal bewußt. *Wir* überhören ihn, nicht aber unser Gehirn, sonst könnten wir ja nicht wissen, woher ein Ton kommt, es sei denn, wir sehen seine Quelle. Und es ist gut so, daß wir den Unterschied nicht bewußt erleben: Die bewußte Wahrnehmung bleibt frei für andere Dinge. Erwachsene können übrigens Schälle präziser lokalisieren als Kleinkinder: mit dem Körperwachstum nimmt der Abstand zwischen den Ohren zu und damit auch die Zeitdifferenz im Millisekundenbereich, die das Hirn verrechnen kann.

Räumlich riechen können wir allerdings nicht. Wahrscheinlich liegen unsere Nasenlöcher zu dicht beieinander, als daß wir mit ihnen ermitteln könnten, aus welcher Richtung ein Duft kommt. Aber Schlangen riechen stereo. An beiden Enden ihrer gespaltenen Zunge befinden sich empfindliche Sinnesorgane, die Chemikalien orten können. Registriert die eine Spitze eine geringfügig höhere Konzentration einer Substanz als die andere, ermittelt das Gehirn aus dem Vergleich beider Werte die Fluchtrichtung der Beute, die diesen Stoff abgibt. Beim Hören wird ein Zeitunterschied, beim Riechen ein Unterschied im Verdünnungsgrad verrechnet.

Die Ortung einer Schallquelle ist nur eine Teilleistung des komplexen Systems, das wir Hören nennen. Normalerweise hören wir kontinuierlich, d.h. wir nehmen feine Übergänge wahr, bei der Schallortung ebenso wie bei der Tonhöhe und Lautstärke. Zum menschlichen Hören gehört aber noch eine andere Leistung, die nicht nach dem Mehr-oder-weniger-Prinzip arbeitet.

Sprachliches Hören geschieht auf der Grundlage von Entweder-oder-Entscheidungen. Ein Sprachlaut ist für unser Gehör entweder stimmhaft oder nicht stimmhaft, nasal oder nicht nasal, gerundet oder nicht gerundet; dabei ist es unerheblich, wie stark das jeweilige Merkmal im einzelnen ausgeprägt ist. Auf dieser Grundlage kann das menschliche Gehirn die erforderlichen Entscheidungen viel schneller und damit effizienter treffen als bei kontinuierlicher Wahrnehmung. Es würde zuviel Zeit erfordern, in jedem Einzelfall den genauen Grad, z.B. an Stimmhaftigkeit, Nasalität oder Lippenrundung, zu prüfen. Denn das Ohr hat nur 20–40 Millisekunden Zeit, um etwa den Unterschied zwischen *pa* und *ba* wahrzunehmen. Allerdings kann es schon zwei feine Klickgeräusche als getrennt wahrnehmen, wenn sie nur drei Millisekunden auseinanderliegen. Unser Tastsinn braucht da schon zehn Millisekunden Differenz, um zwei Reize als nicht mehr gleichzeitig aufzufassen; beim Sehen müssen unter optimalen Bedingungen mindestens zwanzig Millisekunden zwischen zwei Reizen liegen, damit wir sie als getrennt wahrnehmen.[2]

Was wir als Vokale und Konsonanten wahrnehmen, sind somit *Klassen* oder *Kategorien* individueller Geräusche. Die Unterschiede *zwischen* den Klassen vernehmen wir, die Unterschiede zwischen den einzelnen Geräuschen *innerhalb* einer Klasse überhören oder vernachlässigen wir. Wir nehmen nicht wahr, wie unterschiedlich ein a ausgesprochen wird, es bleibt ein a. Aber die Grenze zum o wird messerscharf lokalisiert (auch wenn ein Sachse die Grenze anders setzt). Diese klare Grenzziehung (wo akustisch keine Markierung vorliegt) konnte mit modernen Sprachproduktionsgeräten, die im Millisekundenbereich Laute kontinuierlich variieren können, nachgewiesen werden. Im Innenohr werden gewisse Unterschiede erfaßt und durch eine rund tausendfache Schallverstärkung verschärft (H.P. Zenner, Tübingen). Dabei werden andere – rein akustisch gesehen ebenso große – Unterschiede als nicht existent erklärt und übersehen. Diese Art von Entweder-oder-Wahrnehmung heißt *kategoriale Wahrnehmung*. Elemente eines Kontinuums werden getrennten Kategorien zugeordnet, Zwischenstufen nicht zugelassen. Obwohl akustisch gesehen die Grenze zwischen beispielsweise stimmhaft und stimmlos nicht eindeutig ist, vollzieht unsere Wahrnehmung einen scharfen Schnitt und erleichtert damit unser Sprachverstehen.

Mit dem Begriff der »kategorialen Wahrnehmung« ist auch schon gesagt, daß es nicht allein um das Hören geht. Alle unsere Sinnesorgane benutzen diese Strategie der Kontrastbetonung, um wichtige Informationen aus dem ständigen Zustrom von Reizen zielgenau herauszufiltern. Auch unser Farbensehen beruht auf diesem Prinzip. Unser Hirn teilt ein übergangsloses Kontinuum von Lichtwellen in abgrenzbare Farbqualitäten. Die spontane Unterscheidung etwa zwischen rot und gelb scheint jedoch nicht so scharf abgegrenzt wie bei der Lautwahrnehmung.

Frühe Verluste des Hörens

Wir kommen mit einem Hörvermögen zur Welt, das noch für alle möglichen Unterschiede in den Sprachlauten empfindlich ist, die bedeutungsrelevant sein könnten. Der Säugling kann noch alle diese Unterschiede hören. Es ist, als ob wir insgeheim den Schlüssel für jede Menschensprache in uns trügen. Mit sechs Monaten kann das Kind sich im Strom der Laute schon einigermaßen zurechtfinden: Es differenziert unterschiedliche Silbenlängen und Satzmelodien und ortet die Grenzen zwischen Sätzen, die in vielen Sprachen durch Verlängerung der letzten Sprechsilbe, Absenken der Stimme und kurzer Sprechpause danach markiert sind. Offen für alle Sprachen der Welt, stellt es sich aber noch vor dem Sprechbeginn auf die Unterschiede in den Sprachen ein, die ihm zugesprochen werden. Die Einzelsprachen nutzen ja nur jeweils einen für sie charakteristischen Teil der möglichen distinktiven Schallmerkmale. So kennen Japaner den Unterschied zwischen /r/ und /l/ nicht, die Finnen nicht den zwischen /f/ und /v/, die Spanier nicht den zwischen /v/ und /b/. Sie alle haben entsprechende Schwierigkeiten beim Erlernen des Deutschen, wo *reiten* und *leiten*, *fühlen* und *wühlen*, *Besen* und *Wesen* Verschiedenes bedeuten. Japanische, finnische und spanische Kleinkinder hören diese Unterschiede durchaus, während sich diese Fähigkeit bei Erwachsenen stark zurückgebildet hat. Unser Ohr für die Muttersprache wird also insofern geschärft, als die von ihr nicht verwendeten Lautkontraste ausgeblendet werden, ein Gewinn, der zugleich ein Verlust ist. Sprechen Sie Ihrem Vorschulkind die englischen Zahlen vor. Es wird *one* wie deutsch wann, *five* wie faif, *eight* wie eht und natürlich *three* wie sri aussprechen, weil es zunächst genau das auch hört. Ebenso können noch Fünfjährige kleinste Tonhöhenunterschiede in beliebigen musikalischen Konstellationen wahrnehmen, danach verschwindet diese Fähigkeit. Denn auch hier stimmen sich die Kinder auf die Klangwelt ihres Kulturkreises ein und verlieren Fähigkeiten, die ihnen nicht abgefordert werden.

In einer Studie (unter vielen) wurden englische Säuglinge geprüft, ob sie den Unterschied wahrnehmen zwischen einem t, das mit zurückgebogener Zungenspitze gegen den harten Gaumen artikuliert wird (retroflexes t), und einem englischen oder deutschen t, wo man die Zungenspitze gegen die oberen Zähne drückt (dentales t). Dieser Unterschied ist im Hindi, einer Sanskritsprache, wichtig, im Englischen (oder im Deutschen) nicht. Bis zum Alter von sieben Monaten konnten auch jene Kinder, die in einer englischen Umgebung aufwuchsen, diese Unterscheidung ohne Schwierigkeiten wahrnehmen, und zwar so gut wie Kinder aus einer rein hindisprachigen Umgebung. Anschließend verändert sich diese Fähigkeit. Im Alter von etwa neun Monaten nimmt sie bei den englischsprachigen Kindern ab; schon zwei Monate später ist sie bei der überwiegenden Mehrzahl fast verschwunden, und im Alter von etwa vier Jahren sind nicht einmal mehr Reste davon nachweisbar. Selbst Einüben brachte bei Erwachsenen keinen Erfolg.[3]

Um all dies herauszufinden, hat man wieder die Veränderung der Nuckelgeschwindigkeit gemessen. In vereinfachter Darstellung: In ruhigem Rhythmus wird die Silbenkette ba-ba-ba ... vorgespielt. Die Kinder nuckeln langsam vor sich hin. Dann verändert man das Signal zu pa-pa-pa ... Horcht das Kind jetzt auf, indem es genau an diesem Punkt regelmäßig und kurzfristig die Nuckelrate verändert (die sich bald auf den alten Wert einpendelt), hat es wohl einen Unterschied bemerkt. Andere Forschergruppen haben statt dessen die Veränderungen der Herzschlagfrequenz gemessen – mit ähnlichen Ergebnissen.[4]

Wieder zeigt sich eine sensible Phase, eine Zeit erhöhter Empfängnisfähigkeit und Ansprechbarkeit, in der wir bestimmte Dinge besonders leicht lernen. Später sind wir nicht mehr im gleichen Maße aufnahmebereit – wahrscheinlich weil wir, wie alle Organismen, mit unseren Kräften haushalten müssen. Fazit: Kinder spezialisieren sich sehr früh auf ihre Muttersprache. Gegen Ende des ersten Lebensjahres haben sie sich ganz auf ihre Klangwelt eingestellt. Als polyglotte Weltbürger geboren, werden sie schon bald zu Staatsbürgern.

Schibboleth oder Sibboleth? – Das ist hier die Frage

Man lernt also auch durch Verlernen. Originäre Fähigkeiten, die durch die Muttersprache nicht gefordert sind, werden abgebaut oder immer weniger aktivierbar. Der Grad dieser Rückbildung ist für die einzelnen Schallmerkmale unterschiedlich. Einige Fähigkeiten werden sehr stark gedämpft, so daß sie später gar nicht oder nur sehr schwer für den Erwerb weiterer Sprachen aktiviert werden können. Für andere Unterschiede ist die Dämpfung weniger drastisch. Japaner sind z.B. durchaus in der Lage, den Unterschied zwischen /l/ und /r/ zu erlernen. Handelt es sich um Laute, die unserer Muttersprache ganz fremd sind, meistern wir sie eher als solche, die sehr dicht bei unseren eigenen liegen. Hier findet eine Art Verklumpung statt, die es uns enorm erschwert, den Unterschied wahrzunehmen und entsprechend zu artikulieren, denn es leuchtet ein, daß wir Unterschiede, die wir nicht wahrnehmen, auch nicht gezielt produzieren können. Um ein anderes Bild zu gebrauchen: Typische muttersprachliche Laute verhalten sich wie *Magnete,* die benachbarte, ähnliche Laute in ihr Kraftfeld saugen, bis sie mit ihnen verschmelzen.[5] Bei Japanern funktioniert also das /r/ wie ein Magnet, das alle /l/ an sich zieht, so daß es wie /r/ klingt. Bei den Chinesen ist es umgekehrt, sie bringen von beiden Lauten nur das /l/ zuwege.

Das kann lebensgefährlich sein. Wie im Alten Testament berichtet, griffen die Männer von Gilead Ephraimiter auf, die nach der Niederlage ihres Heeres über den Jordan flüchten wollten:

> Wenn nun die Flüchtigen Ephraims sprachen: Laß mich hinübergehen!
> so sprachen die Männer von Gilead zu ihm: Bist du ein Ephraimiter?
> Wenn er dann antwortete: Nein! hießen sie ihn sprechen: Schibboleth
> [hebräisch: »Ähre; Wasserflut«]; so sprach er: Sibboleth und konnte es
> nicht recht reden; alsdann griffen sie ihn und schlugen ihn an den Furten des Jordans. (Buch der Richter, Kap. 12, Vers 4–6)

So kommt es, daß wir gewöhnlich Fremdsprachen mit erkennbarem Akzent sprechen. Die Pubertät scheint die oberste Grenze zu sein. Begegnet man einer weiteren Sprache noch vor der Pubertät, kann man sie unter günstigen Umständen akzentfrei erlernen. Italienische Immigranten in New York wurden danach beurteilt, wie weit sie akzentfreies Englisch sprachen. Das Alter bei der Ankunft in New York variierte zwischen sechs und zwanzig Jahren, die Aufenthaltsdauer variierte zwischen fünf und achtzehn Jahren. Es zeigte sich, daß das Alter bei der Ankunft viel entscheidender als die Aufenthaltsdauer war: je jünger, desto weniger Akzent.[6] Was die Klangwelt der Sprachen anbetrifft, müßte man also, wie in den Waldorfschulen üblich, mit den Fremdsprachen früh anfangen. Der geniale Rudolf Steiner hat es erahnt:

> Die Sprache, die der Mensch als seine Muttersprache aufnimmt, wurzelt
> sich ganz tief in das Atmungssystem, in das Zirkulationssystem, in den
> Bau des Gefäßsystems, so daß der Mensch nicht nur nach Geist und Seele, sondern nach Geist, Seele und Körper hingenommen wird von der Art
> und Weise, wie sich seine Muttersprache in ihm auslebt.[7]

»Jeder trägt seine Sprache wie eine unauslöschliche Tätowierung, die allen bis an sein Lebensende verraten wird, in welche Gruppe er gehört.«[8]

Hören kommt vor dem Sprechen

Sprechen ist auf das Hören angewiesen. Wenn jemand völlig ertaubt, muß er ständig Spezialübungen absolvieren, um seine Artikulation so zu erhalten, daß man ihn gut versteht. Obwohl er jahrelang gesprochen und damit seine Sprechorgane bestens eingestellt hat, braucht er die Rückmeldung der

Ohren. Für Taubgeborene ohne Hörreste ist die Anbildung einer Lautsprache eine Plackerei, und ihre Artikulationen bleiben den meisten unverständlich. Das Wunder des Sprechenlernens beginnt mit dem Hören, denn die Ohren sind der Reglerknopf, mit dem wir unsere Sprechorgane einstellen.[9]

Beim normalsinnigen Kind geht das Hören dem Sprechen immer voraus. Der Ausdruck folgt dem Eindruck, die Sprachproduktion der Sprachaufnahme oder -rezeption. Dieser Vorsprung des Hörens wirkt sich auf zweierlei Art aus.

1. Kinder können schon Laute hörend unterscheiden, bevor sie diese Laute selbst gezielt hervorbringen können. Ihr Hörverstehen differenziert feiner als ihr Sprechen. Dazu zwei Beispiele:

> Die zweijährige Jenny ist gerade von einem Nachmittagsschläfchen aufgewacht. Als der Onkel hereinkommt, deutet sie in Richtung Fenster.
> Jenny: Ho ah ho!
> Onkel: Ho – ah – ho? Das versteh ich aber nicht.
> *(Jenny verdeckt die Augen mit ihrem Stofftier, als ob sie sich schämt)*
> Onkel *(zur Tante, die hereinkommt)*: Ho – ah – ho, was ist das?
> Jenny *(deutet wieder in Richtung Fenster und wiederholt)*: Ho – ah – ho!
> Tante: Rolladen hoch, heißt das doch. Was ist der Wolfgang auch dumm.
> *(Die Rolladen sind hochgezogen, Jenny weist also auf etwas hin, fordert nicht auf)*
> Jenny: Ja!
> Onkel: Ho – ah – ho!
> Jenny: Nein, ho u ah – ho *(sie artikuliert also etwas anders als vorher)*
> Onkel: Rolladen hoch.
> Jenny: Ja.

Die Tatsache, daß Jenny die eigene unvollkommene Lautung von anderen nicht akzeptiert, beweist eindeutig, daß sie über ein korrekteres Hörbild verfügt, als ihre Lautproduktion vermuten läßt. Nur so kann sie der Illusion erliegen, sie habe richtig artikuliert. Man kann solche Zwischenfälle bewußt provozieren:

> Jenny *(weist auf ein Regal mit einem Spielkasten)*: Das ist mein Piel!
> Onkel *(obwohl er verstanden hat)*: Ja, dein Piel.
> Jenny: Nein, Piel!
> Onkel: Natürlich, dein Piel.
> Jenny *(ärgerlich)*: Nein, Piel.

Das Kind merkt, daß es hier auf den Arm genommen wird. Ist dies der Beweis, daß sich das Kind klar darüber ist, daß es noch nicht sprechen kann, wie es hört?

Diese Beispiele belegen eindeutig das Gefälle zwischen Hör- und Sprech-vermögen. Das Kleinkind hört schon durchaus richtig, es akzeptiert das falsche Klangbild von anderen nicht. Sein Artikulationsvermögen reicht jedoch nicht aus, um nun selbst die korrekte Lautung (»Spiel«) zu produzieren.

Ein abschreckendes Beispiel von Gehorsamserziehung aus dem vergangenen Jahrhundert gibt Samuel Butler in seinem Roman *Der Weg allen Fleisches* aus dem Jahre 1903. Ein Besucher schildert, wie der Pastor Theobald seinen Sohn erzieht:

> Er war jedoch in der Aussprache des K noch sehr weit zurück, und anstatt komm sagte er tomm, tomm, tomm. Ernest, sagte Theobald aus seinem Lehnstuhl vor dem Kamin, wo er mit gefalteten Händen saß, meinst du nicht, es wäre sehr schön, wenn du komm sagen würdest wie die anderen Leute, statt tomm? Ich sage ja tomm, erwiderte Ernest und glaubte, komm gesagt zu haben. (...) Theobald bemerkte sofort, daß Ernest ihm widersprochen hatte. Er stand aus seinem Lehnstuhl auf und ging zum Klavier. Nein, Ernest, das tust du nicht, sagte er, du sagst es ganz falsch, du sagst tomm, nicht komm. Sprich mir jetzt nach komm, genau wie ich. Tomm, sagte Ernest sofort, ist das jetzt besser? Zweifellos glaubte er, es sei besser, aber das war nicht der Fall. Nun, Ernest, du gibst dir keine Mühe: Du versuchst es nicht mit dem nötigen Ernst. Es wird Zeit, daß du komm sagen lernst. Schau, Joey kann schon komm sagen, nicht wahr, Joey? Ja, ich kann, erwiderte Joey und sagte etwas, das wie komm klang. Na also! Ernest, hast du das gehört? Es ist gar nicht schwer, überhaupt nicht schwer. Laß dir Zeit, überlege gut und sprich mir nach: komm. Der Junge blieb einige Sekunden stumm und sagte dann wieder tomm. Ich mußte lachen, aber Theobald drehte sich ungeduldig nach mir um und sagte: Lach bitte nicht, Overton. Der Junge denkt sonst, es käme nicht darauf an, aber es kommt sehr darauf an. Dann wandte er sich Ernest zu und sagte: Ernest, noch einmal darfst du es versuchen, und wenn du wieder nicht komm sagst, dann weiß ich, daß du eigensinnig und unartig bist. Er blickte sehr böse, und ein Schatten flog über Ernests Gesicht, ganz wie bei einem jungen Hund, der gescholten wird, ohne zu wissen, warum. Der Junge wußte genau, was nun kommen würde, wurde ängstlich und sagte natürlich wieder tomm. Also gut, Ernest, sagte sein Vater und packte ihn ärgerlich an der Schulter. Ich habe mein Bestes getan, um es dir zu ersparen, aber wenn du es so haben willst, sollst du es haben, und er zerrte den armen kleinen Kerl, der schon im voraus weinte, aus dem Zimmer. Ein paar Minuten später hörten wir lautes Schreien aus dem Speisezimmer über der Diele, die zwischen Wohnzimmer und Speisezimmer lag, bis zu uns herüberdringen und wußten, daß der arme Ernest Prügel erhielt.[10]

2. Der Vorsprung des Hörens betrifft auch Wortschatz und Grammatik. Kinder können nicht nur besser hören, als sie sprechen, sie verstehen auch

weit mehr, als sie ausdrücken können. Sie können bestimmte Frage-, Re-
lativ- oder Passivsätze, die ihre Eltern verwenden, genau verstehen, bevor
diese Konstruktionen in ihren eigenen Äußerungen auftauchen. Hans
z.b. reagiert sinngemäß auf *und*, lange bevor dieses Bindewort in seinem
aktiven Sprachschatz auftaucht:

Mutter:	Wen hast du lieb?
Hans (1;11):	Mama.
Mutter:	Und?
Hans:	Papa.[11]

So richten sich Eltern in ihrer Sprechweise primär nicht nach den artikulatorischen und auch nicht unbedingt nach den lexikalischen und grammatischen Fähigkeiten der Kleinen. Ihr ganzes Bestreben ist vielmehr, sich dem
Kind verständlich zu machen. Alles andere ist diesem Ziel untergeordnet.
Nach Sprechbeginn – etwa um den 12. Lebensmonat herum – gehen sie
dem Kind in Grammatik und Wortschatz immer einige Schritte voraus – solange sie dabei verstanden werden. Wie könnte es sonst dazulernen? Clara
und William Stern, die die Sprachentwicklung ihrer drei Kinder genau beobachteten, nennen dies das *Prinzip der Mehrdarbietung*.[12] So wäre es auch
grundfalsch, wenn Eltern sich ihrerseits ihren Kindern anpaßten und *dut*
oder *tommen* statt *gut* oder *kommen* sagten. Statt ihnen entgegenzukommen, würde man sie nur verwirren: Sie hören ja schon weitaus genauer, als
sie sprechen. Gegen den Gebrauch von Babywörtern wie *Wauwau, Ticktack*
oder *Puff-Puff* ist allerdings nichts einzuwenden. Ja, es wäre töricht, auf solche anregenden lautmalenden Wörter zu verzichten, die in ähnlicher Form
in den verschiedensten Sprachen wiederkehren.
    Das Gefälle vom Verstehen zum Sprechen bleibt zeit unseres Lebens be-
stehen. Der zeitliche Vorsprung des hörenden Verstehens wandelt sich in
einen quantitativ-qualitativen. Jeder von uns gewöhnt sich einen eigenen,
individuellen Sprechstil an. Aber wir sind in der Lage, viele unterschiedliche Sprechstile und dialektale Färbungen zu verstehen. Ein ähnliches
Gefälle besteht zwischen dem Lesen und Schreiben. Wir können noch die
Luther-Bibel ebenso wie die langen Satzperioden in den Novellen von
Heinrich von Kleist verstehen, aber schreiben könnten wir so nicht. Mario
Wandruszka spricht von dem riesigen Umkreis des Verstehens rund um das
eigene Verwenden.[13]

Frühe Zweisprachigkeit: Phase des Zuhörens

Kinder, die plötzlich in eine rein fremdsprachige Umwelt versetzt werden,
bleiben erst einmal stumm, so z.B. englischsprachige Kinder im Alter zwischen vier und neun Jahren, deren Familien es ins französischsprachige

Genf verschlagen hatte. Einige sagten monatelang nichts. Andere fingen sechs bis acht Wochen nach Aufnahme in der Schule zu sprechen an. Ihre ersten Äußerungen waren Grußformeln wie *au revoir, salut, bonjour, Madame*. Dazu kamen Zurufe, Floskeln wie *regarde, tiens, allez-y* (= schau her; halt mal; macht schon) und der Selbstbehauptung dienende Verlautbarungen wie *moi bébé* (= *ich* bin das Baby, *ich* spiele das Baby).[14]

Aufschlußreich ist das Beispiel der sechzehnjährigen Susanne, die aufgrund der Versetzung des Vaters nach Brüssel in eine Schule mit Französisch als Verkehrssprache eintritt. Aber mit Verständigung und Freundschaften war es lange Zeit nichts, erinnert sie sich. »Ich saß ein ganzes Jahr da, stumm wie ein Fisch und verstand weder Lehrer noch Mitschüler. Ich hatte solches Heimweh nach Deutschland, daß ich am liebsten weggelaufen wäre.« Nach einem Jahr riet die Schulleitung, das Mädchen von der Schule zu nehmen, da sich ihre Sprachkenntnisse nicht gebessert hätten. Das war vor den Sommerferien. »Aber nach den Sommerferien machte ich endlich meinen Mund auf und sprach französisch. Ich mußte das ganze vergangene Schuljahr hindurch Französisch geradezu aufgesogen und gespeichert haben.«[15] Diese extrem lange Phase ist zunächst einmal eine Phase des Nichtverstehens bzw. des Verstehenlernens. Vielleicht gesellte sich bei Susanne auch eine Art Kulturschock dazu. Bis der – emotionale und kognitive – Knoten schließlich platzte und sie bereit war zu sprechen.

Kinder, die einfach ins kalte Wasser geworfen werden, tauchen zunächst einmal unter. Sie tauchen auch wieder auf, brauchen aber Zeit zum Einhören und Verstehen. Vor einigen Jahren wurden im Elsaß von einer Elterninitiative zweisprachige Kindergärten organisiert. Die Kinder wurden die halbe Woche von einer deutschen und die andere halbe von einer französischen Kindergärtnerin betreut, die beide nur ihre Muttersprache benutzten. Die meist französischsprachigen Kinder machten mit, hörten zu, antworteten aber fast nur auf französisch. So ging das monatelang, so daß einige Kindergärtnerinnen schon an dem Sinn des Experiments zweifeln wollten. Aber nach einem Jahr fingen sie an zu sprechen. Das von dem Linguisten Jean Petit wissenschaftlich begleitete Experiment war erfolgreich, weil die Kinder die fremde Sprache nicht als Lehrstoff, sondern als gelebte Wirklichkeit entdecken konnten und sich Zeit für sie nehmen durften.[16]

Ich habe viele dieser Kindergärten besucht, und immer normale, fröhliche Kinder erlebt, und keinen Druck, der von einer fremden Sprache ausging. Da wir heute alle Englisch als Welt- und Wissenschaftssprache brauchen, sollten wir uns diese Erfahrungen zunutze machen und damit beginnen, Englisch im Kindergarten zu leben.

Wenn uns erst in der Sekundarschule fremde Sprachen begegnen, dann ist die Muttersprache der Ton, auf den unser Sprachinstrument für immer gestimmt bleibt – Ausnahmen bestätigen die Regel.

Verzögerte Sprachentwicklung durch versteckte Hörprobleme

Wenn Vierjährige immer noch *hot* statt *rot* oder *Tuchen* statt *Kuchen* sagen, so sind dies Schwierigkeiten, mit denen eine Zeitlang jedes Kind zu ringen hat. Laute werden falsch gebildet, durch andere ersetzt oder einfach ausgelassen. Vielen fällt das *r* schwer (sog. Rhotazismus), den meisten die Zischlaute *s, sch, x, z* (sog. Sigmatismus). Nur: mit dem vierten bis fünften Lebensjahr sollte das Kind darüber hinweg sein. Wo das nicht der Fall ist, werden Kinder über kurz oder lang von anderen nachgeahmt, verspottet und eingeschüchtert – was es ihnen nur noch schwerer machen wird, ihre Artikulationen zu verbessern. Schlimmer noch: die eine Schwierigkeit zieht die andere nach sich. Lese- und Schreibschwächen (Legasthenie) sind vorprogrammiert, so daß schließlich fast alle Schulfächer, nicht nur der Deutschunterricht, in Mitleidenschaft gezogen werden.

Darum sollte man, wenn sich das Kind hier nicht altersgemäß entwickelt, auf jeden Fall die Fachfrau aufsuchen: Sprachheilpädagogen, Logopäden, vor allem aber Ohrenkliniken bzw. Pädaudiologische Zentren. Denn ein unauffälliger Audiogrammbefund, mit dem lediglich getestet wird, ob die Reize im Ohr richtig ankommen, genügt nicht, weil damit noch nicht die nachgeschaltete Verarbeitung im Gehirn geprüft ist.

Viele Kinder, die verwaschen artikulieren, später nur stockend lesen und katastrophale Diktate schreiben, haben unter versteckten zentralen Hörstörungen zu leiden. Die Kinder sind normal intelligent, ihre Ohren sind intakt. Die Ursache des Übels sind Schwächen bei der Verarbeitung akustischer Signale im Gehirn, die mit üblichen Hörtests nicht erfaßt werden. Es geht um das anfangs erwähnte zeitliche Auflösungsvermögen des Gehörs.[17] Die obigen Zeitangaben geben die *Gleichzeitigkeits-Spanne* an, d.h. die Versuchspersonen können angeben, daß sie zwei unterschiedliche Reize wahrgenommen haben, nicht aber, welcher Reiz der erste und welcher der zweite war. Dieses Können wird mit einem weiteren Wert erfaßt, der *Ordnungsschwelle* heißt. Sie liegt für das Sehen, Hören und Tasten bei jeweils dreißig Millisekunden (während die Gleichzeitigkeitsspanne, wie schon gesagt, für die drei Sinne unterschiedlich lang ist). Das heißt, erst wenn die beiden Reize mindestens dreißig Millisekunden auseinander liegen, können wir auch ihre Reihenfolge angeben.

Nun muß man wissen, daß bestimmte Konsonanten wie *p, t, k* in vierzig Millisekunden oder weniger vorbeirauschen, während Vokale wie *a* und *o* 100 Millisekunden oder länger tönen. War das nun *pamm, tamm* oder *kamm*? Kinder mit einer zu hohen Ordnungsschwelle können diese schnellen Laute nicht hörend unterscheiden. Sie hören einen Lautbrei und können dann auch nicht richtig artikulieren. Eine lange Kette späterer Sprachschwierigkeiten kann hier ihren Anfang haben. Amerikanische Forscher haben nicht nur Messungen zur Ordnungsschwelle des Gehörs bei normalen und sprachauffälligen Kindern vorgenommen, sondern auch eine Therapie entwickelt. In einem Computerspiel zerdehnt ein Clown auf dem Bildschirm diese kurzen Laute, um sie dann nach und nach wieder der normalen Sprechgeschwindigkeit anzupassen – so wie auch im Fremdsprachenunterricht gelegentlich schwierige Laute vom Lehrer künstlich gedehnt und überdeutlich vorgesprochen werden. Auch Eltern tun das oft ganz unbewußt. Diese Dehnung gelingt aber nur bei Vokalen, die schon von sich aus länger tönen.

Das Computerspiel war sehr erfolgreich. Die Kinder waren nunmehr in der Lage, die verlangsamten, hervorgehobenen Laute trennscharf wahrzunehmen, und konnten ihre Artikulationsorgane richtig einstellen. Denn das Ohr führt die Stimme. Nach einem ausgeklügelten vierwöchigen Intensivtraining konnten die Kinder ihr akustisches Timing so verbessern, daß sie die schnellen Laute auch bei normaler Sprechgeschwindigkeit auseinanderhalten konnten. Ihr Ordnungsschwellenwert konnte auf das altersgemäße Niveau gesenkt werden.[18] Diese Kinder brauchen also keine Hörgeräte, die den Schall verstärken, sondern Trainingsgeräte, die die Konsonanten zeitlich auseinanderziehen, damit sie sich beim Hören nicht mehr überschneiden. Man kann Kindern mit einem »langsamen« Gehör aber auch helfen, indem man Laute und Wörter zunächst vom Schriftbild her erarbeitet und mit dieser Unterstützung die Wörter übertrieben lang ausartikulierend vorspricht. Ein solches Sprachtraining war bei Olaf, der mit achteinhalb Jahren noch nicht sprechen konnte, erfolgreich. Seine Ordnungsschwelle lag anfangs mit 200 Millisekunden extrem hoch. Anhand des Schriftbilds mit den klar getrennten Druckbuchstaben lernte er Lautfolgen zu unterscheiden, zu artikulieren und schließlich auch fließend zu artikulieren. Nach drei Jahren sank der Ordnungsschwellenwert auf altersgerechte 20 Millisekunden. Schwierigkeiten bei der zeitlichen Verarbeitung von Sprache können aber auch unabhängig von der Ordnungsschwelle die Betonungsmuster von Silbenfolgen und die Satzrhythmik betreffen, so daß vor der Therapie zunächst eine differenzierte Diagnose zu erstellen ist.[19]

Natürlich können Sprachentwicklungsverzögerungen auch ganz andere Ursachen haben. Bei Lese- und Schreibschwächen könnten versteckte Sehfehler im Spiel sein. Es ist immer gut, bei Sprachauffälligkeiten zunächst abzuklären, ob Störungen bei den zugrunde liegenden Wahrnehmungen vorliegen, statt gleich Intelligenzmängel zu diagnostizieren.[20]

Normalerweise erarbeitet sich das Kind die sprachlich wirklich schwierigen Dinge – hörendes Erfassen der Laute, ihre Artikulation sowie die Grammatik – eher unbewußt, so daß es hier mit allzu direkten Korrekturen zumeist nichts anfangen kann. Gerade das sprachauffällige Kind ist schnell verunsichert und braucht das Zutrauen zu sich selbst. »Nimm dich doch mal zusammen! Nimm dir ein Beispiel an deiner Schwester! Die andern lachen ja über dich, willst du das denn eigentlich?« Hier machen Eltern ihrem Ärger Luft, laden ihre Sorge ab und erweisen sich selbst und ihrem Kind einen Bärendienst. Liegen Mängel bei der Sprachwahrnehmung zugrunde, die wir – mit tüchtigen Sinnen ausgestattet – gar nicht nachempfinden können, kann man das Kind nur noch tiefer verstören. Aber auch Kindern mit gesunden Sinnen kann man mit solchen Ermahnungen nicht helfen. Statt dessen gilt: Einander die Freude am Tausch der Wörter und Ideen erhalten; zuhören, Anteil nehmen, ausreden lassen, das Kind ins Gespräch ziehen und mit ihm im Gespräch bleiben. Dabei schult sich das Gehirn von selbst. Aber es braucht eben sehr früh die richtigen Anregungen. Ohne sie werden Kinder nicht das, was sie hätten sein können.

---

1 Tau o.J., 202
2 Pöppel 1995, 69f.
3 Vgl. Wode 1994 a, b. Eine solche Rückbildung bzw. Verengung der Sinneswahrnehmung (*perceptual narrowing*) ist auch beim Gesichter-Erkennen festgestellt worden. Sechs Monate alte Babys können Affengesichter besser unterscheiden, als Erwachsene dies können. Schon wenige Monate später verlieren sie diese Fähigkeit. Wie sie sich auf die Muttersprache einstimmen, so stimmen sie sich auch auf Menschengesichter ein. Anders gesagt: Auch hier scheint das Gehirn auf Fähigkeiten zu verzichten, die von der Umwelt nicht abgefragt werden. (Pascalis 2003)
4 Eimas 1985
5 Kuhl 1994
6 Oyama 1976. Ebenso ist es beim Erwerb der amerikanischen Gebärdensprache. Das Alter bei der Erstbegegnung ist entscheidend und nicht so sehr, wie lange man sie schon verwendet.
7 Rudolf Steiner, zit. nach Jaffke 1994, 168
8 Zimmer 1984, 179
9 Vgl. Seite 170ff.
10 Butler 1969, 111/112
11 Lindner 1898, 50
12 Stern & Stern 1987
13 Wandruszka 1979, 21
14 Hatch 1978
15 Pape 1972, 101
16 Petit 1998
17 In Deutschland hat die Klinik und Poliklinik für Hals-Nasen-Ohren-Heilkunde in Homburg/Saar ein Verfahren zur Messung des zeitlichen Auflösungsvermögens des Gehörs bei Kindern entwickelt. (Hoppe u.a. 1997).
18 Tallal u.a. 1996; Merzenich u.a. 1996. Studien zum Ordnungsschwellentraining von Kindern werden auch am Münchner Institut für Kinder- und Jugendpsychiatrie unter der Leitung von Waldemar von Suchodoletz durchgeführt. Sprachstörungen nach einem Schlaganfall können ebenfalls mit einer Verlangsamung der Gehirnprozesse und einer Verlängerung der Ordnungsschwelle im Zusammenhang stehen. (Pöppel 1995, 72).

19 Kegel & Tramitz 1991; Kegel 1997. Die Autoren schildern auch, wie schwierig es ist, die Hörschwelle bei einem Kind exakt zu messen, das nicht genau erfaßt, daß und warum es beim Testen ungeheuer konzentriert sein soll.

20 Ein Verfahren zur groborientierenden Erfassung des Sprachstandes von Kindern im Alter von dreieinhalb bis vier Jahren wurde an der Klinik für Kommunikationsstörungen an der Universität Mainz entwickelt. Der Test kann in zwanzig Minuten auch von sprachdiagnostisch nicht vorgebildeten Erzieherinnen und Arzthelferinnen durchgeführt werden und ermöglicht, in dieser Altersgruppe Kinder mit normaler und verzögerter Sprachentwicklung zu unterscheiden. (Heinemann & Höpfner 1992).

Unterwegs zur Sprache: das erste Jahr

> Nie ist Sprache gewesen, ehe Ansprache war. Monolog konnte sie immer erst werden, nachdem der Dialog abbrach oder zerbrach. (Martin Buber)

Das Baby entdeckt seine Stimme

Ein Orchester wird gestimmt. So umschreibt Desmond Morris die Zeit, bis die ersten Wörter auftauchen.[1] Das Baby will lernen. Die Mutter will helfen. Natürlich will sie keinen Unterricht geben. Aber sie will mit ihrem Kind kommunizieren. Und diese Bereitschaft erweist sich für das Baby als ungeheuer lehrreich.

Wenn das Baby seine Stimme entdeckt, so geschieht das unter Führung der Eltern, die bereit sind, den Schwankungen der kindlichen Aufmerksamkeit zu folgen, und mit der Empfindlichkeit eines Seismographen auf jeden Fortschritt reagieren.

Was passiert auf dem Weg vom ersten Schrei zum ersten sinntragenden Wort? Neben dem Schreien, seinem *Alarmruf,* verfügt der Säugling nach Hassenstein über fünf weitere, vermutlich angeborene Lautsignale, die als Vorstufen der weiteren Lautentwicklung gelten.[2] (Allerdings haben uns nicht alle jungen Mütter, denen wir Hassensteins Liste vorlegten, sämtliche fünf Laute bestätigen können):

1. Der *Kontaktlaut,* vergleichbar mit dem erwähnten Stimmfühlungslaut beim Gänslein. Der Säugling äußert diesen einzelnen, kurzen Laut vor allem nach dem Aufwachen aus dem Schlaf, um jemanden heranzurufen und zu einer Antwort, einem stimmlichen *Anwesenheitszeichen,* zu veranlassen. Wird der Laut gleich nach dem Aufwachen aus dem Schlaf geäußert, so hat er den Charakter der Frage: Ist jemand hier, oder bin ich allein? Nach dem Empfang einer Antwort wird dieser Laut nicht wiederholt, beim Ausbleiben einer Antwort jedoch von dem *Alarmruf* Schreien abgelöst.

2. Der zweite Babylaut ist ein *Unmutslaut*: eine rhythmische Folge aus mehreren sehr kurzen Einzellauten, die soeben eingetretenes Unbehagen signalisieren, so etwa Auswischen der Augen durch die Mutter. Oder es wird Unmut geäußert, weil etwas mißlingt, z.B. sich auf die Ärmchen aufzustützen. Der Unmutslaut soll die Eltern dazu auffordern, Abhilfe zu schaffen.

3. Der *Schlaflaut* wird im Schlaf geäußert, und zwar in unregelmäßigen Abständen von ungefähr 15 Minuten, gewöhnlich gleichzeitig mit einer aktiven Veränderung der Schlaflage. Der wohlig klingende Laut signalisiert

Zufriedenheit und die Abwesenheit von Störungen und ist als entsprechende Mitteilung an die Mutter zu deuten.

4. Am bekanntesten ist Müttern, denen man die Laute vom Tonband vorspielt, der *Trinklaut*. Er ist ein ziemlich reiner Ton im Saugrhythmus des Trinkens. Man hört den Trinklaut selten an der Flasche, viel häufiger an der Brust, und zwar als Signal dafür, daß die Milch in der richtigen Menge nachfließt. Der Inhalt des Lautsignals für die Mutter läßt sich als Appell ausdrücken: Milch fließt gut, bitte Position beibehalten!

5. Auch der fünfte, der *Wohligkeitslaut*, ist ein fast reiner Ton. Falls er wiederholt wird, geschieht dies in Abständen von etwa einer halben Sekunde. Er ist zu hören, wenn der Säugling satt ist und sich geborgen fühlt.

Andere Laute sind wohl eher zufällige Begleitprodukte der Atmung. Sprechen entwickelt sich nicht direkt aus Schreien und Weinen, sondern aus der Technik, den Atem mit Stimme zu füllen. Doch ist auch das Schreien eine Art Training, das sich schrittweise zu komplizierten Melodiebögen entfaltet. In Wechselwirkung von Ausreifung und Einübung muß das Baby lernen, seine Atmung zu steuern, um Geräusche willentlich zu produzieren und seine Stimme zu entwickeln. Es dauert seine Zeit, bis es überhaupt wohlgeformte Sprachlaute hervorbringen kann. Dazu muß sich beim Neugeborenen auch noch anatomisch etwas verändern: zwischen dem dritten und sechsten Monat wird sich sein Kehlkopf absenken und der obere Stimmtrakt so ausgestalten, daß allmählich die notwendigen Resonanzbedingungen (Hohlräume) für die Bildung von Vokalen und Konsonanten entstehen. Anfangs sitzt der Kehlkopf noch so hoch im Rachen des Säuglings, daß der Nahrungsbrei seitlich daran vorbei in die Speiseröhre gelangen und er somit gleichzeitig saugen und atmen kann, ohne sich zu verschlucken. Nach dem Umbau zugunsten der Sprache muß er in Kauf nehmen, auch einmal Nahrung in die Luftröhre zu bekommen. Mundhöhle und Rachenraum werden jetzt größer, und die Zähne erscheinen. Erst gegen Ende des ersten Lebensjahres sind die Voraussetzungen für differenzierte sprachliche Artikulationen geschaffen.

> Auf diese Weise ist ein in der Natur einzigartiges, vollkommenes Instrument entstanden, das unter Kontrolle des Zentralnervensystems so vielgestaltige Lautkombinationen ermöglicht, daß es nicht nur als das höchstentwickelte Kommunikationsmittel, sondern auch als ausdrucksreiches Musikinstrument und – nicht zu vergessen – als ein erstes, biologisch entworfenes Spielzeug des Kindes zur Geltung kommt.[3]

Zwei Stationen: vom Gurren und Lallen zum Silbenplappern

Man unterscheidet zwei große Etappen von Lautierungen:
1. Das Vorsilbenalter: Gurren und Lallen (0–5 Monate)
2. Das Silbenalter: Silbenplappern (6–12 Monate), die eigentliche Lallphase

Achtung: Die Streubreite des ersten Auftretens regulärer Silben ist hoch und liegt zwischen 5 und 11 Monaten. Sie hängt wahrscheinlich mit einer unterschiedlichen Hirnreifung zusammen.

Der Säugling beginnt zu quietschen und zu brummen, zu gurgeln und zu schnalzen, zu krähen und zu flüstern, zu prusten und Spuckebläschen zu formen. Er versucht, akustische Augenblickserzeugnisse wiederaufzugreifen und erneut hervorzubringen. Bei dem Spiel mit der Stimme entstehen Laute wie zufällig und werden dann mit einigem Eifer ausprobiert. Deutlich zeigt er seine Freude über die eigenen Hervorbringungen. Es ist, als ob er die wachsenden Möglichkeiten seines Stimmapparats auslotet und unter Kontrolle zu bringen versucht: Atemmuskulatur, Stimmbänder, Feinmotorik des Kehlkopfs, des Rachen- und Mundraums, besonders von Zunge und Lippen. Das alles gilt es zu koordinieren: Welche Muskelgefühle gehen mit welchen Tönen einher? Dies ist die »doppelte Gegebenheit des Lautes, der ebenso motorischer Vollzug des Sprechwerkzeuges wie selbstgehörter, zurückgegebener Klang ist. Wir verhalten uns dem selbst produzierten Laut gegenüber sowohl aktiv, ihn eben artikulierend, wie passiv, nämlich das Produkt unserer Tätigkeit fällt mühelos in das Ohr zurück.«[4]

Das Baby hat Spaß daran, seinen Bewegungsapparat auszuprobieren und sich selbst zuzuhören. Es animiert sich selbst. Der Psychologe und Sprachtheoretiker Karl Bühler (seine Frau Charlotte wurde nach der gemeinsamen Auswanderung in die USA Begründerin der »humanistischen Psychologie«) prägte hierfür den Ausdruck *Funktionslust*.[5] Arbeit und Üben, Spiel und Spaß sind eins. Das gilt fürs Gehenlernen ebenso wie fürs Sprechenlernen. Dabei gehen das Strampeln, Kriechen usw. dem Gehenlernen voraus wie die Spuckebläschen den regulären Sprachsilben. Diese Vitalität des Kleinkindes, seine Sinnes- und Muskelfröhlichkeit, ist vielleicht die schönste Mitgift der Natur. Sie macht nach Herder den Menschen zum »Lehrling aller Sinne«, zum »Lehrling der ganzen Welt«[6]. Wo sie fehlt, sind die Aussichten trüb, und der Spracherwerb entpuppt sich als äußerst mühseliges, langwieriges und schwieriges Geschäft.

Das gesunde Baby übt oder spielt mit seiner Stimme nicht nur im Dialog, zu dem es die Eltern ermuntern, sondern auch im Monolog, vor allem in entspannten Perioden kurz vor dem Einschlafen und nach dem Aufwachen, wenn es sich wohl fühlt. Hier nimmt stimmliches Lernen einen breiten Raum ein. In diesen Perioden wird die Stimme zum liebsten Spielzeug des Kindes.[7] Allmählich wird sie ihm immer besser verfügbar: Sie wird melodischer, einzelne Laute erhalten festere Konturen, die Geräuschbeimengungen nehmen ab. Dieses Spiel mit der Stimme erreicht einen ersten Höhepunkt gegen Ende des ersten Halbjahres, wird jedoch noch weit in das zweite Lebensjahr hinein fortgesetzt. Wir werden diesen Einschlaf- und Aufwachmonologen später wieder begegnen, wenn das Kleinkind nicht mehr mit seiner Stimme, sondern mit Sätzen jongliert.

Mit dem Lallen baut das Kind sein Sprechvermögen auf eine Weise aus, die es befriedigt und genießt. Eltern unterstützen es dabei. Denn wir sprechen ihm außerordentlich deutlich und sorgfältig zu und grenzen die Laute klar voneinander ab. Zwischen dem zweiten und fünften Monat sind es besonders die Vokale, die aus dem Sprachfluß hervorgehoben und den Kindern geradezu vorgekaut werden. »A«, »i«, »u« werden in ihrem Eigenklang übertrieben lang gezogen und prägnant dem Baby zugesprochen. Nicht ohne Effekt; etwa eine Terz höher tauchen dann die gleichen Vokale ab dem 5. Monat vermehrt im Babbeln der Kinder wieder auf.[8]

Ein deutlicher Schritt in Richtung Sprache ist getan, wenn das Baby zwischendurch echte Sprachsilben formt. Dieselbe Silbe wird mehrfach wiederholt, denn der Säugling freut sich, sie wiederzuerkennen und zielgenau zu produzieren. Diese Silbenketten bestimmen immer mehr seine Einschlaf- und Aufwachmonologe. Ein Verschlußlaut wird mit einem Vokal gepaart, z.B.:

bababababababa
mamamamamama
dädädädädädä

Zugleich oder etwas später treten aber auch Silbenkombinationen auf:

mamemame
däläjäjäjä

und manchmal etwas, das man als *Jargon* bezeichnet hat: ein sprachähnlicher Singsang, ein Kauderwelsch aus verwaschenen Silbenkombinationen, die aber schon muttersprachen-typische satzähnliche Rhythmen und Melodien aufweisen. So wie bei der mundfreudigen Tabea, die noch kein Jahr alt ist und ihr erstes Wort noch nicht gesprochen hat. Als sie bei Tisch dabei sitzt, wirkt das Gespräch der Erwachsenen so ansteckend auf sie, daß sie sich plötzlich einmischt und etwas daher sabbelt, was wie Sprache klingt, aber keine ist. Solches Kauderwelsch produzieren sie auch noch später, im Stadium der Mehrwortsätze, mit richtigen Wörtern vermischt, etwa wenn sie so tun, als läsen sie vor. Der eineinhalbjährige Axel Preyer holt sich eine Zeitung aus dem Papierkorb, breitet sie auf dem Boden aus, legt sich platt darauf, hält das Gesicht dicht über die Druckschrift und »liest« vor:

»E-ja-e-e-ja nanana ana nana atta ana aje ja sa.«[9]

Wenn etwas Neues beginnt, ist das Alte nicht zwangsläufig abgelegt. In den Plappermonologen (ab 8. Lebensmonat) beginnt das Baby, artikulatorisch auf die besondere Klanggestalt der Muttersprache zu zielen, die es ja schon bei der Geburt hörend wiedererkennen konnte. Es hat sich nicht nur die Melodie der Muttersprache gemerkt, sondern sich inzwischen auch in die der Muttersprache eigenen Lautkontraste eingehört und lernt sie schließlich stimmlich zu bewältigen. Wie beim Hören geht dieses Sich-Einstimmen auf die muttersprachliche Klangwelt mit einem Verlust einher: Es produziert keine Laute mehr, die nicht zum Repertoire der Muttersprache gehören. Das eigentliche Lallen ist also nicht mehr vorsprachliche Stimmübung, sondern zielt auf den Erwerb der Muttersprache. Chinesische Babys lallen anders als deutsche. Kurz: Das Klangmaterial, aus dem Wörter und Sätze gebaut werden, ist bereitgestellt. Es treten Protowörter auf, wortähnliche Gebilde, die wie Wörter klingen, bei denen aber unklar ist, ob und was sie bedeuten. Protowörter und erste Wörter können schon ab dem fünften, aber auch erst im fünfzehnten Monat auftreten. Die Spannweite einer normalen Entwicklung ist groß!

18 Mutter-Kind-Paare wurden zwischen dem 2. und 15. Lebensmonat der Kinder jeweils 14mal beobachtet. Als die Kinder anfingen, in regulären Silben zu plappern, änderten auch die Mütter ihr Verhalten: Sie griffen die Silben auf und spielten sie den Kindern als Wortmodelle zurück. (Nach M. Papousek, 1994)

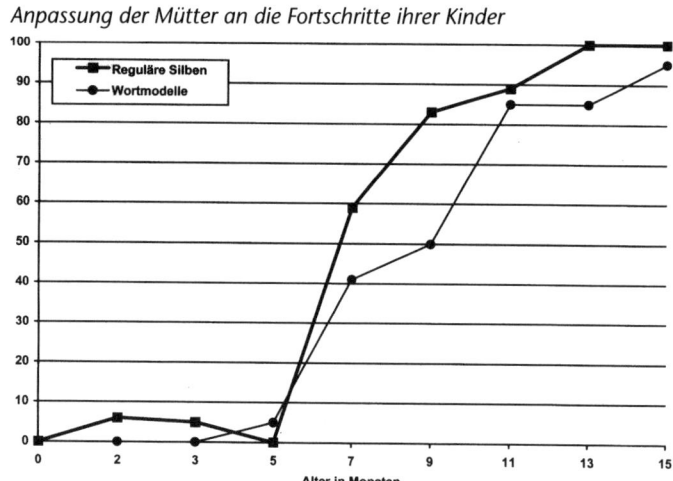

Anpassung der Mütter an die Fortschritte ihrer Kinder

Sind acht Monate nicht eine lange Zeit, um so etwas wie ein schönes, sauberes *da da* oder *daba* hervorzubringen? Weil es uns so wenig bewußte Anstrengung gekostet hat und es auch schon so lange zurückliegt, ist uns gar nicht bewußt, welch großartige Stimm-Virtuosen wir alle sind. Im Grunde ist der Lauterwerb ein hartes Stück Arbeit. Aber eben Arbeit, die allen Beteiligten Spaß macht.

Routinen: Wiederkehr des Gleichen

Das der Sprache vorausgehende Einverständnis umschließt sowohl die Gleichgestimmtheit der Partner als auch der Situation. In den Routinen des Aufnehmens, Herzens, Abküssens, der Fütter- und Badezeremonien wird Sprache von den Eltern gewissermaßen gratis mitgeliefert. Bald durchschaut das Baby diese Situationen, kennt ihren Anfang, ihre Mitte und ihr Ende. Was Mama vorhat, wird ihm sozusagen evident, ja, was beide tun, ist füreinander voraussagbar. Die Dinge bekommen ihren Platz in der Welt des Kindes. Es gibt kleine Veränderungen, aber es gilt das durchgängig Gleiche: Die Welt wird sinnvoll.

Wenn das Kind dann bereit für die Sprache ist, kann es das Gesagte verstehen, weil es die Situation und den Sprecher schon längst verstanden hat.[10] Die sinnfällige Situation macht die Sprache transparent. Die erlebte Ordnung wird wieder auffindbar in der Ordnung des Gesagten. Das ist die »Bodenhaftung« der Sprache.

Wie sehr Kinder auch später noch feste Strukturen lieben und einfordern, zeigt folgende Erinnerung Willy Kramps: »Abends, wenn sie zu Bett gebracht worden war, rief sie von jenseits der Stubenwand: ›Bist du da?‹ Dann mußte ich gemäß strengem Zeremoniell antworten: ›Ja, ich bin da.‹ Hierauf sie, befriedigt: ›Dann gut.‹ Und ich, abschließend (aber der Abschluß durfte nicht fehlen): ›Gut.‹ Ich muß lächeln, als ich daran zurückdenke.« Viele Eltern mögen sich an Ähnliches erinnern.

Sprache trifft somit auf ein *Vor-Verständigtsein* des Kindes. Geglückte vorsprachliche Kommunikation ist das Nest, in dem grammatische Sprache aufgezogen wird. Und obwohl sie selbst ein neuartiges, mächtiges Verständigungssystem darstellt, werden die älteren Signale immer mitbenutzt: ein schmeichelnder oder ein gehetzter Ton, Blicke, Mimik, Gestik, Körpersprache. Erst mit der Schrift verläßt die Sprache das Nest, in dem sie geboren wurde. In Texten – seien es Romane oder Gesetzbücher – hat Sprache schließlich das Monopol. Doch wenn wir wirklich Trost und Geborgenheit suchen, sehnen wir uns nach der Nestwärme der Körpersprache und ihrer täuschungslosen Unmißverständlichkeit zurück. Im Vergleich dazu bleibt das Wort merkwürdig matt.

Die elterliche Suggestionsmethodik: vom Schrei zum Ruf

Wodurch wird ein Schrei, wodurch werden absichtslose, spielerische Lautungen des Kindes kommunikativ? Indem Eltern so tun, als ob ihnen ihr Kind damit etwas sagen wollte. Sie machen aus dem ungerichteten Ausdruck einer Befindlichkeit eine Mitteilungsabsicht. Sie machen aus einem Unlustschrei den Ruf nach Abhilfe und selbst noch aus einem Hust- oder

Prustlaut einen absichtgetragenen Akt. Sie *unterstellen* quasi dem Kind eine Mitteilungsabsicht, geben ihm ein Ziel und zeigen ihm so, wie es seine Stimmproben oder auch eine Geste als Kommunikationsmittel einsetzen kann.

> Vater: Na, wollen wir denn gar nicht lachen? (*kitzelt Kind; Kind verzieht das Gesicht*)
> Vater: Oh, wir sind ungnädig heute. (*Kind guckt zur Tür.*)
> Vater: Ja, Mutti kommt gleich.
> Kind: Wawawa.
> Vater: Meinst du, es wäre schon Essenszeit?
> Kind: Wawa.
> Vater: Ja, du hast recht, wir warten auf Mama.

Hier wird ein Dialog durchgespielt und quasi vorexerziert, der eigentlich noch gar keiner ist. Das Lautgebaren des Säuglings ist ja erst dann Kommunikation, wenn er es bewußt und willentlich einsetzt, um den Partner zu alarmieren. Aus einem bloßen Anzeichen muß ein Zeichen werden, hinter dem ein Wille, eine Intention steht.

Indem aber schon ein Anzeichen als Dialogbeitrag bestätigt wird, lernen Kinder, noch bevor sie ein Wort sagen können, wozu Sprache eigentlich da ist: ein Stück des eigenen in ein fremdes Bewußtsein einpflanzen. Es lernt auch schon »antworten«, es genügt gewissermaßen seiner Antwortpflicht. Später erst merkt es, daß man noch mehr tun muß, weil in einer Frage noch mehr steckt, als es bisher in seiner Antwort zurückgegeben hat.

Noch vor wenigen Jahrzehnten galt die Aufmerksamkeit der Forscher ganz dem Kinde, dessen Äußerungen sorgfältig in Tagebüchern notiert wurden. Man betrieb »Kindersprachforschung« und übersah dabei den Part, den die Eltern spielten. Beim Studium moderner Tonband- und Videoaufnahmen, die das Gesamtereignis festhalten, war die Mitwirkung der Eltern jedoch nicht mehr zu übersehen.

Am auffälligsten ist, daß die Mutter in das Konzert des Kindes einstimmt und seine Lautgebilde nachahmt, *bevor* das Kind seinerseits die Mutter nachahmt. Dabei

> – versetzt sie sich in die Gefühlslage des Babys, d.h. sie reagiert jeweils anders auf Äußerungen des Wohlbehagens und des Mißbehagens,
> – zeigt sie ihm, wie man gemeinsam etwas (mit der Stimme) tut,
> – bestärkt sie das Kind in seinen Vokalisationen,
> – gibt sie ihm Vergleichsmöglichkeiten des Hörens, liefert also akustische Modelle,
> – zeigt sie ihm zugleich, wie das aussieht; z.B. was man mit den Lippen macht, ob man sie schließt, ganz wenig oder weit öffnet, rundet oder spreizt.

Wie genau sich die Eltern dabei auf die Lallgebilde ihrer Säuglinge einstimmen und sie dabei fortentwickeln, haben erst neueste Forschungsmethoden zutage gebracht, die sich Videotechnik (Wiederholung in Zeitlupe), Sonagramme und akustische Analyseprogramme, d.h. Computeranalysen von Grundfrequenz, Intensität und Zeitstruktur, zunutze machen. Mit solchen Instrumentarien haben die Münchner Pädiater und Kindersprachforscher Mechthild und Hanus Papousek u.a. interaktive Lautspielchen beschrieben, in denen die Eltern signalisieren: Jetzt bin ich dran und *jetzt* bist du dran. Sie haben auch die Asymmetrie in der Steuerung der frühen Dialoge hervorgehoben.[11]

Eltern machen also weit mehr als ein Sprachangebot. Gelernt wird der Dialog, wie man sich dabei abwechselt: daß erst der eine das Wort (genauer: die Stimme) führt, dann der andere; daß man sich möglichst nicht ins Wort oder in die Stimme fällt; daß man sich darüber abstimmt, ob man weitermacht oder Schluß macht. Das alles hört sich so einfach an und ist doch komplizierter, als man denkt. Es kommt natürlich ebenso vor, daß beide vor freudiger Erregung gemeinsam babbeln, gewissermaßen im Chor vokalisieren. Das Baby lernt schnell, seinen Part richtig mitzuspielen, und wird seinerseits initiativ. Das Animieren, das frühe Andichten oder *Suggerieren* einer Absicht, das gezielte Abwarten einer Antwort, die prompte Reaktion (wegen der kurzen Aufmerksamkeitsspanne des Säuglings sehr wichtig) und die Einübung des Wechselns gehen jedoch anfangs von den Eltern aus.

Einstimmung, Übereinstimmung und Wechselseitigkeit

> Dies ist der Trieb zum Mitgefühl und zur Nachahmung. O eine treffliche Einrichtung unserer geistigen Natur, die das erste Erziehungsgeschäft für wirklich gute Eltern so leicht, so simpel macht!
> (Joachim Heinrich Campe 1785)
>
> Das Verständniß war da vor der Mittheilung. (Hermann Steinthal 1881)

Die Mutter versucht also, die »Seelensituation« (Mauthner) für sich und ihr Kind gemeinschaftlich zu machen. Der Urgrund allen Verstehens ist genetisch vorgegeben. Es sind Gefühle wie Freude, Ärger, Trauer, Wut und die damit verbundenen Ausdrucksbewegungen wie Lächeln oder Weinen. Wir haben sie mit allen Menschen gemeinsam, so auch die Mutter mit ihrem Kind. Am Ausgangspunkt herrscht eine Art »prästabilierter Harmonie«. Bestimmte Sprechmelodien wie ein tröstender, beruhigender Ton sind für den Säugling keine Geräusche unter vielen anderen, sondern werden von Anfang an gefühlsmäßig richtig verstanden, brauchen also nicht erst erlernt werden.[12] Ursprüngliches Sprechen heißt Übereinstimmen, nicht: Sich-Auseinandersetzen. Noch vor dem Verständnis der Laute und Worte versteht das Baby unmittelbar den emotionalen Grundton, vernimmt die liebevolle Zuwendung der Mutter im Zugesprochenen.

Die gemeinsame »Seelensituation« im Blickkontakt ist das erste Moment; gemeinsame Aufmerksamkeit das zweite. Der Mutter gelingt es, den flüchtigen Blick des Säuglings zu halten. Bei den Routinen des Wickelns, Waschens und Anziehens usw. merkt sie, wie sehr das Kind bei der Sache ist, und versucht, es bei der Stange zu halten, seinen Blick zu führen und Szenen der gemeinsamen Aufmerksamkeit zu gestalten. Wo schaut es hin? Ah, der Vorhang bauscht sich im Sommerwind. Es schaut nach oben: Na klar, die Sonne malt Muster vom bewegten Wasser der Badewanne an die Decke. Die Mutter spricht dabei und bereitet eine wesentliche Funktion des Sprechens vor: die Kunst der wechselseitigen Bewußtseinssteuerung, die Herstellung von Intersubjektivität. Lateinisch *communicatio* ist wörtlich das Gemeinsam-Machen des Neuen.

Alledem liegt die große Nachahmungskunst des Menschen zugrunde, die sich schon bei wenige Tage alten Babys zeigt. Sie können offenbar mimische Gesten wie einen O-Mund, einen E-Mund, A-Mund, Zunge-Herausstrecken, Augenblinzeln, Kopfbewegungen, Stirnrunzeln, Fingerbewegungen imitieren. Sie können also visuelle Muster in motorische überführen.[13]

Was kann sich daraus entwickeln? Beispiel: Die Mutter streckt dem Baby die Zunge heraus und wird nachgemacht. Daraus kann ein Spiel der Wechselseitigkeit entstehen. Unterbricht die Mutter das Spiel, kann das Kind die Initiative übernehmen. Es dirigiert auf diese Weise seine Mutter und freut sich über den Erfolg. Wenn also Eltern auf bestimmte kindliche Signale regelmäßig eine bestimmte Antwort geben, hat es das Kind in der Hand, diese Antwort auszulösen, indem es *sein Signal gibt oder nicht*: Es erfährt, wie man durch eigenes Handeln sein Gegenüber beeinflussen kann.

Nachahmen ist also ein Stück Kommunikation. Wir signalisieren:

– Ich bin aufmerksam.
– Ich achte auf das, was du tust.
– Ich zeige dir, wie ich dich verstanden habe.

Die Mutter spricht das Kind an. Das Kind brabbelt los. Die Mutter wertet dies als gültige Antwort. Somit reagiert das Baby »kontingent« – situations- und partnerbezogen. Es plappert nicht mehr einfach drauflos, sondern lernt, auf das Gegenüber zu achten, und spricht sozusagen in die Pausen hinein. Zugleich meldet die Mutter dem Baby zurück, wie sie seinen Beitrag verstanden hat, etwa als lustig oder eher ungnädig. Es entsteht eine noch wortlose Wechselseitigkeit. Du bist wie ich, ich bin wie du. Das Kind lächelt und erwartet, daß du zurücklächelst. Es streckt die Zunge heraus und wartet darauf, daß du es ihm gleich tust. Du rollst ihm den Ball zu, den rollt es zurück. Später wird es sprechen und dir deine Wörter zurückrollen.

Zielbezogene Nachahmungskunst

Die Hirnforschung scheint das Geheimnis gelüftet zu haben, das schon Neugeborene zu solch großen Nachahmungskünstlern macht. Sie kann heute Hirnaktivitäten punktgenau, bis hin zur Tätigkeit nur einer einzelnen Zelle sichtbar machen. Dies führte zur Entdeckung spezieller Zellen, der sog. Spiegelneuronen. Diese werden nicht nur aktiv, wenn wir tatsächlich etwas tun, sondern auch schon, wenn wir bloß beobachten. Es zuckt in unserem Fuß, wenn der Spieler zum Elfmeter antritt oder der Seiltänzer zu einem gewagten Hüpfer ansetzt. Oder: man kann vom intensiven Zuhören etwas heiser werden, weil unsere Artikulationsorgane ansatzweise mitsprechen. Das Hirn projiziert das bloß Gesehene oder Gehörte in das für das eigene Tun zuständige Areal. Dort spiegeln die Zellen die wahrgenommenen Bewegungen, so als ob wir sie schon selbst ausführen würden.

Die Nachahmerzellen aber sitzen nicht nur in dem Hirnteil, der für Bewegungen zuständig ist, sondern auch in Hirnregionen, die Gefühle verarbeiten. Bei Gruselfilmen bekommen wir eine Gänsehaut. Beim Sehen und Hören von Schmerz lösen sie eine innere Nachahmung aus, d.h. wir leiden mit. Der Unterschied zwischen echtem und nur mitempfundenem Schmerz ist eine Sache der Quantität. Schließlich sitzen die imitationsfreudigen Zellen in derselben Region, mit der wir echten Schmerz empfinden. Spiegelzellen wären in der Lage, die ganze Palette menschlicher Gefühle zu imitieren. Sie verschaffen uns einen Zutritt zur Innenwelt unseres Gegenübers. Schon beim Kleinkind feuern sie beim bloßen Anblick von Gesten, auch wenn sie diese selbst noch gar nicht ausführen können.

Mit dieser mentalen Simulation können wir die Zielbezogenheit von Handlungen erkennen, d.h. Handlungen eigentlich erst begreifen, eine Idee von ihnen bekommen. Spiegelneuronen feuern nicht bei offensichtlich ziellosem Tun, z.B. wenn dem Gegenüber was aus der Hand rutscht, sondern nur beim Beobachten zielgerichteter, sinnvoller Bewegungen, und das gilt auch schon für Affen. Wird eine Orange vor den Augen des Affen mit einem Vorhang verborgen und greift dann der Versuchsleiter nach ihr, feuern die Spiegelneuronen, führt er aber die gleiche Armbewegung ohne Orange aus, bleibt es still im Hirn.

Der Mensch versteht, indem er nachahmt und sich ein Stück weit in sein Gegenüber verwandelt.

Die deutsche Sprache hält dafür – etwa im Gegensatz zur englischen – die schöne Möglichkeit der »Mit«-Wörter bereit: mitempfinden, miterleben, mitleiden, sich mitfreuen, mitjubeln, mittrauern, und schließlich die für die Definition der Sprache zentralen Wörter *mitdenken* und *mitteilen*.

Ist dies schon eine entscheidende Geistesleistung des Menschen? Es ist noch umstritten, wie weit Schimpansen hier mit den Menschen mithalten können. Einige Experimente mit Kleinkindern und Schimpansen haben

Unterschiede zutage gefördert. Affen probieren mehr nach dem Prinzip Versuch und Irrtum, Kinder kopieren zielgenau, vermutlich weil sie die beobachtete Handlung mit der dahinter steckenden Absicht verbinden können. Sie können sich in ihre Partner hineinversetzen, spüren, daß der andere auf etwas hinaus will, und dieses Einfühlungsvermögen läßt sie absichtsvolles Handeln erkennen und von unbeabsichtigten Handlungen unterscheiden. Sie können z.B. schon im Alter von knapp einem Jahr unterscheiden, ob jemand ihnen ein Spielzeug mit Absicht vorenthält oder nicht geben kann, weil es ihm immer wieder aus der Hand rutscht. Aber auch Schimpansen können verstehen, ob ihr Pfleger ihnen ihr Futter aus Vorsatz vorenthält oder einfach ungeschickt ist. Es bleibt die im Vergleich zu Primaten ungleich höhere soziale Intelligenz und Nachahmungslust des Kindes. Dem Kind kann schon die bloße Freude am Austausch genügen, um sein Können vorzuführen. Das Tier braucht für vergleichbare Kunststückchen meist Belohnungen, die nicht in der Sache selbst liegen. Soziale Intelligenz und Nachahmungslust führen zur Sprache.

Sprachhandeln – das absichtsvolle Baby

Das Baby lernt zunächst einmal handeln, d.h. etwas absichtsvoll, zielgerichtet zu tun und damit in die Wirklichkeit einzugreifen. Es begreift seine Partner als Wesen, die auf etwas hinaus wollen, und wird seiner selbst als ein wollendes Wesen gewahr, das etwas bewirken will und kann. Sprechen ist Vorbereitung, Begleitung und Fortsetzung zielgerichteten Handelns mit lautlichen Mitteln. Im zweiten Halbjahr können Kinder melodische Grundmuster einsetzen, um die Eltern zu dirigieren, so als ob sie eine Frage oder eine Forderung stellten oder etwas zurückweisen wollten. Die Eltern hatten ihnen ja in ihren Spielchen solche Absichten schon suggeriert und ihnen Sprache nicht nur zugeredet, sondern geradezu aufgeredet.

> Stellen wir uns also das kleine Kind im Laufställchen vor, das Spieltier ist nach draußen gefallen, unerreichbar. Das Kind streckt die Hand durchs Gitter in Richtung auf das Spieltier und wimmert. Der Erwachsene, der durch das Wimmern veranlaßt seine Aufmerksamkeit der Szene zuwendet, versteht, was das Kind meint: ich möchte mein Spieltier wiederhaben. Er versteht, weil er die Intentionsstruktur der Situation durchschaut. Das Kind tut selbst noch sehr wenig zur aktiven Ausbildung dieser Intentionsstruktur, es steckt lediglich die Hand durchs Gitter zum Tier hin und wimmert dabei. Das Wimmern gibt der Handbewegung eine bestimmte, für den Erwachsenen erkennbare Intention.[14]

Jenny ist ein Jahr alt und nennt ihre Tante Inka »ängä«. Die faßt sie an beiden Händen, dreht sich mit ihr im Kreis und singt dabei:

Es war einmal ein kleiner Mann (*geht dabei in die Knie*)
Hei, jupp hei di,
Der nahm sich eine große Frau (*Hände hoch*)
Hm-ha-hm

Am nächsten Morgen zieht Jenny ihre Tante am Arm und sagt sehr intensiv: hm, hm. Inka versteht nicht. Jenny wiederholt und dreht sich dabei im
Kreis. Jetzt erst hat die Tante verstanden und wiederholt das Tanzliedchen
mit ihr.

Ebenso muß sich der einjährige Bubi handelnd und sprachhandelnd zugleich bemühen:

> Die Mutter gab dem Kinde Zucker; als er zerbissen und heruntergе-
> schluckt war, sperrte Bubi weit das Mäulchen auf und sah die Mutter er-
> wartungsvoll an. Sie tat aber, als verstände sie ihn nicht; da riß er unge-
> duldig an ihrem Arm, ergriff einen ihrer Finger und führte ihn gegen das
> Büfett; als auch das noch keinen Erfolg hatte, wies er selbst mit dem Fin-
> ger auf den Zucker und rief schon ganz gereizt: »da, da!«[15]

Was die Kinder in diesen drei Szenen tun, kann auch mein Hund. Wenn Bilbo raus will, rennt er zur Tür, springt dagegen, kratzt vernehmlich an ihr
und gibt auch Laut, wenn's sein muß. Das genügt, es muß ihm genügen.
Denn kein Hund kommt über das, was wir analoge Kommunikation nennen, hinaus. Analog heißt: Es gibt eine Ähnlichkeitsbeziehung zwischen
dem, was man tut, und dem, was man »sagen« will. Bilbo führt wie Jenny
und Bubi einfach eine Teilhandlung aus, nimmt also ein Stückchen dessen,
was er will, vorweg. Das versteht jeder, der das Ganze kennt. So sind manche tierische Drohstellungen als abgebremste Anspringbewegungen zu deuten. Die Tierpsychologie spricht von Intentionsbewegungen.

Wie gelangen Jenny und Bubi über dieses Stadium hinaus? Indem sie
merken, daß sie mit einem lautlichen Akt *allein* genauso viel und später
noch viel mehr erreichen können.

Eine Entwicklungslinie liefern die Zahlwörter, die zunächst durcheinan-
der geworfen werden ohne rechten Begriff von Reihenfolge oder Menge.
Dann zählt das Kind die eigenen Finger. Danach lernt es, *Dinge* zu zählen,
benutzt aber die Finger noch mit. Wenn es die sinnliche Stütze des eigenen
Körpers aufgibt, ist es noch ein Stück weitergekommen. Erst dem Schulkind
gelingen Rechenoperationen im imaginären Zahlenraum, in denen die
Zahlwörter sich von den Dingen gelöst haben und ganz für sich stehen.
Man vergleiche, wie manche Naturvölker beim Zählen auch die eigenen
Körperglieder benutzen, die ja immer nur eine begrenzte Anzahl liefern,
auch schon Stöcke mit Kerben, Knoten in einem Seil oder Muscheln an einer Schnur gebrauchen, dabei aber stehen bleiben.

Du, ich und die Dinge: vom Zeigen zum Zeichen

Die Bühne ist frei für den Auftritt der ersten Wörter, wenn Eltern charakteristische Doppelsilben aus den kindlichen Lallprodukten aufgreifen können und sie als Wortkerne benutzen, mit denen man auf etwas verweist. Vorbedingung ist, daß auf einen im Blickfeld liegenden Gegenstand gemeinsam Bezug genommen wird (*joint attention*). Der Gegenstand als neuer Einigungspunkt wird Träger einer gemeinsamen Bezeichnung. Wörter als Zeichen für etwas entwickeln sich aus dem Zeigen, dem gestischen Benennen. Auch das ist schwieriger, als wir denken, und die Zeigegeste findet sich nur beim Menschen.[16]

Ein drei Monate altes Baby lächelt uns an; ein sechs Monate altes greift nach einem Spielzeug. Erst einem neun Monate alten Baby gelingt es, beide Reaktionen miteinander zu koordinieren. Zwei sind einverstanden im Hinblick auf ein Drittes – für viele Forscher der zweite Meilenstein der Entwicklung neben dem Silbenplappern. Das ist der dreieinige Blickkontakt (auch: referentieller Blickkontakt), von einem zum anderen, den Gegenstand einbeziehend. Plötzlich sind nicht nur »Du« und »Ich« im Spiel – etwa wenn das Baby die Ärmchen hebt, um aufgenommen zu werden –, sondern auch ein Drittes, auf das gemeinsam Bezug genommen wird. Davor blickt der Säugling ebenso häufig auf die zeigende Hand wie auf den gezeigten Gegenstand! Erst jetzt beginnt er, mit den Blicken der imaginären Linie zu folgen, die vom Finger zum Gegenstand führt. Zugleich fängt er selbst an, auf alles mögliche zu zeigen, *da, da*, um seinerseits die Aufmerksamkeit der Mutter zu lenken. Er vergewissert sich z.B., indem er auf die Mutter schaut, ob diese überhaupt aufmerksam ist, um dann erst auf etwas zu zeigen oder mit etwas zu hantieren. Danach schaut der Säugling zurück zur Mutter, um zu sehen, ob sie auch tatsächlich hingeschaut hat und z.B. sieht, wie es einen Deckel abhebt. Der Blick geht also hin und her – vom Gegenstand zum Partner und zurück. Mit achtzehn Monaten schließlich blicken Kinder auch hinter sich, um nachzuschauen, ob die Mutter direkt hinter ihnen etwas anschaut.

Schauen wir uns einmal einen solchen Dialog an, zu dem das Baby jetzt fähig ist. Noch ohne ein Wort beizusteuern, bittet sie um Hilfe:

> Marta schafft es nicht, ein Portemonnaie zu öffnen. Sie schiebt es ihrem Vater vor die Hände. Der unternimmt nichts. Da legt sie es ihm in die Hand, schaut ihn an und gibt ein paar Tönchen von sich. Der unternimmt immer noch nichts. Marta insistiert, zeigt auf das Portemonnaie und jammert. Vater: »Ja was soll ich denn tun?« Marta zeigt noch mal auf die Börse, blickt ihren Vater dabei an und äußert wieder ein paar Tönchen. Jetzt endlich berührt der Vater den Verschluß und fragt: »Soll ich es aufmachen?« Marta nickt kräftig.[17]

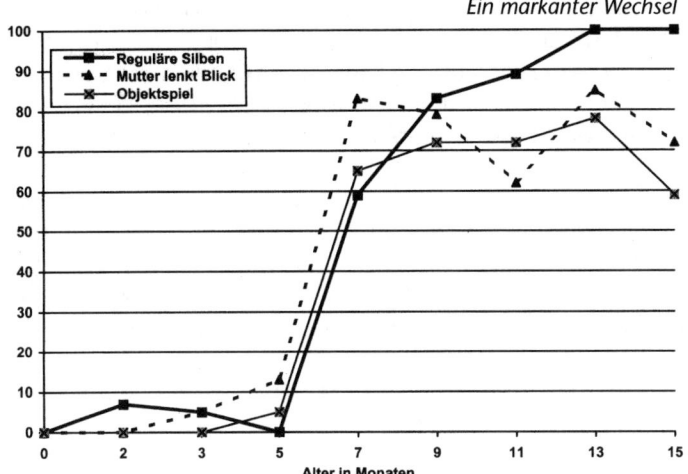

Ein markanter Wechsel

Im Vorsilbenalter konzentrieren sich die Mütter auf wechselseitigen Blickkontakt und die Gestimmtheit des Kindes. Wenn mit 5 Monaten das Silbenplappern einsetzt, versuchen sie, den Blick des Säuglings auf Dinge und Ereignisse um sie herum zu lenken. Das Objektspiel beginnt. (Nach M. Papousek, 1994)

Marta hat ihren Vater verstanden, allerdings noch nicht die einzelnen Wörter, die er verwendet. Es wird ihr immer klarer, daß man allein mit den Tönen, die man hervorbringt, beim anderen etwas ausrichten kann.

Zeigen Sie Ihrem Einjährigen ein Spielzeug und lassen es dann wie im Scherz verschwinden, wenn er danach greift. Normalerweise schaut er Sie dann fragend an, um herauszufinden, warum Sie das tun. Viele autistische Kinder reagieren nicht so.

> Fast alle Kinder mit Entwicklungsauffälligkeiten zeigen auch im Alter von zwei, drei und vier Jahren diesen triangulären Blickkontakt nur sehr selten. Beschäftigen sie sich mit einem Gegenstand, sind sie entweder ganz davon eingenommen oder aber sie manipulieren ihn ohne echte Freude und Interesse – in beiden Situationen gibt es keinen Anlass, ein Erlebnis zu teilen. Steht das Kind in direktem Kontakt mit einer anderen Person, ist es so damit beschäftigt, mit ihm über den direkten Blick, Gesten oder Laute zu kommunizieren, daß es einen Gegenstand in diese Interaktion nicht einbeziehen kann; dies habe ich beispielsweise sehr oft bei Kindern mit Down-Syndrom beobachtet.
>
> Mit etwa eineinhalb Jahren können viele der entwicklungsauffälligen Kinder einen Gegenstand geben, doch auch hier fehlt der erwartungsvolle Blick, d.h. sie bringen das Ding, legen es dem Erwachsenen auf den Schoss und gehen gleich wieder weg, um etwas neues zu holen. Wenn sie dem Anderen eine Absicht mitteilen wollen, zeigen und vokalisieren sie oder ziehen ihn am Arm, doch auch in dieser Situation schauen sie nicht vom gewünschten Gegenstand zum Erwachsenen, um zu sehen, wohin er seinen Blick richtet.[18]

Allerdings gibt es beim Zeigen noch einen kleinen Unterschied. Auf einen Gegenstand deuten, den man haben will, ist erst eine Vorstufe zum »deklarativen« Zeigen. Das ist der Fall, wenn ein Kind bloß auf etwas hinweist, das es interessant findet, und dieses Erlebnis mit seinem Partner teilen will. Schon das bloße Zeigen und die Anteilnahme des Partners befriedigt, das gestische Benennen in Reinkultur. Das Baby fordert nicht auf: »gib mir«, »tu was«; sondern macht gewissermaßen eine sachliche Aussage: »das da« (Zur »Sachlichkeit« vgl. S. 145ff.). Das Kind verknüpft den Partner und den Gegenstand in einem kommunikativen Akt und kann jetzt lernen, daß die Dinge ihre Namen haben. Der Funke ist übergesprungen, die Laute sind hinfort nicht mehr bloß Begleiter des Tuns, mit denen man so schön spielen kann.

Die Leistungen, die hier zusammenkommen, lassen sich wie folgt aufschlüsseln:

Alter: 9–12 Monate   *Alter: 11–14 Monate*   *Alter: 13–15 Monate*

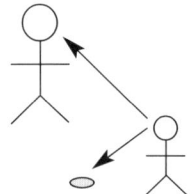
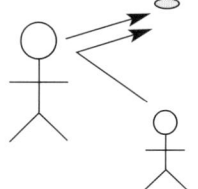
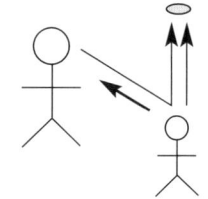

Sich vergewissern, ob der Partner »meinen« Gegenstand ebenfalls im Blick hat

Erfassen, worauf der Partner sein Augenmerk gerichtet hat, und es ihm nachtun

Zeigen als Bewußtseinslenkung des Partners
– auffordern: gib, tu …
– aussagen: das da[19]

In mehreren Studien wurde ermittelt, (1) wie viel Zeit Mütter in Szenen gemeinsamer Aufmerksamkeit mit ihren Kindern zubrachten und (2) wie ausgeprägt dabei ihre Tendenz war, dem Aufmerksamkeitsfokus des Kindes durch sprachliches Hinweisen zu folgen. Im Alter zwischen zwölf und fünfzehn Monaten erklären diese beiden Faktoren über 50% der Varianz sowohl des Sprachverstehens als auch der Sprachproduktion! Nicht wer sein Kind zutextet, sondern wer sensibel bei seinem Kind ist und sprachlich das begleitet, was es gerade im Auge und im Sinn hat, der fördert enorm seine sprachliche Entwicklung. Also nicht einfach drauflosreden, sondern auch die kindliche Reaktion abwarten und merken, ob man gemeinsam bei derselben Sache ist.[20]

Greifen wir zeitlich ein wenig vor und schauen wir uns Kinder zwischen eineinhalb und zwei Jahren an. In verschiedenen, geschickt gestellten Situationen – wiederum in Szenen gemeinsamer Aufmerksamkeit – konnte man zeigen, wie wichtig es für den Spracherwerb ist, daß die Dialogpartner sich wechselseitig als absichtsvoll Handelnde erleben. Hier nur zwei Beispiele Tomasellos, die den Zusammenhang mit dem Worterwerb belegen.

> Ein Erwachsener gibt vor, »das Toma« zu suchen. Er sucht dann in einer Reihe von Eimern, die alle neuartige, vom Kind noch nicht benannte Dinge enthalten. Unpassende Gegenstände schaut er schief an und legt sie wieder zurück, bis er den richtigen Gegenstand gefunden hat, was durch ein Lächeln quittiert wird und die Suche beendet. Egal, ob und wie viele Dinge verworfen wurden, die Kinder lernten das Wort »Toma« richtig zu verwenden.

> In einer anderen Situation bedeutete jemand dem Kind, er wolle nun Mickey Maus »daxen«, und tat darauf etwas wie zufällig und etwas anderes absichtlich. Die Kinder ließen sich nicht beirren, sie lernten das Wort »daxen« für die absichtliche, nicht die zufällige Handlung, und zwar unabhängig davon, welche Handlung zuerst vollzogen wurde.

Es ist bei näherer Analyse ziemlich schwierig, neu auftauchende Wörter aus dem Handlungs- und Redefluß herauszuklauben und richtig zuzuordnen. Kinder haben ein detektivisches Gespür dafür, weil sie ein tiefes und flexibles Verständnis anderer als zielbezogen Handelnde entwickelt haben – und zwar in den schon genannten routinemäßigen Situationen, die sie von Anfang bis Ende auch ohne Sprache durchschauen. Sprache braucht diese Bodenhaftung, weil Wörter sehr beweglich sind und sich auf Unterschiedliches beziehen können. Das gilt ja nicht nur für die »Wechselwörter« wie *ich, du, er* usw. Gisas Foxi ist längst nicht immer »Foxi«, sondern kann auch »dein Plüschtier«, »dein Kuschelhündchen« oder »dein Liebling« sein. Umgekehrt ist sie selbst Mamas »Liebling«. Um hier klarzukommen, bedarf es zunächst externer Stützen sich gleich bleibender Situationen und die richtige Deutung der kommunikativen Absichten der Beteiligten. –

Mit dem lautlichen Benennen ist nach allgemeiner Übereinkunft Sprache im eigentlichen Sinne auf den Plan getreten. Ein Lautgebilde wird zum Zeichen für etwas; es verweist auf Dinge dieser Welt und kann somit an ihre Stelle treten.

Damit kann die Kommunikation zwischen Eltern und Kind in ganz neue Dimensionen vorstoßen. Sie wird in der Folge immer weniger auf das unmittelbare Vor-Augen-Sein von Personen, Ereignissen und Gegenständen gebunden sein. Die gemeinsame Situation und der aushelfende, verständige Partner können wegfallen. Diese Lösung von der konkreten Sprechsituation feierte Karl Bühler als »die Erlösung der Sprache aus dem Zeigfeld« oder besser: die Erlösung des Menschen aus dem Zeigfeld durch Sprache, für ihn ein entscheidender »Befreiungsschritt ... im Werdegang der Menschensprache«.[21] Das Nicht-Hier und Nicht-Jetzt werden mitteilbar. Lesen wir ein Buch, so werden wir allein durch Sprache in die abenteuerlichsten Ereignisse verstrickt. Wenn wir es ihm gestatten, kann sich ein Stück fremdes Bewußtsein – das des Schreibers – über Abgründe von Zeit und Raum hinweg in unserem eigenen einnisten.

Entwicklungsverlauf

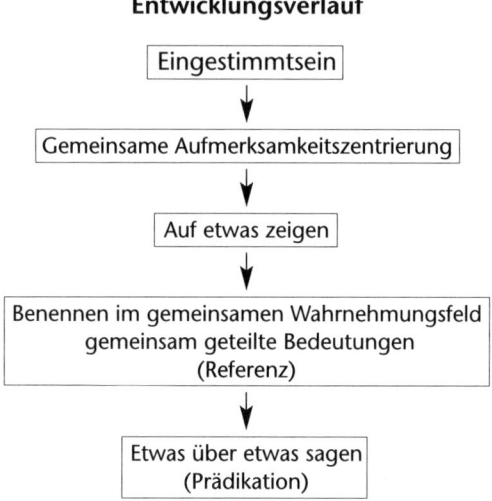

Wer hat die Hauptrolle?

Leistet das Kind das meiste, weil es so gut auf die Eltern zu hören versteht? Oder gelingt die Nachahmung nur so gut, weil die Eltern sich so gut auf das Kind einstellen?

Die Initiative geht von der Mutter aus. Sie ist auf die Rolle der Spielleiterin abonniert und hält das Spiel in Gang. Sie ist nicht die bloße Assistentin des Kindes; sie ist die treibende Kraft. Es dauert eine ganze Weile, bis das Kind sich so gründlich auskennt, daß es selbst zum Ausführenden wird, der das Spiel steuert. So übernimmt es eindeutig die Hauptrolle wohl erst, wenn es im dritten Lebensjahr damit beginnt, sich die Grammatik zusammenzureimen – eine Aufgabe, bei der die Eltern weit weniger Hilfe leisten können (auch wenn sie wollten). Erst dann gilt Pinkers Satz, daß Kinder »das größte Verdienst an der von ihnen erworbenen Sprache« besäßen.[22]

Wie Eltern ihr Verhalten den Lernfortschritten ihrer Babys anpassen, kann man u.a. auch damit belegen, daß in den ersten Monaten nur 10% der Mütter Kinderwörter wie *hamham, wauwau, gagack* gebrauchten. Dieser Anteil stieg zwischen dem 7. und 15. Monat auf 66%.[23] In dieser Zeit des Silbenplapperns können die Babys eben viel mehr damit anfangen. Es sind Wörter, die zu ihrem Lautrepertoire passen und die sie bald übernehmen können.

Nicht alle Eltern setzen alle hier erwähnten pädagogischen Tricks ein, ohne daß sprachliche Verzögerungen aufträten. Offenbar hat die Natur ein so reichhaltiges Repertoire angelegt, daß auch mal etwas fehlen kann.

Was bringt nun das Baby in diese Situation ein? Es antwortet mit heranreifenden fertigen Verhaltensweisen: dem Lächeln, dem Weinen, dem Lachen, dem Ausdrücken von Unmut oder Ablehnung. Sie kommen in allen Kulturen vor. Mehr noch: Sie treten auch bei taubblind geborenen Kindern auf, den »Kindern der Nacht und der Stille«, die Klang und Mienenspiel niemandem abgucken und ablauschen können.[24] Denn solche Ausdrucksbewegungen »sind die erste Muttersprache der Kinder, welche Mutter Natur selbst sie gelehrt hat«, wußte schon Joachim Heinrich Campe.[25] Der Säugling tut so seine Gemütslagen kund, welche die Eltern auf Anhieb verstehen und als Ansatzpunkt für einen kommunikativen Austausch benutzen. Sie sind das Packende für ihre Führungskunst.

Gehörlose Kinder fangen zu lallen an wie gesund geborene Kinder. Mit ungefähr sechs Monaten gehen die Lautierungen jedoch stark zurück. Je nach Resthörvermögen und Hörgeräteversorgung gelangen sie auch zum Silbenplappern, jedoch später als gesundgeborene Kinder und nicht in so deutlich auf Sprache hinzielender Ausprägung. Die wohlgeformten, am sprachlichen Input orientierten Silben, die sie ja gar nicht vernehmen, können sie auch nicht produzieren. Es ist, als ob auch diese kleinen Wesen mit ihrem Gebrabbel eine Frage an die Welt wie auch an sich selbst richten und auf Antworten warten, die jedoch nicht kommen. Weder hören sie ihre Eltern, noch hören sie sich selbst. Diese Antworten brauchen sie aber, um weiterfragen zu können.

Kindliche Ausdrucksbewegungen, kategoriales Hören, Lallen und Plappern bilden den genetischen Hebel, an dem die Eltern ansetzen. Auf der einen Seite: angeborene Ausdrucksformen und die Spontaneität des stimmlichen Spielens und Brabbelns. Auf der anderen Seite: ständige Ansprache, ständiger Zuspruch. So konvergiert der Sprachtrieb des Kindes mit dem Bemühen der Eltern. Sprechen ist – auf beiden Seiten – eine aus den Tiefen der Persönlichkeit hervorbrechende Betätigung. Erst die Konvergenz – das Zusammenspiel – ermöglicht den Erwerb der Sprache.[26]

Ständiger Wechsel in der Regieführung

> Selbstthätigkeit – o merkt euch diese für die ganze Erziehung so überaus wichtige Wahrheit! – Selbstthätigkeit allein übt, stärkt und entwickelt die geistigen wie die körperlichen Kräfte des Kindes. (Joachim Heinrich Campe 1785)

Eine Spielsituation, die viele Mütter inszenieren, ist das Vorzeigen, das anschließende Verschwindenlassen: Ja, wo ist denn jetzt das Häschen? und

Wiederhervorzaubern eines Gegenstandes. Das emphatische *Da isses!* wird vom Kind mit einem Jauchzer quittiert. Das Spiel ist beendet und kann von neuem anfangen. Im Laufe der Zeit ergeben sich charakteristische Veränderungen, die sich am Lernfortschritt des Kindes orientieren und schließlich in die Übergabe des Taktstocks an das Kind einmünden. Wieder wird die grundgescheite elterliche Pädagogik erkennbar.

Bruner hat detailgenau dokumentiert, wie Mütter ihren Kindern zunehmend mehr Spiel- und später Sprechanteile überlassen und bereit sind, die Dirigentenrolle an sie abzutreten.[27] Er spricht vom *hand-over-principle.* Etwa so:

– die Mutter führt ein Spielchen ein
– das Kind macht nach
– das Kind macht mit
– das Kind ergreift selbst die Initiative und führt Regie

Der Drang der Kinder zur Selbständigkeit, dem die Mütter so klug nachgeben, ist natürlich nicht auf das Sprechenlernen beschränkt. Ich erinnere mich, wie Gisa über eine Mauerkrone lief und irgendwann meine helfende Hand fortstieß: »Gis leine« (Gisa kann das alleine). Ebenso Bubi: Als die Mutter ihn füttern wollte, nahm er ihr den Löffel aus der Hand: »Nein, Bubi leine«, und versuchte wirklich leidlich geschickt, allein zu essen.[28]

Andere Kinder gebrauchen ähnliche Formeln:

Kann helber! (= selber)
Helber machen! Auch machen wollen!
Nein, ich!
Can manage!

Mareike (1;11) sagt in einem besonderen Tonfall Mama!, um auszudrücken: *Laß das; ich mach das.*[29]

Bubi (3;2):
Beim Blättern im Bilderbuch wünscht Bubi jetzt meistens ungestört zu sein und fragt nur noch selten nach der Bedeutung der Bilder; er legt sich ihren Sinn lieber selber aus, die Gestalten werden lebendig, er füttert die abgebildeten Tiere und unterhält sich drollig mit Personen und Tieren; dabei schlägt er zu unserem Ergötzen immer einen recht gönnerhaften Ton an.[30]

Wie eng gehen soziales und sprachliches Lernen zusammen! Bubi weiß, daß es ganz bei ihm liegt, ob oder wieviel er seine Tiere »füttert«, und er beherrscht auch schon den passenden »gönnerhaften« Ton.

Das Prinzip der Rollenübergabe ist in der Pädagogik als das Prinzip des selbsttätigen, eigenverantwortlichen Lernens hinlänglich bekannt, verwandt auch mit dem Grundsatz des *learning by doing.* Von einem amerikanischen Sprachpädagogen stammt der Ratschlag: *Teach, then test, then get out of the way.* Ein Zyklus, der stets mit dem Rückzug des Lehrers endet. Dann heißt es: *Now it's up to you!* – Du bist jetzt dran! Auf dich kommt's jetzt an!

So kann die Schule der Natur manches abgucken. Jedenfalls ist jede Sprachlehrmethode auch daran zu messen, ob und wie sie diesen Rollenwechsel regelmäßig einplant und herbeiführt. »Übrigens ist mir alles verhaßt, was mich bloß belehrt, ohne meine Tätigkeit zu vermehren oder unmittelbar zu beleben«, bekannte Goethe. Führen und Wachsenlassen gehören zusammen. So bekommen wir Kinder, die sich ihr Können selbst erschließen, sich aktiv Ziele setzen und später bereit und fähig sind, ihr Leben in die eigene Hand zu nehmen.

---

1 Morris 1991, 146
2 Hassenstein 1987, 48f.
3 Hanus Papousek 1985, 38
4 Gehlen 1974, 135. Der aktiv-passiven Doppelgegebenheit des Lautes entspricht die Kooperation von Auge und Hand in der Gebärdensprache, vgl. S. 163ff.
5 K. Bühler 1965, 136
6 Herder V (1967), 98
7 Kainz 1960, 5
8 Diese Zusammenhänge zwischen der dem Kind zugesprochenen und der von ihm produzierten Sprache wurden bei amerikanischen, russischen und schwedischen Kindern und Eltern nachgewiesen. (Kuhl u.a. 1997)
9 Preyer 1900, 316; ebenso bei Lindner 1898, 24
10 Diesen Punkt hat Hörmann (1976, 359) überzeugend herausgearbeitet: »Weil das Kind versteht, was der Sprecher meint, erhält die sprachliche Äußerung des Sprechers Bedeutung.«
11 Papousek & Papousek 1977
12 Fernald 1992
13 Rauh 2002, 156
14 Hörmann 1981, 31
15 Scupin & Scupin I (1907), 53
16 »Die Zeigegeste als Führung der Blickrichtung des Partners findet sich als Geste mit der universell in allen Kulturen anzutreffenden Struktur der Verlängerung des Blicks durch ausgestreckten Arm und Zeigefinger nur beim Menschen.« (Hildebrand-Nilshon 1980, 194).
17 Nach E. Bates, zitiert bei Donaldson 1993, 107
18 Zollinger 1996, 47f.
19 Nach Tomasello 2000, 65
20 Tomasello 2000, 110f.
21 Bühler 1934, 366. Dazu Hörmann 1976, 418.
22 Pinker 1996, 47
23 M. Papousek 1994
24 Eibl-Eibesfeldt 1992, 218ff.
25 Campe 1979, 243
26 Stern & Stern 1987, 121

27 Bruner 1983
28 Scupin & Scupin I (1907), 92
29 Gipper 1985, 251
30 Scupin & Scupin II (1910), 8

Weltbemächtigung durch Wörter

Die Welt wird Wort

> Die Worte der Kindheit – diese unsre frühen Gespielen in der Morgenröte
> des Lebens, mit denen sich unsre ganze Seele zusammen bildete ...
> (Johann Gottfried Herder)

> Die Sprache gleicht dem im Stein schlummernden Feuerfunken. Ehe
> man gelernt hatte, ihn hervorzulocken, schien sein Dasein nur durch ein
> Wunder erklärlich. Einmal entzündet, pflanzte er sich mit unglaublicher
> Leichtigkeit fort. (Wilhelm von Humboldt)

Die ersten Wörter

Mit Spannung erwarten wir das erste Wort aus dem Mund unseres Kindes.
Wird es *Mama* oder *Papa* sein? Solche Silbenverdoppelungen, in denen die
zweite Silbe die erste wie ein Echo verstärkt, begegnen uns ja schon in den
Lallmonologen der Babys und ziehen uns vielleicht deshalb auch später
noch magisch an: *Lolo, Dodo, Joujou* ... Noch ein anderes, besonders wichtiges Wort entnehmen wir dem Silbenplappern des Babys: *ba* für alles, was
das Baby nicht an den Mund führen oder tun soll, oder verdoppelt als *baba* –
vielleicht weil wir ganz sicher sein wollen, daß das Baby uns gut versteht.

Was darf als erstes selbständig gebrauchtes Wort gelten? Eigentlich nicht
das, was nur direkt nachgeplappert wird. Es sollte *spontan* gebraucht werden, mit klarer Bedeutungszuordnung. *Mama* und *Papa* haben gute Chancen, es sind die anatomisch wahrscheinlichsten Erstsilben: bei /p/ und /m/
sind die Lippen fest geschlossen und öffnen sich voll zum /a/-Vokal. Es gilt
das Prinzip des maximalen Kontrasts: der ganz geschlossene, dann der ganz
geöffnete Mund. In vielen Sprachen der Welt fungieren diese Silben denn
auch als Namen für Vater und Mutter, zusammen mit der Silbe /ta/, wo der
Verschluß statt von den Lippen von den Zähnen gebildet wird. Die »weichen« Varianten /ba/ und /da/ gehören ebenfalls dazu, ja, sind anfangs von
/pa/ und /ta/ kaum zu unterscheiden. /k/ und /g/ bilden den Verschluß im
hinteren Mundraum, kommen meist später und werden zunächst in typischer Weise durch schon beherrschte Laute ersetzt, also »tomm« statt
»komm«. Noch länger lassen l und r auf sich warten, also kann man oft

»Tampe« statt »Lampe« und »hot« statt »rot« hören. Viel später kommen die schwierigen Laute, die man auch aus dem Fremdsprachenunterricht kennt, wie die französischen Nasalvokale, bei denen die Luft durch Mund und Nase gleichzeitig entweichen muß, und das englische »th«, bei dem die Zungenspitze die oberen Schneidezähne nur ganz leicht touchieren darf. Alec Guinness erinnert sich, daß es ihm noch als Zehnjährigem gelegentlich passierte, das »th« durch /f/ zu ersetzen, was ihm einmal eine gehörige Abreibung einbrachte: er hatte beim Vorlesen einen Bibelvers verhunzt. Also habt Geduld, ihr Lehrer! Bleiben noch hintereinander hängende Konsonanten, die zunächst auf einen Konsonanten reduziert werden, also »Neemann« statt »Schneemann«, »Piegel« statt »Spiegel« oder auch »neifen« statt »kneifen«. Man denke auch hier ans Englische, wo das k vor n überall gefallen ist wie in *know* und *knife*: Waren die Kinder das Vorbild?

Beim Lauterwerb heißt es abwarten, gelegentliches Nachsprechenlassen zeigt das sehr deutlich, wie bei der sprechfreudigen Hilde Stern, die schon Mehrwortsätze kann und sich hier richtig Mühe gibt:

> Wir zeigten ihr gestern eine Nelke und nannten den Namen; sie sprach »lenke« nach. Wiederholtes noch so deutliches, fast skandierendes Vorsprechen hatte stets den gleichen Erfolg, ebenso heute. Auch »nalke« und »nolke« wurden »lanke« und »lonke« gesprochen; für »melke« sagte sie »blenke«.

Ihr Bruder ersetzt die meisten Anfangskonsonanten durch ein h, sagt z.B. »heis« statt »Reis.« Als ihm die Mutter einmal das Wort so recht schnarrend vorspricht: »rrreis«, wiederholt er eifrig »rrr-heis«. Präzise Lautproduktion ist ein schwieriges Geschäft, ihre Perfektionierung kostet einfach Zeit.

Die Reihenfolge bei der Eroberung des Lautsystems ist nachvollziehbar und biomechanisch gut erklärbar. Aber genau genommen gibt es nur Wahrscheinlichkeiten, es kann auch etwas anders kommen. Wie bei der kindlichen Entwicklung überhaupt, verläuft beim stufenweisen Lauterwerb nicht alles nach Plan, wie man es logischerweise erwarten dürfte. Ein Kind kann sich mit einem Wort besonders Mühe geben, das ihm Eindruck gemacht hat, und schon ist das schöne Erwerbsschema durchkreuzt. Es gibt für manches Gegenbelege, und doch ist die Entwicklung im Ganzen wieder stimmig. Manche Eltern betrachten es liebevoll als ersten Streich ihres kleinen Schelms, wenn *Wa(u)wa(u)* klar vor *Mama* und *Papa* durchs Ziel geht.

Normal wären jedoch Darwins Sohn William (»Doddy«), der mit zwölf Monaten als erstes Wort *mum* produzierte, wenn er etwas zu essen haben wollte; oder Hans, bei dem als erste Wörter *mm* und *da*, im Alter von 1;1, notiert wurden:

> Denn so oft ein Wagen vorüberfährt, von dem er nur das Geräusch hört, ohne ihn zu sehen, meldet er ihn mit einem lang ausgehaltenen *mm* an, welche Beschäftigung er auch gerade treiben mag ... Sein *mm* kann

schwerlich als eine bloße Schallnachahmung angesehen werden, sondern soll offenbar so viel bedeuten als »Jetzt kommt ein Wagen« oder »Ich höre einen Wagen kommen« und ähnliches.[1]

Etwa zur selben Zeit gebraucht er *da* und Varianten wie *dat, dada, ded, de.* Dies wurde in den folgenden Wochen die am meisten gehörte Lautfolge; denn jede Wahrnehmung des Kindes und jeder Gegenstand, der sein Interesse erregte, wurde mit einem *da* oder *dat* bezeichnet.

Gegenbeispiele: »Erst kurz vor Weihnachten kommen die ersten Worte und zwar sonderbarerweise ›Wust‹ und ›Bod‹. Papa und Mama folgen erst nach einiger Zeit«, schreibt Katja Mann über ihren achtzehn Monate alten Golo.[2] Ein Vater hat bei seiner Tochter als erstes ein Wort notiert, das eigentlich aus zwei besteht: i(ch) au(ch)! Sie hatte zwei ältere Brüder und mußte sich ihnen gegenüber behaupten. Tabea gebrauchte ihr erstes Wort um ihren ersten Geburtstag herum. Ihr Vater hatte sie unter die Arme gefaßt, läuft mit ihr durch die Wohnung und dirigiert dabei ihre Beine so, daß sie einen Ball kickt. Dabei macht er einen Mordsspektakel: »Da kommt die Flanke von rechts, sie müßte schießen, schießt auch, Tor, Tooor!« Und die Erregung teilt sich dem Kind mit, sie fällt mit ihrem dünnen Stimmchen ein: Tor! War das nun das erste Wort? Klar, denn am nächsten Morgen kommt sie ins Zimmer, sieht den Ball und artikuliert noch einmal erkennbar: Tor! Das hat Bedeutung, ist eine Verknüpfung von Silbe und Situation und eine Verschmelzung von Gegenstand und Handlung, ein »Aktionsding«.[3]

Schon die Lautentwicklung führt uns deutlich vor Augen, wie Kinder sich die Lernaufgabe selbst organisieren, besser, als es jeder Lehrer vermöchte. Man denke nur an den Trick, Silben einfach zu verdoppeln, um dadurch zu deutlichen, stabilen Lautungen zu kommen: pieke pieke (Stecknadel), putze putze (Bürste), singe, singe (Hilde Stern), analog zu Wauwau oder Wehweh. Wir kommen beim Grammatikerwerb darauf zurück, daß gerade das reifende, sich noch entwickelnde Gehirn optimal dafür geeignet ist, sich das zu Leistende in kleine Lernschritte aufzuteilen.

Manchmal folgt eine Pause von mehreren Monaten, in der die Kinder nur mit einem Wort (und seinen Lautvarianten) operieren, bis sie dem ersten ein neues hinzufügen und weitere Einwortsätze äußern. Diese Phase der Einwortsätze dauert dann im Durchschnitt ein halbes Jahr; die Schwankungsbreite liegt zwischen vier Monaten und einem ganzen Jahr. Es gibt Kinder mit normaler Sprachentwicklung, die schon als Einjährige oder sogar kurz davor ihr erstes Wort äußern, und solche, die erst gegen Ende des zweiten Lebensjahres anfangen, dann aber schnell vorankommen. Die Spannbreite dessen, was als ganz normal gelten muß, ist groß, sowohl was den Sprechbeginn als auch das Entwicklungstempo angeht. Es kommt auch vor, daß einige Erstlingswörter zeitweilig wieder aufgegeben werden, wenn Kinder etwa das zuvor erworbene *Mama* fallen lassen und *Papa* für beide Eltern verwenden.[4] Schließlich gibt es eher »geschwätzige« Kinder, die schon bald lange, dafür aber oft kaum verständliche Äußerungen tun, und wortkarge, die sich anfangs mit wenigen, gut erkennbaren Silben begnügen.

Natürlich verstehen die Kinder immer schon viel mehr, als sie sagen können. »Lukas, ich glaube, du brauchst jetzt 'ne frische Buxe«, sagt die Mutter des 17 Monate alten Knaben. Obwohl dieser noch keines der in diesem Satz enthaltenen Wörter spricht, läuft er spornstreichs zum Wickeltisch, rückt das Stühlchen heran, um auf den Tisch zu klettern, wo ihm die Windeln gewechselt werden. Als Lindners Sohn mit *mm* und *da* anfing, erstreckte sich sein *Sprachverständnis* schon auf eine ganze Reihe von Formen wie *Geh, komm, steh auf, horch, riech mal, gib, sprich, sag, wie schmeckt's? Wo ist das?*

Die ersten Bedeutungen

Einige Wörter stehen als Globalwörter für eine ganze Situation:

> *aua:* kann alles bedeuten, was mit Schmerz zu tun hat, was weh tut oder womit man sich weh tun kann, wie Nadel oder Schere.
> *lecker/mhm:* ist lecker, schmeckt gut, hab Hunger, hab Durst; mein Essen.

Kinder verfallen auf wirkungsvolle Kürzel:

> *mit:* ich will mitgehen, mitspielen, mitfahren ...
> *mal:* ich will das noch mal, noch etwas essen, noch mal streicheln ...

Viele Kinder drücken diesen Wunsch mit *mehr* aus; Gisa verfiel auf das Wörtchen *ein*, das sie wohl aus Äußerungen wie »Noch ein Löffelchen, ein Löffelchen für Papa, ein Löffelchen für Mama« ableitete.

Andere Wörter orientieren sich in ihrer weiträumigen Bedeutung an einem bestimmten Merkmal, etwa wenn *Ball* alles einschließt, was rund ist. So werden anfangs etwa ein Viertel der Wörter in einem größeren Bedeutungsumfang gebraucht, als ihnen zukommt. Auto kann z.B. auch für *Motorrad, Fahrrad, Laster, Flugzeug* und *Hubschrauber* gebraucht werden. Merkmale, nach denen die Kinder die Bedeutung gruppieren, sind vor allem die Form, wie bei *Ball*, aber auch die Größe, der Schall, die Bewegungsart wie beim Wort *Auto*, der Geschmack, die Textur. »Mit machen kann?« war eine Zeitlang eine Standardfrage von Gisa. Wichtig ist also noch ein anderes Merkmal, der funktionale Aspekt eines neuen Gegenstands, nicht nur, was das Ding tut (wauwau, muh), sondern was man selbst damit tun kann: etwas zum Rollen, zum Beißen, zum Streicheln usw. Georg hieß der Bauer gegenüber, der meist auf dem Traktor saß, und bald hieß jeder Traktor, Bagger und Erdschieber »Georg«: auch solche Verschiebungen wie hier vom Menschen auf die Maschine oder auch vom Teil aufs Ganze und umgekehrt

kommen vor. Elemente, die in Raum und Zeit zusammen vorkommen und eine Erlebniseinheit gebildet haben, können füreinander eintreten. So beginnt der sprachliche Erkennungs- und Ordnungsdienst.[5]
Einige Beispiele von verschiedenen Kindern:

ohm (oben):	nach oben, aber auch nach unten; Treppe rauf oder runter
piepiep:	beim Anblick von Vögeln; dann auch Insekten
baba:	wenn Bubi aufs Töpfchen geht, schmutzig, unsauber; dann auch unordentlich und unartig
huh, huch:	zuerst Schaudern bei Kälte; dann auch heiß; endlich alles Unheimliche, z.B. das dunkle Zimmer
hoot:	vielfach wird ein Farbwort, meistens rot, kurzfristig verwandt, um praktisch alle Farben zu bezeichnen.[6]
abpellen:	für Kartoffeln wie für Obst, wird aber auch zum Knacken von Nüssen gesagt.

Allerdings konnte man nachweisen, daß Kinder beispielsweise *Auto* oder das lautmalerische *brrm* zwar auch im Sinne von *Kinderwagen, Flugzeug* oder *Motorrad* verwendeten, zugleich aber bei Sortieraufgaben sehr wohl schon zwischen Auto, Motorrad, Fahrrad usw. unterschieden. Es wäre auch verwunderlich, wenn die Kinder, die etwa *rot* für alle Farben, *Bonbon* für alle Süßigkeiten oder *Milch* als Sammelbezeichnung für Getränke gebrauchen, den Unterschied nicht sehen bzw. schmecken würden. Die Beschränkung liegt zumeist in der Sprache, nicht in der Auffassung von Welt. Möglicherweise machen sich's die Kinder beim Sprechen einfach, entweder weil sie die korrekte Bezeichnung noch nicht kennen bzw. sich nicht an sie erinnern oder weil ihnen die richtige Lautgestalt noch zu schwierig ist. Allmählich werden die korrekten Bezeichnungen ausgegliedert, manchmal über Zwischenstationen wie *Himmel-Auto* oder *Piepiep-Auto* für *Flugzeug*.

Leichte Wörter sind immer solche, die durch Anschauung gestützt werden, wie *wauwau* und *piepiep*. *Wauwau* wird meist für alle Vierbeiner gebraucht; später eingeschränkt auf Hunde, wird dann aufgegeben zugunsten von *Hund*. Übergangsformen wie »Wauwau-Hund« *oder* »Piepvogel« zeigen sehr schön, wie die anschauliche, lautmalende Kinderbezeichnung die Brücke zur unanschaulichen konventionellen Bezeichnung bildet. *Wauwau* bleibt aber noch der Name für den Stoffhund, der mit ins Bett kommt.

Kinder wuchern einfach mit den wenigen Pfunden, die sie haben. Sie weichen auf ein nahe liegendes anderes Wort aus oder erfinden »Passe-partout-Wörter«, ähnlich wie wir uns mit *Dingsbums* aushelfen, wenn uns gerade das Wort nicht einfällt. So nennt der 17 Monate alte Bubi viele Dinge, die er nicht kennt, einfach *mam*, wie weiße Steine, Seife, Wachs, Siegellack und Kork.[7]

Gewöhnlich geht also der Weg vom Allgemeinen zum Besonderen. Das Kind greift zu weit aus, als ob es mit wenigen Wörtern die ganze Welt vereinnahmen möchte. Aber es gibt auch den umgekehrten Fall einer zu engen statt zu weiten Bedeutung, etwa wenn Dorothee das Wort *nackt* bis zur Vollendung des dritten Lebensjahres nur im Sinne von *nackte Füße, barfuß* verwendet und dann erst diese Beschränkung aufhebt.[8]

Einwortsätze

Die ersten Wörter des Kindes sind jeweils Einwortäußerungen, die man in Kenntnis der Situation in vollständige Sätze verwandeln kann. Je nach Situation und Betonungskontur ist *Ba* ein Wunschsatz: »Ich möchte meinen Ball haben«, und ein anderes Mal eine zufriedene Feststellung: »Jetzt hab ich meinen Ball« oder auch eine Frage.

> Papa? *(Draußen hält ein Wagen, Türen klappern)*
> Papa! *(Papa ist da und wird herbeizitiert)*
> Papa! *(streckt ihm die Arme entgegen:* Heb mich vom Schaukelpferd!)
> Papa! *(Papa ist abwesend, als Hendrik, 1;6, von seiner Mutter ausgeschimpft wird:* Ich möchte jetzt zum Papa; wenn Papa bloß da wäre!)[9]

Das letzte Beispiel, zeigt, wie sehr die Gefühlswelt schon entwickelt ist und man sich trotz minimaler Sprache verständigen kann. Wenn Mutter böse ist, bleibt mir nur die Flucht zum Vater, der mich trösten kann. Sollte das überinterpretiert sein? Wir übernehmen die Deutung der Mutter, wie wir auch Clara Sterns Deutung im folgenden Beispiel übernehmen. Es zeigt, wieviel Einwortsätze leisten können:

> Auf dem Spielplatz wollte sie eben nach der Schaufel eines anderen Kindes greifen; plötzlich besann sie sich, als ob ihr hier die Eigentumsfrage aufginge; sie ließ die Schaufel liegen, sah die Mutter verständnisvoll an und sagte: »Kind«? = Die Schaufel gehört dem Kind, nicht wahr?[10]

Naturgemäß dominieren leicht verständliche Aufforderungen an den Partner wie:

> änte (Hände) = Nimm mich auf den Arm
> ssoss   = Nimm mich auf den Schoß
> nasse   = Putz mir die Nase[11]

Oft sind es auch von Emotionen bestimmte Hinweise: *dida* = Da ist die Tick-Tack! *Wauwau* = Da, sieh doch, mein Wauwau! Überraschung, freudige Bewunderung, Entzücken mischen sich hinein, die Gefühle dominieren. Das Benennen kommt erst dann rein zur Geltung, wenn das Kind anfängt, nach den Namen zu fragen, etwa mit der Formel: *Isn das?*

Helen Kellers Gedankenblitz oder das freudige Erlebnis des Bedeutens

Erst wenn es diese Frage stellt, hat das Kind, so darf man annehmen, klar erfaßt, daß die Dinge ihren Namen haben. Diese Erkenntnis wächst wohl allmählich. Alles Sprechen ist ja von Anfang an in Kommunikationssituationen eingebettet, in denen viele Faktoren zugleich ein Verstehen bewirken. Es läßt sich normalerweise kein Moment festhalten, in dem einem Kind der Zeichencharakter, anders gesagt: die Darstellungs- oder Nennfunktion von Sprache, offenbar wird.

Wir haben jedoch einen Fall von »wahrhaft gewalti-

Fräulein Sullivan liest Helen Keller vor, indem sie die Wortzeichen mit ihrer rechten Hand auf die Innenfläche von Helens rechter Hand tastet.

gem Erkenntniswert«, bei dem diese Grunderfahrung des Nennens zu einem einmaligen Aha-Erlebnis zusammengezogen wurde.[12] Helen Keller erblindete und ertaubte mit 19 Monaten. Als sie fast sieben Jahre alt war, kam sie in die Obhut von Anne Sullivan, einer begabten, gerade 19 Jahre jungen Frau, die selbst leicht sehbehindert war. Den Tag, an dem Anne Sullivan als Hauslehrerin bei den Kellers einzog, bezeichnete Helen später als den wichtigsten Tag in ihrem Leben. Anne Sullivan, ihre geistige Mutter, blieb zeit ihres Lebens Pflegerin, Dolmetscherin und Gesellschafterin von Helen, die sich später als Sozialistin und Pazifistin einen Namen machte und im Dienste von Blindenorganisationen um die Welt reiste. Helen Kellers *Die Geschichte meines Lebens* ist eigentlich eine Gemeinschaftsproduktion der beiden. (Den Erlös aus der deutschen Übersetzung hat sie den deutschen Kriegsblinden aus dem Ersten Weltkrieg gestiftet. Die Nazis haben ihre Bücher verbrannt – der Dank des Vaterlandes ...)

Der Unterricht beginnt, indem ihr Anne eine Puppe schenkt, sie eine Weile damit spielen läßt und ihr dann das Wort Puppe in die Hand buchstabiert. Dabei benutzte sie die Rochester-Methode, bei der das traditionelle Fingeralphabet auf eine Hand konzentriert wird und mit der Taubblinde auch untereinander kommunizieren können.[13]

Somit ergibt auch ein kurzes Wort wie Puppe (*doll*) ein kompliziertes Muster. Was macht Helen damit? Sie versucht, das Muster nachzumachen, und freut sich, wenn es ihr gelingt. So lernt sie über mehrere Wochen noch viele »Wörter«: Es sind im Grunde nur verschiedene taktile Reizfolgen ohne Bedeutung. Allmählich stellt sich aber eine Gedankenverbindung her, denn ihre Lehrerin buchstabiert ihr das Muster immer nur dann, wenn sie unmittelbar zuvor die Sache selbst berührt hat. Oder: Helen hält den Gegenstand in der einen Hand, und die Zeichen dafür werden ihr in die andere geschrieben. Helen »fragt« sogar schon nach »Wörtern«: wenn sie auf etwas zeigt, dann die Hand ihrer Lehrerin tätschelt, erwartet sie von ihr ein bestimmtes Reizmuster zum Nachmachen. Das in die Hand getippte und gestreichelte Muster gehört irgendwie zum betasteten und erfühlten Gegenstand dazu. Aber sie ist noch nicht zur vollen Klarheit gelangt. Das Reizmuster ist mehr ein Anhängsel als ein Stellvertreter der Sache, noch kein Zeichen für etwas. Manchmal gibt es Ärger. Helen will nicht akzeptieren, daß Anne ihr das gleiche Muster für zwei ganz verschiedene Puppen in die Hand tippt, und wirft die Puppe wütend auf den Boden, wo sie zerschellt.

Schwierigkeiten gibt es auch beim Auseinanderhalten von Tasse, Milch und Trinken. Für Helen fällt das eher in *ein* Ereignis zusammen. Die Dinge und die damit regelmäßig verbundenen Tätigkeiten sind ungeschieden, sind »Aktionsdinge«: zum Ball gehört der Kick, zur Puppe das Spielen, zum Kuchen das Aufessen, zur Milch das Trinken. Anfänglich bezeichnen viele Kinderwörter ein solches Erlebnisganzes: *quak-quak* ist zugleich Ente, Wasser, Teich.

Über das entscheidende Erlebnis berichtet die Lehrerin:

> Als ich sie heute früh wusch, wünschte sie die Bezeichnung für Wasser zu erfahren. Wenn sie die Bezeichnung für etwas zu wissen wünscht, so deutet sie darauf und streichelt mir die Hand. Ich buchstabierte ihr w-a-t-e-r in die Hand und dachte bis nach Beendigung des Frühstücks nicht mehr daran. Dann fiel es mir ein, daß ich ihr vielleicht mit Hilfe des neuen Wortes den Unterschied zwischen *mug* und *milk* ein- für allemal klarmachen könnte. Wir gingen zu der Pumpe, wo ich Helen ihren Becher unter die Öffnung halten ließ, während ich pumpte. Als das kalte Wasser hervorschoß und den Becher füllte, buchstabierte ich ihr w-a-t-e-r in die Hand. Das Wort, das so unmittelbar auf die Empfindung des kalten über ihre Hand strömenden Wassers folgte, schien sie stutzig zu machen. Sie ließ den Becher fallen und stand wie angewurzelt da. Ein ganz neuer Lichtschein verklärte ihre Züge. Sie buchstabierte das Wort *water* zu verschiedenen Malen. Dann kauerte sie nieder, berührte die Erde und fragte nach deren Namen, ebenso deutete sie auf die Pumpe und auf das Gitter. Dann wandte sie sich plötzlich um und fragte nach meinem Namen. Ich buchstabierte ihr *teacher* in die Hand.[14]

Helen selbst schreibt dazu:

> Mit einem Male durchzuckte mich eine nebelhaft verschwommene Erin-
> nerung an etwas Vergessenes, ein Blitz des zurückkehrenden Denkens,
> und einigermaßen offen lag das Geheimnis der Sprache vor mir. Ich
> wußte jetzt, daß w a t e r jenes wundervolle kühle Etwas bedeutete, das
> über meine Hand hinströmte.[15]

Wasser war das Zeichen, das den Weg zu allen weiteren Wörtern wies. Helen erlebt es wie einen Gedankenblitz. Dennoch kein Blitz aus heiterem
Himmel, sondern einer, der sich angekündigt hatte. Es war ein Kulmina-
tionspunkt, in dem das, was in wenigen Wochen angebahnt wurde, zusam-
menkam.

> Ich verließ den Brunnen voller Lernbegier. Jedes Ding hatte eine Bezeich-
> nung, und jede Bezeichnung erzeugte einen neuen Gedanken. Als wir in
> das Haus zurückkehrten, schien mir jeder Gegenstand, den ich berührte,
> vor verhaltenem Leben zu zittern.[16]

Normalsinnige Kinder gleiten unmerklich in die Erkenntnis hinein, daß jedes Ding und jede Tätigkeit einen Namen hat und daß umgekehrt die Geräusche, die wir mit unserem Mund erzeugen, etwas »bedeuten«. Wenn
Kindern dieser natürliche Weg zunächst verwehrt wird, kann dieses Erkennen bewußt erlebt werden. Blitzartig leuchtet die Erkenntnis auf, wird ein
Zusammenhang klar. Dieses Erlebnis ist von freudiger Erregung begleitet.

Es gibt mittlerweile weitere Berichte über Gehörlose, in denen dieser
dramatische Moment geschildert wird. So schreibt die Gebärdendolmet-
scherin Susan Schaller über den Unterricht, den sie einem siebenundzwan-
zigjährigen Taubgeborenen erteilt. Als sie ihm die Gebärde für *Dein Name?*
vormachte, imitierte er diese einfach wie Helen, ohne sie als Zeichen für
eine Frage zu verstehen. Der Durchbruch kam nach tagelangen Versuchen,
in denen er zig-mal Gebärdenwörter wiederholt hatte, besonders das Zeichen für Katze, ohne eigentliches Verständnis. Doch plötzlich war es keine
Geste mehr, mit der man nichts weiter anfangen konnte, als sie nachzumachen, weil es offenbar so erwartet wurde. Es wurde etwas ganz anderes, und
seine Lehrerin jubelt:

> Er hatte es geschafft! Er hatte verstanden, hatte denselben Strom durch-
> quert wie Helen Keller, als sie am Pumpbrunnen plötzlich den Zusam-
> menhang zwischen dem Wasser, das über ihre Hände floß, und dem
> Wort *water* herstellte. Ja, W A T E R und C A T *bedeuteten* etwas! Und die
> Bedeutung von Katze in der Vorstellung des einen Menschen konnte die
> Bedeutung von Katze in der Vorstellung eines anderen wachrufen, wenn
> man ein Symbol – ein Wort oder eine Gebärde für Katze benutzte.[17]

Auch bei doppelt behinderten, taubblinden Kindern haben wir mittlerweile
weitere Zeugnisse über ein solches Aha-Erlebnis. Ein Film zeigt, wie ein taub-

blindes Kind unterrichtet wird, indem man ihm z.B. einen Apfel in die Hand gibt oder einen Ball und ihm dann das Wort in die Hand buchstabiert.

> Man sieht, wie das Kind aufmerksam mit der Hand lauscht, und als es endlich den Bedeutungszusammenhang zwischen Zeichen und Objekt erfaßt hat, hüpft es vor Freude in die Höhe. Ist dieser Durchbruch einmal geschafft, lernen die Kinder mit großem Eifer und überraschend schnell.[18]

Das Tor zur Bezeichnung der Welt ist aufgestoßen.

Leitmotivische Verknüpfung versus symbolische Gleichung

Bedeuten und Benennen stellen eine besondere Form der Verknüpfung dar. Helen hatte schon eine Zeitlang die Dinge mit den dazugehörigen taktilen Reizmustern verknüpft, bevor sie die besondere Art symbolischer Verknüpfung begriff.

An Kindern, die – aufgrund eines genetischen Defekts – nur sehr langsam Sprache erwerben, kann man mitunter deutlich beobachten, wie sie über längere Zeit hinweg Wörter äußern, ohne zu ihrem eigentlichen Sinn vorzudringen. Die Wörter werden aus Gewohnheit mit Sachen und Situationen verknüpft, aber ohne symbolisches Verständnis. Da die Wörter im Grunde funktionslos bleiben, werden sie auch schnell wieder vergessen.

So besteht eine sprachliche Besonderheit autistischer Kinder darin, daß sie irgendwann ein Stück Sprache aufschnappen, um es dann stereotyp bei – aus ihrer Sicht – passenden Gelegenheiten zu verwenden (vgl. S. 187f.). Typisch für dieses Verhalten ist folgende Episode:

> Vor einiger Zeit habe ich Frank erklärt, daß er nicht mehr so viel Papier bekommen kann, weil dann immer gleich »der Mülleimer voll ist.« Wann immer jetzt von Papier die Rede ist, sagt er »Mülleimer voll«! Natürlich freuen wir uns, daß er überhaupt Zweiwortsätze spricht.[19]

Ein anderes Kind verwendete das Satzfragment »partly heard song« im Sinne von »I don't know« – als ob eine Assoziation plötzlich einrastet und man von ihr nicht mehr loskommt.[20] Wer nicht gerade dabei war, kann sich keinen Reim darauf machen. So dauerte es jahrelang, bis die Eltern der autistischen Elly dahinterkamen, warum sie im Alter von vier Jahren das französische Kinderlied »Alouette« sang, wenn ihr nach dem Waschen die Haare gekämmt wurden. »Alouette« klang wie »all wet«.[21] Wörter oder Satzfragmente werden gewissermaßen leitmotivisch verwendet. Sie erinnern an etwas, stellen also eine Verknüpfung her, ohne eigentlich zu verweisen und zu benennen. Erst sehr allmählich wird der Schritt zur symbolischen Gleichung getan: Etwas tritt für etwas ein, verweist auf etwas anderes, als es selbst ist, kurz: bedeutet etwas.

Das Als-ob-Spiel: Legosteine als Geldscheine

Kainz spricht von der Symboltüchtigkeit des Menschen, seinem Symbolbe-wußtsein, seiner »entscheidenden Wendung zum Symbol«.[22] Griechisch »symbolon« ist das, was »zusammengefügt« ein Ganzes ergibt. So gilt die Tau-be als Symbol des Friedens: Das wahrnehmbare Tier und die nichtwahrnehm-bare Idee werden zusammengefügt. Oder die Lautung »Apfel« wird mit einer Baumfrucht verknüpft und kann daher stellvertretend auf sie verweisen.

Mit der sprachlichen Symbolfunktion hängt nach Piaget auch das sym-bolische Spiel oder Als-ob-Spiel zusammen (das wir im zweiten Kapitel schon Deutungs-, Fiktions-, Illusions- oder Phantasiespiel genannt haben). Es tritt im Alter von zwölf oder dreizehn Monaten ziemlich plötzlich und zeitgleich mit den ersten Wörtern auf. Bei verzögerter Sprachentwicklung verspätet sich auch das Symbolspiel.[23]

Entwicklung der symbolischen Spiele Bubi Scupins

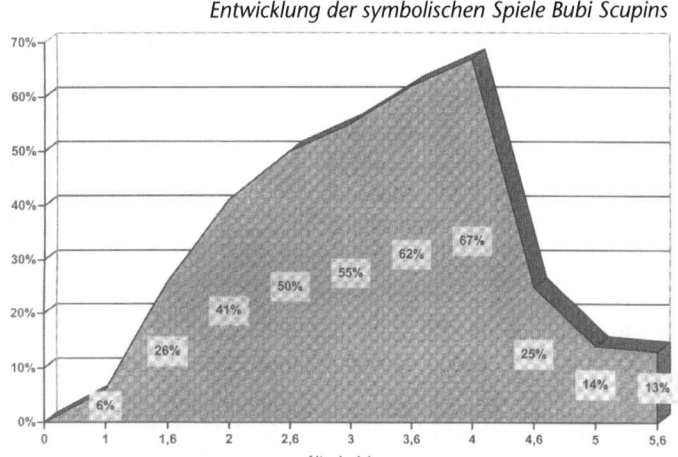

Charlotte Bühler (1967, 134) hat Bubi Scupins Spiele in Funktions-, Fik-tions-, Rezeptions- und Konstruktionsspiele aufge-teilt. Die Kurve zeigt den prozentualen Anteil der Fiktionsspiele (= symbo-lischen Spiele) vom Hun-dert aller Spiele.

Plötzlich können nun Kinder so tun, als ob: als ob sie schliefen, sich wü-schen, sich kämmten. Und danach können sie auch so tun, als ob ein Klötz-chen ein Auto wäre. Sie kündigen an, was sie bauen wollen und was ihre Bauklötzchen darstellen. Gisa will z.B. einen Hühnerhof bauen und legt ei-nen Kreis von dicken Klötzchen. Die kleinen Klötzchen in der Mitte sind dann die Hühner usw.»Hildes Spiel lässt sie aus allem alles machen. Eben z.B. hat sie ein viereckiges flaches Stückchen Holz in der Hand, mit dem sie spielt wie mit einem Ball. Plötzlich legt sie sich's auf den Kopf und zeigt sich mir: ›schönen Hut‹; dann nach einer Weile wiederum: ›is Thaler‹«, no-tiert Clara Stern über ihre Zweieinhalbjährige. An Einfällen sind die Kinder nicht verlegen, sie fließen ihnen nur so zu. Wer da mitmacht, dem teilt sich nicht nur die kindliche Daseins- und Betätigungsfreude mit, er bereichert auch das kindliche Sprach- und Alltagswissen.

Zwar wird das Symbolspiel auch von Erwachsenen oder älteren Geschwistern eingeführt, aber es überrascht doch, wie leicht es Kindern fällt,
gegen den Augenschein zu handeln und dabei Legosteine als Geldscheine
anzusehen oder einen Schemel zum Bus umzufunktionieren. Ist das nicht
eigenartig, daß Kinder dazu bereit sind, obwohl sie doch gerade erst lernen,
was ein wirklicher Geldschein ist! Müßten nicht sogleich pädagogische Be-
denkenträger auftreten, die davor warnen, das Kind zu verwirren, wenn wir
nicht täglich vor Augen hätten, wie problemlos das Symbolspiel verläuft?
Probleme gibt's also umgekehrt, wenn das Kind keine Anstalten macht,
beim Symbolspiel mitzutun.

Auch in Bubis Augen kann sich bei diesem Spiel praktisch alles in alles
verwandeln, und er nimmt sein Spiel sehr ernst: Als er 32 Monate alt ist,
zerstören seine Eltern – ausnahmsweise, aus Forscherneugier – Bubis Deutung:

> Beim Spiel kommt es immer häufiger vor, daß das Kind etwas zu sehen
> vorgibt, was nicht da ist, und wünscht, daß wir auf seine Phantasien ein-
> gehen. Z.B. tut Bubi so, als lege er uns etwas in den Schoß und sagt: »Ich
> bin ein Briefträger und hab' dir viele Karten gebringt, hier!« oder er preßt
> die Fingerspitzen fest zusammen und bohrt sie in unsere Hand: »So, hier
> ist viel Gelten!« (Geld). Geben wir uns nun den Anschein, als sähen wir
> tatsächlich das Geld, und danken ihm dafür, so ist der kleine Kerl glück-
> lich, als wir aber einmal versuchsweise das Spiel durch die Frage störten:
> »Wo ist Geld? Ich sehe keins!« stritt er weinerlich: »Hier is aber Geld!«
> und die ganze frohe Spiellaune war ihm verdorben.[24]

Natürlich weiß das Kind zwischen Illusion und Wirklichkeit zu scheiden:
Die Banane, die zeitweilig zum Telefon umfunktioniert wird, wird am Ende
aufgegessen. Zugleich aber waltet im Spiel selbst jene kindliche Unmittelbarkeit und Distanzlosigkeit, die nicht zerstört werden darf. Es kann auch
nicht genug erstaunen, daß ein Kind die Dinge in der Vorstellung schon
manipulieren kann, die es eben erst ordnend zu benennen beginnt. Beiden,
dem Spielen und Benennen, liegt die menschliche Symboltüchtigkeit zugrunde.

Ein Platzregen neuer Wörter

> Niemals rieche ich Maßliebchen, ohne wieder jene Morgenstunden voll
> Begeisterung zu durchleben, in denen meine Lehrerin und ich über die
> Felder wanderten, während ich neue Wörter und die Namen von Dingen
> lernte (Helen Keller).

Sobald ihr das Wort gefingert wird, verschwinden Helens alte Behelfsgesten
und Pantomimen, so wie andere Kinder ihre Babywörter aufgeben. Helen

und ihre Lehrerin belassen es natürlich nicht beim Benennen von Gegenständen. Als erste Verben kommen *sitzen, stehen, gehen* hinzu. *In* und *auf* lernt Helen, indem sie selbst in den Schrank und auf den Tisch gestellt wird. *Langsam* und *schnell* lernt sie am unterschiedlichen Tempo des Wollewickelns. Auf der Grundlage eines solchen konkreten Wortschatzes gelangt sie ebenso wie ein normal entwickeltes, zweijähriges Kind zu abstrakten Wörtern wie *gut, schlecht, glücklich, traurig, lieben* oder *hassen*. Und genau so beginnt sie auch mit Einwortsätzen, während ihre Lehrerin ihr schon ausformulierte Sätze zufingert, die sie auch versteht:

> Wie ihre kleine Cousine drückt sie ganze Sätze durch einzelne Worte aus. »Milch«, mit einer Handbewegung bedeutet: »Gib mir mehr Milch«; »Mutter«, begleitet von einem fragenden Blick, bedeutet: »Wo ist Mutter?« Buchstabiere ich ihr aber in die Hand: »Gib mir etwas Brot«, so reicht sie mir das Brot; und wenn ich ihr sage: »Hole deinen Hut, wir wollen spazieren gehen«, so gehorcht sie augenblicklich.[25]

Wäre es nicht naheliegend – und viel, viel einfacher – gewesen, nur die Wörter *Hut* und *spazierengehen* anstelle des ganzen Satzes zu fingern? Die Kommunikation hätte ja ebenso gut geklappt! Man kann hier nur Anne Sullivan bewundern, die intuitiv das Richtige tut. »Ich muß ihr in die Hand sprechen, wie wir dem kleinen Kinde in das Ohr sprechen«, sagt sie sich.[26] Helen wächst somit wie andere Kinder unmerklich in die Grammatik hinein, ohne daß diese erklärt wird. Als erstes Bindewort taucht bei ihr quasi wie von selbst das Wörtchen *und* auf. Allerdings: Anfangs hatte ihr Anne sehr wohl nur Einzelwörter – Puppe, Becher, Milch usw. – in die Hand buchstabiert und mit klaren Eins-zu-eins-Zuordnungen schließlich das entscheidende Bedeutungserlebnis herbeigeführt. Beim Fingeralphabet fehlen ja die rhythmisch-intonatorischen Mittel der Hervorhebung, die Eltern einsetzen, um Wort und Ding eindeutig zusammen zu bringen: »(Unddasistdein) *Entchen*.«

Wenn Kinder sich bewußt werden, daß unser Empfinden und Wahrnehmen, Wünschen, Wollen und Denken durch Sprache ergriffen und mitteilbar wird, führt dies zu einer wahren intellektuellen Explosion. Staunend stehen wir vor diesem Wissensdrang des Kindes, das seine Welt auf den Begriff bringen und mitteilen will. Das Wort ist das Siegel, das wir auf den Begriff setzen, um ihn verfügbar zu machen und in unseren Umgang zu verwickeln.

Helen deutet diese Befreiung als Erwachen der Seele.

> Fortwährend tastete ich mit meinen Händen umher und lernte die Bezeichnung für jeden Gegenstand, den ich berührte, kennen, und je mehr ich mit den Dingen bekannt wurde und ihre Bezeichnungen und ihre Zwecke kennen lernte, desto freudiger und stärker wurde das Bewußtsein meiner Verwandtschaft mit der übrigen Welt.[27]

Einen ähnlichen Durchbruch schafft der gelähmte Christie Brown mit fünf Jahren. Von ihm werden wir später noch mehr hören (S. 177f.). Er entdeckt, daß er mit Hilfe seines linken Fußes schreiben kann:

> Wenn Mutter zu tun hatte, arbeitete ich allein weiter, immer wieder versuchend, neue Wörter zu erlernen, wann immer ich ihnen begegnete. Ich pflegte es mit den Namen der Gegenstände im Haus und um mich herum zu probieren, ich versuchte, sie zu buchstabieren, wie zum Beispiel Feuer, Bild, Hund, Tür, Stuhl und so weiter. Ich war sehr stolz auf mich, wenn ich ein neues Wort bewältigt hatte und es für Mutter niederschreiben konnte, um ihr zu zeigen, was für ein großartiger Schüler ich war.[28]

Kinder liegen geradezu auf der Lauer nach Ähnlichkeiten und Sinnverknüpfungen aller Art und zeigen dabei ihr wachsendes Verständnis der Welt durch Wörter an: Die Mutter erzählt Nicole, daß ihr Bruder zur Kirche fährt. Darauf bekundet Nicole verständnisinnig *tita*, was hier wohl heißen soll, *An der Kirche ist eine (Tick tack) Uhr.* Mit 1;6 findet sie ein Etui und meint *delt*, also etwa: *Da gehört Geld rein.*[29] Kinder suchen aktiv nach Zusammenhängen, stiften selbständig Beziehungen. Sie sind keine Kübel, in die Eltern Sprache nur hineinschütten.

Die Betreuer der 13-jährigen, lange Jahre in einem Verschlag versteckten Genie, über die wir ebenfalls später noch berichten (S. 308ff.), schildern, wie ihre Patientin sie überall im Heim herumführt, dabei all die unbekannten Möbel und Gerätschaften berührt und sofort ihre Namen wissen will. Sie wird richtig ungeduldig, wenn sie auf etwas zeigt und ihre Begleitung nicht gleich ausmachen kann, was sie denn genau meint. Bei Einkaufsgängen will sie sich spontan Vokabeln abhören lassen, zeigt auf die Läden und Waren, sagt ihre Namen und läßt sie sich bestätigen. Ihr Hunger auf Wörter gleicht einer regelrechten Aufholjagd. Diese Lernbegier, wie sie in den biographischen Zeugnissen in ergreifender Weise geschildert wird, ist nicht nur ein Nachholbedarf der Spätgekommenen. Der Reiz und Rausch der Wörter begegnet uns auch bei normal entwickelten Kindern nach dem 18. Lebensmonat, wenn die Sprache plötzlich durchstartet; wenn die Kleinen in ihrem Wissensdrang geradezu lästig werden können und ihr Wortschatz rapide anwächst.

Das Ehepaar Stern berichtet:

> Bei Hilde beobachteten wir um 1;6, daß die Frage *isn das?* oder das Demonstrativ *das! das!* ihr Sprechen und Denken beherrschte und für alle möglichen realen Objekte und Abbildungen Bezeichnung heischte; zugleich nahm auch der Wortschatz einen plötzlichen Aufschwung. Desgleichen begann Günther um 1;7 mit der Frage: das? das? die Namen der Gegenstände unermüdlich zu erforschen; aber bei ihm vergingen einige Monate, bis der Same im eigenen Sprachgebrauch aufging. Bei unserem dritten Kinde trat die plötzliche Wortschatzsteigerung wieder früher auf,

nämlich um 1;7; dagegen waren hier die Fragen nicht so häufig und brauchten es wohl auch nicht zu sein, da dem Kinde von den beiden größeren Geschwistern im ständigen Spiel usw. die Namen der Dinge von selbst entgegengebracht wurden. Andere Kinder brauchen ähnliche Formeln wie *isse? wasn das?* oder *is denn das wieder?* So wird diese Zeit oft das erste Fragealter genannt.[30]

Beim ziemlich wortkargen Günther kommt die – körperlichen Wachstumsschüben vergleichbare – Wortschatzsteigerung sechs Monate später als bei seiner älteren Schwester; für die Eltern war der Bann »mit einem Zauberschlage gebrochen.« Neue Wörter kommen jetzt »wie ein Platzregen«, und die Mutter, die sorgfältig Tagebuch führt, kommt gar nicht mehr mit.[31]

Auch als Bubi schon zweieinhalb Jahre alt ist und schon ordentliche Sätze hervorbringt, packt ihn noch gelegentlich der Hunger auf Wörter:

> Das Verlangen, seinen Wortschatz zu bereichern und die Namen der ihn umgebenden Dinge kennen zu lernen, ist so groß, daß er uns oft bei der Hand nimmt, durch die ganze Wohnung zieht und eine Flut von Fragen über uns ergießt, indem er auf alle ihm lautlich noch unbekannten Dinge zeigt: »Was d'nn das? is denn das wieder?«[32]

Als ob sie die Welt *sprachlich abarbeiten* müßten, um sie zu vereinnahmen und in ihre Gewalt zu bekommen. Denn die Wörter streben bei ihrem raschen Anwachsen sehr schnell einer kritischen Schwelle zu und können so immer mehr aufeinander verweisen und sich wechselseitig erklären. Wie schade, wenn wir später abstumpfen sollten und aufhören, weiterzufragen![33]

In zwei Sprachen aufwachsende Kinder versuchen ebenfalls durch Nachfragen Wortlücken zu füllen, die sie in der anderen Sprache schon geschlossen haben, wie hier die zweieinhalbjährige, in Rom aufwachsende Giulia, die mit ihrer Mutter deutsch spricht:

> Giulia: Ich will pet/...kämmen. Mami, pettinare ist auf italienisch, kämmen ist in deutsch.[34]

Kinder lernen aber nur fragen, weil ihre Eltern sie zuvor gefragt haben, zuerst mit Blicken, dann mit Blicken und Wörtern, und schließlich mit Wörtern allein. Die ersten Fragen waren keine echten Fragen, sondern Fragespiele, von den Eltern initiiert.[35]

Frühstarter und Spätzünder

Ergänzen wir unsere Darstellung anhand von Daten, die 1995 an mehr als 1800 gesunden und normalen Kindern gewonnen wurden.[36]

Wie viele Wörter werden von Kindern von 8 bis 16 Monaten verstanden? Die Schnellstarter verstehen mit 8 Monaten schon um die 90 Wörter, im Schnitt schon 20 mehr, als die Spätstarter erst mit 16 Monaten deuten können. Allerdings liegen nicht nur Zeitverschiebungen vor, so als ob einige Kinder genau das Gleiche im Alter von 16 Monaten durchmachen, was andere eben schon mit 8 Monaten gemacht haben. In diesem Zeitraum passiert von Monat zu Monat sehr viel. Sich selbst und die Welt entdecken und verstehen, das alles entwickelt sich ja weiter, ob nun mit vielen oder mit wenigen Worten. Die anderen Reifungs- und Entwicklungsprozesse bringen ihre Erträge ein. Mit Sicherheit werden die wenigen Worte von den 16 Monate alten Spätstartern auf eine andere Art und Weise verarbeitet als die vergleichsweise vielen bei den 8 Monate alten Frühstartern.

Sprachverstehen: Anzahl der verstandenen Wörter von 8–16 Monaten

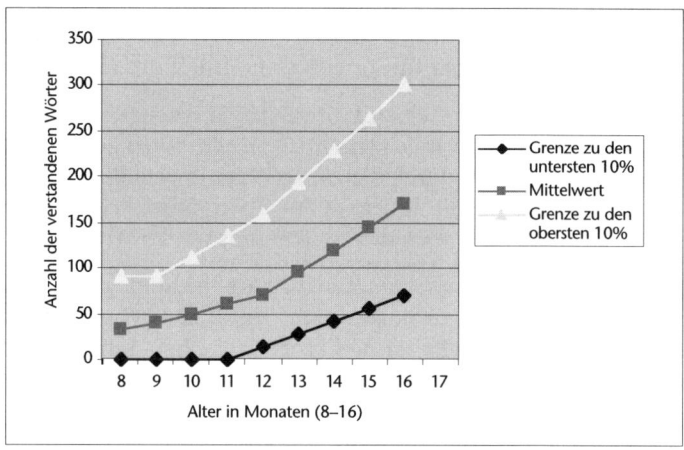

Sprechbeginn: Anzahl der produzierten Wörter von 8–16 Monaten

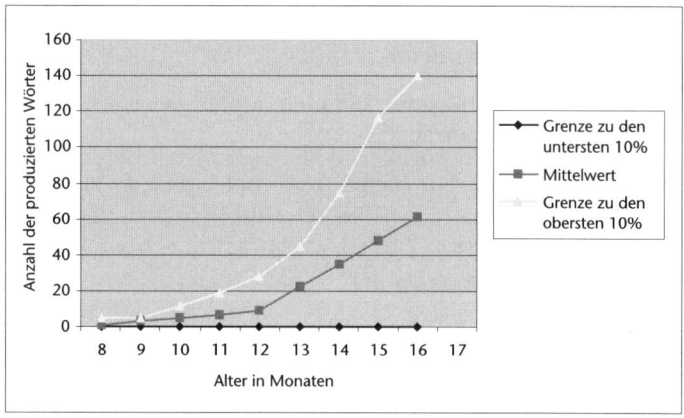

Noch größer als beim Sprachverstehen ist die Spannbreite beim aktiven Sprechbeginn: Wann fangen sie an, und wie schnell vermehrt sich der Wortschatz? Die Spätsprecher fangen erst gar nicht vor $1\frac{1}{2}$ Jahren an, im

Durchschnitt beginnt der Gebrauch von Worten so um das erste Lebensjahr, während Frühsprecher schon mit 10 Monaten ca. 12 Wörter gebrauchen. Mit etwa $1\,^1/_2$ Jahren machen sich auch die Spätsprecher auf den Weg und sind mit 30 Monaten ungefähr auf dem Stand wie der Durchschnitt mit ungefähr 26 und die Frühstarter mit etwa 22 Monaten. Das Kind braucht eine kritische Versuchsmasse von ca. 50 Wörtern, die einen brauchbaren Silbenbaukasten abgeben. Dann ist nicht jedes neue Wort ein völlig neues Ereignis, sondern neue Wörter können aus den gleichen Bausteinen neu zusammengefügt werden. Ist dieses Baukastensystem der Wortbildung erkannt, wird die Sprechflüssigkeit und damit auch die Freude, sich auf immer wieder neue Wörter einzulassen, erhöht. Werden mit 2 Jahren nicht mindestens 50 Wörter produziert, ist das ein alarmierendes Zeichen. Obwohl unterhalb der hier als normal dargestellten Bandbreite, holen etwa 50% dieser Kinder den Rückstand später wieder auf. Aber bei den übrigen 50% dieser Kinder ist mit einer Sprachbehinderung zu rechnen. Der Wortvorrat reichte nicht aus, um weitere Entwicklungen anzustoßen.[37]

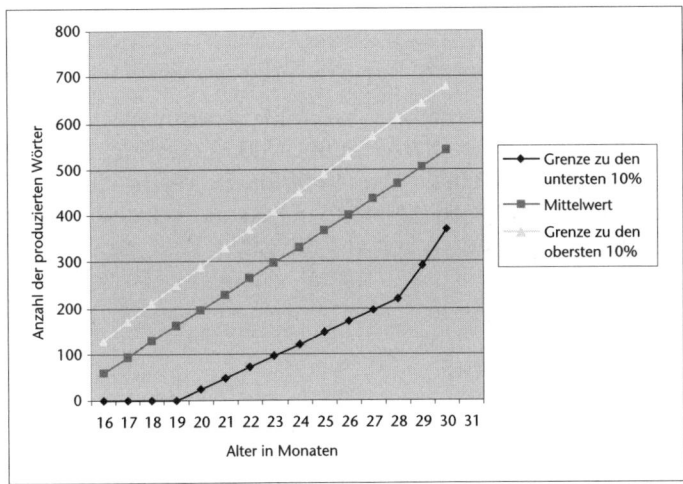

Anzahl der produzierten Wörter von 16–30 Monaten

Weiterhin ändert sich in dieser Zeit dramatisch der Bedeutungsspielraum und die Bedeutungsart der Wörter. Mit der Zunahme der Wörter werden auch die Bedeutungen immer präziser auf die von der sprechenden Mitwelt vorgegebenen abgestimmt. Verben und die geschlossene Gesellschaft der grammatischen Funktionswörter (und, mit, wo, wann, weil, der, die, das etc.) tauchen auf. Der Zusammenhang zwischen Wortschatz- und Grammatikerwerb ist sehr eng. Kinder, die schnell viele Wörter aufnehmen, kommen auch schnell zur Grammatik – ein Zusammenhang, der durch eine Entwicklungsstudie von Gisela Szagun (2001) erneut bestätigt wurde.

Unsere nächste Grafik beleuchtet das Verhältnis von verstandenen und gesprochenen Wörtern. Bei etwa 150 bis 200 verstandenen Wörtern gibt es bei den meisten Kindern einen deutlichen Anstieg der Wortproduktion. Aber es gibt auch Kinder, die – aus welchen Gründen auch immer – noch andere und zusätzliche Anreize brauchen. Die Spätsprecher verstehen durchaus, doch die Initialzündung zum Wortspurt bleibt noch aus.

Anzahl der produzierten Wörter in Abhängigkeit von der Anzahl der verstandenen Wörter

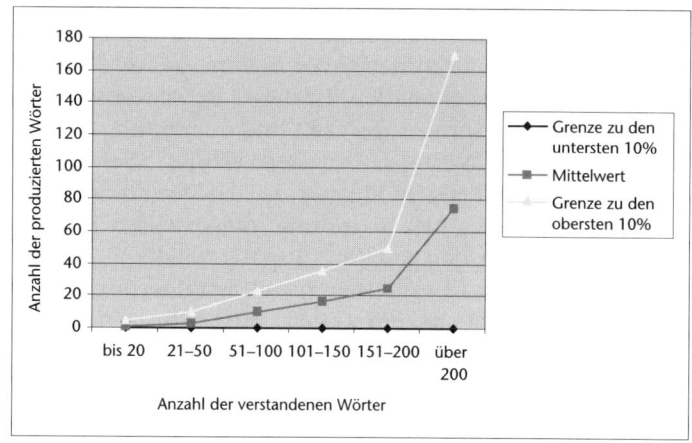

Am Ende verfügen deutsche Schulanfänger – nach Messungen aus den siebziger Jahren – über einen Aktivwortschatz von über 5.000 Wörtern, können aber fünfmal so viele Wörter verstehen.[38] Der individuelle Wortschatz eines gebildeten Erwachsenen umfaßt 10.000 bis 15.000 aktive und bis zu 200.000 passive Wörter. So wird durch Sprache die ganze Welt zum Thema des Menschen.

---

1 Darwin 1877, 293; Lindner 1898, 24ff.
2 Mann 1991, 11
3 Eine klare Darstellung des ersten Lauterwerbs am Beispiel des Französischen findet sich bei Kielhöfer (1997).
4 Stern & Stern 1987, 178. Bei unseren Zeitangaben schließen wir Extremfälle aus: den Spracherwerb im Schnelldurchgang bei einigen hochbegabten Kindern ebenso wie pathologische Fälle von Entwicklungsverzögerungen.
5 Raumzeitliche Nähe = Kontiguität. Solche Bezeichnungsübertragungen (Metonymien) nach dem Kontiguitätsprinzip sind in der Sprache allgegenwärtig, z.B. wird bei *Glas* die Bezeichnung für das Material auf den daraus gefertigten Behälter übertragen.
6 Gipper 1985, 228
7 Scupin & Scupin I (1907), 65–66
8 Gipper 1985, 203
9 Gipper 1985, 251

10 Stern & Stern 1987, 46

11 Stern & Stern 1987, 194

12 Lorenz 1973, 244

13 In Deutschland verwendet man in der Rehabilitation das von Hieronymus Lorm (1821–1902) entworfene Tastalphabet, das die Innenfläche der linken Hand ausnutzt. Gearbeitet wird mit Tastpunkten, kurzen oder langen Ab- und Aufstrichen, Quer- und Schrägstrichen, Kreisen. Die fünf Vokale liegen jeweils auf den Fingerspitzen. A ist ein Tastpunkt auf die Daumenspitze, E ein Punkt auf die Zeigefingerspitze, L ist ein langer Abstrich von der Spitze des Mittelfingers bis zum Handgelenk usw. Lorm (Pseudonym für Heinrich Landesmann), der sich auch schriftstellerisch betätigte, wurde im Alter von 15 Jahren taub und blind.

14 Helen Keller 1904, 225

15 Helen Keller 1904, 23

16 Helen Keller 1904, 23/24

17 Schaller 1992, 51

18 Eibl-Eibesfeldt 1992, 221

19 Häusler 1979, 94

20 Grandin 1995, 37

21 Park 1968, 84

22 Kainz II 1960, 47ff.

23 Vgl. Oerter 1995, 254ff. Bei Temple Grandin (s. S. 182ff.) trat symbolisches Spiel erst mit acht Jahren auf.

24 Scupin & Scupin I (1907), 151

25 Helen Keller 1904, 227

26 Helen Keller 1904, 227

27 Helen Keller 1904, 24/25

28 Brown 1973, 28

29 Gipper 1985, 151

30 Stern & Stern 1987, 161

31 Stern & Stern 1987, 94

32 Scupin & Scupin I (1907), 131

33 Gehlen (1974, 174) nennt dieses Abarbeiten ein »Erledigen«. Die Welt wird durchgegangen, erkannt und »erledigt«. Dies kulminiere in der Sprache, sei aber schon in »zurückempfundenen« sensu-motorischen Prozessen gegeben.

34 Taeschner 1983, 171

35 So gesehen braucht man auch nicht mit dem »Volksglauben« aufzuräumen, daß Eltern ihren Kindern das Sprechen beibringen, wie Steven Pinker meint. Statt Sprechen hätte er Grammatik sagen sollen, dann hätte es halbwegs gestimmt. (Pinker 1996, 39)

36 Bates u.a. 1995. In den Schaubildern sind die Daten geglättet, d.h. die typischen Unebenheiten, die empirische Untersuchungen aufweisen, sind weggelassen worden. In den Kurven ist die Bandbreite von 80% aller Kinder dargestellt, wobei auf das untere und das obere Zehntel verzichtet wurde.

37 Grimm 1999. Mehr über Entwicklungsverzögerungen S. 299ff.

38 Augst, Bauer & Stein 1977

Das »Mutterische« nach Sprechbeginn: eine Art Unterricht?

> Eltern lehren die Kinder nie Sprache, ohne daß diese nicht immer selbst mit erfänden. (Johann Gottfried Herder)

Anpassung ohne grammatische Dosierung

Das »Mutterische« meint – in Anlehnung an das englische *motherese* – die Art, in der Mütter mit Säuglingen und Kleinkindern kommunizieren. Man braucht aber nicht tatsächlich Mutter geworden zu sein, um das »Mutterische« zu sprechen. Auch Nichtmütter verwenden es als Babysitter oder in Rollenspielen; desgleichen Väter und ältere Geschwister. So wäre auch »Elternsprache« (engl. *parentese, auch caretaker speech, child-directed speech*) angebracht. Die ältere Bezeichnung »Ammensprache« (*baby talk*) wird heute für das mütterliche Ansprechen des Kleinkinds vor Sprechbeginn reserviert.

Mütter passen sich den Fortschritten ihrer Kinder kontinuierlich an. Sie lassen sich durch das Kind leiten und dosieren ihre Anregungen entsprechend der kindlichen Aufnahmebereitschaft. Das »Mutterische« für das Säuglingsalter, eben die Ammensprache, ist anders als die an Zweijährige und wieder anders als die an Fünfjährige gerichtete Sprache.

Allerdings: Eltern haben keinen Lehrplan. Ihre Sprache ist nicht wie ein Lehrbuch in grammatische Kapitel eingeteilt. Zwar traktiert niemand einen Zweijährigen mit Obwohl-Sätzen – weil dieser sie wohl nicht kapieren würde. So bekommen Kinder wie im Unterricht durchaus eine grammatische Schonfrist, doch nur in den Fällen, wo die Verständigung gefährdet wäre.

Die Grundregel des »Mutterischen« besteht darin, verständlich und dabei grammatikalisch korrekt zu sprechen. Zwar benutzen Eltern anfangs verniedlichende Babywörter und Kosewörter, die so in der Erwachsenensprache nicht vorkommen: *taita* statt spazierengehen, *hmhm* statt essen usw. Aber sie sprechen grammatisch richtig und gehen keine Kompromisse ein wie etwa beim »Ausländerdeutsch«.

Den Schlüssel zum Verständnis des Mutterischen liefert somit der Vergleich: Warum unterscheidet sich das Mutterische sowohl vom Sprachunterricht wie auch vom Ausländerdeutsch? Im Umgang mit radebrechenden Ausländern kommen uns Sätze wie die folgenden fast ungewollt über die Lippen.

> (Beim Ausfüllen eines Fragebogens): »Hier du Kreuz machen.«
> (Am Mittagstisch in der Familie): »In Deutschland das Kartoffelsalat heißen.«

Nach unseren Erfahrungen ist dies keineswegs herablassend gemeint. Vielmehr ist der Wunsch überdeutlich, voll und ganz verständlich zu sein und in Notsituationen wirksam zu helfen. Warum sprechen Mütter dann nicht auch so? Hier geht es doch auch in erster Linie um Verständigung! Daß sie mit ihren Kleinkindern z.T. grammatisch vereinfacht, aber richtig sprechen, ist uns selbstverständlich. Zu selbstverständlich. Wir sollten über solche Selbstverständlichkeiten stolpern und stutzig werden!

»Ausländerdeutsch« wird in punktuellen Begegnungen und bei flüchtigen Bekanntschaften gesprochen. Ein Verständigungsproblem ist möglichst rasch zu lösen. Der Umgang mit dem Kind ist jedoch von Dauer und auf dauernden Spracherwerb ausgerichtet. Beim Ausländerdeutsch fehlt das Motiv, das Eltern bewußt oder unbewußt leitet: Sprache zu lehren.

Bleibt die Frage, wie und warum sich das Mutterische vom Vorgehen der Sprachlehrer unterscheidet.

Vokabelgleichungen, Trennhilfen und Lehrerfragen

Eltern erteilen Sprachlektionen *en miniature* – aber eben eher unbeabsichtigt. Würden sie ihren Kleinen wirklich Sprachunterricht geben wollen, würde der Versuch kläglich mißraten. Trotzdem verwenden sie teilweise die gleichen didaktischen Tricks wie Fremdsprachenlehrer. Kommt z.B. ein neues Spielzeug in die Badewanne, heben sie das Wort in ihrer Rede so hervor, daß das Kind gewissermaßen eine Vokabelgleichung aufstellen kann: »Aha, (dasheißtalsojetzt) *Entchen*«. »Entchen« als neuer Geschehensschwerpunkt hebt sich ab vom bekannten Hintergrund der Badezeremonie. Wort und Welt werden zur Deckung gebracht. Zusätzlich zu solchen »Vokabelhilfen« geben sie »Trennhilfen«, so daß die den Inhalt tragenden Wörter aus dem Satz herausgelöst werden können. Wir, als der Schrift verhaftete Erwachsene, die wir die Wörter im Druck säuberlich getrennt vor uns sehen, vergessen, wie die Einzelwörter in der Rede normalerweise aneinanderkleben undinihrgleichsamverschwinden. War das nun *die Rektorstelle* oder *Direktorstelle*? Es klingt völlig gleich. Aber erst wenn wir eine Fremdsprache lernen und Mühe haben, die ineinanderfließenden Klanggebilde zu entschlüsseln, werden wir uns dessen wieder bewußt.

Daß Kinder Trennhilfen brauchen, verrät uns der gut vierjährige Bubi, der eine Zeitlang an den unmöglichsten Stellen vor das »du« ein s zu setzen pflegte, wahrscheinlich in Anlehnung an Formen wie gehste (gehst-du), biste (bist-du), siehste (siehst-du). So sagte er statt »wenn du«, »weil du«, »wie du«, »ob du«, »die du« – »wennste«, »weilstu«, »wiestu« »obstu«, »diestu«: »Die Kiste, diestu auf den Tisch gestellt hast ...« oder »wennste nich artig bist, wer' ich dich ins Wasser wäfen.«[1] Ein schönes Beispiel liefert Hilde Stern (3;10), die oft mit einem »Zerlaubst du's?« um Erlaubnis bittet. Des Rätsels Lösung: Das z /ts/ stammt wohl aus dem Satz: »Die Mutter, der Vater hat's erlaubt.« Ihr Bruder Günther, zweieinhalb, nennt den Weihnachtsbaum »Otannebaum« nach dem bekannten Weihnachtslied. Und natürlich haben nicht nur Ausländer, sondern auch deutsche Muttersprachler mit den »trennbaren Verben« ihre Probleme, wie wiederum Hilde (5) dokumentiert: »Warum wortest du nicht an? Warum wortest du mir nicht an?« Weitere falsche Abtrennungen von verschiedenen Kindern:

mit'n das Messer
die Abalo, meine Abalo (Diabolospiel)

Papa: Das sind doch gar keine Pakete.
Gisa: Gisa offen machen! Gisa dahfa (darf-er) doch offen machen!

Gisa: Magse nich (Mag ich nicht). Papa mags das.

Ein niederländisches Beispiel:
Papa kweet 't niet.
(statt: Papa weet 't niet. Falsche Abtrennung des k von: Ik weet 't niet/ ich weiß es nicht)

Wie im Deutschen und Englischen bereitet auch im Französischen die richtige Scheidung zwischen Artikel und Hauptwort Probleme; so tauchen statt *l'oiseau* (der Vogel) auch Fehlformen auf wie *le loiseau* und *le soiseau,* statt *l'ascenseur* (der Lift) *la senseur* und viele ähnliche Fehler.

Ein englisches Beispiel:
Mother: Don't argue.
Hugh (3;0): I don't arg me.

Hugh hat *argue* (widersprechen) als *arg you* oder *arg Hugh* mißverstanden, wobei unklar ist, was er sich überhaupt unter *arg* vorgestellt hat.[2]
   An Unterricht erinnern auch die typischen »Lehrerfragen«, die eigentlich gar keine Fragen sind. Die Eltern wissen die Antwort ja schon und fragen, genau wie der Lehrer, nur um die Kinder zu sinnvollen Äußerungen zu bewegen. Im Englischen spricht man hier von *display questions,* also von Vorzeigefragen: Die Schüler erhalten durch sie die Gelegenheit, ihre Kenntnisse vorzuzeigen.
   So ahnt die Mutter schon, was die eineinhalbjährige Jenny will, nämlich ihre Teeflasche. Sie stellt sich aber dumm, möchte gerne, daß Jenny auch »Tee« sagt. Sie hat ja schon einmal so etwas wie »tä« gesagt. Also fragt die Mutter, indem sie auf Verschiedenes zeigt: »Willst du das? Oder das?« Jenny verneint jeweils mit einem »gägä« Laut, verändert aber die Intonation deutlich, als endlich das Teefläschchen an der Reihe ist. Diesmal gelingt es also nicht, ihr das Wort zu entlocken: vielleicht hat Jenny einfach Spaß an dem Spiel. Sie ist noch im Einwortstadium und läßt sich nicht häufig herab, vernehmlich »tä« zu sagen. Mütter wissen also, ob ihr Kind ein betreffendes Wort schon einmal gebraucht hat – genauso wie der Lehrer die Übersicht über den Stoff behält, den er durchgenommen hat.

In den folgenden Ausschnitten haben die Mütter mehr Erfolg als bei Jenny. Es gelingt ihnen, den Kleinen das passende Wort zu entlocken.[3]

Maria (1;9) zeigt beim Betrachten eines neuen Bilderbuches auf einen Hahn und äußert zur danebensitzenden und zusehenden Mutter:
Maria: ga
Mutter: was ist das?
Maria: gi gi
Mutter: und wie macht der Hahn?
Maria: ki ki
Mutter: jawoll

Julia (2;6) sitzt auf dem Schoß der Mutter und äußert plötzlich:
Julia: mein Hallo
Mutter: dein was?
Julia: mein Hallo
Mutter: dein was?
Julia: mein Telefon
Mutter: na da geh doch, hol dein Telefon, da telefonieren wir beide ja
Julia: ja
Mutter: los, holst de ma.

Auffällig ist auch, daß Kinder bei Rückfragen Varianten des zuerst Gesagten anbieten, so als ahnten sie, daß sie sich vielleicht nicht richtig oder verständlich genug ausgedrückt haben:

Valle (2;10): Die ham sich die Farben abmacht! (Der Regen hatte Farben von der Scheibe gewaschen)
Mutter: Hm?
Valle: Die ham die Malen abmacht.
Mutter: Die ham das Gem-, was da gemalt war, weggewaschen, ja.

S (1;10, geht mit einer Dose zum Vater): Schrauben machen.
Vater: Was soll ich machen?
S. (gibt ihm die Dose): Macht schrauben.
(Vater öffnet die Dose)[4]

Als Valle zum zweiten Mal ansetzt, läßt er das falsche »sich« weg, ersetzt aber auch »Farben« durch »Malen« und verschlimmbessert nur. Aber es kommt auf das Prinzip an.

Die Eltern könnten gar nichts erreichen, wenn die Kinder nicht von sich aus mitarbeiten würden.

Das Prinzip der Mehrdarbietung

Eltern passen sich allgemein – in Thematik und Wortschatz mehr als in der Grammatik – der Aufnahmefähigkeit des Kindes an, sind ihm dabei aber stets ein gutes Stück voraus: das Sternsche Prinzip der »Mehrdarbietung«. Manchmal ergießt sich ein wahrer Wortschwall über das Kind. Es wird nicht erwartet, daß das Kind dann alles einzeln aufnimmt. So wie jeder von uns mehr Wörter und Satzbaupläne versteht, als er selbst aktiv gebraucht, so rechnen Eltern auch mit einem Gefälle zwischen (elterlicher) Spracheingabe und (kindlicher) Sprachaufnahme.

Das Prinzip der »Mehrdarbietung« ist identisch mit dem pädagogischen Grundsatz der »leichten Überforderung«. Es ist eine Art Vorwegnahme, wie aller Unterricht. Die Ansprüche werden stets ein wenig höher geschraubt. Wer Kinder fördern will, muß ihnen immer mehr bieten, als ihrem augenblicklichen Kenntnisstand entspricht. Es braucht ihnen nicht alles gleich in den Schoß zu fallen, und sie brauchen nicht alles bis aufs i-Tüpfelchen zu verstehen, haben sie doch die Fähigkeit, über Unverstandenes schlicht hinwegzuhören. Es muß Raum bleiben für das kindliche Ausdeuten, Erahnen, Weiterfragen. So werden Kinder durchaus mit einem reichen, differenzierten Sprachangebot fertig, hätten aber keinerlei Möglichkeit, ein kärgliches und sprachlich primitives Angebot zu kompensieren.

Ein weiteres Merkmal ist das verständnisvolle Aufgreifen und Erweitern kindlicher Äußerungen etwa der folgenden Art:

Gisa (2;3): Gisabeth Mama sind?
Vater: Ja wo sind denn Elisabeth und Mama? Die sind grad um die Ecke gebogen.

Gisa (2;3): Papa hinamissen, Gisa wiedaaufahebt.
Vater: Da hat doch die Gisa die Mütze wieder aufgehoben. Vielen Dank auch.

Jenny: Ich hab die Blumen gegießt.
Mutter: Gut, du hast die Blumen gegossen. Und was kommt jetzt dran?

So spricht man nicht mit seinesgleichen. Es klänge zu betulich. Das scheinbar beiläufige Wiederholen könnte indes eine ideale Art des sprachlichen Umgangs mit Kindern sein – aber auch nur, solange es den Kindern selbst nicht gewollt und belehrend vorkommt. Bei Kindern im Einwort-, Zweiwort- und Dreiwortstadium tragen die Eltern ohnehin die Hauptlast des Gesprächs. Das Wesentliche ist hier, daß sie den Beitrag des Kindes bekräftigen – das Gespräch fortführen, ohne offen zu korrigieren. Zugleich wird ihm eine korrekte Form seiner eigenen Äußerung sehr geschickt zugespielt. Ob das Kind genau zu diesem Zeitpunkt etwas damit anfangen kann, ob die korrekte Form dem Kind etwas signalisiert, können sie nicht wissen.

Vielfach scheinen die Kinder die ihnen so schön präsentierten Korrekturmöglichkeiten – statt »gegießt« also »gegossen« – gar nicht aufzugreifen – oder doch zunächst nicht. Aber irgendwann werden sie dazu bereit sein. Im Fremdsprachenunterricht, der unter Zeitdruck steht, hat diese Art von Korrektur den Effekt, das Gespräch in Gang zu halten und Mut zu machen zu fremdsprachlicher Verständigung, statt Ängste vor Fehlern zu schüren.

Normalentwickelte Kinder wiederum reagieren genauer als die in ihrer Sprachentwicklung verzögerten Kinder auf den elterlichen Zuspruch: Sie greifen im Gespräch bedeutend mehr Stücke der elterlichen Äußerungen auf.[5]

Dortmunder Aufnahmen zeigen uns das Aumaß der von Kindern und Eltern gemeinsam geleisteten Spracharbeit. Katrin wurde im Alter von 1;5 202 Minuten lang aufgenommen, in denen sie genau 3.998 Wörter sprach; die fünfjährige Gabi wurde zweieinhalb Stunden lang aufgenommen und sprach insgesamt 6.412 Wörter. Hochgerechnet auf den Tag ergeben sich ca. 14.000 Wörter für die jüngere und 30.400 für die ältere. Das ist mehr, als ein Schulkind im Englischunterricht bei fünf Wochenstunden über ein ganzes Jahr spricht.[6]

Das Prinzip des doppelten Verstehens

Vergessen wir nicht die im vierten Kapitel dargestellte elterliche Suggestionsmethodik in den frühen Stadien der vorsprachlichen Kommunikation. In den Verhaltensmikroanalysen der Papouseks wurde deutlich, wie Kleinkinder unter elterlicher Führung ein Know-how des Dialogs erwerben – noch vor Sprechbeginn. So wecken die um etwa eine Terz erhöhte Stimmlage und die charakteristischen, ausgeprägten Tonhöhenschwankungen die Aufmerksamkeit für die Sprache, so daß das Baby die elterlichen Stimmen in dem Schwall von Umweltgeräuschen lokalisieren und ihnen folgen kann. Was ist jetzt wichtig? Wer ist jetzt an der Reihe? Dazu kommt die Wiederholung derselben wenigen, deutlich voneinander geschiedenen melodischen Muster, die auch bei wechselndem Wortlaut in auffallender Ähnlichkeit wiederkehren und Botschaften des Gefühls vermitteln: Locken, Animieren, Bestätigen, Beruhigen, Trösten.

Man darf die elterlichen Schrittmacherdienste in den frühen Erwerbsstadien nicht übersehen. In diesem Kapitel beziehen wir uns jedoch auf die elterlichen Sprechweisen im zweiten und dritten Lebensjahr, also nach dem Sprechbeginn. In dieser Zeit wird ebenso deutlich, daß Eltern nicht nur Lieferanten des Sprachstoffs sind, den die Kinder nach eigenen Prinzipien verarbeiten. So bleibt das Besprochene immer in einem überschaubaren Rahmen. Eltern spüren, daß sie nicht zuviel Informationen auf einmal bieten dürfen, und geben wiederholt die gleiche Information. Sie wiederholen auch sprachlich korrekte Äußerungen des Kindes besonders häufig und stellen nach inkorrekten Äußerungen häufiger Klärungsfragen. Dabei bekommt das Kind die Gelegenheit, mitzutun und mitzureden. Die elterliche Devise lautet: Im Gespräch bleiben – auch bei minimalen Beiträgen des Kindes. Bewundernswert meist auch die große Kunst, die sie bei der Deutung der kindlichen Beiträge an den Tag legen: »E hossen e Heller e Hünter; e heine e Hilde«. Und Clara Stern weiß, was ihr Günther hier sagt: »Einen großen Teller hat der Günther, einen kleinen die Hilde«. Eltern machen auch weiter, wenn das Gespräch eher einseitig verläuft und die Kinder noch vielfach reagieren, statt selbst etwas zu initiieren.

Ein zweiter Punkt. Eltern wollen verstanden werden. Nur so können sie erwarten, daß ihre Kinder ihnen gehorchen, und das ist fürs Überleben heute vielleicht noch genauso wichtig wie im Steinzeitalter. Das Verstehen der Sprache ist aber nun auch die Voraussetzung für die Entschlüsselung der Sprach*form*. Die an Kinder gerichtete Sprache ist anfangs grammatisch transparenter als gewöhnlich. Hilfsmittel sind das langsamere, schon an Karikatur grenzende überdeutliche Sprechen und das Betonen der neuen, den Sinn tragenden Wörter, die aus dem umkleidenden Redeschwall herausgehoben werden. Die Sprechmelodik vermittelt somit nicht nur basale Botschaften des Gefühls, sondern übernimmt sprachliche Funktionen und gibt die erwähnten Trenn- und Vokabelhilfen. Dazu kommen Wiederholungen, teils in identischer, teils in leicht abgewandelter Form, und Vereinfachungen der folgenden Art:

- viele sich auf das Hier und Jetzt beziehende Fragen und Aufforderungen, die das Verstehen der Situation geradezu herbeizwingen
- kurze Sätze, kleine Informationsmengen
- weniger komplexe Sätze, weniger Nebensätze
- weniger Vergangenheitsformen der Verben
- weniger Wörter vor dem Hauptverb
- weniger Funktionswörter, statt dessen Dingwörter, die konkrete, anschauliche Inhalte bezeichnen.

Auf die kürzeste Formel gebracht: Eltern versuchen das Miteinander-Tun und die Welt für ihr Kind verstehbar zu machen. Dabei legen sie es – eher unbewußt – auf ein doppeltes Verstehen an. Die Kinder sollen nicht nur begreifen, was man jetzt von ihnen will und wie das Gespräch weitergehen soll, sondern auch verstehen, wo die sinntragenden Wörter im Satz hingehören. Die Gefahr ist groß, daß sich die Kinder im Dickicht der Wörter verlieren. So liefern sie mit der *Entschlüsselung der Botschaft* zugleich Hilfen für die *Entschlüsselung der Sprachstruktur*.

Machen wir uns dieses zweifache Verstehen am französischen *s'il vous plaît* klar. Man könnte meinen, es handele sich wie im Deutschen um ein

Wort, aber eines aus drei Silben statt zwei. Erst im Druck wird klar, daß das Wort für ›bitte‹ aus vier Teilen besteht:

s(i) il vous plaît
wenn es euch gefällt

Muß man das wissen? Nicht, um höflich zu bitten. Wir haben ja das Wort richtig verstanden und können es entsprechend einordnen. Da genügt es, den *Sinn* dieser Formel zu kennen. Die *Bauform* wird erst interessant, wenn wir die fremde Sprache erlernen wollen, statt nur auf momentane Verständigung aus zu sein. Dann können wir aus unserem Verständnis der Form Kapital schlagen und nach ihrem Muster Dinge sagen wie

si l'hôtel vous plaît
wenn das Hotel euch gefällt
si le vin vous plaît
wenn der Wein euch gefällt (= schmeckt)

Ohne Verständnis der Bauform bleiben Formeln wie Chinesisch *ni hao* »Guten Tag!« bloße Sprachdressur. Erst das Durchschauen der Bauform – *ni hao* heißt wörtlich *du gut* – ermöglicht uns die Abwandlung der Form, d.h. analoge Bildungen. Wir können weiter lernen und neue Sätze nach diesem Muster bilden.

Eine Verstehens- und Strukturhilfe zugleich stellen z.B. solche Äußerungen von Eltern dar, in denen sie statt der Pronomina Namen verwenden, etwa »Gib Mama den Ball« oder »Lukas muß jetzt ins Bettchen«.

So können Kinder mit dem Gesamtsinn einer Äußerung zugleich besser erfassen, wie die tragenden Sinnelemente im Satz plaziert sind. Eltern geben damit Hinweise auf die Grammatik, ohne allerdings grammatisch zu belehren. Ein solcher Versuch müßte auch kläglich scheitern.

Die Lehrbarkeit der Sprache oder was Eltern nicht leisten können

Wenn es heißt, jedes Kind erfinde seine Sprache aufs neue, meint man die Grammatik. Die Mithilfe der Eltern ist unabdingbar, von ihnen übernehmen die Kinder ihre Wörter und Wendungen direkt; die Grammatik aber nur indirekt.

Dies macht der Vergleich zum Fremdsprachenunterricht deutlich, wo die Lehrer grammatische Strukturen nach und nach einführen. Auch wenn Eltern in Graden ein doppeltes Verstehen fördern, so legen sie sich keineswegs solche starken grammatischen Fesseln an. Im Unterricht ist es z.B. nicht üblich, schon in den ersten Monaten mit Relativsätzen, dem Konjunktiv oder dem Passiv zu operieren. Man schreitet systematisch vom Einfachen zum Komplizierten fort, wie überall, sei's beim Kochen, Klavier- oder Schachspielen.

Doch solche weitgehenden Rücksichten nehmen Eltern nicht, und sie brauchen's auch nicht: »Gestern haben wir das mal ausgelassen, aber heute wird's Kindchen gebadet«. Solche grammatischen Vorwegnahmen sind nichts Ungewöhnliches, sie wären es aber im englischen Anfangsunterricht.

Wiederholen wir: Eltern sind auf Verständigung und Verständnissicherung aus und geben dabei unbewußt auch grammatische Hilfen. Diese reichen jedoch keineswegs, um den kindlichen Grammatikerwerb aufzuklären. Die Elternsprache läßt sich nicht einfach nachbauen. Sie ist grammatisch durchaus komplex, genau genommen ein Gemisch aus betont einfachen und komplexen Strukturen. Warum gehen die Eltern nicht noch weiter und gliedern den Sprachstoff wie die Lehrer? Letztere geben außerdem noch grammatische Erklärungen. Klar, Eltern sind keine ausgebildeten Sprachlehrer und Kinder sind Kinder, deren unausgereifter, unentwickelter Verstand mit grammatischen Erklärungen nichts anfangen könnte.

Und gerade das, so meinen eine Reihe von Forschern, ist der springende Punkt, das Verblüffende. Die vermeintlichen Schwächen sind die Stärken! Muttersprachen sind lernbar, weil sie auf ein noch unentwickeltes, reifendes Gehirn treffen, das dabei ist, sich selbst zu strukturieren. Dieses kann gar nicht anders, als zunächst nur die einfachsten Formen aufzugreifen und zu verarbeiten. Nur sie filtert es aus dem Zugesprochenen heraus, und sind sie einmal etabliert, sind sie das Packende, um komplexere Formen dazu zu lernen. Erste Grobstrukturierungen verfestigen sich selbst und schaffen weitere Strukturen. Kinder sehen den Wald, aber noch nicht die Bäume, sagt Terence Deacon, und gerade dieses Ausblenden der Details und Auf-später-Verschieben hilft ihnen. Der Lehrer wird quasi durch ein reifendes Gehirn ersetzt, formuliert Spitzer: »Gerade *weil* das Gehirn reift und gleichzeitig lernt, ist gewährleistet, daß es in der richtigen Reihenfolge vom Einfachen zum Komplizierten lernt.« »Ein sich in seiner Kapazität entwickelndes System ist für das Erlernen komplexer Strukturen besser geeignet als eines, das von Anfang an die volle Kapazität aufweist«, so Spitzer, der dies anhand von Computersimulationen neuronaler Netzwerke überzeugend belegt.[7] Hat sich das System anhand des einfachen Inputs selbst strukturiert, kann es Komplexität als Ausnahme vom einfachen Fall erkennen und draufsatteln.

Kinder sind also nicht auf sorgfältig gestufte Sprachzufuhr angewiesen. Selbst wenn Eltern Grammatik erklären könnten, lassen sie gewöhnlich die Finger davon. Wie wollte man auch erwarten, Dreijährigen Zusammenhänge klarzumachen, auf die man erst durch ein linguistisches Studium aufmerksam wurde? Eltern korrigieren auch nicht, wie das Lehrer in reinen Übungsphasen tun können, in denen die Schüler auch solche Korrekturen erwarten. Sie kämen ja vor lauter Korrigieren nicht mehr zum Kommunizieren. Sie akzeptieren den Lauf der Natur: daß ihre Kinder sich korrekte Lautungen und korrekte Grammatik nur allmählich erobern können. Sie erwarten, daß die Kinder den Weg durch den grammatischen Dschungel selbst finden, wenn sie ihnen nur verständlich zusprechen. Sie sind auch relativ inkonsequent: Wenn sie die Äußerungen der Kinder erweitern und ihnen damit indirekt Korrekturen zuspielen, so tun sie das im ganzen doch sehr unregelmäßig. Das eine Mal erweitern sie eine unkorrekte Äußerung und spielen sie korrekt zurück, wie wir oben gesehen haben, das andere Mal jedoch lassen sie eine unkorrekte Form stehen, ja übernehmen sie mitunter selbst, ein drittes Mal paraphrasieren sie eine kindliche Äußerung und spielen sie in einer anderen Form zurück, ohne daß die Äußerung des Kindes selber fehlerhaft gewesen ist. Selten kann das Kind sicher sein und sich gewissermaßen im stillen merken: »Ah, so muß das heißen, das hätte ich sagen sollen; was ich gesagt habe, war klar falsch!«[8] Eltern korrigieren einigermaßen klar, wenn Kinder etwas sagen, was inhaltlich nicht stimmt, oder unhöflich sind. Sie sind keine Grammatiklehrer, aber auch weit mehr als bloße Sprachlieferanten.

Natürlich greifen sie auch einmal direkt in die Grammatik ein. Als Gisa vier Jahre alt war, sagte sie immer noch *gang* statt *ging*. Als wir sie ein paarmal darauf hinwiesen, sagte sie nun erst recht *gang*. Wir haben es – innerlich schmunzelnd – akzeptiert.

So machen Eltern aus guten Gründen die Grammatik nicht zum Thema, sondern konzentrieren sich auf Verständigung. Dafür sind ohnehin die Wörter allemal wichtiger als die Grammatik. Wer ins Ausland reist, hat eher ein Wörter- und Phrasenbuch im Gepäck als eine Grammatik.

Naturtatsache und Kulturleistung

> Hier greifen Lernen und Lehre unmittelbar und unvermerkt ineinander.
> (Jacob Grimm)

So wie wir eine unwiderstehliche Neigung in uns verspüren, mit Säuglingen zu sprechen (obwohl wir doch wissen, daß sie uns kaum verstehen), so unwillkürlich verfallen wir auch in die Ton- und Gesprächslage des »Mutterischen«. Vielleicht ist diese Reaktion mit dem sogenannten *Kindchenschema* vergleichbar: Wie wir uns von einem Babygesicht magisch angezogen fühlen, der hohen, vorgewölbten Stirn, der kleinen Nase, den Pausbacken, den weit auseinander liegenden großen Augen, so löst dieser Anblick auch ein bestimmtes Sprachverhalten in uns aus.

Ob allerdings in allen Kulturen Eltern ein Mutterisch benutzen, wie es in westlichen Kulturen üblich ist, wird zur Zeit noch erforscht. Mutterisch scheint keine zwingende Voraussetzung für den Spracherwerb zu sein. Wir spekulieren jedoch, daß wer immer mit seinem Kleinkind spricht, sich ihm auch verständlich machen will. Dann wird er auch seine Sprache unwillkürlich dem Verständnisvermögen des Kindes anpassen. So gesehen ist das »Mutterische«, besonders aber die Anbahnung von Kommunikation im ersten Lebensjahr, wohl universal – mit der Möglichkeit zur kulturellen Ausgestaltung. »Die heutigen Kenntnisse unterstützen die Annahme, daß die Anpassungen der Sprechmelodik im Vorsilbenalter mehr als durch kulturelle Tradition und Erziehung durch genetische Prädispositionen bestimmt werden.«[9] Die Sprechmelodik der unglücklichen Genie, die erst mit dreizehneinhalb Jahren in eine sprechende Mitwelt kam, blieb immer unnatürlich (vgl. S. 308ff.). Aber es gibt noch viele Fragezeichen. Vergessen wir nicht, daß die Kulturen sehr unterschiedliche Sprachen hervorgebracht haben; im gleichen Maße müßte es auch unterschiedliche Erwerbsverläufe geben. Schließlich ist bisher nur ein Bruchteil der heute existierenden Sprachen und Kulturen diesbezüglich untersucht worden, und von diesen wiederum wurden nur kleine Stichproben gemacht. In anderen Kulturen mögen sich Eltern eher abwartend verhalten und nicht so intensiv mit ihren noch »unmündigen« Kindern reden, ohne daß ihre Sprachentwicklung erkennbar Schaden nähme. Die Kinder sind demnach stärker darauf angewiesen, Sprachstücke aus den Gesprächen der Geschwister und der Erwachsenen untereinander aufzuklauben. Die Vielfalt des Lebens ist jedenfalls nur über Untersuchungen mit umfangreichen Eltern-Kind-Gruppen unterschiedlicher Völker einzufangen.

Vorsicht ist also geboten, allein schon deshalb, weil schließlich alle Mütter mit ihren Kindern kommunizieren wollen, und dies ganz besonders dann, wenn Forscher mit Tonbandgeräten und Videokameras zugegen sind. Bisher gibt es keine hieb- und stichfesten Beweise dafür, daß bestimmte Eigenschaften des »Mutterischen« die Sprachentwicklung besonders positiv beeinflussen, wohl aber vielfältige Hinweise. Aus einigen Studien kann man zudem herauslesen, daß ein direktiver Sprechstil eher schadet: Herumkommandieren tut dem Kind nicht gut. Was Eltern für die Sprachentwicklung ihrer Kinder bedeuten, läßt sich wohl am besten im Vergleich mit Heimkindern ermessen. Letztere sind in ihrer Sprache oft deutlich zurückgeblieben, können aber diesen Rückstand später durchaus aufholen.[10]

Fazit: So wie das Baby in vielfältiger Weise zur Sprache begabt ist, so ist parallel dazu bei den Erwachsenen der Drang, mit den Kindern zu sprechen, wie auch die Fähigkeit zur sprachlichen Anpassung biologisch verankert. Beide haben sich nach unserer Auffassung in der Menschheitsgeschichte gemeinsam mit den Sprachlernfähigkeiten des Babys entwickelt (Ko-Evolution). Spracherwerb kann nicht anders als kulturspezifisch sein, da immer eine überlieferte Sprache weitergegeben wird, und ist zugleich *genetisch doppelt gesichert*. Dennoch können ungünstige Verhältnisse zur Vernachlässigung und Verwahrlosung der Kinder führen. Das ist die negative

Kehrseite der Tatsache, daß es dem Menschen gelungen ist, sich einen Freiheitsraum zu schaffen. Er ist seinen Trieben und Instinkten, auch seinen Pflegeinstinkten, nicht willenlos unterworfen. »Ungünstige Verhältnisse« heißt im wesentlichen: Mangel an Zuwendung und Zeit. Unterschiede im elterlichen »Sprachlehrtalent« – die wird es natürlich auch geben – werden sich kaum in der Grammatik, wohl aber im Wortschatz niederschlagen. Der Erstspracherwerb gilt als vergleichsweise robuster Prozeß. Denn Sprache ist eine Art Urkraft. So erlernen auch hörende Kinder taubstummer Eltern ziemlich normal sprechen, indem Verwandte und Bekannte für die Eltern einspringen.

Das Prinzip Freude

Eltern könnten auf den Gedanken kommen, man müsse das hier Ausgeführte sorgsam beachten, um ihr Kind sprachlich optimal zu fördern. Deshalb sei noch einmal daran erinnert, daß es sich bei dieser »Elterndidaktik« eher um unbewußtes Lehren ohne pädagogischen Zeigefinger und ohne pädagogische Expertise handelt.

Die charakteristischen elterlichen Sprechweisen sind immer auch Signale gesteigerter Zuwendung: Besonders die höhere Tonlage und die Verkleinerungsformen (Näschen, Schnütchen, Händchen) drücken Zuneigung aus: niedliche Sprache für ein niedliches Kind. Wollen wir zärtlich zu Tieren oder Pflanzen sein, verfallen wir oft auch in eine Art Babysprache. Und – wer wüßte das nicht – solche Sprechweise gehört zum Repertoire aller Verliebten.

So mag es genügen, Freude zu haben, Freude über das kindliche Echo, Freude an Gegenseitigkeit, Freude an den eigenen Fähigkeiten, sich dem Kind verständlich zu machen, und Freude an den wachsenden Fähigkeiten des Kindes. Sich Zeit nehmen, hinhören. Nicht abbrechen, weitermachen, bis das Kind signalisiert, daß es genug hat und eine Pause braucht. Alles andere kommt von selbst. »Denn unter dem Himmel der Heiterkeit gedeiht alles, Gift ausgenommen« (Jean Paul).

---

1 Scupin & Scupin II (1910), 5
2 Crystal 1986, 108
3 Reimann 1996, 40
4 Tracy 1990, 39; 42
5 Grimm 1990, 109
6 Wagner 2003
7 Spitzer 2004, 95; 2000, 199. Deacon 1997, 141: »Immaturity of the brain is a learning handicap that greatly aids language acquisition.« Beide Autoren weisen auch auf die Theorie der neuronalen Netze hin. Mit Computern, ausgestattet mit

einem unspezifischen Mustererkennungsprogramm, also ohne grammatisches »Vorwissen«, und gefüttert mit Sprachinput, wie ihn Kinder bekommen, konnte u.a. der Erwerb von Vergangenheitsformen perfekt simuliert werden.

8 Dazu Tracy (1990) mit dem provozierenden Titel »Spracherwerb trotz Input«.

9 M. Papousek 1994, 135; Fernald 1992, 397: »The cross-cultural universality of prosodic modifications in infant-directed vocalizations is crucial evidence for the claim that this special form of speech is a species-specific caretaking behavior.«

10 Bühler 1967, 158ff.

Kindliche Denkwelten

> So manches er auch in seinem Leben schon gesehen hatte, so schien ihm doch die menschliche Natur erst durch die Beobachtung des Kindes deutlich zu werden. (Johann Wolfgang Goethe, *Wilhelm Meisters Lehrjahre*)

Arteigene Welten

Im täglichen Leben sind wir alle naive Realisten. In aller Unschuld halten wir die Welt, wie wir sie sehen, für die Wirklichkeit selbst. Wie wahr und wirklich ist das, was wir um uns herum für-wahr-nehmen?

Seit Beginn dieses Jahrhunderts spricht die Biologie von den jeweiligen *Eigenwelten* der Lebewesen. Damit ist nicht gemeint, daß Fische im Wasser, Vögel in der Luft und Hasen in Feld und Wald leben; gemeint ist, daß alle Lebewesen nur den Teil der Welt registrieren, für den sie entsprechende Empfangsorgane entwickelt haben. Hören können z.B. nur Wirbeltiere und einige Insekten. Für den Rest bleibt die Welt stumm. Die »Wirklichkeit« eines Lebewesens ist nun die Summe derjenigen Eigenschaften der Welt, die auf dieses Lebewesen in charakteristischer Weise einwirken, und diese Summe ist von Art zu Art unterschiedlich zusammengesetzt.

Ein klares Beispiel sind die Farben. »Da draußen«, so sagt uns die Physik, gibt es ein elektromagnetisches Spektrum, und das für uns sichtbare Licht ist ein kleiner Ausschnitt daraus, mit Wellenlängen zwischen 380 und 760 Nanometern. Aus diesen Wellenlängen machen erst Auge und Hirn die Farben. Andere Lebewesen haben aber andere Augen und erleben das Licht anders. Erforscht wurde z.B. der Farbsinn der Bienen, die eine andere Vorstellung von der Blumenpracht haben müssen als wir. Jenseits des Blauviolett, wo unsere Farbreihe endet, sehen sie ultraviolett, eine Farbpalette, die wir messend definieren, aber nicht erleben können. Blüten tragen auch in diesem Farbspektrum Muster, die für uns unsichtbar bleiben. »Wenn ich weiß, daß meine Mohnblüte mir wohl rot vorzaubert, daß sie aber für andere Lebewesen nicht rot ist – wie *ist* sie dann?«[1]

Wie unsere Welt beschaffen ist, hängt von unserer Hirnorganisation ab. Solange Licht ist und wir unsere Augen offenhalten, erleben wir eine reich gegliederte Welt. Sähen wir nichts, wären wir orientierungslos. Oft riechen wir aber so gut wie gar nichts, ohne daß uns das beunruhigen würde. Wir meinen dann, die Gegenstände um uns herum verströmten eben keinen Geruch. Irrtum. Unser Hirn hat einfach zu wenig auf Geruch spezialisierte Zellen – etwa im Vergleich zum Hund, dessen Riechwelt entsprechend interessanter und reichhaltiger ist. Wenn Hunde Symphonien schreiben könnten, hat jemand gesagt, würden sie aus Aromen komponiert werden. Andere Tiere haben einen magnetischen Sinn, einige Fische einen elektrischen Sinn und damit Wahrnehmungsqualitäten, die uns völlig abgehen.

So hat jedes Lebewesen arteigene Zugriffe auf die Welt. Auch für diejenigen, für die das Gras nicht grün ist und ein strahlender Es-Dur-Akkord nur leichte Erschütterungen des Laufbodens bedeutet, ist die Welt stimmig.

Wir erleben Farben, Gerüche usw., ohne daß uns bewußt wird, welch komplizierte Verrechnungen unser Gehirn dabei vornimmt. Keine noch so scharfsinnige Erkundung des eigenen Innenlebens hilft hier weiter – ein Grund dafür, daß an diesem Problem die großen Philosophen der Vergangenheit gescheitert sind. Erst vom Evolutionsgedanken angestoßenes naturwissenschaftliches Beobachten und Laborexperimente haben uns darauf gebracht, daß wir unser Welterleben den Konstruktionskünsten unseres Gehirns verdanken. Wir nennen die Art, wie die Welt sich unseren Sinnen darbietet, unser *primäres Repräsentationssystem.*

Kulturwelten

Beim Menschen kommt zu diesem »Artwissen«, das er mit allen anderen Individuen seiner Art teilt, ein *sekundäres Repräsentationssystem* hinzu, das er nur mit Angehörigen seines Kulturkreises teilt. Es wird bestimmt von der Art, wie wir unseren Lebensunterhalt bestreiten und unsere Grundbedürfnisse befriedigen, in welche Ordnungen und Institutionen wir hineingeboren wurden, welche Geschichten uns überliefert wurden, welche Sprache wir sprechen, ja auch vom Klima, vom Himmelsstrich, unter dem wir geboren und aufgewachsen sind.

Da keiner unserer Sinne bei der Geburt voll entfaltet ist, müssen die Sinnesorgane des Säuglings noch ausreifen, während er schon in die Landschaft, Sprache und Kultur seiner Gruppe hinein wächst. Unsere Sinne vervollkommnen sich unter dem Einfluß der Welt, die wir schon mit der Muttermilch aufsaugen. Mit dieser Thematik befaßt sich die kulturvergleichende Psychologie, die etwa auch zu untersuchen hat, ob Eltern aus verschiedenen Kulturen ihre Kinder unterschiedlich ansprechen und sich überhaupt ihnen gegenüber anders verhalten.

So schwierig es ist, in die Umwelt anderer Lebewesen einzudringen, so schwierig ist es auch, die Eigenwelt des Kindes zu erforschen. Schon das Schulkind weiß nichts mehr von seinem Kleinkinddasein (»infantile Amnesie«). Können wir unsere Kleinkind-Erlebnisse schon deshalb nicht aus der Erinnerung rekonstruieren, weil wir inzwischen ganz anders denken und fühlen?

Letztendlich bleibt unser Welterleben subjektiv. Selbst in der Familie macht jedes Kind auch seine eigenen Erfahrungen, hat ein eigenes Schicksal. Jeder steckt in seiner Haut. Wie schmeckt eigentlich die Schokolade demjenigen, dem sie nicht schmeckt? Schmeckt sie ihm nicht genauso wie mir, nur daß er ihren Geschmack nicht mag? Schwer zu sagen. Arteigene

Welten, Kulturwelten und schließlich Ichwelten. Meist können wir uns aber über die Beschaffenheit der Welt um uns herum einigen und einander verstehen.

Denn es bleibt die biologische Verankerung unserer Kultur- und Ichwelten, ihre Rückbindung an das uns allen gemeinsame primäre Repräsentationssystem. Ein Hinweis ist die Tatsache, daß in unseren Sprachen mehr als zwei Drittel aller Wörter für sinnliche Eindrücke dem Sehen und Hören zuzuordnen sind, während etwa nur ein Zehntel auf Geschmack und Geruch entfallen.

Sprache muß sich erst durchsetzen

Unser Wissen über die Vorstellungswelt des Kindes und die Entwicklung seines Denkens wurde lange Zeit von dem genialen Genfer Psychologen Jean Piaget geprägt. Man würde ihn heute einen Konstruktivisten nennen, dem es um die Frage ging, wie sich Lebewesen in ihren jeweiligen Umgebungen einrichten. Er konnte auf überzeugende Weise demonstrieren, wie sehr kindliche Denkvorgänge von denen Erwachsener abweichen. Eine der vielen klassischen Beobachtungen Piagets ist die folgende:

> Ein fünfmonatiges Kind spielt intensiv mit einem Teddybär. In einem passenden Augenblick nimmt der Erwachsene den Teddy und deckt ihn mit einem Tuch ab. Das Kind bekommt alles mit, macht aber danach keine Anstalten, das Tuch zu lüften und sich das Spielzeug wiederzuholen. Es ist, als ob das Spielzeug jetzt nicht mehr existierte: aus den Augen, aus dem Sinn. Erst das acht oder neun Monate alte Kind versucht, das Tuch wegzuziehen oder in die Richtung des Schrankes zu schauen, unter dem der Ball verschwunden ist, und beginnt nach ihm zu suchen. Erst dann kann man einen Gegenstand verstecken und dabei die Rollen tauschen. Vorbedingung des Benennens ist das Vorhervorhandensein des noch Unbenannten im Kopf des Kindes. Denn erst wenn es den Fortbestand (die Permanenz) des Gegenstandes verstanden hat, weiß, daß sie weiter existieren, beginnt es auch, ihn zu benennen.

Kinder haben auch durchweg Probleme mit Oberbegriffen, d.h. also mit Wortpaaren wie Pflanze – Blume, Tier – Hund, Wauwau – Foxi, Spielzeug – Ball. Sie können bei einer bestimmten Konstellation durchaus richtig reagieren, etwa wenn vor ihnen ein Löffel und ein Plüschhund liegen. Wir sagen: »Gib mir das Tier«, und es reicht uns stets den Plüschhund. Fragen wir aber: »Ist dies ein Tier?« und zeigen auf den Plüschhund, bekommen wir ein kräftiges »Nein« zur Antwort zusammen mit dem Hinweis, daß dies doch der Foxi sei. Erst Dreijährige machen diesen Fehler zumindest bei sehr vertrauten Wörtern nicht mehr. Hier stoßen wir auf ein übergreifendes Merkmal von Entwicklung. Kinder erobern sich allgemeine Prinzipien wie etwa die Beziehung zwischen Oberklasse (Tier) und Unterklasse (Hund) zunächst in Teilbereichen.

Reagieren sie nun so, weil eine Sache eben so heißt und nicht anders? Dagegen spricht, daß sie es durchaus akzeptieren, wenn dasselbe Paar Schuhe einmal als Schühchen, ein andermal als Stiefelchen benannt wird. Die beste Erklärung ist wohl die: Es widerstrebt ihnen, wie in der Testsituation (»Ist dies ein Tier?«) gefordert, einen Oberbegriff und damit ein Sammelwort wie Tier oder Spielzeug auf ein Einzelexemplar anzuwenden. Vielleicht weil sie diese Wörter fast ausschließlich in der Plural-Funktion kennengelernt haben: »Sammel dein Spielzeug ein«; »Sammel deine Tiere ein«.

Was kann also der Erwachsene, was das Kind noch nicht kann? Unbestreitbar ist, daß das Kind zunächst das anschauliche Nebeneinander benennt und sich das begriffliche Übereinander noch denkerisch erarbeiten muß. Was gehört alles zum *Spielzeug,* d.h. zu welchen Begriffen bildet es den Oberbegriff, und unter welchen Oberbegriff kann man nun seinerseits *Spielzeug* subsumieren?

Eine weitere Erklärung wäre, daß das Kind noch nicht auf die Sprache selbst hört, auf Sprache als ein separates System, das sich von der Situation ablösen, ja mit ihr auch in einem gewissen Widerstreit liegen kann. Normalerweise ist ja das ganze Bemühen der kindlichen Gesprächspartner darauf angelegt, Situation und Sprache so gut wie nur möglich aufeinander abzustimmen. Und genau das ist es ja, was es dem Kind überhaupt ermöglicht, in die Sprache hineinzuwachsen.

Das Kind lebt noch ganz im Fluß der Dinge, dem sich die Sprache unterordnet. Dazu gehört auch der kindliche »Konkretismus«. Der fünfeinhalbjährige Bubi z.B. wollte nicht wahrhaben, daß eine Mark soviel wert wie hundert Pfennige sei, jedenfalls waren ihm zehn einzelne Kupferpfennige immer noch lieber als »so ein weißer Pfennig«[2]. Die anschauliche Überzahl übt einen starken Sog aus, ebenso wie die Erfahrung, daß Eisen schwer ist, Federn aber leicht sind. Deshalb fallen sie auch noch auf Scherzfragen herein wie: Was ist schwerer, ein Pfund Eisen oder ein Pfund Federn?

Erst allmählich beginnt das Kind, der Sprache selbst mehr Gehör zu schenken – und lernt dabei nie aus. Später gilt es, die Sprache großer Schriftsteller zu analysieren, die Schummelwörter und Beschönigungen von Politikern (oder von Ehepartnern ...) zu durchschauen, gegen den Augenschein zu urteilen, ja überhaupt Schein und Sein zu trennen. Wir lernen schließlich auch, unsere Sprache listig zu ganz eigenen Zwecken zu verwenden – ähnlich dem Experimentator, der vorgibt zu spielen. Wenn Sprache, wie es heißt, erfunden wurde, um unsere wahren Gedanken zu verhüllen, so gilt das noch nicht für das Kleinkind.

Dies steht nicht im Bann der Sprache, sondern der Situation. Der Sprache mißtrauen – und das heißt ja immer: seinen Mitmenschen mißtrauen – wird erst sinnvoll, wenn die Sprache schon Macht über das Denken gewonnen hat. Zuvor muß man lernen, sich vom Augenschein zu lösen. Der russische Neuropsychologe Alexander Lurija hat ähnlich wie Piaget in einer Reihe von Experimenten dargelegt, wie Kinder sich anfangs von der Situation vor Augen verführen lassen und nur allmählich lernen, genau auf die sprachlich gestellten Aufgaben zu achten. Ein Beispiel:

> Wir sagten zweieinhalb- bis dreieinhalbjährigen Kindern: »Wenn ich die Faust zeige, dann hebst du einen Finger« oder »Wenn ich einen Finger hebe, dann zeigst du die Faust«. Den jüngsten Kindern fiel es bereits schwer, diese Instruktionen zu wiederholen; oft vereinfachten sie sie. Drei- bis Dreieinhalbjährige wiederholten die Aufgabe zwar richtig, konnten sie aber nicht ausführen. Zeigte der Versuchsleiter die Faust, ahmten sie ihn nach, statt den Finger zu heben, und umgekehrt, wobei sie die Diskrepanz zwischen der Instruktion und ihrem Handeln gar nicht bemerkten. Nur bei den älteren Kindern offenbarten sich bisweilen Anzeichen eines Konflikts. Als Reaktion auf die Faust des Versuchsleiters hoben sie richtig den Finger; doch dann wurden sie unsicher und zeigten die Faust. Erst im fünften Lebensjahr sind Kinder in der Lage, Anweisungen zu folgen, die im Widerspruch zu dem stehen, was sie sehen.[3]

Kinder folgen zunächst dem unmittelbaren, von der Situation bestimmten Impuls. Dagegen muß sich die Sprache erst durchsetzen.

Die »knabenbringende Weihnachtszeit«: auf der Suche nach Sinn

Wie wenig die Kinder anfangs auf die Sprache selbst achten, sieht man daran, daß sie die Wörter so deuten, wie sie sie schon kennen, und im Zweifelsfall nicht nachfragen. Offensichtliche Ungereimtheiten fallen ihnen in dieser Zeit nicht auf; sie geben sich mit einem ungefähren, sehr globalen Verstehen zufrieden. Das trifft besonders auf Verse und Lieder zu, d.h. auf Texte, die gewöhnlich nicht im Gespräch abgeklärt werden:

Gisa singt »Im Märzen der Bauer die Rösslein anspannt«. »Was sind denn Rösslein?« wird sie gefragt. »Weiß nicht, Rosen.« Im gleichen Lied biegt sie das unverstandene »egget« zu »äckert« um. Solche kindlichen Zurechtdeutungen sind besonders bei Kirchenliedern bekannt: Aus »Tochter Zion« wird »Doktor Zion«; aus der »gnadenbringenden« wird sehr sinnvoll die »knabenbringende« Weihnachtszeit; oder: »Alle Menschen groß und klein, sollen dir befohlen sein« wird zu »sollen hier beim Fohlen sein«.

> Alle Jahre wieder
> kommt das Christuskind ...
> kehrt mit seinem Segen
> ein in jedes Haus ...
> Gisa singt: Kehrt mit seinem Segel

Man könnte Beispiele solcher »Kindesetymologien« mühelos multiplizie-
ren. (Etymologie = die Lehre von der Herkunft der Wörter, ihrer angeblich
»wahren« Bedeutung). Immer steckt ein Sinn dahinter: »Segen« bedeutet
ihnen gar nichts, »Segel« aber durchaus, auch wenn es im Ganzen nicht
stimmig ist. Mit etwas mehr Geschick macht Bubi aus Papas Botanisier-
trommel »Sammelsiertrommel« oder aus einer Laterne eine »Lampeterne«.
Im Gespräch können solche Fehlschlüsse korrigiert werden:

> Im Fernsehen wird die Wetterkarte gezeigt.
> Gisa (3;8):   Wie heißt der? (der Meteorologe)
> Vater: Dr. Erwin Brandtner.
> Gisa: Kommt aus Brand (Stadtteil von Aachen).
> Vater: Glaubst du das wirklich?

Bubi (3;8) hat statt »auftauen« »aufkauen« gehört. Sein Einfall gefällt ihm
wohl so gut, daß er keine Korrektur annimmt:

> Was sagt denn aber das ahme Eis, wenn die Sonne immer kommt und
> das Eis aufkaut?[4]

Wieder zeigen uns die Kinder mit ihren Umdeutungen nur die kleinen
Sünden, die wir täglich selbst begehen. Wir können gar nicht anders, als
uns Fast-Verstandenes, Halb-Verstandenes, ja Unverstandenes irgendwie
zu assimilieren. Alles Denken ist ein Zurechtmachen. Zu kompliziert sind
die Dinge, als daß wir ihnen stets auf den Grund gehen könnten. Trotzdem nehmen wir sie in den Mund, machen sie uns dabei mundgerecht.
Als die niederländische Gründung *Neu Amsterdam* in *New York* umge-
tauft wurde, wurde aus *Vlissingen Flushing* und aus *Breukelen Brooklyn*. So
wurde aus unverständlichen Wortklängen noch ein wenig Sinn herausge-
filtert. Genauso wie Kinder versuchen, über den Klang Bedeutung herauszu-
lesen.

Mitunter reagieren wir genauso unwillig wie Kinder, wenn man uns korrigiert. Haben wir nur ein Wort dafür gefunden, so glauben wir, mit der Sache schon fertig zu sein. »Jedes Denken kommt an einen Punkt, wo es aus
Müdigkeit Ruhe in einem Wort findet.«[5]

Moralentscheidungen: welches Kind war böser?

Das an der Anschauung klebende Denken wirkt sich bis in soziale und moralische Entscheidungen aus. Man schildere 4- bis 5-jährigen Kindern folgende zwei Episoden (nach Piaget):[6]
Eine Mutter möchte mit ihrem Kind in den Zoo. Es muß aber noch ge-
spült und abgetrocknet werden. Nun bittet die Mutter das Kind um Mithilfe beim Abtrocknen. In der ersten Geschichte geht das Kind willig darauf

ein. Da aber die Tassen so unglücklich auf dem Abtropfbrett gestapelt sind, fallen drei Tassen herunter und zerschellen am Boden.

In der zweiten Geschichte verweigert das Kind die Mithilfe. Als die Mutter darauf besteht, nimmt das Kind eine Tasse und schleudert sie auf den Küchenboden, so daß diese zerspringt.

Interessant die Antworten auf die Frage: »Welches Kind war nun böser?« Vier- bis Fünfjährige beziehen sich auf den sichtbaren Schaden: Drei Tassen kaputt ist schlimmer als nur eine. Erst mit sechs bis sieben Jahren ist klar, daß die absichtsvolle Zerstörung das eigentlich Schlimme ist. Den Schaden kann man sehen, die Absicht muß unterstellt oder erschlossen werden. Der Unterschied zwischen bloßem Mißgeschick und böswilligen Akten wird erst allmählich bewußt. Zwar kann man aufgeschlossenen Vorschulkindern im Einzelfall die Bedeutung der Absicht erklären. Es scheint dann, als hätten sie den Unterschied zwischen mutwilliger Zerstörung und bloßem Ungeschick verstanden. Aber schon bei leichten Veränderungen der Geschichte – man nehme nur Teller statt Tassen – springen sie wieder zurück in ihr gewohntes Denkschema. Normalerweise gelingt ihnen erst im siebten Lebensjahr ein Sprung ins nächst höhere Denkschema. Nun steht es außer Zweifel, daß die böse Absicht schlimmer ist als ein unglückliches Versehen.

Die Denkwelten der anderen: ein Meilenstein der geistigen Entwicklung

Sagt die eine Laborratte zur anderen: »Weißt du, ich habe meine Psychologen gut dressiert. Jedesmal, wenn ich das Labyrinth durchlaufe, kriege ich ein Stück Käse.« Der Psychologenwitz illustriert, wie sehr es auf die jeweilige Perspektive ankommt und wie jeder, Psychologe oder Ratte, zunächst einen naiven eigenen Standpunkt hat.

Die dreijährige Jenny hält sich z.B. beim Versteckspiel die Augen zu und meint, nun könnten die anderen sie nicht sehen. Dies ist die von Piaget betonte kindliche Ichbezogenheit. Das Kind sei in hohem Maße »egozentrisch«; es müsse lernen, zu »dezentrieren«, sprich die Perspektiven zu wechseln, sich in andere Personen hineinzuversetzen und eine Situation auch aus ihrer Sicht zu sehen. Wer sich gut verstecken will, muß sich die Sichtweise der Suchenden zu eigen machen. Er muß in seine Überlegungen mit einbeziehen, was der andere vielleicht schon weiß und sich denkt. Ein Versteck kann noch so gute Tarnung bieten; es taugt nichts, wenn der Suchende es schon kennt. Diese Perspektivenübernahme, der Rollentausch im Kopf funktioniert bei Dreijährigen noch nicht.

Jedes Kind fühlt sich als Mitte der Welt und drückt dies auch unbefangen in seinem Sprachverhalten aus. Piaget hatte einen Monat lang alle Äußerungen von Kindern eines Kinderheims notieren lassen, die sie beim Zusammensein mit anderen Kindern taten. Es stellte sich heraus, daß Dreijährige dabei noch viel monologisieren und nebeneinander her reden. Sie sind durchaus angeregt von der Anwesenheit der anderen, tauschen sich aber viel weniger wirklich miteinander aus, als es etwa Siebenjährige tun. Dreijährige brauchen also noch einige Zeit, bis sie mehr aufeinander hören und auf den anderen eingehen, sich miteinander verständigen und absprechen.

Weil die Egozentrik sich auch sprachlich ausdrückt, kann sie auch im Gespräch abgebaut werden, etwa wenn ein Kind lernt, daß auch andere ein »Zuhause« haben:

> Mutter :   War die Oma zuhause?
> Jenny (3;6): Nein, beim Opa.
> Mutter: Dann war se doch auch zuhause, bei sich zuhause.

Den Standpunkt des anderen erkennen, das hat vielerlei Facetten. Andere empfinden anders als ich: ich bin an derselben Stelle kitzliger als Papi. Andere sehen oder hören es vielleicht anders als ich – je nach Standort. Andere mögen und wünschen sich etwas anderes als ich. Was mir schmeckt und was ich will, gilt nicht automatisch für alle anderen. Und es gibt lustige Situationen, die andere gar nicht lustig finden. Sie regen sich vielleicht darüber auf. All das lernen Kinder schon früh, man kann es ja den anderen direkt ansehen. Sie versuchen sogar schon jemanden zu trösten, der augenscheinlich traurig ist, weil ihm etwas zerbrochen ist. So gibt es schon bei Anderthalbjährigen zahlreiche Hinweise für ein Verständnis der psychischen Situation anderer. Einen weiteren Schritt nach vorn aber machen sie, wenn sie vier oder älter sind: Sie merken: andere denken sich möglicherweise etwas anderes als ich. Und was andere glauben und sich denken, kann man normalerweise nicht sehen, weil es nur in ihren Köpfen vorgeht. Man kann es aber erschließen.

Um herauszufinden, ob Kinder diesen Schritt getan haben und begreifen, daß andere nicht nur wollende Wesen sind, die eigene Absichten verfolgen können, sondern auch denkende Wesen, die von ganz anderen Annahmen geleitet sein können, gibt es eine ganze Reihe klassischer Testsituationen, in die die Kinder gebracht werden. Alle Kinder sehen z.B., daß der Versuchsleiter irgendwo Bonbons versteckt hat, etwa in einer Schachtel. Sie können dann verfolgen, wie er die Bonbons aus der Schachtel holt und an einem anderen Ort versteckt, was aber eines der Kinder nicht mitkriegt, weil es nach draußen geschickt wurde. Werden nun die Kinder gefragt, wo dieses die Bonbons suchen wird, zeigen noch Dreijährige auf das neue Versteck, von dem das Kind gar keine Ahnung hat. Ein Jahr später zeigen sie richtig auf die Schachtel und fügen meist schelmisch hinzu: »Aber da sind sie ja gar nicht.« Jetzt erleben sie nicht nur die Absichten, sondern auch die Ansichten anderer als von eigenen verschieden. Sie haben schlicht schon mehr Lebenserfahrungen akkumuliert.

Man könnte annehmen: der vorherrschende Impuls, nämlich das eigene Wissen, wo sich die Bonbons tatsächlich befinden, setzt sich durch, kann noch nicht unterdrückt werden. Das Nichtausdrücken des wirklich Gewußten muß gehemmt werden. Aber es steckt wohl mehr dahinter. Kinder entwickeln allmählich, wie es heißt, eine »Theorie des Geistes« (»theory of mind«), d.h. Vorstellungen über die Vorstellungen der anderen. Ich selbst, aber auch andere, haben so etwas wie Auffassungen von etwas, Überzeugungen, Annahmen, sprich: Theorien, die mitunter sehr unterschiedlich sind. Kinder lernen begreifen, daß jeder in einer eigenen Gedankenwelt lebt, die sein Handeln beeinflußt. Er kann Überzeugungen haben, die gar nicht zutreffen, und eine Situation ganz anders deuten als man selbst. Sie erfassen auch, woher jemand weiß, was er weiß. Vorher können Kinder nicht effektiv mogeln, z.B. eine falsche Spur legen, um einen Spielpartner über das Versteck eines Schatzes zu täuschen, ihn also bewußt zu einer falschen Vorstellung zu bringen. Sie lernen auch verstehen, was es heißt, überrascht zu sein, und können jemand bewußt mit etwas überraschen. Oder uns bewußt Freude bereiten – mit einem Geschenk, das sie überlegt ausgewählt haben. Das Wissen vom andern läßt sich steigern: Ich glaube, daß du glaubst, daß ich glaube, eine Sache verhalte sich so und so. Dass sich hier Denken und Sprechen mit- und aneinander entfalten, darf man annehmen. Ich setze mich in einen anderen hinein, indem ich mich frage: Was würdest du an seiner Stelle glauben bzw. tun? Wenn ich du wäre, würde ich … Was hätte ich an seiner Stelle getan? Wir handeln also mit Wenn-Sätzen und Konjunktiven. Erst allmählich wird uns die Subjektivität der eigenen Perspektive bewußt, ja daß es auch ganz anders sein könnte oder hätte sein können. Langsam werden wir zu Menschenkennern und hören nie auf, dazu zu lernen …

Vor diesem Durchbruch scheinen Kinder auch nicht zu verstehen, daß sie selbst gerade noch anders gedacht haben:

Versuchsleiter:	Look, here's a box.
Kind:	Smarties!
VL:	Let's look inside.
Kind:	Okay.
VL:	Let's open it and look inside.
Kind:	Oh … holy moly … pencils!
VL:	Now I'm going to put them back and close it up again. (Does so) Now … when you first saw the box, before we opened it, what did you think was inside it?
Kind:	Pencils.[7]

Hat es schon vergessen, daß es eben noch Smarties in der Schachtel vermutet hat, oder versteht es den Temporalsatz mit »bevor« noch nicht? Oder hat es noch keinen Begriff davon, daß sich das eigene Wissen verändern

kann? Unmittelbar nachdem Kindern zwei exotische Zahlwörter beigebracht wurden, fragte man sie, ob sie diese Wörter gerade eben gelernt oder
schon immer gewußt hätten. »Die meisten Kinder unter fünf Jahren glaubten, daß sie die japanischen Zahlen schon immer gekannt hätten, sogar
schon, als sie ein kleines Baby waren.«[8] Anscheinend wird der Wandel, d.h.
neues Wissen im Vergleich zu einem früheren Zustand des Nichtwissens,
noch nicht verstanden.

Schelmereien der folgenden Art zeigen, wie Bubi (4;4) den Standpunkt
des anderen einnehmen kann:

> So nimmt er beispielsweise die Mutter bei der Hand und sagt: »Komm
> mal seh'n, wie ich garnich aufgeräumt hab'!« Kommt dann die Mutter
> mit und findet nun das Zimmer tadellos in Ordnung und alle Spielsa-
> chen des Knaben auf ihren Plätzen, da hüpft der Junge glücklich über die
> gelungene Überraschung von einem Bein aufs andre.[9]

Bubi kennt das Gefühl des Überraschtseins und versucht, es planvoll bei anderen hervorzurufen.

Jenny, gerade vier, ruft bei ihrer Tante an.

> Tante (hebt den Hörer ab): Butzkamm.
> Jenny (nach einer Pause): Ich.

Auch Verwandtschaftsbezeichnungen setzen den Perspektivenwechsel voraus und werden nur allmählich gemeistert:

> Gisa (4): Bist du auch eine Mutter?
> Oma: Ja, und das ist mein großes Kind.
> Gisa: Ist doch mein Papa!
> Oma: Natürlich, aber auch mein Kind. Dein Papa war doch auch mal
>   ganz klein.

Otto ist schon neun Jahre alt, als er seine Patentante von ihren Kindern
sprechen hört. »Aber du hast doch gar keine Kinder.« »Doch, Klara und Eli-
se.« Die kannte er natürlich, aber nur als Erwachsene.[10]

Mit 3;10 erkundigt sich Bubi schon: »Wenn ich groß bin, bin ich da ein
Papa?«, aber mit fünfeinhalb Jahren kann er sich unter »Geschwister« nur
Kinder vorstellen, und vergeblich bemüht sich die Mutter, ihm beizubringen, daß auch sie Geschwister habe. Als sie ihm die Namen ihrer Schwestern aufzählt, zweifelt er:

> »Aber das sind doch bloß Tanten, und die Tante E. ist doch eine Mama
> und nich deine Schwester.«[11]

Hans (knapp 3 Jahre):

> Es macht einen sehr drolligen Eindruck, daß er seinem kleinen Vetter eine
> Zurechtweisung erteilt, als er mich »Onkel« nennt. Er sagt, ihn korrigie-

rend: »Das ist doch mein Papa.« Das hält ihn aber nicht ab, den Vater dieses Kindes als seinen »Onkel Richard« zu bezeichnen. Er scheint also das wechselseitige Verhältnis der Verwandtschaftsbegriffe nicht zu ahnen.[12]

Peter sprach gegen Ende des dritten Lebensjahres oft über das zu erwartende Schwesterchen. So überlegte er mit 2;11, wo es schlafen sollte usw. Dann anschließend: »Und wo is denn dann die Tante?« Mutter: »Welche Tante denn?« Peter: »Nu, die Mami von dem Schwesterchen.« Mutter: »Das bin ich dann doch. Ich bin dann doch die Mami von dem Schwesterchen.« Peter darauf ganz überzeugt und überlegen: »Nein – du doch nicht! Du bist doch die Mami von Peter.«[13]

Denkt Peter ichbezogen oder hat er noch nicht ganz kapiert, wie das Wort *Mami* verwendet wird? Läßt sich das überhaupt auseinanderhalten? Jedenfalls zeigt der Widerstand, den die Kinder hier den Erklärungen der Erwachsenen entgegensetzen, wie schwer es ihnen fällt, umzudenken. Für sie bleibt *Mama* ihre Mama, sie können sie sich noch nicht als Mama von jemand anderem, als Tante oder gar als Tochter oder Schwester vorstellen.

Auch wenn sich das Kind nicht sofort überzeugen läßt, dürfen wir annehmen, daß solche Gespräche seinen Ich-Standpunkt ins Wanken bringen. Schon in den ersten Kommunikationsversuchen zwischen Mutter und Kind entwickelt sich eine Gegenseitigkeit. Das Baby hat von Anfang an die Fähigkeit, auf sein Gegenüber einzugehen und mit ihm zu fühlen. Es lacht, wenn die Mutter es anlacht, und wird verstört, wenn sie weint. Dennoch bestärkt uns die Entdeckung der Egozentrik durch Piaget in der Annahme, daß es die Eltern sind, die Kommunikation initiieren und die Gegenseitigkeit entwickeln. Da mag anfangs viel Dressur im Spiel sein:

Da jeder der Erwachsenen, mit denen Bubi häufiger zusammenkommt, ein besonderes Kosewort für den Jungen hat, kommt auf Befragen folgendes Frage- und Antwortspiel zustande: Was bist du – Großmamas? – »Guldkind!« – Mamas? – »Bubimann!« – Papas? – »Ukel!« (ein kleiner Fisch); – Klaras? – »Mutzfink!« (= Schmutzfink) usf. Die Antworten kommen wie mit der Pistole geschossen heraus.[14]

Doch Bubi wird langsam merken, daß die Erwachsenen nicht nur eigene Namen für ihn haben, sondern auch unterschiedliche Sichtweisen von ihm. Für das Dienstmädchen Klara ist er besonders der kleine Schmutzfink.

Auch das Grundschulkind braucht noch überwiegend das Gespräch mit Erwachsenen statt mit Gleichaltrigen, um seine immer noch vorhandene Egozentrik abzubauen. Das Zwillingskind bekommt gewöhnlich weniger *ungeteilte* Zuwendung durch die Mutter als andere, und so weisen Zwillinge zu altersgleichen Kindern in den Frühphasen des Spracherwerbs einen Rückstand auf. Umgekehrt entwickeln Erstgeborene (wenn sie nicht Zwillinge sind) ihre Sprache meist schneller als alle anderen Geschwister. Kinder brauchen Eltern-Zeit.[15]

Wie schwer es ist, eine wirklich fremde Perspektive einzunehmen, wird in unserem Umgang mit Behinderten deutlich. John Hull, der mit fünfundvierzig Jahren erblindete, schildert viele kleine Begebenheiten aus seinem Alltag, bei denen dieser Umgang auch wohlmeinenden Freunden häufig mißlingt. Natürlich verstehen auch seine Kinder, die nach seiner Erblindung zur Welt kamen, erst allmählich, was Blindsein bedeutet. Die folgende Szene zeigt, was der erst vierjährigen Lizzie auffällt:

> Gestern morgen kniete ich auf dem Boden und half Lizzie beim Anziehen. Als sie fertig war, stellte ich sie vor mich hin und sagte:»Fertig! Wollen wir dich mal anschauen.« Ich hielt ihr Gesicht leicht zwischen den Händen und lächelte sie groß an. So blieben wir einen Augenblick stehen, und dann sagte sie:»Daddy, wie kannst du trotzdem zwischen dir und mir lächeln, wenn ich lächle und wenn du lächelst und du blind bist?«
>
> Ich lachte und sagte:»Wie meinst du das, Liebling? Wie kann ich was?« Mit großem Zögern und Zaudern bei jedem Wort sagte sie:»Wie kannst du lächeln – nein – wie kann ich zwischen dir und mir lächeln – nein – zwischen dir und mir ein Lächeln, wenn du blind bist?«
>
> »Du meinst, woher ich weiß, daß ich dich anlächeln soll?« »Ja«, sagte sie, »wenn du blind bist.« »Es stimmt, Liebling«, sagte ich, »daß Blinde oft nicht wissen, wenn sie jemanden anlächeln sollen, und oft weiß ich es auch nicht, daß ich dich anlächeln soll, stimmt's?« Sie bestätigte es.
>
> »Aber heute wußte ich, daß du lächelst, Liebling, denn du bist da gestanden, und ich habe dich angelächelt, und ich habe gedacht, wahrscheinlich lächelst du mich an. Hast du?« »Ja!« antwortete sie fröhlich.
>
> Dieses kleine Kind, das gerade seinen vierten Geburtstag gehabt hat, ist also imstande, die vom Blindsein verursachten Störungen in der Sprache des Lächelns zu artikulieren. Ihre feine Unterscheidung zwischen jemand anlächeln und dem zwischen Menschen stattfindenden Lächeln ist mir nicht entgangen.[16]

Piaget hat uns die Augen dafür geöffnet, wie grundverschieden die Denk- und Vorstellungswelt der Kinder ist. Kinder sind keine kleinen Erwachsenen, die bloß weniger wissen als wir. So gut wir uns manchmal mit ihnen verständigen: das täuscht!

Warum hat ein Fünfjähriger kein Gespür für die böse Absicht und sieht nur den Schaden? Können wir uns wirklich in ihn hineinversetzen? Das beste, das wir tun können, ist, den Kindern ein Beispiel geben im geduldigen Zuhören und im Bemühen um Verstehen. Um wie viel leichter haben wir es dabei als etwa autistische Kinder, die ohne eine sich spontan entwickelnde »Theorie des Geistes« unser Verhalten höchst verwirrend finden. Und wie schwer haben es wiederum ihre Eltern, denen ihrerseits autistisches Verhalten so viele Rätsel aufgeben muß.

1 Portmann 1976, 31
2 Scupin & Scupin II (1910), 192
3 Lurija 1993, 121
4 Scupin & Scupin II (1910), 65
5 Mauthner I (1982), 713
6 Piaget 1954
7 Astington 1994, 116
8 Sodian 2002, 463
9 Scupin & Scupin II (1910), 107
10 Jespersen 1925, 100
11 Scupin & Scupin II (1910), 186
12 Lindner 1898, 93
13 Hansen 1965, 154
14 Scupin & Scupin I (1907), 109
15 Rauh 1995, 246
16 Hull 1992, 226/227

Wort- und Weltverständnis in Wechselwirkung

Die Weisheit find't sich gern / Wo ihre Kinder sind. / Warum? O Wunderding! / Sie selber ist ein Kind. (Angelus Silesius)

Das allmähliche Fortschreiten von Wort- und Weltwissen

Der Besitzer unserer Ferienvilla zeigt uns die tiefen Risse und Spalten in den Mauern und erklärt:»In dieser Gegend gibt es Erdstöße.« Das Kind sieht die Spalten, kann seine Finger hineinstecken und an ihnen entlangführen. Wörter wie»stoßen, zittern, beben« sind ebenfalls mit den Sinnen erfahren. Dennoch ist es die Sprache, die das Weltwissen ausbaut: Wörter wie»Erdstöße« oder»Erdbeben«, nehmen im Satz zueinander Stellung und füllen sich wechselseitig mit Sinn.

»Denni Hule« (Jenny ist in der Schule) berichtet der dreijährige Nico über seine Schwester, die gerade ihren ersten Schultag erlebt. Er gebraucht das Wort, aber was sagt es ihm? Es wird noch viel Zeit vergehen und bedarf noch mannigfaltiger Erfahrungen, bis sich aus den ersten Anfängen zu dem Wort »Schule« auch ein passender Begriffsinhalt gesellt. Dies wird ein Gemisch aus Primärerfahrungen sein (Jenny hat einen»Schulranzen«, er sieht sie bei den»Schularbeiten«, irgendwann kann man ihm auch das»Schulgebäude« zeigen) und solchen, die ausschließlich im stellvertretenden Medium Sprache ablaufen: Nico ist dabei, wenn Mama und Jenny sich über die Schule unterhalten; dann werden neue Begriffe wie»Lehrer«,»Unterricht« usw. rein sprachlich induziert. Das neue Wort ist ein Kristallisationsfaden, dem sich sowohl praktische Erfahrung wie auch weitere Wörter anlagern. So werden Wörter prall von Erinnerung, Resultat vielfältiger Verständigung und Anschauung.

Was mag der zweieinhalbjährige Bubi wohl unter»Lernen« verstehen? Anfangs etwas ganz Äußerliches:

> Bubi nahm sich ein Blatt Papier vor, wippte den Oberkörper vor und murmelte abgerissene Silben vor sich hin; als er unseren erstaunten Blick sah, erklärte er mit wichtiger Miene:»Bubi lernt.« Haltung und Gebaren waren mit lächerlicher Genauigkeit dem Knaben des Försters nachgeahmt, den Bubi mehrmals beim Lernen gesehen hatte.[1]

Bekannt ist, wie Kinder dressiert werden, auf die Frage:»Wie alt bist du?« zu antworten. Brav stecken sie dann zwei Fingerchen in die Luft und sagen »swei«. Aber die Dressur trägt Früchte. Aus rudimentären Begriffen wächst über die mannigfaltigsten Anwendungen, in denen das Kind ständig vergleicht, abstrahiert, Muster bildet, sie anreichert oder verwirft, ein Verständnis für Zeit, Zahl und Geburtstage oder für das, was»Lernen« bedeu-

tet. Denn auch was uns als das Alltäglichste und Selbstverständlichste erscheint, kann sich das Kind nur Schritt für Schritt erschließen. So ist wohl
das Beifallklatschen für Bubi zunächst nur ein Mitmachen und sich Mitfreuen, bis er merkt, daß man sich mit Beifall bedankt und den anderen
durch Beifall anspornt.

> [Im Alter von 3;2 hat Bubi] von einem Verbot die eigenartige Auffassung,
> daß es nur so lange gelte, als der Betroffene, der es erteilte, in nächster
> Nähe weilt. Heute z.B. verbot der Vater ihm, noch mehr Honig zu essen;
> kaum aber hatte der Vater das Zimmer verlassen, als Bubi eiligst fragte:
> »Dahf ich jetz Honig kriegen? der Papa is doch rausgegangen!«[2]

Bubi weiß im Alter von 3;3, daß es sich beim »Bezahlen« darum handelt,
daß einer dem anderen Geld aushändigt.

> Wozu das aber geschieht, ist ihm offenbar unklar. So verkauft er uns z.B.
> (eingebildete) Waren, und gibt uns außerdem noch (gleichfalls eingebil-
> detes) Geld dazu. Von uns dagegen verlangt der kleine Mann keins,
> wenn wir ihm nicht gerade freiwillig etwas geben, d.h. mehrmals in die
> geöffnete Hand tupfen.

Grundregel: Statt belehren, weiterspielen! Etwa so: »Das ist aber schön! Bei
dir kriegt man noch Geld dazu! Draußen muß *ich* immer Geld geben, und
der Kaufmann gibt mir dafür die Sachen. Vielen Dank!«
    Gisa ist dreieinhalb und darf sich die *Sesamstraße* angucken. Es läuft
noch die Sendung Rockpalast, über die der Vater eine abschätzige Bemerkung macht. Darauf Gisa:

> »Vielleicht sieht die Susi (ihre Freundin) das nicht. Die haben doch einen
> anderen Fernseher, der kommt aus einer anderen Fabrik.«

Die Vernunft, die hinter kindlichen Bedeutungszuweisungen steckt, ist
meist gut nachvollziehbar, etwa wenn Bubi »blind« auch anstelle von
»stumm« verwendet: »Dein Mund ist wohl blind, weil du nich sprechen
kannst.« Als Bubi damit anfängt, Ziffern und Buchstaben zu malen, sind
Zahlen für ihn auch Zahlen, aber Buchstaben nennt er »Nummern«. Wort-
und Weltwissen entwickeln sich miteinander, aneinander, auseinander.
»Im Mittel sprachlichen Ausdrucks wird die Sache vergegenwärtigt, gefunden wie erfunden, gemacht wie entdeckt.«[3]

Die »Tatsachen des Lebens«

Das Tier lebt in der Unmittelbarkeit des Da-seins. Nur der Mensch, den die
Sprache gelehrt hat, in die Zukunft hinein zu planen und zu denken, ist
sich seiner Sterblichkeit bewußt. So ist die Vordenkerrolle der Sprache un-

abweisbar, wenn es um die großen Dinge geht: um Geburt, Heirat, Sterben und Tod. Behutsam versuchen wir die Kinder an die »Tatsachen des Lebens« heranzuführen. Leider hat die Mär vom Klapperstorch viel an Anschaulichkeit verloren, wo es kaum noch Storchennester auf Häusergiebeln gibt. Manchen widerstrebt es vielleicht, Kindern offenkundigen »Unsinn« zu erzählen. Mir gefällt der Klapperstorch, und ich habe mich bei unserer Dreijährigen, die ein Einzelkind blieb und nicht erlebt hat, wie Mamis Bauch dick wurde, wie folgt aus der Affäre gezogen: »Wo die Kinder herkommen, ist ein Geheimnis. Manche sagen ja, der Klapperstorch ...«

Viele können sich wohl an ähnliche Äußerungen erinnern, die zeigen, wie das Kind sich langsam an die Welt der Erwachsenen herantastet:

> Gisa, 3;6, spricht über die Nachbarn:
> »Mittmanns haben drei Kinder, Kohts haben zwei. Warum hast du nur ein Kind geheiratet?«

Ein Vater, er ist schon über achtzig, erinnert sich an einen Ausspruch seiner kleinen Tochter:

> Als meine Frau und ich eine kleine Auseinandersetzung hatten, morgens, als alle Kinder pünktlich in die Schule gehen mußten und ich zum Dienst, da hat sie uns mit dünner Stimme gefragt: »Wenn ich aus der Schule komme, seid ihr dann schon geschieden?«[4]

> Bubi (3; 11): »Und wenn wir tot sind, können wir da bloß so leise sprechen?«

Ein Kreuz am Wegesrand.

> Gisa: Was steht noch drauf?
> Papa: Wann das Kreuz errichtet wurde. Das war 1919. Da war ich noch
>   nicht auf der Welt. Da lebte ich noch nicht, und du auch nicht.
>   Nur die Oma lebte da schon.
> Gisa: Mama auch nicht.
> Papa: Mama auch nicht, die ist ja jünger als ich.
> Gisa: Da waren wir noch nicht unter der Erde, da waren wir ganz futsch.

Zwei Monate später notiere ich:

> »Wenns ihr dann tot seid, kann ich immer noch zu Mittmanns, und die Katrin und ich, wir heiraten dann einen Mann.«

Erinnert sei an den schönen Satz über Tod und Sterben in der Autobiographie Bernt von Heiselers: »Daß ich sterben muß, wird die Mama nie erlauben.«[5]

Wie die Sprache das Denken vorantreibt, zeigt uns Piagets Tochter Jacqueline:

Mit 3;6 fragt J. ihre Großmutter, indem sie ihre Augen, ihre Nase usw. berührt: ›Wie wird das gemacht, die Großmutter? Hast du dich selbst gemacht?‹ Danach: ›Hat sie sich selbst gemacht? Wer hat sie gemacht?‹ ... Mit 3;7: ›Wie haben sich die Babys gemacht?‹ Und zwei Tage später: ›Wie werden die Backpflaumen gemacht?‹, dann: ›die Kirschen?‹

Später:

> »Wie haben sie die Teiche im Wald gemacht?« »Wie macht man Wasser?« »Wie macht man den Himmel?« »Der Regen, ich glaube, daß er vom Himmel gemacht wird.« »Wie geschieht das? Macht sich das ganz allein?« »Die Babies werden nicht gemacht ... Die kleinen Meerschweinchen, die entstehen in der Mama.«[6]

Gewiß will sie wissen, was sie erfragt; dennoch hat man den Eindruck, daß es nicht nur auf befriedigende Antworten ankommt, sondern einfach auch ein sprachliches Muster ausgereizt wird – ein Tun, das schon in sich selbst Befriedigung findet. Es sind die grammatischen Variationen von »machen«, die das Weiterfragen leicht machen. Schön, wie zum »machen« schließlich das »entstehen« kommt. Natürlich hat sie auch andere Muster wie »Woher kommen ...?«

Als Fünfjähriger entpuppt sich Bubi wie viele Kinder als kleiner Philosoph:

> »Was war denn los, wie alle Menschen, alle, alle noch nich auf der Straße (= Welt) waren? Welche Dame hatte denn zuerst Kinder, wie noch gar keine Kinder da waren? [...] Wie noch niemand da war, wer hat da die See gebaut, wo alles Wasser reinfließt?«[7]

Eine neue Etappe beginnt, wenn die Kinder sich bewußt werden, daß sich ihr Wort- und Weltverstehen weiterentwickelt hat. Dies wird sichtbar, wenn sie sich an frühere Auffassungen erinnern und sie mit ihren neuen Einsichten vergleichen. Das war bei Bubi mit fünfeinhalb Jahren der Fall:

> Als der Ausdruck »scharfe Luft« fiel, sagte Bubi: »Jetzt weiß ich, daß Luft bloß Wind is, aber wie ich ganz klein war, da hab ich immer gedacht, Luft, das is eine Lampe, die oben am Himmel schwebt.« Es war das erste Mal, daß er bewußt Aufschlüsse über früher gehabte Meinungen gab.[8]

Bubi erinnert sich an seine Anfänge. Wir aber erinnern uns im Umgang mit Kindern an die eigenen Anfänge. Und verlernen nicht, was *anfangen* heißt.

»Warum ist das Unkraut so un?« Kinder werden sprachklug

Unsere Muttersprache hat uns nicht nur verblüffende Einsichten geschenkt. Sie hat uns oft auch denkfaul gemacht, indem wir Redeweisen unkritisch und fraglos übernehmen. So können wir von den Kindern lernen, unsere Muttersprache zu hinterfragen. Denn sie decken oft Ungereimtheiten in der Art auf, wie wir unsere Wörter verwenden.

Rafael konnte sich im Alter von 2;7 gar nicht genug über das Wort »Unkraut« verwundern:

> Er fragte: Wie is das: Unkraut? Dann: Warum heißt das Unkraut? Wieder nach einer Weile: Warum is denn das Unkraut so un? »Un« schien ihm ein Eigenschaftswort zu sein, wie bei Rot- und Sauerkraut. Ich suchte es ihm zu erklären an »artig« und »unartig«. Nach kurzem bat er nochmals: Erzähle mal von Unkraut![9]

Allmählich beginnen die Kinder, die Sprache selbst ins Visier zu nehmen und kritisch über sie nachzudenken: Peter (2;11) klopft mit dem Bimsstein auf den Waschtisch, horcht und äußert dann erstaunt: »Der Stein heißt doch Bimm-Stein? Und bimmt gar nicht?«[10] Ein Dreijähriger konnte nicht dazu gebracht werden, »drei Jahre alt« zu sagen; er war »drei Jahre neu«, ebenso wie sein Vater »neu« war; nur seine Großmutter war »alt«.[11]

> Papa: Wir fahren gleich mal bei Oma Emmi vorbei.
> Gisa: O, toll, dann können wir auch eben mal reingehn.

»Bei jemandem vorbeifahren« heißt schon, bei ihm einkehren – nicht gerade logisch. Durch die »Mißverständnisse« unserer Kinder werden wir solcher Unstimmigkeiten in unserer Sprache gewahr. Unsere alltäglich gebrauchten Wörter haben ja nicht nur die eine, klare Bedeutung, sondern ein Bedeutungsspektrum mit unscharfen Rändern, oft gar ein wahres Sammelsurium unterschiedlicher Bedeutungen. Eine Ausnahme bilden da nur Wörter aus Wissenschaft und Technik mit eindeutigem Bezug. So sind neue Bedeutungen schon bekannter Wörter für das Kleinkind ebenso ein Problem wie für das Sekundarschulkind, das eine Fremdsprache lernt.

»Kühne und doch richtige Wortbildungen«

»Die wahre Spontaneität der kindlichen Wortbildung äußert sich nicht im Schaffen aus dem Nichts, sondern im freien Schalten und Walten mit dem gegebenen Material.« Es folgen einige Beispiele von Bubi Scupin:

> Bubi (3–4):
> Weltbuch (Atlas)
> Bleistiftbrett (Lineal)
> Pfui-Ordnung (Unordnung)
> Himmelsvögerle (Schneeflocke)
> Schere-reintu-ding (Scherenfutteral)
> Sonnenscheinhände (braungebrannte Hände)

Bubi (4;10) hat kapiert, daß *mause-* oder *mäuschen-* in den Verbindungen *mausetot* und *mucksmäuschenstill* als Verstärkung gebraucht wird, und wendet dieses Wissen jetzt auf eigene Faust an.

Ich habe meine Milch mause-ausgetrunken.
Jetzt ist die Eisbahn mause-alle. (die Eisbahn ist weggetaut)
Das Wasser wird gleich mause-schmutzig sein. (als er sich die Hände wäscht)
Mein Bauch ist ganz mause-leer, alles Essen is raus.[12]

Lindners Hans zeigt sich ebenso beeindruckt von *mausetot* und bildet das Wort »mausetrocken«.[13] Auf der gleichen Linie liegt es, wenn Bubi nicht nur »es brennt lichterloh«, sondern auch »das sticht lichterloh« sagt.[14] Wie sehr hier die Kinder die lebendige Sprache spiegeln, zeigen andere bildhafte Vergleiche wie etwa die mit stock- und stink-, die sich in der Sprache eingebürgert haben. Während *stocksteif* oder *stinkfaul* als sprachliche Bilder durchaus einsichtig sind, sind ja Bildungen wie *stockbetrunken, stockkatholisch, stinkfein* ebenso unbildlich wie Bubis *mausetrocken*. Dennoch haben sie überlebt, nicht aber Bubis Wort. Kinder zeigen uns, wie in der Sprache der schöpferische Zufall regiert.

Bubi (5;6):
du Türenzuplitzer
du Immerbau-Umreißer
Ach du Immerspielsachenverräumer'n (seine Kommode wird aufgeräumt)
du Immernichspazierengehenwoller'n (Mutti will nicht spazieren gehen)[15]

Bei diesen skurrilen Wortzusammensetzungen hängt Bubi zunächst in ungrammatischer Weise ein »n« an, als ob es sich um Verben handelte. Typisch ist, wie solche Formen plötzlich auftreten, eine Zeitlang durchprobiert werden und dann wieder verschwinden.

Bubi (5;7):
Alles hat eine Zippelmütze. (nach nächtlichem Schneefall)

Als Hildes Vater ihr am Geburtstagsabend sagte: »Gute Nacht, Geburtstagskind«, revanchierte sie sich: »Gute Nacht, Geschenkvater.«[16]

Gisa hat Saft verschüttet.
Vater: Welcher Bösewicht hat das gemacht?
Gisa: Das war ein Liebewicht.

Mutter: Hör auf, Gisa, du tust dir weh.
Gisa (6): Ich bin nicht wehtubar.

In deutschen Wortzusammensetzungen steht das Grundwort zuletzt, hinter den anderen Teilen, die es näher bestimmen. Im Französischen ist es in der

Regel umgekehrt; man vergleiche *Fernschnellzug* und *train-grande-vitesse* (TGV), *Blumenkohl* und *chou-fleur*. Zweijährige haben diese Regel noch nicht immer erfaßt und bilden Wortzusammensetzungen nach französischer Manier, wie folgende Beispiele zeigen:

> Kiß-kopf (Kopfkissen)
> Mu-apel (Apfelmus)
> Ssu-wanner (Wanderschuhe)[17]
> Slüssel-Uhr (Uhrenschlüssel)[18]

Ist das denn nicht auch ein klein wenig logischer, erst die Sache zu sagen, um die es eigentlich geht (Kissen), und dann erst das Spezifikum (Kissen für den Kopf)? Neben Zusammensetzungen treten auch Formen auf, bei denen die Kinder aus Dingwörtern neue Verben bilden, wie wir es auch als Erwachsene noch tun: *golfen, computern* usw. Bei Kindern sind Formen belegt wie *musiken* für Musik machen, *dieben* anstelle von stehlen, *reifen* im Sinne von mit dem Reifen spielen, *es glockt, es windet*. Die Sterns notierten von ihren Kindern Äußerungen wie:

> Der Löffel ist besuppt (Weigerung, mit dem beim Suppenessen gebrauchten Löffel weiterzuessen).
> Fettig ewiert (»Fertig klaviert«; er hatte auf dem Fensterbrett Klavier gespielt).
> Warum kawierst du denn dort (»klavierst«; als die Mutter auf dem Tisch trommelte).
> Du wimperst ja so schnell (statt »blinzeln«).

Hilde Stern und auch Gisa verwenden *besen, ich hab gebest* als Verb. Liegt hier eine Verwechslung vor, so als wüßten die Kinder nicht, daß Besen ein Dingwort ist? Wohl kaum. Der Wechsel geht fast ausschließlich in eine Richtung, nämlich vom Hauptwort zum Verb. Die Kinder haben intuitiv eine Wortbildungsregel erfaßt, mit der sie Lücken in ihrem Wortschatz schließen. Sie kennen viel mehr Dingwörter als Verben und bedienen sich bei ihnen ungeniert, wenn ihnen ein Verb fehlt, so etwa auch »messen« im Sinne von »mit dem Messer schneiden«.

Jean Paul gibt in seiner Erziehungslehre *Levana* folgende Beispiele »kühner und doch richtiger Wortbildungen«, die er drei- und vierjährigen Kindern abgelauscht hat:

> Der Bierfässer, Saiter, Fläscher (der Verfertiger von Fässern, Saiten, Flaschen) – die Luftmaus, dreschflegeln, drechseln – ich bin der Durchsehmann (hinter dem Fernrohr stehend) ... er hat mich vom Stuhle heruntergespaßt.[19]

Ist *Luftmaus* nicht besser als *Fledermaus*? Warum sagen wir nicht *klavieren*, wo man doch *geigen, flöten* und *trompeten* kann? Die Sterns kommentieren:

Es ist sicher kein Zufall, daß sich hier die schöpferische Sprachbildung des Kindes in denselben Richtungen bewegt wie die der Völker. Das Kind zeigt uns gleichsam durch ein Vergrößerungsglas jene Stellen, an denen der Sprachquell, auch in unserer Gegenwart, noch immer lebendig sprudelt.[20]

Zwischen Tradition und Originalität

Mitunter entwickelt sich durch den Beitrag der Kinder eine interne Familiensprache, als Ausdruck der Zusammengehörigkeit und des Zusammenhalts – so wie es zwischen Liebespaaren eine Art Privatsprache geben kann. Dennoch sind die Schöpfungen des Einzelnen, die wieder verloren gehen, nichts im Vergleich zu den Denkleistungen unzähliger Generationen, die sich in den Sprachen niedergeschlagen haben. Als Konformisten, die wir allemal sind, übernehmen wir das Wort- und Begriffsangebot unserer Sprache. Mit gutem Recht nennen wir sie Muttersprache:

> Sie lehrt uns, wie die Mutter das Kind, durch Märchen und Gleichnis, denn sie hat die Träume und die Erfahrungen vorangegangener Geschlechter in sich aufgenommen.[21]

Es ist also nicht so, daß den Kindern ihre verbale Kreativität von den Erwachsenen ausgetrieben würde. Kinder wenden sich mitunter selbst gegen ihre eigenen Schöpfungen, wenn die Eltern sie noch beibehalten wollen. Was diese noch niedlich finden, haben sie schon abgestreift wie eine Haut, die ihnen nicht mehr paßt.

> So nennt ein Kind von drei Jahren zufällig die Schokolade »Rellerelle« und die Familie und bald der ganze Bekanntenkreis sagt für Schokolade Rellerelle. Obwohl die instinktive Liebe der Eltern und das Spiel der Freunde sich bemühen, solche neuerfundene Zufallsworte festzuhalten und sie auch wirklich oft für einige Jahre zu Bestandteilen einer Gruppensprache werden, müssen sie am Ende wieder verschwinden ... Und jedermann kann gelegentlich sehen, daß in diesem Prozeß das heranwachsende Kind gegen seine eigene Individualität Partei ergreift. Es will sprechen wie alle anderen, so wie es später Kleider wird tragen wollen wie alle anderen. Während noch die Eltern und die Freunde von Rellerelle sprechen, hat bereits der dreijährige Fratz bemerkt, daß die Großen untereinander das Ding anders nennen; und so kommt es bald vor, daß der Fratz zum Schulmeister wird und den eigenen Vater verbessert. »Nicht Rellerelle – Lade (für Schokolade) sagen.« Das Kind selbst gewöhnt den Eltern die individuelle, neu erfundene Sprache ab.[22]

Auch wenn die kindlichen Bildungen meist aus schon Bekanntem abgeleitet sind, bekundet sich in ihnen eine Originalität, mit der die Kinder nicht nur ein Kommunikationsproblem lösen. Hier leuchtet im Verhältnis des Menschen zu seiner Sprache eine schöpferische Kraft auf, die sich nicht mehr bloß an biologischer Zweckmäßigkeit orientiert. Die Sprache ist zwar im Erbgut verankert, weil sie unserer Art Nutzen bringt; ist sie aber einmal da, geht sie über Nutzen und Notwendigkeit weit hinaus. Die Steigerung des Ausdrucks in eine ungeahnte Mannigfaltigkeit hinein ist ein Wesenszug der Menschensprache. Sie ist die Bedingung für das sprachliche Kunstwerk.

---

1 Scupin & Scupin I (1907), 135
2 Scupin & Scupin II (1910), 11. Folgende Zitate: 16, 189
3 Plessner 1983, 274
4 Brückner 1991, 277
5 von Heiseler 1971, 175
6 Piaget 1975, 311ff.
7 Scupin & Scupin II (1910), 158
8 Scupin & Scupin II (1910), 192
9 Neugebauer 1914, 305
10 Hansen 1965, 137
11 Jespersen 1925, 100
12 Scupin & Scupin II (1910), 145
13 Lindner 1898, 105
14 Scupin & Scupin II (1910), 81
15 Scupin & Scupin II (1910), 182
16 Stern & Stern 1987, 395
17 Gipper 1985, 144
18 Preyer 1900, 338
19 Paul 1963, 830
20 Stern & Stern 1987, 413
21 Kurz 1925, 439
22 Mauthner II, 390

Das Wort als Zeichen: Geniestreich der Evolution

Die Sprache ist das Mittel, zum Gebrauch der Vernunft zu gelangen, oder: ohne Sprache kann der Gebrauch der Vernunft nicht statt haben. (Johann Peter Süßmilch, 1766)

Natürliche und konventionelle Zeichen

Menschen, die miteinander sprechen, haben immer schon ein Bündnis geschlossen: das Bündnis der gemeinsamen Namen – das allerdings dort fehlt, wo Menschen verschiedene Sprachen sprechen. Sprache entsteht somit aus der Kooperation der Gruppe und zwingt den, der ihre Vorteile voll nutzen will, zur weiteren Kooperation. Sie zementiert den Gruppenzusammenhalt und müßte allein schon aus diesem Grunde den Menschen vom Vorteil gewesen sein. Menschen sind für Menschen gemacht, und Sprechen bedeutet Zugehörig-Sein.

Worin besteht das Bündnis der Namen? Wie kommt es zustande? Ein Beispiel: Der Apfel in der Hand ist nicht einfach mit dem Wort *Apfel* assoziiert. Er wird vielmehr durch das Wort dargestellt, ist quasi noch auf eine andere Weise da. Das Entscheidende und Wundersame dabei ist, daß überhaupt keine Ähnlichkeit vorhanden ist und auch sonst keine natürliche Beziehung besteht. Dem Tier sträubt sich das Fell, es plustert sich auf, macht sich groß: Es will Eindruck schinden, signalisiert Kampfbereitschaft statt Unterwerfung. Wer verstünde das nicht? Dagegen muß man Wörter wie *Apfel* oder französisch *pomme* lernen. Denn weder *Apfel* noch *pomme* usw. haben irgend etwas Apfelartiges an sich. Sie sehen nicht aus wie ein Apfel, noch riechen und schmecken sie wie einer. Ebensowenig haben *Wasser* oder *water* etwas Fließendes an sich. Es gibt auch keinen Kausalzusammenhang wie zwischen Rauch und Feuer. Es steht auch nicht ein Teil für das Ganze, wie etwa *Rotkäppchen* als Name für das Mädchen oder *Dach* anstelle von *Haus*. Wenn etwa Helen ihrer Betreuerin »Kuchen« in die Hand tastet und prompt auch Kuchen bekommt, so könnte dieses Wort für sie zunächst nur als ein Anhängsel des Dings, gewissermaßen als ein Stück von ihm, empfunden worden sein. Denn bevor ihre Lehrerin kam, verständigte sie sich mit ihrer Mutter mittels einiger natürlicher Zeichen: Setzte sie eine Brille auf, meinte sie den Vater, knotete sie die Haare, meinte sie die Mutter. Wollte sie Vanilleeis, mimte sie das Drehen der Eismaschine und brachte es so auf etwa sechzig Zeichen. Helens Entdeckerjubel aber gilt der Erkenntnis, daß das gefingerte Wort einfach eine Art Abmachung ist, so daß es hinfort *für etwas oder anstelle von etwas anderem steht und das Gemeinte im Kopf vertreten kann.*

Es ist wichtig, diese Vorgeschichte der berühmten Brunnenepisode zu kennen. Neu für Helen war nicht die Verständigung mittels Zeichen, sondern die Erkenntnis, daß eine bestimmte Kombination von Tast- und Strichpunkten etwas »bedeuten« kann und eine neue Kombination wiederum etwas anders, ohne innere Notwendigkeit der Zuordnung, ohne weitere Begründung. Jetzt werden durch kleinste Veränderungen oder Umstellungen zahllose Neukombinationen frei verfügbar, weil ohne »natürliche« Beschränkungen:

1. Es bedarf keiner Ähnlichkeit, die sichtbar, fühlbar oder hörbar an das Gemeinte erinnert (das Drehen der Eismaschine);
2. es bedarf keiner Verbundenheit im Raum, z.B. werden keine Teile verwendet, mit denen man das Ganze heranzieht (Brille für Vater, Haarknoten für Mutter);
3. es bedarf keiner zeitlichen Kopplung des Zeichens an das Bezeichnete. Wörter sind keine Warnzeichen oder Wunschzeichen (so wie Helen zunächst »Kuchen« verwendet), sondern verweisen gewissermaßen neutral auf die Sache.

Dieser dreifache Wegfall macht das Wort frei und souverän.

Allerdings: Unsere Natur verabscheut die reine Willkür. Wir wollen immer wissen, warum; alles muß seinen Grund haben. Deshalb ist eine freie Wortschöpfung quasi aus dem Nichts schlecht denkbar. Es muß in der Menschheitsgeschichte wohl stets einen Anhaltspunkt, irgend einen besonderen Grund für einen neuen Wortnamen gegeben haben, der wohl meist aus einem Zufallserlebnis der Gruppe hervorging.

Als sich die Wörter dann wechselseitig stützen konnten, haben sie sich von den Dingen abgenabelt; die Anhaltspunkte gerieten in Vergessenheit und durften es auch: die Abmachung galt ja schon. Wort und Ding oder Sachverhalt haben nichts mehr miteinander gemein. Es ist einfach so verabredet, daß sie aufeinander verweisen. Die Lautungen sind pure *Konvention*, weil man einmal übereingekommen ist, was sie bedeuten sollen. Wenn solche Konventionen die Bedeutung von Lautungen oder Gebärden bestimmen, nennt man sie *konventionell* (auch *künstlich, arbiträr* oder *digital*) im Gegensatz zu *natürlich, analog, bildhaft* oder *ikonisch*. Konventionelle Zeichen müssen erlernt werden, analoge kann man notfalls aufgrund einer Ähnlichkeit oder sonstigen Zusammengehörigkeit erraten.

Das Herauskürzen der Bilder und Gesten

Man kann diese Übergänge zu rein konventionellen Gesten heute noch dort beobachten, wo sich zwischen Gehörlosen Gebärdensprachen entwickeln. Am Anfang werden wohl vorwiegend natürliche Gesten oder Pantomimen verwendet, deren Herkunft leicht erkennbar ist. Bei der Gebärde für *Essen* führt man die Hand an den Mund, bei der für *Auto* zeigt man zwei

Hände, die ein Steuerrad bewegen. Oder die Hände wandern zur Brust, umschließen das Herz und überreichen es dem Gegenüber: »Ich liebe dich«. Oder der Zeigefinger der rechten Hand wird unter die Nase geführt und soll *Inge* bedeuten, weil man unmittelbar unter der Nase noch den Atemstoß verspürt, der beim Sprechen von *Inge* entweichen würde.

Diese – immerhin halbnatürlichen oder teilmotivierten – Gesten wären für sich genommen mehrdeutig und mißverständlich. Eine feste Bedeutungszuordnung wird – wie im Fremdsprachenunterricht – dadurch erreicht, daß neue Zeichen sparsam nacheinander eingeführt werden, eingebettet in eine eindeutige Situation und/oder in einen Kontext schon bekannter Zeichen.

In der Gruppe, die die Gebärde für ihre Inge erfand, wurde später der Finger nur noch bis unter das Kinn geführt.[1] Wiederholter Gebrauch hatte die Bedeutung gefestigt. Man verstand sich in der Gruppe jetzt auch mit einem verkürztem Zeichen, wenn es um die Inge ging, man war schließlich gut aufeinander eingespielt. Die sinnliche Erinnerung »Atemstoß« wurde überflüssig, es ging anders viel schneller. Gruppenmitglieder, die später hinzukamen, benötigten ohnehin keine Begründung für eine eingespielte Geste, sofern sie schon genug andere Gesten beherrschten. Es war unnötig für sie zu wissen, daß die gestisch so Bezeichnete lautsprachlich »Inge« hieß.

Demnach ist es einfach ökonomisch, die Zeichen zu verkürzen, und der Nachteil, daß die Zeichen dadurch für völlig Außenstehende unkenntlich werden, kommt der Gruppe nicht unbedingt zu Bewußtsein. Im Gegenteil: Die Gruppe entwickelt schließlich ihre eigene unverwechselbare Sprache und stärkt damit ihre Identität.

So macht ein fortwährender Kürzungsprozeß (im Verein mit einer fortschreitenden Systematisierung) aus einem Ensemble von natürlichen, mehr oder weniger zu erratenden Gesten und Aktionsgebärden einen echten Gebärdenkode, den nur der versteht, der mit ihm aufgewachsen ist oder ihn in der Schule gelernt hat. Der Verlust der Bildhaftigkeit bedeutet einen Gewinn an Flexibilität und ein höheres Verständigungstempo. Wenn wir in unserer Lautsprache etwas *feststellen* oder *behaupten*, denkt auch niemand mehr an ein Festzurren oder an *Haupt* (behaupten = Haupt oder Herr einer Sache sein). Das wäre viel zu umständlich.

Zunehmende Abstraktion ist auch beim Symbolspiel beobachtbar. Zunächst muß der reale Gegenstand dem vorgestellten noch ähnlich sein, z.B. ein gelber Bauklotz wird als Banane umgedeutet. Schließlich kann der Gegenstand mehr oder weniger beliebig werden.

Der Trick des Abbé Sicard

Das Medium des Zeichens – ob artikulierter Laut, Gebärde oder schwarze Kringel auf Papier – kann wechseln. So sind auch Menschen ohne die Fähigkeit zum artikulierten Laut sprachfähig. Ihr Gehirn ist in der Lage, den Namenszauber zu verstehen, der zwei Dinge zusammenbindet, die doch gar nichts miteinander zu tun haben. Wort- und Gebärdezeichen haben somit die Kraft, auch was nicht vor-handen und vor Augen ist, zu vergegenwärtigen.

Für seine gehörlosen Schüler, die noch nichts von Sprache wußten, schrieb Sicard das Wort in die Skizze des Gegenstandes hinein. Später wischte er die Skizze weg, ließ aber das Wort stehen. Das Wort wurde so zum Stellvertreter des Gegenstandes.

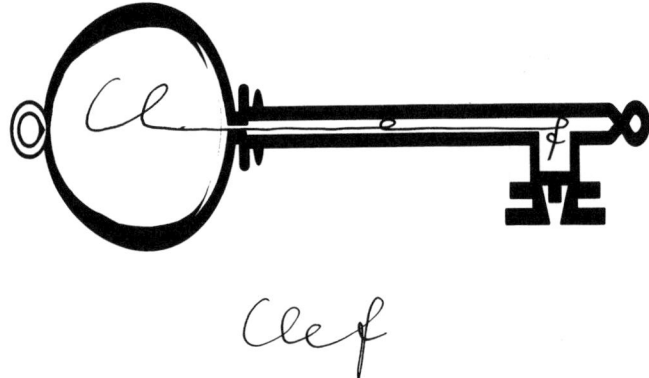

Aufschlußreich in dieser Hinsicht ist der didaktische Trick, den der Abbé Sicard in Paris zur Zeit der französischen Revolution als einer der ersten Taubstummenlehrer anwendete, um seinen Schülern klarzumachen: Dieses Schreibmuster an der Tafel ist stellvertretend für einen bestimmten Gegenstand. Über der Tafel hatte er Nägel befestigt. An diesen hing der betreffende Gegenstand, z.B. ein Schlüssel. Darunter zeichnete er eine Skizze des Schlüssels. In diese Skizze hinein schrieb er das französische Wort für Schlüssel: *clef*. Die Umrisse blieben erhalten, das Wort nahm in gewisser Weise die Form eines Schlüssels an.

> Die so mit der Zeichnung vereinten Buchstaben, erklärte Sicard, ließ man den Schüler als alternatives Zeichen für das Ding, das sie beschrieben, erlernen; wenn die Buchstaben dem Gedächtnis fest eingeprägt waren, wurde die Umrißzeichnung gelöscht, und die Buchstaben allein blieben als Symbol oder Darstellung des Gegenstandes zurück. Im nächsten Stadium wurden die Buchstaben in normaler Form gezeichnet, und das geschriebene Wort trug die volle Last des Vermittelns von Bedeutung.[2]

Ähnlich verhielt sich ein gehörloser Jugendlicher, der dabei war, die Gebärdensprache zu erlernen: Manchmal benutzte er zuerst die vertraute, natürliche Mimik und Gestik (also die analoge Form) *zusammen* mit der entsprechenden Gebärde (der zumeist digitalen Form der Gebärdensprache). So pflegte er zunächst auf den Kühlschrank zu zeigen und Frieren zu mimen, und dann *kalt* zu gebärden. Immer öfter ließ er dann Mimik und Gestik weg, bis diese ganz durch das Gebärdenwort ersetzt wurden. Die analoge Darstellung dient als Vermittlungsinstanz für die Gebärden und wird mit zunehmender Sicherheit überflüssig.

Man erinnert sich sogleich an ideographische Schriftsysteme, deren Ausgangspunkt die bildliche Darstellung von Gegenständen und Begriffen ist. Bilderschriften sind noch beides, Bild und Schrift zugleich. Auch hier beobachten wir charakteristische Abschleifungen und Kürzungen, in deren Verlauf Bilder zu Schriftsymbolen werden. Durch vielfachen Gebrauch entwickeln sich die Schreibtechniken fort, bis die Ähnlichkeit mit den dargestellten Ideen ganz verschwindet. Faszinierend zu sehen, wie Abbé Si-

Das Lautzeichen „A" von der Hieroglyphe zum digitalen Code

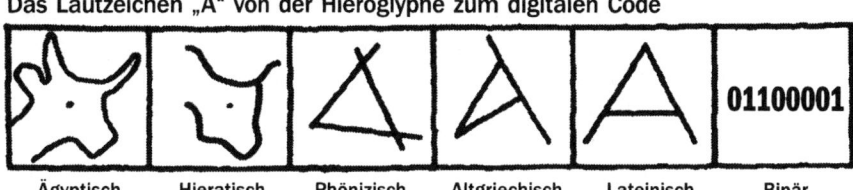

| Ägyptisch | Hieratisch | Phönizisch | Altgriechisch | Lateinisch | Binär |

(Nach Schmidt 1998)

card für seine Schüler einen Weg zur Schrift wählt, für den ganze Völker wohl viele Generationen gebraucht haben.

Das sprachliche Zeichen könnte über Körpergesten, Gesichtsgesten und beziehungsreiche Lautgesten entstanden sein. Aber die Sprache bildet sich erst empor, indem sie diese Beziehungen vergißt und wie einen Erdenrest abstreift.

Funktionserweiterung: Symptom – Signal – Symbol

Theodosius Dobzshanskys Wort: »Nichts in der Biologie ergibt einen Sinn, außer im Lichte der Evolution«, ist auch auf die Sprache anzuwenden. Die Evolution hat sie hervorgebracht. Die Frage ist, welchen evolutiven Nutzen die Wörter brachten.

Der Vorteil dürfte *nicht* auf verbesserter Kommunikation *allein* beruhen. Damit ließe sich der Abstand, der uns von den Tieren trennt, schwerlich erklären. Schließlich haben viele gesellig lebende Tiere ebenso wie Insektenstaaten vorzügliche Kommunikationsformen entwickelt, die eigentlich nichts zu wünschen übrig lassen. Aber sie leisten eben nur das – Kommunikation als ein Sich-aufeinander-Abstimmen. Sprache ist mehr und kann mehr, auch wenn sie ihre dialogische Natur nicht abstreift.

Das in geselligen Verbänden lebende Tier kennt Kontakt und Kommunikation, kann anzeigen, daß es traurig oder wütend oder zum Spielen aufgelegt ist. Es kann betteln, warnen, drohen oder locken, d.h. sein Gegenüber zu bestimmten Handlungen bewegen. Der Ausdruck oder die Kundgabe einer Gestimmtheit sowie die Aufforderung oder der Appell an den anderen – Symptom und Signal – sind ohne sprachliche Zeichen möglich. Die Sprachen aber leisten noch anderes, und dieses andere gelangt erst im zweiten Lebensjahr des Kindes zum Durchbruch. Aus den kommunikativen Grundfunktionen, zu denen Tiere ebenso wie das vorsprachliche Baby gelangen, entwickelt sich die Nennfunktion.

Diese Funktion klingt zwar schon in den spezifischen Kommando-, Lock- und Warnrufen der Tiere an, aber erst die Menschensprache bringt sie klar zur Geltung. Haben einige Tiere wirklich Namen für ihre verschiedenen Freßfeinde? Haben sie Sprache?

Daß sie keine Grammatik haben, steht außer Frage. Ihre Zurufe sind ganzheitliche Äußerungen, nicht weiter zergliederbar. Sie ähneln den kindlichen Globalwörtern, die sich auf eine ganze Situation beziehen und infolgedessen nicht zwischen Dingen und Aktionen unterscheiden: *mhm* bedeutet zugleich die Nahrung selbst, das Zu-sich-Nehmen der Nahrung und daß es schmeckt.

Das Bezeichnen bleibt in Appell und Alarm stecken, wie etwa bei den grünen Meerkatzen, einer Affenart, die u.a. mit unterschiedlichen Rufen vor Gefahr aus der Luft (Adlern) und Gefahr vom Boden (Schlangen) warnen.[3] In ihren Rufen sind Dinge der Welt schon angesprochen, wird das Benennen aber noch überlagert vom Begehren und an den Partner gerichteten Absichten. Hier ist die Scheidelinie. Mein Hund, der mich anspringt, sagt nicht: »Du bist mein Herrchen, mein Leitwolf«, sondern eher »Prima, daß du da bist«. Er trifft keine Aussage. Er stellt nicht fest, zumindest nicht primär. Er sagt auch nicht: »Das ist mein Revier«, d.h., seine »Sprache« baut keine Gegenstandswelt auf, sondern er sagt: »Hau ab, bleib' draußen, keinen Schritt näher!« Seine Sprache ist stets emotional und manipulativ. Er sagt nicht, was er weiß, sondern zeigt mir, was er momentan will und wie er gestimmt ist.

Das ist grundverschieden von Helens Lust, die Namen der Dinge zu erfahren. Warum ist das so, daß Wörter immer neue Wörter nach sich ziehen?

Die Sterns haben diese Scheidelinie anhand der Negationspartikel nein/nicht (in der Form von »nei«, »nein« und »willnich«) aufgezeigt. Anfangs werden sie ausschließlich wollend, d.h. als Weigerung geäußert, hält die Mutter in ihrem Tagebuch fest. »Aber wenn ich morgens frage: ›Hat sich Hilde wohl naß gemacht?‹, erhalte ich ein sehr liebenswürdiges ›ja‹ zur Antwort, wenn es gar nicht der Fall gewesen ist. Das ›Nein‹ in der Bedeutung ›es ist nicht so‹ fehlt noch.« Das reine Urteil: »das ist so; das ist nicht so« ohne wollende Beimischung kommt jedenfalls später und ist Tieren nicht möglich.

Deren Rufe beziehen sich allein auf das biologisch Bedeutsame, d.h. auf Bedürfnisspannungen und Wahrnehmungen, die mit Triebregungen in Verbindung stehen. Nur der Mensch hat das Bedürfnis einer *allgemeinen* Weltorientierung. Sie ist die »allein menschliche Aufgabe, die aus dem Fehlen ›auf Schienen gelegter Instinkte‹ folgt.« Das war die zentrale Einsicht Gehlens: Das in die Freiheit gesetzte Antriebsleben *muß* orientiert werden.[4] Es kann überall neue Bedeutungsträger finden, auch auf das biologisch Indifferente übergehen und ist somit unendlich beweglich und variabel.

Tiere aber haben keine Wörter für die Dinge der Welt. Ihre Laute sind assoziative Kopplungen, sind aber nicht Namen für etwas. Ein Ereignis – Schlange am Boden – ist an einen Ruf gekoppelt, der eine weitere Reaktion hervorruft. Tritt das Ereignis nicht ein, erschallt auch kein Ruf. Daß man mal darüber spricht – für uns das natürlichste von der Welt –, gibt es in der Tierwelt nicht.

Dieser Sprachmut macht uns zu Schöpfern. Denn die Dinge tragen keine Namen, sie werden ihnen verliehen. Ein simpler Akt mit ungeheuren Folgen für die Menschheit. Eine Generation gibt ihre Wortschöpfungen dann an die andere weiter, Kinder übernehmen sie von ihren Eltern. Neben die genetische Weitergabe von Information tritt die sprachlich-kulturelle, die ein ganz neues Tempo vorlegt.

Diese bahnbrechende Veränderung ist als Funktionserweiterung deutbar. Aus Lautgesten im Dienst der Kommunikation wurden Wortsymbole, also Welt-Bilder, es entsteht ein Gefüge darstellender Zeichen, und diese erwiesen sich plötzlich tauglich für neue Anforderungen: für die Konstruktion von Wirklichkeit, für das Sammeln und Aufbewahren von Wissen und das denkende Kombinieren von Wissensbeständen. Damit werden neue sekundäre Zweckmäßigkeiten, die in der Kommunikation keimhaft angelegt sind, entwickelt und freigesetzt. Wenn diese Ansicht richtig ist, schlagen wir hier eine Brücke zu denjenigen Evolutionsbiologen, die den Funktionswandel als den eigentlichen »Baumeister der Evolution« betrachten.[5] Was die Sprache angeht, trifft allerdings »Funktionserweiterung« den Sachverhalt besser als »Funktionswandel«. Auch an grammatischen Details ist ablesbar, daß Sprache ihren dialogischen Charakter nicht einbüßt. Sprache wird zum Wissensspeicher und zur Denkhilfe, bleibt aber zugleich Verständigungsmittel, das seine Bestimmtheit erst durch »das Zurückstrahlen aus einer fremden Denkkraft« erreicht.[6] Kommunizieren und Denken sind die beiden Wurzeln, die zur Sprache zusammenwachsen. Oder: In der Sprache nimmt die Kommunikation das Denken und Darstellen von Wirklichkeit huckepack.

Allerdings bleibt es nach wie vor ein Geheimnis, warum keinem Tier der Schritt vom *Locken, Wollen* oder *Warnen* zum nüchternen *Benennen* und

Darstellen gelungen ist.[7] Der Sprung in die Sprache aber ist der wahre Ursprung des Menschen.

Das Wort als abstraktes Erfahrungsintegral

Wie ist die entscheidende Wendung zum Symbol neurolinguistisch zu deuten?

Über unsere Sinneskanäle strömen Informationen in uns ein. Es sind Höreindrücke, Bilder, Gerüche usw., durch die Sinne gefilterte und formierte Repräsentationen der Außenwelt. So entstehen Zellverbände an getrennten Orten als Experten für Höreindrücke, Bilder, Gerüche. Mal feuern sie alle synchron, mal nicht: wenn ich etwa eine Katze nur sehe, aber nicht riechen und streicheln kann. Allerdings wird nicht nur ein Erlebniskomplex wie »Katze« arbeitsteilig gewonnen, schon einzelne Sinneseindrücke werden so erarbeitet. Ein Seheindruck wird nach Form, Farbe und Bewegung vom Hirn getrennt bearbeitet und wieder zusammengeführt. Verschiedene Neuronenknäuel feuern synchron, schnüren auf diese Weise ein Paket und liefern uns einen geschlossenen Eindruck. Die Erregungsmuster werden verstärkt, wann immer wir es wieder mit Katzen zu tun haben: *fire together, wire together*. Die Zellverbände werden also von unseren Sinnen regelrecht gespeist.

Wie steht es nun mit der Katze »als solcher«, wo alle Katzenereignisse zusammenfließen können? Wie steht es mit der »Durchschnittskatze«, die aus all den vielen Katzeneindrücken abstrahiert ist? Ein solcher Inbegriff von Katze mag sich in sog. »Konvergenzzonen« des Hirns ausbilden.[8] Der charakteristische Zusammengriff, das Destillat konkreter Einzelerfahrungen muß unserem Hirn ebenso möglich sein wie die bekannten Konstanzleistungen beim Sehen.[9] Die im Wort gegenwärtige, an das Wort gebundene Einheit des Begriffs senkt den Speicherbedarf im Vergleich zum Bild und verbessert das Wiedererkennen.

Die Wortgestalten werden zu Kristallisationsfäden, an denen sich die Reizzufuhr von außen und innen gliedert und die jeweils spezielle Zellverbände bedienen. Die Denk- und Vorstellungsinhalte fordern ein einigendes Band, das sich um sie herumschlingt und sie so zu sinnlichen Merkzeichen bündelt, um im Hirn einen Platz gleich vierfach zu besetzen – als Begriffsinhalt/Bedeutung, als Höreindruck, als artikulatorisches Bewegungsmuster, als Schriftform. Es entstehen *rückläufige Verbindungen*: Das eigene Wort kehrt als Höreindruck zu mir zurück und teilt diese Qualität mit den Wörtern, die uns aus dem Mund anderer entgegentönen. Diese Rückbezüglichkeit, die Spiegelungs- und Überlagerungsprozesse könnten das eigentliche Geheimnis der Repräsentation geistiger Inhalte sein.[10]

Mit dem Wort »Zitrone« wird eine primäre, von den Sinnen gelieferte Repräsentation noch einmal repräsentiert. Das Wort ist jedoch einen

Schritt weit weg von der konkreten Sinneserfahrung, auf die es verweist, ist die Repräsentation einer Repräsentation. Wenn ich jemanden bitte, beim Einkauf die Zitronen nicht zu vergessen, hat man normalerweise keine Zitrone vor dem geistigen Auge, hat auch keine momentanen Geschmackserinnerungen. Sich die Zitrone vorzustellen – gelb, sauer, saftig, fest, krumpelige Schale –, das wäre überflüssige Bemühung. Denn der Urtext der Erfahrung ist in ein neues, sparsameres und darum entlastendes Medium überführt worden, in Sprache, die sich selbst genügen kann. Wörter schmecken weder süß noch sauer, sie können – direkt – weder beißen noch blenden. Das Wort ist ein Erfahrungsintegral, in dem verschiedenste Sinneserfahrungen zusammenlaufen können. Es ist dann weder Seh-, Hör- oder Riechbild, sondern ein all diese Erfahrungen zusammenführendes entsinnlichtes, entbildlichtes Kürzel. Nur als abgekoppelte, abstrakte Erfahrungsintegrale sind Wörter ermächtigt, sich mit allen anderen Wörtern zusammenzutun; nur so ermächtigen sie das Denken, »bei sich selbst zu bleiben«.[11]

Die neue Bildlichkeit der Sprache

Die meisten Wörter, mit denen wir unser geistiges Leben gestalten, gehen auf räumliche Anschauung zurück. *Denken, glauben, wissen* usw. sind Ereignisse dritter Ordnung. Wir *stellen fest, teilen mit, be-greifen, ver-stehen, be-gründen, be-haupten, schließen, folgern, verfolgen einen Gedanken, ent-wickeln Ein-sichten, ent-wickeln etwas weiter, wenden ein oder bringen Einwände vor, lassen sie wieder fallen, tragen vor, über-setzen, unter-richten, in-formieren,* bringen also jemand »in Form« usw. Aber nicht nur der sog. »übertragene Gebrauch«, sondern schon ein Wort wie *lieben* ist ein Ereignis dritter Ordnung: Aus Situationen, in denen Menschen sich *streicheln, umarmen, küssen, etwas miteinander teilen* usw., wird ein Gemeinsames abstrahiert und ein neues Wort gewonnen.

Wir rücken an einem Tisch, bis er fest steht. Diese Primärerfahrung des Sehens und Hantierens wird benannt: »Der Tisch steht jetzt fest« (sekundäre Repräsentation). Diesen Gebrauch übertragen wir auf geistige Dinge: »Es steht fest, daß ...« (tertiäre Repräsentation, metaphorischer Gebrauch, von griechisch *metapherein* = übertragen). Frappierend ist nun allerdings, wie sich diese Linie zurückbiegt und zu einem Kreis wird, der sich schließt. Denn unser Vokabular für geistige Vorgänge, selbst aus der Raumorientierung hervorgegangen, wird wiederverwendet, um seinerseits physikalisch-biochemische Vorgänge zu kennzeichnen.

> Wir haben keine andere Wahl, als die Sprache bewußter psychischer Funktionen zu benutzen. Lebendige Systeme »informieren sich« über ihre Umwelt, sie »unterscheiden«, »erkennen«, »wissen«, »wählen aus«.

Unser Immunsystem z.B. »registriert« Krankheitserreger, führt »Identitätskontrollen« durch und vermag mehr als 1 Million fremder Substanzen im Körper zu »erkennen« und »wiederzuerkennen«: Wir verfügen über ein immunologisches »Gedächtnis«. Bestimmte Nukleinsäuren, die zu den Grundbausteinen des Lebens gehören, werden als »Botenstoffe« bezeichnet, Moleküle »verstehen Befehle« usw.[12]

So entsteht, als die Wörter sich mehrten, eine von der Lautmalerei grundverschiedene, die ganze Sprache durchziehende Bildlichkeit. Unsere Sprachen sind von einem so dichten Netz von Metaphern überzogen, daß wir sie gar nicht mehr bemerken. Wenn ein Kind »jetzt ist die Milch alle« hört und später »Mama alle« und »Weh-weh alle« sagt, liegt eine metaphorische Übertragung vor aufgrund einer Ähnlichkeitswahrnehmung, die aber von der Mitwelt nicht bestätigt wird. Andere kleine Bedeutungsverschiebungen werden aber von der Geschichte akzeptiert, und so ist »jede Sprache in Rücksicht geistiger Beziehungen ein Wörterbuch erblasster Metaphern« (Jean Paul). Nachdem der Startschuß zur Sprache einmal gefallen war, haben unzählige Menschengeschlechter durch ständiges Übertragen, d.h. Vergleichen und In-Beziehung-Setzen, einen Reichtum unterschiedlichster, auch widersprüchlicher Sichtweisen angehäuft, in den Kinder hineinwachsen und aus dem sie sich bedienen können. Immer wieder neue Inhalte werden so sprachlich erobert; die Sprache wächst durch metaphorische Erweiterung. Das menschliche Denkgeschäft ist ja nichts anderes als dieses Vergleichen und In-Beziehung-Setzen der nächsten und entferntesten Dinge, und so setzt die kindliche Denkarbeit nur fort, was vor Jahrtausenden begann. Erste Wirklichkeitskenntnisse, erste leibliche Erfahrungen gehen dem Wort voran. Sind die Wörter aber einmal erfunden, werden sie eine Art Selbstläufer und zeugen sich unendlich fort. Die Produktivkraft der Sprache deutet sich hier an. Sie entfaltet sich auch für das Kind erst dann, wenn die Wörter in den Zusammenhang grammatischer Rede gebracht werden können.[13]

Kumulative Wirkungen und Abstraktionsstufen

Verfolgen wir die Frage, welchen Nutzen die Wörter bringen, noch etwas weiter. Wörter sind nicht nur Stellvertreter für die Dinge der Welt, wie sie unser Geist erfaßt, sie können auch füreinander eintreten.

Ein Wort, das auf eine unbekannte Sache verweist, wird mit Hilfe anderer Wörter klar und bestimmt.

> Gisa (3;3. Hat das Wiesel nicht gesehen): N' Wiesel?
> Mama: Ja, so'n Raubtier wie 'n Fuchs. Frißt Mäuse wie 'n Fuchs. Ist aber kleiner und flinker und hat im Winter 'n weißen Pelz.

Gewiß, die wenigen Worte sind Erfahrung aus zweiter Hand und vermitteln nichts von der Schönheit des Tieres und seiner Art, sich zu bewegen. Aber Gisa weiß dennoch mehr über das Wiesel und kann es besser einordnen, als wenn ihr Blick es erhascht hätte und nichts weiter gesagt worden wäre. Ein Wort gerät in den Bannkreis anderer Wörter und gibt dabei seine Bedeutung preis. Eine Art Massenwirkung tritt ein. Manchmal muß man schon viele bekannte Wörter haben, um ein neues einzuführen. Erst wenn Symbole füreinander eintreten, also Wörter auf Wörter verweisen, ist die menschliche Symbolfähigkeit voll ausgereizt.

Wo eine neue Rose gezüchtet oder ein Kleiderstil kreiert wurde – wo immer wir etwas erfinden oder entdecken, suchen wir den Namen dazu und geben keine Ruhe, bis wir einen gefunden haben. Sonst fehlt etwas. Unsere Welt ist erst vollständig, wenn wir die Dinge benannt haben. So ruft Sprache nach mehr Sprache, so rufen Wörter neue Wörter wach.

Wie diffus ein Zeiterleben ohne Zeit-Wörter ist, werden wir noch von der tauben Emmanuelle Laborit hören. Ohne das Wort ist die Zeit unteilbar. Und alle Zeit-Wörter sind umgewidmete Raum-Wörter. So gibt es auch »Farbe« als solche nur als Wort, denn in der Welt sind nur bestimmte Farben. In manchen Sprachen fehlt der Oberbegriff *Farbe*, auch das Indogermanische hat kein Wort dafür. Die Frage: *Welche Farbe hat ...?* läßt sich in diesen Sprachen so nicht stellen; man fragt etwa: Wie ist dieses oder jenes gemalt?[14]

An den Farbwörtern selbst wiederum läßt sich erkennen, wie sie an den konkreten Dingen hängen: oliv, kastanie, kirsche, korallen, veilchenfarben, lila (von arabisch *lilak*, dem Fliederbaum). Wahrscheinlich waren ursprünglich alle Farbwörter solche dem Gegenstand fest verhafteten Dingfarben. So führt man *grün* auf die germanische Wurzel *gro* zurück (wachsen, gedeihen, vgl. englisch *grow*); grün wäre also ursprünglich das Wort für den jungen Pflanzentrieb mit seinem charakteristischen Hellgrün. Dinggebunden ist noch *blond*, weil nur auf Haare, Semmeln oder Bier beziehbar; *gelb* dagegen überall verwendbar. Die Ablösung vom Gegenstand und die Herausbildung von Farbabstrakta, die die Grundfarben des menschlichen Farbspektrums bezeichnen: also rot, gelb, grün, braun, blau etc., gilt als eine späte Kulturleistung und bedeutet keine Verarmung. Denn die Hinwendung zum Konkreten, etwa einen roten Mund einen Erdbeermund oder einen tapferen Mann einen Löwen zu nennen, ist dadurch niemandem genommen.

Die Kindersprache bestätigt in etwa diese Entwicklung. Die ersten Farbbezeichnungen, die bei Bubi auftauchen, *swaze ßuhe, gelbe ßuhe, rotes Kleidel*, gelten nur für genau diese Kleidungsstücke und sind noch nicht frei übertragbar.[15] Andererseits muß er auch den beschränkten Anwendungsradius von *blond* lernen. Als Dreijähriger nannte er seine Hafersuppe und einen Goldring *blond*.

Erkenntnislust – Lernen, weil man nicht anders kann

In den Kontakt-, Affekt- und Wunschausdrücken des Kleinkindes werden die Dinge bloß miterfaßt. Aber unter Anleitung der Eltern gelingt es allmählich, aus den auf diese Weise schon angesprochenen Dingen der Welt die reinen Bezeichnungen herauszudestillieren. Das Kind, das auf die Uhr zeigt und *Ticktack* sagt, könnte dann wie folgt verstanden werden: »Hiermit stelle ich fest, daß dies eine Ticktack ist.«

Tiere dringen nicht zum Wesensmoment des sprachlichen Zeichens vor, das weitere Leistungen der Sprache möglich macht, z.b. das Fragen, das Berichten oder Erzählen, in die das Denken hineinverwoben ist. Kein Jungtier, so scheint es, verspürt denn auch diesen Wissensdurst und stellt den Alttieren Fragen, wie sie der Mensch kennt. Auch dem sprachlosen Menschen bereitet die Idee des Fragens Schwierigkeiten. Sacks berichtet von einem elfjährigen gehörlosen Jungen, der gerade erst in eine Gehörlosenschule gekommen war:

> Es war ihm unmöglich, das *Konzept* Frage zu erfassen, geschweige denn eine Antwort zu geben.[16]

In der Frage ist das menschliche Erkenntnisstreben beschlossen. Ein Autist, Opfer jener in einem späteren Kapitel beschriebenen rätselhaften Entwicklungsstörung, schreibt:

> Bis ich siebzehn war, hatte ich nie die Frage in einer Frage erkannt. Ich verstand nur, daß ich zu reagieren hatte, daß Lehrer jetzt von mir etwas erwarteten. Aber mir war nicht bewußt, daß ich Antworten auf Fragen gab. Ich hatte eingespielte Reaktionen, wie man etwa auf die Frage »Wie geht's?« mit »Danke gut« antwortet.[17]

Ähnlich sind bei dem autistischen Stefan Antworten anfänglich einstudierte Reaktionen, bis mit acht Jahren der Durchbruch zur Sprache kommt. Auch er wird jetzt plötzlich wißbegierig und fängt an Fragen zu stellen; und zwar zunächst Fragen, die mit Zahlen zusammenhängen, die ihn schon früh in ihren Bann gezogen hatten. Von daher beginnt er allmählich, das Bedürfnis zu verstehen, das in einer Frage steckt und nach Antwort verlangt. Interessanterweise braucht er aber immer noch Zeit, um viele Fragen, die ihm andere stellen, eben als Fragen zu verstehen:

> Sie beschlossen, auf Fragen, die mit Zahlen gespickt waren, nicht zu antworten. Sie sagten nur: »Das ist keine Frage, das ist eine Rechenaufgabe. Wir wollen jetzt nicht rechnen, sondern sprechen.« Dann gab ich mir Mühe, die Frage so zu stellen, daß sie möglichst keine Zahlen enthielt. Bereitwillig antworteten meine Eltern auch dann, wenn sich doch welche einschlichen. Sie merkten meinen guten Willen und erkannten mei-

ne Bemühungen an. Doch oft hatten sie beim Beantworten meiner Fragen Schwierigkeiten, denn ich wollte alles ganz genau wissen und hinterfragte alles und jedes. Ich hatte einen großen Nachholbedarf und saugte Wissen wie ein Schwamm auf. Sehr oft mußten sie in eines der vielen Nachschlagewerke schauen, um antworten zu können. Dauerte die Beantwortung zu lange oder war sie zu ausführlich, so wurde ich wütend. Wenn mir aber eine Frage gestellt wurde, dauerte es immer eine Weile, bis ich antwortete. Zahlen waren etwas Konkretes, aber bei Fragen wußte ich nie, worauf es ankam.[18]

Helen Keller analysiert die große Veränderung, die in ihrem Leben stattgefunden hat:

> Mein inneres Leben war also eine Leere ohne Vergangenheit, Gegenwart oder Zukunft, ohne Hoffnung oder Erwartung, ohne Wißbegier, ohne Freude oder Glauben ... aber ein Wörtchen von den Fingern eines anderen Menschen traf auf meine Hand, füllte die Leere aus.[19]

Am Abend nach der denkwürdigen Brunnenepisode kuschelte sich Helen zum ersten Mal von sich aus an ihre Lehrerin und gab ihr einen Kuß. »Ich dachte«, berichtete Anne Sullivan einer Vertrauten, »das Herz würde mir vor Freude zerspringen.« »Helen lernt«, schreibt sie, »weil sie nicht anders kann, genau wie der Vogel fliegen lernt.« Hier nimmt sie eine Erkenntnis der modernen Hirnforschung vorweg, die entdeckt hat, daß beim erfolgreichen Lernen Botenstoffe im Gehirn ausgeschüttet werden, die das körpereigene Belohnungszentrum anregen.

Als Helen den Sinn der Tastzeichen erfaßt, will sie wissen, wie die Dinge heißen, unabhängig davon, ob man sich vor ihnen in Acht nehmen muß, ob man sie essen kann usw. Das ist die Wißbegier und Erkenntnislust, die uns vor allen anderen Geschöpfen auszeichnet, der *appetitus noscendi* (den Augustinus für verderblich hielt!), und der sich schon früh zeigt. Amerikanische Autoren sprechen von den kleinen Wissenschaftlern in der Wiege (Gopnik u.a., *The scientist in the crib*; deutscher Titel: *Forschergeist in Windeln*). Unter Preisgabe der untrüglichen Instinktsicherheit unserer Mitgeschöpfe wollen und können wir über alles in der Welt reden und denken – und so entsteht in unseren Köpfen eine neue Welt der Ideen, Interessen und Phantasien, die Welt 3 im System des Philosophen Karl Popper.[20] Kein Tier kennt eine solche Innenwelt. Der Mensch ist das Wesen, das wissen will um des Wissens willen. Der Mensch ist das Wesen, das Fragen stellt und am Ende sich selbst zur Frage wird.

Namenszauber: Macht und Magie der selbstgeschaffenen Symbole

Geistigkeit als Vermögen, über eine ungeheure Menge von Tatsachen in
Zeichen Herr zu sein. (Friedrich Nietzsche)

Das dominante Thema des ersten Jahres war die Entdeckung des Mitmenschen und der Wunsch des Kleinkindes, Kontakt aufzunehmen, sich zu binden und auszutauschen. Sich einstimmen, sich abstimmen, kooperieren,
miteinander spielen. Es sind Fähigkeiten, die der Mensch mit den gesellig
lebenden Tieren teilt. Aber nur er bildet sie bis zu seinem Lebensende weiter. Nur er lernt früh, sich mit seinen Artgenossen zu identifizieren und sie,
wie sich selbst, als wollende Wesen zu begreifen.

Das zweite Thema ist der symbolische Zauber, den ebenfalls noch kein
Tier gefühlt und verstanden hat. Zwar kennen die Tierjungen das Als-ob,
aber nur im Spiel. Ein Kätzchen hascht nach einem Blatt im Wind, als ob es
eine Maus wäre. Und es balgt sich mit anderen Kätzchen und spielt dabei
abwechselnd Beute oder Freßfeind. Es tut nur als ob.

Das Als-ob-Spiel setzt sich beim Menschen auf einer höheren Stufe fort,
wenn er Bilder und Figuren anfertigt. Hier gibt es schon den Unterschied
zwischen realistischer Darstellung, die dem fremden Betrachter zugänglich
bleibt, und dem stilisierten Symbol, das die Ähnlichkeit mit dem Gemein-
ten verdeckt. Dessen Bedeutung ist nur dem Eingeweihten klar, der sozusagen die gleiche Sprache spricht. Wie beim Kind ist das symbolische Spiel
heiliger Ernst. Für die australischen Ureinwohner sind die Felsengemälde
lebendig, als ob die Tiere dort wirklich hausten. Auch die vielen Figürchen,
die den ägyptischen Königsgräbern beigegeben sind, sind ernst gemeint. Sie
sollten dereinst dem Herrscher wieder die niederen Dienste verrichten und
es ihm bequem machen.

Das symbolische Spiel wird auf eine noch höhere Ebene gehoben, wenn
wir das »Herrenrecht« (Nietzsche) ausüben, den Wesen und Dingen ihre
Namen zu geben. Damit haben wir eine zweite Welt aus bloßen Luftgebil-
den geschaffen, die uns so ungemein leicht verfügbar sind. Könnte es sein,
daß der Vokabelspurt, den die Kinder plötzlich einlegen, ein Widerschein
jenes Entwicklungssprungs der Menschheit ist, als sie entdeckte, daß der artikulierte Laut die Dinge der Welt ins eigene und fremde Bewußtsein zitieren kann?

Gewiß hängt die Lernwut der Kinder, die neue Wörter wie ein trockener
Schwamm aufsaugen, mit dem Machtzuwachs zusammen, den wir beim
Worten der Welt erfahren. Im Wort eignen wir uns die Dinge an und versuchen sie in unsere Gewalt zu bringen. Die magische Kraft, die in früheren
Kulturen schon den Bildern zukam, steckte auch in den Namen. Das Verb
heißen bringt es an den Tag. Wir fragen: Wie heißt du? Wie heißt das? Aber
auch: Auf wessen *Geheiß* geschieht dies?

Und nun spricht der Herr, der dich geschaffen hat, Jakob, und dich gemacht hat, Israel: Fürchte dich nicht, denn ich habe dich erlöst; ich habe
dich bei deinem Namen gerufen; du bist mein! (Jesaja 43,1)

Der Herr gibt dem Knecht seinen Namen. Er ruft ihn, und der Knecht eilt
herbei: Er *heißt* ihn kommen. Heißen ist Hörigmachen. So war umgekehrt
der Name Gottes für den Menschen tabu. Aber wie der Mensch nach jü-
disch-christlicher Überlieferung selbst Geschöpf ist, so hat Gott ihn wiederum zum Herrn über die übrigen Geschöpfe gesetzt. Denn der Mensch gibt
ihnen nun seinerseits ihre Namen:

> Denn als Gott der Herr gemacht hatte von der Erde allerlei Tiere auf dem
> Felde und allerlei Vögel unter dem Himmel, brachte er sie zu dem Men-
> schen, daß er sähe, wie er sie nennte; denn wie der Mensch allerlei leben-
> dige Tiere nennen würde, so sollten sie heißen. (1. Mose 2,19)

Die Tierbilder in den Höhlen des Périgord könnten sowohl beschwörende
Erinnerungen erfolgreicher Jagden wie auch eine Art Jagdzauber für künftig
erfolgreiches Jagen sein. Der Zeichner hatte Macht über das Bezeichnete, es
waren seine Geschöpfe geworden. Im Märchen freut sich das koboldhafte
Wesen:

> Ach wie gut, daß niemand weiß,
> Daß ich Rumpelstilzchen heiß ...

Als aber sein Name entdeckt wird, ist es um seine Macht geschehen.

Bezeichnen und Benennen sind eine Art des In-Besitz-Nehmens. Wörter
stehen uns zu Gebote. Was wir nicht benennen können, bleibt uns fremd,
unvertraut, oft unheimlich.

> Der Geheißene und In-Besitz-Genommene aber hat zu *gehorchen* – was
> sich, ebenso enthüllend, historisch aus dem *hören* entwickelt hat, genau
> wie: Das gehört sich nicht. Wir tragen Namen, damit uns befohlen wer-
> den kann, wir haben Ohren, damit wir auf die Befehle *horchen* können.[21]

In der Sprache können wir unsere Allmachtsphantasien ausleben. Wenn
sich auch am Ende die Wirklichkeit versagen mag, das Wort gibt Erfüllung.
Wie der Bauernsohn im Märchen, den die Fee mit einer Zaubergeige beschenkt hat, können wir die Welt nach unserem Wort tanzen lassen.

Erfindung der Sachlichkeit

Jedes Ding, jedes Tun, Fühlen und Wollen kann – einmal benannt – ins Bewußtsein zitiert werden. Der Mensch verfügt so über eine faßbare innere
Repräsentation von Welt. In Fritz Mauthners Worten: Sprache ist die Welt
noch einmal.

Dieser Namenzauber macht aus dem Menschen mehr als einen Überlebenskünstler, nämlich den Sucher der Sachlichkeit und Wahrheit. Sachlichkeit heißt, der Mensch will wissen, wie seine Welt beschaffen ist, unabhängig davon, ob sich etwas unmittelbar verwerten läßt. So urteilt ein Anthropologe in einem Bericht über die Eipo, ein Bergvolk aus dem Hochland von Neuguinea:

> In allen Gesellschaften haben die Menschen, das ist mein Eindruck nach 25 Jahren Felderfahrung, den Hang und die Fähigkeit zur intellektuellen Beschäftigung mit wissenschaftlichen Fragen. Die Eipo wissen unendlich viel mehr, als für das bloße Überleben notwendig wäre.[22]

Das ist die neue Bewußtseinslage des Menschen: Die ganze Welt ist potentiell bedeutsam und kann sein Interesse auf sich ziehen. Erzählen und Berichten bilden ein Gegenstück zum Fragen. »Die Gegenwart *zeigt* man«, sagt Herder, »aber das Vergangene muß man *erzählen.*«[23] Wir evozieren Ereignisse auch dann, wenn nichts in der aktuellen Situation an sie erinnert. Tiere aber brauchen stets die Gegenwart des Objekts oder eines Teils davon:

> Daß Katzen gefährlich sind, kann eine erfahrene Dohle der unerfahrenen nur dann mitteilen, wenn ein solches Raubtier als »Demonstrationsobjekt« vorhanden ist, die erfahrene Ratte kann ihren unerfahrenen Artgenossen nur dann beibringen, daß ein Köder giftig ist, wenn dieser zur Verfügung steht.[24]

Die »Objektgebundenheit« erschwert die Anhäufung von Wissen, das wesentlich über die Erfahrung einzelner hinausgeht. Die Traditionskette wird jedes Mal unterbrochen, wenn im Leben einer Generation eine bestimmte Nährpflanze nicht aufgefunden wird oder ein bestimmter Freßfeind nicht auftaucht.

Auch die Sprachdressur der Affen zeigt diese Beschränkung. Alles Kommunizieren bleibt im Banne der Trainingssituationen und -routinen; der unmittelbare Kontext ist die eiserne Klammer, die nicht gelöst werden kann. So erstaunlich die Leistungen der Schimpansen auch sind, sie bleiben der Schwerkraft der jeweiligen Handlungssituation verhaftet.

Es scheint allerdings, daß, *vereinzelt, gelegentlich und im Ansatz,* all das vorkommt, was bislang als Reservat des Menschen galt: intelligentes, einsichtiges Problemlösen, sich im Spiegel erkennen, sogar benennen, Fragen stellen, unterweisen, lachen, lügen, d.h. gezielt desinformieren. Also: Keine scharf gezogenen Trennlinien, statt dessen ein breites Übergangsfeld.

Warum aber werden diese Ansätze nur beim Menschen weiterentwickelt? Diesen treibt der Namenzauber weit über alle momentanen Zweckverwertungen hinaus. Es ist, als ob damit ein neuer Treibsatz gezündet worden sei, der ihn aus dem Schwerefeld des unmittelbaren Handlungszusammenhangs hinauskatapultiert. Mit dem Erwerb der Grammatik trete dann eine

weitere Stufe in Funktion, die unser Denken beflügelt und über das ange-
stammte Erdenmilieu hinaus in ferne, noch nie geschaute Sonnensysteme
trägt. Darüber später mehr.

Max Scheler nennt als Grundzug des Menschen und seiner Sonderstel-
lung im Kosmos »*Sachlichkeit*, Bestimmbarkeit durch das Sosein von Sachen
selbst«, die Fähigkeit des kühlen Konstatierens, wie die Dinge sind oder
nicht sind.[25] Nur Menschen verspüren den Drang, die Welt zu katalogisie-
ren, zu archivieren und auf den Begriff zu bringen. Die Sprachlichkeit des
Menschen ist auch seine Sachlichkeit: die reine Information ohne Beimischung von Wünschen und Wollen, ohne affektive Ladung.

»Man nennt die Sprache gewöhnlich das Werk der Not, und vergißt, daß
sie das Werk des Genies war.«[26] Im Sachgehorsam gewinnt der Mensch ein
Mittel der Selbstvergewisserung, der Ordnung und Aufklärung und jene
»Kette des Unterrichts«, die nach Herder Eltern und Kinder eins werden
läßt und fast ins Unendliche reicht. Dabei wird uns alles zur Frage. Das Problem der Wahrheit entsteht, zugleich aber auch Irrtum und Lüge als Kehrseite von Wahrheit und Wahrhaftigkeit.

Die Erfindung der Zeichen wirkt zurück auf ihre Erfinder und weckt in
ihnen die Lust der Erkenntnis. Das Tier ist in seine Umwelt eingepaßt, über
die hinaus es nichts versteht. Allein der Mensch ist symboltüchtig, er allein
ist das bilderschaffende Wesen, er allein will den Dingen auf den Grund gehen. Er ist der intelligente Beobachter, der über sich selbst, seine Art und
seinen Planeten hinaus den Anfang und das Ende des Universums ergrü-
belt.

---

1 Beispiel »Inge«: persönliche Erinnerung von Maria Wallisfurth (vgl. S. 161f.)
2 Lane 1984, 58
3 Nach Cheney & Seyfarth 1990
4 Gehlen 1974, 211
5 Reichholf 1994, 142
6 Humboldt III (1963), 139
7 Warum bleiben »Tiersprachen« in ihren Ansätzen stecken? Wir bieten eine Teil-
  antwort an: Tiersprachen fehlt der Doppelcharakter der Menschensprache; die
  Vereinigung des Kommunizierens mit dem Darstellen und Denken. Ihre ausge-
  feilten kommunikativen Leistungen konvergieren nicht mit den im Ansatz vor-
  handenen darstellenden und denkerischen Fähigkeiten und können sich demnach nicht wechselweise verstärken.
8 »Konvergenzzonen«: nach Damasio 1992
9 Vgl. S. 216ff. Beispiele für Konstanzleistungen: Ändert sich das Licht, bleibt die
  Tomate rot und die Zitrone gelb, obwohl ihre Oberflächen nun auch ein anderes
  Licht zurückstrahlen. Der Groschen auf unserem Pult bleibt rund, obwohl wir
  von schräg oben auf ihn schauen und er sich auf der Netzhaut elliptisch spiegelt.
  Was wir sehen, gestaltet das Gehirn – und zwar nicht nur unter Zuhilfenahme des
  Auges – aktiv mit. Es ist kein Abklatsch, sondern ein von bestimmten wechseln-

den Außenbedingungen abstrahierendes, gleichbleibendes Konstrukt. Über Konstantisierung und Begriffsbildung haben wir am meisten von Rupert Riedl (1981, 91ff.; 1987, 83ff.) gelernt.

10 Vgl. Hildebrand-Nilshon 1980, 333ff.

11 Gehlen 1974, 274

12 Butzkamm 1993, 94

13 Zum Thema Sprache und Metapher vgl. Mauthner II, 449ff.

14 Bayer1975, 65ff.

15 Scupin & Scupin I (1907), 120

16 Sacks 1990, 64

17 Aus: Autty's Autism Homepage. Internet 1997: http://www.users.dircon.co.uk/~enigma2u/Contents_Option2.html

18 Varga o.J., 38. Vgl. S. 191f.

19 Helen Keller 1994, 61; Behrens 2001, 66

20 »Ich betrachte die Welt 3 der Probleme, Theorien und kritischen Argumente als eine auf der Evolution der menschlichen Sprache beruhende und auf diese Evolution und auf uns selbst zurückwirkende Welt.« (Popper 1976, 186)

21 Schneider 1979, 106

22 Schiefenhöfel 1993, 331

23 Herder V (1967), 85

24 Lorenz 1973, 215

25 Scheler 1975, 39

26 Humboldt V (1963), 103f. Der Mensch schuf sich Sprache nicht, »um ein äußeres Bedürfnis zu befriedigen, sondern aus dem inneren Bedürfnis, Mensch d.h. ein anschauendes und denkendes Wesen zu sein ...« Wir sehen hier im Gegensatz zu Humboldt kein Entweder-Oder, sondern eine Entwicklungsdynamik. Das Bedürfnis nach verbesserter Kommunikation in größer werdenden Gruppen (vgl. Dunbar 1996) ist gewiß eine von mehreren Sprachwurzeln. Mit der Repräsentation von Welt und dem Manipulieren dieser Repräsentationen bilden sich neue Eigenschaften, die über bloße Kommunikation hinausführen. Sprache wird zum Schwungrad des Denkens.

Zwischenspiel:
Kinder von einem anderen Stern?

Taub geboren: zum Spracherwerb gehörloser Kinder

> Die Sprache aber liegt in der Seele, und kann sogar bei widerstrebenden Organen und fehlendem äußeren Sinn hervorgebracht werden. (Wilhelm von Humboldt)

Emmanuelle Laborit und das Dogma der Lautsprachlichkeit

Einblicke in das Schicksal von Gehörlosen können uns zeigen, wie eine Welt ohne Sprache aussähe. Sie ist zwar keinesfalls »die blühende, summende Konfusion«, wie William James, die Vaterfigur der amerikanischen Psychologie, meinte, aber es ist eine Welt mit vielen geistigen Löchern.

Freilich gilt es gleich ein böses, immer noch weitverbreitetes Mißverständnis auszuräumen. Auch Gehörlose sind symboltüchtig und in der üblichen Bandbreite intelligent. Geistige Löcher entstehen, wenn sie von der Geselligkeit ausgeschlossen werden. In Gemeinschaft miteinander entwickeln sie jedoch spontan Zeichensprachen, mit denen sie kommunizieren und ihr Denken ankurbeln.

Emmanuelle Laborit ist von Geburt an taub. Sie hat Glück: Ihre Eltern merken es bald, obwohl sie erst von einem Arzt eine falsche, beschwichtigende Antwort bekommen. Als Hörtest schlägt der Arzt hinter dem Kind die Tür zu. Die Vibrationen der schlagenden Tür, die das Kind mit dem Körper spürt und auf die es reagiert, führen ihn in die Irre. Und so kommt es vor, daß selbst in Ländern mit ausgebautem Gesundheitsdienst Taubheit immer noch zu spät diagnostiziert wird. Im täglichen intimen Beisammensein improvisieren nun Mutter und Kind einige einfache Gebärden und Ausdrucksbewegungen, die jedoch schon dem Vater weitgehend verschlossen bleiben. Diese »Nabelschnur«, wie Emmanuelle es nennt, verbindet sie nur zur Mutter. Wir erinnern uns, daß es auch bei normaler Sprachentwicklung der Elternteil, der nicht durchweg zugegen sein kann, phasenweise schwer hat, sein Kind zu verstehen.

Emmanuelle hat auch Pech: In der Gehörlosenschule arbeitet man immer noch nach der Direktive, auch Taubgeborenen ein paar Wörter und Sätze anzubilden. Die »Oralisten«, die partout auf die Lautsprache setzen, haben das Sagen. Gebärden sind verboten! Sie könnten die Kinder davon abhalten, sich ganz auf ihre Artikulationen zu konzentrieren. Durch Lippenablesen, Abtasten des Atemstroms am Kehlkopf, graphische Rückmeldung der eigenen Lauthervorbringungen am Bildschirm gelingen nach endlosem, viele gehörlose Kinder vergewaltigendem Training eine Reihe von Artikulationen. Die Lautfolgen, die die Kinder angestrengt hervorpressen, bleiben aber meist unvollkommen und für Außenstehende oft unverständlich.

> Was bedeutet mir ein Wort auf diesem Bildschirm? Eine Anstrengung, damit meine kleine grüne Linie auf der gleichen Höhe wie die des Sprechlehrers liegt. Zermürbend ist das. Man wiederholt ein Wort nach dem anderen, ohne es zu verstehen. Ein Training von Rachen und Kehlkopf. Eine Papageien-Methode.[1]

Der Kardinalfehler: üben statt kommunizieren

Das Problem bei der traditionellen Anbildung der Lautsprache ist der – notwendigerweise – elementenhafte Aufbau. Man muß im Kern beim Einzellaut und bei der Sprechsilbe anfangen, also bei bedeutungslosen Einheiten. Es ist ein rein technischer Unterricht, dessen Sinn den Kindern lange Zeit verborgen bleibt. Man übt, man arbeitet, mechanisch, ohne tieferen Sinn. Der Lehrer dosiert den Lernstoff, damit die Schüler nicht gleich entmutigt aufgeben. Trotzdem muß stundenlang an einem Wort geübt werden.

Man denke etwa an den gymnasialen Lateinunterricht nach der Grammatik-Übersetzungsmethode. Erst kommen Wörter, dann die Regeln, wie die Wörter verändert werden. Danach baut man die Wörter zu Sätzchen zusammen. Alles schön nacheinander, systematisch geordnet, häppchenweise. Zum Glück wissen die Lateinschüler schon, worum es geht, und können die Durststrecke überstehen.

Im Unterricht, den die Natur inszeniert, wird Sprache aus der Kommunikation geboren. Das Kind übt auch schon mal, aber eher zwischendurch und ganz von selbst. Mit den Sprachlauten wie mit der Grammatik schaltet und waltet es nach eigenem Gutdünken bzw. nach inneren Gesetzmäßigkeiten. Während die Kinder in die Sprache hineinwachsen, entdecken sie die Grammatik von selbst. Zwar würde kein Kind ohne die Soufflierkunst der Eltern seine Muttersprache erwerben. Dennoch findet kein eigentlicher Unterricht statt, besonders keine grammatische Belehrung. Alles ist in Kommunikation eingebettet.

Der Kardinalfehler besteht demnach in der Annahme, man könne eine Erstsprache durch systematische Belehrung statt im Dialog erwerben. Eine

Erstsprache kann nur einer unreflektierten Partnerschaft und Geselligkeit entspringen, die im Nachhinein sprachliche Reflexion überhaupt erst ermöglicht. Sie widersetzt sich jeder Reglementierung und Forcierung. Besonders die Grammatik kann nicht angeübt werden, sondern nur im Kontext gemeinsamen Tuns heranreifen. Im Gespräch hat das Kind die Möglichkeit, Sprachstücke gezielt auszuwählen, andere konsequent zu übersehen, dabei einer eigenen grammatischen Logik gehorchend, die es selbst nicht versteht. Nur die Gebärdensprache treibt diesen Dialog von Anfang an hervor, ohne vorgeschaltetes langwieriges Üben, so wie sich der Gebärdendialog ganz natürlich zwischen gehörlosen Eltern und ihren gehörlosen Kindern entspinnt. Hier fliegt den profund tauben Kindern Sprache zu, wie die Lautsprache den vollsinnigen Kindern. Dies muß unser Modell sein. *Eine Erstsprache läßt sich nur im kommunikativen Vollzug erwerben.* Bei weiteren Sprachen kann Übung und Belehrung eine wichtige Rolle spielen, aber nur, weil eine Erstsprache den Grund gelegt hat.

Die Eltern Emmanuelles aber hören erst nach sieben Jahren davon, daß es nicht nur Behelfsgesten, sondern eine entwickelte Zeichensprache für Gehörlose – die sogenannte Gebärdensprache – gibt. Und das eher zufällig, durch eine Radiosendung. Keiner der von den Eltern befragten Experten hatte sie darauf hingewiesen! Das Mädchen erlernt nun die Zeichensprache zusammen mit ihren Eltern. Dies ist ihre zweite Geburt. Sie kommt noch einmal auf die Welt, indem sie zur Sprache kommt.

Die Geschichte der tauben Emmanuelle hat einen ähnlich hohen Aufklärungswert wie das Lebenszeugnis der taubblinden Helen Keller. Mit 22 Jahren schreibt sie ihre Geschichte auf. Da hat sie gerade den *Prix Molière* für ihre Rolle in der französischen Produktion von »Les Enfants du Silence« (englisches Original: »Children of a lesser God«; »Gottes vergessene Kinder«) erhalten. Ihre Erinnerungen sind noch frisch; die Wunden, die man ihr schlug, noch nicht geheilt. Emmanuelle zeigt uns, was Sprache im Leben eines Menschenkindes bedeutet.

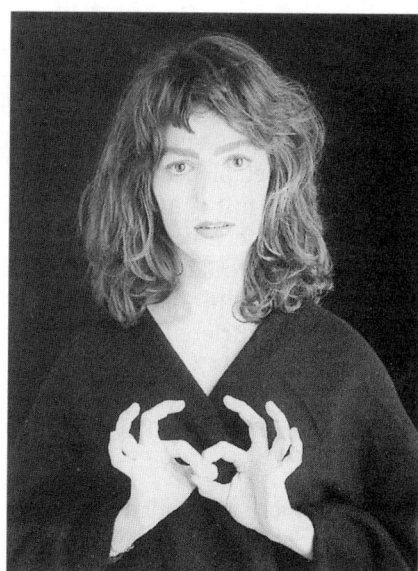

Emmanuelle Laborit auf dem Plakat zur Aufführung von »Les Enfants du Silence«. Das Zeichen bedeutet die Vereinigung zweier Welten.

Sprache und Identität: Ich gebärde, also bin ich

Kinder brennen darauf, groß zu werden wie Mama und Papa. Spracherwerb ist Teil dieses Identifikationswunsches: so werden und so sprechen wollen wie die Eltern. Weil aber Emmanuelle, bis sie sieben ist, nie mit gehörlosen Erwachsenen zusammentrifft, glaubt sie, Taubsein und Kindsein gehöre zusammen. Sie sieht sich nie als künftige Erwachsene.

Ihr bleibt es verwehrt, sich auf diese Weise mit Mama und Papa zu identifizieren, denn sie unterscheiden sich als sprechende Wesen zu sehr von ihr. Sie fühlt instinktiv: So wie ihre Eltern wird sie nie werden können. Immer wird ihr etwas fehlen.

Wieder einmal hatten die »Experten« abgeraten: Von tauben Erwachsenen würde sie nur Falsches lernen. Ihre Mutter erzählt:

> Ich habe dem Spezialisten Fragen gestellt. Drei Fragen
> »Wird sie sprechen?«
> »Ja. Aber das wird lange dauern.«
> »Was soll ich tun?«
> »Ein Hörgerät, frühe lautsprachliche Rehabilitation, vor allem keine Gesten.«
> »Soll ich mich mit tauben Erwachsenen treffen?«
> »Das wäre nicht gut. Die gehören einer Generation an, die noch keine Früherziehung mitgemacht haben. Sie wären nur demoralisiert und enttäuscht.«

Schier unglaublich die Geschichte von Sylvie, einer späteren Freundin Emmanuelles. Ihre Eltern ließen sie in dem Glauben, sie sei die einzige Gehörlose auf der Welt, und schicken sie auf die Nachbarschaftsschule. Dort fragt sie irgendwann ein Schulkamerad, ob sie schon mit anderen Gehörlosen zusammengetroffen sei. Sie kann es nicht glauben. Die beiden schließen eine Wette ab und erst mit fünfzehn Jahren erfährt sie, daß es auch andere gibt wie sie. Sylvies Eltern verteidigen sich: »Wir haben ja nur dein Bestes gewollt.« Erst Jahre später konnte sie ihren Eltern verzeihen.

Die Abschirmung gehörloser Kinder in der Absicht, alle Kräfte auf die Lautsprache zu konzentrieren, ist kein Einzelfall. Emmanuelle und Sylvie aber leben richtig auf, als sie sich endlich in »ihrer« Sprache mit anderen tauben Kindern unterhalten können. So auch Helen Keller, als sie mit acht Jahren das Bostoner Blindeninstitut besucht, an dem ihre Lehrerin ausgebildet wurde:

> Wie froh war ich, mich mit anderen Kindern in meiner Sprache zu unterhalten! Bis dahin war ich wie eine Ausländerin gewesen, die durch die Vermittlung eines Dolmetschers spricht ... Ich befand mich endlich in meinem Heimatland.[2]

Wenn sich Gehörlose mit Hörenden lautsprachlich unterhalten, können sie gar nicht umhin, sich behindert zu fühlen, weil sie so viel Energie für Artikulationen brauchen, die den Hörenden automatisch, wie von selbst, gelingen. Was bedeutet es aber für die eigene Identität, wenn man stets der kommunikative Verlierer ist – und das etwa nicht nur im Meinungsstreit? Im Gebärdengespräch mit anderen Gehörlosen ist das Gefühl des Behindertseins wie fortgeblasen. Der Weg ist frei, ein positives Selbstbild zu gewinnen. Die Fremdbestimmung durch Hörende hat ein Ende.

Über ihren ersten Unterricht in Gebärdensprache berichtet Emmanuelle:

> Zum ersten Mal erfahre ich, daß Menschen Namen haben. Auch das ist großartig. Ich wußte nicht, wer einen Vornamen in meiner Familie hatte, außer Papa und Mama. Ich begegnete Leuten, Freunden meiner Eltern, Verwandten, aber für mich blieben sie namenlos. Ich war so überrascht zu erfahren, daß dieser Alfredo hieß, der andere Bill ... und ich, vor allem ich, Emmanuelle. Ich verstand endlich, daß ich eine Identität hatte. Ich: Emmanuelle. (...) Wer den Kopf dreht, wenn er bei seinem Namen gerufen wird, der kann das vielleicht kaum verstehen. Ihnen wird ihre Identität in die Wiege gelegt. Sie brauchen nicht darüber nachdenken und sich Fragen stellen. Sie sind ich ganz natürlich und ohne Mühe.[3]

Selbst das Wort *sourd* (= taub) ist für sie eine Offenbarung, ein neues Kennzeichen, das Identität stiftet. Bisher hatte sie nur eine sehr unklare Vorstellung von ihrem Anderssein. Wie sollen Gehörlose erkennen, was genau ihnen eigentlich fehlt? Daß die anderen sich abstimmen können, auch wenn sie sich nicht ins Gesicht schauen oder einander gar den Rücken kehren, bleibt rätselhaft. Es ist schon paradox: Nicht wenn sie kümmerlich lautieren, sondern selbst über eine entwickelte Sprache – und das ist für Gehörlose meist die Gebärdensprache – verfügen, können sie erahnen, was die Lautsprache für Hörende leisten kann.

Wie bei hörenden Kindern, wie bei Helen Keller (und wie bei der zwölfjährigen Genie, vgl. S. 308ff.) kommt es bei der siebenjährigen Emmanuelle zu einer wahren Lernexplosion:

> Die Namen der Dinge: ein Zeichen für Bill, eins für Alfredo, eins für Jacques, meinen Vater, meine Mutter, meine Schwester, eins für das Haus, den Tisch, die Katze ... Ich werde leben! Und ich habe so viele Fragen! Fragen über Fragen. Ich bin begierig, durstig nach Antworten, denn jetzt kann man mir antworten!
>
> Ich lerne die Zeichen mit einer Geschwindigkeit, bei der meine Eltern nicht mitkommen. Sie brauchen zwei Jahre, ich drei Monate.[4]

Ein gebärdender Mensch ist kein stummer Mensch mehr. Indem er Gleichgesinnte findet, hat er sich selbst gefunden.

Aus den Augen, aus dem Sinn

Wie ist das, wenn man die Welt ohne Sprache, nur mit den Augen verstehen muß?

> Zwischen null und sieben Jahre ist mein Leben voller Löcher. Ich habe nur visuelle Erinnerungen. Wie Flashbacks – Bilder, deren zeitliche Folge mir verschlossen bleibt. Wahrscheinlich gab es zu dieser Zeit überhaupt keine Chronologie in meinem Kopf. Zukunft, Vergangenheit, alles existierte im Nebeneinander einer Raum-Zeit. Gestern sagte Mama ... ich aber verstand nicht, wo gestern war, was gestern war. Ich verstand auch nicht, was morgen bedeutete. Ich konnte ja nicht danach fragen. Ich war machtlos. Ich war mir der Zeit, die verging, nicht bewußt. Es gab das Licht des Tages und das Dunkel der Nacht – das war's.
>
> Manchmal erklärten mir meine Eltern, daß sie ausgehen würden. Aber habe ich das wirklich verstanden, dieses Ausgehen? Für mich war es ein Fortgehen, ein Verlassenwerden. Die Eltern verschwanden und kamen zurück. Aber würden sie zurückkehren? Wann? Ich verfügte nicht über den Begriff des Wann. Ich hatte die Wörter dafür nicht, ich konnte es ihnen nicht sagen, ich konnte ihnen meine Angst nicht erklären. Es war grauenvoll.

Oliver Sacks glaubt bei dem elfjährigen gehörlosen Joseph etwas Ähnliches festzustellen:

> Ihm fehlte nicht nur die Sprache, sondern offenbar auch eine klare Vorstellung von Vergangenheit, von dem Unterschied zwischen gestern und vor einem Jahr. Es zeigte sich ein einzigartiger Mangel an historischem Sinn, ein Lebensgefühl, dem die autobiographische und geschichtliche Dimension fehlte, das sich nur auf den Augenblick, auf die Gegenwart bezog.[5]

Als Emmanuelles Katze überfahren wird,

> ... war sie fort. Ich habe mich abgemüht, das zu verstehen, mit allen meinen Kräften. Ich wollte sie unbedingt wiedersehen, um es zu verstehen. Sie sehen, denn nur meine Augen ließen mich die Dinge verstehen. Man hat mir die tote Katze nicht gezeigt. Es blieb bei der Idee des *fort*.[6]

Natürlich begreifen auch sprechende Kinder nicht gleich, was Tod und Sterben ist. Auch ihnen wird man ja gern den Anblick der überfahrenen Katze ersparen. Aber von Anfang an gibt es Erklärungsversuche, gibt es Trost, Zuspruch. So bahnt sich langsam ein Verstehen an. Emmanuelle aber hat keine Möglichkeit, das Erlebte zu verstehen und zu verarbeiten, obwohl sie schon sehr früh von Spezialisten Einzelunterricht im Artikulieren erhält. Erst Jahre später begreift die sechsjährige Doris, warum sie von ihrem elterlichen Bauernhof weit weg ins Internat der *Indiana State School for the Deaf* geschickt wird. Man hat es ihr mit den wenigen Behelfsgesten, die sie mit den Eltern austauschen konnte, nicht erklären können, auch nicht, ob sie je ihre Eltern wiedersehen würde, und wenn, wann.[7]

Wer als Sprachloser nur mit den Augen begreifen kann, hat auch keine Vorstellung von Gott. »Als ich ein Kind war«, so erzählt Laurent Clerc, der als Taubstummenlehrer im vorigen Jahrhundert seine Gebärdensprache in die USA brachte und dort verbreitete,

> ließ mich mein Vater am Morgen und am Abend mit Gesten beten: ich kniete nieder, faltete die Hände und bewegte die Lippen, indem ich sprechende Menschen bei ihrem Gebet zu Gott nachahmte. Heute weiß ich, es gibt einen Gott, den Schöpfer von Himmel und Erde. Doch als Kind verehrte ich den Himmel, nicht Gott. Ich sah nicht Gott, ich sah den Himmel.[8]

Nur der sprachliche Mensch kann eine Gottesidee entwickeln. »Wie sollen sie aber an den glauben, von dem sie nichts gehört haben? Wie sollen sie aber hören ohne Prediger?« hatte Paulus in seinem Brief an die Römer (Kap. 10, Vers 14) geschrieben. Und so waren die Taubstummen unter Berufung auf dieses Pauluswort (der ja keineswegs die Taubstummen gemeint, sondern lediglich die Gläubigen zum Verkünden des Wort Gottes aufgerufen hatte) jahrhundertelang nicht nur von vielen bürgerlichen Rechten, sondern auch von den Sakramenten der Kirche ausgeschlossen.[9]

»Flüchtiger als Wind und Welle flieht die Zeit«

Wir ahnen, wie schwierig es ist, ohne Sprache einen Begriff von der Zeit zu bekommen, die man ja nicht sehen, schmecken, fühlen oder riechen kann. Natürlich können auch hörende Kinder sie nicht hören. Kleinkinder haben keinen Begriff von Vergangenheit oder Zukunft. Sie leben in der Unvergänglichkeit, im Moment des Jetzt. Davon hebt sich bald ein Nicht-Jetzt ab (etwa mit 2 Jahren), das sich in zeitliche Nähe und Ferne – weit weg – aufspalten kann, bevor noch die Richtung klar wird: ob also etwas vorbei ist oder noch bevorsteht. Morgen oder gestern usw. werden ständig verwechselt. Während dieser Zeit hilft sich Bubi (3;7) mit einem Trick: »Nu, das war moagen-gestern«.

Beide, das hörende wie das gehörlose Kind, erfahren in ihrem Tun erste Orientierungen in der Zeit. Wenn es mit Bauklötzen spielt, unterscheidet sich das allmähliche Entstehen seines Bauwerks vom fertigen Produkt. Es hört auf zu bauen, es ist fertig: »fettich«, hieß es bei Hilde Stern. Oder es wird gefüttert, dann ist der Teller leer gegessen, es ist »alle«. Die englische Sprache z.B. scheidet scharf zwischen Handlungen, die noch andauern, und solchen, die beendet sind. So werden hörende Kinder in ihrem keimenden

Zeitverständnis ständig verstärkt. »Jetzt bist du schon sooo groß.« »Iß, damit du groß und stark wirst.« »Räum jetzt auf. Morgen kannst du weitermachen.«

Rebekka hat noch am selben Morgen ihren Nachbarn gefragt, wie alt er sei, und die scherzhafte Antwort bekommen: »Alt? Ich bin uralt.« Das hat sie kommentarlos geschluckt. Einige Zeit später geht sie zur Nachbarin:

Rebekka: Guck mal da oben.
Nachbarin: Ja, da ist ein Flugzeug.
Rebekka: Nein, das andere, der Streifen.
Nachbarin: Das Flugzeug läßt einen Kondensstreifen hinter sich. Ein Junge hat mir mal gesagt: Das Flugzeug zerkratzt den ganzen Himmel.
Rebekka: Wie alt ist der Junge?
Nachbarin: Der war damals drei Jahre alt, jetzt ist er erwachsen.
Rebekka: Ist der jetzt alt, uralt?
Nachbarin: Nicht uralt. Der ist jetzt so alt wie deine Mama oder dein Papa.

Schon wird das (wahrscheinlich) neue Wort »uralt« verwendet. Auf das schöne Bild von dem Himmel zerkratzenden Flugzeug scheint sie noch nicht reagieren zu können (oder zu wollen), es wird aber wohl im Stillen weiter wirken. So greift sie auf das »Wie alt?« zurück, das sie gerade sehr zu beschäftigen scheint. In solchen hin- und hergehenden Gesprächen, in denen unser Zeiterleben auf unterschiedlichste Art zur Sprache gebracht wird, bildet sich allmählich eine Vorstellung vom Vergehen der Zeit.

Françoise Dolto, die *grande dame* der Psychoanalyse in Frankreich, spekuliert, daß besonders durch die Geburt eines jüngeren Geschwisters die Vorstellung von der Zeit, die unumkehrbar fortfließt, gefestigt wird. Das Ältere wird eifersüchtig auf den Neuankömmling, der seinen Einzug in die Familie hält und die Mutter so sehr beansprucht. Manchmal will es dann selbst wieder ein Baby sein, um die ganze Aufmerksamkeit der Mutter auf sich zu ziehen. Und es erfährt: Du kannst nicht mehr zurück. Doch muß das alles besprochen werden, und es gibt Kompensationen: »Laß das Baby bei der Mama, du bist ja schon groß, wir machen gleich was Interessanteres zusammen.« So wie hier die Geschwisterreihe benutzen schriftunkundige Völker vielfach die Generationenfolge vom Kind bis zu den Urgroßeltern für die zeitliche Bestimmung von Geschehnissen. Was davor liegt, ist Urzeit und wird nicht weiter unterteilt. Die Aufeinanderfolge von Vätern und Söhnen ist auch das Zeitmaß im ersten Buch Moses.[10]

Die zeitliche Reihenfolge steckt aber schon im Wörtchen »erst«, das im Alltag häufig genug vorkommt, und zwar meist auch im Sinne des Widerspruchs oder Verbots: erst die Milch trinken, dann ... Das reine Zeitverhältnis kristallisiert sich allmählich heraus, indem sich die emotionale Komponente verliert, so Clara Stern in ihren Notizen über Hilde.

Zeit-Wörter: eine doppelte Erinnerungsspur

Sprache vergegenwärtigt Erinnertes und hilft dem sich bildenden Zeitverständnis auf die Sprünge. Die einjährige Mareike klopft gegen das neue Kaminbesteck und sagt »Papa, Papa«. Sie hat gesehen, wie Papa das Besteck mitgebracht hat, und erinnert jetzt daran.[11] Als William Stern beim Einsteigen in eine Pferdedroschke eine Flasche fallen läßt, die zerbricht, erinnert ihn seine Tochter ein paar Tage später:

Hilde (2;1):
Papa brrrbrr, Fasche putt. (Als Papa beim Pferd stand, ging die Flasche kaputt)[12]

So entsteht eine doppelte Erinnerungsspur. Die Erinnerung wird verbal noch einmal aufgenommen und dadurch verstärkt. Erzähl doch dem Papi mal, wo wir überall gewesen sind, sagt die Mutter zur zweijährigen Gisa, erst waren wir beim Bäcker, und dann ...? Erzählen wird hier in der Form des Abfragens einer Liste vorbereitet.

»Ein Dorf, das man sieht, braucht kein Ortsschild«, sagt ein bulgarisches Sprichwort. Aber die Zeit kann man nicht sehen, Zeiterleben ohne Sprache bleibt diffus. Emmanuelle schreibt:

Als ich mithilfe der Zeichen erfuhr, daß gestern hinter mir lag und morgen vor mir, tat ich einen fantastischen Sprung nach vorn.[13]

Offenbar war es ihr nicht gelungen, das anschauliche Erleben von *vor* und *hinter, nah* und *fern* mit dem Verfließen der Zeit in Verbindung zu bringen und diese damit gedanklich zu meistern. Sie versetzt uns mit ihrer Bemerkung in die Morgendämmerung der Menschheit zurück, als die Menschen gemeinsam eine Sprache entwickelten. Denn noch heute kann man es den Sprachen ansehen, daß unsere Wörter für die zeitlichen Verhältnisse Übertragungen unserer Raumvorstellungen sind: *vor, hinter, nach, zwischen, in, gegen, lang, kurz, nah* und *fern*. Was damals psychologisch notwendig war, ist es auch heute noch. Der fünfjährige Bubi macht uns das klar:

Er will wissen, wie lange eine Stunde dauert und hält die Hände etwa $1/2$ m auseinander: »Is eine Stunde so lang?« Daß die Zeit auch räumlich dargestellt werden kann, hat er an der neuen Kuckucksuhr gelernt. Es erregte jedesmal sein Entzücken, wenn der Kuckuck heraustrat, sich verneigte und sein »Kuckuck« rief. Bubi wollte dann so lange auf dem Stuhle vor der Uhr stehen bleiben, bis der Kuckuck das nächste Mal rufen würde, und als ihm gesagt wurde, das dauere dreißig lange Minuten, da streckte er die Arme so weit seitwärts, als er nur konnte und fragte: »Dreißig Minuten, is das so ... lange?«[14]

Bubi (5;8.) Er blickte zum Himmel empor und sagte, indem er mit der Hand entsprechend zeigte: »Dort oben kommt jetzt eine Nacht vom

Himmel, und noch mehr oben kommt dann der Tag und wieder weiter oben kommt die nächste Nacht, und ganz hoch am Himmel kommt dann der Weihnachtstag!« Er stellte sich die Zeit also als etwas Räumliches vor und abwechselnd vom Himmel sich herniedersenkend.[15]

Die ersten Zeitadverbien wie *gleich, erst, heute, morgen* treten deutlich nach den Raumadverbien auf und werden noch lange Zeit durcheinander geworfen. Die Klärung der Zeitangaben dauert Jahre, zumal sie wie Verwandtschaftsbezeichnungen Beziehungen ausdrücken. Was heute war, wird zum Gestern, das Morgen zum Heute, so wie Mami aus der Sicht des Onkels zur Schwester wird. Erst »mit etwa sechs Jahren kann das Kind folgende Relativität verstehen: ›Morgen sagen wir zum heutigen Tag gestern.‹«[16]

> Hilde ist 3;5. Jene Frage: »Is heute morgen?« kehrt immer wieder. Wir anworteten einmal: »Nein, heute ist heute.« Und Hilde fragte verwundert: »Ach, is heute heute?«

> Piagets Jacqueline fragte mit 5;9: »Gibt es auch gestern bei den Negern?« »Gibt es Augenblicke, wo es keine Stunden gibt, oder gibt es immer Stunden?«[17]

Sprache, die einem ja ständig zugesprochen wird, entwickelt sich rascher als das Denken und kann es so befördern, auch wenn Worte allein noch kein hinreichendes Verstehen der angesprochenen Sache garantieren. Wie wichtig es ist, mit einem Kind über das Kommende reden zu können, zeigt die beredte Klage einer Mutter mit einem schwer hörgeschädigten Kind. Wenn sie es bei einer Beschäftigung unterbrechen muß, weil sie etwas Bestimmtes vorhat, kann sie nicht damit rechnen, daß das Kind versteht, warum. Es wehrt sich, schreit wie am Spieß. Was die Mutter da macht, ist für das Kind Willkür. Und es kann sich auch nicht mit Worten wehren.

> Andere Mütter können ihren Kindern sagen, daß sie mit ihnen in die Stadt fahren möchten, daß sie süße Brötchen und ein Eis bekommen werden und auf dem Rückweg so lange auf dem kleinen Holzpferdchen reiten dürfen, wie sie mögen. Ich kann Norma für nichts begeistern. In ihrer Welt gibt es nur Schwarz oder Weiß. Keine Kompromisse, kein Schmackhaftmachen. Gerade habe ich sie von ihrem Spiel weggeholt, und jetzt ist alles kohlrabenschwarz. Mit allen Mitteln will sie mich strafen, verdreht ihre Beine, um mir die Arbeit zu erschweren, faßt sich mit der Hand an den kotbeschmierten Po. An die Wand klatschen könnte ich sie manchmal, hat die Mutter einer Zweijährigen neulich gesagt. Sind das hier solche Momente?[18]

Ebenso schwierig ist es, das Vergangene klarzumachen, das auch nicht mehr im Wahrnehmungsumfeld der Sprechsituation liegt. So bleibt der Mutter des dreijährigen Henry schließlich nichts anderes übrig, als ihren Sohn zum Kaufmann zu fahren und auf die leere Stelle im Regal zu zeigen.

Sie hatte ihm – mit Behelfsgesten – versprochen, Kaugummi mitzubringen. Als sie ohne zurückkommt, kriegt er einen Wutanfall.[19]

Zeit-Wörter: sprachlicher Ordnungsdienst

Das Vergangene wie das Kommende will besprochen sein. Besprechen hilft, sich mit etwas abzufinden, Geduld zu üben. Man muß nicht allein mit etwas fertig werden. Jemand redet einem gut zu. Wie kann sich aber ein gehörloses Kind mitteilen, wenn es nachts schlecht träumt? Vielleicht spielte bei Emmanuelles mangelndem Zeitsinn auch die Tatsache eine Rolle, daß sie Stadtkind ist und als kleine Pariserin mit der an die Jahreszeiten gebundenen bäuerlichen Lebenspraxis nicht vertraut war. Mit fünfeinhalb Jahren stellt sich Bubi die Jahreszeiten so vor:

> Erst kommt der Schnee, da is Winter, dann kommt mein Geburtstag, da is Frühling, dann kommt der Sommer, da verreisen wir, dann wenn wir wieder zurückfahren und wenn Lottels Geburtstag is, da is Herbst.[20]

Gut, daß es Wörter für alle möglichen Zeitverhältnisse gibt! Bubi ordnet seine Welt mit Hilfe der Sprache. Am Ende steht ein *sprachlicher Ordnungsdienst*, der streng säuberlich einteilt in Minuten, Stunden, Tage, Wochen usw.

In vielen Sprachen ist ja der Zusammenhang zwischen den Wörtern für das Jahr, die Jahreszeiten oder die Monate einerseits und den sich verändernden Daseinsbedingungen noch sichtbar. Die urtümliche Einteilung des Jahres orientiert sich an lebenswichtigen Veränderungen, so etwa, wenn in einer Indianersprache der Name für ein Gras identisch ist mit der Jahreszeit, in der dieses Gras blüht, und schließlich auch das Wort für »Jahr« hergibt, als die Zeit, die von einer Blüte zur anderen verfließt. Vielfach wurde das Jahr mit der schlimmsten, die Existenz bedrohenden Jahreszeit identifiziert, im indogermanischen Norden mit dem Winter, in Afrika mit der Trockenheit, in der Menschen und Vieh vielfach bis auf das Skelett abmagerten.

> In der Gola-Sprache lautet die Frage nach dem Alter eines Menschen: Wieviele trockene Jahreszeiten hast du? Die Bedeutsamkeit der jährlichen Veränderungen der Umwelt für die Lebenspraxis bestimmt die zeitliche Ordnung, die erst in naturferneren Zivilisationen zu einem allgemeinen Schema abstrahiert wird.[21]

Kinder lassen uns tief in das Wesen der Sprache blicken. Wir mögen ihre Verwechslungen und Vertauschungen lustig finden, sie stoßen uns aber auch auf den Doppelsinn von Wörtern wie »einst«, das sowohl »vor langer Zeit« als auch »in einer fernen Zukunft« bedeuten kann. Ebenso kann sich das englische *then* auf die Zukunft wie auf die Vergangenheit beziehen. »Gestern« kommt von »gistra dagis«, bezeichnete also den »anderen Tag«, konnte daher auch morgen bedeuten. »Morgen« wiederum bedeutete zunächst nur den Tagesanbruch, also »morgens«, um dann als Zeitpartikel auf den kommenden Morgen bzw. Tag zu verweisen. Die Sprachgeschichte zeigt uns, daß klare Zeitbezeichnungen der Menschheit einige Entwicklungsarbeit gekostet haben. Kein Wunder, daß sich auch Kinder Zeitbestimmungen nur etappenweise aneignen können. Schade, wenn gehörlose Kinder lange ohne ausgebildete Sprache bleiben und von der ganzen gedanklichen Vorarbeit des Menschengeschlechts nicht profitieren können.

Gebärden als Erstsprache: reicher Zufluß der Wörter

Systematische Gebärden sind die natürliche Sprache der von Geburt an *völlig* Gehörlosen. Auch bei noch so großer Anstrengung (von Schüler *und* Lehrer) konnte und kann die traditionelle Sprechschule viele Kinder nicht vor katastrophaler sozialer und geistiger Verkümmerung bewahren. *Das Denken braucht ein System von Zeichen als Schwungrad*, Zeichen, die es manipulieren und kombinieren kann, sei es auf der Grundlage des artikulierten Lautes oder der präzisen Handzeichen und Gebärden. Und der Drang, sich mitzuteilen, braucht immer neue Zeichen, die schnell verfügbar werden. Das kann die Lautanbildung bei Taubgeborenen in ihrem Schneckentempo einfach nicht leisten: Bevor sie die Gebärdensprache kennenlernte, wird Emmanuelle einen Wortschatz von etwa fünfzig bis sechzig Wörtern gehabt haben – kein Vergleich zu ca. 5.000 Wörtern eines hörenden Kindes im gleichen Alter. Mit dreieinhalb Jahren beherrscht ein gehörloses Kind durchschnittlich nicht mehr als fünf bis zehn verständlich artikulierte Wörter und zwanzig bis hundert Mundbilder.[22] Die Kinder gehen also fast leer aus: In ihrem angeborenen Wissenshunger und Mitteilungsbedürfnis werden sie von der Welt tief enttäuscht.

Deshalb wird es niemand überraschen, wenn gebärdende Kinder sich weitaus besser in die Gedankenwelt ihrer Mitmenschen hineinversetzen konnten als gehörlose Kinder, die bei hörenden Eltern ohne Gebärdensprache aufwuchsen. Sie waren ihnen bei den auf S. 117f. beschriebenen Testaufgaben zur »Theorie des Geistes« deutlich überlegen.[23]

Dennoch sind bis in unsere Zeit hinein deutsche Gehörlosenschulen mehr oder weniger streng oral ausgerichtet. Gebärden tun die Affen, ihr seid Menschen, so etwa hieß es noch vor kurzem. Der Kampf um die Gebärdensprache ist ein Lehrstück über Unterdrückung und hochmütige Besserwisserei, die nicht auf die Betroffenen selbst hören will. An französischen Gehörlosenschulen war die Gebärdensprache bis 1991 verboten, in Deutschland ist sie bis heute nicht durchweg anerkannt.

Sprechanbildung allein ist eine eigenartige Mixtur von sensu-motorischer Überforderung bei gleichzeitiger geistiger Unterforderung. Die entwickelte Gebärdensprache hingegen vermag dem aufkeimenden Denken genügend Futter und damit den besten Halt und die stärkste Stütze zu geben. Sie bietet reichen Zufluß, wo die Lautsprache nur träge tröpfelt. Das Kind muß also möglichst viel mit Menschen zusammensein, die ebenfalls gebärden. Man bedenke, wieviel an Information ein hörender Mensch einfach so im Vorbeigehen aufschnappt, wenn er mit anderen zusammen ist.

Sprechen und Hörverstehen: Gebärden und Sehverstehen

Sollen nun die Gehörlosen unter sich bleiben – es sei denn, ihre vollsinnigen Mitmenschen lernten ihrerseits Gebärdensprache wie Emmanuelles jüngere Schwester? Marie, ihre sieben Jahre jüngere, hörende Schwester, lernt nicht nur normal sprechen, sondern mit drei, vier Jahren von ihrer Schwester auch die Zeichensprache und wird dadurch zu ihrer Dolmetscherin und engsten Vertrauten.

Das war ja gerade das unabweisliche Argument der Oralisten: Wer sich nicht zur Lautsprache bequeme, isoliere sich von der hörenden Welt. Das war realistisch gedacht und überzeugte. Viele Taubstummenlehrer verlangten nicht nur von ihren Schülern höchste Anstrengungen, sondern auch von sich selbst. Und sie hatten auch Erfolge vorzuweisen.

Dies zeigt uns ein anderes ergreifendes biographisches Zeugnis aus der Welt der Gehörlosen. Maria Wallisfurth, Schauspielerin und Souffleuse am Aachener Stadttheater, schrieb ein einfühlsames Buch über ihre gehörlosen Eltern: *Sie hat es mir erzählt.* Ihre Mutter kommt 1905, mit acht Jahren, von einem Bauernhof in der Eifel in die damalige Aachener Taubstummenanstalt.[24] Sie lernt sprechen und von den Lippen ablesen und kann in der Welt der Hörenden zurechtkommen. Der Vater hingegen, obwohl der Mutter geistig ebenbürtig, bewältigt die Lautsprache längst nicht so gut und kann sich nur im engsten Familienkreis verständlich machen.

Wir bekommen eine lebendige Anschauung vom Taubstummenunterricht. So wird über mehrere Seiten geschildert, wie Lehrer Wennekamp seinen im Halbrund um ihn gescharten Kindern den Satz »Aff pafft« beibringt. Es geht um die Bildung des »f«. »A«, »p« und »t« sind schon geübt, das schwierige »e« kommt erst später, darum verkürzt der Lehrer »Affe« auf »Aff«. Er tut alles, damit die Schüler auch wissen, was sie da sagen sollen: er malt einen Affen an die Tafel, bringt noch einen Stoffaffen mit, zündet sich zwischendurch eine Zigarette an, pafft gewaltig und steckt dem Affen den qualmenden Stengel zwischen die Lippen. Wir zitieren nur einen kleinen Ausschnitt aus seiner gewissenhaften Unterrichtsarbeit:

> Wieder nimmt er jedes Kind einzeln zwischen seine Knie, nachdem er ihnen die beiden Wörter auf die abgewischten Tafeln geschrieben hat. Maria schaut aufmerksam auf die Lippen des Lehrers, als sie so nahe bei ihm

ist. Heftig läßt sie die Lippen auseinanderspringen bei dem Verschlußlaut
»p«. Sie weiß aus früheren Übungen, daß es dabei im Kehlkopf ruhig bleiben muß. Nur beim »a« darf sie im Halse drücken. Beim »ff« muß sie heftig den Atem zwischen der vorgeschobenen, oberen Zahnreihe hinaus-
pressen und gleich darauf den schnellen Verschlußlaut »t« bilden, den sie
tagelang gelernt hat. Beim »t« legt Maria die Zunge an den Gaumen hinter die Oberzähne und läßt sie mit einem heftigen, kurzen Atemstoß ab-
springen. An so vieles muß sie gleichzeitig denken! Sie muß aufpassen!
Hin und her gehen ihre kleinen Hände, von des Lehrers Händen geführt:
hin an die Lippen des Lehrers – an ihre Lippen, schnell an den Kehlkopf
des Lehrers – an ihren eigenen. Fühlen, sehen, spüren, denken, behalten.
Heftig stößt der Lehrer den Fuß auf den Boden: »Aff pafft, Aff pafft.« Und
Maria sagt: »Aff pafft, Aff pafft«; immer wieder, so wie der Lehrer vorspricht, wiederholt sie die beiden Worte, von denen sie nichts hört. Ihr
ganzer Körper geht im Rhythmus mit. Laut, zu laut, dumpf und schwer
klingt ihr »a«. Aber der Lehrer ist zufrieden mit ihr, streicht dem Kind
über den Kopf, nickt lobend, und Maria lacht ihn an, laut, nickt auch und
hat strahlende Augen. Der Lehrer muß sie wegstupsen, damit sie auf ihren
Platz zurückkehrt und das nächste Kind an die Reihe kommen kann.[25]

Man erfährt aber auch, daß manche Kinder das neue Wort, das sie sich eben
noch mühsam erarbeitet haben, nach ein paar Minuten schon wieder verloren haben. Auch Lautungen, die man schon zig-mal gemeistert hat, müssen
plötzlich erneut erarbeitet werden. Es ist wie das Rudern gegen den Strom;
wer nicht unentwegt weiterrudert, fällt zurück. Vielleicht können wir jetzt
erst richtig ermessen, wie sehr die Natur dem hörenden Kind schon vorge-
arbeitet hat und wie wichtig außerdem das sich über Monate erstreckende,
mit höchster Probierlust ausgeübte Lallen und Plappern der Kleinkinder ist.
Was für ein stimmliches Kunstwerk vollbringen wir, wenn wir sprechen!
Dabei regulieren wir unsere Sprechwerkzeuge vom Höreindruck her, und
zwar so sehr, daß wir nicht einmal merken, was wir da mit unserer Zunge
anstellen, etwa wie sich ihr Rücken gegen den Gaumen wölbt oder ein anderes Mal ihre Spitze gegen die oberen Schneidezähne stößt usw. Wir brauchen auch gar nicht zu wissen, was die Zunge tut. Selbst beim Erlernen einer Fremdsprache wird unsere Stimme (fast) ganz vom Ohr geführt. Nur
gelegentlich sind Nachhilfen sinnvoll, und wir erfahren, wo sich die Zungenspitze beim englischen »th« befindet.
    Allein auf dieses Wissen jedoch, auf die Muskelempfindungen im Mund-
raum ist der Gehörlose angewiesen, der zu sprechen beginnt. Er muß bewußt
lernen, wo sich die Zunge bei »e« oder »ng« jeweils befindet, muß es vom
Lehrer absehen oder abtasten und bei sich erfühlen. Aber wie vielen gelingt
es, etwa das Öffnen und Schließen des Gaumensegels bei sich zu verspüren?
    Beim Hörenden ist entscheidend, daß er Höreindrücke nicht nur vom
Sprechen anderer, sondern stets auch vom eigenen Sprechen empfängt. Bei-

des fließt zusammen und verstärkt sich wechselseitig: die schon erwähnte »Doppelgegebenheit des Lautes« (S. 58). *Jedes Hörverstehen ist zugleich eine Mitübung des eigenen Sprechens, jedes eigene Sprechen zugleich eine Mitübung des Hörverstehens. Was ich dem anderen sage, sage ich mir zugleich selbst.* Hören und Hervorbringen sind zwei Seiten einer zentralen Tätigkeit. Und weil wir im Gespräch den Anderen *und* zugleich uns selbst hören, befinden wir uns im Einklang des Verstehens. Denn die akustischen Gebilde, die geäußert werden, sind beiden gemeinsam.

In diesem Sinne kann der Gehörlose, der artikuliert, sich gar nicht »äußern«. Denn er hat gar keinen Anteil an dem, was er »äußert«. Das aus sich Herausgestellte, Verlautbarte existiert für ihn nicht als ein Äußeres, nur als ein inneres Körpergefühl. Die eigene Stimme ist bloß eine Muskelempfindung. Um ein Wort hervorzubringen, muß er Laut an Laut setzen, d.h. Zungenstellung an Zungenstellung, Lippenbewegung an Lippenbewegung, dazu die Atemluft jeweils genau dosieren. Er fertigt ein Wort so sorgsam an wie der Schreiner ein Schmuckkästchen. Die Mundbilder, die er vom Anderen empfängt, machen nur einen kleinen Teil der vollzogenen Artikulationen sichtbar. Auch sind sie nicht beiden Kommunikationspartnern gemeinsam, denn jeder sieht sie nur beim Anderen.

Gehörlose, die sich der Lautsprache bedienen, sind dabei auf eine Art in sich befangen und einsam, die Hörende nicht kennen.[26] Wer aber gebärdet, der wird nicht nur von seinem Gegenüber gesehen, sondern er sieht sich zugleich selbst.

Die Rückbezüglichkeit der Sprachtätigkeit und das Selbstbewußtsein

Laut- und Gebärdensprache verknüpfen – humboldtisch gesprochen – die *Selbsttätigkeit* des Menschen mit seiner *Empfänglichkeit*. So wie beim Hörenden das Ohr zum Regler der Stimme wird, so wird bei der Gebärdensprache das Auge zum Regler der Gebärde. Das Ohr im Verein mit dem Mund, das Auge im Verein mit der Hand treiben Sprache hervor. Das Hör-Sprech-System gleicht dem Auge-Hand-System. Die Führbarkeit der Stimme durch das Ohr entspricht der Führbarkeit der Hand durch das Auge.[27] Die sinnlichen Rückwirkungen von Auge und Ohr sind zugleich eine Führung. Sprechen heißt, sich selber hören können; gebärden heißt, sich selber sehen können; schreiben heißt, sich selber lesen können. Diese Rückbezüglichkeit, dieses Sich-selbst-Bestätigen, erzeugt ein Bewußtsein von uns selbst. Für Steinthal war sie das eigentliche Erfolgsgeheimnis der Sprache, denn »Nicht Mittheilung, sondern das Selbstbewusstsein ist Quell der Sprache«.[28] Versuchen wir zu schreiben, ohne uns dabei selber zu lesen! Das kann doch nicht so schwer sein, mag man denken und es gleich ausprobieren. Was passiert nun, wenn wir die Augen zumachen und zu schreiben anfangen? Wir verlassen uns auf unsere Buchstabenbilder im Kopf. Sie sind es, die unsere Hand führen. Was aber, wenn wir nie Buchstaben gesehen hätten und sie wirklich blind, nur »aus der Hand heraus«, also aus antrainierten Muskelempfindungen schreiben müßten? Können wir das nachfühlen? Vergleichbares muten wir Gehörlosen zu, denen wir Lautsprache antrainieren.

Wir haben nun alle Gründe versammelt, warum die Gebärdensprache die natürliche Sprache der Gehörlosen ist:

1. Es wird von Anfang an in dem zu erlernenden Medium selbst kommuniziert. Es bedarf keiner langwierigen artikulatorischen Exerzitien, die immer auf Kosten der Kommunikation gehen.
2. Das Gebärdengespräch ist schon früh möglich, weil Gebärden und Sehverstehen ähnlich aufeinander abgestimmt sind wie Sprechen und Hören. Das Ohr führt die Stimme, das Auge die Hand.
3. Gebärden werden ebenso »geäußert« (nach außen gestellt) wie Worte und füllen wie diese einen für die Partner gemeinsamen Erscheinungsraum. Beide erleben gemeinsam den »Tanz der Wörter im Raum«, wie es Emmanuelle nennt.
4. Sprache und Hand sind die schöpferischen Organe des Menschen.[29]
5. Der grammatische Sinn der Kinder wird geweckt.[30] Kinder können Grammatik noch spontan entwickeln, während Erwachsene sie verstandesmäßig erschließen müssen.
6. Von Anfang an wird das Denken gefördert. Die mit Wort- und Begriffsvorräten reich beladenen Schiffe der Lautsprache können lange Zeit nicht andocken. Die Gebärdensprache hingegen hat viel weniger Schwierigkeiten, den nötigen Wortvorrat für das keimende Denken anzuliefern.

So leistet das Gebärdengespräch, was sich im Mutter-Kind Dialog der Hörenden ereignet.

Die Gebärdensprache respektiert den Gehörlosen in seiner Eigenart und vermag aus dem Minus einer Behinderung ein Plus zu machen. Nur dort, wo Hörreste auch mit medizinischen Hilfen so weit herangebildet werden können, daß das Kind doch noch das Ohr zur Justierung seiner Sprechorgane einsetzen kann, kann man auf Gebärdensprache verzichten.

Die Lautsprache als Zweitsprache

Kein Wunder, daß gehörlose Kinder sich auch immer wieder mit Gebärden verständigen, auch wenn dies offiziell verpönt ist:

> So helfen sich die taubstummen Kinder mit vielen kleinen Bewegungen, mit Zeichen und Mimik. Manches davon ist so winzig und kurz, daß der Uneingeweihte es gar nicht beachtet: eine Wendung des Kopfes, ein be-

stimmter Gesichtsausdruck, ein Zucken der Augen, der Mundwinkel, der Braue, die können manches ›sagen‹: einen Buchstaben, ein Wort oder Gemütszustände, Dinge und Eigenschaften.[31]

Die Natur bricht sich eine Bahn: das waren die heilsamen, unbeabsichtigten Nebenfolgen der Taubstummenschulen. Der Witz dabei ist (was den Taubstummenpädagogen jener Zeit verborgen bleibt, ja, was manche bis in unsere Zeit einfach nicht wahrhaben wollen), daß dieses natürliche Verhalten dem Unterricht zugute kommt, statt ihn zu behindern oder zu untergraben. Hinter dem Rücken des Lehrers, der an der Tafel steht, mogeln Emmanuelle und ihre Freunde, gebärden zueinander und verstehen jetzt erst den Stoff, den sie beim Ablesen von den Lippen des Lehrers nur zur Hälfte verstanden haben. Dieser ungewollte Nebeneffekt der Tatsache, daß Gehörlose in der Schule zusammenkommen, erweist sich als großes Glück.

Dies ist der springende Punkt: Ist erst einmal die soziale und geistige Entwicklung durch grammatische Gebärden gesichert, d.h. also durch eine vollwertige Sprache, nicht durch ein behelfsmäßiges Gesten- und Mienenspiel, kann die Lautsprache in den Grenzen, die Gehörlosen gesetzt sind, um so besser erlernt werden. Es geht also nicht um den Verzicht auf die Lautsprache, im Gegenteil: Die Gebärdensprache könnte das Sprungbrett zur Lautsprache als zweiter Sprache bilden.

> Als ich die Gebärdenwörter für »gestern« und »heute« lernte und ihren Sinn begriff, konnte ich sie auch leichter artikulieren und schreiben.[32]

Wie bei der bilingualen Sabine Fries (Leserbrief an *Die Zeit* vom 26.8.2004): »... verfüge ich über eine sehr gute Lautsprachkompetenz. Dafür habe ich meiner hörenden Großmutter zu danken, während meine gehörlosen Eltern für die Gebärdensprachkompetenz gesorgt und mich vor den Abgründen der Gehörlosenschule bewahrt haben.« Viel wichtiger als das Artikulieren ist jedoch das Lesen. Fast der gesamte Wissensvorrat der Menschheit steckt in Texten. So gut die Gebärdensprache die mündliche Kommunikation der Hörenden ersetzen kann, der Schriftsprache hat sie nichts Gleichwertiges zu bieten. Erst Gebärdensprache *und* Lesenkönnen machen Gehörlose und Hörende einander ebenbürtig. Zur Gehörlosenbildung gehört daher unbedingt das Lesenlernen, wobei Gebärden als Vermittlungsinstanz fungieren.

> Wenn ich einen Roman lese, dann assoziiere ich unwillkürlich das Zeichen, das dem Wort entspricht, das ich lese. Später ist es mir dann leichter, das Wort von den Lippen dessen abzulesen, der es spricht.[33]

Lesen heißt Mitdenken, und dieses Mitdenken vollzieht sich bei Emmanuelle primär in Gebärden. So bewegt auch ein hörendes Kind, das Lesen lernt, anfänglich noch die Lippen mit oder spricht leise mit. Natürlich kann das ansatzweise Mitvollziehen in Artikulationen und Gebärden bei flüssigem Lesen fortfallen; das vermittelnde Element wird aus dem psychischen Prozeß herausgekürzt.

Könnte nun aber eine frühe Festlegung auf Gebärden die Lautsprache nicht doch eher verhindern, wo sie eventuell noch möglich gewesen wäre? Gibt es nicht eine Art Wettbewerb bei der Bildung von Nervenbahnen, -knoten und -verästelungen im Gehirn? Werden nicht bei Blinden die Sehgebiete des Gehirns umfunktioniert? Konnte man nicht bei tauben Tieren nachweisen, daß im Gehirn »Hörsubstanz« durch »Sehsubstanz« ersetzt wird?

Antwort: So wie das Kind in sprachlichen Mischehen zugleich zwei Lautsprachen (= zwei Erstsprachen) meistern kann, kann es auch eine Laut- und eine Gebärdensprache zugleich lernen: Jüngere hörende Geschwister von Gehörlosen sind Beweis genug. Eine Entscheidung für Gebärden bedeutet keine Kapitulation. Auch in Zukunft wird den Maßnahmen der Vorzug zu geben sein, die am ehesten die drohende soziale und geistige Verkümmerung verhindern können. Daß ein Kind am Ende einer langen Schulzeit ein einfaches Alltagsgespräch mit Hörenden führen kann, darf nicht das alleinige Erfolgskriterium sein.[34] Demnach wäre für völlig Gehörlose folgender Weg zu erproben:[35]

1. Die Eltern erlernen in Intensivkursen die Gebärdensprache, *soweit dies möglich ist.* Es bleibt ihnen ja ohnehin nichts anderes übrig, als sich mit ihrem Kleinkind in Zeichen und Gesten zu verständigen. Warum dann nicht gleich so systematisch wie eben möglich? So gebärden sie mit ihrem Kleinkind, das sie bald belohnt, indem es auch zu gebärden beginnt. In gehörlosen Familien fangen die Kinder damit schon im zweiten Halbjahr an. Man sollte tun, was man kann, um den Erstspracherwerb so wenig wie möglich zu verzögern. Also auch Babysitter mit Gebärdensprachkompetenz engagieren.[36]
2. Hineinwachsen in die Deutsche Gebärdensprache (DGS) in Sonderkindergärten und Spielkreisen und später in der Schülergemeinschaft von Internaten, die die DGS zum allgemeinen Verkehr benutzt. Neulinge lernen spontan von älteren Schülern, so wie man früher Latein in den Klosterschulen sprechen lernte – mehr durch das Klosterleben selbst als durch den Unterricht, der den natürlichen Erwerb unterstützte.
3. Unterricht im Lesen und Schreiben. Wie im Fremdsprachenunterricht das wörtliche Übersetzen, also das Nachbilden der fremden Struktur in der Muttersprache methodisch eingesetzt wird, so könnten lautsprachbegleitende Gebärden (LBG) als didaktisches Kunstmittel die Strukturen der Lautsprache verdeutlichen.[37] LBG könnten auch als Alternative zur DGS in den Familien benutzt werden, da sie den Übergang sowohl zur Lautsprache als auch zur Gebärdensprache offenhalten.[38]

4. Unterricht im Artikulieren und Lippenablesen, wobei – wie überall – der Aufwand mit dem Erreichbaren in eine vernünftige Relation zu bringen ist.

Das Lippenablesen erfordert immer ein Erraten und Erschließen des Gesagten aus dem Gesamtzusammenhang. Nur etwa dreißig Prozent des Gesagten, so heißt es, lassen sich über Mundbilder erfassen.[39] Dabei muß man intensiv mitdenken. Erfolgreiches Lippenablesen setzt somit einen hohen Grad des Informiertseins und der Mitwisserschaft immer schon voraus. Lesen und Lippenablesen brauchen die Gebärden als Vermittlungsinstanz. Letztere sind demnach der Schrift- und Lautsprache logisch vorgeordnet. In der Praxis allerdings könnten einfachere Artikulationen gleich mitgeübt werden. Außerdem sollte der Versuch, gegebenenfalls noch Hörreste herauszureizen, nicht zu schnell aufgegeben werden.

Die positive Rückwirkung auf die Lautsprache ist auch für unterschiedliche Hilfssysteme der Gestützten Kommunikation (*Augmentative and Alternative Communication*, AAC) nachgewiesen. Menschen mit schwersten körperlichen Behinderungen werden ermutigt, je nach Behinderung mit Bildtafeln, gezeichneten Symbolen oder – wie Christopher Nolan im nächsten Kapitel – mit einem Stirnstab in Verbindung mit elektronischen Geräten usw. umzugehen, und gewinnen dadurch auch Mut zu gezielten Vokalisationen. Durch die ihren Behinderungen angepaßten Hilfssysteme wird ihre Intelligenz entwickelt. Zugleich sind sie entspannter, um es auch mit der Lautsprache zu versuchen, da sie notfalls auf andere Hilfen zurückgreifen können.

Eine solche *Brücke zur Lautsprache* hatte auch Helen Keller. Weil sie blind war, war die Gebärdensprache nicht möglich. Wie geschildert, kam sie mit Hilfe des Fingeralphabets zur Sprache. Und obwohl sie völlig taub war, lernte sie – mit dem Fingeralphabet und der Blindenschrift als Brücke – dann doch sprechen! Mit zehn Jahren fing der Unterricht an, aber es bedurfte jahrelanger, höchst mühseliger Übungen und steter Fremdkontrolle, bis sie es schließlich zu einiger Fertigkeit brachte. William Stern, der sie in Boston besuchte, bezeugt: »Sie sprach in der bekannten etwas tonlosen und unartikulierten Art der Taubstummen; doch gewöhnt man sich nach kurzer Zeit so daran, daß man sie völlig versteht.«[40] Zur Ehrenrettung der Oralisten dient Helens Geschichte jedenfalls nicht. Zwar hat sie trotz Taubheit die Lautsprache erlernt – aber eben nicht als Erstsprache, wie es die Oralisten von ihren Schülern verlangen und womit sie sie zu Opfern ihrer festgefahrenen Vorstellungen machen. Hinzu kommt, daß Helen erst mit 19 Monaten, als sie schon einige Worte sprechen konnte, ertaubte und erblindete und dann auch verstummte.

Wie war es möglich, daß man so wenig auf die Betroffenen selbst hörte? Daß sich die Oralisten immer wieder gegen ihre ehemaligen Schüler durchsetzten? Die Zeugnisse der Gehörlosen, so darf man vermuten, hatten eben nicht das Gewicht, weil man sie letztlich doch nicht als gleichwertige Gesprächspartner ansah. Sie waren nicht vollsinnig – und so nahm man sie auch nicht für voll.

Geben Sie Methodenfreiheit!

Seit es Taubstummenunterricht gibt, etwa seit Mitte des achtzehnten Jahrhunderts, gibt es auch den Methodenstreit zwischen Gebärdensprachlern – meist selbst Gehörlose – und solchen Lehrern, die nur auf die Lautsprache setzen. Inzwischen geben sich manche Lautsprachler kompromißbereit. Gebärden seien als vorübergehende Kommunikationshilfe zuzulassen! Als ob sich die Kinder diese Freiheit nicht schon immer genommen hätten – hinter dem Rücken der Lehrer!

Andere wieder wollen Gesten und Gebärden auf Gehörlose beschränken, die zusätzlich geistig behindert sind. Gebärden als Notbehelf und letzte Zuflucht, wenn man nicht weiter weiß. Gebärden als Krücken, die man so schnell wie möglich wieder in die Ecke stellen sollte.

Solche minimalen Zugeständnisse lassen einen grundsätzlichen Irrtum fortbestehen, statt endlich mit ihm aufzuräumen. Demnach sind Gebärden lediglich ein primitives Verständigungsmittel, ein wildes Rumgefuchtel gar, das in keiner Weise an die Leistungen der Lautsprache heranreiche. Dies trifft natürlich in etwa auf die Mischformen zu, die Maria und Emmanuelle an ihren Schulen benutzten. Woher sollten sie auch eine entwickelte Gebärdensprache haben? Sprachen können ja nicht aus dem Nichts entstehen. Damit Sprachen entstehen, bedarf es mehrerer Generationswechsel, bei denen jeweils die kleinen Kinder die Hauptrolle spielen und die Regie besonders bei der Grammatik übernehmen. Nach Anselm Ritter von Feuerbach, der als Gerichtspräsident von Nürnberg den Fall des Findlings Kaspar Hauser zu verhandeln hatte, ist es der »in dem menschlichen Geist instinktmäßig arbeitende erfinderische Sprachmeister«, der in den Kindern, aber eben nicht mehr in Erwachsenen, das *Grammatikwunder* bewirkt. Selbst wenn ihnen Eltern nur ein Pidgin zusprechen können, sei es in Laut oder Gebärde, entsteht in wenigen Generationen eine vollentwickelte Sprache. Allerdings sind es nun die Älteren, die mit ihrer größeren Lebenserfahrung den *Wortschatz* ausbauen.

Dafür gibt es inzwischen handfeste Belege. In wenigen Jahren entstand eine neue Sprache, und Wissenschaftler waren dabei, mit Kassettenrekordern und Videokameras. Sie konnten beobachten, wie die Nicaraguanische Gebärdensprache entstand. Solange dort gehörlose Kinder in ihren Familien verblieben, verständigten sich Hörende und Nicht-Hörende mehr schlecht als recht mit Behelfsgesten für den Hausgebrauch, sog. *home signs*.

Erst als man die gehörlosen Kinder zusammenbrachte, entwickelte sich aus dem Zeichen-Pidgin eine echte Gebärdensprache. Kinder lernten voneinander und miteinander und schafften zusammen den Sprung in eine neue grammatische Sprache, die von der nächsten Generation ausgebaut wurde. Zuvor waren schon einmal jugendliche Gehörlose in einer neugegründeten Berufsschule zusammengeführt worden. Den Gebärden der Jugendlichen aber fehlte die grammatische Systematik, die eine Sprache zusammenhält. »Viele Gebärden lagen ungenutzt wie Steine umher. Die Kinder sammelten sie und bauten daraus ein Haus«, so wird die Sprachwissenschaftlerin Judy Kegl im *Spiegel* zitiert. Damit eine neue Sprache entsteht, bedarf es der Gemeinschaft, und zwar der Gemeinschaft von Kindern.[41]

Der Traditionsfluß darf jedoch nicht unterbrochen werden. Sprachen können aussterben, und so wird es häufig Gebärdensprachen ergangen sein, daß sie im Keime erstickt oder in den Untergrund abgedrängt wurden, wo sie sich nicht entfalten und das Niveau nationaler Hochsprachen erreichen konnten. Gebärdensprachen sind ja ebensowenig wie Lautsprachen weltumspannend, sondern nur ineinander übersetzbar. Denn wo es keinen Kontakt unter den Sprachteilhabern gibt, gibt es auch keine gemeinsame Sprache. Die Weltgebärdensprache »Ungesto« mußte genauso künstlich geschaffen werden wie das Esperanto und hat sich ebenso wenig durchsetzen können. Verwandtschaften zwischen den Gebärdensprachen sind durch ihre gemeinsame Abstammungsgeschichte und weitere Kontakte erklärbar. Die amerikanische Zeichensprache und die meisten europäischen sind miteinander verwandt, weil sie sämtlich von der Pariser Schulgründung im Jahre 1755 ausgingen.

Inzwischen liegen Untersuchungen von Sprachwissenschaftlern vor, die belegen, daß Gebärden sich zu leistungsfähigen Sprachen emporgebildet haben und grammatische Potenz besitzen.[42] Wenn gehörlose Kinder in gehörlosen Familien aufwachsen, können Gebärdensprachen genauso heranreifen wie Lautsprachen, in vergleichbaren Etappen. Man hat sogar so etwas wie ein manuelles Silbenplappern entdeckt.[43] Lautsprachler, dann auch die Kultusbehörden, sollten dies endlich anerkennen und sich zudem mit dem scheinbaren Paradox anfreunden, daß weniger mehr sein kann: Weniger Zeit für die Lautsprachanbildung zugunsten der Gebärden könnte im Endeffekt sogar zu mehr Lautsprache führen. Das ist z.Zt. noch offen. Es ist aber keine Weltanschauungsfrage, sondern eine praktische Frage, die durch Schulversuche abgeklärt werden kann. Es ist an der Zeit, daß wir in Deutschland damit anfangen, konsequent und in größerem Maßstab. Die Gebärdensprache sollte auch in Deutschland eine Chance haben und in die Ausbildungspläne aufgenommen werden – so wie es ein Beschluß des Europaparlaments vom 17.6.1988 fordert.[44] Gleichzeitig müssen andere Wege offen gehalten und die Ergebnisse kontrollierter Schulversuche miteinander verglichen werden.

In einem wissenschaftlich auszutragenden Methodenstreit geht es um den schnellsten und sichersten Weg zu einem festgelegten Ziel. In der Gehörlosenpädagogik gibt es jedoch auch einen unterschwelligen Zielkonflikt, der den Eltern, die zunächst über ihre Kinder entscheiden, deutlich zu machen ist. Können sie akzeptieren, daß ihr Kind anders ist und vielleicht nur in einer Welt wirklich heimisch wird, die nicht die ihre ist? Es ist schwieriger, als man denkt, Gehörlose in ihrem Anderssein zu verstehen. Aber nur wer sie versteht, kann *mit* ihnen arbeiten statt gegen sie. In allen Beratungsstellen sollte man den Eltern Emmanuelles Lebensbericht empfehlen, damit sie sich über diese Seite des Problems klar werden.

Was soll man Eltern raten?

Eltern können sich folgende Fragen stellen, um sich über eventuelle Hörstörungen ihres Kleinkinds klar zu werden (in Anlehnung an das *Ward Screening Questionnaire*):

– Merkt Ihr Kind auf, wenn Sie es beim Namen rufen – es sei denn, es ist gerade intensiv in ein Spiel vertieft?
– Merkt Ihr Kind, wenn jemand ins Zimmer kommt?
– Wird es auf Küchengeräusche aufmerksam?
– Merkt es, wenn draußen Autos vorbeifahren, Hunde bellen, der Staubsauger angestellt wird?
– Reagiert es allgemein auf interessante, ungewöhnliche Geräusche?
– Wendet es sich auch noch ein zweites Mal um, wenn Sie noch einmal mit der Rassel klappern?
– Fängt das Kind im achten Lebensmonat an, in Silben zu plappern, oder nicht? (Besser, man schafft sich schon vorher Gewissheit!)

Leider können auch vorübergehende Hörstörungen, wie sie etwa durch Paukenhöhlenergüsse als Folge akuter Mittelohrentzündungen entstehen, die Sprachentwicklung in Mitleidenschaft ziehen, zumal wenn sie unerkannt bleiben und nicht behandelt werden. Die Sprachentwicklung kann sich merklich verzögern, wenn solche Krankheiten Kinder unter vier Jahren treffen. Deshalb sollten Eltern, sobald sie eine Hörstörung vermuten, den Arzt aufsuchen, und zwar am besten gleich einen Hals-Nasen-Ohren-Arzt, einen Phoniater oder Audiologen. Wie Emmanuelles Beispiel zeigt, ist in diesem Punkt selbst auf erfahrene Kinderärzte nicht immer Verlaß. Taubgeborene Kinder sind (zum Glück) so selten, daß Kinderärzte hier zu wenig Übung haben und in den üblichen Vorsorgeuntersuchungen Hörbehinderungen leicht übersehen. Vielfach werden Eltern und Ärzte erst dann richtig aufmerksam, wenn das Kind bereits älter als ein Jahr ist.[45]

Kliniken verfügen über technische Geräte zur Früherkennung von Hörstörungen. So mißt ein Gerät etwa die elektrischen Ströme, die im Gehirn des Babys entstehen, wenn es ein Geräusch hört. Ein anderes mißt die Schallschwingungen, die ein gesundes Ohr auf einen Schallreiz hin selbst erzeugt (otoakustische Emissionen). Diese Geräte bringen schon kurz nach der Geburt eindeutig Aufschluß über das Gehör.

Es muß unbedingt festgestellt werden, wie groß der Hörverlust ist und welche technischen Möglichkeiten für das Kind bestehen, über Hörgeräte und Cochlea-Implantate doch noch Sprache wahrzunehmen. Erst dann kann eine vernünftige Entscheidung über eine primär hörgerichtete (»aurale« und orale) Sprachförderung fallen. Können nutzbare Hörreste bis in das Sprachhörfeld hinein entwickelt werden, so daß die Kinder ihre Artikulationen über das Ohr steuern können?

Die Hörgeräteanpassung bei Kleinkindern, die noch keine Auskunft darüber geben können, was und wie sie hören, ist eine sensible Aufgabe. Selbst bei Altersschwerhörigen, die doch alle Vergleichsmöglichkeiten haben, gelingt sie nicht immer zufriedenstellend. Man sollte sich nur Spezialisten anvertrauen, die schon viel Erfahrung mit Kleinkindern haben. Bei Cochlea-Implantaten, die ein ganzes Sinnesorgan ersetzen und akustische Impulse direkt an den Hörnerv senden, gibt es gute Erfolge bei spätertaubten Erwachsenen. Allerdings seien manche Berichte in den Medien über »Hörwunder« aufgebauscht, selbst wissenschaftliche Studien würden ihre Meßlatte extrem niedrig hängen, um Erfolgsberichte abzuliefern – so urteilen Verfechter der Gebärdensprachen.[46] Auf jeden Fall ist damit zu rechnen, daß der medizinisch-technische Fortschritt sowohl Hörgeräte als auch Implantate noch wesentlich verbessern kann. So wird wahrscheinlich der Prozentsatz gehörloser Kinder, für die die Gebärdensprache bzw. die Bilingualität die beste Lösung wäre, infolge medizinisch-technischer Entwicklungen noch abnehmen. Über die derzeitigen Leistungen von Cochlea-Implantaten und ihre Auswirkung auf den Spracherwerb von Kindern informiert die überaus wichtige Studie von Szagun (2001). Nur zehn (oder: immerhin zehn!) von 22 Kindern mit Implantaten wuchsen ähnlich wie normal hörende Kinder in die Sprache hinein. Warum es bei den anderen Kindern nicht so recht klappen wollte, konnte die Studie nicht beantworten. Lag es am Hörnerv? Bisher kann man zwar feststellen, ob ein Hörnerv noch leitet, nicht aber, wie gut. Vielleicht muß man diesen Fortschritt noch abwarten, um voraussagen zu können, für welche Kinder das Implantat die beste Lösung ist.

Fortschritte gibt es allerdings auch in der Gebärdensprache. So wird an der Universität Hamburg an einem umfassenden Wörterbuch für Gebärden und Mundformen zum Lippenlesen gearbeitet. Verschiedene Spezialwörterbücher für Themenbereiche wie Computer, Hauswirtschaft usw. sind schon auf dem Markt, dazu Einführungen in die Gebärdensprache, auch als multimediale CD-ROMs wie die von Karin Kestner (2002). Denn Wortlücken bzw. Gebärden-Lücken gibt es besonders im Fachwortschatz zu schließen.

Eltern sind jedenfalls gut beraten, wenn sie mit beiden Seiten sprechen, den Gehörlosenvereinen und den Spezialisten für Hochleistungshörgeräte und Implantate. Denn es gibt wohl in beiden Lagern »Chefideologen«, die die Leistungen der Gegenseite nicht objektiv einzuschätzen wissen.

Zum Schluß noch einmal das allerwichtigste: Emmanuelles Eltern lernten die Gebärdensprache, auch wenn sie länger brauchten und sie nie so flink handhaben konnten wie ihre Tochter. Helens Mutter lernte das Tastalphabet ...

———

1 Laborit 1994, 50. Folgende Zitate: 14, 172. Seitenangaben nach dem französischem Original. Übersetzungen von W.B.

2 Helen Keller 1904, 43. Ähnlich schreibt Lou Ann Walker (1987, 30) über ihre gehörlose Mutter Doris. Die Gebärdensprache sei für sie wie eine Erlösung gewesen. Dort fühlte sie sich in ihrem Element.

3 Laborit 1994, 55

4 Laborit 1994, 57, 73. Folgende Zitate: 15,21

5 Sacks 1990, 64. Ähnliches wird bei Susan Schaller (1992) berichtet. Sie mußte zunächst frustriert aufgeben, ihrem dreißigjährigen gehörlosen Zögling Bedeutung und Gebrauch der Gebärde für *nie* beizubringen. Sie schildert auch eine Gruppe gehörloser mexikanischer Gastarbeiter, die keine entwickelte Gebärdensprache erlernen konnten, aber untereinander eine primitive Gestik benutzten. Keiner von ihnen wußte etwas über Stunden und Minuten, oder warum halb elf jeden Tag zweimal vorkam; doch sie hatten es fertiggebracht, sich die Zeiten ihres jeweiligen Arbeitsbeginns sichtbar zu machen und mitzuteilen.

6 Laborit 1994, 35

7 Walker 1987, 25

8 Lane 1984, 40

9 Auch Augustinus wurde fälschlicherweise die Ansicht zugeschrieben, er halte die Taubgeborenen für bildungs- und glaubensunfähig. Für den Kirchenvater hingegen waren deren Gebärden »quasi quaedam verba visibilia«, also gleichsam sichtbare Worte. Zur Geschichte des Irrtums siehe Zillmann 1922.

10 Neuhaus 1955, 34

11 Gipper 1985, 151

12 Stern & Stern 1987, 47

13 Laborit 1994, 7

14 Scupin & Scupin II (1910), 157–158

15 Scupin & Scupin II (1910), 199

16 Nach Bernd Reimann www.mutterspracherwerb.de

17 Vgl. Stern & Stern 1987, 266; Piaget 1975, 334.

18 Gänger 1995, 36

19 Kisor 1990, 21

20 Scupin & Scupin II (1910), 186

21 Bayer 1975, 254

22 Adam 1996, 123. »Heute gibt der Deutsche Gehörlosenbund an, daß nur bei 0,5% der als gehörlos geltenden Personen mit einer allgemein verständlichen Sprache zu rechnen sei! Aus Dänemark wurden folgende Zahlen gemeldet: Ein Teil der

Schüler blieben Analphabeten. Nur etwa 10% verfügten beim Verlassen der Schule über eine altersgemäße Lesefertigkeit. Nur ein Viertel der Jugendlichen beherrschte die Lautsprache so, daß die eigenen Lehrer sie verstehen konnten.« (Adam 1996, 122 und 128) An ihren Früchten sollt ihr sie erkennen! Warum hat sich die Fachwelt bisher so wenig um standardisierte Tests bemüht, um das von den einzelnen Schulen Erreichte nachvollziehbar zu dokumentieren?

23 Tomasello 2000, 177

24 Das Wort taubstumm, d.h. durch Taubheit stumm, wird heute gewöhnlich nicht mehr verwendet

25 Wallisfurth 1979, 38–39

26 Vahle 1929, 209

27 Neben der Zunge haben die Finger im Gehirn die größten sensorischen Repräsentationsareale.

28 Steinthal 1881, 317

29 Gehlen 1974, 140

30 Beim Grammatikerwerb durchlaufen die gehörlosen Kinder ähnliche Etappen wie Hörende bei der Grammatik der Lautsprache. (Poizner, Klima & Bellugi 1990)

31 Wallisfurth 1979, 51

32 Laborit 1994, 170. Zur positiven Rückwirkung der Gebärdensprache auf die Lautsprache vgl. Volterra & Erting 1990

33 Laborit 1994, 170

34 Außerdem wird gegen die Gebärden vorgebracht, sie könne die Kinder bequem machen; sie könnten die Lust verlieren, sich auf die Laute zu konzentrieren. Hier ist sie wieder, die billige, besserwisserische Pädagogik, die den anderen, nicht aber sich selbst Anstrengungen abverlangt! Jedes Kind will sich mitteilen; hat es nicht auch ein Recht, sich so unangestrengt in Gebärden zu verständigen, wie wir es lautsprachlich können? Das Kind bevorzugt Gebärden wohl deshalb so massiv, weil es spürt, daß es nur durch sie ausreichendes Weltwissen erwerben kann.

35 Es ist uns bewußt, daß wir als »Außenseiter« Vorschläge machen, ohne praktische Erfahrungen in der Hörgeschädigten-Pädagogik. Vorschläge von Außenseitern werden notwendig, wenn die Fachleute zerstritten, ja z.T. auch betriebsblind geworden sind und sich nur schwer aus ihrer dogmatischen Umklammerung lösen können. Keineswegs soll anstelle des alten Dogmas ein neues aufgerichtet werden. Eine pluralistische Praxis ohne Dogma ist so lange angesagt, bis sichere und vergleichende Daten über *relative Erfolgsquoten* verschiedener Ansätze vorliegen. Hier wird nicht behauptet, Taubstummenanstalten und Gehörlosenschulen hätten bisher erfolglos gearbeitet.

36 Die Tatsache, daß Emmanuelle die Gebärdensprache noch mit sieben Jahren hervorragend beherrschen lernt, zeigt, daß es einigen Spielraum gibt. Im übrigen ist erwiesen, daß Kinder, auch wenn ihre Eltern nur gebrochen gebärden, diese Gebärden spontan weiterentwickeln.

37 Dem LBG – auch »manuelles Deutsch« – entspräche das »Signed English« oder »Seeing Exact English«. Boyes Braem (1990, 148) nennt diese Systeme »gebärdete Lautsprache«. Für Manfred Pienemann (persönliche Mitteilung), der für die australische Bundesregierung eine Studie mit 10 gehörlosen Kindern sprechender Eltern durchführte, ist »Signed English« ein fauler Kompromiß. Weder Schüler noch Lehrer erreichen hier ein Muttersprachenniveau, wie es gehörlosen Kindern

mit der Gebärdensprache möglich ist. Man darf nicht vergessen, daß »Signed English« oder »manuelles Deutsch« Kunstsprachen sind.

38 Dies ist die Position der Kantonalen Gehörlosenschule Zürich (1994).

39 Die 30% werden immer wieder genannt und sind wahrscheinlich zu hoch gegriffen.

40 Stern 1910, 322; die Lautsprache Gehörloser ist unmoduliert, aber eher angestrengt überartikuliert als »unartikuliert«, wie Stern schreibt.

41 Breuer 2000, 181

42 Hinzu kommen neurologische Untersuchungen, die belegen, daß Gebärdensprachen bei Gehörlosen hirnanatomisch und physiologisch analog zur Lautsprache sind, vgl. Emmorey u.a. (1995) und Huber (2000, 466). Die brachliegenden Sprachareale werden von den Gebärden übernommen. Damit kann man die Ansicht, Gebärden seien keine Sprache, sondern nur deren dürftiger Ersatz, getrost zu Grabe tragen. Verblüffend auch die pronominale Umkehr wie beim Lautspracherwerb: Gehörlose Kinder zeigen »du«, wenn sie »ich« meinen.

43 Petitto 2001

44 Als erstes Bundesland erkannte Hessen die Gebärdensprache 1998 offiziell an, für die sich u.a. Helen Leuninger, Sprachwissenschaftlerin an der Uni Frankfurt, eingesetzt hatte.

45 Eltern sollten auch spezielle Beratungsstellen aufsuchen, am besten solche an Universitäten, an denen die Fächer Hörgeschädigtenpädagogik und Gehörlosenpädagogik gelehrt werden. Wir empfehlen besonders das von Professor S. Prillwitz geleitete Zentrum für Deutsche Gebärdensprache, Universität Hamburg, Binderstr. 34, 20146 Hamburg, und www.kestner.de.

46 Lane 1994

Hauptsache: verstehendes Zuhören.
Spracherwerb trotz Sprechlähmung

Christopher Nolan

Allein auf sich ge-
stellt, lernt keiner
sprechen. Beide Par-
teien, Eltern als auch
Kinder, spielen eine
aktive Rolle. Den-
noch gibt es Extrem-
fälle, in denen es so
scheint, als ob die El-
tern allein die Verant-
wortung trügen, da
die Kinder nur ganz
eingeschränkt kom-
munizieren können.

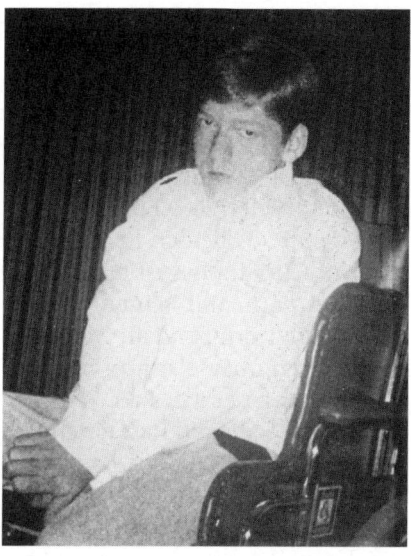

*Christopher Nolan, an den
Rollstuhl gefesselt, ein
lebendiger, mit poetischer
Kraft begabter Geist, der in
einem Körper eingesperrt
ist, der ihm nicht gehorcht.*

Christopher No-
lan ist fast vollstän-
dig gelähmt. Einge-
sperrt in einen Kör-
per, der ihm nicht gehorcht, kann er weder sprechen noch selbständig Nahrung zu sich nehmen. Selbst Füttern ist schwierig, da er seine Zunge nicht
kontrollieren kann. Immer wieder durchwallen Spasmen blitzartig seinen Körper. Die Augen verdrehen sich, die Arme fahren wild in die Gegend, die Beine
zucken. »Seine Kriegstänze« nennt er dies später in seiner drastisch-unsen-
timentalen Sprache, seine »polkapolternden Bewegungen«, sein »Walfisch-
schnauben«. Er kann aber hören, dazu den Kopf etwas bewegen, manchmal
auch kontrolliert mit den Füßen signalisieren. Hauptsächlich kommuniziert
er mittels Augenausdruck und Augenbewegungen. Das Hochziehen der Augen, auch das Zurückwerfen des Kopfes, bedeutet »Ja«. Es ist schon ein an Te-
lepathie erinnerndes Kunststückchen, wie die Familie seine Absichten deutet:
his bowing-headed, eye-pointing, foot-peddling language.[1] Nur die Augenpartie
gehorcht ihm, nicht aber die übrigen Gesichtsmuskeln. Das Kind muß selbst
das Lächeln trainieren, und meist gerät es daneben. So grenzt an ein Wunder,
was eben dennoch durch das alltägliche intime Zusammensein möglich wird:
Dieses Vom-Gesicht-Ablesen der Gedanken, das wir alle in Ansätzen kennen;
hier ist es, aus der Not geboren, zur höchsten Kunst gesteigert.

Denn Christopher hat eine wache Intelligenz, und er kann hören. So
reift in ihm auch bei (zunächst) minimalem Dialog Sprache heran. Wie ein

normales Kind lernt er allmählich das Zugesprochene verstehen – aus den sich immer auf ähnliche Weise wiederholenden Routinesituationen. Als die Familie merkt, daß er zu verstehen beginnt, operiert sie mit Fragen, die Christopher mit Augen und Kopf eindeutig beantworten kann: er signalisiert »Ja« und »Nein«. Man kann ihn beteiligen, indem die Kommunikation in die Form der Ja/Nein-Frage eingekleidet wird.

Allmählich kann er mit seinen Augen noch mehr als nur Ja/Nein signalisieren, kann liebkosen, wütend sein, traurig sein, ernst bleiben, heiter sein. Oder auch nicht reagieren und so etwa anzeigen, daß er einen Witz nicht verstanden hat. So entwickelt sich ein innerfamiliäres Verständigungssystem aus Kopfgebärden, Augenschwenks, Beifalls- und Protestlärm der Füße. Man muß das nachlesen: wie er etwa seine Mutter dazu bringt, für ihn jemanden anzurufen. Oder eine Episode aus der Schule: In der Pause läßt ihm ein Junge die Luft aus beiden Reifen seines Rollstuhls und höhnt: Sag's doch der Lehrerin! Christopher ist entschlossen, die Herausforderung anzunehmen. Er schlägt Lärm mit seinen Füßen. Die Lehrerin wird aufmerksam. Er schaut sie durchdringend an, veranstaltet einen wahren Trommelwirbel mit seinen Füßen. Als sie an ihn herantritt, hält er sie mit seinen Augen fest, dirigiert sie erst zu einem Rad. »Ist was mit deinem Rollstuhl?« Er bestätigt mit den Augen. »Aha, du hast einen Platten.« Er hält ihren Blick weiter fest und dirigiert sie zum andern Rad, und die Lehrerin kapiert sofort: »Du hast keinen Platten, jemand hat dir die Luft rausgelassen. Wer war das?«, und er dirigiert sie wieder mit seinen Augen zu dem Schuldigen.

Zu Hause lernt er lesen. Als seine Mutter merkt, daß er versteht, wenn sie mit ihm spricht, pflastert sie die Wände voller Buchstaben, Wörter und Zeichnungen und übt mit ihm. Später, beim richtigen Lesen, braucht er natürlich immer jemanden, um ihm die Seiten zu wenden.

Der Kraftakt mit dem Stirnstab

Echte Sprachproduktion gelingt erst im Alter von elf Jahren. Fast zwei Jahre lang trainiert er hart an der Schreibmaschine: ein Griffel ist an seinen Kopf geschnallt, und mit diesem soll er tippen, indem er nickt. Dabei stützt seine Mutter oder eine Therapeutin sein Kinn. Ohne Erfolg. Versuche mit der rechten, der linken Hand, mit beiden Füßen und mit Saug- und Blasbewegungen des Mundes waren vorher schon fehlgeschlagen. Auch ein am Kinn befestigter Griffel bringt keinen Fortschritt. Bei jeder Anstrengung, gezielt zu tippen, verkrampft sich sein Körper. Bis eine krampfmildernde Arznei gefunden wird. Aber auch dann braucht er mitunter 10 bis 15 Minuten, um ein Wort zu tippen – eine Agonie. Auf diese – unendlich mühselige Weise – schafft er den Durchbruch: Er ist nicht mehr auf Ja und Nein beschränkt, kann sich ausdrücken, kann sagen, d.h. schreiben, was ihn bewegt: Das

»schreibende Einhorn« nennt er sich. Mit sechzehn Jahren bringt er einen Gedichtband heraus, mit dreiundzwanzig veröffentlicht Nolan seine Autobiographie *Unter dem Auge der Uhr*, die ihm den höchstdotierten britischen Literaturpreis, den *Whitbread Award*, einträgt. Sie wird ein Bestseller, in viele Sprachen übersetzt.

Dort berichtet er, wie er im Geiste mit sich selbst gesprochen hat, lange bevor er schreiben lernt und sich ausdrücken kann. In der Schule legt er sich innerlich Antworten zurecht auf die Fragen, die die Lehrer den Mitschülern stellen, und beobachtet, ob und wie ein Mitschüler antwortet. Lautet die Antwort so, wie er selbst geantwortet hätte?

Wir sehen, wie ein äußerlich stummes Kind (fast) alle geistige Mitarbeit auf die innere Bühne verlegen muß. Vergleiche zum »mentalen Training« im Sport drängen sich auf. Der Hochspringer trainiert nicht nur am Gerät, er läßt die Übung vor seinem geistigen Auge abrollen und denkt sich quasi über die Latte. Daß auch das stumme Durchspielen von Klavieretüden im Kopf Musikergehirne trainiert, ist inzwischen neurologisch nachgewiesen. Entscheidend ist bei Nolan, daß die Eltern die Hoffnung nie aufgegeben und ihr Kind auch weiter mit Sprache umsorgt haben. Es findet also durchaus ein Dialog statt, der über die Ja-und-Nein-Signale hinausgeht. Zuhören ist ein aktives Verarbeiten und Mitdenken, ein inneres Mitsprechen. Es gelingt, weil ihm erst die Mutter, dann der Rest der Familie, besonders die einfühlsame, zwei Jahre ältere Schwester, Sprache gewissermaßen zurechtlegen: Sprache auf dem Präsentierteller. Zum Beispiel wird verabredet, daß ein Blick herunter auf seine Schulter ein Wort mit »s« am Anfang bedeutet. Dann fragen seine Partner die Wörter mit s ab, die in Frage kommen könnten, und warten auf das Ja-Zeichen: Blick oder Kopf nach oben. Dennoch: Bei all dem Raffinement, mit dem die Familie einen privaten Verständigungskode entwickelt, kann Christopher nur mit einfachen Signalen reagieren. Seine Gedanken bleiben eingeschlossen in seinem Gehirn, bis er schreiben lernt. Ein Extremfall veranschaulicht auf besonders eindrucksvolle Weise, welche Verantwortung auch beim nicht behinderten Kind die Eltern für den Spracherwerb ihrer Kinder tragen.

Christie Browns linker Fuß

Ein anderes irisches Kind hat ein ähnlich schweres Schicksal zu meistern gelernt und darüber ebenfalls ein Buch geschrieben: Christie Brown. Er leidet an einer Gehirnlähmung, die wahrscheinlich durch eine Hirnverletzung während der Geburt eintrat. Sein Vater ist Maurer, von insgesamt zweiundzwanzig Kindern bleiben siebzehn am Leben. Christie gehört, wie er schreibt, zur mittleren Gruppe. Er kann sich auf dem Po rutschend selbständig fortbewegen. Sein Körper ist steif, mal zittert er, mal wird er von völlig unkontrollierten, ausfahrenden Bewegungen geschüttelt. So kann er wie Christopher Nolan seine Sprechmuskeln nicht beherrschen. Aber er kann gleich ihm normal hören und sehen. In der Familie kann er sich nur durch Gurgel- und Grunzlaute und andere Stimmgeräusche minimal verständlich machen, etwa, wenn es zum Essen geht und er sich über einen Stuhl wirft, um zu zeigen, wo er sitzen will. Es scheint, daß Christie in seiner Familie, obwohl weniger behindert als Nolan, zunächst kein so ausgeklügeltes Signalsystem entwickelt wie dieser. Seine Mutter liest ihm Bilderbuchgeschichten vor und hofft auf ein Zeichen von ihm, daß es ihm gefallen, daß er verstanden habe. Als dies nicht eintritt, geht sie schließlich weinend aus dem Zimmer. Sie, die jedes Jahr ein neues Baby zu versorgen hat, hat nicht die Kraft, mit ihm an einem raffinierten Verständigungssystem zu arbeiten wie Nolans Mutter. Trotzdem lernt er das Zugespochene verstehen. Er erwirbt Sprache, ist aber aufs Zuhören beschränkt.

Dann, mit fünf Jahren, ein dramatisches Erlebnis. In einem Augenblick ändert sich alles. Seine Schwester ist bei ihren Rechenaufgaben, die sie mit gelber Kreide auf ihre Schiefertafel schreibt. Lange Zeit schaut er ihr zu, mit einem Kissen gegen die Wand gelehnt. Dann gibt er einem plötzlichen Drang nach. Er, der seinen Fuß und seine Zehen bisher noch nie gezielt gebraucht hat, greift damit nach der Kreide und vollführt ein wüstes Gekritzel auf der Tafel. Alle sind plötzlich aufmerksam geworden. Seine Mutter ergreift die Kreide, malt ein großes A auf den Fußboden. Mach das nach, sagt sie und reicht seinem linken Fuß die Kreide hin. Und er versucht es und entdeckt, daß er ihn steuern kann, seinen linken Fuß samt der Zehen. Seine Mutter bringt ihm später das Alphabet bei, Schritt für Schritt.

> Ich erinnere mich, daß ich zuerst meine beiden Anfangsbuchstaben lernte: C.B., obwohl ich oft irre wurde und das B vor das C setzte. Immer, wenn mich jemand nach meinem Namen fragte, ergriff ich hastig ein Stück Kreide und schrieb C.B., mit einem großen Schnörkel.[2]

So lernt er erst Buchstaben schreiben, dann lesen und benutzt dafür die zerfledderten Schulbücher seiner zahlreichen Geschwister. Interessant, wie das neue Können sich positiv auf seine Sprechgeräusche auswirkt:

> Ich konnte immer noch nicht deutlich sprechen, aber ich hatte mir jetzt eine Art grunzender Sprache angeeignet, welche die Familie mehr oder weniger gut verstand. Wann immer ich in Schwierigkeiten geriet und sie nicht verstehen konnten, was ich sagte, zeigte ich auf den Fußboden und schrieb dort die Worte mit meinem linken Fuß nieder. Wenn ich nicht wußte, wie die Worte, die ich schreiben wollte, geschrieben wurden, geriet ich in Wut und grunzte infolgedessen nur noch unzusammenhängender.[3]

Später tauscht er Weihnachtsgeschenke, nämlich die eigenen Bleisoldaten gegen den Tuschkasten des Bruders, und erschließt sich mit 10 Jahren neue

Ausdrucksmöglichkeiten. Seine Staffelei ist der Fußboden, auf dem seine Eltern ein Zeichenblatt mit Reißzwecken anheften. Wieder hat er einen Weg gefunden, glücklich zu sein.

Christie Brown kommt als Siebzehnjähriger in eine Spezialklinik, in der er mit Hilfe neuer Entspannungsmethoden und harten Trainings aufrecht sitzen und sogar sprechen lernt.

Bei gestörter Sprechmotorik (Sprechapraxie) kann man das Sprachverstehen entwickeln und, was die Sprachproduktion angeht, in günstigen Fällen auf das Schreiben ausweichen, mit Hand oder Fuß oder auch den Augenlidern. Jedenfalls gilt es, die noch verbliebenen, vom bewußten Willen kontrollierbaren Bewegungen zu nützen, um lesbare Signale senden zu können. Sein linkes Augenlid war es, mit dem der Journalist Jean-Dominique Bauby nach seinem Gehirnschlag, der ihn mit dreiundvierzig Jahren vollständig lähmte, seine letzten Texte schrieb. Sein Gesprächspartner buchstabiert ihm das ABC vor oder fährt mit einem Finger die Buchstaben entlang, bis er ihn mit einem Blinzeln bei dem Buchstaben anhält, den er sich notieren soll. So kommt schließlich durch Abzählung Buchstabe für Buchstabe, Wort für Wort noch kurz vor seinem Tod ein ungewöhnlich erschütterndes und zugleich Trost spendendes Buch zustande.[4]

»*Ein vulkanischer Drang nach Mitteilung*«

Wir wissen von Schlaganfall-Patienten, die ihre Sprache verloren und später wieder gesundeten, wie verzweifelt man sein kann, wenn man den Kopf voller Wörter hat und kein einziges verstehbar herausbringen kann. Welchen Kampf es kostet, oft nur ein einziges Wort zu artikulieren. Manche geben dann völlig frustriert auf und schließen sich in ihre eigene Welt ein. Der Journalist Eugen Baursch, der mit siebzig einen Schlaganfall erlitt, gab nicht auf und gewann den Kampf:

> Ich jagte die verlorenen Wörter, bei jeder Gelegenheit, Stunde für Stunde.[5]

Ein unbändiges Verlangen nach Ausdruck treibt auch die beiden zitierten Spastiker an, denen das Sprechen von Geburt an verwehrt ist. Sobald sich nur die geringste Chance zeigt, finden sie Kraft, auch größte Hindernisse auf ihrem Weg zur Sprache zu überwinden. Die Signale, die sie auch ohne Sprache austauschen, sind ihnen angesichts eines »vulkanischen Drangs nach Mitteilung« (Nolan) völlig unzureichend. Vielleicht ist dies der eindrucksvollste Hinweis darauf, wie sehr der Mensch auf Sprache hin angelegt ist und ihrer bedarf. Er scheint instinktiv zu wissen, daß er sein menschliches Potential nur durch Sprache im Umgang mit anderen Menschen verwirklichen kann.

Glücklicherweise ist die Elektronik innerhalb weniger Jahre so weit fortgeschritten, daß schwerstbehinderte Menschen sich heute nicht mehr so zu quälen brauchen wie Christopher Nolan, um sich auszudrücken. Zunächst wird ermittelt, welche minimalen Bewegungen ihnen noch zu Gebote stehen. Speziell angepaßte Sensoren reagieren dann auf diese kleinsten Bewegungen und geben sie an einen am Bett oder Rollstuhl befestigten Computer weiter, der über einen Infrarotsender weitere Geräte bedienen kann. Durch Pusten oder Blinzeln etwa können wie mit einer Computermaus Bildschirmsymbole angeklickt werden, um zum Beispiel einen Wunsch mitzuteilen, einen Text einzugeben oder den Fernseher auszuschalten.[6]

Ziehen wir das Fazit. Eine Muttersprache kann allein durch verständnisvolles Zusprechen und Zuhören erworben werden. Dabei bleibt unklar, wie weit die dürftigen Signale, die Christopher und Christie noch geben konnten, mitgeholfen haben. Wir spekulieren, daß theoretisch auch ohne diese Signale Spracherwerb stattfinden kann. Alles hängt dann davon ab, ob die Angehörigen bei der alltäglichen Pflege nicht aufgeben und weitersprechen, als ob das Kind verstünde – auch wenn klare Bestätigungen des Verstehens ausbleiben. Beide Kinder hatten Mütter, die fest daran glaubten, daß in dem beschädigten Körper ihrer Kinder ein lebendiger Geist wohnt, der angesprochen werden will. Im Grunde kann man wohl kaum anders. Wer ein behindertes Kind versorgt, wird dabei mit ihm sprechen, auch wenn nie eine Antwort kommt: Indiz für eine *genetische Doppelsicherung* der Sprache. In gewisser Weise findet wohl immer ein Dialog statt; Zuhören ist schon aktives Mitwirken, Verstehen ein inneres Wiedererzeugen, ja, ein inneres Mitsprechen. Das Kind antwortet. Nur: Die Antwort bleibt eingeschlossen in einem behinderten Körper. Sie kommt nicht heraus, sie kommt nicht an. Es bleibt ein innerer Dialog.

---

1 Nolan 1987, 52
2 Brown 1973, 23
3 Brown 1973, 25
4 Bauby 1997
5 Baursch 1992, 77
6 »Ferngespräch per Augenzwinkern«, GEO 1/97, 169–176

Das Rätsel des Autismus

Die vermauerten Fenster

Bisher ist noch niemand aus dem Autismus so recht klug geworden. Aber auch wenn wir den Autismus selbst nur ansatzweise verstehen, hilft der Vergleich mit den autistischen Gefährdungen und Beschränkungen, das Wunder des normalen Spracherwerbs besser zu würdigen.

Autismus (wörtlich: Selbstbezogenheit) ist eine Entwicklungsstörung, die im Alter von etwa zwei Jahren auftaucht und in der Regel ein Leben lang fortdauert. Betroffen sind nach den gegenwärtig üblichen Kriterien ein bis zwei von tausend Kindern, von denen mehr als die Hälfte als geistig zurückgeblieben gilt. Stets trifft es mehr Jungen als Mädchen. Bedeutsame Aufschlüsse über die Sprache liefert der Autismus in Reinform, der nicht mit geistiger Behinderung einhergeht. Eine kleine Minderheit dieser Autisten kann in Einzelbereichen wie Zeichnen oder Rechnen außerordentlich begabt sein (sog. Inselbegabungen). Über die Ursachen des Autismus weiß man heute immer noch sehr wenig. Überhaupt hat die Forschung den Autismus noch längst nicht aufgeklärt. Wir versuchen uns trotzdem dieser Behinderungsform zu nähern, weil sie bestimmte Aspekte des Spracherwerbs deutlich hervortreten läßt. Allerdings gleich eine Warnung vorweg: Wann immer im folgenden etwas über »die Autisten« gesagt wird, so braucht das auf einen individuellen Fall nicht zuzutreffen. *Besser*, aber leider umständlicher, müßte man von »Menschen mit autistischen Behinderungen« sprechen. Wie bei der Schizophrenie ergibt sich kein einheitliches Bild, es liegt ein Bündel von Störungen vor. Ein nur leicht ausgeprägter Autismus ohne bedeutsame Sprachverzögerung wird auch als Asperger-Syndrom bezeichnet.

Deutlich sind die Symptome einer bizarren Verhaltensstörung bei äußerlicher körperlicher Unversehrtheit. Der Kerker ist nicht mehr der von Spasmen geschüttelte, unkontrollierbare Körper, sondern die Seele. Allem Neuen wird ausgewichen. Es wird offenbar als Bedrohung, als Absturz ins Chaos empfunden. Kommt eines Morgens ein blauer Schulbus anstelle des gewohnten roten, steigt das autistische Kind nicht ein, empfindet mitunter Panik. Oder wenn ein Möbelstück in der Wohnung umgestellt worden ist oder der Tagesrhythmus an einem Punkt geändert wird. Während andere Kinder mit Vorliebe gesellige Rollen- und Symbolspiele erfinden, sieht man Autisten, die dieselben stereotypen Handlungen wiederholen, etwa ständig hin- und herwippen, sich hin- und herwälzen, auf Blättern Kreise malen, mit Bindfäden wedeln und wirbeln oder unentwegt Sand durch die Finger rieseln lassen: vielleicht eine Ausweichhandlung, ein Trick, sich irgendwie Ruhe und Sicherheit zu verschaffen, indem sie den feinen Texturen des Sandes nachspüren; eine Technik des Sich-Einlullens, des (oft buchstäblichen) Sich-in-Sicherheit-Wiegens.

Die Stereotypien – bis hin zum Sich-selbst-Schmerz-Zufügen (z.B. sich in die Hände beißen) – könnten Rückzugsmanöver sein. Will sich das Kind ganz auf sich selbst konzentrieren, um sich zu retten vor einem überwältigenden Ansturm von Außenreizen? Sind Schreie und Um-sich-Schlagen eine andere Reaktion auf dieselbe Bedrohung – eine Art Schutzpanzer? Autisten berichten von einer unerträglichen Überempfindlichkeit des Hörens, Sehens, Fühlens, Schmeckens, Riechens. Alle Sinne können beteiligt sein, jedoch bei jedem Autisten wieder anders. Beispiel Hören: Man stelle sich vor, man würde von einem Dutzend Radioprogrammen zugleich bombardiert, ohne die Möglichkeit, sich auf eines zu konzentrieren und die anderen einfach nicht zu beachten. Hallende Korridore können Schmerzen bereiten. Kinder können dem Unterricht nicht folgen, weil sie zugleich die Stimmen aus drei umliegenden Klassen vernehmen. Allein das Stimmengewirr auf Parties und Familienfesten ist für sie zum wahnsinnig Werden. Während aber dem einen das Rauschen einer Toilette wie ein tosender Wasserfall vorkommt, verbringt ein anderer Stunden damit, immer wieder die Toilette zu spülen, weil ihn das Rauschen beruhigt und abschirmt. »Normale« Menschen erleben diesen Tumult der Sinne nicht, weil ihr Gehirn die Sinnesreize filtert. Wenn sich neben uns zwei unterhalten, können wir ihre Stimmen ausblenden und mit unserem Partner weiterreden. Manchmal können Autisten nur langsam umschalten. Sagt einer was, bekommen sie die ersten Worte nicht mit, weil sie erst verzögert merken, daß er angefangen hat zu sprechen.[1] »Wenn ich jemand zuhöre, sehe ich ihn nicht, und wenn ich ihn anschaue und mustere, kann ich ihm nicht zuhören«, berichtet eine Autistin. Oder sie kann nicht neben der Sprechmelodie auch noch die Wörter registrieren. Stefan trinkt kein Sprudelwasser, weil es an der Nase so prickelt, daß es schmerzt. Ein Ball kann noch so weich sein, man darf Stefan den Ball nur zurollen; wenn er auf ihn zufliegt, hat er Angst.[2] Überreizte Sinne: Auch wir zucken zusammen, wenn uns plötzlich ein Getöse erschreckt oder ein starker Lichtstrahl blendet. Jede Art von Reiz – welcher Sinn auch immer angesprochen wird – kann ja bis ins Schmerzhafte gesteigert werden. Bestimmt Angst deshalb das Leben vieler Autisten, weil sie nie vor einem Bombardement stärkster Reize sicher sein können? Lange Zeit meinte Temple Grandin, die als Erwachsene ihren Autismus in den Griff bekommt, daß die meisten Menschen wie sie in ständiger Angst leben müßten.

> Angst trieb mich in meine Fixierungen, und alles drehte sich darum, diese Angst zu reduzieren.[3]

Vielleicht besteht der Defekt (oder eine Kombination von Defekten) auch darin, daß das autistische Gehirn einzelne Sinneswahrnehmungen nicht zu

einem stimmigen Ganzen zusammenführt. Hierzu paßt etwa, daß einige
Autisten ein paar mal so lang wie andere brauchen, um ein Gesicht wiederzuerkennen. Axel Brauns hat jahrelang Mühen mit Gesichtern; er erkennt
seine Spielkameraden aber an den Haaren. Die kann er hübsch finden oder
nicht, aber bei Gesichtern versagt er völlig. Ob ein Mädchen wirklich gut
aussieht oder nicht, das muß er bei seinen Schulkameraden erfragen, die –
das merkt er bald – gerade darauf den allergrößten Wert legen.

> Oft starrte ich in den Spiegel und grübelte darüber nach, wie ich aussähe.
> Welche Farbe hatten meine Augen eigentlich? Die einzelnen Bestandtei-
> le meines Gesichtes vermochte ich aufzuzählen, ihre Wirkung als Ganzes
> erschloss sich mir nie.

In die Sofaecke gekuschelt, betrachtet er die Gesichter seiner Eltern, kann
sie augenblicksweise erfassen:

> Dann und wann ließ ich meinen Blick über die Buntschattengesichter
> der Haha (Mutter) und des Dachses (Vater) gleiten. Nasen, Wangen und
> Lippen verloren ihr Eigenleben. Sie hüpften nicht mehr quer über eine
> Möglichkeit, von der ich lediglich ahnen konnte, daß man sie Gesicht
> nannte. Sobald sich die Buntschattenköpfe bewegten, waberte jedoch
> Nebel aus den Augenauen über die Gesichter.[4]

Alles scheint in Einzelheiten zu zerfallen, es fehlt an einer zentralen, ord-
nenden, sinnstiftenden Instanz. Rührt daher die stundenlange Konzentration auf Winzigkeiten?

> Ich erinnere mich (schreibt Temple Grandin), daß ich genau beobachte-
> te, wie der Sand durch meine Finger floß oder wie lange ein Topfdeckel
> sich drehte, wenn ich ihn mit verschiedenen Geschwindigkeiten in Rota-
> tion versetzte. Mein ganzes Denken ging völlig in diesen Kleinigkeiten
> auf. Ich war auf sie fixiert und ignorierte alles andere.[5]

Ihre Stereotypien, auch die Selbstverletzungen, das Manisch-auf-etwas-Fi-
xiertsein und die fanatische Ordnungsliebe – erklären sie sich durch den
»Kuddelmuddel« bei der Verarbeitung von Sinneswahrnehmungen und die
Qualen, die sie durch ihre Sinne erleiden? Auch die Abkapselung, die dem
Autismus seinen Namen gab, könnte damit zu tun haben: Autisten ziehen
sich in sich zurück und weisen Kontaktangebote ab, um sich abzuschirmen.
In sich versunkene, stundenlange Tagträumer; dann wieder hocherregte,
schreiende, auf sich selbst einschlagende Menschen, völlig ausgeflippt.

Allerdings muß die Abkapselung noch tiefere Gründe haben. Zwar kann
auch die kleine Elly den Geschirrspüler nicht ertragen, ist aber sonst ein besonders pflegeleichtes Baby und zufrieden, wenn man sie beim stundenlan-
gen Wippen und Schaukeln allein läßt. Sie beschädigt sich nicht selbst, hat
keine Schreianfälle, die Angst scheint abgemildert zu einer auffälligen Vor-

sicht und Umsicht in ihren Bewegungen. Aber sie wirkt wie alle Autisten meist wie abwesend, zeigt keine Bereitschaft für Kommunikation und Sprache. Es fehlt auch der typisch kindliche Erkundungstrieb, die Lust auf Neues. Sie ist anfangs weder den Menschen noch den Dingen zugewandt: Absolutes Desinteresse ist der Grundtenor ihres Verhaltens. Ihr repetitives Spiel beruhigt keine überreizten Sinne, doch verschafft es ihr, die keine Neugier treibt, wenigstens Bewegung.[6]

Ja, mehr noch als das. Autistische Überempfindlichkeiten können unter Umständen auch ungeahnten Sinnengenuß bedeuten. Das wissen wir dank Axel Brauns faszinierendem Selbstzeugnis. Feinwahrnehmungen wie das durch Birkenblätter rieselnde Sonnenlicht, wie das Prickeln der hitzegefüllten Sandkörner auf der Haut, wie der »Glücksklang« von einem Haufen durcheinander gerührter Löffel in einer blank gerubbelten Edelstahlspüle können Minuten, ja Stunden von Hingabe und Glück bescheren. Ebenso zählen dazu das rauschhafte Gefangensein in den eigenen Drehbewegungen, die Lichtschauer, die auf ihn herunterprasseln beim Aus- und Anknipsen der Lampe, während doch für seinen Bruder »ein Lichtschalter nur ein Lichtschalter« ist, die schöne Ordnung und Übersichtlichkeit von Landkarten oder auch die dauerhafte geregelte Abfolge der Straßen, die seinen Schulweg kreuzen und deren Namen er immer wieder genüßlich von den Schildern abliest und vor sich hinmurmelt. Es gibt also für ihn – und wohl nicht nur für ihn – Kompensationen, eine Genauigkeit und Lust des Beobachtens und Wahrnehmens, die in einem eigenartigen Kontrast zu den »diesigen« Schatten stehen, als die ihm die Gesichter der Mitmenschen erscheinen.

Autisten gelten heute als Opfer eines teilweise kompensierbaren, aber im Grunde noch unheilbaren biologischen Defekts (oder auch mehrerer subtiler Defekte). So sind – unter anderem? – bestimmte Partien des Kleinhirns unterentwickelt.[7] Sprechende Autisten ohne zusätzliche geistige Behinderung können allerdings als Erwachsene durch scharfes Beobachten, Einprägen und Trainieren Verhaltens- und Umgangsformen entwickeln, die eine selbständige Lebensführung erlauben.

Wie Eulenspiegel beim Schuhmacher: Verstehensdefekte

Erscheinen Autisten vielleicht auch deshalb als kontaktscheu, ja gefühlskalt, weil ihr Gehirn ihnen nicht »erklärt«, wie die einzelnen Verhaltensstücke, die sie bei ihren Mitmenschen beobachten, zusammenpassen – ein Blick, die hochgezogenen Augenbrauen, eine Wendung des Körpers, der Tonfall der Stimme? Temple sieht und spürt z.B. nicht, daß ihre Eltern nicht mehr harmonieren, im Gegensatz zu ihrer jüngeren Schwester, die wohl merkt, daß die Eltern auf eine Scheidung zusteuern. Ebensowenig versteht sie manche Alltagsverrichtungen. Sie sieht nicht das einigende Band, die

Zielbezogenheit des Handelns, ohne die sich die Teilstücke nicht zusammenfügen lassen.

Demnach fällt es Autisten schwer, ihre Mitmenschen als Handelnde zu erkennen, die eigene Absichten verfolgen (vgl. S. 115ff.). Sie scheinen nicht recht zu verstehen, was in den Köpfen der anderen vor sich geht. Ihnen fehlt jene »Theorie des Geistes«, die sich hier bei Julia (2;9) schon ankündigt:

> Mutter: Hat Julia wieder Bächlein in die Hose gemacht?
> Julia: Julia hat kein Bächlein gemacht. Badewanne hat meine Hose naßgemacht.
> (kurze Pause, ca. 5 Sek.)
> Was hat Mama dachtet? Hat Mama dachtet, Julia hat Bächlein macht. Badewanne hat Hose naßgemacht.[8]

Vollbringt hier die Sprache nicht ein kleines Wunder? Sie ist nicht nur »das Werkzeug, die Seele des andern unmittelbar zu berühren, unmittelbar ihr Kenntnisse einzupflanzen«, sondern erlaubt auch Rückschlüsse über den anderen und seinen Seelenzustand.[9] Denken Autisten nicht an das Denken des Anderen? Was Julia im Verlauf ihrer Sprachentwicklung zufliegt, fehlt auch denjenigen Autisten, die sich langsam an Sprache herantrauen. Man könnte es Mangel an Einbildungs- und Einfühlungskraft nennen, wenn es um menschliche Beziehungen geht. Die sind ein schier unlösbares Rätsel. Typischerweise bleiben Autisten auch Ironie und Witz unverständlich, und zu Scherzen sind sie kaum oder nie aufgelegt. Autismus wäre eine Art seelischer Blindheit: Sie sind blind für die Gefühls- und Denkwelt, für das Innenleben ihrer Mitmenschen. Sie können keine Gedanken lesen, können gewissermaßen nicht »zwischen den Zeilen lesen«, bekommen die Nuancen nicht mit. Sie können auch den Ton, den wir anschlagen, unseren Gesichtsausdruck und unsere Körpersprache nicht deuten. Das sind meistens Anzeichen dafür, wie wir etwas meinen. Sie übersehen sie, weil sie sie nicht deuten können, nehmen somit alles wörtlich und verfehlen dabei den übergreifenden Gesprächszusammenhang. Wenn man etwa feststellt: »Es zieht hier gewaltig«, damit aber indirekt den Wunsch ausdrückt, daß das Fenster geschlossen wird, verstehen sie den Wunsch nicht, da er nicht direkt geäußert wurde.

Sie benehmen sich wie Eulenspiegel beim Schuhmacher, der alles falsch versteht und das Leder zerschneidet, statt es ordentlich zuzuschneiden. »Du tust nach den Worten, nit nach der Meinung«, sagt der erboste Schuhmacher und schickt ihn zur Stadt hinaus. Der Schneidermeister zu Berlin sagt ihm: »Knecht, willst du nähen, so nähe wohl und näh, daß man es nit sieht.« Da kriecht er in ein Faß und näht im Dunkeln. Obwohl man Eulenspiegel aus anderen Geschichten als den klugen Schalk kennt, bleibt es hier merkwürdigerweise offen, ob er seine Meister bewußt narrt. Es ist, als ob sich der Erzähler nicht klar entscheiden konnte, ob hier ein Dümmling sich nicht in die Denkweise eines anderen hineinversetzen und vom Wortlaut absehen kann oder ob ein Witzbold andere zum Narren hält.

Diese Geschichten – und ähnliche von anderen Völkern – spiegeln somit auch unsere Unsicherheit im Umgang mit Autisten wider. Ihr Benehmen wirkt befremdlich. Sie bleiben uns fremd, so wie wir ihnen. Und in dem Maße, wie wir ihnen fremd bleiben, müssen sie sich wohl auch selbst fremd bleiben.

So wirken sie oft sonderbar unhöflich, abrupt und allzu direkt. Die Kunst der feinen Andeutungen scheint ihnen unzugänglich.

> Da lob ich mir die Höflichkeit,
> Das zierliche Betrügen.
> Du weißt Bescheid, ich weiß Bescheid,
> Und allen macht's Vergnügen. (Wilhelm Busch)

Sie wissen eben nicht Bescheid, und genau das ist der Grund ihrer Unhöflichkeit. Eltern bimsen ihnen Anstandsregeln ein, wann man »bitte« und »danke« sagt, oder sie bringen es sich als Erwachsene selbst bei – aber dann wirkt es auch so wie einstudiert. Zum Beispiel fehlt der herzliche Ton, der nicht immer, aber manchmal dazugehört. Wann aber? Dafür haben sie kein natürliches Gespür. Wie man etwa Avancen macht oder sie freundlich abwehrt. Überhaupt haben sie wenig Sinn für das alltägliche Schwatzvergnügen, das Gespräch über den Gartenzaun oder den Kaffeeklatsch, für den *small talk*. Wozu sollte das gut sein? Weil dabei kaum Informationen von Belang ausgetauscht werden, verstehen sie nicht, was das soll, d.h. sie können den gemeinschaftsbildenden Charakter solcher Gespräche nicht erspüren.

Weil viele Gespräche reine Beziehungsspiele sind, müssen Autisten darum ringen, sie zu verstehen, wie Susanne Nieß erklärt:

> Es gibt viele solche ritualisierte Wortwechsel, die ganz einfach sind und bei denen ich trotzdem überlegen muß, welche Antwort fällig ist. Es gibt Situationen, in denen man antwortet: »Danke gleichfalls« oder »Dir auch«, aber das ist nicht immer so. Wenn zum Beispiel jemand sagt »Herzlichen Glückwunsch zum Geburtstag«, ist diese Antwort nicht angebracht und man muß nur »Danke« sagen. Bei »Guten Appetit« ist es besonders kompliziert: Da muß ich erst mal feststellen, ob der, der es sagt, auch isst. Wenn ja, muss ich ihm auch guten Appetit wünschen, wenn nicht, hat das keinen Sinn, dann muss ich »Danke« sagen.

Auch dieses Miteinander-Umgehen, d.h. die pragmatische Seite der Sprache, gehört zum Spracherwerb.

Eltern und Betreuern wäre zu raten, auf die vielen Sprachfallen zu achten, von denen Autisten umstellt sind, vor allem auf die irreführende Wörtlichkeit. Es bleibt ihnen ja nichts weiter übrig, als sich an den Wortlaut zu halten, wenn sie den eigentlichen Sinn einer Beschäftigung, die Absicht dahinter, nicht sehen! Es geht ja keineswegs nur um auffällige Sprachbilder wie »jemand einen Bären aufbinden« oder »sich auf den Hosenboden setzen« oder »Leseratte«. Axel versteht auch auf Anhieb nicht, daß eine Wunde »brennen« kann, weil für ihn »brennen« eben mit einer offenen Flamme assoziiert ist. Auch Bedeutungserweiterungen wie die von »Gewichtheber« – jemand, der Gewichte hebt – zu »Wagenheber« – nicht jemand, sondern das Instrument, mit dem man hebt – können Schwierigkeiten machen. Wichtig ist auch das Wörtchen »wie«. Also nicht sagen: Der ist ein Fuchs. Du bist ein Angsthase. Sondern: Der ist wie ein Fuchs, der ist schlau wie ein Fuchs. Du bist wie ein Hase, der vor Angst davonläuft – ein richtiger Angsthase. Also die gedanklichen Verbindungen klarmachen zwischen wörtlicher und übertragener Bedeutung. Noch ein weiterer Rat: nicht zuviel durcheinander reden. Autisten können das Stimmengewirr nicht entflechten, müssen einzelnen Worten hinterher denken und ihren Sinn ergrübeln. Vielleicht sollte man auch einmal eine Geschichte haarklein auseinanderlegen, ja die einzelnen Vorgänge, die die Geschichte ausmachen, numerieren!

Die Schwierigkeit, Absichten zu erkennen, und ihre »seelische Blindheit« – nicht generelle Gefühlsarmut! – als Erklärungsansätze helfen uns, ein Teilspektrum des autistischen Formenkreises annäherungsweise zu verstehen: Beeinträchtigungen

- beim Verstehen der Alltagswelt,
- in der sozialen Beziehungsfähigkeit,
- in Kommunikation und Sprache sowie
- in Phantasie und Einfühlungskraft, der Fähigkeit, die Gefühlslage einer anderen Person unmittelbar zu erfassen, also mitfühlen zu können.

Unter Menschen sein und sich »normal« benehmen kostet Autisten mehr Kraft und Kontrolle, als wir ahnen.

Die Papageienmethode und andere Sprachfallen

Autisten verwenden häufig Wörter und Satzfragmente wie ein Leitmotiv (vgl. S. 86). Dies erinnert entfernt an sprachliche Marotten, die man sich zulegt und deren Ursprung man wohl kennt. Wenn man will, kann man solche Schrullen auch wieder ablegen. Oder man verwendet sie gezielt im Kreis der Eingeweihten. Bei Autisten jedoch hat es den Anschein, als ob diese Angewohnheit eine der Fallen wäre, in denen sie stecken.

Es ist, als ob sie im bloßen Nachahmen stecken blieben. Auch normale Kinder verwenden Sprache eine Zeitlang rein echohaft. Es fängt an beim verständnislosen Nachplappern der zuletzt gehörten Wörter:

Mama: Was kommt denn die Gisa da vorgekrochen!
Gisa (2;1): voakochen!

Papa: Was sagt die Gisa da?
Mama: Ach die kriegt sich was daher, weiß der Kuckuck.
Gisa (2;2): Weiß der Kuckuck.

Der verständnislose Nachhall (Fachausdruck: Echolalie) ist Vorstufe zu einem mittelbaren Nachahmen, das schon Verständnis anzeigt. Dazu gehört auch leises wiederholtes Vor-sich-Hinsprechen, bei dem sich das Kind im Artikulieren übt oder auch dem Sinn des Wortes nachlauschen könnte – so wie wir auch, geistesabwesend, mechanisch, eine an uns gerichtete Frage wiederholen, um Zeit für ein volles Verständnis zu gewinnen.

Eltern autistischer Kinder sind schon froh über echoartiges Nachplappern: *Eine* Reaktion ist besser als keine, Kontakt ist hergestellt. Bei Axel, der schon verhältnismäßig viel und normal spricht, nervt es naturgemäß. Manche Wörter kann er einfach nicht loslassen, so ein Vergnügen bereiten sie ihm: Dampfwalze, Schultüte, Zipfelchen. Als ihm seine Mutter bittet, endlich mal aufzuhören, kann er's einfach nicht: »Ich war machtlos. Das Wort Zipfelchen entschlüpfte meinem Mund, sooft es wollte.«[10]

Geistig Behinderte verharren mitunter in der Echolalie. Sie verstehen noch, daß man eine »Antwort« erwartet, und liefern quasi als Ersatz ein Echo. Auch der Spracherwerb der autistischen Elly ist stark imitativ geprägt. Die Verwechslung von »du« und »ich«, die man bei fast allen Kinder beobachtet, dauert bei ihr unverhältnismäßig lange. Wie oft hört Elly »Mama loves you«, und so kommt sie dann endlich (wie lange hat die Mutter darauf warten müssen!) von selbst zur Mutter, schmiegt sich an sie und sagt: »Mama love(s) you.« Sie meint ganz zweifellos »Mama hat *mich* lieb«. Sie hört »Daddy gave you a present« und berichtet später ganz stolz: »Daddy give you (a) present«, meint aber »Daddy hat *mir* ein Geschenk mitgebracht.« Umgekehrt heißt bei ihr »I like that« ganz unmißverständlich »Ja, du magst das«, denn sie bekräftigt nur, was die anderen gerade selbst von sich gesagt haben.[11] Wieso kommen normale Kinder so schnell dahinter, daß man hier das Zugesprochene nicht einfach übernehmen kann?

Was ich sage, ist Aussage *für* einen anderen; was ich höre, ist Aussage eines anderen. Wir erwerben Sprache erst richtig, wenn wir den anderen in seiner Andersheit erkennen. Dies ist es wohl, was Autisten so schwer fällt.

»Botschaften aus einem autistischen Kerker«

Die Bücher von Birger Sellin haben weite Kreise in Deutschland auf das Phänomen des Autismus aufmerksam gemacht. Birger ist ein normales Baby, das früh sprechen lernt, bis im Alter von zwei Jahren die Krankheit ausbricht.

Wochenlang litt er an wiederkehrenden Mittelohrentzündungen und Brechanfällen. Nach drei Monaten schien die Krankheit glücklich überstanden, doch Birger war ein anderer Mensch als vorher. Er schrie nach jedem Mittagsschlaf, er schrie, sobald er das Haus verlassen sollte, und zeigte eine geradezu panische Angst vor anderen Kindern. Gleichzeitig begann seine Sprache zu versiegen. Birger stammelte nur noch vereinzelte Worte. Sein Wortschatz wurde immer kleiner. Eines Tages verstummte er vollends.[12]

Er reagiert nicht mehr auf noch so liebes Zusprechen, vermeidet auch jeden Blickkontakt.

Das Kind hat die Angewohnheit, Bücher um sich herum zu stapeln und die Seiten zu zerknüllen. Er kann stundenlang mit Murmeln und Glasperlen spielen, wobei er sofort bemerkt, wenn auch nur eine davon fehlt. Die Murmeln waren auch der Anlaß für den einzigen vollständigen Satz, den Birger bis heute gesprochen hat. Vater Dankward hatte ihm im Scherz eine davon weggenommen, woraufhin ihn der siebenjährige Junge klar und deutlich aufforderte: »Gib mir die Kugel wieder!« Dankward Sellin war wie vom Donner gerührt, seine Frau kam mit einem Aufschrei aus dem Nebenzimmer gerannt. Tagelang bestürmten die Eltern ihren Sohn, er möge noch einmal irgend etwas sagen. Vergebens: Es blieb bei diesem einzigen Satz. Danach herrschte wieder Schweigen.

Plötzlich, Birger ist inzwischen neunzehn Jahre alt, bricht er sein Schweigen. Er spricht immer noch nicht. Aber er schreibt. Texte brechen aus ihm hervor, die einen erschütternden Einblick in eine geängstigte, gepeinigte Seele geben. Eine Methode, unüberbietbar in ihrer Einfachheit, hat ihm diesen Ausweg eröffnet. Sie heißt »gestützte Kommunikation« (*facilitated communication*), wurde von der australischen Pädagogin Rosemary Crossley erfunden und propagiert und gehört zu den besonderen Arbeitsweisen, Ausweichmanövern und auch technischen Geräten, die man bei nichtsprechenden Kindern einsetzt, um ihnen Kommunikation zu ermöglichen. Sie werden heute unter der Bezeichnung *Augmentative and Alternative Communication* (AAC), was soviel bedeutet wie »die Lautsprache ergänzende und ersetzende Kommunikation«, zusammengefaßt.

Jemand, dem der Behinderte vertraut, setzt sich mit ihm an die Schreibmaschine oder den Computer, stützt seine Hand oder seinen Unterarm und ermutigt ihn, zu schreiben. Später kann die Unterstützung der Schreibhand auch schon mal wegfallen, und es genügt, dem Schreibenden die Hand auf die Schulter zu legen. Körperkontakt – auch wenn es nur eine winzige Geste ist – bedeutet immer ein Höchstmaß an Vertrauen. Sprechen nicht auch Mutter und Kind erst mit dem Körper, bevor sie in Worten sprechen?

Birger tippt anfangs nur Wortfetzen, im »Ein-Finger-Such-System«, wohl unter größten Mühen und starker innerer Erregung. Nach zwei Wochen kommen einzelne Sätze. Welchen Kampf er dabei mit sich ausficht, kann man an dem »aufhören, ich will aufhören« ersehen, das immer wieder auftaucht. Während Nolan und Brown mit ihrem widerborstigen Körper kämpfen, muß Birger offenbar größte seelische Widerstände und Qualen überwinden, die ihm die Sprache verschlagen haben. Rein technisch verfügt er über Sprache. Denn nach zwei Monaten entstehen schließlich knappe, konzentrierte Texte wie die folgenden Passagen:[13]

> ich habe viele außerordentlich eindrucksvolle bücher gelesen seit meinem fünften lobenswerten lebensjahr und alle diese wichtigen inhalte bewahre ich wie kostbare schätze in mir.

> wie soll ich ein erlebnis verarbeiten
> es ist einfach die aufregung den redenden nicht antworten zu können
> und richtig reden lerne ich nicht ...

> ich bin ohne sprache ein armer irrer und auch schreiben kann ich nur mit hilfe einer anderen person das ist sehr demütigend und ich schäme mich deswegen.

> ich will dir ein gedicht schreiben über die freude
> sich ausdrücken zu können
> ich liebe sprache
> sie bringt das innere zum blühen
> sie schickt gedanken mit der kühnheit eines adlers in dimensionen deiner innersten innigsten träume
> sie verbindet uns die wir eingesperrt sind in unserer
> einsamkeit

So bleibt sein Sprechen eingeschlossen in einer beeinträchtigten Seele. Aber er erwirbt Sprache – weil er nicht abgeschnitten wird von ihrem lebendigen Strom. Die Familie spricht weiter, vielleicht weil sie nicht anders kann; auch wenn jahrelang jede Bestätigung, jedes positive Zeichen von seiten des Kindes ausbleibt. Wir können einfach nicht mit unseren Mitmenschen intim sein, ohne auch mit ihnen zu sprechen. Der Strom der Sprache fließt weiter, auch ohne Echowirkungen.

Das Selbstzeugnis einer erfolgreichen Autistin

Temple Grandin gehört zu den Autisten, die es geschafft haben, ihre Krankheit so weit zu beherrschen, daß sie ein normales Leben führen können. Sie ist heute eine international anerkannte Wissenschaftlerin auf dem Gebiet der angewandten Tierpsychologie. Sie hat, noch keine vierzig Jahre alt, ihren Fall selbst beschrieben und damit einen wichtigen Beitrag zum Verständnis des Autismus geleistet.

Mit sechs Monaten, so weiß sie von ihrer tagebuchführenden Mutter, verhielt sich das Baby plötzlich anders: Sein Körper wurde steif, wenn die

Mutter es an sich drücken und herzen wollte. Und Temple machte – ganz im Gegensatz zu Birger – keine Anstalten, das Sprechen zu lernen. Mit dreieinhalb Jahren konnte sie noch nicht sprechen und verständigte sich schreiend, quiekend, piepsend und summend. Dabei konnte sie verstehen!

> Manchmal hörte ich und verstand, andere Male wieder stürzten die Töne und Geräusche auf mich ein wie ein herandonnernder Güterzug.[14]

Wenn die Erwachsenen sie direkt ansprachen, verstand sie; sprachen sie untereinander, hörte es sich wie Kauderwelsch an. Und sie selbst brachte einfach keine Wörter heraus, obwohl sie es wollte und die Wörter schon da waren, in ihrem Kopf. Das war entsetzlich quälend. Wohl auch für die Mutter. Denn wenn immer ihr etwas nicht paßte, schrie sie: sie konnte dann einfach nicht anders als schreien. Auch fiel es ihr ungeheuer schwer, ihrer Mutter ins Gesicht zu sehen.

> Immer wieder sagte sie zu mir: »Temple, hörst du mir auch zu? Sieh mich doch an!« Manchmal wollte ich das auch, konnte es aber nicht.

(Warum fällt ihr das so schwer? Was passiert zwischen zwei Menschen, die sich anschauen?)

Dann kommt sie zu einer Sprachtherapeutin, mit der sie täglich übt, und spricht schließlich unter Stammeln und Stottern einzelne Worte.

> Sie müssen in den Ohren meiner Mutter wundervoll geklungen haben. Was für ein Schritt nach vorn, weg vom Summen, Piepsen und Quieken!

Die Sprechblockade durchbricht sie zuerst in besonderen Streßsituationen. Bei einem Autounfall, der glimpflich verläuft, regnen Glassplitter auf sie im Rücksitz herab. Aufgeregt, aber nicht ängstlich, brüllt sie: »Ice. Ice. Ice.« Als ihre Sprachtherapeutin einmal das Zimmer verläßt, klingelt das Telefon. Das nervt sie so sehr, daß sie schließlich den Hörer ergreift und ein klares »Hallo« sagen kann. Wieder verursachen ihr plötzlich ganz simple Geräusche unerträgliche Pein, die aber zu einem Erfolgserlebnis führt. Sie lernt schließlich sprechen, wird als junges Mädchen sogar eine richtige Quasselstrippe, die bei bestimmten Themen sehr beharrlich sein kann – wieder eine Art von Fixierung. Jahrelang haftet ihrer Mündlichkeit aber noch ein Makel an, denn sie spricht merkwürdig gepreßt, mit flacher, intonatorisch verarmter Stimme.

Es dauert also lange, bis Temple ihre Sprechbarriere, die sie sich nicht weiter erklären kann, überwindet.

> Die Menschen um mich herum fragten sich, warum ich das eine Mal etwas sagen konnte, das andere Mal nicht. Gab ich mir vielleicht nicht genug Mühe? War ich etwa verwöhnt? Sie waren dann noch strenger mit mir.

Eine klare Warnung, solche Nervenbündel, wie es Autisten augenscheinlich sind, mit unserer Alltagspsychologie begreifen und zurechtstutzen zu wollen. Erst als sie Mitte zwanzig ist, kann sie anderen Leuten die Hand geben und sie dabei anschauen. Obwohl sie natürlich längst weiß, daß man das von ihr erwartet – und auch tun möchte, was man von ihr erwartet.

Geheimnisvolle Sprechblockade

Stefans Weg zur Sprache kommt Temples Bericht sehr nahe.[15]

> Wenn ich getragen werden wollte, stellte ich mich vor die Eltern, hielt die Arme hoch und stieß einen bestimmten Laut aus. Wollte ich einen für mich unerreichbaren Gegenstand, führte ich sie am Handgelenk und jaulte so lange, bis sie durch geduldiges Fragen den gewünschten Gegenstand errieten.

Stefan kann schon viel verstehen, lernt auch das eine oder andere Wort, bleibt aber beim Jaulen oder Schreien, wenn er etwas haben will. Wieder müssen die Eltern die ganze Arbeit leisten:

> Bei einem solchen Spiel versagte einmal eine elektrische Birne. Meine Mutter sagte: »Licht kaputt.« Sie drehte eine neue Birne in die Fassung und ich konnte weiter mit dem Licht spielen. Als das Licht nun ausging, sah ich zur Lampe und fragte: »kapu?« – »Nein, mach das Licht an«, sagte sie und wirklich, das Licht war nicht mehr kaputt. Von nun an gehörte »kapu« zu einem oft und gern gebrauchten Fragewort. »Kapu?« fragte ich, wenn ich auf der Toilette abzog oder wenn Verpackung aufgerissen wurde. Daß ich das Wort in seiner Bedeutung begriff, merkten meine Eltern daran, daß ich z.B. bewußt ein fertiges Puzzle zerstörte oder eine Zeitung zerriß und befriedigt »kapu« sagte. Als sich mein Bruder einmal ein Pflaster auf eine kleine Wunde klebte, fragte ich ihn »kapu?« – »Ja, kaputt«, bestätigte er. Es dauerte nicht lange und ich begann durchdringend zu schreien. Mutter, die keinen erkennbaren Grund sehen konnte, fand nach intensivem Fragen heraus, daß auch ich ein Pflaster wollte. Als es auf meinem Handrücken klebte, hörte mein Geschrei auf. Ich sagte sichtlich befriedigt »kapu« und zeigte meinen Handrücken meinem Vater und Bruder.[16]

Wenn er jault und schreit, statt mit einem Wort die Sache zu verdeutlichen, dann muß ihm wohl das Wort versagt sein. Es ist ihm nicht klar, wie sehr sein Verhalten wiederum die Eltern nerven muß.

Ein anderer Autist macht sich im Internet Luft, wo er ungemein beredt ist:

> Man erwartet von mir, daß ich wie sie bin, Sprache aufnehmen kann wie sie, wie sie das Gesprochene sinnvoll finde, es auf mich beziehen kann, dann darüber nachdenken kann, was darauf zu sagen wäre ... irgend-

wann, mittendrin, gebe ich auf, mache eine Bauchlandung ... was sage, ich: mittendrin, nein, eher zu Anfang schon, ich sagte ja, wenn, ja wenn ich überhaupt so weit komme. Erst muß ich ja den Gedanken verstehen, den man mir präsentiert, (was schon ganz unmöglich ist, wenn man mir mehr als einen präsentiert) ... und schließlich, wenn ich soweit komme, soll ich auch noch sprechen, und das ist ganz und gar unmöglich, ich schaff es einfach nicht!!!!! D.h. ich muß meine Gedanken (wenn sie überhaupt da sind) in Worte fassen, und dann – jetzt kommt das allerschwierigste – die Laute produzieren, aus denen die Worte bestehen ... ich muß die Worte richtig herausbekommen, nicht über ihnen stolpern oder an ihnen ersticken, sie müssen in der richtigen Folge und in den richtigen Verbindungen auftreten, und dann müssen sie auch noch den richtigen Tonfall bekommen, die Stimme darf dabei nicht quietschen, und es darf nicht stockend oder holprig herauskommen (tut's aber immer, wenn's überhaupt herauskommt) und zum guten Schluß soll mir auch noch bewußt sein, was zum Teufel ich da gerade sage ...

Axel schildert seinen Kampf um das Zahlwort »vier«. Heute noch ist er drei Jahre alt, das kann er sagen, morgen wird er vier Jahre alt, das weiß er, aber das Wort bringt er einfach nicht über die Lippen: »Leider huschte die Zahl vier zum einen Ohr hinein und hüpfte zum anderen wieder hinaus. Im nächsten Augenblick wußte ich nicht mehr, wie alt ich morgen sein würde.« Als die Lehrerin die Kinder nach dem Beruf des Vaters fragt, kann er nicht antworten, nimmt sich aber fest vor, zu Hause zu fragen:

Ich versuchte das Geräusch über die Lippen zu bringen. Einige Male schien es zu klappen. Dann erstarb das Geräusch in meinem Kopf. Das Wort war ein Lärmchen. Ich konnte es kaum hören. Nie war ich mir sicher, ob ich es wirklich gehört hatte. Für eine kurze Zeit geisterte das Lärmchen durch mein Bewusstsein, ehe es verschwand wie all die anderen Wörter, die sich in meinem Geist nicht heimisch fühlten.[17]

Warum sich einige Wörter so gut vor ihm verstecken und andere nicht und wieder andere keine Ruhe geben und ständig wiederholt werden wollen, bleibt ein Rätsel.

Auch Stefan kann den Frust über Wörter bestätigen, die schon im Kopf tönen, aber nicht über die Lippen kommen. Aber er hat wie Temple, auch angespornt von seinen Eltern, den Kampf nie aufgegeben, sondern immer wieder geübt, so daß er heute sprechen kann. Geblieben ist: Er braucht immer einige Zeit, um zu antworten, es entstehen stets kleine Pausen, und man darf ihn nicht unterbrechen, sonst verliert er den Faden. Später, wenn das Gespräch schon längst an einem andern Punkt angelangt ist, erinnert er sich wieder und kann darauf zurückkommen.

Menschen wie Birger, Stefan und Temple geben uns viele Rätsel auf. Vielleicht handelt es sich hier um zwei grundlegende Arten des Autismus:

Birger hat Sprache, bis sie plötzlich versiegt. Temple und Stefan zeigen erst keine Sprache, nähern sich dann aber langsam der Sprache und können sie unterstützt durch viel Training noch als Kind erobern.

Mysteriös bleibt die Sprechblockade. Immer wieder berichten Eltern, wie ihre Kinder ihre Hand ergreifen und in Richtung des gewünschten Gegenstands ziehen, statt diesen zu benennen. Auch Kinder wie Stefan tun dies, die schon Einzelwörter sprechen können. Warum benutzen sie ihre Eltern als »verlängerten Arm«, als unpersönliches Werkzeug; warum gönnen sie ihnen kein Wort? Stefan, Temple und Birger wollen sich doch mitteilen und ihre Einsamkeit durchbrechen. Temple gelingt dies sehr langsam und mit erheblicher Verspätung. Birger will seinen Autismus »hinrichten«, muß aber wie andere Autisten auf das Schreiben ausweichen. Denn Schreiben verlangt nicht die direkte Konfrontation, den unmittelbaren Kontakt und die Spontaneität des Sprechens, sondern ermöglicht ein Sammeln der Kräfte, ein Abwarten des Moments der Entspannung, des kurzfristigen Freiseins von den Gefühlen einer bannenden Angst. Ein Interview, das Holger Witzel für den *Stern* führte und das dort eine Seite einnimmt, zog sich über Tage hin, weil Birger einfach zwischendurch davonlief und Unterbrechungen brauchte, bevor er von selbst zum Computer zurückkam.[18] In Felix Kuballas Dokumentarfilm (WDR 1994) unterbricht er sein Schreiben öfter schon nach wenigen Buchstaben, um sich mit dem rechten Handballen gegen Kinn und Backe zu schlagen, als ob er sich auf diese Weise beruhigen müßte. Dann kehrt er zur Tastatur zurück. Eine Schreibsequenz endet mit einem Schreianfall.

Obwohl so jeder Schreibversuch erkämpft und durchlitten wird, gelingen die Versuche, wenngleich nur zögernd und nur in unmittelbarer Nähe zu einer geliebten Person. Sie muß ihm notfalls die Hand stützen. Anfangs geht es nur mit seiner Mutter. Immer wieder muß er nach ein paar Tippern seinen Kopf an ihrer Schulter bergen. Einmal kritisiert er sie:

> »du bist sehr unaufmerksam sonst wüßtest du wie wichtig für mich eine feste bezugsperson ist die mit meiner wenigkeit fest angekettet ist wie du.«[19]

Er tippt langsam, mit einem Finger. Die Worte sprudeln also nicht aus ihm heraus.

Aber der Drang nach Mitteilung und zur Selbständigkeit ist da:

> »Ich wünsche mir so sehr, allen mitteilen zu können wie ich mich in meiner autistischen Mauer fühle. Einmal will ich keine hilfe beim schreiben mehr haben.«

Sprache ist eine Art, unsere Einsamkeit zu überwinden. Kommunizieren heißt, im Anerkennen anderer Identitäten die eigene finden.[20]

Spracherwerb im Zeitlupentempo

Die Geschichten von Axel, Stefan, Temple und anderen zeigen, daß man die Hoffnung nicht aufgeben darf. Stefan (Kosename »Mika«) ist mit sechs Jahren über das Zweiwort-Stadium noch nicht hinausgekommen. Unendlich langsam und zögerlich kommt er zur Sprache, zu der er regelrecht gedrängt werden muß. Wie Elly hat er lange Schwierigkeiten mit den »Wechselwörtern« *ich* und *du*. Immer noch ist er für sich selbst »du«, nicht »ich«.

> Eines Abends stellten wir uns alle in einem Kreis auf, so daß jeder für jeden sichtbar war. Ich stand zwischen Vater und Mutter. Mein Vater zeigte auf sich und sagte: »Ich bin Papa.« Mein Bruder zeigte auf sich und sagte: »Ich bin Ralf.« Meine Mutter zeigte auf sich und sagte: »Ich bin Mama.« – »Du bin Mika«, sagte ich. – »Nein, du ist ein Ich«, berichtigte mein Bruder. Jetzt sagten Vater, Mutter und Bruder: »Ich bin ein Ich.« – »Ich bin ein Ich«, imitierte ich sie. Alle freuten sich und riefen: »Ja, Mika ist ein Ich.« Wir wiederholten diese Übungen an mehreren Tagen und variierten sie, bis ich das Wort »Ich« auch in ungeübten Situationen richtig anwendete. Ja, nun wußte ich: »Ich, Mika, bin ein Ich.«
> Einige Zeit später zeigte meine Mutter auf sich und sagte: »Ich bin Mama« und auf Ralf zeigend: »Und du bist Ralf.« – »Ja, ich bin Ralf«, bestätigte mein Bruder und auf meine Mutter zeigend: »Du bist Mama.« – »Ja, ich bin Mama und du bist Mika«, sagte sie, erst auf sich, dann auf mich zeigend. Ich verstand nicht, daß andere sowohl ein »Ich« als auch ein »Du« sind. Doch da weitergeübt wurde, lernte ich innerhalb von drei Wochen die richtige Anwendung der Worte »Ich« und »Du«. Mit »Du« sprach ich allerdings bis zum 13. Lebensjahr auch alle Erwachsenen an, sowohl Ärzte, Lehrer und Fremde.[21]

Üben, beharrlich, bis der Groschen fällt, heißt die Parole, zumal autistische Defekte nicht spezifisch die Grammatik betreffen. Stefan und seine Familie zeigen vorbildlich, wie einigen Autisten zu helfen ist – mit sanftem Zwang, unter Abpassen günstiger Momente:

> Nun sollte der Begriff »ja« geübt werden. Ich hatte bis dahin Ablehnung von Personen und Nahrungsmitteln durch Augenzuhalten, weglaufen, mich wehren oder schreien angezeigt, aber nie die Worte »ja« oder »nein« angewendet. Nun hielt mir meine Mutter einen Russisch-Brot-Buchstaben hin, ein E, und fragte: »Mika, kann man das E essen? Sag JA.« Ich griff danach, doch sie zog es zurück und sagte: »Ja, das E kann man essen. Sag JA.« Sie hielt es mir erneut hin, ich griff wieder danach, wieder wurde es fortgezogen. Erneut sagte sie mir vor: »Ja, das kann man essen. Mika, sag JA.« Dieses Hinhalten, Wegziehen und Vorsprechen wiederholte sich mehrmals, bis ich mit »ja« antwortete. Nun durfte ich das E essen. Anschließend wiederholte sich das Spiel mit anderen Buchstaben, bis die

Tüte leer war und ich auf die Frage: »Kann man das essen?« mit »ja« antwortete.

Am nächsten Tag wurde weitergeübt. Ich konnte zwar »ja« sagen, be-
zog es aber nur auf Russisch-Brot-Buchstaben. Das zeigte sich, als mir ein
Stück Schokolade hingehalten wurde. »Kann man das essen?« Ich griff
danach, antwortete aber nicht. Erneut mußte das »ja« erarbeitet werden,
anschließend ebenfalls für Brötchen und eine Banane, die ich inzwischen auch aß, wenn sie kein »Bananentier« war.

Als ich die Bedeutung von »Ja, das kann man essen« verstand, versuchten meine Eltern den nächsten Schritt. »Kann man Kartoffeln essen?« fragten sie. Sie hofften wohl, ich würde mit »ja« antworten. Aber
ich preßte die Lippen fest zusammen. »Kann man Kartoffeln essen?«
fragten sie erneut und hielten mir eine Kartoffel hin. Voller Wut schleu-
derte ich sie auf den Boden und schrie: »Nein!« – »Nein, Kartoffeln kann
Mika nicht essen«, sagten meine Eltern wider besseres Wissen, »Kann
man Gemüse essen?« Auch jetzt schrie ich »Nein!« und sie bestätigten es.

Nach einer Stunde anstrengenden Lernens unterschied ich zwischen
»Ja, essen« und »Nein«. Durch schrittweises geduldiges Üben gelang es
mir nach einer Woche, die Bedeutung der Worte »ja« und »nein« zu erfassen und sie richtig anzuwenden. »Mika, gehen wir spazierēn?« – »Ja,
pazirn«, antwortete ich, aber auch »Nein, malen«, wenn ich zuerst noch
meine Zeichnung zu Ende führen wollte.[22]

Ähnlich übt die siebenjährige Elly mit ihren Eltern drei Monate lang am
»yes«, während sie ein abwehrendes »no« schon vorher gebrauchte. Bei jeder
sich bietenden Gelegenheit stellen sie die Entscheidungsfrage wie folgt: Willst
du ein Eis? Nein oder Ja? Der Trick: »Ja« steht am Ende, und Elly braucht nur
das Echo zu liefern: »Ja«. Nach drei Monaten kommt »ja« spontan, auch
ohne Echo. Ähnlich dramatisch der Kampf ums »ja« bei Dirk Anders.[23]

Autisten finden es schwer, Wortverbindungen oder Sätze als Muster zu
erkennen, die man je nach den Erfordernissen der Situation variieren kann.
Genau das hat auch Dirks Mutter richtig erkannt: »Wir konnten ihm diese
Wünsche vorformulieren. Dieser Satz stand dann aber auch für diese bestimmte Situation zur Verfügung und wurde nicht selbstverständlich auf
andere ähnliche Situationen übertragen.«

Normale Kinder können spontan eine Fügung variieren: von »Banane haben« gehen sie zu »Tomate haben« über, machen auch den kleinen Sprung
von Obst auf Getränke, also »Tee haben« oder auch »Buch haben« usw., d.h.,
sie erzeugen zur Situation passend neue Sätze nach einem bekannten Muster.
Erst solche Analogiebildung macht den Riesenkomplex Sprache überhaupt
lernbar. Autisten müssen bei diesen kleinen Gedankensprüngen systematisch
unterstützt werden. Sprachenlernen heißt übertragen können: mit einem
neuen Satz hat man unter Umständen -zig andere Sätze schon mitgelernt.

Der Wille zur Sprache

Bei Stefan und Elly sitzt das Problem noch tiefer. Sie müssen, so scheint's, erst einmal Sprache *wollen*. Genauer: Sie wollen sich wohl in bestimmten Situationen verständigen, aber es fehlt die charakteristische *Funktionslust*, die Lust am Ausüben und Vervollkommnen keimender Fertigkeiten, die so typisch für das sprachgesunde Kind ist und den Erwerb vorantreibt. Die Menschen um sie herum müssen sie locken, drängen, antreiben. Hat das Kind etwa fünfzig Wörter, ist ein Rückfall in die Sprachlosigkeit unwahrscheinlich. Trotzdem dürfen die Eltern nicht nachlassen, wenn es vorwärts gehen soll. Zu dem, was sich beim normalen Kind zwischen zwei und vier Jahren abspielt, braucht Elly dreimal so viel Zeit, vom vierten bis zehnten Lebensjahr. Bei Stefan und Temple wird es ähnlich gewesen sein.

Daß Autisten so vieles gleich-gültig ist, macht es schwer, jeweils den richtigen Hebel zu finden, mit dem man sie aus der Reserve lockt und zu einer Leistung zwingt, die ihre Persönlichkeit entwickelt. Nicht immer gibt es eine Lieblingsspeise, für die sie ungewohnte Anstrengungen auf sich nehmen. Jeder Fall ist verschieden. Es scheint, daß die Eltern all ihren Scharfsinn einsetzen und unablässig auf der Lauer liegen müssen, um den richtigen Moment und die richtigen Mittel zu finden, ihr Kind ein Stückchen weiter zu bringen. Dafür gibt es keine Lehrbücher. Denn nichts kann die Vertrautheit ersetzen und das intuitive Verstehen, das sich im täglichen Beisammensein einstellt. Niemand kennt wie sie die Gewohnheiten des Kindes, niemand wie sie die oft winzigen Verständigungspartikel, die es einsetzt. Nur sie wissen, wenn es einmal etwas Neues probiert oder vielleicht für Neues bereit ist. Die besten Aufschlüsse bieten deshalb (auto-)biographische Berichte der Betroffenen bzw. ihrer Mütter. Wir lesen z.B., wie gerne Axel Tiergärten besucht, und ziehen daraus unsere Schlüsse: »Aha, Tiere!« Fünfzig Seiten später fragt ihn der Opa nach seinem Berufswunsch:

> Freudig ließ ich meine Antwort hören: »Tierpfleger.« Für mich gab es kaum ein schöneres Bild als eine Ansammlung von Käfigen, um die ich mich zu kümmern hätte. Die Tiere waren völlig unwichtig. (!)[24]

Axel, Stefan und Temple können sich ein gutes Stück aus der autistischen Umklammerung befreien – mit viel Aufwand, Mühe und Training, Schrittchen für Schrittchen, Rückschläge inbegriffen, mit Hilfe verhaltenstherapeutischer Methoden und mit ihrer hohen Intelligenz, die sich allerdings bei Stefan auf Mathematik konzentriert. Temple kann sich am Ende selbst annehmen:

> »Wenn ich nur mit den Fingern zu schnippen brauchte, um auf der Stelle nicht mehr autistisch zu sein – ich würde es nicht wollen, denn ich wäre nicht mehr ich selbst«, sagt sie in einem Vortrag.[25]

Hierin gleicht sie Emmanuelle, die als Gehörlose ebenfalls ihre Identität gefunden hat.

Spracherwerb ohne Sprechen

Birger bleibt bis heute auf Helfer angewiesen. Ohne den Partner geht es nicht. Dabei macht stutzig, daß der Helfer ausgerechnet den Schreibarm stützen muß. Warum genügt es nicht, daß der Helfer liebevoll und beschützend den Arm um seinen Schützling legt, ihm aber sonst »freie Hand« läßt? Es heißt, die Hand des Autisten brauche einen Startimpuls, sein Wille eine Initialzündung. Kritische Wissenschaftler vermuteten, daß die Helfer bei der Gestützten Kommunikation den Schreibarm führten, statt ihn nur leicht anzuheben. Wer schreibt denn nun wirklich – Betreute oder Betreuer? Solche Zweifel müssen erlaubt sein. Sie führten in den USA zu zwei methodisch einwandfreien Studien, die die Zweifel erhärteten. Hierbei wurden den Behinderten Fragen gestellt, die für die Helfer unhörbar gemacht wurden. Oder es wurden den Behinderten Bilder gezeigt, die sie nur dann richtig benennen konnten, wenn ihren Helfern das gleiche Bild gezeigt worden war. Bei den wenigen Fällen, in denen die Autisten ihre Wörter einwandfrei selbst schrieben, kamen immer nur Einzelwörter heraus. Außerdem mußte man ihnen – im Gegensatz zu Birger – erst mühsam das Lesen beibringen.

Selbsttäuschung bei den Helfern, letztlich auch ausgemachter Schwindel sind in den untersuchten Fällen nicht auszuschließen. Auch nicht in Birgers Fall? Seine Texte präsentieren uns das Bild vom autistischen Kerker mit vermauerten Fenstern, in dem sich ein normal denkender und empfindender Mensch befindet und auf seine Befreiung wartet. Ein mächtiger, unerklärlicher Zauber hält ihn in einer »zentnerschweren Einsamkeit« gefangen. Im Märchen aber findet sich immer jemand, der den Zauber bricht: Ein Wunschbild der Eltern und Freunde von Autisten, das – bisher (!) – der Wirklichkeit nicht standhält. Statt Heilung gibt es jedoch verschiedenartige Trainingsprogramme, die die Behinderungen – je nach Ausgangslage – erheblich reduzieren können. Hierzu gehört die Angewandte Verhaltensanalyse (*applied behaviour analysis*). Man beobachtet sehr genau, was das Kind schon kann, knüpft daran an und ersinnt kleinste Fortschrittsmöglichkeiten, zu denen das Kind fähig sein könnte und für die es belohnt wird. Wichtig ist, so früh wie möglich zu beginnen, viel zu wiederholen und überhaupt viel, viel Zeit zu investieren – so etwa, wie Stefans Eltern mit ihm »ja« und »nein« einüben, Schritt für Schritt, bis er diese Wörtchen von selbst auf alle passenden Gelegenheiten überträgt, also »generalisiert«. Ist ein Anfang gemacht und wird kontinuierlich weiter gearbeitet, gibt es Hoffnung. Das bestätigen die Hirnforschung allgemein und viele Einzelfälle, so auch Axel Brauns: »Meine Zunge und mein Mund wurden geschmeidiger,

meine Stimme arbeitete von Monat zu Monat die Worte klarer heraus.«[26]
Aber da war er schon Gymnasialschüler.

Kein Autist ist wie der andere. Jeder Fall, auch Birgers, ist einzigartig.[27]
Es gibt Autisten, die sprechen, und solche, die stumm bleiben; die mit normaler Intelligenz und geistig zurückgebliebene; Autisten, die bei Orgelmu-
sik zu schreien anfangen, und solche, die sich nie wohler fühlen als bei Or-
gelmusik, die sie umhüllt und erfüllt und ruhig werden läßt. Das sind doch
himmelweite Unterschiede, die bislang noch keiner erklärt hat. Warum die
Gestützte Kommunikation bei ihm nur so funktioniert, wie sie funktioniert, wissen wir nicht. Aber ist nicht die autistische Sprechblockade selbst
bis heute ungeklärt, und ist sie nicht dennoch ein Faktum?[28]

Birgers Spracherwerb – und darauf kommt es uns hier an – fügt sich
durchaus in unser Deutungsschema (wobei allerdings die originelle Aus-
druckskraft der Texte überrascht). Seine Sprache blieb nicht auf dem Stand
von zwei Jahren eingefroren, als die Krankheit ausbrach. Sie konnte sich
wie bei Nolan und Brown durch weiteren Zuspruch der Eltern und durch
Lesen entwickeln. Gewiß, normalerweise beteiligen Kinder sich aktiv. Sprache wird nicht quasi »im Vorbeigehen« aufgenommen, bloß weil die Menschen um einen herum so sprechen. Immer sind es unsere Aktivitäten, die
Informationen aus der Welt in uns hineinsaugen. Wir alle sind »Täter des
Wortes, nicht Hörer allein«, wie es der Apostel Jakobus fordert. Wenn
Kinder Sprache erwerben, ohne aktiv mitzusprechen, haben sie das Mitsprechen gewissermaßen auf eine innere Bühne verlegt. Denn Verstehen
beruht, wie Humboldt erkannte, auf »innerer Selbsttätigkeit«, und das
Sprechen miteinander ist nur »ein gegenseitiges Wecken des Vermögens des
Hörenden.«[29] Solches Zuhören ist aktive Spracherfahrung, die die von ihr
erregten Nervenbahnen verstärkt. Die oben erwähnte *genetische Doppelsicherung* der Sprache spannt auch hier ein Auffangnetz für solche Menschen,
die sich nicht sprechend in das sprachliche Miteinander einbringen können. Auch das selbständige Lesenlernen ohne Beteiligung Dritter ist vielfach belegt. Solange wir nur sprachlichen Input zugespielt bekommen, den
wir verstehen, ist Spracherwerb möglich. Birger hatte Eltern, die weiter zu
ihm sprachen, und er hatte Zugang zu Büchern, mit denen er sich ständig
beschäftigte. Auch wenn es so aussah, als blättere er sie nur durch.

Unbemerktes, im geheimen geübtes Lernen ist aber keineswegs selten:

> Der erstaunlichste Fall, der uns untergekommen ist, ist der eines »stum-
> men« achtjährigen Mädchens, das, sobald es in ihrer Muttersprache Eng-
> lisch zu schreiben gelernt hatte, zeigte, daß es sich ausgezeichnete Kennt-
> nisse des Französischen (fast bis zur »Mittleren Reife«) angeeignet hatte
> und auch Deutsch recht gut lesen konnte. Dasselbe Kind hatte sich auch
> selbst soviel Mathematik beigebracht, daß ihre Hauslehrerin einen Ma-
> thematikstudenten hinzuziehen mußte, um sie weiter unterrichten zu
> können. Ihr Vater, ein Deutsch- und Französischlehrer, besaß ziemlich

viele deutsche und französische Bücher. Er hatte aber nicht einmal den
Versuch gemacht, seine Tochter Englisch lesen zu lehren, und auch sonst
hatte es niemand versucht. Sie hatte sich das offenbar alles allein beigebracht, ohne daß ihre Eltern es bemerkt hatten.[30]

Allerdings: etwas von der »Gabe der Mitmenschlichkeit« scheint den stummen, in gewissem Grade aber auch den sprechenden Autisten zu fehlen.
Pflegen wir nicht unser »tägliches, lauwarmes Wortbad zu nehmen«, geben
wir uns nicht bereitwillig einem »Schwatzvergnügen« hin, auch wenn wir
uns nichts zu sagen haben?[31] Autisten aber sind keine »Redegesellen« (Jacob Grimm). Typischerweise geht ihrer Sprache auch die kommunikative
Würze ab: Spontaneität und sinnstützende Betonung, Mimik und expres-
sive Gestik, Witz und Ironie.

Schuldzuweisungen unangebracht

Eine letzte Frage: Wer hat Schuld an der Misere der kleinen Temple und an
Birgers »Inseldasein«, seinem »Kastendasein«? Wer hat ihm seinen »Sarg«
gezimmert? Wer hat ihm diesen »wuchernden Erdklumpen auf seine Seele«
gelegt? Die Eltern? Haben sie ihr Kind nicht genug geliebt? Auch wenn ein
Kind schizophren wurde, hat man es der »repressiven« Mutter angelastet.
   Aber manche Familien – fast immer sind es besonders die Mütter – hätten nicht liebevoller, nicht aufopferungsvoller sein können. Was ist das für
eine Anmaßung, als Außenstehender, ohne Spezialkenntnisse, Eltern autistischer Kinder Erziehungsfehler vorzuwerfen! Die Eltern, die oft ihr Leben
lang für ihr Kind sorgen, tragen das Leid ihrer Kinder mit. Waren wir früher
klüger als heute, wo manche schnell bereit sind, die Eltern anzuklagen?
Freud hatte die Größe, seinen Irrtum zuzugeben. Kurz vor seinem Tod ent-
schuldigte er sich bei den Eltern autistischer Kinder, eine psychogene Ursache angenommen zu haben. Zum Autisten wird man nicht gemacht. Die
Bibel sprach von »Besessenheit« und schob die Schuld Dämonen zu, die
vom Menschen Besitz ergreifen und ihn krank machen. Leider hat auch
diese Diagnose trotz ihrer die Eltern entlastenden Funktion inhumane Folgen gezeitigt – und das nicht nur im Mittelalter. Heute käme es darauf an,
das Leiden autistisch Behinderter besser zu verstehen, um ihre Entwick-
lungsmöglichkeiten freizulegen und die Eltern durch entsprechende För-
dereinrichtungen zu unterstützen.
   Bedenken wir zum Schluß, daß Autismus in seiner auffälligen wie auch
in seiner milden Variante, dem Asperger-Syndrom, erst in der Mitte des
vorigen Jahrhunderts als Krankheit genau umschrieben und benannt
wurde. Gewiß leben »Asperger« unter uns, ohne daß je eine solche Diagnose gestellt wurde, ohne ihr Anderssein zu durchschauen und ohne so recht

zu verstehen, warum sie schon in der Schule Außenseiter waren. Haben wir also mehr Geduld mit Sonderlingen und Exzentrikern. In gewisser Weise sind wir alle »Sonderlinge«, und keiner ist wie der andere. Davon handelt das nächste Kapitel.

---

1 Es gibt auch die Möglichkeit, daß bei Autisten das »Gleichzeitigkeitsfenster« größer ist als das anderer Menschen. Sie hätten dann Schwierigkeiten, das Nacheinander schnell aufeinanderfolgender Sprachlaute präzise wahrzunehmen. Dazu Pöppel 1995.
2 Varga o.J.
3 Grandin 1995, 172
4 Brauns 2004, 273;164
5 Grandin 1986, 22
6 Park 1968
7 Nach Untersuchungen von Eric Courchesne 1993
8 Völzing 1982, 159
9 Herder V (1967), 56
10 Brauns 2004, 122
11 Park 1968, 206
12 Sellin 1993, 19
13 ebd. 53, 78, 82, 100, 53, 57, 207
14 Grandin 1986, 149. Folgende Zitate: 22, 21, 19
15 Varga o.J., 6
16 Varga o.J., 6–7
17 Brauns 2004, 82
18 Witzel 1997, 212
19 Sellin 1993, 90
20 Sellin 1993, 136
21 Varga o.J., 24/25
22 Varga o.J., 23/24
23 Park 1968, 217; Anders 1998, 55. Der Witz ist dabei auch, daß einige Autisten (nicht Elly), wenn sie zustimmend antworten wollen, die Frage echohaft wiederholen, statt einfach »Ja« zu sagen.
24 Brauns 2004, 236
25 Zitiert bei Sacks 1995, 278
26 Brauns 2004, 270
27 »No two people with autism are the same.« (Sacks 1995, 238)
28 Die Texte wären selbst dann nicht entwertet, wenn sie von Annemarie Sellin stammten. Worte wie »ich will kein inmich mehr sein«, die unter die Haut gehen, würden dann dokumentieren, wie sehr hier jemand versucht, sich in sein behindertes Kind einzufühlen und es zu verstehen. Was aber kann die Familie mehr tun, um Zweifel zu zerstreuen? Kritische Journalisten hatten mehrfach Zugang zu Birger; dazu hat ihn ein Filmteam tagelang, ja wochenlang beobachtet und hat ihm bei den gemeinsamen Schreibversuchen auf den Finger geschaut.
29 Humboldt 1963, 220
30 Tinbergen 1984, 233
31 Mauthner I (1982), 149

Grammatische Sprache als Ursprung der Freiheit

Das Zweiwortstadium

> Grammere, that grounde is of alle.
> (William Langland, *Piers Plowman*, 14. Jahrhundert)

Drei Aspekte der Sprache

Der Grammatik gelten die folgenden vier Kapitel, in denen wir zu zeigen hoffen, daß sie nicht der trockene Schulstoff ist, zu dem sie manchmal verkommt.

Am Anfang der Sprache steht das Verhältnis zwischen Sprecher und Hörer: wie sie miteinander handeln, was sie voneinander wollen, wie sie miteinander auskommen und dabei jeweils Sprache einsetzen. Man will etwas erreichen und muß sich deshalb mit anderen abstimmen. Das ist die pragmatische Seite der Sprache. Mit ihr haben Autisten, sofern sie überhaupt zur Sprache kommen, die auffälligsten Schwierigkeiten. Sie erfassen nicht, wie man aufeinander zugeht, einander lenkt, höflich ist oder nicht, sich tröstet oder streitet usw. Der pragmatische Aspekt der Sprache tritt am deutlichsten an solchen Verben hervor, die ein Handeln mit Worten ausdrücken: loben, protestieren, argumentieren, etwas erbitten oder versprechen, jemanden locken oder warnen, ernennen, segnen. Welche Absichten verfolge ich beim Reden? Was will ich beim Hörer bewirken?

> Gisa (hat den leeren Teller vor sich): Alle!

Daß *alle* die Bedeutung von *leer* hat, gehört zur Semantik (= Bedeutungslehre). Was Gisa aber mit Worten tut und erreichen will, ist Sache der Pragmatik:

> Mein Teller ist leer (etwas feststellen: neutraler Sachbezug).
> Guck mal, ich hab's geschafft! (Stolz über die eigene Leistung: Selbstkundgabe).
> Gib mir noch was auf den Teller (jemanden zu etwas auffordern: Appell).
> Bin ich nicht ein liebes Mädchen? Hab ich nicht ein Lob verdient? (sich einschmeicheln: Gestaltung persönlicher Beziehungen)

Zu welchem pragmatischen Raffinement schon Zweijährige fähig sind, zeigt die Formel *dieses schöne*, die Gerrit (2;2) gebraucht. Er verwendet sie nicht, um seine Bewunderung auszudrücken, sondern wenn er etwas haben möchte, von dem er weiß, daß er eigentlich noch nicht damit spielen soll. Er ist also schon in der Lage, einen Wunsch *indirekt* auszudrücken.[1]

Das Zusammenspiel von Mutter und Kind bildet die Keimzelle, aus der sich die Vielfalt kommunikativer Absichten – und auch ihrer Maskierungen – entwickelt, an denen sich Gelingen und Mißlingen von Kommunikation entscheiden. Die Pragmatik gibt das Ziel vor, dem Semantik und Grammatik zu dienen haben.

Die Semantik bezieht sich auf die Nenn- oder Darstellungsfunktion des sprachlichen Zeichens. Die Wörter verweisen auf Dinge, Ereignisse und Sachverhalte dieser Welt, sind Zeichen, die etwas bedeuten.

Die rechte Ordnung und die Beziehungen der Bedeutung tragenden Wörter zueinander sind Sache der Grammatik. Pragmatik und Semantik gehen der Grammatik voraus. Wir fragen: Welche zusätzlichen Bedeutungen, die so nicht im Lexikon stehen, werden durch grammatische Phänomene signalisiert?

Keine Grammatik ohne Weltwissen

Versuchen wir, Grammatik als etwas Gewordenes zu begreifen: beim Kind ebenso wie in der Geschichte der Menschheit.

Zunächst einmal fällt auf: Die Grammatik – der Mörtel – vermag allein gar nichts. Denn selbst wenn die Wörter – die Bausteine – dazukommen, fehlt meist noch etwas. Wörter sind ja in charakteristischer Weise mehrdeutig. Man schlage ein x-beliebiges Wörterbuch auf. Zu fast jedem Worteintrag kommen mehrere durchnumerierte Bedeutungen. Manchmal klärt schon der Satz, um welche Bedeutung es sich handelt, ob es z.B. um einen Wasser-Fall, einen juristischen oder um einen grammatischen Fall geht. Im allgemeinen aber werden Sätze erst durch *Hintergrundwissen* sinnvoll, das wir immer schon an sie herantragen und in sie hineindeuten. Wo es fehlt, stellt sich oft kein Sinn ein – selbst bei Kenntnis aller Wortbedeutungen und korrekter Grammatik. Das Hintergrundwissen ist zwar meist nicht mehr als der gesunde Menschenverstand, aber in dem steckt immer noch mehr Verstand, als man in einen Computer hineinfüttern kann.

Nirgends ist dies deutlicher geworden als bei der Maschinenübersetzung. Selbst die besten Übersetzungsprogramme liefern oft nur Sprachschrott. Denn meist bieten sich dem Programm keine Anhaltspunkte dafür, welche der möglichen Wortbedeutungen jeweils in Frage kommen.

Nehmen wir Beispiele, die Dieter E. Zimmer durchgespielt hat.

Einigen Übersetzungscomputern hatte ich einen kleinen Satz von einer Art mitgebracht, auf die keiner von ihnen eingerichtet ist. »In einem kühlen Grund, da geht ein Mühlenrad.« Der eine rückte heraus mit »*in a cool reason since a mill wheel goes*«. Ein anderer schlug »*in a kuehlen reason a mill wheel goes there*« vor.

Warum übersetzt der Mensch besser als die Maschine?

Es klingt wie die bare Selbstverständlichkeit: Wenn der Mensch etwas übersetzt, »versteht« er es zunächst, was immer im einzelnen hinter diesem Verstehen stecken mag ... Weil er den Satz versteht, »weiß« er, daß jener kühle Grund nie und nimmer eine kühle Ursache sein kann, und er weiß es selbst dann, wenn er das Wort Grund in der Bedeutung, die es hier hat, gar nicht kennt (wenn es also in seinem persönlichen »Lexikon« bisher nicht enthalten war). Er weiß es nicht kraft überlegener linguistischer Analysefähigkeit, sondern weil er eine Menge über die Welt weiß; zum Beispiel, daß Ursachen keine Temperatur zu haben pflegen, daß Mühlen mit einem Rad wahrscheinlich Wassermühlen sind, daß Wassermühlen am Bach stehen, daß Bäche auf dem Talgrund fließen, daß Räder, wenn sie gehen, nicht laufen, sondern sich drehen ... Dies Sammelsurium von Kenntnissen und manche mehr, überhaupt jeden beliebigen Fingerzeig zieht er zu Rate, wenn er jenen Satz hört und versteht und dabei seine mehrdeutigen Wörter, die vieles bedeuten könnten (*Grund, gehen*), eindeutig macht. Und genau betrachtet, sind sie fast alle mehrdeutig: *da, kühl, in* ...[2]

Grammatik funktioniert nicht für sich. Ihr Wurzelgrund ist unser Verstehen von Welt, die wir zunächst durch Wörter zu fassen bekommen. Kinder haben schon Wörter, mit denen sie kommunizieren, bevor sie zur Grammatik kommen. Wenn Eltern ihre Kinder nicht weltklug machen würden und ihnen nicht *verständig* zusprächen, könnten sie auch keine Grammatik erwerben – obwohl sie schon von Natur aus zur Grammatik begabt sind.

Die Grammatikalisierung der Sprache

Wozu brauchen wir aber Grammatik, wenn wir schon Wörter haben, die die Welt bedeuten? Nur mit ihrer Hilfe gelingt es, so über Ereignisse zu berichten, daß der Hörer mich genau verstehen kann, ohne jede Vorkenntnis der Situation. Grammatik wird notwendig, wenn wir gewisse Inhalte nicht mehr auf die Sprecher und Hörer zugleich umgebende Situation abwälzen können, sondern in die Äußerung selbst hineinpacken müssen.

Es soll berichtet werden, daß Kain den Abel erschlug. Wie geht das ohne Grammatik? Nehmen wir an, wir hätten für die beiden Personen wie für die

Aktion klare Bezeichnungen verabredet. Die Schwierigkeit ist, deutlich zu machen, wer wen erschlug.

> Kain – Erschlagen – Abel
> Kain – Abel – Erschlagen

Wir könnten also eine Regel etablieren: Der Täter kommt immer zuerst. Wenn dies gilt, ist die Botschaft eindeutig. Diese Regel leuchtet dem Verstand ein, denn die Ursache kommt immer zuerst, die Wirkung folgt. Und sie läßt noch Spielraum: Es gibt zwei Versionen derselben Botschaft.

Eine gewisse Logik hätte auch folgende Regel: Der Täter ist immer derjenige, welcher der Aktion am nächsten steht, also davor oder danach.

> Erschlagen – Kain – Abel
> Abel – Kain – Erschlagen

Gerade die Spitzenposition im Satz sollte vielleicht für einen Gesichtspunkt frei bleiben, der nichts mit der grammatisch-logischen Verknüpfung von Aktion und Akteuren zu tun hat: für das, was mir am wichtigsten ist, was mich gerade am stärksten bewegt. Dies verkompliziert die Aufgabe der Grammatik: Irgendwie müssen die logischen Bezüge mit solchen kommunikativen Aspekten verrechnet werden.

Die Grammatik braucht folglich mehr Mittel als die bloße Wortfolge. Eine andere Art, die Botschaft zu überbringen, bestünde darin, zwei Anläufe zu nehmen:

> Erschlagen – Abel – Kain. Kain – Täter.

Die Wortfolge des ersten Anlaufs wäre beliebig. Die Beliebigkeit bleibt erhalten, wenn ich die Aussage zu einer zusammenziehe, mit dem Trick, *Täter* rhythmisch und melodisch an *Kain* zu binden, also etwa:

> Erschlagen – Abel – Kain-Täter.

Immer wieder müßte so der Täter gekennzeichnet werden. Da sind zwei Silben unökonomisch. Durch häufigen Gebrauch wird das angehängte *Täter* immer mehr lautlich abgeschwächt und abgeschliffen: Kain-tä(ter). Damit leistet ein Extra-Anhängsel das gleiche wie eine vorgeschriebene Wortfolge. Unschwer erkennen wir nun in Kain-tä eine Kasusmarkierung mittels einer Endung. Wörter können also ihre Eigenbedeutung einbüßen und zu grammatischen Anhängseln schrumpfen. So etwa ist die Endung -lich wie in »höflich« aus dem Substantiv »lika« mit der Bedeutung »Körper, Gestalt, Leiche« entstanden, die französische und italienische Endung -ment(e) wie in »radicalement, radicalmente« aus lateinisch »mens« (mit der Bedeutung »Verstand, Geist, Denkart, Sinnesart«; vgl. »mental«).

Schließlich könnte man mit Endungen auch Zusammengehörigkeiten (Kongruenz) kennzeichnen, so eben auch die von Handelndem und Handlung:

Kain – erschläg-t Abel.

Das -t bedeutet: Nicht ich, nicht du, nicht wir sind gemeint, sondern eine dritte Person führt die Handlung aus. Für sich allein genügt dieses Mittel nicht immer, denn auch Abel könnte der Täter sein. Aber im folgenden Satz wäre die Täterschaft eindeutig:

Die Männer erschläg-t Kain.

Natürlich könnte man den Trick der Kongruenz auch anders einsetzen und die Handlung formal nicht an den, der sie ausführt, sondern an den, den sie trifft, koppeln. So gibt es Sprachen, in denen nicht das Subjekt, sondern das Objekt mit dem Verb kongruiert. Und überhaupt kann man Wörter nicht nur am Ende bzw. durch Anhängsel verändern, sondern auch vorne bzw. durch Vorsätze (der Kain, den Kain) und selbst in der Mitte, solange das ursprüngliche Wort noch erkennbar bleibt. Lautungen, die Beziehungsbedeutungen ausdrücken, können deshalb auch als selbständige, sogenannte Funktionswörter auftreten. Manchmal kann man ihnen noch ansehen, daß sie ehemals vollbedeutende Inhaltswörter waren, so etwa »dank«, »kraft«, »laut«. Sie haben einen Teil ihrer Sachbedeutung als Hauptwörter verloren, jedoch blieb der Wortkörper erhalten. Vielleicht noch schöner französisch *histoire,* das Wort für Geschichte, das einen Infinitivsatz mit de einleiten kann mit der Bedeutung »bloß um zu« (»Je suis sorti, histoire de boire un coup.« »Ich bin ausgegangen, um einen zu trinken.«) Am schönsten aber die Herkunft des kausalen »weil« aus dem temporalen »die Weile«, wofür es einen Beleg aus der Lutherbibel gibt: »Dieweil Mose seine Hände emporhielt, siegete Israel«. Wegen der Kürzung zu »weil« ist dieser Zusammenhang dem heutigen Sprachbenutzer nicht mehr geläufig.

Nun fehlt noch der Hinweis, daß die Tat schon vollzogen ist. Das ließe sich durch besondere Zeitwörter ausdrücken: *vorbei, fertig, gestern,* wie das auch eine Reihe von Sprachen tun. Ist man aber einmal auf den Trick gekommen, einem Wort eine zusätzliche, hörbare Bedeutung zu geben, ohne es so weit zu verändern, daß es nicht mehr erkennbar ist, könnte man auch diese Zeitangaben an andere Wörter anfügen oder dort integrieren. Diesmal logischerweise nicht beim Agierenden, sondern bei der Aktion.[3]

Kain – Abel – Erschlagen-tat/erschlagte
Kain – Abel – Erschlug

Grammatiken können sich nur Stückchen um Stückchen über zahllose Generationen hinweg entwickelt haben, denn die einzelnen Entwicklungsschritte zur Grammatik hin durften zu keiner Zeit die Verständigung untereinander gefährden. Wie man beim kindlichen Spracherwerb von Zwischen- oder Interimsgrammatiken spricht, muß man also auch in der Geschichte der Menschheitssprache einfachere Vorformen und Zwischenstufen ansetzen. Auf eine erste Stufe, in der die Sprache »das Hinzudenken der redeverknüpfenden Formen dem Verstehenden« überläßt, folgt nach Humboldt eine zweite Stufe, auf der »die grammatische Bezeichnung durch feste Wortstellungen, und zwischen Sach- und Formbedeutung schwankende Wörter« erreicht wird, bis schließlich die »Formalität« durchdringt. Grammatiklose Protosprache ist »bloß das vorangezeigte Wörterbuch der Natur.«[4]

Leider sind uns solche Zwischenstufen nur in der Kindersprache erhalten. Fossilien sind stumm, sie sprechen nicht. Die alten Klänge sind verrauscht, ohne uns Hinweise für die evolutiven Umbauten auf dem Weg zur Vollsprache zu hinterlassen. In Ton und Stein geritzte Schriftdenkmäler gibt es erst seit ca. 4.000 Jahren, und schon damals hatten wohl alle Sprachen der Welt hochkomplizierte Grammatiken.[5] Dennoch: So wie das Leben selbst löscht auch die Sprache ihre Vergangenheit nicht völlig aus, sondern trägt sie noch in sich. Was wir vorweisen können, sind allerdings nur plausible Phantasien über die Anfänge der Sprache. Dagegen können die Biologen heute überzeugend darlegen, wie sich ein komplexes Organ wie das Auge ebenfalls sehr allmählich aus einer lichtempfindlichen Hauteinstülpung entwickelte.

Wir verstehen, daß das Wunderwerk der Grammatik nicht aus einem Guß ist, unteilbar, perfekt und makellos. So kommt es häufig zu einem Gemisch sich kreuzender und konkurrierender Tendenzen. Ein Beispiel für das Deutsche ist die Konkurrenz von zwei Programmen für die Vergangenheitsformen des Verbs. Wir unterscheiden Verben, die den Stammvokal ändern (schlagen – schlug), und solche, die die Vergangenheit mit Hilfe eines -t bilden (sagen – sagte). In wenigen Jahren lernt ein Kind das Netz von Sprachkategorien gebrauchen, an dessen nicht immer sehr regelmäßigen Maschen Menschen jahrtausendelang geknüpft haben.

Kindlicher Telegrammstil

Was die Grammatik zu leisten hat und wie sie sich mit unserem Weltwissen verbindet, geht sehr gut aus den kindlichen Zweiwortverbindungen hervor, denen viele grammatische Markierungen noch fehlen. Dafür hat sich der Ausdruck »Telegrammstil« eingebürgert.[6] Immer noch ist es der verständige Hörer, der die Arbeit hat und sich das Gehörte zu Sätzen ausbaut und ausformulieren muß. Meist muß man ganz dabei sein, um alles richtig zu verstehen. Was will, was kann das Kind in seinen Zweiwortverbindungen sagen? Es folgen eigene sowie bei Scupin und Gipper belegte Beispiele:

Tuhl unter (ich will vom Stuhl herunter)
Tasse unter (Die Tasse ist heruntergefallen; bitte aufheben!)[7]

mehr heia (ich will noch mehr / weiter schlafen)
mehr Dott (mehr Gott: ihr sollt weiterbeten, damit ich mich während
des Tischgebets unbeobachtet bedienen darf!)

heia nein (ich will nicht ins Bett)
nein aabeiten! (du sollst nicht arbeiten)
deetis (geht nicht)

mama ahm (ich will auf Mamas Arm; Mama, nimm mich auf den Arm)
auto ahm (ich habe das Auto auf dem Arm)

ssoß sissen (ich will auf Mamis Schoß sitzen)
Omi holen (Omi soll Verena die Cremetube wieder aufheben)

mä weint (das Mädchen weint)
auftuch tommt (der Aufzug kommt)

bollerwaden wetwiebt (ich habe den Bollerwagen weggeschoben)

deich wieder? (Kommt der Papa gleich wieder?)
Kind denn? (Wo ist das Kind denn?)
Kinderhocker is? (Wo ist der Kinderhocker?)

Wie beim Einwortsatz bestehen die Äußerungen nicht immer aus nur einer
Zweierkombination; die Kinder können auch mehrere Sätze aneinanderreihen:

Bubi (2;0):
Bubi miede, tagen, laufen nis! (Bubi ist müde, bitte tragen, ich will nicht
laufen)[8]

Wolfgang (2;6? mit bedeutsamer Miene):
Wauwau, bein hoch, pipi macht; hottehiss, fanz hoch, a-a macht. (Pferd,
Schwanz hoch)

Das Kind kann also hinweisen und benennen; es fordert andere zu etwas
auf, verlangt nach etwas und kann umgekehrt auch etwas ablehnen, zurückweisen, verneinen. Es stellt Fragen, die fast ausschließlich durch die Melodie
und nicht durch Fragewörter oder die Wortfolge gekennzeichnet sind. Es
stellt fest, daß etwas auch, noch mal, schon wieder oder nicht mehr da ist.
Bei all dem kann es ausdrücken, *wo* sich etwas abspielt oder *wo* etwas hin soll
(nicht aber *wann*); wer etwas tut, wer oder was von einer Handlung betroffen
wird, wie etwas beschaffen ist, wem etwas gehört oder zu wem etwas gehört.

Typische Einwort- oder Zweiwortsätze sparen den Punkt aus, von dem
Sprecher und Hörer gemeinsam ausgehen. Oder alles das, was sich aus der
Situation von selbst versteht. Mitgeteilt wird das, was über den gemeinsamen Ausgangspunkt zu sagen ist, das Neue als Kern der Aussage (Prädika-

tion). Alles Beiwerk wird weggelassen. Die Bedeutungskonstellationen, die nicht ausgedrückt, aber mitgedacht werden, werden erst im weiteren Verlauf grammatisch markiert und signalisiert.

Mit 26 Monaten ist Bubi schon über Zweiwortsätze hinaus, gebraucht sie aber noch für längere Äußerungen. So hatte er schon mehrfach den Wandbehang nebst Nägeln neben seinem Bettchen losgerissen und schon kommentiert: »da wieder Nagel ab-issen«. Am Vortag hatte er sogar ein Gipsrelief heruntergerissen, so daß es zerbrach und er einen Klaps bekam. Als er nun erneut seinen Mittagsschlaf nehmen soll und nicht will, findet er folgende Ausrede, die er mit drollig listiger Miene und warnend erhobenem Zeigefinger vorbringt:

> »Nein, nein, nich slafen, Jungerle Nagel ab-issen, Mama haut, Mama beese, nich slafen!« Mit anderen Worten also: Lege mich lieber nicht schlafen, ich reiß doch wieder die Nägel ab, und dann wirst du böse und haust mich.[9]

Wie viel kann er schon sagen! Und doch, wie groß ist der Abstand noch zwischen dem, was Bubi meint, und dem, was er tatsächlich sagt! Wie viel muß er sprachlich – vor allem grammatikalisch – noch dazulernen! So ist durchaus nicht klar, ob die Mutter ihren Kleinen richtig gedeutet hat: »Jungerle Nagel ab-issen« ist – wörtlich – eine Erinnerung an Voraufgegangenes, keine Vorwegnahme von Zukünftigem. So müssen Kinder im Zweiwortstadium viele grammatische Hürden noch nehmen. Wie geschickt sie sich mit unserer Mithilfe auch schon mitteilen können, wir müssen uns fast immer als Gedankenleser betätigen.

Von den Rollen im Handeln zu den Rollen im Satz

Erinnern wir uns der Standardsituationen, die Eltern und Kind immer wieder durchleben. Was sich dabei abspielt, wird zur Routine. Bevor nun die Sprache, die die Mutter von Anfang an quasi gratis mitliefert, dem Kind wirklich wichtig wird, hat es die Situation verstanden. Es hat den Sprecher verstanden, bevor es das Gesprochene im Wortlaut verstehen kann. Es ahnt, was der Sprecher von ihm will, was er vorhat und als nächstes tun wird; was das Ziel seines Tuns sein könnte, wem das Tun zugute kommen soll. Es weiß, wie es anfängt, wie es weitergeht und zu Ende geht. Später kann das Kind mehr und will auch mehr. Es hat gehen gelernt und will sich jetzt auch selbständig den Raum erobern. Je mehr sich die Situationen differenzieren, desto mehr Sprache wird nötig, um solche Situationen auch kommunikativ zu bewältigen. Handelnd – und dann auch redend – erwirbt sich das Kind die Gegebenheiten des Raumes, des Bewegens und Bewirkens.

Dabei werden Kategorien sichtbar, die sich in der Grammatik niederschlagen. Denn in solchen Alltagssituationen lernt das Kind unterscheiden:

- wer was tut oder bewirkt,
- worauf sich das Tun richtet, wer oder was durch das Tun betroffen wird,
- wer wem etwas antut,
- was auf wen wirkt,
- wer wo etwas tut,
- wer womit etwas tut,
- wann und mit wem etwas passiert.

Diese thematischen Rollen, die sich um ein Verb herum gruppieren, werden – in klassischer Terminologie – durch die grammatischen *Fälle* ausgedrückt bzw. durch die »Argumente« eines Verbs. Bevor nun das Kind den Wörtern im Satz seine Rollen zuweisen kann, muß es diese Rollen erfahren und gedacht haben: den Täter einer Handlung, den Betroffenen der Handlung, das Ziel, den Ort, das Instrument einer Handlung, den Besitzer von etwas. Das sind die Grundfiguren, die wir bewußt haben, wenn wir miteinander handeln und wechselseitig unsere Aufmerksamkeit steuern – die Grundfiguren unseres Meinens und Verstehens, die es zu versprachlichen gilt. Das Vorbild des Dativs (des sog. dritten Falls) wäre der Empfänger, dem etwas zugewendet wird, dem etwas zukommt oder zuteil wird, von lat. dare = geben. Der Akkusativ, der »Anklagefall«, gibt an, auf wen oder was die Handlung zielt. Sätze sind gewissermaßen Minidramen, in denen den Mitspielern (engl. *participants*), obligatorischen wie fakultativen, vom Verb her bestimmte Rollen zugewiesen werden (Valenztheorie).

Das Verstehen der Verbbedeutung und der daraus ableitbaren Rollen, das wiederum ist die *Bodenhaftung,* der Ankerplatz der Grammatik, die es dem Kind erlaubt, die Rollen in den Satz hineinzuprojizieren und wiederzuerkennen.[10] Ein Verb wie *sinken* braucht zumindest einen Mitspieler, den oder das vom Untergehen Betroffene; andere, wie Ort oder Zeit, können hinzukommen, müssen es aber nicht. *Versenken* aber braucht zwei: Täter und Betroffenen. Zum *Schneiden* gehören meist drei: der Schneider, was zu schneiden ist, und das Instrument. Zweijährige wissen, daß »Der freundliche Vater gibt ihm« nicht richtig gesagt ist: Da fehlt etwas. Dieses Schon-Informiert-Sein, diese Weltklugheit bringt es mit sich, daß wir beim Fremdsprachenlernen in diesem Bereich kaum Fehler machen. Im Gegenteil, nur mit diesem Wissen können wir lateinische Sätze knacken. Haben wir in einem solchen Satzdrama das Verb *befehlen* erkannt, so suchen wir als nächstes den, der befiehlt (natürlich Cäsar), dann vielleicht die, denen etwas befohlen wird (wahrscheinlich sind es seine Soldaten), dann das, was befohlen wird usw. Das Verb steuert das Verständnis.

Vom Tuwort zum Verb

Kinder kommen also über dieses Schon-Verstanden-Haben, d.h. ihr Wissen, das sie unter elterlicher Anleitung im praktischen Verkehr mit den Dingen erworben haben, zur Grammatik. Unser »praktisches Bewußtsein« (Karl Marx) schlägt sich in Wort- und Satzbedeutungen nieder.

Dazu gehört die Grunderfahrung der *Objektpermanenz*, deren Entstehen Piaget so genau nachgezeichnet hat, also das Wissen davon, daß es in dieser Welt Dinge gibt, die auch dann noch da sind, wenn sie meinem Blickfeld entschwunden sind. Sie sind ebenso wie Personen etwas Bleibendes in der Flucht der Erscheinungen. Eine andere Grunderfahrung ist die des eigenen Wirkens, Erwirkens und Bewirkens, ist mein eigener Leib in Aktion, der sich anstrengt, wenn ihm die Dinge Widerstand leisten. Auch meine Aktionen und die Objekte meiner Aktionen haben etwas Beständiges, das sich von einem Hintergrund abhebt, auch hier erfährt das Kind *die Wiederkehr des Gleichen*. Oder ich bin betroffen von den Aktionen anderer. Aktionen haben Orte, an denen sie sich ereignen. Für diese persistierenden Erfahrungen – Sinnkonstanzen, wie Hörmann formuliert – gibt es Wörter, auch für das Tun und das Sich-Tun, den Zustandswechsel. Personen und Dinge wiederum haben Eigenschaften: Dafür gibt es wieder andere Wörter. Die Erfahrung »mein Leib« führt zum Verständnis von Besitzverhältnissen, wie es die Zweiwortäußerungen bezeugen. Kinder drücken das aus, was sie verstehen. Verstehen aber – der Hintergrund des allgemein Sinnvollen – ist älter als das Sprache-Benutzen.[11]

Anfangs wird sich das Kind den Unterschied an besonders typischen und prägnanten Beispielen klar machen. Klassische Beispiele für Tätigkeiten wären solche, die das Kind selbst bewußt und willentlich ausführt: *essen, trinken, waschen, putzen.* Zu solchen Tuwörtern würde also typischerweise ein Täter gehören – ob er nun genannt wird oder nicht. Solche Tuwörter wären dann das Urbild von Verben. Als typische *Eigenschaften* von Dingen müßten die sinnlich leicht erfaßbaren gelten, die im Kinderleben eine wichtige Rolle spielen: groß, heiß, kaputt, schmutzig, dann auch die Farben. In einem nächsten Schritt müßte das Kind auf die formalen Besonderheiten von solchen Dingwörtern, Tuwörtern und Eigenschaftswörtern aufmerksam werden. Es hört etwa Fügungen wie *ein großer Zeh, ein großes Zelt* und sieht: Wie groß jeweils *groß* bedeutet, wird von *Zeh* und *Zelt* bestimmt. Und merkt irgendwann, daß sich das Wörtchen *groß* auch grammatisch nach dem zugehörigen Dingwort richtet – wie alle Eigenschaftswörter im Deutschen. So treten die grammatischen Wortarten auf den Plan.

Bei seinem Einstieg in die Grammatik ignoriert das Kind eine Zeitlang Gegenbeispiele, so wie es ja generell ein Meister in der Kunst des Wegsehens und Vereinfachens ist: Hauptwörter wie das *Essen*, das *Trinken*, das *Beißen* oder ein Adjektiv wie *fleißig* beinhalten alle ein Tätigsein. Hauptwörter wie

Größe, Schönheit oder *Helligkeit* bezeichnen eine Eigenschaft. Verben wie *gehören* oder *stimmen* wie in »das stimmt nicht«, »das gehört nicht hierhin« stellen keine Tätigkeiten dar. Aber der Einstieg in hochabstrakte Kategorien wie Subjekt und Verb dürfte hauptsächlich über inhaltlich bestimmte, welthaltige Kategorien wie »Täter«, »Handlung«, »Ort«, »Richtung«, »Eigenschaft« usw. gelingen – grammatische Bestimmungsstücke, die schon in den Verbbedeutungen versteckt sind. Die Frage bleibt jedoch offen, wie Kinder den Übergang vom Alltagswissen (»Handelnder«) zur syntaktischen Kategorie (»Subjekt«) konkret bewerkstelligen.[12]

Pack-Enden für die Grammatik

Aber das ist nicht die ganze Geschichte. Kinder haben noch ein anderes Pack-Ende, mit dem sie die Grammatik aushebeln – eines, das auch noch so treulich geführte Tagebücher nicht aufdecken können. Durch die schon im ersten Kapitel erwähnten Nuckel- und Blickpräferenzexperimente, durch Sortieraufgaben, Satz-Bild Zuordnungen und andere einfallsreiche Aufgaben, die Kleinkinder schon vor ihrem ersten Wort bewältigen können, hat man herausgefunden, daß sie schon vor Sprechbeginn auf grammatische Gliederungen im Redestrom achten; und daß sie auch schon für Funktionswörter und Strukturen im Zugesprochenen sensibel sind, wenn sie diese in ihren eigenen spontanen Äußerungen noch nicht verwenden. Dazu benutzen sie vor allem prosodische Akzentuierungen. Der Startschuß für die Grammatik fällt also schon sehr früh.

So ist auch schon in den meisten Zweiwortsätzen ein grammatischer Ansatz erkennbar. Fast immer heißt es *mehr heia, mehr singen, mehr Saft.* Verbpartikel wie *ab, unter, zu* (»ssu«) haben schon ihren festen Platz. Ein hoher Prozentsatz von Zweiwortäußerungen deutscher Kinder betrifft Infinitivsätze vom Typ »Sand pielen« »Ball pielen«, »Ball suchen« (Hilde Stern). Hier fällt auf, daß die korrekte Wortfolge fast überall eingehalten wird. Wie es auch englische Kinder tun, nur eben mit dem umgekehrten Ergebnis: *play ball,* genau, wie es ihnen ihre Grammatik vorschreibt. »Die Annahme ist, daß das Kind aufgrund des konstanten rhythmischen Musters die Stellung des Objekts zum Verb in der betreffenden Sprache bestimmen kann.«[13] Die Betonung liegt jedesmal auf der Verbergänzung *Ball / ball,* so daß im Englischen die Folge einer unbetonten und betonten Silbe, *play ball* wie in *guitar* (als Versfuß Jambus genannt), im Deutschen die umgekehrte Folge, *Ball pielen* wie in *Wolfgang* (als Versfuß Trochäus genannt), herauskommt. Kinder erkennen schon mit acht Monaten genau diese rhythmisch-prosodischen Informationen im Redefluß und können sie als Einstieg in die Grammatik benutzen. Eine Zeitlang hat man die frühe grammatische Sensibilität der Kinder nicht gesehen, weil der Blick nur auf die Sprachproduktionen des Kindes gerichtet war.

Damit wird deutlich, daß der Erwerbsweg nicht nur von den Bedeutungen her, sondern auch von den Lautungen her zur Grammatik führt. Kinder brauchen wohl mehrere Hebel für die Grammatik. Später kann schon vorhandenes Strukturwissen weiteres Strukturwissen erzeugen. Die Grammatik wird dann selbst der Hebel für mehr Grammatik.

Etwas älteren Kindern kann man Nachsprechaufgaben stellen, z.B. grammatisch korrekte und nicht korrekte Sätze. Auch hier konnte man aus den Reaktionen der Kinder einwandfrei auf ein grammatisches Gespür schließen, das in ihrer Spontansprache noch nicht sichtbar war.

Jüngere Kinder verstehen anfangs gar nicht, was man von ihnen will, wenn sie nachsprechen sollen. Hier zwei Beispiele von der gerade zweijährigen Gisa:

> Papa: Sag mal: Gisa zieht sich die Strümpfe aus.
> Gisa: Ja.
> Papa: Sag.
> Gisa: Gisa Tümpfchen aus. **An** Tümpfchen!
> Papa: Ach ja, die Strümpfchen sind an. Sicher, stimmt ja auch, die sind ja an.

> Papa: (hört ein Auto vorbei fahren) Sag mal: Da kommt ein Auto gefahren.
> Gisa: Ja.
> Papa: Sag mal: Da kommt ein Auto gefahren.
> Gisa: Weg isses.
> Papa: Ach ja, weg is es.

Der Sinn des »Sag mal« ist ihr nicht ganz klar, weshalb sie es beim zweiten Mal einfach überspielt. Mit geschickten Ergänzungsaufgaben finden die Sterns heraus, wieviel ihr zweijähriger Günther bei seinem verhältnismäßig kleinen Wortvorrat schon versteht:

> Günther wischte sich bei Mittag vorm Schlafengehen die Augen und sagte: »miede«. Vater: »Nun wird der Günther bald ins – ?« »Bett«. Und dann wird der Günther schön – ?« »Hafen.« »Und dann wird er wieder – ?« »Hach.« »Und dann wird er rufen – ?« »Else«. »Und dann wird ihn die Else – ?« »Abhalten.« »Und dann wird die Else dich – an- ?« »Hemdsen an.« (16.11.1904)

Nochmals betonen wir den Primat der Bedeutung. Sinnvolles kommunikatives Handeln ist das A und O der Sprache. Zugesprochenes wird nur dann aufgenommen, wenn Kinder aufmerken, wenn sie von der Mutter in ein Handlungsspiel hineingezogen werden und sich Sinnerwartungen ausbilden. Dem hat sich alles andere unterzuordnen. Zugleich aber gilt das Prinzip der neuronalen Parallelverarbeitung, denn Milliarden von Nervenzellen sind gleichzeitig tätig. So verläuft die akustische Musterverarbeitung parallel zur höherstufigen Sinnerwartung, und »die Analyse des akustischen Input ist immer zugleich eine Synthese«.[14]

Grammatik und Wortvorrat

Wie teilen sich Wortschatz und Grammatik die Arbeit der Sprachentwicklung? Die Abbildung zeigt einen rasanten Einstieg in grammatische Sprache mit etwa 1 $^1/_3$ Jahr bei den Frühsprechern. Auch für den Durchschnitt beginnt hier der Einstieg, verläuft aber wesentlich langsamer. Die Spätsprecher hingegen lassen sich noch fast ein ganzes weiteres Jahr Zeit, bevor sie anfangen, grammatische Strukturen im Sprachgebrauch aufzubauen.

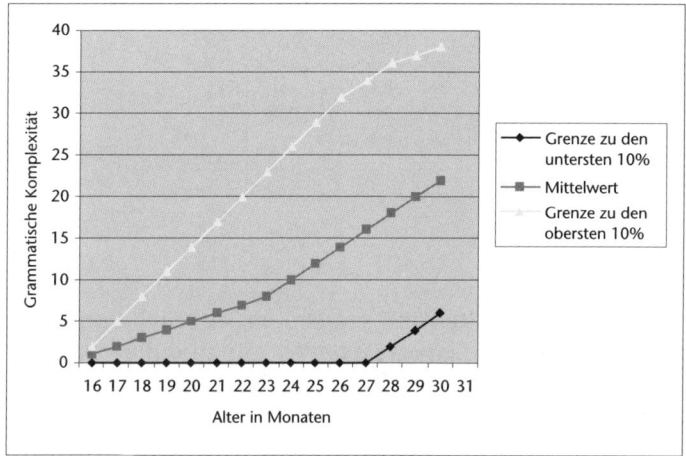

Grammatische Komplexität in Abhängigkeit vom Alter (16–30 Monaten)[15]

Die nächste Abbildung bestätigt (s. S. 216), was in der Sprachgeschichte noch durchschimmert: die Grammatik entwickelt sich aus dem Wortvorrat der Kinder. Der Zuwachs an Worten reflektiert zunächst einen Zuwachs an Weltverstehen. Die thematischen Rollen müssen ja zuerst im praktischen Leben erfahren und verstanden werden, bevor sie in Worten nachgezeichnet und mit Worten ausgedrückt werden können. Dabei gehen die Wirkungen nicht nur in eine Richtung. Erst mit und durch das Bereitstellen und Fruchtbarmachen von Wörtern und Wortteilen werden auch komplizierte Zusammenhänge transparenter und verstehbarer, z.B. Ursache-Wirkungs-Verhältnisse und Warum-Fragen.

So werden grammatische Komponenten entdeckt, angeeignet und dann auch sukzessive im Sprachgebrauch ausgedrückt. Auch hier zeigt sich eine große Variationsbreite: bei einigen Kindern genügen schon etwa 100 beherrschte Wörter, und die Eroberung der Sprachformen fängt an; im Durchschnitt sind es etwa 200 benutzte Wörter, und das Kind macht sich auf den

Weg, grammatische Regelungen zu beachten. Andere hingegen warten gelassen einen Wortschatz von ca. 400 Wörtern ab und legen dann erst richtig los.

Grammatische Komplexität in Abhängigkeit von den produzierten Wörtern

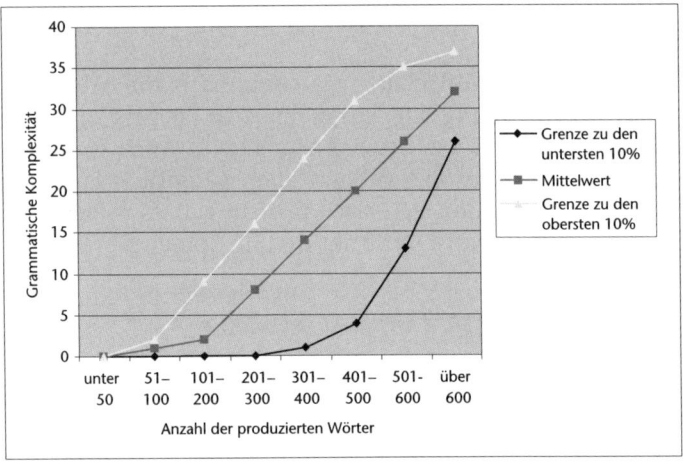

Prototypen als Ausgangspunkt

Soviel scheint gewiß: Kinder arbeiten mit markanten, einleuchtenden Fügungen, die dann als Muster dienen, sog. *Prototypen*. Sie sind die Vorbilder, an denen Maß genommen wird. Die zugrundeliegende Leistung ist die Abstraktion eines Typus oder Prototyps als der klarste Fall.

> Kein Naturforscher und kein Arzt, der Ordnung in die überwältigende Mannigfaltigkeit der ihm entgegentretenden Wirklichkeit bringen will, kann auf diese Abstraktion verzichten. Wenn ein Zoologe das erste Exemplar einer neuen Schmetterlingsart beschreibt, so erwähnt er nicht, daß etwa der Rand des linken Hinterflügels ein wenig zerschlissen ist oder daß irgendwo die schillernden Schuppen abgewetzt sind, und er tut kleine Beschädigungen oder Mißbildungen selbst dann keine Erwähnung, wenn er viele Einzeltiere kennt und wenn keines von ihnen völlig frei von derartigen Unvollkommenheiten ist: er beschreibt vielmehr den *idealen* Vertreter der betreffenden Art.[16]

Unser Erkenntnisapparat macht es mir möglich, meinen Hund von vorne, von hinten, von weitem, aus der Nähe, in rotem, grünem oder blauem Licht als denselben Hund wiederzuerkennen. Und dieser Apparat kann plötzlich – ungefragt – von einer bestimmten Evolutionsstufe aufwärts etwas ganz Neues: Er kann nämlich von den individuellen Eigenschaften dieses Hundes abstrahieren und *den Hund* wiedererkennen.[17]

Betrachten wir einen Groschen. Er bleibt rund und schön, wie immer wir ihn halten. Auch wenn er vor uns auf dem Tisch liegt und wir von oben schräg auf ihn blicken. Obwohl sich jetzt auf der Netzhaut eine Ellipse abbildet, sehen wir ihn weiter rund. Ein einfaches Beispiel für vielfältige Konstanzleistungen, die unser Gehirn vornimmt, ohne unser Bewußtsein zu beteiligen. Unser Sehsystem besitzt auch die Fähigkeit, überflüssige räumliche Bildteile wegzuretuschieren.

Die Fähigkeit zur Konstanz, Abstraktion und Retusche ist kein Privileg des Menschen. Viele Tiere erkennen Freßfeinde oder Beute aus den verschiedensten Blickwinkeln; sie können die Gestalt aus unterschiedlichen Erscheinungsformen abstrahieren. Der spezielle Wahrnehmungsschlüssel für das Gesichter-Erkennen fällt unter diese Leistungen (vgl. S. 18). Tiere, die im Gegensatz zu ihren Artgenossen zu solchen intelligenten Generalisierungen nicht fähig gewesen wären, wären wohl auch bald wieder von der Bildfläche verschwunden. Vermutlich wirken ähnliche Leistungen auch beim Spracherwerb mit. Der Idealtyp des Verbs ist eine Tätigkeit, die ich bewußt und kontrolliert ausübe, die ein Ziel hat und etwas bewirkt: *etwas überreichen, etwas verfertigen, die Hände waschen* usw. Danach kommen vielleicht Vorgangswörter wie *weinen,* das ich nicht mehr kontrollieren kann; noch weniger typisch sind *hören* und *sehen* oder *liegen* und *schlafen,* wobei ich mich eher passiv verhalte, schließlich Wörter wie *brauchen,* bei denen sich der Bezug zum Tun restlos verflüchtigt hat.

Der Sprachstand einer Zweijährigen

Zeigen wir an einem zusammenhängenden Beispiel, was eine Zweijährige sagen kann. Hilde Stern (2;2) beschreibt das Bild einer Bauernstube, das man ihr vorgelegt hat. Sie ist schon über das Zweiwortstadium hinaus; es tauchen schon grammatisch gegliederte Mehrwortsätze auf. Aber noch überwiegen kürzere Äußerungen. So sind *tiktak, dott* zwei durch die Pause getrennte Einwortäußerungen. Erst wenn die Wörter intonatorisch zusammengerückt sind (*ssöne Lume; Bette laf*), dürfen sie als Zweiwortsätze gelten:

Blumen	Hilde zeigt auf den Blumentopf.
Tiktak, dott	(= Uhr, dort).
ssöne Lume	(Blume); sie meint das Kruzifix mit Zweigen.
Kind auch tatei macht	(tatei machen = schlafen).
Bette laf	(schläft im Bett); gemeint ist wieder das Wiegenkind.
Fenster	zeigt dabei auf ein Bild neben dem richtigen Fenster, ein Irrtum, den auch noch ältere Kinder (7jährige) begehen

auch Fenster	zeigt das richtige Fenster.
die auch	zeigt auf die Puppe.
Tante Schuh an	Schuhe der Bäuerin.
Kind	zeigt auf den Knaben.
Onkel aus	= ausgezogen. (Der Bauer hat sich die Jacke ausgezogen).
Stul düben dott	meint den leeren Stuhl.
(komm Elefant, sehen)	(sie nimmt ihren auf dem Tisch stehenden Stoffelefanten und rollt ihn auf das Bild, damit er auch sehe).
kleine Wauwau	Hund.
leikchen	(Kleidchen), zeigt auf Schürze der Frau.
lume Kind hast	zeigt auf die Blumenmalerei der Wiege. (Längere Pause)
Kind dauf	(drauf); zeigt auf den sitzenden Jungen.
läft tatei	(= schläft) meint die Puppe.
Kind nich nuppelpnuppel	Das Wiegenkind lutscht nicht am Finger.
	(Pause)
	(Vater: »Es ist noch viel Schönes darauf.«)
Wasser	zeigt auf den Krug.
Bette, da Bett	zeigt auf das Bett.

(Jetzt ist das Kind ermüdet und die spontanen Äußerungen hören auf. Doch es folgen noch eine Reihe Antworten auf Fragen. »Was ist noch auf dem Tisch?«)

Sand schielt e Kind	(Sand spielt); der Löffel des Knaben erinnerte sie an ihren Sandlöffel. (Was macht das Kind?)
beiße beiße, esse esse	(Was ißt es denn?)
Suppe.	(Wir beendeten den Versuch, weil das Kind ermüdet war.)[18]

Eine Glanzleistung, die ihr die wißbegierigen Eltern abfordern! Man bedenke, daß Kinder normalerweise der Stütze des hin- und hergehenden Gesprächs bedürfen und solche Beschreibungen erst Sache der Schule sind. – So steht der Grammatikerwerb im Zusammenhang mit dem Weltverstehen und mit der sich entwickelnden Intelligenz des Kindes. Grammatik ist ein Formenspiel, doch hat dies Spiel Bodenhaftung. Über alle grammatischen Regelungen hinweg ist das – sich in unserem Weltwissen zeigende – Sinnhaft-Sein bestimmend.

Die Schrecken der deutschen Sprache – Achtung, Satire!

Das Ausmaß der Lernaufgabe, der sich unsere Zweijährigen so bereitwillig unterziehen, versteht man am besten, wenn man sie von außen betrachtet – etwa aus der Sicht eines Amerikaners. Der Autor von Tom Sawyer und Huckleberry Finn hat in seinem Buch *A Tramp Abroad* das Kapitel *The awful German language* eingefügt. Dort mokiert sich Mark Twain über die »Parenthesekrankheit« des Deutschen, weil bedeutungsmäßig zusammengehörige Elemente im Satz getrennt werden:

> »Wenn er aber auf der Straße der in Samt und Seide gehüllten, jetzt sehr ungeniert nach der neuesten Mode gekleideten Regierungsrätin begegnete ...«
> Der Satz stammt aus dem »Geheimnis der alten Mamsell« von Mrs. Marlitt und ist nach dem anerkanntesten deutschen Modell konstruiert. Man beachte, wie weit das Verb von der Ausgangsbasis des Lesers entfernt liegt; man beachte ferner, daß die Parenthesezeichen, die alles, was zwischen »der« und »Regierungsrätin« in den Satz eingeschaltet ist, zusammenschließen müßten, nicht einmal gesetzt worden sind, wodurch dem Leser der Weg zum entlegenen Verb willentlich noch weiter erschwert wird.
> Die Deutschen kennen noch eine weitere Form der Parenthese, die sie herstellen, indem sie ein Verb spalten und die eine Hälfte an den Anfang eines spannenden Kapitels setzen und die andere Hälfte an den Schluß. Kann man sich etwas Verwirrenderes vorstellen? Diese Dinger heißen ›trennbare Verben‹. Die deutsche Grammatik strotzt von trennbaren Verben, und je weiter die beiden Teile auseinandergerissen werden, desto zufriedener ist der Urheber des Verbrechens mit seiner Leistung.[19]

Das Problem der trennbaren Verben wird auch im folgenden Abschnitt angesprochen:

> Dann gibt es da gewisse Wörter, die eins bedeuten, wenn man sie auf der ersten Silbe betont, aber ganz etwas anderes, wenn man den Ton auf die zweite oder letzte Silbe verschiebt. So kann man zum Beispiel mit einem Menschen umgehen oder aber ihn umgehen – je nachdem, wie man das Wort betont; und man darf sich darauf verlassen, daß man die Betonung in der Regel auf die falsche Silbe legt und Ärger bekommt.

Schließlich spießt er noch die Formenfülle des Deutschen auf, die jedem Deutschlerner zum Greuel werden kann:

> Wenn einem Deutschen ein Adjektiv in die Finger fällt, dekliniert und dekliniert und dekliniert er es, bis aller gesunde Menschenverstand herausdekliniert ist. Es ist so schlimm wie im Lateinischen. Er sagt zum Beispiel:

	Singular	Plural
Nominativ:	Mein guter Freund	Meine guten Freunde
Genitiv:	Meines guten Freundes	Meiner guten Freunde
Dativ:	Meinem guten Freund	Meinen guten Freunden
Akkusativ:	Meinen guten Freund	Meine guten Freunde

Nun darf der Kandidat fürs Irrenhaus versuchen, diese Variationen auswendig zu lernen – man wird ihn im Nu wählen.

Jedes Substantiv hat sein grammatisches Geschlecht, und die Verteilung ist ohne Sinn und Methode. Man muß daher bei jedem Substantiv das Geschlecht eigens mitlernen. Eine andere Möglichkeit gibt es nicht. Um das fertigzubringen, braucht man ein Gedächtnis wie ein Terminkalender. Im Deutschen hat ein Fräulein kein Geschlecht, wohl aber ein Kürbis.

In der Tat treibt die meist willkürliche, rein zufällige Zuteilung des grammatischen Geschlechts viele Deutschlerner zur Verzweiflung, ebenso wie die Fülle der deutschen Pluralformen – wie Kinder damit zurechtkommen, wird uns im nächsten Kapitel beschäftigen.

---

1 Vgl. Gipper 1985, 255

2 Zimmer 1992, 174ff.

3 Logischerweise? Andere Sprachen folgen einer anderen Logik. Bei einer kleinen, nur auf zwei Inseln vor Australien gesprochenen Sprache muß die Zeit nicht nur am Verb, sondern auch an seinen Ergänzungen markiert werden. (Max Planck Forschung 2/2003, 28)

4 Humboldt (1963), 54; Herder V (1967), 83

5 Nach Berechnungen des Genetikers Cavalli-Sforza hätten Sprachen schon vor etwa 100 000 Jahren grammatische Perfektion erreicht. In: *Die Zeit*, 7.2.92.

6 Es ist nicht R. Brown (1973), wie oft behauptet wird, sondern Preyer (1900, 330), der zum ersten Mal vom kindlichen »Telegraphirstyl« sprach. Stern & Stern (1987, 59) gebrauchen den Ausdruck »Telegraphenstil«. – Der Vergleich hinkt etwas, weil Telegramme bei aller Verkürzung genug grammatische Anhaltspunkte enthalten, damit die Botschaft auch richtig ankommt.

7 Scupin & Scupin I (1907), 82

8 Scupin & Scupin I (1907), 95

9 Scupin & Scupin I (1907), 112

10 Bodenhaftung, engl. *grounding*. Im Englischen gebraucht man das Bild von der Stiefelschlaufe, mit der man sich in die Stiefel hilft (*bootstrapping*). Die Frage ist, welche Basisinformationen das Kind benutzt, um sich grammatische Strukturen zu erschließen. Womit fängt das Kind an?

11 Hörmann 1976

12 Hierzu empfehlen wir die knappe, aber klare und faire Erläuterung kontroverser Standpunkte bei Dittmann 2002, 59ff.

13 Penner 2000, 115

14 Spitzer 2000, 150

15 Grafiken nach Bates u.a. 1995; die Kurven sind hier geglättet.
16 Lorenz 1983, 60
17 Lorenz 1983, 57
18 Stern 1935, 173
19 Twain 1985, 531. Folgende Zitate: 532, 537, 534/35

Das Problem der vielen Formen:
der deutsche Plural als Exempel

Den Römern würde gewiß nicht Zeit genug geblieben sein, die Welt zu erobern, wenn sie das Latein erst hätten lernen sollen. Diese glücklichen Leute wußten schon in der Wiege, welche Nomina den Accusativ auf *im* haben. (Heinrich Heine)

Wie man mit wenig viel erreichen kann: Zahlwörter

»Sprecht nach«, sagt der Lehrer, und die Schüler sprechen nach. »Schreibt auf«, sagt der Lehrer, und die Schüler nehmen das Diktat entgegen.

Wir wissen: So lernt man keine Sprachen. Wir müssen nicht erst einmal alles mögliche gehört und gespeichert haben, um es dann jeweils bei passender Gelegenheit wieder abzuspulen. Unmöglich, für jede denkbare Situation vorwegnehmend die passenden Sätze nachahmend zu erlernen. Man müßte quasi das ganze Leben vorwegnehmen. Denn die Sprechsituationen wechseln ständig. Sie sind sich zwar ähnlich, doch auch immer wieder neu. Wie es die Situation erfordert, können wir stets Neues, noch nie Gehörtes formulieren. So ist die Zahl aller möglichen Sätze in einer Sprache unabsehbar.

Deshalb kann man Sprachen nicht bloß imitativ-reproduktiv von denen lernen, die schon sprechen können. Sprache ist kein fertig »da liegender« Stoff (Humboldt). Zwar darf man die Rolle von Nachahmung und Einprägung auf keinen Fall unterschätzen. Denn jeder Regelerwerb (*rule-learning*) setzt Nachahmen (*rote-learning*) voraus. Sprache ist aber ein schier unabsehbares, in immerwährender Veränderung begriffenes Gelände. Wir lernen, es zu kartographieren, ohne es abgeschritten zu haben. Wir entwickeln einen Sinn für dieses Terrain, so daß wir auch unberührte Teile betreten können und dort ankommen, wohin wir wollen.

Wie ist so etwas lernbar? Machen wir uns das an den Zahlen klar. Auch die Zahlenreihe ist prinzipiell unbegrenzt, und wir können nach Bedarf jede Zahl bilden, auch wenn wir sie bislang von niemandem gehört haben. Zahlwörter bilden demnach ein einleuchtendes Beispiel dafür, wie wir eine schmale Basis von Zugesprochenem selbständig ausweiten und fortführen. Kein Kind muß nicht erst hundert oder gar tausend Zahlwörter gehört haben, um schließlich die Zahlenreihe zu beherrschen, ebensowenig wie es alle Uhrzeiten auswendig lernen muß.

Ein Grundstock von Zahlwörtern muß zunächst imitativ aufgenommen werden. Irgendwann aber kommt ein Kind dahinter, daß hier ein System vorliegt und sich etwas regelmäßig wiederholt. Es erkennt, wie Zahlwörter gebildet werden: ihre Ordnung, Struktur, d.h. ihre »Grammatik«. Das Kind verfügt dann – in den Worten Wilhelm von Humboldts – *über endliche Mittel, von denen es unendlichen Gebrauch machen* und so die Zahlenreihe immer weiterbauen kann. Die außerordentliche Bequemlichkeit des Dezimalsystems besteht gerade darin, daß wenige Zeichen durch Umstellen und Kombinieren zur Darstellung unendlich vieler Möglichkeiten genügen.

Kann uns das nicht imponieren? Man kommt mit wenigen Regelungen aus, viele Sprachen sind hier ja einigermaßen streng durchgebildet. Aber wir täuschen uns gewaltig, wenn wir diese Leistung für gering achten. So gibt es auch in der Zahlenreihe die berühmten Ausnahmen und Ungereimtheiten, die das Lernen erschweren, und die wir als Fremdsprachenschüler so fürchten. Zahlwörter wie *elf* und *zwölf* sind noch Überbleibsel eines älteren Systems. Bei den Zahlen dreizehn bis neunzehn stehen die Einer vorn. Ab einundzwanzig kehren die Engländer die Reihenfolge um: *twenty-one*. Ihre Zählweise deckt sich mit der Schreibweise der Ziffern, und so vertun sie sich auch nicht so häufig beim Telefonieren. Kurios wird es im Französischen, wo siebzig als *sechzig-zehn* und achtzig als *vier (mal) zwanzig* ausgedrückt wird.

Kinder erwerben die Zahlenreihe über charakteristische Etappen, die ihnen nicht vorgesagt oder vorgeschrieben werden, sondern die sie sich ganz allein abstecken und bestimmen. Einige zählen »neunzehn, zehnzehn, elfzehn« oder auch »zehnundzwanzig, elfundzwanzig, zwölfundzwanzig«.[1] Sie vereinfachen, indem sie die Unregelmäßigkeiten wegbügeln. So wird bei Elly aus dem Englischen *eleven, twelve, thirteen* ein *one-ty one, one-ty two, one-ty three* usw. Das ist so ein typisches Zwischenstadium, das die meisten bald hinter sich lassen. Sie passen sich an, wohl oder übel, auch wenn sie die besseren Lösungen gefunden haben. Wenn nun schon der Erwerb der Zahlenreihe oder der Uhrzeiten ein kleines Wunder darstellt angesichts des sich gerade erst entwickelnden Intellekts kleiner Kinder, um wieviel mehr muß uns erst die Bewältigung vieler anderer, weitaus komplexerer Strukturbereiche in Erstaunen versetzen!

Grammatikalischer Entscheidungszwang

Wörter können alles Mögliche bedeuten, man hat sie für dieses und jenes, kann zwischen ihnen wählen, bestimmte vermeiden, andere hervorheben und auch nach Bedarf neue erfinden. Die grammatische Formenwelt bildet im Vergleich zum Wortschatz eine überschaubare, geschlossene Gesellschaft. Ganz anders als bei den Wörtern aber übt die Grammatik einen gewissen Zwang auf den Sprecher aus. Er kann zwar seine Wörter wählen – etwa: Haus, Hütte, Villa oder Bruchbude –, aber er muß sich jeweils für eine von zwei Formen entscheiden: Haus oder Häuser, Hütte oder Hütten, Villa oder Villen. Ob nur von einem oder von mehreren Häusern die Rede ist, das kann man gewöhnlich nicht im Dunkeln lassen, denn der Unterschied ist grammatisch verankert.[2] In ähnlicher Weise muß man grammatisch Farbe bekennen, wenn man jemanden anredet: Soll ich ihn siezen, darf ich ihn duzen? Das kann peinlich werden, wenn ich nicht mehr erinnere, ob ich einen Bekannten duze oder sieze. Das Englische zwingt mir diese Entscheidung nicht ab. Sprachen unterscheiden sich also auch durch das, was sie sagen *müssen*. In anderen, traditionell auf Etikette, Höflichkeit und Hierarchie fixierten Gesellschaften bietet die Sprache noch ein paar Möglichkeiten mehr an, bzw. sie fordert gebieterisch weitere Entscheidungen ab. Viele Sprachen teilen die Welt grammatisch ein in männlich, weiblich und weder-noch, also neutral. Die Grammatik zwingt in einer Weise zu Festlegungen, wie es der Wortschatz nicht tut. Gerade deshalb sind die grammatisch ausgedrückten Bedeutungen immer sehr allgemeiner Art und schwingen bei allen Themen mit.

Zeigen wir anhand der Mehrzahlbildung, welche Bedingungen erfüllt sein müssen, damit kleine, »unwissende« Kinder grammatische Regelmäßigkeiten nach und nach erfassen und somit lernen, von endlichen Mitteln unendlichen Gebrauch zu machen.

Eine Welt, in der alles einmalig ist und sich nichts wiederholt, das wäre die Definition von Chaos. Kein Lebewesen könnte darin existieren. Erst wo Ordnung und die Wiederkehr des Gleichen ist, kann Leben und kann Lernen sein. Die Grammatik spiegelt etwas von dieser Ordnung wider. Manche Sprachen, wie zum Beispiel das früheste Griechisch, gehen noch weiter als das Gegensatzpaar Singular – Plural und haben besondere formale Kennzeichen von Zweiheit entwickelt. Daß etwas als Paar auftritt und nicht als einzelnes oder gleich mehrfach, wird für so wichtig gehalten, daß es nicht nur Wörter wie »beide« dafür gibt. Statt dessen bekommt mit dem sog. *Dual* auch das paarweise Vorkommen sozusagen grammatische Würden.

Wieder gilt der Grundsatz, daß unser Weltverständnis zur Grammatik führt. Erst muß das Kind auf das doppelte Vorkommen aufmerksam werden, bevor es den Dual im Zugesprochenen entdecken und später selbst markieren kann. Dieses Weltverständnis, hier: den Paarbegriff, hat auch ein Kind, dessen Sprache keine besondere Dualformen besitzt. So Bubi im Alter von 1;5:

> Besonders hat er die häufige Paarigkeit der Dinge schnell entdeckt, zeigt also erst auf das eine Auge, Ohr usw., dann auf das andere. Dieser Sinn für die Paarigkeit geht sogar so weit, daß der Knabe, als ihm eine geschnitzte Ecke an einem Zimmerspeiseschrank gezeigt wurde, sofort an die andere Seite des Schrankes ging und dort auch die Schnitzerei suchte. Ebenso ging er, als er am Tisch einen Handgriff zum Herausziehen der Schublade entdeckte, sofort an die entgegengesetzte Seite des Tisches und suchte dort nach einer ebensolchen Schublade. Solcher Beispiele könnten noch viele angeführt werden.[3]

Nach Hansen ist es besonders die Zusammengehörigkeit der Eltern, die den Paarbegriff, als »Zwei in Einheit«, prägen. Sein dreijähriger Sohn stellte fest: »Der Dom hat zwei Türme, einen Vati-Turm und einen Mami-Turm.« Ähnlich, in der gleichen Zeit, über seine Schuhe: »Ein Vati-Schuh und ein Mami-Schuh.«[4]

Auswendiglernen genügt nicht

Zurück zum Plural. Einige Sprachen setzen ein Hauptwort in den Plural, indem sie es verdoppeln: einleuchtend, einfach, aber doch auch umständlich. Könnte es sein, daß dies der »Urplural« war, den die meisten Sprachen fortentwickelt haben: *Löwe* für das eine Tier, *Löwe-Löwe* (ökonomischer: *Lö-Löwe*) für zwei oder mehr? Andere Sprachen, die nicht auf den grammatischen Trick verfallen sind, ein Wort leicht zu verändern, benutzen eine begrenzte Zahl von »Meßwörtern« als Pluralzeichen: So wie wir zwei Stück Kuchen sagen, heißt es im Chinesischen und Malaiischen »fünf *Band* Buch« oder »fünf *Schwanz* Löwe«.

Das Englische und Französische haben das Problem auf fast ideale Weise gelöst. Im Englischen wird ein Wort am Ende, im Französischen am Anfang verändert. Das Englische hängt schlicht ein -s an, das sich lautlich jeweils in ein scharfes, ein weiches oder in eine silbische Form ausdifferenziert. Das Französische dagegen stellt jeweils ein *les* oder *des* dem Hauptwort unmittelbar voran.

> une baguette – des baguettes ein Stangenbrot – Stangenbrote
> la baguette – les baguettes das Stangenbrot – die Stangenbrote
> (Das angehängte -s wird nicht mehr gesprochen, existiert also nur in der Schrift als Überbleibsel einer früheren Sprachstufe)

Beide Systeme funktionieren durchgängig so. Die berühmten Ausnahmen, die Mucken und Marotten, die es in natürlichen Sprachen überall gibt, fallen hier nicht ins Gewicht. Der englische und französische Plural ist daher im hohen Maße voraussagbar und leicht lernbar. Beide Sprachen haben in diesem Bereich sparsame und elegante Lösungen gefunden.

Dagegen wirkt die deutsche Pluralbildung geradezu plump, überfrachtet, einfach chaotisch. Noch komplizierter ist die Pluralbildung im ägyptischen Arabisch, so daß die Kinder noch bis ins fünfzehnte Lebensjahr damit Schwierigkeiten haben, während türkische Kinder das regelmäßig durchgestylte Pluralsystem ihrer Sprache bereits mit zwei Jahren vollständig meistern.[5] Sprachen sind also keine vollkommenen Gebilde. Unterschiedliche Ausdrucksprobleme sind in unterschiedlichen Sprachen einfach unterschiedlich gut gelöst.

Beim deutschen Plural kommt alles vor: Veränderungen vor dem Wort, im Wort und am Ende des Wortes oder auch überhaupt keine Kennzeichnung, so daß der pluralische Sinn aus dem Zusammenhang erschlossen werden muß:

1. *Keine Veränderung / kein Pluralzeichen:*
   Sie mag <u>Mädchen</u> lieber als Jungen.
   Nur der Zusammenhang macht den Plural klar. Wo wie hier das Wort unverändert bleibt, spricht man von »Nullformen«.

2. *Eine Veränderung / ein Pluralzeichen:*
   die Mädchen
   Der Plural wird durch eine Veränderung unmittelbar vor dem Wort, nämlich durch ein vorangestelltes »die« verdeutlicht.

3. *Zwei Veränderungen / zwei Kennzeichen:*
   der Schuh – die Schuhe
   der Ring   – die Ringe
   das Heft   – die Hefte
   »der / das« wird zu »die«; zusätzlich wird ein »-e« angehängt

4. *Drei oder vier Veränderungen / Kennzeichen:*
   das Buch – die Bücher
   »das« wird zu »die«; »u« wird zu »ü« (Umlaut); dazu kommt die Endung »-er«; schließlich wird auch noch das »-ch« lautlich verändert, d.h. aus dem sog. »ach«-Laut wird ein »ich«-Laut

Diese Fälle sind aber nur in der Gegenüberstellung von Singular und Plural eindeutig. Anders gesagt: Die Pluralform ist oft nur dann zweifelsfrei als solche zu erkennen, wenn man zuvor schon den Singular kennt. So sind Wörter wie *die Schuhe, die Ringe, die Hefte* von Singularen wie *die Flasche, die Brücke, die Torte* zunächst nicht auseinanderzuhalten. Auch alle anderen Endungen, die zur Kennzeichnung des Plurals verwandt werden, sind mehrdeutig:

»-(e)n«: *Blumen, Birnen;* endungsgleich mit Singularen wie *Garten, Boden, Kasten.*

»-er«: *Kinder, Felder;* endungsgleich mit Singularen wie *Mutter, Winter, Bäcker, Wetter.*

»-s«: *Muttis, Autos;* endungsgleich mit *Moos, Los, Kies, Dosis.*

Dies verkompliziert den Erwerb der Mehrzahlformen noch zusätzlich. Die deutsche Pluralbildung ist so vielgestaltig, daß der Eindruck entstehen kann, hier sei reine Willkür am Werk und den Kindern bleibe nichts anderes übrig, als die Formen schlicht auswendig zu lernen. Jedenfalls notieren die Wörterbücher des Deutschen zugleich mit dem grammatischen Geschlecht der Hauptwörter auch noch deren Pluralform. Selbst die Dudengrammatik von 1973 (S. 189f.) beschränkt sich hier und da auf die schwammige Formel: »Von vielen Substantiven wird der Plural auf ... gebildet«. Oft muß also der Ausländer ein deutsches Hauptwort gleich viermal lernen: nicht nur den Wortkörper in der Singularform und seine Bedeutung(en), sondern auch das grammatische Geschlecht und schließlich den Plural – während er sich im Englischen mit einer Form plus Bedeutung(en) begnügen kann. Gerade der Wegfall vieler Endungen macht ja das Englische auf den ersten Blick so leicht zugänglich.

Können statt Kennen

Das Kleinkind geht nun aber – im Ganzen gesehen – keineswegs wörterbuchmäßig vor, indem es zu jeder Grundform gleich einen Plural dazulernt, und es braucht dies auch nicht zu tun. Denn auch hinter der Pluralbildung im Deutschen steckt ein Stück Regelwerk. So kompliziert dieses auch ist, das Kind macht sich auf, das Regelwerk zu ergründen, statt nur auswendig zu lernen, was Erwachsene ihm zusprechen. So kann es am Ende genau das, was wir als Erwachsene können: Auch wenn uns ein ganz neues Wort begegnet, können wir ihm meist eine Pluralform geben und fühlen uns ziemlich sicher, daß die anderen es genauso machen würden und unsere Redeweise nicht komisch finden. Wir sprechen so, als ob wir wüßten, wie das System funktioniert; zum Beispiel,

- daß alle Feminina und Maskulina auf *-e* ihren Plural auf *-(e)n* bilden,
- daß alle Wörter, die auf einem unbetonten Vokal enden, ein *-s* anhängen (*Autos*),
- daß ein *i* oder *ei/ai* nicht umgelautet werden,
- daß ein Plural auf *-n* nie zugleich mit einem Umlaut verbunden ist (*Blume – Blumen; Flasche – Flaschen* usw. *Garten – Gärten* ist keine Ausnahme, da *-n* hier keine Pluralendung darstellt),
- daß auch ein Plural auf *-s* keinen Umlaut haben kann,
- daß, wenn überhaupt, ein *a* nur in ein *ä*, ein *u* nur in ein *ü*, ein *o* nur in ein *ö* und *au* in *äu* umgelautet wird. (*Hand – Hände; Kuh – Kühe; Stoß – Stöße, Braut – Bräute*),
- daß alle Maskulina und Neutra auf *-chen* und *-lein*, *-er*, *-el* endungslos sind; alle Wörter auf *-ling* und *-nis* ein Plural-*(s)e*; alle Wörter auf *-heit*, *-keit*, *-schaft* und *-ung* ein Plural-*en* bekommen.

Diese und weitere Regeln gewährleisten eine gewisse Voraussagbarkeit deutscher Pluralformen. 40% der Formen, so hat Jean Petit errechnet, seien ganz voraussagbar, 54% teilweise aus den Regeln ableitbar und nur 6% der gängigen Pluralformen völlig willkürlich. Somit müssen eine ganze Reihe von Formen einfach im Gedächtnis abgelegt werden, wie es auch bei den ersten Zahlwörtern der Fall ist; bei anderen sind wir uns ziemlich sicher, wir entscheiden uns unwillkürlich aufgrund von Analogiebildungen, also nach Musterwörtern; in wieder anderen Fällen sind wir uns hundertprozentig sicher, weil wir eine Regel verinnerlicht haben. So bilden wir den s-Plural auch bei ganz unbekannten Wörtern, wenn sie auf einem nicht betonten »i« enden wie *Sozis, Kiwis, Gruftis* usw. Keiner unserer Klassenkameraden zögerte, aus dem Spitznamen *Butzi* den Plural *Butzis* zu bilden. Diese Formen werden wohl ebenso wie etwa die regelmäßige Verbform »ich würde gearbeitet haben« im Moment des Sprechens gebildet. *Das Gedächtnis behält nur die Bildungsschemata und hält sie für die Momentsprache bereit.*

Im Endeffekt lohnt es sich also, die Bildungsweisen zu kennen, denn sie ersparen uns enorm viel Gedächtnisarbeit. Wie bei den Zahlwörtern. Grammatik ist ökonomisch. Man stelle sich vor, man müßte statt Ableitungsregeln jeweils ein neues Wort lernen. Nun kennen wir aber die Regeln doch gar nicht, so wie wir etwa die Regeln von Schach oder Tennis kennen. Beim deutschen Plural dürfte dies nur ein paar Grammatikexperten gelingen; und was wir uns selbst nicht zutrauen, sollten wir schon gar nicht von einem Kleinkind erwarten.

Die Lösung ist: Wir *können* den Plural und haben sein System verinnerlicht, ohne ihn eigentlich zu *kennen*. Die Pluralregeln sind uns in einer ganz anderen Weise verfügbar als die Schachregeln, die wir verstandesmäßig aufgenommen haben. Nicht unser bewußter Verstand hat sich daran gemacht, die komplizierten Grammatikregeln aufzudröseln, sondern unsere Fähigkeit zu unbewußter Analogiebildung. Und die ist auch schon im Kleinkind regsam, das seiner Muttersprache begegnet. Wäre diese Fähigkeit nicht schon vorhanden, so würden wir nie eine Sprache lernen können. Wir kommen zum Schluß auf diesen entscheidenden Punkt zurück.

Fruchtbare Fehler und kreative Unordnung

Welchen Weg nimmt das Kind? Die Eltern, die ihm an anderen Stellen das Lernen erheblich erleichtern, machen in diesem Punkt keine Zugeständnisse. Sie konfrontieren ihr Kind von Anfang an mit der ganzen Palette von Pluralformen. Wie aber soll es sich in diesem Formenwust zurechtfinden? Man vergleiche einmal die Deutschlehrbücher für Ausländer, in denen den Schülern die verschiedenen Typen schön nacheinander präsentiert werden.

Auch das Kleinkind kann den Plural nicht auf einmal bewältigen. Eins nach dem anderen, lautet seine Devise. Dabei geht es aber einen ganz anderen Weg als den, den der Fremdsprachenlehrer seinen Schülern vorgibt. Auch jener schneidet den Lehrstoff so zurecht, daß eins auf dem anderen aufbaut, aber mit dem Ziel, daß dabei möglichst wenige Fehler gemacht werden. Wenn sie gemacht werden, ist das bedauerlich. Eigentlich hätte es der Schüler besser wissen müssen. Es ist ja alles erklärt worden, und die Übungen sind so angelegt, daß Wörter, die eine ganz andere Bildungsregel verlangen, noch gar nicht vorkommen. Beim Kind hingegen waltet eine kreative Unordnung vor, die jedem Lehrer ein Greuel wäre. Aber mit seiner Art, über den Daumen zu peilen, liegt es genau richtig.

In diesem Fall sind es also nicht die Eltern, die etappenweise vorgehen, sondern das Kind selbst. Und es wählt dabei einen Weg, auf dem Fehler geradezu notwendig sind und auch massiv auftreten.

Da das Kind dieses Prinzip des fruchtbaren Fehlermachens in vielen Bereichen und auf allen Sprachebenen anwendet, wollen wir seine Vorgehensweise beim Erwerb des Plurals ausführlich dokumentieren.

Erwerb in selbstbestimmten Etappen

Vorbedingung

Das Kind muß geistig erfassen, daß es in seiner Welt einen Unterschied ausmacht, ob ein Ball oder mehrere Bälle, ein Förmchen oder mehrere Förmchen präsent sind. Dieser Unterschied muß ihm wichtig genug werden, damit es aufmerkt, wenn er sich im Zugesprochenen wiederfindet. Erst kommt das Denken des Einmaligen im Vergleich zum Vielfachen; bevor die Kinder den Plural sprachlich markieren, haben sie ihn gedacht. Diese Voraussetzung des Grammatikerwerbs wird leicht übersehen. Grammatik ist ja kein bloßes Formenspiel, sondern eine besondere Weise, wichtige Aspekte unserer Denk- und Vorstellungswelt mitteilbar zu machen.

Phase 1: Übernehmen

Das Kind prägt sich schlicht Wortformen ein, unabhängig davon, ob sie als Singular oder Plural eindeutig erkennbar sind. Dieselbe Form wird verwendet in Situationen, die Singular, und in solchen, die Plural fordern. Die Devise lautet: Wörter lernen!

Bald tauchen die ersten Doppelformen auf: »Bücher« tritt als Extra-Wort neben »Buch«. Jedoch werden Singular- und Pluralformen zunächst weiterhin unterschiedslos nebeneinander verwendet. Es ist, als ob das Kind für ein und dieselbe Sache zwei Formen gespeichert hat. So können auch alle Arten von korrekten Pluralformen vorkommen. Aber: Ein Singular wird oft dort gebraucht, wo die Situation den Plural fordert, oder ein Plural tritt dort auf, wo Singular am Platze wäre. So wurden Bildungen beobachtet wie »zwei Kuh«, »zwei Ball« »ein Männer«. Außerdem gibt es ja noch die »Nullformen«, die immer richtig sind.

Das entscheidende Merkmal dieser Phase ist, daß es zwar unspezifisch verwendete, aber so gut wie keine falsch gebildeten Formen wie »zwei Hun-

den«, »zwei Bäller« gibt. Zu diesem Zeitpunkt ist ein solches Vorgehen das
Vernünftigste, was das Kind tun kann: Es ist bei einem beschränkten Wortschatz weniger aufwendig, sich weitere Formen einzuprägen, als ein kompliziertes Regelsystem zu ergründen. Das lohnt sich erst, wenn eine immer
größere Anzahl von Wörtern bewältigt werden muß.

Phase 2: Erkennen und Erproben

Jetzt geschieht das Wundersame. Etwas gerät in Bewegung! Sobald der
Wortschatz des Kindes eine kritische Menge übersteigt, löst sich das Kind
von einer Strategie der bloßen Übernahme und macht sich auf die Suche
nach den Ableitungsmechanismen des Plurals.[6] Als ob es sich gesagt hätte:
So kommen wir auf Dauer nicht weiter. Wie geht das besser?

Plötzlich zeigen die Kinder ein Gehör für formale Kennzeichen, die sie
bisher zu übersehen pflegten, und betätigen sich geradezu als grammatische Spurenleser. Denn auch kleinste Veränderungen an den Wörtern gilt
es zu bemerken und ihren Sinn zu erkennen.

Das Kind tut, was nach Konrad Lorenz das Leben als solches auszeichnet:»Es unternimmt etwas, es riskiert etwas«[7], will immer mal wieder etwas
Neues in die Welt setzen. Wer aber etwas riskiert, rechnet auch mit Rück-
schlägen.

Das Kind ordnet die Formen, indem es *einen* Typ herausgreift und damit
herumprobiert. Es ist jetzt deutlich, daß das Kind diese bestimmte Form als
Plural erkennt und quasi auf Teufel komm raus verwendet. Als ob es vor
lauter Freude darüber, wie das funktioniert, seinen Fund auf alle möglichen
und unmöglichen Fälle anwendet. Diese »unmöglichen« Fälle eben sind die
fruchtbaren Fehler, die notwendigerweise dazugehören. Es sind Fehler im
Dienste des Lernens, Fehler, weil man lernt. Manche Kinder beginnen mit
der Endung auf *-(e)n*, die sie jetzt massenweise erproben und auch auf un-
passende Hauptwörter ausdehnen:

> Haaren,
> Omnibussen,
> Anoraken,
> Zügen,
> Freunden,
> Hunden ...

Dabei treten auch Doppelformen auf: die neue Bildung *Buchen* etwa kon-
kurriert mit dem alten, auswendig gelernten *Bücher*.

Mit *-en* haben die Kinder eine gute Wahl getroffen. Es ist gemäß Petit
die häufigste Pluralendung, hebt sich akustisch deutlich ab und ist auch
als Plural gut erkennbar. D.h., es gibt nur wenige Singularformen, die ebenfalls auf *-en* auslauten (wenn man von den Verkleinerungsformen wie *Köpf-
chen* absieht). Die prägnanten *-en* Formen könnten am ehesten ein kri-

tisches Maß überschritten haben, so daß das Kind auf sie aufmerksam wird und anfängt, sie auszuprobieren.

Wenn sich als nächste Form der Plural auf -s etabliert, bringt er ebenfalls eine Reihe abweichender Formen hervor, die das Kind normalerweise nicht in Zugesprochenem vorfindet: *Onkels, Wassers, Zuckers, Apfels* – ein untrüglisches Zeichen dafür, daß eine Pluralmarkierung erkannt wurde und jetzt erprobt wird.

Dabei können auch eigenartige Formen produziert werden, die »doppelt gemoppelt« sind, etwa die Verbindung des Plural -s mit der Endung auf -e, wie sie Ramge bei seinem Sohn gehört hat:

zwei Waggonse,
zwei Kuchense,
zwei Papisse,
ganz viele Fliegerse, fliegers
viele Männerse[8]

In dem Augenblick, in dem das Kind die Umlautung als Mehrzahlmarker entdeckt, erscheint gleich eine Fülle weiterer Doppelformen:

Ärme, sogar Ärmer
Hünde, auch Hünder
Bonbönger, Balkönger
Pünkte
Fläschen
Teleföne

Diese Formen lassen, so Petit, die kindliche Neigung erkennen, die neu entdeckte Mehrzahl so auffällig wie möglich zu kennzeichnen.

Das Kind erkennt eine bestimmte Bildungsweise und reizt sie im Versuch-und-Irrtum-Verfahren aus. Es bildet neue, analoge Formen nach vorgegebenem Muster und vereinfacht sich die Aufgabe, d.h. den Erwerb des Plurals insgesamt, indem es sich eine Zeitlang auf ein Muster konzentriert, es überreichlich verwendet und dabei andere großzügig übersieht. Solche Überverwendungen sind für alle Bildungselemente des deutschen Plurals belegt, so daß gerade auch die Fehler Einzelregelungen des Systems widerspiegeln.

Phase 3: Eingrenzen und Einpendeln auf die Norm

Es folgt eine Phase der Rücknahme falscher Formen und der Eingrenzung auf die Formen der Standardsprache. Es scheint, als ob das Kind in diesem Bereich nun aufmerksamer zuhört als zuvor und empfänglicher ist für die korrekten Muster, wie sie ihm im Gespräch begegnen. Die Varianten, die im Dialog nicht bestätigt werden, gehen zurück, werden ausgemerzt. Dabei kommt es auch zu auffälligen Selbstkorrekturen. Sie machen deutlich, wie das Kind jetzt an dem Problem arbeitet und sich der korrekten Norm angleichen will.

Die Kinder gehen also im allgemeinen wie folgt vor:

– Begriffsbildung *Einzahl* – *Mehrzahl* und unsystematische Imitation;
– Konzentration auf *eine* Form und deren Erprobung und Ausweitung auf Kosten anderer Typen; dabei Auftreten typischer »systematischer« Fehlformen, sogenannter Übergeneralisierungen;
– Eingrenzung der Form durch Selbstkorrektur;
– Konzentration auf die nächste Form.

Im Verlauf des Erwerbs werden »sensible Zonen« der Reihe nach ausgegrenzt und nacheinander bearbeitet. Die Kinder bestimmen immer selbst, welche Formen in ihrer Reichweite liegen und als nächste in Angriff genommen werden. So schlagen sie sich Breschen in das System. Das führt zu bestimmten zeitweiligen Vorlieben für eine Form. Schließlich erfolgt die Zurücknahme der systemwidrigen Übergeneralisierungen und das Einpendeln auf die Norm der Erwachsenengrammatik.

So ungefähr läßt sich das Geschehen ordnen, an dessen Ende korrekte Mehrzahlformen stehen.[9] Meistens sind nur allmähliche Verlagerungen erkennbar. Manchmal sind abrupte Entwicklungssprünge zu verzeichnen, die den Schluß zulassen, das Kind habe sozusagen ein Aha-Erlebnis gehabt und nehme nunmehr eine bestimmte Form in Angriff. Stets sind Vorwegnahmen und Rückfälle mit dabei, so daß man sich fragen muß, wann eigentlich eine Form als erlernt gelten soll: etwa wenn 80% einer bestimmten Form richtig gebildet werden? Diese Frage bleibt in einigen Studien ungeklärt. Jedenfalls ist beim deutschen Pluralerwerb ersichtlich, daß der oft benutzte Vergleich des Kindes mit dem Wissenschaftler, der Hypothesen entwirft und wieder verwirft, ordentlich hinkt. Ein Wissenschaftler würde nicht zwischendurch und quasi nebenbei eine schon verworfene Hypothese erneut benutzen. Kinder erarbeiten sich in relativ kurzer Zeit durch Analogieschlüsse und Verallgemeinerungsprozesse ein System mit vielfältigen Einzelregelungen und seinen Ausnahmen. Sie verrechnen Wahrscheinlichkeitsmuster.

Um allgemeine Erwerbsprinzipien sicher zu fundieren, brauchen wir vorbildliche Verlaufsstudien wie die von Gisela Szagun (2001), die spontane Sprechdaten von Kindern im Alter von 1;4 bis 3;8 in regelmäßigen Abständen erhob, aber auch weitere individuelle Erwerbsgeschichten, etwa wie die folgende von Fabian, die man sich natürlich noch vollständiger wünschte:

> Mit 1,8 Jahren spricht Fabian von Auto-s und Mama-s. Das sind seine ersten Worte im Plural. Als das Steinesammeln ihn im Alter von 2 Jahren faszinierte, kam hinzu Stein-e, am Spielplatz Kind-er und zu Hause

Bücher (Umlaut +er), Bett-en und Blume-n. Die Zahl der verwendeten Plurale stieg in dieser Zeit sprunghaft an. Den ersten kreativen Plural erfand er mit 2,2 Jahren, als er lautstark nach Eimer-s am Sandkasten rief. Mit 2,7 Jahren verlangte er von mir Handtuch-en. Die Zahl der korrekten Pluralzuweisungen überwog in der Zeit. Mit 2,8 wollte er Apfel-n und Milchflasch-en. Die kreativste Phase begann mit ca. 2,9 Jahren. Räuber-s hielten im Kinderzimmer Einzug, die Fenster-s mußten geschlossen bleiben und die Messer-n oder Messer-s (diese Formen treten gleichzeitig auf) wurden lebensnotwendig. Eine Episode erscheint besonders aufschlußreich, sie verdeutlicht, wie schnell die Pluralzuweisung sich ändern kann: Fabian, 3,5 Jahre baut eine Rakete, er ruft: Achtung, Marzipantöffel (Umlaut)! Ich reagiere nicht, er ruft: Achtung, jetzt kommen die Marzipantöffel-s. Daraufhin ich: Hm, die Marzipankartoffeln schmecken lecker. Er: Martin, Marzipantoffel-n. Wir gehen aus dem Zimmer, zwei Minuten später ruft Fabian: Neue Marzipantöffel-n. Innerhalb kürzester Zeit variiert die Pluralzuweisung. Jetzt im Alter von 3,6 Jahren kennt Fabian alle Plural-Allomorphe. Wenn er ein unbekanntes Wort hört, bildet er den Plural nach »Lust und Laune«. Manchmal bevorzugt er den Umlaut, er sagte mir einmal: »Töffel klingt lustig, oder?«; der größte Favorit ist allerdings das Plural-s, auch hier sein Kommentar: »Räubers klingt doch richtig gefährlich.«[10]

Beobachtung und Experiment

Wer zweifelt und meint, die deutschen Mehrzahlformen würden schlicht auswendig gelernt, kann – mit Erwachsenen ebenso wie mit Schulkindern – folgendes Experiment anstellen. Überlegen Sie sich ein paar Kunstwörter wie

Luxi
Kawa
Grüst
Ormel
Strunx
Rumen
usw.

Damit soll ausgeschlossen werden, daß Ihre Versuchspersonen diese Wörter schon einmal gehört haben. Als Zutat eignen sich bekannte Wörter, die selten im Plural gebraucht werden, wie *Tunichtgut, Stelldichein, Gernegroß*. Der Versuch geht etwa so: »Ich sage euch jetzt ein paar Sätze vor. Jedesmal wenn ich eine Lücke lasse, ergänzt ihr sie spontan, in sinnvoller Weise. Stellt euch vor, hier habe ich eine Ormel. Ach, stimmt gar nicht, ich hab' nicht nur eine, sondern ganz viele ...?« Je mehr Übereinstimmungen es zwischen Ihren

Versuchspersonen gibt, desto deutlicher ist, daß sie ein grammatisches Know-how einsetzen, auch wenn ihnen dies nicht klar ist. Der Versuch geht auf ein berühmtes Experiment von Jean Berko zurück, die herausfinden wollte, in welchem Alter englische Kinder korrekte Mehrzahlformen bilden können. Bei ihren Tests arbeitete sie allerdings kindgemäß mit Spielfiguren, für die sie Kunstwörter erfand.[11] Da die deutsche Pluralbildung weitaus komplizierter ist, haben deutsche Tests dieser Art bisher keine klaren Ergebnisse gezeitigt.[12] Die Tests sind nicht zuverlässig: Wenn man seinen Probanden dieselben Wörter einige Wochen später wieder vorlegt, entscheiden sie sich oft anders. Das kann aber auch gar nicht anders sein; über 50% der deutschen Pluralformen sind, wie schon gesagt, nur teilweise voraussagbar. Entsprechend unsicher müssen die Versuchspersonen sein, entsprechend variabel sind ihre Formzuweisungen.

Regeln – »Niederschläge der Analogie«

Die Aneignung der grammatischen Formenwelt ist immer ein Gemisch von Nachahmen und Einprägen auf der einen, und Probieren und Ausreizen von Analogien auf der anderen Seite. Je nach Strukturbereich (Plural der Hauptwörter, Steigerung der Adjektive, Verb-Endungen ...) wird der Anteil des Einprägens variieren. Vor vielen Mehrzahlformen befinden sich die Kinder in derselben Lage wie die Erwachsenen vor den Kunstwörtern: Geht »Moch« wie Loch – Löcher oder Koch – Köche? Riskieren sie eine Form, müssen sie darauf hören, ob sie ihnen aus dem Munde anderer zurücktönt oder nicht. Wenn ja, werden sich diese Formen allmählich einprägen, wenn nein, werden sie allmählich fallen gelassen. Beim deutschen Plural ist der Anteil des Hörens und Einprägens verhältnismäßig groß. Nicht aber etwa bei der Verkleinerungsform:

die Heidi – das Heidichen
der Norbert – das Norbertchen

Hat man das Bildungsprinzip erfaßt, braucht man nicht mehr so genau hinhören. Die Form wurde ja stets bestätigt, es klappt. Alles geht genauso wie bei »Heidi« und »Norbert«.

Dieses »geht wie« ist wichtig. Eine Regel ist hier nichts anderes als eine klar definierte Analogie, die funktioniert. Analogie heißt, das Gleich-Sein im Anders-Sein erkennen. Wenn es heißt, Kinder erfassen grammatische Regeln intuitiv, darf man sich das nicht so vorstellen, daß sie eine Regel, wie sie Grammatiker formulieren, erfassen, nur eben irgendwie »intuitiv«. Kinder bilden Analogien, die allerdings von der sprechenden Mitwelt angenommen und bestätigt werden müssen, sonst werden sie am Ende wieder fallen gelassen: »Krume« *geht wie oder ist gleich* »Blume«, also »viele Krumen« wie »viele Blumen«, und »das Krümchen« wie »das Blümchen«. »Schule« könnte »Schülchen« ergeben, wir sind uns da ganz sicher, auch wenn wir's nie gehört oder gelesen haben.

Kinder sind aber keine Spracherwerbsmechaniker, und ihre Spontansprache unterliegt charakteristischen Schwankungen, wie schon Lindner erfuhr:

> Da das Wort »Bänder« der erste vom Kinde geäußerte Pluralbegriff ist, stelle ich zur Untersuchung seines Gefühls für den Plural folgende Übung mit ihm an, die für die Art, wie vom Kinde grammatische Begriffe und Sprachformen erworben werden, nicht uninteressant sein dürfte. Ich zeige ihm ein Strumpfband und frage, was es ist. Er: »Band.« Dann zeige ich sie ihm beide. Die Antwort bleibt dieselbe, obwohl er kurz vorher beide zusammen als »Bänder« bezeichnet hatte ... Kurze Zeit nachher, nachdem er unterdes wieder anderes gesagt und darauf sein Augenmerk gelenkt hatte, gebe ich ihm beide Bänder, und jetzt antwortet er mir richtig mit dem Plural.[13]

---

1 Scupin & Scupin II (1910), 183
2 Genauer betrachtet, gibt es noch eine neutrale Form. Dabei denke ich an das Haus »an sich«, an Häuser allgemein, wobei sich die Frage: Einzahl oder Mehrzahl? gar nicht stellt.
3 Scupin & Scupin I (1907), 69
4 Hansen 1965, 155.
5 Vgl. Schaner-Wolles 1988
6 Petit (1987, 143f.) hat auf diesen ökonomischen Aspekt und die kritische Masse hingewiesen: Bei einer geringen Zahl von Wörtern ist Auswendiglernen (*rote learning*), bei einer größeren Anzahl Regellernen (*rule learning*) die weniger aufwendige Lösung.
7 Popper & Lorenz 1985, 19
8 Ramge 1975, 73
9 Die hier angegebene Reihenfolge stützt sich auf die Daten und die Interpretation von Jean Petit 1987, 118ff. und Führer-Nicod 1994.
10 Winterholler 1991, 74/75
11 Berko 1958
12 Vgl. die Kritik bei Winterholler 1991
13 Lindner 1898, 45

Das Jahr der Grammatik

Welche Mühe und Kunst ..., aus dem, was ganz Wörterbuch war, einigermaßen Grammatik zu machen! (Johann Gottfried Herder)

Grammatik zwischen Bodenhaftung und Formenspiel

Kinder erwerben Sprache im Bemühen um wechselseitige Verständigung, auf dem Hintergrund lebendiger Spracherfahrung – im Extremfall ein Gespräch, das wie bei Christopher Nolan auf die innere Bühne verlegt werden muß. Erst kommt die Verständigung, dann die Grammatik. So kann auch niemand die Grammatik einer Sprache beschreiben, ohne vorher zu wissen, was die Sätze, die er analysiert, bedeuten.

Wie ist beim Kind der kritische Übergang von inhaltlichen zu formalen Kriterien zu denken? Mit der Zeit wird das Kind auf formale Möglichkeiten aufmerksam, versucht, sie spielerisch zu erproben, und stellt dabei seine Sprache radikal um. Der zweieinhalbjährige Peter scheint eine Regel ausgebildet haben, daß Tuwörter auf -en lauten und daß man aus Tuwörtern Hauptwörter auf -er bilden kann. Markante Beispiele wie *malen – Maler* mögen ihn auf eine Spur gebracht haben, die er beharrlich weiterverfolgt, solange sie ihm kommunikative Erfolge beschert:

> ein Beißer = jemand, der ißt
> ein Trinker = jemand, der trinkt
> ein Gießer = eine Milchkanne
> ein Hänger = Kleiderbügel[1]

»Idealerweise« wäre die Ableitung auf -er das Wort für den Täter, wie bei *Beißer* oder *Trinker* im Sinne einer Eins-zu-eins-Zuordnung. Aber siehe da, sie funktioniert auch bei *Gießer* im Sinne von Milchkanne: Personifikation bzw. metaphorische Erweiterung. *Der Rasenmäher mäht gut.* Wer macht denn eigentlich die Arbeit, wer ist hier der »Rasenmäher«? Natürlich der Mensch, aber: Ein Stückchen Arbeit, so könnte man sagen, leistet ja auch das Werkzeug selbst, und beim motorisierten Rasenmäher ganz besonders. Wir wissen, was gemeint ist. In Zeiten, in denen man nur Sense und Sichel zur Verfügung hatte, hätte man wohl den Satz anders verstanden. *Die Schere schneidet schlecht.* Eine Formulierung wie *Ich kann mit dieser Schere schlecht schneiden*, die den Täter in seiner angestammten Position beläßt, ist unnötig, ja schon pedantisch. So kann nun auch das Instrument – der Rasenmäher, das als Täter gesehene Werkzeug – die Subjektposition besetzen. Daß diese nun nicht mehr für die handelnde Person reserviert ist, sondern auch das Instrument zuläßt, könnte einen wichtigen Übergang markieren: Die Position verliert ihre ursprüngliche thematische Bestimmtheit, sie wird metaphorisch erweitert und schließlich nur noch formal definiert und somit frei für unterschiedliche thematische Rollen. So werden auch Ortsbestimmungen zu Satzsubjekten und Sätze möglich wie »Das Ferienhaus beherbergt sechs Personen.«

Gisa erfand das Wort *Langweiler,* das ihre Kusine Jenny übernahm. *Langweiler* hieß die Tasche, in die sie alle Dinge packte, mit denen sie sich auf Autofahrten die Zeit vertreiben konnte: Stifte, Bücher, Kassetten usw. Gisa hat ausnahmsweise Pech: *Langweiler* ist für uns einer, der uns langweilt, statt uns die Langeweile zu vertreiben. Aber sie bleibt dabei; das Wort gehört zur Privatsprache der Familie. Mißverständnisse treten nicht auf. »Jetzt pack' ich noch die Kassetten in meinen Langweiler«, ist für die Familie klar.

Metaphorische Erweiterung oder auch schöpferische Unschärfe, wie Mario Wandruszka meisterlich belegt hat, ist ein Grundzug der Sprache.[2] Kein sprachliches Formprinzip wird rein und unvermischt verwirklicht. Allenthalben leistet sich die Sprache Inkonsequenzen und kann sie sich leisten, weil unser Verstand und unsere Erfahrung aushelfen, so wie beim Zweijährigen die Begleitumstände der Situation aushelfen und das Gesagte verstehbar machen.

Sprachliches sprießt aus dem Nährboden praktischer Intelligenz, melodisch-rhythmischer Sinnsignale und angeborener kommunikativer Fähigkeiten.[3] Diese Vor- und Mitbedingungen der Sprache, ihre anschaulichen Außenstützen, garantieren ihre Verstehbarkeit und erklären ihre Lernbarkeit. Das Umschalten auf das formale System und die reine Kombinatorik ist dann das eigentliche Geheimnis des Grammatikerwerbs: Aus Tuwörtern werden Verben, in die nicht nur Tätigkeiten verpackt werden können – was voraussetzt, daß ursprüngliche inhaltliche Bestimmungen durch viele kleine metaphorische Gedankensprünge verblasst sind.[4] Das Spiel mit den Formen kurbelt das Denken an. Eine formale Möglichkeit wird ausprobiert. Springt ihr Sinn ins Auge, werden diese Möglichkeiten meist auch weiter genützt: Sie werden Brauch und Regel.

Schließlich treten rein formale Beschränkungen auf, die keine semantisch-pragmatische Basis mehr haben:

Es wird getanzt.
Ich weiß, daß getanzt wird.

Im ersten Satz muß das bedeutungsleere Wörtchen »es« – ein sog. Platzhalter – erscheinen, im zweiten darf es nicht stehen. Solche Regelungen erwerben Kinder relativ spät.

Vielleicht ist der Weg des Kindes durch die Grammatik durch unterschiedliche *genetisch verankerte Lern-Voreinstellungen* (engl. *learning biases*) markiert, obwohl wir sie zur Zeit nur erahnen können. Wir halten nur wenige Bruchstücke eines großen Puzzles in der Hand. Im folgenden wollen wir einige der kindlichen Lernrezepte grob skizzieren, die ihnen nur der große Lehrmeister Natur hat einsagen können.

Systematisches Experimentieren und Probierlust – das Analogiespiel

»Wahrhaftig steckt die Kunst in der Natur«, sagt Albrecht Dürer und fährt fort: »Wer sie heraus kann reißen, der hat sie.«[5] Versuchen wir, der Natur ein Stückchen der kindlichen Kunst des Grammatikerwerbs zu entreißen.

Der Pluralerwerb war ein systematisches Experimentieren mit Wortendungen. Das Kind wird hellhörig auf bestimmte Endungen und probiert sie nacheinander aus. Ähnlich die Steigerungsformen. Daß Bubi und Hilde allmählich dahinterkommen, wie sie gebildet werden, kann man wieder an solchen Wörtern ablesen, die die Kinder nicht von anderen übernommen haben:

noch raufer (noch höher herauf)
noch raußer (noch mehr heraus)
noch reiner (noch tiefer rein)
noch zusammener (noch enger zusammen)

Das Analogiespiel in Reinkultur zeigt uns ein Beispiel aus dem stark verzögerten Spracherwerb der achtjährigen Elly. Die Mutter hatte Elly die Wörter *man* und *men* auf zwei Karten geschrieben, dann ein Strichmännchen für *man* und mehrere für *men*. Am nächsten morgen malte Elly fünf Bilder. Zuerst hatte sie das Beispiel der Mutter nachgemalt: *man / men* mit den Strichmännchen. Danach jeweils korrekt mit einer und mehreren Figuren illustriert:

Mama – Meme
Daddy – Deddy
Sara (ihre Schwester) – Sere
Matt (ihr Bruder) – Mett[6]

Typisch für Elly, aber untypisch für jeden normalen Spracherwerb, daß Elly das Analogieprinzip rein formal auffaßt und somit ohne viel Rücksicht auf Sinn und Verstand vorgeht. Könnte eine solche Entkoppelung eine Reihe autistischer Symptome erklären?

Normalerweise stellen Kinder das Analogieprinzip in den Dienst lebendiger Kommunikation, so wie Gisa, wenn sie mit Endungen experimentiert. Es ist, als ob plötzlich etwas in Mode komme, das später wieder anderen Moden weichen muß. Kurz vor ihrem zweiten Geburtstag gefiel es ihr, an alle möglichen Hauptwörter die Verkleinerungsform *-lein* anzuhängen:

Mamalein
Papalein
Wauwaulein
Teelein
Wagenlein

Fiegelein (Fliege)
Nulein (Nudeln)
Pulein (Sprudel)

Ebenso die Welle der Wörter auf *-i* und auf *-a,* die so schnell verebbte, wie sie gekommen war:

Mami	Ssula (Schule)
Papi	Haufa
Gisi	Tomata
Jürgi	Nonna (Sonne)
Gitti usw.	

Diese Probierlust, die vielleicht auch eine Art ist, die Selbständigkeit gegenüber den Erwachsenen auszuspielen, beschränkt sich nicht auf Endungen. Eine Zeitlang waren bei Gisa Wortzusammensetzungen aktuell wie

Kinderbeere
Kinderstraße
Kinderwiese
Kinderwald
Kinderkaffee usw.

Möglicherweise wurden sie von ihrer Mutter angeregt, die ihr ausreden wollte, vom Bier, das die Erwachsenen trinken, zu probieren. Sie bekomme eben statt dessen *Kinderbier.* Die *Kinder*-Ausdrücke sind wohl auch eine Weise, sich die Welt anzueignen und sie in Beschlag zu nehmen. *Kinderstraße* ist eine Straße für sie selbst und ihresgleichen.

Da ist sie wieder, diese »Lust des gelingenden Funktionierens«: Kinder haben diesen Trieb, ein sich anbahnendes Können unverdrossen auszuüben und dabei auch Varianten durchzuprobieren, egal ob es sich um Sprechenlernen, Gehenlernen oder sonst eine Fertigkeit handelt. Wie erfindungsreich sie dabei vorgehen!

> Bubi (4;2). Sonderbare Wortspaltungen kamen vor: »Da macht man sich ja klatsche die Hände naß«, statt klatschenaß, und: »Da wird ja eise die Suppe kalt«, statt eisekalt.[7]

Das Kind lernt nicht nur sprechen, weil das Handeln mit Worten bequemer ist als das mit Taten, sondern weil es überdies gesteigert werden kann und auch für sich allein genommen Spaß macht. Dieses Probieren, ja diese Steigerungslust, wird dann eminent wichtig, wenn es, wie im nächsten Abschnitt, um Satzstrukturen geht.

Syntaktische Keimzellen: der fruchtbare Moment

Gisa hängt an ihrem Plüschtier, dem Foxi. Undenkbar, daß sie ohne ihn schlafen ginge. Aber wo treibt er sich heute abend herum? Gisa sucht ihn, Mama sucht ihn, Papa sucht ihn. Es ist Zeit, daß die Kleine ins Bett kommt. »Ich möcht' gern wissen, wo wieder mal der Foxi ist!« Tage später, als der Foxi erneut verschwunden ist, tönt Gisa: »Foxi is?«

So könnte es gewesen sein. In einem Moment, in dem das Kind besonders aufnahmebereit ist, merkt es sich eine Ausdrucksweise, die ihm besonders einleuchtet, und verwendet sie in der Form, die seinem Entwicklungsstand gemäß ist. Der kommunikative Erfolg, den es damit hat, wirkt ansteckend. Das Kind beginnt mit dieser Wortverbindung zu experimentieren. Eine syntaktische Keimzelle entsteht. Eine Wortverbindung, ein Satz, wird zum Muster für viele weitere Sätze. Das Kind hat einen Mechanismus gefunden, mit dem es neue Sätze bilden und neue Kommunikationssituationen bestreiten kann.

Unsere Anfangsszene erklärt, warum Kinder für dieselbe Struktur ganz verschiedene Ausgangspunkte wählen können. Es ist die Gunst der Stunde, der fruchtbare Moment, den man nicht vorhersagen kann. Entscheidend ist die anschließende Musterbildung. So bilden Gisa und Nico gemeinsam Wo-Fragen zunächst ohne wo, bevorzugen aber ein unterschiedliches Muster:

> Foxi is?
> Oma is?
> Mumma is? (Mumma ist ihre Tante)
> Ssatten is?   (Wo ist der Schatten geblieben?)
> Deckel is?   (Als ihr ein Deckel heruntergefallen ist)
> Männer is? (sucht im Buch: Wo ist das Bild mit den Männern?)

Später fügt sie das Fragewort wie folgt hinzu:

> Foxi wo is?
> Tifte (Stifte) wo sind?

Dagegen Nico:

> Hoffank eintlich? (Wo ist Wolfgang eigentlich?)
> Gisa eintlich?
> Meiner Eimer eintlich?

In einem nächsten Schritt fügte er »is« hinzu:

> Hoffank eintlich is?

Wieder anders Hilde Stern:

> Hilde (1;9)
> Apfe wo?
> Natz wo? (= Schere)
>
> Hilde (2;2)
> Is'n de Löffel?
> Is'n de kleine Mann?
> Is'n de kleine Patschen?[8]

Zunächst bilden einzelne Verben und Verbpartikel (da, aus, ab ...) feste Kerne mit je einem zugeordneten, freien, austauschbaren Element, meist ein Ding oder eine Person.[9] Erst später gelingt es, auch das Verb zu tauschen: Statt Foxi is? auch Foxi liegt? Oder Foxi kommt? Damit wird das Schema komplett ausgereizt und manchmal überreizt, wie wir es vom Plural her kennen. Diesen Weg vom Einfachen zum Komplexen finden die Kinder selbst!

Wenn Gisa oder Jenny gerade zu Bett gebracht sind, bestätigen sie sich: *Denni haha* (Jenny macht heia, geht jetzt schlafen), machen dann aber oft noch weiter:

> Giki haha
> Wauwau haha
> Mama haha
> Papa haha usw.

Haben sie dabei die angenehme Vorstellung, alle anderen gingen jetzt auch zu Bett, oder spielen sie nur ein Satzmuster durch? Jedenfalls haben diese Äußerungen oft gar keinen Ansprechpartner, es sind Einschlafmonologe. Es gibt auch Aufwachmonologe. Wenn Jenny morgens aufwacht, hat es zunächst den Anschein, daß sie eine echte Frage stellt und sich vergewissern will, ob ihre kleine Welt noch in Ordnung ist. Und dann klingt es doch wieder so, als ob sie ein Satzmuster durchprobiere:

> Ängä da? (Tante Inka)
> Giki da? (Kusine Gisa)
> Wauwau da? usw.
>
> Gisa soll Papa zum Essen (= mhm) holen:
> Papa mhm.
> Gisa mhm.
> Mama mhm.

Hier scheint ebenfalls nicht nur Mitteilungsfreude, sondern auch sprachliche Experimentierlust mitzuschwingen.

Da isser	flöten
Weg issser	geigen
Aus isser	klavieren
Putt isser (kaputt)	dian (Dias zeigen)

Die ersten beiden Sätze hat die zweijährige Gisa von den Eltern übernommen. Selbständig bildet sie »Aus isser«, wenn das Licht oder der Fernseher ausgeschaltet oder das Liederbuch zugeklappt wird. »Putt isser« lautet ihr Kommentar, als Vater ihr eine Nuß knackt.

Die Aufmerksamkeit des Kindes kann auch einem neuen Wort gelten, das verfügbar gemacht wird, indem seine Verwendungsmöglichkeit in einem Satzrahmen geprüft wird. Peter (1;9) ist gesagt worden, daß er artig sei. Er wiederholt: »peter ati« und fährt dann suchend fort:

Wiwi ati
Wagen ati
dedena ati (dedena = das da; auf einen Schirm zeigend)
dedena ati (auf einen Mantel zeigend).

Als zur selben Zeit das Wort »moke« (mohrig, schmutzig) neu hinzukommt, zeigt er seine Hände vor:

dedena moke
beier moke (Beine)
Wiwi moke
Mami moke
ss moke (Cilly)
puppa moke usw.[10]

Eine grammatische Höchstleistung vollbringt der kleine Peter Hansen mit folgenden Substantivbildungen:

das zu-drehen	= drehbare Pappscheibe (2;5)
das zu-dranmachen	= Häkchen (2;9)
das zu-schmeißen	= Hülle des Luftballons (2;9)
das zu-bouillon-reintun	= Suppenkelle (2;9)
das zu-eier-rausnehmen	= Schaumlöffel (2;11)
das zum-so-runtermachen	= Jo-Jo-Spiel (2;11)
das zum-reingucken	= Rand des Kinderwagens, über den er sich bücken muß, um das Kind zu sehen (3;6)
das für-die-menschen-zum-draufstellen	= Korkmatte im Badezimmer (3;8)
das zum-drehen	= Bedienungsknopf am Radioapparat (4;0)
das zum-fenster-abwischen	= Scheibenwischer beim Auto (4;2)

Warum hat unsere Sprache diese zweckvollen, klaren Konstruktionen nicht legalisiert? Der korrekte Sprachgebrauch zwingt uns oft zu umständlichen Relativsätzen und holprigen Umschreibungen: »Wie heißt noch mal das Dingsbums, mit dem man ...?«

Spracherwerb ist ein ständiges Weiterschaffen. Sprache ist gewissermaßen ihre eigene Erzeugung, ist *energeia* (Humboldt). Etwas Neues ist »analog zu« oder »ähnlich wie« oder »geht wie« etwas Bekanntes. Das muß aber erst probiert werden; das Neue muß sich noch bewähren, muß von der sprachlichen Mitwelt angenommen und zurückgegeben werden. Denn die Kinder sind immer bereit, sich zu revidieren. Das »Geht-wie« wird probiert, solange nichts dagegen spricht. Irgendwann ist es ausgereizt. So ermöglicht das Analogiespiel jenes »schöpferische Lernen, das zu Erkenntnissen führt, die vorher nicht dagewesen sind.«[11] Der Analogieschluß *zeugt* Sprache, er erzeugt neue Formen nach einem bekannten Vorbild: das *generative Prinzip*. Das Kind lernt grammatisch richtig sprechen und verhält sich demnach regel*gemäß*, aber nicht, indem es sich *nach* den Regeln richtet bzw. Regeln befolgt oder ableitet. Wie der Wortschatz ist auch Grammatik eingeübtes Gewohnheitsrecht, das wieder umgestoßen werden kann, kein ehernes Gesetz.

Kinder brüten also nicht wie der Fremdsprachenschüler über grammatischen Regeln, sie arbeiten auch keineswegs nur mit einem wachsenden Repertoire übernommener Phrasen, so wie das Touristen mit einem Sprachführer tun, der für Standardsituationen (»An der Tankstelle«; »In der Apotheke«) Standardsätze auflistet. Das Kind *schafft* sich Sprache, anstatt bloß dem Gedächtnis zu vertrauen, und bildet sie »nach dunkel empfundenen Analogien« fort, und »nach eben diesen baut man sich auch, immer zugleich selbsttätig, nie bloß empfangend, in eine fremde erlernte Sprache hinein.«[12] Sprache ist ebenso Stammeserbe wie kindliche Selbstschöpfung.

Die Produktivkraft der Präzedenzfälle

Wer Äpfel verkauft, kann auch Birnen verkaufen. Stimmt nicht. Autistische Kinder zeigen uns, wie wenig selbstverständlich die spontane Übertragung von einer Situation auf eine ähnliche sein kann. Ein Satz gilt ihnen nicht ohne weiteres als Modell für weitere Sätze, sondern muß extra geübt werden.

So übte Ellys Mutter ganz bewußt den Satz: »Manchmal kaufen wir Bonbons, manchmal tun wir's nicht.« Der Satz war klug gewählt. Er sollte Elly helfen, kleine Abweichungen von der gewohnten Ordnung leichter zu ertragen. Und es klappte auch. Man konnte Elly darauf vorbereiten, wenn einmal nicht der gewohnte Weg durch den Park eingeschlagen wurde usw. Solche Abweichungen wurden jetzt weniger angstvoll erlebt. Ja, der Satz wurde selbst zu einer Routine, zu einem neuen Muß, wenn eine Routine durchbrochen wurde. Aber obwohl damit ihre Angst vor Veränderungen einen neuen Ruhepunkt gefunden hatte, müssen ihre Eltern den Satz kontextgemäß variieren, bis sie sich – sehr zögerlich – selbst daran wagt. Einmal vertut sie sich:

> Auf Mattys Geburtstag sagte ich: »Matty ist zwölf.« Darauf Elly: »Manchmal Matty elf, manchmal ...« Sie spürte, daß da etwas nicht stimmte, und ersetzte das Muster durch ein anderes, das sie auf Lager hatte: »Matty elf gestern abend.«[13]

Obwohl die Eltern mit diesem Satzmuster gewissermaßen einen Präzedenzfall schaffen und Elly ihn auch so versteht und gar nicht mehr auf ihn verzichten will, müssen die Variationen sprachlich erarbeitet werden, bis sie sich – endlich – auch einmal von selbst gelingen. Dieser Umstand zieht Ellys und Stefans Spracherwerb so in die Länge. Ohne die Produktivkraft der Präzedenzfälle kann der Spracherwerb eben nur im Zeitlupentempo verlaufen. Positiv gesagt: Die Rasanz des normalen Spracherwerbs beruht auf der spontanen Bereitschaft eines Zweijährigen, die ihm zugespielten Sätze aus den jeweiligen Kontexten zu lösen, sie je nach Bedarf auf neue zu übertragen und dabei entsprechend zu variieren.

Axel Brauns denkt z.B. beim Wort »behandeln« gleich an ärztliche Behandlung und befürchtet Schlimmes, als sich zwei Fußballtrainer über ihn unterhalten und meinen, sie wüssten ihn schon zu »behandeln«. Das Wort haftet noch zu sehr an Arzt und OP-Saal, für ihn die Ursprungssituation des Begriffs. Er muß noch lernen, daß man nicht nur Menschen auf verschiedenste Weise »behandeln« kann, sondern auch Dinge wie Obst oder auch Probleme. Ähnlich vermerkt Dirks Mutter: »Ich stellte sehr bald fest, daß er die erlernten Wörter nur in Situationen einsetzte, in denen er sie gelernt hatte.«[14] Das Vermögen, analogische Reihen zu bilden und dabei von Situation zu Situation zu springen, erklärt am besten das lawinenartige Anwachsen der Sprache – übrigens auch beim Lernen von Fremdsprachen. Schüler, die sich leicht tun mit den kleinen Gedankensprüngen der Satzvariationen, haben bald die Nase vorn.

Ein Wort wird erlauscht, dann abgewandelt und in verschiedene Satzrahmen eingepaßt. Der französische Nobelpreisträger Jacob erinnert sich:

> »Mama, was heißt das, anderjuselt?« – »Du sollst nicht mithören, wenn die Großen reden. Das schickt sich nicht! Geh in den Garten spielen, mein Schatz.« Ich trotte davon, an dem merkwürdigen Wort nagend. Anderjuselt. Andere juseln. Einen andern juseln. Einen Mann juseln. Eine Frau juseln. Dich werde ich juseln. Warum hat er sie gejuselt? Ich jusele. Du juselst. Er juselt. Ich juselte. Juseln wir. Juseln, Juseln. Wusel. Andalusien. Dussel. Dusel. Dusel. Beduselt. Angeduselt. So stapfe ich an diesem warmen Spätnachmittag über den Rasen, skandiere das Wort, mit jedem

Schritt eine Silbe ausstoßend. Ein Wort, das mir nicht bekannt war, wiederholte ich so oft, bis ich es gleichsam gehäutet und ausgenommen hatte, bis ich seine Silben so mannigfaltig kombiniert hatte, daß mir jede einzelne davon eingegangen war. Die Wörter waren mir Vermittler, die mir Tore zu einer unbekannten Welt aufstießen. Durch sie, so schien es mir, war das Leben in den Griff zu bekommen.[15]

Vielleicht genügen normalbegabten Kindern wenige, sehr prägnante Beispiele, um bei ihnen das Analogiespiel auszulösen. Eine dem Kind besonders deutliche, einleuchtende Form wird zum prominenten Leitbild, steht modellhaft Pate für viele andere, die es nun in gleicher Weise selbständig bildet. Dabei wird das Soll mehr als erfüllt. Wie beim Plural, müssen Überverwendungen wieder zurück gefahren werden.

Zergliederbare Sprache: kopieren, variieren, neu kombinieren

In einem traditionellen Kontra-Tanz stehen sich Damen und Herren in zwei langen Reihen gegenüber. An einer Stelle des Tanzes trennt sich das Paar am Kopf der Reihe, wendet sich nach außen, der Herr links herum und die Dame rechts herum, und sie schreiten im Rücken ihrer Reihe diese hinunter. Unten angekommen treffen sie wieder aufeinander und bilden mit beiden lang nach oben gereckten Armen einen Bogen. Inzwischen ist ihnen ihre Reihe im Gänsemarsch gefolgt, die Herren dem Herrn und die Damen der Dame, und sie treffen ebenfalls unten aufeinander, wo das erste Paar den Bogen gebildet hat. Dort reichen sie sich die Hand und schreiten durch den Bogen des Kopfpaares hindurch zurück nach oben. Das Kopfpaar bleibt unten stehen, alle anderen sind somit einen Platz aufgerückt. Bis auf diesen Platztausch ist die Formation gleich geblieben.

Solche Volkstänze mögen an die Bewegungen der Moleküle und Atome erinnern, die sich voneinander abspalten, austauschen, die Seiten wechseln, rechtsdrehend oder linksdrehend zu einem anderen aufschließen und sich dabei zu immer neuen Stoffen neu verbinden. Sie erinnern zugleich an die kombinatorischen Spiele der Sprache, die auf zwei Ebenen zugleich stattfinden. Immer wieder werden dieselben drei Dutzend Laute zu neuen Wörtern neu kombiniert. Immer wieder werden Wörter zu neuen Sätzen neu geordnet. Zerlegung und Zusammensetzung, d.h. »ein- und dasselbe analytisch-synthetische Grundprinzip« – so Trabant unter Verweis auf Humboldt – durchwaltet beide Ebenen des Sprachlichen, die Gliederung der Laute und der Sätze.[16]

Kinder jonglieren demnach nicht nur mit Wörtern, sondern auch mit Lauten. So begrüßt mich eines Morgens ein Nachbarsjunge ziemlich unvermittelt wie folgt (und der Triumph in seiner Stimme verrät mir, daß dies mehr ist als bloßes Spiel mit Lauten):

> Herr Butzkamm!
> Herr Schrutzkamm!
> Herr Mutzkamm!

Auch Gisa will mich wohl ein wenig beeindrucken, als sie den heimkehrenden Vater so empfängt:

> Guten Tag!
> Guten Schrag!
> Guten Lab!
> Guten Frag!

Wir erkennen, daß hier ein ganz anderes Prinzip am Werk ist als in den wenigen, nicht mehr zergliederbaren Rufen der Affen: Ein Prinzip, das Tausende und Abertausende von Formen bereitstellt, die nur darauf warten, mit Sinn gefüllt zu werden. Nehmen wir Ausdrücke wie »sich etwas erringen, erschleichen, erschwindeln«. Andere Ausdrücke wie »sich etwas erschnorren, sich Preise oder erste Plätze erseglen, erspurten, erspringen« haben wir vielleicht noch nie gehört, aber andere haben sie schon gebraucht und sie stehen auch schon in einem guten Lexikon. »Sich eine Landschaft erradeln« steht zur Zeit noch in keinem Wörterbuch; trotzdem verstehen wir und trauen uns auch selbst ähnliche Neubildungen ohne weiteres zu. *Zerlegbarkeit und Neuverteilung sind die Wurzel des generativen Prinzips, der unendlichen Möglichkeiten, die aus endlichen Mitteln erwachsen.*[17]

Und noch eins fällt auf: Wie sehr dieses Spiel mit Lauten und Wörtern dem Hantieren mit Gegenständen gleicht: Gisa manipuliert Sprache in ähnlicher Weise, wie sie Bauklötzchen hin- und herwendet. Sprache ist wie ein Objekt, mit dem man herumoperieren kann, und dieses Basteln mit sprachlichen Versatzstücken macht Spaß. Es ist kein blindes, rein zufälliges Herumtasten. Es macht einen Unterschied, ob ein Klötzchen rund oder eckig ist, ob man es stellt oder legt. Paßt es in die Lücke? Ja oder nein? Gisa versucht's. Und nochmal. Es klappt. Gisa klatscht in die Hände. Diese Erkenntnislust! So ist auch das Montieren mit dem Spielzeug Sprache ein sinnvolles Erforschen und Erfahren, das, wenn auch unbewußt, immer von der Frage begleitet ist: »Was kommt dabei heraus?«[18]

Sollte es Zufall sein, daß Hand- und Sprechmotorik benachbarte Areale in der linken Gehirnhälfte einnehmen? Neue *In-formation* entsteht durch immer wieder neue *Formierungen* derselben Basiselemente. Kopieren, Variieren, neu kombinieren: Dies ist das unerschöpfliche Spiel der Sprache ebenso wie das Spiel der Erbsubstanz DNS, das Spiel des Lebens, das mit vier Buchstaben (A, T, G, C, die für vier Moleküleinheiten, d.h. basenhaltige Nukleotide, stehen) auskommt. Die Natur hat die ganze Fülle der Lebensformen und -funktionen auf unserer Erde mit nur vier Buchstaben kodiert, und das gelingt, indem sie diese immer wieder anders aneinanderreiht. Die so entstehenden »Wörter«, die jeweils etwas »bedeuten«, d.h. eine bestimmte Information für den Bauplan des Lebens beinhalten (bestimmte chemische Funktionen festlegen), müssen natürlich um ein Vielfaches länger sein als die Wörter unseres Alphabets, das 25 Buchstaben benutzen kann. Was mag es bedeuten, wenn so fern von der Sprache, am Ursprung des Lebens, ein Prinzip der Informationsspeicherung und -vermittlung wirksam ist, das erst in der Sprache wiederkehrt?

Grammatische Entwicklungsfahrpläne und Zufälle

Die Forschung ist zur Zeit dabei, in Langzeitstudien Erwerbsreihenfolgen und Entwicklungsprofile für bestimmte grammatische Bereiche zu ermitteln. Man erwartet, daß Kinder sich solche Gebiete jeweils über bestimmte, nicht vertauschbare Zwischenstationen erobern. Zwar lernen sie unterschiedlich schnell, durchlaufen aber dieselben – oder doch ähnliche – Etappen. Dies ergäbe keine absolute, aber doch eine relative Chronologie von Erwerbsstufen. So hofft man, in Einzelbereichen natürliche Strukturlernpläne aufzudecken, und eine jeder Sprache innewohnende eigene *Entfaltungslogik* zu beschreiben. Auch für den Fremdsprachenunterricht könnten daraus sinnvolle Schwierigkeitsstaffelungen abgeleitet werden. Im kindlichen Spracherwerb steckt wohl noch viel mehr Vernunft und Ordnung, als wir bisher entdeckt haben.

Die Verschiedenheiten, die auf diesem Weg auftauchen, lassen sich u.a. darauf zurückführen, daß Kinder ihre produktiven Muster von unterschiedlichen Einzelformen her entwickeln. Sie haben ihre Favoriten, individuell bevorzugte Sätze, die als Satzbaupläne wirksam werden. Sprachliche Fügungen werden in einem fruchtbaren Moment aufgenommen und avancieren zu syntaktischen Leitbildern. Dies ist das Werk lebensgeschichtlicher Zufälle.

Bei den individuellen Übergangsformen, die die Kinder erfinden, hat man manchmal auch den Eindruck, als wollten sie ganz vorsichtig Neuland betreten. Der zweieinhalbjährige Hans traut sich wohl noch nicht recht, *welch* als »Fürwort« zu gebrauchen, das für ein anderes Wort steht, und setzt sicherheitshalber das Hauptwort noch hinzu:

> Es sind immer noch welche, Würfel, drin.
> Wir müssen wieder welche, Schaumbrezeln, kaufen.
> Ich will noch welche Suppe haben.
> Gib mir auch welchen Kaffee! Ich will auch welchen Kaffee![19]

Die korrekte Form wird über solche Zwischenformen angepeilt, die er irgendwann von selbst aufgibt.

Einmischung verbeten: Korrektur zwecklos

> Es ist eine unerträgliche Pedanterie und eine höchst überflüssige Sorgfalt, wenn man sich befleißiget, an den Kindern alle diejenigen kleinen Fehler wider den Sprachgebrauch zu verbessern, von welchen sie sich selbst mit der Zeit zu bessern nicht ermangeln werden. (Joachim Heinrich Campe 1785)

Wie im Pluralkapitel beschrieben, herrscht bei den Kindern die kreative Unordnung und das Prinzip der fruchtbaren Fehler. Zum Vergleich: Im Fremdsprachenunterricht gilt das Prinzip der Fehlervermeidung – deshalb auch die sorgfältige Dosierung des Stoffs durch das Lehrbuch.

Der zweijährige Bubi verwendete eine Zeitlang die Struktur *is da Soldat*, nicht als Frage, sondern als Hinweis: *Da ist ein Soldat.* Ebenso:

Is da Spiegel
Is da Fenster
Is da Tante
Is da drin Sand
Sind da Beine
Sind da Teller

Auf den Fehler hingewiesen und zum Nachsprechen aufgefordert, produzierte er: »Da is da Sonne.«[20]

Der zweieinhalbjährige Hans beantwortet schon einen Teil der Warum-Fragen sinngemäß, ohne sich jedoch des Wörtchens *weil* zu bedienen. Der Vater versucht nun, ihm das *weil* beizubringen. Doch vergeblich. Dies ist ein solcher Versuch:

> Das Kind hat soeben zugesehen, wie der Ofen geheizt wird, und sagt, als das Feuer lustig im Brande ist und man schon die strahlende Wärme deutlich fühlt: »Ist es warm« = Es ist warm. Darauf frage ich ihn: »Warum machen wir Feuer im Ofen?« Er: »Weiß ich nicht.« Und als ich meine Frage mehrfach wiederhole nur mit anderen Worten, antwortet er: »O ja!«, was bedeuten soll: »Wir machen welches.« Das »O ja« ist ihm eine starke Behauptung. Mit dem gleichen negativen Resultat waren alle Bemühungen solcher Art verlaufen.[21]

Zwei Wochen später kommt es ganz spontan. Der Vater schneidet einen Apfel, von dem ein Stück auf den Boden fällt. Hans reicht es ihm:

Hans: Ich bin gut, nicht wahr?
Vater: Warum bist du denn gut?
Hans: Weil ich dir den Apfel hab' geben.

Der Bann war gebrochen. Am Tag darauf gebrauchte er *weil* erneut richtig. Eigene Warum-Fragen ließen jedoch weiterhin auf sich warten.

Es hat keinen Sinn, in den Grammatikerwerb der Kinder einzugreifen, und es bleibt auch die Ausnahme. Gisa sagte wie viele Kinder »gang« statt »ging«, kurzzeitig auch »gangte«. Erstaunlich, wie sie oft monatelang bei einer falschen Form wie *gang* verbleiben, obwohl sie stets nur die richtige Form hören. Kinder müssen eben ihren eigenen Weg gehen. Als wir sie bei ein, zwei Gelegenheiten verbesserten, schien es uns, als ob sie nun erst recht bei »gang« blieb. Einzelberichtigungen können durchaus gelingen, aber es muß wohl auf den richtigen Zeitpunkt ankommen. Günther operiert lange Zeit nur mit wenigen Wörtern, aber durchaus geschickt: »Sag mal ›Flasche‹. Er, lachend: ›huhu‹, sein altes Wort für Flasche.« Er spricht also nicht nach, sondern »übersetzt das Verstandene einfach in seine ›Günthersprache‹«, notiert die Mutter, die diese Art von Korrektur bald aufgibt.

Für Lautkombinationen (vgl. »Nelke«, S. 78) wie auch für die Satzkombinatorik gilt: Unbeeindruckt von elterlichen Belehrungen müssen Kinder sich nach einem Entwicklungsfahrplan richten, den wir nicht kennen und der auch ihnen nicht bewußt ist. Diese inneren Entwicklungsmechanismen sind offensichtlich so stark, daß Belehrungen nichts ausrichten. So vieles ist gleichzeitig in Arbeit, ihre Sprache ist im ständigen Umbau begriffen. Sie experimentieren schon mit Neuem, während das Bekannte noch längst nicht gefestigt ist. Kein Wunder, daß sie eine Zeitlang bei einer halbfertigen Struktur verweilen, solange diese ihren kommunikativen Dienst tut. Zur gleichen Zeit entwickeln sie an anderen Stellen ihre Grammatik weiter. Eltern brauchen keinen Lehrplan, weil die Kinder ihren Lernplan schon selbst mitbringen. »Das Brauchbarste in unserem Leben hat uns gemeiniglich niemand gelehrt.« (G. Ch. Lichtenberg)

Kinder: wahre Esperantisten

Kinder wollen ihre Sprache möglichst regelmäßig und sauber durchkonstruieren. Schluß mit den Ausnahmen von der Regel! Ihnen schwebt ein Sprachideal vor, wie es am ehesten in Kunstsprachen wie Esperanto verwirklicht ist. Da gibt es nur eine Pluralregel und nur eine für die Steigerung von Adjektiven, und die gilt überall. Dasselbe wollen Kinder, wenn sie »hocher« statt »höher« sagen, oder »vieler« und »die vielsten«, »guter« oder »güter als« und »der allergutste« steigern, statt die korrekten Formen zu verwenden. Sie arbeiten vielfach mit der Grundannahme, daß es eine klare Eins-zu-eins-Entsprechung zwischen Formen und Funktionen gibt. Das kann man auch später in der Schule noch beobachten, wenn sie schreiben lernen. Wenn es nach ihnen ginge, dürfte ein Buchstabe nur einen Laut vertreten.[22]

Die (wenigen) unregelmäßigen englischen Plurale wie *foot – feet, mouse – mice* werden von Kindern regularisiert, wenn sie *mouses* oder *foots* und *feets* sagen. Oder sie vereinfachen die Konjugation:

```
ich habe    – du habst
ich nehme  – du nehmst
ich gebe    – du gebst
ich mag     – wir magen
```

Englische Beispiele:
I have – he haves; statt: he has
To be – she bes; statt: she is
I do – he dos; statt: he does
Oneth, twoth, threeth statt first, second, third
She – shim; statt: her (wegen he – him)

Desgleichen ist »geessen« statt »gegessen« eine Regularisierung, denn sonst wird nirgends ein »g« eingefügt: »geekelt«, »geirrt«, »geändert« usw. So bringen sie Ordnung in die Sprache und öffnen unsere Augen für viele echte und auch nur scheinbare Ungereimtheiten im System der Formen. Wäre es nicht eindeutiger und klarer, wenn es hieße:

```
ein guter Mann    ein großes Glas
der guter Mann    das großes Glas
```

oder sogar:
einer guter Mann
meiner guter Papa
einer langer Brief

Solche »Parallelbeugungen« sind nicht nur bei Kindern, sondern auch bei erwachsenen Deutschlernern belegt.

Auch Gerrit (3;4) liebt die Regelmäßigkeit der Sprache:

Gerrit: Wenn es dunkel ist, heißt das Dunkelheit. Wenn es hell ist, heißt
         es Hellheit.
Mutter: Nein, Helligkeit.
Gerrit: Dann heißt es Dunkelkeit.[23]

Einmal so, immer so! Das möchten sie wohl am liebsten, auch wenn ihr tatsächlicher Umgang mit den Formen viel Fluktuation aufweist, mit Überlagerungen und Fehlgriffen, Rückfällen und Revisionen. Als Bubi im Alter von zwei Jahren auf die Struktur *Is da Tante* verfällt, kommt auch schon mal *Da is Tante* vor. Strenge Konsequenz ist nicht Sache der Kinder:

Hans (3;6):
Ich habe das nicht aufgehebt, du hast das aufgehoben.[24]

Ein sinnreicher Trick: grammatische Allzweckformen

Alles in allem ist es ein Wunder, daß Kinder, die oft nicht einmal bis zehn zählen können, zu solch kluger Aufgabenteilung im Bereich der Grammatik fähig sind. Der Trick, bestimmte Dinge eine Zeitlang schlicht zu ignorieren, als ob sie gar nicht da wären, wird nicht nur bei der Sprache angewandt:

> Bubi (5;10) kennt die Bedeutung des kleinen Zeigers als Stundenzeiger, beginnt von 1 ab zu zählen und weiß auf diese Weise immer, in welcher Tagesstunde wir uns gerade befinden. Der große Zeiger wird noch gänzlich ignoriert; steht der kleine gerade zwischen zwei Stundenziffern, also z.B. zwischen 8 und 9, so sagt Bubi: »Es ist halb neun.« Auf weitere Einzelheiten, also Viertelstunden oder gar Minuten, läßt er sich noch nicht ein.[25]

Dazu zählt auch der Trick, für viele verschiedene Formen eine verstümmelte, lautlich neutrale Variante zu wählen. So beachten sie erst den Artikel gar nicht, dann setzen manche Kinder anstelle von *der, die, das, dem, den* die Protoform *de* als »Mehrzweckwaffe« ein, bevor sie sich in einem dritten Schritt anschicken, genauer zu unterscheiden.

Natürlich erinnern wir uns sogleich an das niederländische *de* oder das englische *the*, die beide Überbleibsel eines ursprünglich größeren Formenreichtums darstellen.

Peter verwendet eine Zeitlang a als Mehrzweck-Präposition:

> a Karin gehn! (Ich will zur Karin gehen)
> a Thomas vorne (Bei Thomas da vorne)
> viele a Weber bringt (Ich habe viele Blumen von Weber gebracht)[26]

Im Französischen kann *que* eine Zeitlang alle anderen, einen Nebensatz einleitenden Konjunktionen vertreten. Den Vogel aber schießt Günther Stern ab, der in seinem dritten Lebensjahr ein ganz kurzes, unbetontes e nicht nur als Universalpräposition, sondern überhaupt als grammatische Allzweckwaffe einsetzt:

> e Vater (bei Vater); e uns (zu uns); e Tisch (auf den Tisch)
> e Buch eheben e Hünter e Hilde (G. hat der Hilde ein Buch gegeben)
> aus-e-tinken (ausgetrunken); auf-e-hängen (aufgehängt) usw.
> so tun e putzen (so tun als ob putzen)
> das e hön (das ist schön)
> Mutter hagen, ebaut hat e Günther (ich will der Mutter sagen, was G. gebaut hat)
> ehause eballt Vater Günther (zu Hause hat G. den Vater »geschneeballt«)[27]

Grammatische Lücken werden gefüllt: Satzgefüge

Ein- und Zweiwortverbindungen sind ein kommunikatives Vabanque-Spiel: Alles hängt von der Fähigkeit des Hörers ab, sich in den Sprecher und die Situation hineinzufühlen. Mit dem wachsenden Weltverstehen des Kindes und der Erweiterung seines Aktionsfeldes geht folglich der Wunsch einher, sich auch klarer und differenzierter auszudrücken. Wie hilflos fühlen sich Eltern und Kind, wenn das Einjährige krank wird und ständig quengelt, aber noch ganz außerstande ist zu sagen, wo und wann es weh tut!

Neue Ausdrucksbedürfnisse, also mitteilen können, wo genau, wie und warum es wehtut, treiben die Entwicklung voran. Funktion kommt hier vor Form. Anders gesagt: Viele gedankliche Verbindungen sind logisch schon da, bevor sie einwandfrei und unmißverständlich ausgedrückt werden. Bevor wir aber folgern, daß das Denken, d.h. die in unserer Alltagspraxis steckenden logischen Beziehungen, die sprachlichen Formen herauslockt, erinnern wir daran, daß die Eltern diese sprachlichen Formen immer schon vorweg geliefert haben, und zwar stets in engster Verknüpfung mit der Lebenspraxis (und nicht etwa als Sprachlektion). Sprechen und Denken stoßen sich wechselseitig an.[28]

Später werden auch bewährte Satzbaupläne anscheinend ohne kommunikative Not aufgegeben, um sich der Erwachsenensprache anzupassen (Piagets »Akkommodation«).

Die zweijährige Julia kann auf Rückfragen etwas gut begründen, zu einem Zeitpunkt, wo sie noch kein *weil* gebraucht.

> Julia war mit der Oma spazieren, hat einen halben »Amerikaner« (ein Gebäck) mitgebracht und soll zeigen, was sie noch hat.
> Julia: Julia Mama geben
> Papa: Papa auch!
> Julia: Nein, Mama (J. packt den »Amerikaner« aus der Tüte und gibt ihn M.)
> Mama: Willst du nicht dem Papa auch was geben?
> Julia: Nein, Papa satt[29]

Beim Erwerb schwieriger Satzgefüge gehen die Kinder ähnlich vor wie bei ihren Zweiwortverbindungen. Bevor sich ein nuancierterer Ausdruckswille eine sprachliche Bahn brechen kann, wird etwas bloß angefügt. Aber man merkt, daß noch mehr dahintersteckt:

> Holger (1;7): Datse sitz da, wanz (Eine Katze sitzt da, mit einem Schwanz, oder: die hat einen Schwanz)[30]

In folgenden Sätzen von Gisa muß man ein Relativpronomen ergänzen:

> Da Ball Oma schenkt (den Oma geschenkt hat)
> Eine Papa mitebacht hat PH (das eine Buch, das P. aus der PH mitgebracht hat)
> Nein, nicht! Mama kauft hat! (nicht das, sondern was M. gekauft hat)

Auch in der Wechselrede erscheinen Formen, die auf den baldigen Erwerb von Relativsätzen hindeuten:

Mama: Was hast du für einen Mantel an?
Gisa: Oma Emmi näht hat.

Mama: Was sind das für Stiefel?
Gisa: Mumma schenkt hat.

(Übereinandergeschichtete Baumstämme am Wegrand, die zum Wippen einladen).
Gisa: Noch eine Wippe *(unverständlich, Gestikulieren)* daufsetzen kann.

Die Intonation deutet an, daß Gisa hier keine zwei Sätze aneinanderreiht. Es ist, als ob sie schon wüßte, daß da ein Wörtchen fehlt. Sie ersetzt es durch Gebrabbel. Hildes erster Relativsatz: »Papa sieh mal Hilde macht hat.« wurde am 29.9.2002 notiert.

Übrigens verwenden Kinder zunächst nur Relativsätze, die sich an Hauptsätze anschließen – wie in den obigen Beispielen. Danach erst wagen sie sich an eingeschobene Relativsätze heran, an solche also, die Hauptsätze unterbrechen: »Das Geschenk, das Papa mitgebracht hat, liegt auf dem Tisch.«

Der »Mut zur Lücke« ist sehr gut an Wenn-, Weil- und Relativsätzen erkennbar, wenn die logischen Beziehungen schon mitgedacht, aber noch nicht sprachlich markiert werden.

So muß man in den folgenden Beispielen das fehlende Bindewort »wenn« ergänzen. Die Verknüpfung von Haupt- und Nebensatz ist schon intonatorisch angedeutet:

Papa: S'ist doch hell, da macht man nicht die Lampe an.
Gisa (2;2):   Dunkel is, dahfa Gisa Lampe anmachen.
                    (Wenn es dunkel ist, darf Gisa ...)

Julia (2;2):   Julia malen.
Papa: Nein, jezz nich mehr.
Julia: Nachher ... Papa fertich is.[31]

Gisa (2;4):   Mond nicht sehen.
Papa: Ja die Rolladen sind runter, da kann man wohl den Mond
                    nicht sehen.
Gisa: Hoch is, dahfa Mond sehen. (Wenn die Rolladen hoch
                    sind, darf er/ich den Mond sehen)

Gisa (2;4):   Gisa größer is, auch Papas Tonband haben.

Gisa (2;4):   (Bei einem Spaziergang im Dezember will Gisa in einem
                    Wildbach planschen).
                    Gisa naß machen Füßen!
Papa: Nein, das geht jetzt nicht. Es ist doch Winter, und das
                    Wasser ist viel zu kalt.
Gisa: Warm is, Gisa naß machen Füßen.

Oma Hedwig:	Hast du'n Stinker gemacht?
Malte (knapp 3):	Nein.
Oma insistiert.	
Malte:	Ich nein sagt, heisst auch nein.
Hilde Stern:	Freust du ... Mama Wagen ekauft hat? (dass ...)
Französisch:	Veut voir il pleut (je veux voir *s'*il pleut)
	Il faut fasse pipi (il faut *que* je fasse pipi)[32]

Auch Lindner berichtet von dieser Vorstufe, in der das »wenn« noch nicht vorkommt, aber schon »gefühlt wird«.[33] Taucht das Wort dann in der Sprache auf, wird es bald sowohl zeitlich als auch einschränkend (im Sinne von *falls*) verwendet. Lindner sagt weiterhin:

> Auch den ersten Satz, in dem die Bezeichnung eines Grundes vorhanden ist, kann ich um diese Zeit beobachten. Der Grund wird aber offenbar vom Kinde nur gedacht und die den Grund bezeichnende Konjunktion einfach weggelassen. Der Satz lautet: »Papa böse, nicht Kussel geben.« Er wollte sagen: »Der Papa ist böse, weil ich ihm keinen Kuß gegeben«; denn ich hatte zuvor von ihm einen Kuß verlangt, und, als er mir keinen gegeben, gesagt: »Da bin ich böse auf dich.«[34]

Ähnlich läßt Helen Keller das gefingerte *weil* weg, stellt aber wohl gedanklich schon einen Kausalzusammenhang her:

> Baby teeth – no, baby eat – no. (Das Baby kann nicht essen, weil es keine Zähne hat. Oder: Das Baby hat keine Zähne, also ...)[35]

Wie wir etwas weiter oben gesehen haben, kommt das *weil* etwa mit zweieinhalb Jahren ganz spontan. Das *warum* braucht etwas länger, so daß man vier Etappen unterscheiden könnte:

- – Warum-Fragen werden nicht verstanden und nicht oder völlig falsch beantwortet.
- – Warum-Fragen werden schon sinngemäß beantwortet und Begründungen werden geliefert, aber noch ohne Verwendung von *weil*.
- – Das Kind verwendet *weil*.
- – Es stellt eigene Warum-Fragen.

Interessanterweise fand Julia aber eine Möglichkeit, auch ohne *warum* nach dem Grund zu fragen:

> Julia sagt etwa statt »Warum geht die Frau weg?« oder »Warum weiß Papa es nicht?« »Flau geht weg, Mama?« oder »Papa weiß (das) nicht, Mama?« mit dem Akzent auf dem Ende der Frage und einer deutlichen Hebung der Stimme.[36]

Im folgenden Beispiel nimmt sie eine mögliche Reaktion des Vaters vorweg und führt mit Hilfe des Wörtchens »aber« Gegengründe ins Feld, lange bevor sie in der Lage sein wird, Sätze mit »obwohl« oder »auch wenn« einzuleiten. (In diesem Beispiel etwa: »Auch wenn ich stinke«?)

> (Die Mutter hatte Julia saubergemacht)
> Papa: Na Julia, mein Dezzl (= Schätzchen, Julia sagt immer so), komm
>   zu mir!
> Julia (2;1): Ja, Juja stinkt aber (kommt zum Papa)[37]

Mit 3;3 sind bei Julia *weil* und *wenn* selbstverständlich:

> Julia: baut in ihrem Zimmer. Papa kommt herein, J will P hinaus-
>   schicken. Als P nicht sofort geht, fängt sie laut zu weinen an.
>   Nach einiger Zeit ruft J Mama, sie solle sich anschauen, was sie (J)
>   gebaut habe. M tut das und fragt:
> Mama: Warum hast du geweint, als der Papa drin war?
> Julia: Papa soll nicht kommen, wenn Julia baut.
> Mama: Warum nicht?
> Julia: Weil Julia auch nicht in Papas Arbeitszimmer kommt, wenn Papa
>   schleibt.

Die zweite Lernexplosion: die Grammatik startet durch

Die Zeit zwischen zweieinhalb und dreieinhalb ist das Jahr der Grammatik. Der angesammelte Wortschatz hat den Spracherwerb so in Schwung gebracht, daß nunmehr die Grammatik auf den Sprachkarren aufspringen kann. »Ein Verfolgen der Fortschritte ist überhaupt nicht mehr möglich«, notiert Clara Stern über Hilde im Herbst 1902, »jeder Tag bringt neue Worte, neue Verbindungen, neue Flexionsformen, immer längere Sätze, immer kompliziertere Constructionen.« Der Dreijährige, schreibt Steven Pinker, ist ein grammatisches Genie.

> Plötzlich bricht die Hölle los. Zwischen zweieinhalb und dreieinhalb Jahren blüht die Kindersprache so rasch auf, daß die Forscher überwältigt sind. Die Kinder sprechen plötzlich so flüssig und grammatisch korrekt, daß es noch keinem gelungen ist, aufzuzeigen, in welchen Schritten die Kinder dabei vorgehn.[38]

Der Spracherwerb eskaliert, er wird zu einem sich fortlaufend selbst verstärkenden Prozeß. In den folgenden Äußerungen zeigt sich ein himmelweiter Unterschied zu den Einwort- und Zweiwortverbindungen. Darin schanzte uns das Kind noch die Interpretation zu: »Jetzt sieh mal zu, wie ich das gemeint habe und wie das zu verstehen ist.« Nunmehr äußert es sich wie folgt:

Alter: 3;1: »Und da war ein hocher Toam, und da is'n die Jungens bei der Treppe raufgelaufen und so mit'm Taschentuch gewinkt, und einer hat so geruft: o huu o! aber die Leuten von Jungen mag'n nich rauf in der Treppe, das war ßu hoch.«[39]

Das Kind tritt aus dem Zeigfeld heraus, es kann berichten über das, was gewesen und nicht mehr vor Augen ist. Grammatisch hat es sich Vergangenheitsformen und die dritte Person erobert.

Alter: 3;3: »Ich glaube, aufm Molkefelsen (= Moltkefelsen, ein Ausflugsort) gibs keine Semmel, da wer'n wer lieber Kuchen essen, wenn wer aufn Molkefelsen gehn; Kuchen darf der Bubi essen, bloß Zucker darfste nich essen, Zucker is nich gesund. Die Frau Förster sagt, den Zucker kann man bloß reiben, ja, Bubi? – Ja, ja!«

Alter: 3;5: »Wenn ich aber ganz groß und schlang bin, da wer' ich so groß wie die Sonne sein, ja, ja, und wenn ich so groß wie die Sonne bin, da muß sich aber der Kopp bicken, sonst s-toßt mich die Decke.«

Alter: 3;8: »Wir gingen über den zugefrorenen Oderfluß, da begann Bubi seine Fragen: »Was ist denn unter dem Eise?« (Wasser). »Wo geht denn das Wasser hin?« (Ins Meer). »Was sagt denn die Sonne zu dem Eise?« (Warte Du Eis, ich tau dich auf!) Bubi verstand: »aufkauen« und blieb auch trotz Korrigierens bei dieser Auffassung; sein Mitgefühl versetzte ihn sofort in die Lage des armen »aufgekauten« Eises, und er fragte: »Was sagt denn aber das ahme Eis, wenn die Sonne immer kommt und das Eis aufkaut?« – »Kann ich die Sonne anfassen?« (Nein, sie ist zu heiß). »Is da Feuer drinne in der Sonne, wenn sie heiß is?« (Ja!) »Aber was sagt denn die Sonne, wenn Feuer bei ihr drinne is?«

Das folgende Notat diene als Beispiel für das sogenannte zweite Fragealter, in dem sie uns manchmal Löcher in den Bauch fragen.

Gisa (3;2):
»Warum heißt das Blömersheim?«
»Vielleicht weil der erste Besitzer Blömer hieß.«
»Warum heißt er Blömer?«
»Die Leute nennen ihn eben so.«
»Warum nennen ihn die Leute so?«
»Jeder hat einen Namen.«

Woran man erkennen kann, daß auch Sprachwissenschaftler ihren Kindern nicht immer tolle Antworten geben. Jean Paul bemerkt dazu: »Hat doch das Kind überhaupt eine solche Hörlust, daß es euch oft über eine ihm bewußte Sache nur befragt, damit es euch höre.«[40]

Die zweiundzwanzig von Gipper und seinem Team beobachteten Mittelschichtkinder verfügten als Dreijährige im Durchschnitt aktiv über mehr als zweitausend Wörter und über zehn bis fünfzehn Satzbaupläne.

»Die Kinder sind in der Lage, über alles, was ihrem Fassungsvermögen entspricht, sinnvoll zu reden.«[41]

Dennoch: der Spracherwerb ist noch lange nicht zu Ende. Wenn-Sätze des Typs »Wenn ich genug Zeit gehabt hätte, wäre ich auch noch geblieben« (irreale Bedingungssätze) und andere Satzbaupläne brauchen noch ihre Zeit. Sehen wir uns einmal an, wie Sechsjährige einen Kinderfilm nacherzählen:

> Julia: Und da war, da sollten die nich so en Krach machen und da kam der Papa und hat ihnen was mitgebracht und da ham sie's gleich mal ausprobiert und zum zweiten Mal war's eben kaputtgegangen und da ham se sich en neues gekauft und dann war's wieder kaputtgegangen und dann hat se so en Mann mitgenommen, zu seiner Arbeit ...

> Alexandra: Der Vater hat en Flugzeug mitgebracht, und da sind se raus und da ham se's fliege gelasse und da isses kaputtgegangen und dann ham se en neues gekauft und dann isses wieder kaputtgegangen und dann woll ... hatten, hatten se kein Geld mehr, da wollten se so eins ohne Geld ...[42]

In den fünfzig Nacherzählungen, die gesammelt wurden, waren 99% der Anknüpfungen vom Typ »(und) da« bzw. »(und) dann«; an zweiter Stelle kam »weil«, an dritter »daß«, und danach nichts mehr. Auffällig auch die Vorherrschaft des Perfekts (Ausnahme: »kam«). Das eigentliche Erzählen lernt man wohl erst über das Lesen.

Kinder kommen auch erst langsam hinter manche übertragene Bedeutungen und bildliche Redensarten:

So beschwert sich ein Kind, nachdem ein anderes gesagt hat »Das Salzwasser hat die Muschel zerfressen«, mit dem Hinweis: »Das Wasser hat doch keinen Mund.«[43]

> Julius (3;6):   Papi, sing das Lied vom verbrannten Jungen!
> Vater: Was ist das für ein Lied?
> Theodor (5;1): Mein Schatz ist durchgebrannt.[44]

Auch Wegauskünfte geben will gelernt sein. Man muß im Kopf die Strecke zwischen eigenem Standort und nicht mehr sichtbaren Ziel abwandern, sich auf den ortsunkundigen Hörer einstellen, seine Perspektive einnehmen und Wörter wie links und rechts korrekt verwenden. Das gelingt erst Achtjährigen einigermaßen zufriedenstellend.[45] So bleibt für die Schule noch einiges zu tun übrig.

Sprachliche Fertigteile: blitzschnell verstehen, fließend sprechen

Aber die Sprache des Kindes verändert sich auch in einer ganz anderen Weise. Ich entsinne mich eines Aufenthaltes in Rom. Ich hatte mich kurzfristig mit Hilfe eines Kassettenkurses in das Italienische eingearbeitet. Beim Gang

Sprachentwicklungen im Überblick (Wendlandt 1995)

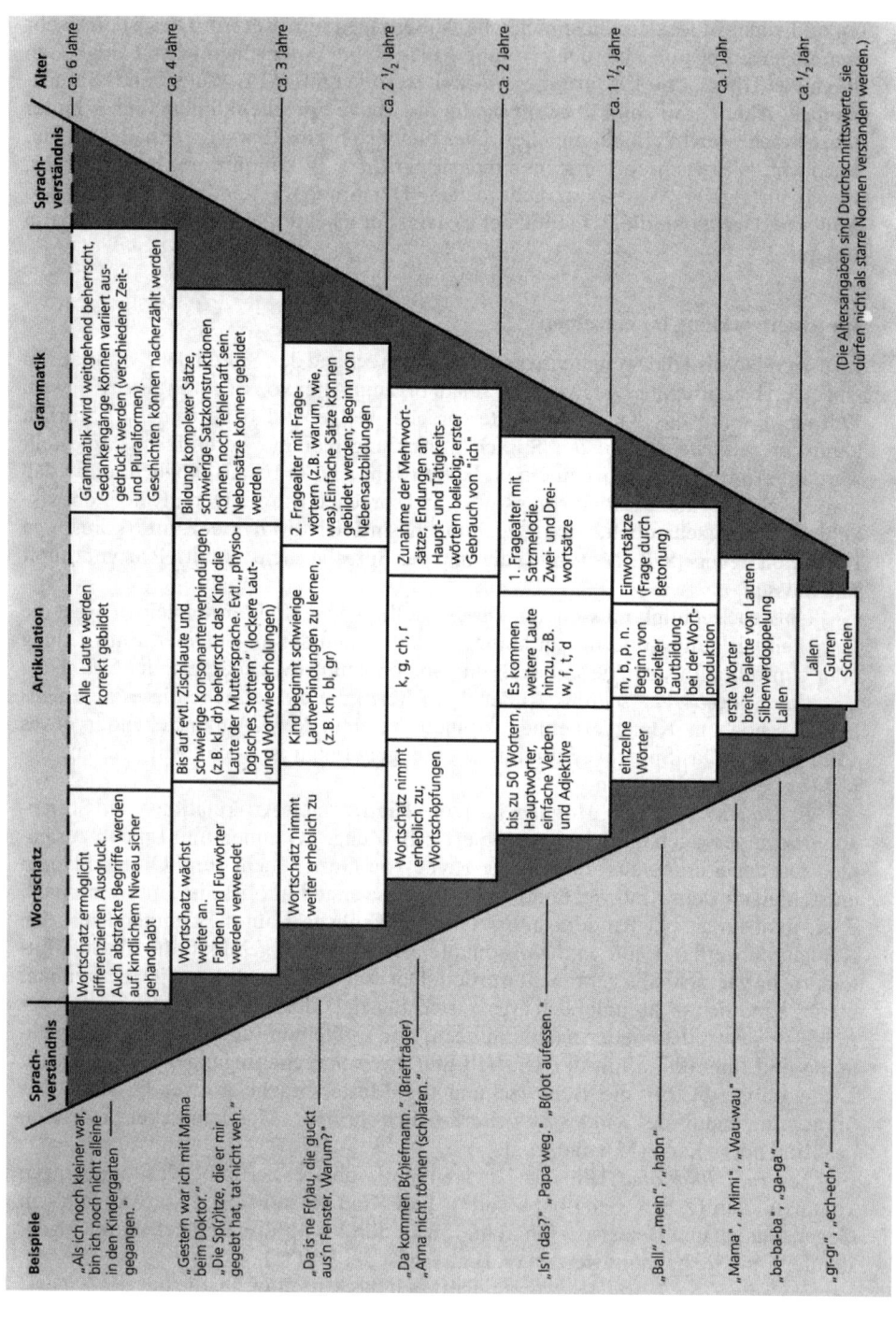

durch die Straßen und Parks der Stadt las ich alles, was mir in den Blick kam: die Werbetexte in den Schaufenstern und auf den Plakaten und die Inschriften auf den Büsten. Ich sprach die Wörter leise vor mich hin und war stolz, fast alles zu verstehen. Bis ich im Park auf eine Gruppe laut und fröhlich miteinander parlierender Italienerinnen traf und eine Zeitlang in Hörweite neben ihnen her lief. Ich lauschte und lauschte und verstand kein einziges Wort. Genauso gut hätte ich dem Geschnatter der capitolinischen Gänse lauschen können.

Vielen Touristen wird es ähnlich ergangen sein. Es geht uns einfach viel zu schnell. Wenn wir eine Fertigkeit erlernen, müssen wir uns zunächst auf jede Einzelheit konzentrieren. Man höre genau zu, wie ruckweise, bruchstückhaft und stoßweise Zwei- bis Dreijährige noch ihre Mehrwortsätze aneinanderreihen. Mit wachsender Meisterschaft können wir aber immer längere Sprachstücke sozusagen »sich selbst überlassen«, sie stellen sich wie von selbst her. Wir nennen dies gewöhnlich Automatisierung oder Gewohnheitsbildung. Wir bauen unsere Sätze nicht mehr Wort für Wort, wie wir Mauern Stein um Stein aufschichten. Wir verwenden sprachliche Fertigteile. Ein gedanklicher Impuls genügt, um ganze Wortgruppen auf Anhieb abzurufen. Wir konstruieren nicht Wort für Wort *Kannst – du – mir – mal – sagen*, sondern fassen es in einem Melodiebogen zu einem Megawort zusammen. In einem solchen Fertigteil können auch Aussparungen eingebaut sein, in die jeweils passende Einzelteile eingesetzt werden können: *Kannstdumirmal d ... ... en?*

Diese Verdichtung (englisch: *chunking*) ist das Markenzeichen der Könnerschaft, ob es sich nun um das Sprechen, das Schreibmaschineschreiben, das Morsen, das Klavierspielen, Tennisspielen oder andere Tätigkeiten handelt, bei denen wir einiges Geschick aufbringen müssen. Zu einer unglaublichen Perfektion bringen es auch Helen und ihre Lehrerin beim einhändigen Fingeralphabet. Bewegungsfolgen werden aneinander gefügt, bis sie sich durch Üben und nochmals Üben zu großen Verbänden zusammenschließen.[46] Immer größere Teilstücke werden als Unter-Ganzheiten automatisch erledigt: weg, ab damit, bitte mich nicht mehr belästigen! Bis am Ende ein bewußter Impuls genügt, um eine Kaskade von Unter-Einheiten in Gang zu setzen. Beim Sprechen hat dies den Vorteil, daß wir quasi auf den oberen Etagen geistige Energie zum Planen und Denken freihaben. Automatismen entlasten uns. In ein lebhaftes Gespräch verwickelt, können wir den Frühling genießen oder auch unser Auto durch dichten Verkehr steuern.[47]

Fließendes Hören und Sprechen verläuft also wie folgt:

> Um die Botschaft der Luftbewegung zu entziffern, muß der Hörende blitzschnell eine Reihe »Quantensprünge« von der einen Stufe der Hierarchie zur nächsthöheren ausführen: Phoneme sagen nichts aus und können erst auf der Stufe der Morpheme interpretiert werden; Wörter müssen in ihrem Kontext gedeutet, Sätze in einem größeren Zusammen-

hang aufgefaßt werden. Aktives Sprechen – das Artikulieren einer bisher
nicht verbalisierten Idee oder Vorstellung – macht den umgekehrten Prozeß notwendig. Dabei werden geistige Vorgänge in die mechanischen Bewegungen der Stimmbänder umgesetzt. Das geschieht wiederum durch
eine Zwischenserie schneller, aber deutlich voneinander getrennter
Schritte, die jeweils immer stärker automatisierte sprachliche Routinetä-
tigkeiten auslösen: die Gliederung der beabsichtigten Botschaft zu einer
Linearsequenz, wobei die Botschaft nach den stummen Befehlen der
Grammatik und Syntax bearbeitet wird; zuletzt kommen dann die rein
mechanischen Bewegungsabläufe der Sprechorgane.[48]

Das Gehirn merkt sich gewissermaßen, daß eine Bewegungsabfolge öfter
gebraucht wird, und organisiert sich um. Vollautomatisches, mit hoher Geschwindigkeit ablaufendes Sprachverstehen – wie wir es ja gewohnt sind –
wird erst um das neunte Lebensjahr herum erreicht. Dies mag erstaunen
angesichts all der Leistungen, die sich Kinder schon früh erarbeiten. Bei ge-
nauerem Hinsehen entpuppt sich der Spracherwerb als ein lang hingezo-
gener Prozeß, in dem Teilleistungen zu bestimmten Zeiten erbracht und
konsolidiert werden. Die Selbstverständlichkeit, mit der wir Sprache gebrauchen, täuscht uns über ihre Komplexität hinweg.

Das Wunder der Sprache ist vierfach: das Wunderwerk des Hörens, das Wun-
derwerk der menschlichen Stimme, das Symbolvermögen und das Wunderwerk der
Grammatik. Modernste Meßapparaturen, einfallsreiche Untersuchungsme-
thoden, Computersimulationen und komplizierte Verrechnungen geben
uns heute einen ersten Einblick darin, wie beim Sprechen und Verstehen
die vielfältigsten Teilfunktionen zeitkoordiniert ineinander greifen.[49] Allmählich verstehen wir die ungeheure Kompliziertheit von Leistungen, die
uns so selbstverständlich erscheinen.

---

1 Hansen 1965, 135
2 Wandruszka 1979
3 Entsprechend ernüchternd das Ergebnis der Versuche, Kindern und Erwachsenen
  Kunstgrammatiken anzudressieren, die eben nicht auf dem Nährboden des Sinn-
  haften gewachsen sind. »Auf der Grundlage dieser und einer Reihe weiterer Untersuchungen kann gefolgert werden, daß Erwachsene und auch Kinder kaum in
  der Lage sind, willkürliche, ausschließlich durch distributive Evidenzen definierte Wortklassen zu erwerben. Dieses Ergebnis ist überraschend!« (Weinert 1993,
  784).
4 Vgl. Knobloch 1984. Die sog. »Autonomie der Grammatik« kann nur eine relative sein.
5 Dürer 1912, 206
6 Park 1968, 243
7 Scupin & Scupin II (1910), 92
8 Stern & Stern 1987, 44 und 48

9 Sog. *verb island constructions* (Tomasello 2000, 149)

10 Hansen 1965, 128. Folgendes Zitat: 136

11 Kaspar 1981, 72

12 Humboldt (1963) V, 108. Weiterhin: »Ihrer innersten Natur nach macht sie (= die Sprache) ein zusammenhängendes Gewebe von Analogieen aus.« Die Grammatik ist »immer mehr oder minder, loser oder fester, ein Ganzes von Analogieen.« (Humboldt 1908ff., VII, 278; VI, 254).

13 Park 1968, 228

14 Anders 1998, 52

15 Jacob 1988, 42f.

16 Trabant 1998, 83

17 »Compositionality is the quintessential property of all human languages.« Pinker (1997, 118)

18 Schon Gehlen hatte nachdrücklich auf die Verwandtschaft von Handmotorik und Sprechmotorik hingewiesen.

19 Lindner 1898, 76ff.

20 Scupin & Scupin I (1907), 101

21 Lindner 1898, 74. Nächstes Zitat: 75

22 Petit (1998) spricht von der »universellen Tendenz« zur Eins-zu-eins-Entsprechung und gibt Beispiele aus verschiedenen Bereichen.

23 Gipper 1985, 143

24 Lindner 1898, 97

25 Scupin & Scupin II (1910), 208

26 Ramge 1975, 96

27 Stern & Stern 1987, 93ff.

28 Zum dialektischen Verhältnis von Handlungsstrukturen und Sprachstrukturen vgl. Hildebrand-Nilshon 1980, 345ff.

29 Völzing 1982, 71

30 Gipper 1985, 165

31 Völzing 1982, 102

32 Kielhöfer 1997, 100

33 Lindner 1898, 64

34 Lindner 1898, 60

35 Helen Keller 1954, 259

36 Völzing 1982, 166

37 Völzing 1982, 92; 160

38 Pinker 1994, 269

39 Scupin & Scupin II (1910), 4. Folgende Zitate: 5, 21, 36, 65

40 Paul 1963, 828

41 Gipper 1985, 263

42 Völzing 1982, 51

43 Augst 1978, 231

44 Katz & Katz 1928, 82

45 Weissenborn 1985

46 Das Sprechen wird noch durch Abschleifungen und Nachlässigkeiten beschleunigt (*Kannze mir ma sagen*), die man sich beim Klavierspielen lieber nicht erlauben sollte.

47 Die Entlastungsfunktion durch Gewohnheitsbildung hat besonders Gehlen (1974, 65) herausgearbeitet: »Das so habitualisierte Verhalten wird eben dadurch,

daß es der Intervention des Bewußtseins entgleitet und sich ablagert, auch stabilisiert, es wird kritikfest und einwandsimmun, und so die Basis für ein höheres, auf ihm erwachsendes variables Verhalten.«

48 Koestler 1978, 272

49 Vgl. Kap. 18, S. Beim Verstehen von Sätzen analysieren Erwachsene zunächst blitzschnell die grammatischen Formwörter, die eine erste Strukturierung der hereinkommenden Informationen erlauben. Kinder unter acht Jahren verfahren nicht so. Sie können die grammatischen Markierungen nur in Anlehnung an die Inhaltswörter und viel langsamer als diese analysieren. (Friederici 1994, 1996, 1997, 1998).

Freiheit und Phantasie als Errungenschaft grammatischer Sprache

> Der Mensch ist der erste Freigelassene der Schöpfung; er stehet aufrecht. Die Waage des Guten und Bösen, des Falschen und Wahren hängt in ihm: er kann forschen, er soll wählen. (Johann Gottfried Herder)

Vom Begriff zum Wort

Seit Darwin beginnen wir zu begreifen, wie sehr wir Menschen den Tieren gleichen. Die eindrucksvollsten Beweise liefert uns die moderne Genetik. Zugleich fühlen und wissen wir, daß wir turmhoch über den Tieren stehen.

Was ist der Mensch ohne Sprache? Solange sie noch keine Sprache haben, ist die Welt der Gehörlosen ebensowenig wie die der Kleinkinder ein Chaos, wie es bis in unsere Zeit behauptet wurde. Sie sehen die Farben, wie wir sie sehen, auch ohne eine differenzierte Farbwortskala, und Völker, die sich nicht die Mühe gemacht haben, Farbwörter wie »blau« und »gelb« zu erfinden, können diese Farben ebenfalls unterscheiden. Desgleichen riechen und schmecken wir Qualitäten und Unterschiede, ohne immer passende Riech- und Geschmackswörter dafür zu haben. Auch professionelle Kaffeekoster und Weinkenner haben wohl für ihre superfeinen Geschmacksempfindungen noch kein entsprechend reiches Vokabular entwickelt. Wer wollte behaupten, daß Menschen, deren Sprachen nur eine identische Bezeichnung für Hand und Arm haben, diese Körperteile nicht zu separieren wüßten!

Mit Hilfe unserer Sinnesorgane zaubert unser Gehirn eine gegliederte Vielfalt, die wir auch wortlos voneinander abgrenzen können. Die Physiker messen z.B. unterschiedlich schnelle Teilchenbewegungen; die Temperaturfühler in unserer Haut übersetzen die Unterschiede in Wärme- oder Kälteempfindungen. Deshalb empfinden Kleinkinder Wärmegrade, *bevor* sie »heiß« sagen, und wissen auch, was »vorne« und »hinten« ist, bevor sie diese Wörter richtig verstehen und benutzen können. Auch der Schmerz ist da und will nicht mit sich reden lassen. Schön wär's ja, wenn man sprachlich gegen ihn etwas ausrichten könnte, und auf der ganzen Welt wäre die Folter abgeschafft. Konrad Lorenz spricht von einem allen Menschen eigenen »Weltbildapparat«, der schon vor der Sprache installiert ist.[1] Wir sprachen von unserem *primären Repräsentationssystem*.

Ein Teil der Welt ist mithin schon vor der Sprache für uns gegliedert. Die sprachliche Zergliederung der Welt ersetzt diese Ordnung nicht, sondern will ihr gerecht werden, versucht, sie im Wort zu re-präsentieren, also noch einmal zu präsentieren, dann auf ihr aufzubauen und sie schließlich zu übersteigen.

> Lebenslänglich ist unser unbenanntes Denken, das heißt unser sinnhaftes Wahrnehmen, Erinnern, Vergleichen des Erwarteten mit dem, was wir erleben, der Prüfstein, an dem das Wort sich erprobt ... Erst muß der unbenannte Begriff da sein. Hol – Bring, Links – Rechts, Oben – Unten, Vorn – Hinten, (...) Leicht – Schwer: Ohne sie alle hätten diese zugehörigen Wortpaare ebensowenig Sinn wie die Farbnamen für den Blindgeborenen.[2]

Zunächst lernen Kinder, mit ihren Worten die vorgegebene Gliederung nachzubuchstabieren. Sie fragen, *wie die Dinge heißen*, die sie herumschleppen. Ein Name gehört eben zu einem Ding wie seine Farbe oder Kontur, ist in ihm gleichsam eingeschmolzen. Das Tier, das uns die Milch liefert, heißt nicht nur *Kuh*, es *ist* auch eine Kuh. Daß es auch anders heißen könnte, erfahren am frühesten Kinder aus sprachlichen Mischehen: Da gibt es ein Mamawort für Kuh und ein Vaterwort, vielleicht *vache*. Daran zerbricht die naive Gleichsetzung von Sache und Sprache sehr schnell – und das ist nötig, damit sich die Sprache vom Schlepptau vorgegebener Ordnungen löst.

Sprachfreies, unbenanntes Denken ist im Ansatz auch vielen Tierarten gegeben. Sie vermögen die ihnen gestellten Aufgaben offensichtlich durch schlußfolgernde Prozesse zu lösen. Sie brauchen aber für ihr Denken den konkreten, äußeren Anlaß, die buchstäbliche »Einsicht« in das Problem; das Denken bleibt dem Hier und Jetzt verhaftet, die anschauliche Situation muß mithelfen. Auf diesen Punkt hat Konrad Lorenz mit großer Klarheit hingewiesen.[3] Er schildert den Affen, der seine Blicke durch den Raum schweifen läßt und dem man es ansieht, wie es in seinem Kopf arbeitet, bis er sein Aha-Erlebnis hat und er die Kiste unter die von der Decke herabhängende Banane schiebt. Das ist – bewußte oder halbbewußte? – Verstandesarbeit, die aber auf das Vorhanden- und Vor-Augen-Sein der miteinander in Beziehung zu setzenden Dinge angewiesen ist. Dem entspricht die schon erwähnte Beschränkung, der die Traditionsbildung bei Tieren unterliegt: Der Lerngegenstand muß präsent sein.[4]

Vom Wort zum Begriff

Sprache wird zum Motor der geistigen Entwicklung, wenn neue Wörter durch bekannte erklärt werden können, ohne daß man selbst Zeuge der Dinge und Ereignisse wird. Jetzt taucht die umgekehrte Frage auf, *was neue Wörter bedeuten* und worauf sie verweisen. Zuerst wird also die sich schon gebildete Vorstellung mit dem Wort zusammengebracht. Später erzeugen neue Wörter die dazugehörigen neuen Vorstellungen. Das »Vorhervorhandensein des Unbenannten«, auf das der Verhaltensforscher Otto Köhler pocht, ist also nur die halbe Wahrheit. Die Erfahrung führt zum Wort, das Wort zurück zur Erfahrung. Die Wirkungen fließen in beide Richtungen. Wörter sind nicht bloße Etikette, die wir an die Dinge heften, mit denen wir schon umgehen können. Das Kind kann *Fremderfahrungen* im Wort direkt übernehmen oder erfragen. Wörter können erinnerte oder aktuelle sinnlich-konkrete Erfahrungen überformen und erweitern und die Form des Erlebten mitbestimmen. John Locke hat in seiner Schrift *Über den menschlichen Verstand* (1690) dieses Wechselspiel wie folgt beschrieben:

> Beobachten wir einmal, wie Kinder sprechen lernen; wir werden feststellen, daß man ihnen, um ihnen die Namen der einfachen Ideen oder Substanzen begreiflich zu machen, gewöhnlich das Ding zeigt, dessen Idee man ihnen vermitteln will. Dann wird ihnen der Name wiederholt ... Bei anderen Ideen, namentlich »bei den moralischen Begriffen«, werden gewöhnlich zuerst die Laute erlernt; wenn die Kinder dann erfahren wollen, welche komplexen Ideen damit bezeichnet werden, so sind sie entweder auf die Erklärungen anderer angewiesen oder (was meist der Fall ist) ihrer eigenen Beobachtung und Lernbegierde überlassen.[5]

Unmerklich und umstandslos gehen Benennen und Darstellen in ein Erfinden über. Sprache verselbständigt sich. Sie wird zur »Gebärmutter der Begriffe«.[6] Sie ist darum nicht nur »die Welt noch einmal«. Sie vermehrt den Bestand unserer Welt. Sie erzeugt alternative Welten. Bei normaler Sprachentwicklung überschreiten Wörter sehr schnell die kritische Schwelle, nach der sie fortan aufeinander verweisen und sich wechselseitig mit Sinn füllen können. So kann das Denken – in Gehlens Worten – »bei sich selbst bleiben.«[7] Sprache wird zum »bildenden Organ des Gedankens.«[8] Wenn die Welt durch Sprache für Blinde farbig und für Taube tönend wird, dann deshalb, weil Wörter in Texten ein Stück von ihren Bedeutungen abgeben und unbekannte Wörter allmählich mit Sinn aufladen und mit sekundärer Erfahrung sättigen.

Denken einer höheren Qualität setzt Sprache voraus. Auch wenn wir im Kopf nichts bewußt formulieren: *Unser* Denken ist immer schon durch Sprache hindurchgegangen, gelangt dann aber auch darüber hinaus, läßt sie hinter sich. Wir postulieren folgende aufsteigende Entwicklungsreihe

| Unbenanntes, vor-sprachliches Denken / verständiges Handeln | ← **2 Wurzeln der Sprache** → | Miteinander Kommunizieren |

Sprechen als Außenseite des Denkens
- Dialogisches Denken
- Lautes Mitdenken beim Problemlösen. Erst lernen wir Gespräche mit anderen führen, dann mit uns selbst.
- Reduktionsstufen des lauten Mitdenkens bis zum unverständlichen Gemurmel
- Nicht mehr verlautbarte, innere Sprache (Denken)

Sprache voraussetzendes, hochabstraktes, sprachverkürztes und sprachneutrales Denken

So ist vorsprachliches, sprachliches und nachsprachliches Denken zu unterscheiden. Auf eine zunehmende *Versprachlichung* des Denkens folgt, dadurch daß sich die Denkbewegungen beschleunigen und in sich vertiefen, eine *Entsprachlichung*. Formelsprachen und logische Zeichensysteme mögen dabei stärker zur Geltung kommen, setzen aber sprachlich entfaltetes und durchgearbeitetes Denken immer schon voraus.

Der Moment des Verweilens

Der kleine Massieu, der mit fünf weiteren tauben Geschwistern aufwuchs, zählte an seinen Fingern, und wenn die Zählung über zehn hinausging, ritzte er Kerben in einen Stock[9]. Was hier Finger und Kerben leisten, leisten auch die Wörter. Sie sind die Finger und Kerben des Geistes. Sie sind die Fix- und Haltepunkte des Denkens. Mit ihnen spießen wir unsere Erfahrungen auf und konzentrieren das Angeschaute in einem Punkt.

> Bubi (2;2) sah nämlich eine Dampfwalze, aus deren Schornstein Rauch herausquoll. Bubi wäre am liebsten stehen geblieben, da wir aber Eile hatten, zogen wir ihn vorwärts und erklärten ihm auch nichts. Er unterhielt sich nun: »Is da heiß! Fort heiß! Komm wieder heiß! Heiß bah gangen (bah = fort)!«

Wörter sind dem Skizzenblock des Künstlers vergleichbar, der seinen Ideen eine erste Form geben muß, um später betrachtend hinzuzufügen, wegzunehmen, auszugestalten, abzuändern. Denken ist »inwendiges Vergleichen von Erinnerungszeichen«, und das Wort zugleich »Merkwort für mich, und Mitteilungswort für andere«. Und für mich selbst, möchte man hinzufügen, um noch mal auf die Rückbezüglichkeit hinzuweisen, die die Gebärdensprache mit der Lautsprache teilt.[10] Im Sprechen wird ein Stück Bewußtsein körperlich; ein Inneres wird äußerlich und damit erst mitteilbar. Offenbar braucht das Denken solche Leiblichkeit, braucht Hör-, Sicht- oder Ertastbares, um die auf diese Weise »fest-gestellten« Inhalte im Vorstellungsraum hin- und herzuwenden. Helen schreibt:

> Ich ›dachte‹ und wünschte in meinen Fingern ... Als ich ein Kind war, da war meine innerliche Sprache ein innerliches Buchstabieren.[11]

Denken will sich aussprechen – oder muß sich notfalls mit den Fingern ausartikulieren. Besonders Kinder müssen sich laut sagen, was sie schon wissen, gerade tun oder vorhaben. Später kommt das Denken manchmal erst beim Schreiben in Schwung: Beim Ausformulieren muß man seine Gedanken schreibend ordnen.

Sprache ist das Vermögen, unser inneres Leben durch Zeichen zu binden und zu »objektivieren«, d.h. aus uns heraus- und uns gegenüberzustellen. Wilhelm von Humboldt hat diesen Gedanken am klarsten gedacht:

Um zu reflektieren, muss der Geist in seiner fortschreitenden Tätigkeit einen Augenblick still stehn, das eben Vorgestellte in eine Einheit fassen, und auf diese Weise als Gegenstand sich selbst entgegenstellen.[12]

Das Vor-gestellte stellt man in der Rede vor sich, ob es nun realiter gegenwärtig ist oder nicht. So sei ohne Sprache »alles wahre Denken unmöglich« und müsse »spurlos vorübergehen«. Mit ihr aber betrachten wir die eigenen Empfindungen und Gedanken, als wären es Objekte außer uns. Wir nehmen Abstand, gewinnen Distanz und »Besonnenheit«, wie es J. G. Herder in seiner Preisschrift über den Ursprung der Sprache (1772) nannte.[13] Der Abstand ist räumlich und zeitlich. Auch beim Schimpansen, dessen Blicke über die Versuchsanordnung wandern, gibt es schon einen Moment des Stillehaltens, der inneren »Sammlung«. Informationen werden gesammelt und miteinander verknüpft. Der Abstand verbleibt aber in der Präsenzzeit. Ohne Sprache bleibt ihm jedes Vor-Denken und Nach-Denken verwehrt. Wir aber wissen nicht nur etwas, wir wissen auch, daß wir wissen, und können unser Wissen mit anderen abklären.

> Der Mensch geht zwar über seine Sprache hinaus; er ist mehr, als er in Worten auszusprechen vermag; aber er muß den flüchtigen Geist in Worte fassen, um ihn zu heften, und die Worte als Stützen gebrauchen, um über sie selbst noch hinauszureichen.[14]

Kann man sich eine Zahl denken, sagen wir 213 – und das heißt ja auch sie abgrenzen gegen 212 oder 214 –, ohne Ziffer oder Zahlwort dafür zu haben?[15] Sprache stützt Tätigkeiten ab, ob man ein Bildchen aufklebt, ob man kocht oder gärtnert oder komplizierteste technische Arbeiten vornimmt. Sprache allein kann Tätigkeiten erklären.

Entscheidend ist der von Herder klar erkannte *Doppelcharakter der Sprache*: Sie ist Mitteilung an andere und zugleich Mitteilung an den Sprechenden selbst, nämlich das Mittel, sich sein eigenes Denken zu vergegenwärtigen (Rückbezüglichkeit).

Sprache und das Vor-Urteil der Gefühle

Eine Elchkuh hat ihr Junges verloren. Lange steht sie daneben, schaut darauf herab, stupst es immer wieder an. Am nächsten Morgen kommt sie wieder zu dem toten Jungen zurück, um bei ihm zu verweilen. Was könnten wir anderes sagen, als daß die Elchkuh trauert – auch wenn sie den Tod nicht wie wir Menschen begreifen kann? Auch wenn Trauerrituale und Totenklagen nur beim Menschen vorkommen?

Nach langem Winter kommt das Vieh wieder auf die Wiese. Die jungen Tiere tollen herum, machen ihre Freudensprünge, und ein Stückchen ihrer Freude geht auf uns über.

Schimpansen und Bonobos haben Rivalen wie auch Freunde, und die dazu passenden Gefühle. Daß viele Tiere ähnlich wie wir empfinden, daran kann heute vernünftigerweise nicht mehr gezweifelt werden. Gefühle helfen, Situationen zu bewerten und zweckmäßiges Handeln zu improvisieren. Es sind noch »ungedachte und sprachlose Meinungen«, die sich spontan, unmittelbar einstellen. Noch bevor wir eine Situation verstandesmäßig analysieren, haben unsere Gefühle schon Stellung genommen. Gefühle sind Vor-Urteile im Sinne von Voraus-Urteilen, die schneller da sind als die verstandesmäßige Bewertung. Angst etwa ist »die erlebte, gefühlte Meinung«: Diese Situation ist gefährlich, Flucht ist angesagt[16].

Gefühle schieben sich zwischen Reiz und Reaktion, schaffen Raum für eine individuelle, lebensgeschichtliche Einschätzung von Situationen. Denn *wovor* wir z.B. Angst haben sollen, muß in den meisten Fällen individuell gelernt werden. Dennoch ermöglichen Gefühle allein noch nicht jene »Besonnenheit«, von der Herder sprach. Denn sie wollen uns auf Sofortreaktionen festlegen. Unbesprochene, unreflektierte Angst legt uns auf eine Fluchtreaktion fest.

Sprache und Verstand kommen nach. Als sprachbegabte Menschen lernen wir, wann wir unseren Gefühlen trauen dürfen oder mißtrauen sollten, wann wir uns ihnen hingeben können, wann wir lieber gegen sie angehen sollten. Wir lernen die eigenen Gefühle zu überdenken, die der anderen besser zu vestehen. Sprache ist also nicht *unmittelbarer* Ausdruck der Gefühle wie das Erröten oder Blaßwerden, sondern verweist auf sie, kann berichten über Liebe, die erloschen, und Zorn, der längst verraucht ist. Ein Trauerredner braucht nicht selbst traurig sein.

Sprache ist die Chance, das Vor-Urteil der Gefühle einer nochmaligen Prüfung zu unterziehen, sie notfalls zu bändigen, sich von ihnen zu befreien. Warum bin ich jetzt verärgert? Was macht mich so traurig? Habe ich wirklich Grund dazu? Hier ist er wieder, der Distanzgewinn durch Sprache. In der Pufferzone, die die Sprache zwischen uns und unsere Gefühle zu legen vermag, kann gutes Zureden gegen die Angst helfen, können Gesetze gegen die Todesstrafe geschaffen werden und eine »Genfer Konvention« zustande kommen.

Allerdings: Mit sprachlicher Hilfe können wir nicht nur Gefühle analysieren, wie können sie auch enorm steigern, und zwar die heilsamen wie die zerstörerischen. Wir besingen Freundschaft und Liebe oder malen uns Rachegefühle aus und üben in Gedanken zig-fache Vergeltung. Indem wir darüber sprechen, machen wir sie uns bewußt, können sie auskosten und in eine neue Subtilität steigern. Dies ist die Domäne der großen Schriftsteller. Die Komplexität menschlichen Gefühlslebens ist in den großen psychologischen Romanen der Weltliteratur eingefangen.

Begriffspyramiden

Der artikulierte Laut oder die ziselierte Gebärde ermöglichen also scharfe Unterscheidung und Abgrenzung, sind ein Mittel der Fixierung, Objektivierung, Vergewisserung und Abklärung. Darüber hinaus liefert uns der Wortschatz einen nach vielerlei Gesichtspunkten geordneten Katalog der Welt, auf den wir uns allerdings immer erneut verständigen müssen. Besonders wichtig ist die hierarchische Gliederung: von unten nach oben und umgekehrt, das Eingeschlossensein der Unterklassen in die Oberklasse. Jemanden *beißen, kratzen, stechen* sind Unterarten von jemanden *verletzen*. Ein Hund ist normalerweise eben ein Hund; ein anderes Mal sehe ich ihn als Dobermann oder als Haustier, als Säugetier, als Tier, als Geschöpf.

> Wir sind allen Tieren darin überlegen, daß wir zu mehreren Stufen der Abstraktionsbildung fähig sind. Wir bilden Klassen von Klassen: alle Leute, die Schuhe machen, sind Schuster. Schuster und Schmiede sind Handwerker. Handwerker sind neben Zahnärzten und anderen meist Selbständige usw. Diese Klassenbildung zu erlernen, dauert fast bis zur Pubertät, in der aber bekanntlich immer noch ein relativ naives Weltbild besteht.[17]

Typisch, daß Kinder bei Definitionsfragen lange Zeit dem Oberbegriff ausweichen:

Vater: Was ist eigentlich ein Fuchs?
Gisa (3;0): Der beißt.

Hier ist der richtige Artikelgebrauch wichtig: »Der Fuchs ist ein Säugetier« und nicht etwa »Ein Fuchs ist das Säugetier«. In unserem Sprechen und Denken ist das anschauliche Nebeneinander durch eine fein verästelte Logik der Über- und Unterordnung ergänzt. Ein Schreibtisch ist erst einmal ein Tisch, dann ein Möbelstück. Diese Möbel kann ich wieder ganz anders gruppieren, etwa nach dem Material, aus dem sie gefertigt sind, oder nach dem Ort, wo sie hingehören, nach Alter und Stil. Wie könnten wir denn unter den zig-tausenden von Wörtern die gerade passenden schnell abrufen, wenn sie nicht nach verschiedenen Gesichtspunkten bedeutungsmäßig gruppiert wären? Wenn wir erst einen Riesenhaufen durcheinanderwirbeln müßten, um zum *Löffel* auch die *Gabel* zu finden? »Wir müssen noch Obst einkaufen«, sagt die Mutter. Wieviel Information steckt in diesem Wort *Obst*! *Äpfel* und *Birnen* fallen darunter, von den Äpfeln gibt es wieder verschiedene Sorten, *Cox, Elstar* usw., und von den *Cox* sortiert man am besten die *fleckigen* aus, und die *kleinen Cox* schmecken am besten ... Der Oberbegriff *Obst* selbst gehört wieder zu den *eßbaren Baumfrüchten*, die einerseits den Lebensmitteln zugezählt, andererseits unter *Baumfrüchte* und *Pflanzenprodukte* gefaßt werden könnten. Kinder müssen lernen, solche Systeme von unten nach oben wie von oben nach unten zu durchlaufen. Wir treten hier ein Erbe von Begriffen an, die Tausende von Generationen übereinandergetürmt haben.

Machen wir uns klar, daß Begriffsverschachtelungen Spracharbeit voraussetzen im Gegensatz zu Ordnungen, die uns die Dinge selbst schon vorführen: Zu meinem Schreibtisch etwa gehören Schubladen, in denen stecken Schlüssel usw. Daß an der Sprache gearbeitet werden muß, erkennen wir an sogenannten Wortlücken, die wir am besten im Sprachvergleich entdecken: hungrig – satt; durstig –? Wenn etwa das Malayische jeweils ein anderes Wort für den Reis auf dem Feld, im Kaufladen und als Mahlzeit hat, aber keines für den Reis als solchen, so ist dies als ein Mangel an Abstraktion und als Wortlücke, nicht einfach als Ausdrucksreichtum zu werten.

Warum Kinder mit sich selbst sprechen

Sam – ein autistisches Kind – lernt schwimmen. Sehr langsam, sehr zögerlich. So steht er oft eine geschlagene halbe Stunde mit verzerrtem Gesicht am Rand des Schwimmbeckens, spannt den Körper an, als wollte er gleich ins Wasser springen – und tut es dann doch nicht. Wenn die Zeit um ist und er es nicht geschafft hat, ins Wasser zu gehen, regt er sich furchtbar auf.

Manchmal schafft es seine Mutter, den Widerstreit seiner Gefühle sprachlich auszutragen und zu entschärfen. So brachte ihn das Aufkleben eines Pflasters auf eine kleine Wunde stets in einen Konflikt:

> Einerseits möchte er das Pflaster, aber sobald es klebt, will er es so schnell wie möglich wieder loshaben. Kaum hat man es dann abgemacht, braucht er es wieder. Diese Situation bringt ihn vollkommen durcheinander, denn er kann sich einfach nicht entscheiden, ob er seinen Kratzer zudecken oder lieber offenlassen möchte. Inzwischen haben wir eine Art Rollenspiel entwickelt, damit Sam nicht mehr gezwungen ist, seinen Konflikt jedesmal austragen zu müssen. »Weh, weh«, ruft Sam mit leidender Stimme. »Du meine Güte! Ich frage mich, ob man wohl ein Pflaster draufkleben muß«, antworte ich. »Nein, nein!« schreit Sam. »Also, ich glaube, ein Pflaster ist nicht nötig«, erwidere ich darauf, »es ist bestimmt bald wieder gut.« Und dann lächelt Sam und kann sich wieder entspannen.[18]

Sprache entsteht zwischen den Menschen, ist »geselliges Wechselgespräch« (Humboldt). Erst aus dem Zwiegespräch entsteht das Selbstgespräch. Wir sprechen aus unterschiedlichsten Anlässen zu uns selbst; auf ganz markante Weise aber dann, wenn wir vor einem Problem stehen. Wie das Zu-sich-selber-Sprechen beim Problemlösen hilft und das Denken auf Trab bringt, zeigt uns wiederum Bubi.

Bubis Eltern hatten dem Dreijährigen einen Baukasten mit beklebten Würfeln geschenkt, mit denen sich verschiedene Bilder zusammensetzen ließen. Bubi versuchte es, schaffte es nicht und benutzte die Würfel nur noch als Bausteine. Mit fünfeinhalb setzte er plötzlich unaufgefordert ein Bild zusammen, und zwar ohne die Bildvorlage, die längst verloren war. Es klappte, und der Erfolg spornte ihn an, nun auch die anderen Bilder zusammenzustellen. Man sieht sehr schön, wie ihm jetzt seine weiterentwickelte Sprache und sein größeres Wissen beim Lösen des Problems zu Hilfe kommen:

> Beim Winterbild z.B. fehlten noch einige Quadrate; er wandte nun einen Würfel nach verschiedenen Seiten um und hielt im halblauten Ton folgenden nachdenklichen Monolog: »*Die* Seite geht nich, da is ein Baum mit Bättern drauf, und im Winter is doch der Baum bloß voll Schnee! (drehte den Würfel um) und *die* Seite is auch falsch, da hat das Mädel so ein weißes Kleid an und keine Handschuhe, und im Winter muß se doch ein' Mantel haben und Handschuhe, – (Umdrehung), und *das* auch nich, weil da Muscheln sind, und das is doch bloß an der See und in Sommer!« Endlich fand er das passende Würfelfeld, stellte frohlockend das Vorhandensein von Schnee auf dem Bildausschnitt fest und reihte ihn ein.[19]

Aber nicht nur Kinder geben sich auf diese Weise selbst Anweisungen, die sie bei einer Aufgabe lenken. Auch wenn wir zunehmend lernen, still zu denken, machen wir gern einen Schritt zurück, wenn man uns vor eine neue, schwierige Aufgabe stellt, und denken wieder laut mit. Für Wygotsky, den früh verstorbenen russischen Psychologen und großen Kritiker Piagets, war der wichtigste Moment in der geistigen Entwicklung der, in dem die zwei Stränge des vorsprachlichen, praktischen Denkens und des Sprechens beim lauten Mitdenken miteinander verschmelzen und schließlich zu einem inneren Sprechdenken »verdampfen«. Das laute Mitdenken ist besonders häufig zwischen dem vierten und sechsten Lebensjahr zu beobachten. Allmählich wird das Mitsprechen undeutlicher und bruchstückhafter, bis es zu einem unverständlichen Gemurmel absinkt. Man muß sich diese innere Sprache bzw. das Denken als eine »maximal zusammengedrängte, verkürzte, ›stenographische‹ Sprache« vorstellen.[20] Uns selbst brauchen wir ja *nicht alles* zu sagen; keiner weiß doch besser als wir selbst, was uns gerade vorschwebt und auf welchem Hintergrund wir gerade etwas bedenken. Erst wenn wir uns unser Denken ganz bewußt machen und es zu größter Klarheit bringen wollen, müssen wir es regelgerecht sprachlich ausfalten und ausformulieren.

Keinesfalls sollten Lehrer oder Erzieher bei den Kindern lautes Mitdenken oder leises, an sich selbst gerichtetes Gemurmel unterdrücken, sondern berücksichtigen, daß einige Kinder länger als andere brauchen, um das Denken ganz auf die innere Bühne zu verlagern (und dann die Mitschüler nicht mehr stören). Beim lauten Mitdenken zeigt sich oft der ganze Erfindungsreichtum der Kinder. Dazu ein Beispiel von Bubi, der das Schreiben lernt. Zahlen und Buchstaben haben es in sich. Die winzigen Formunterschiede müssen überhaupt erst einmal richtig gesehen werden, bevor man sie nachmachen kann. Es kommt vor, daß Kinder spiegelverkehrt schreiben und den Unterschied nicht einmal wahrnehmen, wenn man sie darauf hinweist. Die Kinder kommen aber auch selbst auf Tricks, sich die Figuren zu verdeutlichen, so Bubi im Alter von 5;7:

> Beim Schreiben selbst belebt das Kind die Zahlen in einer drolligen Weise, es sagt z.B. beim Anblick einer sechs: »Ach, die Zahl is auf'n Kopp geplumpst!« und »die schießt einen Purzelbaum!« Als unter einer Anzahl Sieben sich eine von rechts nach links geschriebene befand, und wir ihn darauf aufmerksam machten, sagte Bubi, gleichsam ihre falsche Stellung entschuldigend: »Ach, die Sieben will bloß der anderen mal guten Tag sagen.« Beim Malen der Fünf, die er von unten nach oben zu schreiben beginnt, plauderte er: »Kommt der Punkt – dann der dicke Bauch, – dann der Hals, – dann der Hut!«[21]

Helen führt solche Selbstgespräche in der Fingersprache, sie buchstabiert ihren Bauklötzchen ebenso zu wie ihren Hunden. Lautes Denken – bei Helen: finderndes Denken – ist die Vorstufe zu einer stillen Geistestätigkeit, bei der wir auch ganze Gedichte Vers für Vers durch unsere Gedanken ziehen lassen können, ohne irgendeine Bewegung der Sprechorgane zu verspüren. Denken ist nach Jacob Grimm »Sprechen mit sich selbst, jeder Denkende ist sowohl erste als zweite Person.«

In Bildern denken

Keineswegs aber ist alle Geistestätigkeit auf höherem Niveau rein sprachlich. Sehen wir genauer hin: Bubi löst keine philosophischen, sondern praktische Probleme. Diese Probleme hat er vor Augen: Er setzt ein Bild zusammen; er will sich die Formen einzelner Ziffern schreibend einprägen.

Hüten wir uns davor, das anschauungsgestützte Denken, dieses »Hantieren im Vorstellungsraum« als primitiv einzuschätzen.[22] Das buchstäblich »einsichtige« Denken des Menschen geht weit über die Fähigkeit hinaus, mit Hilfe einer Kiste oder Stange eine Banane von der Decke zu hangeln. Und bedarf auch nicht sprachlicher Hilfestellung. Versuchen wir einmal, jemandem eine ziemlich einfache Zeichnung so zu beschreiben, daß er sie nachzeichnen kann, oder ein Gesicht wiedererkennbar zu beschreiben! Wie einfach wäre es gewesen, hätte der Partner nur einen kurzen Blick auf Zeichnung oder Gesicht werfen können! Ähnlich schwierig sind Wegbeschreibungen, wenn man nicht mit Straßennamen usw. operieren kann. Wer kennt nicht den Frust mit Montageanleitungen für Duschabtrennungen usw., wenn sie nicht reichlich mit Zeichnungen versehen sind! Orien tierung im Gelände und das Wiedererkennen von Gesichtern sind eben hochentwickelte Leistungen unseres Sehsystems. Sie sprachlich zu duplizieren, wäre überflüssig.

Visuelles Denken geht noch über Orientierungsleistungen hinaus. Wenn Temple Grandin, die als Zoologin für die Industrie tiergerechte Fütterungsanlagen und Schlachthöfe entwirft, über eine neue Anlage nachdenkt,

> ist es so, als ob ein Videoband in meinem Kopf abläuft. Ich kann die Anlage aus jedem Blickwinkel sehen, von unten, von oben, und sie zugleich im Kopf drehen. Ich brauche kein teures Grafikprogramm, das auf meinem Bildschirm dreidimensionale Bilder simuliert. Ich kann das besser und schneller im Kopf abwickeln ... Ich habe Gedächtnisbilder von jeder Vorrichtung, mit der ich einmal gearbeitet habe, von Stahltoren, Zäunen, Schließanlagen, Betonwänden usw. Für einen neuen Entwurf rufe ich diese Bilder Stück für Stück aus meinem Gedächtnis ab und setze sie neu zusammen ... Ich kann meine Bilder im Kopf variieren. Ich kann mir dieselbe Kirche in verschiedenen Farbtönen vorstellen oder die spitzen Türmchen einer Kirche auf das Dach einer anderen setzen.[23]

Lassen wir die Frage offen, ob Grandin das nur kann, weil sie auch schon syntaktische Sprache hat. Jedenfalls ist ihre Stärke mit einer eigentümlichen Schwäche verbunden: Sie *muß* abstrakte Begriffe wie Friede oder Ehrlichkeit mit bestimmten Bildern (z.B. indianische Friedenspfeife) verknüpfen, um sie zu verstehen.

Bildhaftes Denken dieser Qualität ist eine Sonderbegabung. Die Bilder lassen sich eben nicht so einfach im Kopf drehen und hin- und herwenden wie die Wörter im Satz. Bilder haben keine Syntax. Das bestätigt uns Emmanuelle Laborit. Sie nennt zwei Hauptunterschiede zwischen ihrer vorsprachlichen und ihrer Gebärdenzeit. In der Zeit, als sie noch nicht gebärdete, mußte sie unbedingt sehen, um zu begreifen. Und wenn sie einmal etwas gesehen hatte und verstanden glaubte, war es ihr im Gegensatz zu Grandin unmöglich, die Dinge auch anders zu sehen.[24] Dies aber ist im sprachlichen Spiel vermöge grammatischer Variation und Kombination jederzeit möglich.

Dennoch sind die Leistungen anschauungsgestützten Denkens – besonders bei Handwerkern, Ingenieuren und Wissenschaftlern – nicht zu unterschätzen. Da sich aber bisher vornehmlich Philosophen des Themas Denken und Sprechen angenommen haben, verwundert es nicht, daß oft alles höhere Denken mit Sprache gleichgesetzt wird. Sie philosophieren, sie betreiben das Denken des Denkens. Das aber ist sprachlicher Natur.

Konstruierendes Lernen: Operationsfeld Sprache

Daß wir die faßlich gewordenen Denkinhalte fast nach Gutdünken hin- und herbewegen können, ist die Leistung der Grammatik, die schon in den kindlichen Wortbildungen sichtbar wurde. Wörter wie *wegen, weil, und, oder* aktivieren keine fest umrissenen Inhalte, sondern Beziehungen zwischen denselben und bringen das Denken auf Trab. Sie halten fest, wie die Dinge zusammenhängen könnten, auf welche Weise sie voneinander abhängen, aufeinander angewiesen sind und aufeinanderwirken. *Falls, so daß, obwohl, immerhin, allerdings* sind für das Denken charakteristischer als Begriffe wie *Baum* oder *Blume, Wut* oder *Trauer*, die als Wahrnehmungen und Empfindungen auch vielen Tieren zugänglich sind. Denken wird so zum Probehandeln mit Hilfe der Sprache. Wenn etwas schief geht, kann man uns nichts anhaben: Es ist nur ein Sprachspiel. Eindrucksvoll formuliert es Karl Popper, daß nunmehr im Fall groben Irrtums die Hypothese anstelle ihres Besitzers stirbt.[25] Deutlicher hätte man den Vorteil, den die Sprache bringt, nicht machen können.

Das Aufeinanderbeziehen und Durchdenken verschiedener Erfahrungselemente, eben das Probehandeln im Kopf ohne Mithilfe der Situation, ist auf grammatische Sprache angewiesen. Denn das Denken muß sich all der logischen Verknüpfungen bedienen, die überwiegend grammatisch ausgedrückt werden: *weil, so daß, infolgedessen, dadurch daß, wenn – dann, es sei denn daß, angenommen, daß, abgesehen davon, daß* usw. Wir können Hindernisse wegdenken, dabei die verschiedenen Weisen des Fortschaffens mit ihren möglichen Konsequenzen abwägen und uns damit den praktischen, meist kostspieligen, mitunter tödlichen Versuch und Irrtum ersparen. »Was wäre, wenn ich es anders machte ... oder mal so ... oder auch so ...?« Solche Sätze sind Denkprothesen. Ebenso Wörter wie »sonst«: »Ich mach's lieber so, sonst ...« Denken im Lichte der Sprache ist die Möglichkeit, ein Vorhaben wie ein Theaterstück beliebig oft zu proben und zu verändern, bevor man es aufführt. Denken ist Vorausdenken, die Erfindung der Zukunft.

Dieses *konstruierende Lernen aus der Distanz* steht nicht unter dem unmittelbaren Entscheidungsdruck einer bestimmten Situation.[26] Schimpansen müssen direkt vor ein Problem gestellt werden, um es lösen zu können. Der Mensch aber nimmt, wie Scheler erkannte, eine »eigenartige *Fern*stellung« ein, eine »Distanzierung der ›Umwelt‹ zur ›Welt‹«.[27] Dank des sekundären Repräsentationssystems Sprache können wir an einem Problem arbeiten, wann es uns paßt, und auch immer wieder darauf zurückkommen. Dabei stellen wir Gedankenexperimente an und lassen sie scheitern, ohne Schaden zu nehmen, bis wir die Lösung finden und danach handeln.

Der sprechende Mensch stößt hier in eine neue Dimension vor. Wir klinken uns aus dem Handlungszusammenhang aus und werden – immer nur vorübergehend – zu Theoretikern: Wir machen – stellvertretend für die reale Welt – die Sprache selbst zu unserem Operationsfeld.[28]

Das geht so weit, daß wir uns – wiederum probehalber – sogar zu uns selbst in Widerspruch setzen können und das Gegenteil von dem annehmen, was wir glauben. Wir können unsere Theorien *kritisieren*, betont Karl Popper, und hebt die *argumentative* Funktion der Sprache hervor. Wissenschaft sei Wahrheitssuche durch Kritik, die es möglich mache, Denkergebnisse mit anderen durchzusprechen, abzuklären und sich widerlegen zu lassen. Worte geben uns »viel freies Feld ... zu übersehen, zu arbeiten, zu nützen.« (Johann Gottfried Herder).

Diese »anderen« mögen aber nur in meiner Vorstellung existieren. Sprache ist eben weitaus mehr als die Möglichkeit der Kommunikation, ist kein »blosses Verständigungsmittel« (Humboldt), sie schenkt uns die »Wonne des Denkens« (Karl Philipp Moritz). Sie ist grammatisch viel zu ausgefuchst und geht besonders in Texten weit über das hinaus, was wir in unseren Alltagsgesprächen brauchen.

Befreiung des Denkens: der »Neinsagenkönner«

Durch Sprache lernt der Mensch, innezuhalten, eine Situation zu überdenken, im Gespräch oder im Geist Möglichkeiten durchzuspielen. Zwischen Trieb und Handeln schiebt sich ein regulatives Moment des Überlegens und Besinnens. Der Gedanke ist – nach einem Wort Miguel de Unamunos – eigentlich nichts anderes als »ein angefangener und unterbrochener Willensakt.« Die Abfolge von Reiz und Reaktion, der Reflexbogen, wird unterbrochen. Eine Lücke entsteht.[29] Dies ist der Moment der Freiheit. Ideen werden verfügbar für alle Arten von Manipulationen. In Gedanken und Worten kann man allerhand Schabernack treiben, Menschen oder Dingen etwas anzaubern, sie wegzaubern, sie älter oder jünger, dümmer oder klüger machen, auf den Kopf stellen, einfach alles Mögliche mit ihnen anstellen.

Mutter:	Wir wollen beten.
Julius (3;9):	Ja.
Theodor (5;4):	Ich will auch beten, schlecht beten.
Mutter:	Wir wollen gut beten. (Es wird gebetet.) Gute Nacht, Julius.[30]

Weil die Mutter in der Regel sagt, wir wollen »gut« beten, treibt es Theodor hier dazu, aus Übermut, »schlecht« beten zu fordern. Noch wehrt er sich nicht gegen die Frömmigkeit, sondern spielt nur mit der Sprache. Wird er später gegen das Beten rebellieren, weil es ihm die Sprache so leicht macht? Kann man nicht überall, wo jemand in der Rede ein »gut« setzt, stattdessen »schlecht« sagen – rein versuchshalber? Die Dinge einfach umkehren? Ist es nicht genau diese Möglichkeit, die den Menschen nach Scheler zum »Neinsagenkönner« macht, zum »ewigen Protestanten gegen alle Wirklichkeit«?[31]

Die Schwester hat dem zweieinhalbjährigen Hans das Verschen »Maikäfer flieg, dein Vater ist im Krieg, deine Mutter ist in Pommerland, Pommerland ist abgebrannt« beigebracht.

> Da gibt es ihm nun großen Spaß, die letzte Zeile, die er offenbar nicht entfernt versteht, immer aufzusagen: »Pommerland ist nicht abgebrannt.« Hierbei sieht er seine Umgebung stets schelmisch an und beobachtet, was man dazu sagt. Verbessert man ihn dann, so behauptet er, oppositionslustig, nur noch schärfer: »Pommerland ist nicht abgebrannt.«[32]

Kann man die tiefschürfende Einsicht des Kölner Philosophen mit einem Kinderscherz in Verbindung bringen? Das sprechende Kind ist schon ganz Mensch. Es offenbart spielerisch die später manifest werdenden Möglichkeiten des Menschen, sich nicht bevormunden zu lassen, *nicht* zu kämpfen, *nicht* zurückzuschlagen, seinen erotischen Impulsen *nicht* nachzugeben. In Schelers Worten: nein zu sagen und zum »Asket des Lebens« zu werden. Kinder sind der Spiegel, in dem unser eigenes Wesen unverstellt aufscheint.

Beflügelung der Phantasie

Die Grammatik macht's möglich, dieses Austauschen und Hin- und Herwenden der im Wort fixierten Sachverhalte, kurz: das Denken. Das kann man spielerisch betreiben, etwa wenn die Kinder wie folgt herumalbern, als ich sie im Auto vom Kindergarten abhole und Gisa ganz unvermittelt beginnt:

> Gisa: Ich hab' Hunger auf ein Haus.
> Volkmar: Ich hab' Hunger auf die Ampel.
> Susi: Ich bin hungrig auf die Autobahn.
> Daniela: Ich hab' Hunger auf den Zaun.
> Vater: Was seid ihr denn bloß für gefräßige Kinder! Das kann man
>   doch alles nicht essen.
> Gisa: Ich hab' Hunger auf ein' Schornsteinfeger.

Die Sprache läßt das zu, ja, sie läßt so etwas nicht nur zu, sie fordert solchen Phantasieüberschuß geradezu heraus. Ideen werden wie Kleider anprobiert, um zu sehen, ob sie einem gut stehen.

> Als dem Knaben ein kleines Malheur passiert war, schob er die Schuld auf die Wasserkanne, mit der er gerade spielte. Als ihm vorgehalten wurde: Aber, Bubi, das warst du doch? Antwortete er: »Nein, Kanne!« Es ist wohl anzunehmen, daß es sich hier um eine Phantasielüge handelte, die Kan-

ne hatte nämlich einen Sprung, und der Knabe hatte schon häufiger Wasser heraustropfen sehen.[33]

Man kann Sprache vor seine Gedanken spannen, indem ein Wort das andere nach sich zieht. Ihre Manipulation eröffnet dem Kind nicht nur die erlebte, sondern auch die imaginierte Erfahrung. »Im Wortspiel sind enthalten / Gedanken, die mich finden.« (Karl Kraus). Sie weckt die Lust zu fabulieren und zu improvisieren. Wir gehen mit der Sprache auf Entdeckungsreisen. Denken und Sprechen rufen sich wechselseitig auf den Plan.

> Samuel stellt ständig Fragen. Die häufigste Frage lautet: »Was wäre, wenn ...?« Beispiel: »Was wäre, wenn ein Vogel Haare hätte?« »Was wäre, wenn ein Kieselstein so wertvoll wie Gold wäre?« »Was wäre, wenn auf der Erde ein luftleerer Raum existieren würde?« Seine Fragen und seine Phantasie sind unerschöpflich.[34]

Hat nicht schon das Leben selbst eine unerschöpfliche Phantasie bewiesen, indem es durch Variation und Kombination der immergleichen Elemente seines molekularen Baukastens so unterschiedliche Wesen wie Mücke, Maus und Mensch hervorzauberte? Variation und Kombination sind auch die Weisen der Sprache, Neues hervorzubringen.

> Theodor (5;9): Großmutter, als der Riese Goliath im Grab lag, da guckten seine Beine heraus?
> Großmutter: Nein, die Beine guckten nicht heraus.
> Theodor: Wo ist der Riese geboren?
> Großmutter: Ich weiß es nicht.
> Theodor: Mami weiß es sicher.
> Julius (4;1): In der Riesenstadt ist der Riese geboren.[35]

Der jüngere Bruder findet eine Lösung für das aufgeworfene Problem. Ist es nicht eine, die ihm die Sprache anheimlegt, eine regelgerecht konstruierte Wortzusammensetzung?

Erst durch grammatische Sprache sind die Gedanken frei. So etwa, wenn der dreieinhalbjährige Hans seine Variationen über »Kommt ein Vogel geflogen« oder »Ihr Kinderlein kommet, oh kommet doch all« vorträgt:

> Hierbei zeigt sich seine Lust zu fabulieren und zu improvisieren. Es macht ihm nämlich großes Vergnügen, statt des gelernten Textes allerhand andere, zuweilen ganz sinnlose den Melodien zu unterlegen. In diesen »besingt« er meist seine Spielsachen oder die Personen seiner Umgebung.[36]

Auch Gisa singt »Kommt ein Pferdchen geflogen«, »Kommt ein Papa geflogen« usw.

Die Gegenprobe liefern uns Gehörlose, die ohne Gebärdensprache mühsam in die Lautsprache hineinwachsen und grammatisch meist nicht weit genug kommen. Eltern können nur ein klares Ja oder Nein signalisieren, ohne wenn und aber und die Grauzonen dazwischen. In der Schule beschränkt man sich zunächst auf Geschichten aus dem Alltag, Märchen sind zu schwierig. Das Abwägen und sprachliche Durchspielen von Möglichkeiten kommt notgedrungen zu kurz. Das mache sie zu »rigid thinkers«.[37]

Grammatik als stützende Struktur

Die Kombinatorik der Sprache beflügelt unsere Einbildungskraft und verhilft uns zu den »Phantasie-Kuren«, die der Göttinger Philosoph und Physikprofessor Lichtenberg so dringlich brauchte. Sie verhilft zu den abrupten Sprüngen, die das Denken aus den gewohnten Bahnen werfen. Denn um das Neue, das Ungewohnte und Außergewöhnliche zu sagen, dazu bedarf es einer geregelten Kombinatorik. *Das ist das Paradox: Freiheit ist nur möglich auf der Grundlage einer festen Struktur.* Das grammatische Regelwerk ist keine Struktur, die starr und steif macht, sondern elastischen Halt gibt und Spielräume schafft. Die Mittel sind festgelegt und endlich; die Möglichkeiten, die sich daraus ergeben, unendlich.

Ohne die Grammatik hält sich das Kind immer an den äußeren Schein. Lange Zeit wird stets der zuerst genannte als Täter verstanden; Liesel als Täter im Satz *Liesel schlug Gretel*, aber auch wenn es heißt *Liesel wurde von Gretel geschlagen*. Die Passiv-Konstruktion wird also noch nicht durchschaut. Oder: Das zuerst Erwähnte wird so aufgefaßt, als ob es auch zuerst geschehen sei; ein Satz wie *Bevor Papa zurückkam, hatte sie ihre Hausarbeiten gemacht* wird also falsch verstanden: Papa kam, dann waren die Hausaufgaben dran. *Eine verkehrte Welt läßt sich erst darstellen, wenn die Kombinationsregeln der Sprache gelten.* Auf diesem festen Grund läßt sich unmißverständlich behaupten, daß die Katze den Hund verjagt hat und der Hase den Jäger. Nur das Banale, die immer schon plausiblen Sachzusammenhänge – eben das, was wir gewohnterweise erwarten dürfen – lassen sich durch unverbundene Wörter erzählen, nichts Phantastisches, auch keine Regelverletzungen.

> Vordem ist bereits mein Großvater abgereist worden. Einsamer Abschied im elterlichen Schlafzimmer ... Mein Großvater, im nun schon abgetragenen Paletot, einen dürftigen Rucksack auf dem Rücken, umarmt meine Mutter. Er weint. Ich sitze auf der Bettkante und schaue zu.[38]

»... ist abgereist worden«, schreibt Günter Kunert, einziges Kind einer deutsch-jüdischen Mischehe. Die kleine sprachliche Regelverletzung spiegelt die ungeheuerliche politische Regelverletzung wider, die einen Teil des eigenen Volkes der böswilligen Vernichtung preisgab. Aber nur *die* Regel kann verletzt werden, die üblicherweise gilt. Das grammatische Regelwerk ist die stützende Struktur, die nicht nur mitteilbar macht, daß der Riese den Zwerg, sondern auch, daß David den Goliath besiegt, ja sie scheint uns geradewegs dazu zu ermuntern, die Rollen im Satz und damit auch in der Geschichte zu tauschen. Mit ihr proben wir die totale Verweigerung, entwerfen alternative Welten und blicken in die Zukunft.

> Ich kann mich noch an den Schock erinnern, den ich als junges Kind erlitt, als mir zum ersten Mal klar wurde, daß man Aussagen über die ferne Zukunft machen konnte und durfte. Ich weiß noch den Augenblick am offenen Fenster, als mich der Gedanke mit Ehrfurcht erfüllte, daß ich an einem ganz gewöhnlichen Platz stand, jetzt, und etwas über das Wetter und die Bäume dort in fünfzig Jahren sagen konnte.[39]

Welche Wucht der Befreiungsschlag der Sprache hat, vermittelt uns wohl Helen Keller am stärksten:

> Ich habe soviel über Farben gesprochen und gelesen, daß ich ganz unwillkürlich ihnen Bedeutungen beilege, genau so wie alle Menschen abstrakten Ausdrücken, z.B. Hoffnung, Idealismus, Monotheismus, Intellekt, gewisse Bedeutungen beilegen ... Ich habe die Rundung eines zarten Kinderkörpers gefühlt; diese Wahrnehmung kann ich auf eine Landschaft und auf ferne Hügel anwenden ... Es ist noch etwas anderes am Geruch, was mir eine Empfindung für Entfernung gibt. Ich möchte es Horizont nennen ... Für uns gilt so gut wie für die Sehenden die Wahrheit, daß zu der allerschönsten Welt immer nur die Phantasie führt.[40]

Wörter, die für Helen nichtssagend sein müßten, werden von anderen Wörtern angestoßen, reichern sich so mit Bedeutung an. Der durch Sprache freigesetzte Geist konstruiert eine Welt von Analogien. Oft genug aber, so will es uns scheinen, bleibt unser träges Denken hinter den Möglichkeiten der Sprache zurück.

Die Grammatik erlaubt es, die Dinge im Kopf zu wenden, zu drehen, umzusetzen, auf- und abzubauen, zu klammern und auseinanderzureißen, und immer wieder neu zu mischen. Diese Möglichkeit reizt unser Denken zu ungeahnten Höhenflügen.

» ... der Güter Gefährlichstes, die Sprache«

> Das Reich der Freiheit ist auch das Reich der Täuschungen. (Hermann Hesse)

Die Kehrseite der Freiheit: Auch Abirrung und Lüge sind Produkte der Sprache. Die »Sachlichkeit« des Menschen erschließt ihm auch die falsche Tatsachenbehauptung. Sie könnte als Abwehr einer peinlichen Erinnerung, wie Clara Stern vermutet, oder als Fortsetzung des Spiels mit der Sprache beginnen, wie hier bei Hans:

> So erzählt mein Kind, als vom Schießen die Rede ist und es aufmerksam zugehört hat: »Hat mich mal einer Mann schießt« = »Mich hat einmal ein Mann geschossen.« Bei ähnlichen Gelegenheiten, gewissermaßen um auch nur die Rede in Gang zu bringen und sich an der Unterhaltung Erwachsener zu beteiligen, erzählt er oft Dinge von sich, die absolut lächerlich sind und deren Unwahrheit auch für ihn selbst auf der Hand liegt. Und das thut er ohne jede Scheu vor der Majestät der Wahrheit und obwohl er im übrigen schon eine Ahnung von der Bedeutung wahrer und unwahrer Aussagen besitzt.[41]

Später kann daraus bewußte Fälschung, auch Selbstbetrug entstehen. »Worte«, so warnt Jaspers, »sind in ihrem Sinne unendlich beweglich, ständig metaphorisch bezogen und neu beziehbar, nie selber ein letztes Fundament.« Radikale Sprachskepsis auch schon bei Mauthner und Nietzsche. Das Gewissen ist leicht in den Schlaf gesungen, wußte Nietzsche. Sprache ist im Guten wie im Bösen, nicht jenseits davon. Zu leicht erliegen wir der Illusion der Namen, als ob ein Wort schon dafür bürge, daß eine Erfahrung dahintersteht. Wir vergessen, wie sehr wir in einer bloßen Wortwelt leben. Wir fragen zu wenig, ob für das Wortgeld, das wir tauschen, eine reale Deckung besteht. So müssen wir für unsere Funde Wörter finden, und mit leichter Ironie berichtet der französische Biochemiker Jacob darüber:

> Um einen Namen für diese Hülle zu finden, hatten sich die Mitglieder des Terminologieausschusses lange die Köpfe zerbrochen. In einem alten griechischen Wörterbuch war jemand auf das Wort capsa gestoßen, was Dose bedeutet. Wir versuchten es damit: Capson, Capsus, Capsal, Capsar, Capsin, Capsoid. Genau wie ich als Kind an Abwandlungen eines einzelnen Wortes gekaut hatte, bis mir übel wurde. Schließlich einigte sich das Komitee auf Capsid als Bezeichnung für die Proteinhülle des Virus und auf Capsomer für die Untereinheiten, die das Capsid bilden ... So benannt, erschienen die Dinge gleich viel wirklicher. Es gab sie tatsächlich![42]

Wortwissen ist noch nicht Weltwissen. Wörter können das Denken führen und verführen. Erst schafft sich der Mensch die Sprache; dann muß er hinnehmen, daß sie sich auch gegen ihn kehren kann: Wortgespinste – Hirngespinste. Sprache ist auch die Kunst der Verstellung – und der Ort, an dem der Mensch uferlos Unsinn produziert. Kein Tier quält sich mit krankhaften, finsteren, abgründigen Phantasien, keines fürchtet sich vor Hexen und Dämonen. Die Möglichkeit, über die reale Welt hinauszudenken, führt zu wissenschaftlichen Entdeckungen und gebiert zugleich Ungeheuer.

Ein Teil der Aufmerksamkeit, die Taubstummen im Zeitalter der Aufklärung zuteil wurde, verdankte sich der Suche nach dem »natürlichen« Menschen, der noch nicht von der erstarrten feudalistischen Gesellschaft, von ihrer Kultur und damit auch von ihrer Sprache verbildet und verdorben war.

Denn es kann sich rächen, daß wir uns in der arbeitsteiligen Gesellschaft die meisten Begriffe und Begriffswörter nicht mehr aus eigener Anschauung, sondern nur noch über Sprache und Texte erschließen. Wir reden dann nicht anders als Helen Keller von Sonne, Mond und Sternen – per Analogieschluß. In diesem Sinne ist der größte Teil unseres Wissens Halbwissen, sind die meisten unserer Urteile Vor-Urteile. Sprachkenntnis an sich ist noch keine Weltkenntnis. Aber

> die Geistesarbeit einer unendlich langen Zeit kann dem Kinde dadurch abgekürzt werden, daß es in frühester Jugend bereits gewissermaßen das Netz der Sprache mitgeteilt erhält. Mag es nachher sehen, was es damit einfängt.[43]

Schimpfen statt schlagen

Ein Löwe hat den alten Herrscher vertrieben und übernimmt sein Rudel. Die Löwin, die gerade Mutter geworden ist, scheint zu wissen, was jetzt kommt. Instinktiv verbirgt sie die Jungen. Als der neue Pascha ihnen nahekommt, versucht sie ihn aufzuhalten. Sie ist chancenlos, wiegt sie doch nur halb so viel wie er. So nimmt das Schicksal seinen Lauf. Bald hat er die Jungen aufgestöbert und umgebracht.

Es sind nicht nur Löwenpaschas, die sich so verhalten. Kindestötung durch Artgenossen kommt auch bei Gorillas und anderen Primaten vor. Und wir glauben auch zu wissen, warum die Rudelführer es tun. Die Tiermütter, ihrer Jungen beraubt, sind nunmehr schneller empfängnisbereit und paaren sich früher mit dem Mörder ihrer Jungen, um neue aufzuziehen.[44]

Sibirische Steinadler legen grundsätzlich zwei Eier. Wenn das Nahrungsangebot knapp ist, wird ein Junges besser gefüttert und somit stärker als das andere. Es dauert nicht lange, und es hat sein Geschwister, den lästigen Nahrungskonkurrenten, aus dem Nest gehackt – gewissermaßen mit Billigung der Eltern. Bei den Tüpfelhyänen geht der tödliche »Wiegenkampf«, wie die Zoologen ihn nennen, gleich bei der Geburt los. Nur bei reichlichem Nahrungsangebot trennt die Mutter die Kämpfenden.[45] Hamstermütter schließlich besorgen das grausige Geschäft selbst: Sie fressen nach einem zu großen Wurf die schwächsten auf, die ohnehin nicht überleben würden.

Dies sind nur ein paar spektakuläre Beispiele für ein Prinzip, das überall im Tierreich herrscht: der genetische Eigennutz. Als ob es nur auf das eine ankäme: daß Eltern Nachkommen haben, die selbst wieder Nachkommen zeugen können. Der ganze wundersame Erfindungsreichtum der Natur scheint nur diesem Ziel zu dienen. Tiere sind, wie der britische Evolutionsbiologe Richard Dawkins darlegte, die Marionetten ihrer Gene.[46]

Denn sie wissen nicht, was sie tun. Sie folgen ihren Impulsen, über die sie keine Rechenschaft abgeben können. Wissen *wir*, was wir tun? Bei den Tipioka, einem kleinen Inselvolk Ozeaniens, und den Yanomami in Venezuela hat ein Ehemannn das Recht, den Tod eines Kindes zu fordern, das von einem früheren Mann seiner Frau gezeugt wurde.[47] Wissen sie, daß es bei der Kindestötung letztlich um den eigenen Fortpflanzungserfolg geht? Wir *können* es wissen. Durch Sprache sind wir fähig zu fragen, zu forschen, zu wissen. Menschen zaudern und zögern, können nachdenken und über einen Konflikt verhandeln. So entsteht zwischen Impuls und Ausführung eine Lücke, die bis zur Auslöschung des Impulses führen kann.

Heute haben wir unser Wissen so weit vorangetrieben, daß wir direkt in unser Erbgut eingreifen können. Wir können den Spieß umdrehen und nun unsererseits Gene manipulieren, statt von ihnen manipuliert zu werden.

Halt! Folgen wir nicht dabei doch wieder dem genetischen Eigennutz, wenn wir uns etwa, wie in Huxleys Zukunftsroman *Schöne Neue Welt* geschildert, eine Horde von Sklaven zurechtklonen würden, die gerade so viel Hirn haben, daß sie die niederen Arbeiten fröhlich für uns verrichten? Weil wir unseren Genen auf die Schliche gekommen sind, ist ihre Macht über uns noch nicht gebrochen. Doch der Mensch allein hat die Freiheit, ihren Einflüsterungen nicht stattzugeben.

Vernunft und Sprache haben uns zum Herrscher »über die Fische im Meer und über die Vögel unter dem Himmel und über das Vieh und über die ganze Erde und über das Gewürm, das auf Erden kriecht« gemacht. Sprache gerät uns auch zum Vorteil, wenn wir unseren Streit mit Wörtern statt mit Waffen ausfechten – ähnlich dem Kommentkampf der Tiere, in dem sie drohen und imponieren, statt sich wirklich zu verletzen. Wo man sich mit Beschimpfungen zufrieden gibt, haben gewöhnlich beide Seiten gewonnen.

> Sticks and stones
> can break my bones
> but calling names
> won't hurt me,

lautet ein englischer Kinderreim. Einander beschimpfen, ja das Verfluchen, Verrufen, Verwünschen ist eine kulturelle Leistung, *sofern* sie uns davon abhält, einander bei der Gurgel zu packen. Wieder dieser Distanzgewinn: statt gleich draufloszuschlagen, das Schimpfritual und die Freiheit, es dabei zu belassen. Man beobachte, wie zwei Freundinnen, knapp fünf Jahre alt, die Verreisen spielen, sich gegenseitig übertrumpfen wollen:

– Ich nehme meiner Puppe alles mit.
+ Ich nehme meiner Puppe viel mit.
– Ich nehme meiner Puppe vieler mit.
+ Ich nehme meiner Puppe noch vieler mit.
– Ich nehme meiner Puppe alles mit.
+ Ich nehme meiner Puppe noch mehr alles mit.

Das ist im verbalen Wettstreit gebundene Aggressivität und Imponiergehabe, weitergeführt in den sprachlichen Schaukämpfen der Maori, den *shouting matches* der Yali, den *song duels* der Eskimo, auch noch im Sängerstreit auf der Wartburg.[48] Die parlamentarische Demokratie ist ja eine Art Bürgerkrieg mit den Mitteln der Sprache. Worte haben die Waffen ersetzt.

Feindesliebe – nur in der Sprache?

> Und Waffen wider alle, die atmen, trägt / In ewigbangem Stolze der Mensch.
> (Friedrich Hölderlin)

Alle unsere Regungen können die Sprache in den Dienst nehmen, Freundschaft ebenso wie Aggressionslust. Da werden die Feinde kurzerhand zu Untermenschen erklärt, damit man sie guten Gewissens abschlachten kann. Unvergessen Goebbels Worte im Berliner Sportpalast: »Wollt ihr den totalen Krieg?« Und sie wollten. Kriegshetzer und Kriegsführer nützen die Sprache als Hilfstruppe ebenso wie das Verliebte tun, um ans Ziel ihrer Wünsche zu gelangen. Wörter können wohl tun, aber auch wehtun.

Wir dürfen deshalb der Sprache nicht bloß Tugenden andichten: »Nicht die Sprache an und für sich ist richtig, tüchtig, zierlich, sondern der Geist ist es, der sich darin verkörpert«, schrieb Goethe (»Sprüche in Prosa«).[49]

Aber Sprache läßt sich nicht ganz so umstandslos für das Gute wie das Böse instrumentalisieren. Sie verändert unsere Regungen und Strebungen, kraft des Gedanken-Überschusses, den sie entwickelt und der sich so deutlich in den Sprachspielereien der Kinder zeigt. Selbst wenn uns weiterhin unsere egoistischen Strebungen beherrschen: Wir haben uns selbst dabei ertappt, *wir* wissen um unsere Motive. Und weil wir dieses Wissen haben, können wir auch gegensteuern. Viele Arten von Verzicht und Askese, bis hin zum Verzicht auf eigene Nachkommen, werden in Hochreligionen gepredigt und (zuweilen) auch gelebt.

Gewiß sind unsere sozialen Instinkte auf die eigene Gruppe beschränkt, die uns ihrerseits im Notfall nicht im Stich lassen wird. Um Kriege gegen Dritte anzuzetteln, bedurfte es deshalb in vordemokratischen Zeiten kaum der Sprache. Wohl aber um zu feilschen und zu verhandeln, um auszugleichen und Frieden zu schließen. Der Anteil der Sprache am Frieden ist immer höher – oder doch notwendiger – als am Krieg. Der Kompromiß ist nach Georg Simmel eine der großen Errungenschaften der Menschheit, erfunden gegen die Fanatiker und Unbeirrbaren. Im Ursprung der Sprache ist Einverständnis.

Die Evolution geizt mit der Liebe. Es gibt sie nur, wenn sie direkt oder indirekt den eigenen Nachkommen zugute kommt. Aber sie ist uns eingepflanzt. Wäre das nicht, wäre alles verloren. Da sie einmal da ist, kann sie zu dem Pfund werden, mit dem die Sprache wuchert. Nächstenliebe. Dann aber auch: *Feindesliebe*: Wir zweifeln, ob sie uns Durchschnittsmenschen überhaupt möglich ist. Sie überanstrengt uns. Sie läßt sich nicht praktizieren. Aber: Wir können es sagen. Indem wir das Wort aussprechen, denken wir es. Und indem wir die Feindesliebe denken, könnten wir versuchen, die uns entgegengebrachte Feindschaft nicht anzunehmen.

Ich spreche, also bin ich Mensch

Alle Organismen sind als Überlebensmaschinen konstruiert. Wenn sie Erkenntnisse über ihre Umwelt gewinnen, sind diese nicht Selbstzweck, sondern Mittel, in dieser Welt zurechtzukommen. So viel, aber auch nicht mehr. Bei Tieren, die zum Überleben keine visuellen Informationen mehr brauchen, verkümmern die Augen; sie werden blind. Auch der menschliche Erkenntnisapparat – Sprache eingeschlossen – hat uns das Überleben gesichert.

Aber zum ersten Mal in der Geschichte des Lebens erfolgte eine Anpassungsleistung nicht nur so weit wie nötig, sondern so weit wie möglich. Mit einzelnen Wortmarken konnten die Menschen Erfahrungen absichern und Erkenntnisse festhalten. Dabei kamen sie auf den Geschmack des Erkennens. Denn süß war die Frucht vom Baum der Erkenntnis. Die Kraft, Namen zu geben, machte aus Geschöpfen Schöpfer.

Dann kam die Grammatik auf den Plan. Mit ihrer Hilfe können wir Wörter immer wieder neu zusammenfügen und aufeinander beziehen. Die Sprache entwickelt damit eine ungeahnte Produktivkraft. Grammatik ist das eigentlich blutbildende Element, das Denken und Sprechen unaufhörlich erneuert. Der Mensch ist »der Freigelassene der Schöpfung« (Herder) – dank grammatischer Sprache.[50] Sie multipliziert die schöpferische Kraft des Menschen.

Das ist die Selbstermächtigung des Menschen durch Sprache: Er will mehr, als sich bloß im Dasein zu erhalten. Sprache eröffnet dem Menschen die eigene Geschichte. Wir wissen, daß es Leben lange vor uns und ohne uns gegeben hat. Aber »kein Hund ahnt, daß es je hundelose Zeiten gab.«[51] Sprache eröffnet uns aber auch das Fiktive, das Kontrafaktische und Phantastische. Zugleich ermöglicht sie die große Verweigerung, den Aufstand gegen die Schöpfung selbst, auch die Freiheit, die zum Nihilismus führt. Man ches ist schon bei Kindern sichtbar. Alles, sich selbst einbegriffen, kann der Mensch radikal in Frage stellen, gegen alles andenken. Er läßt sich nicht festlegen.

Über die Etappe der Schrift führt uns die Sprache schließlich zur Wissenschaft. Hier gilt, was Möbius in Dürrenmatts Drama »Die Physiker« sagt: »Was einmal gedacht wurde, kann nicht mehr zurückgenommen werden.« Die Wissenschaft läßt uns – wie schon Religion und Philosophie – eine Welt hinter den Erscheinungen erahnen, der wir uns nur im schlußfolgernden Denken und in Rechenoperationen nähern können. Gewiß finden wir für sie auch Wörter wie »gekrümmte Raumzeit«, aber sie wird uns in einer ganz elementaren Weise verschlossen bleiben. Vor ihr versagt unsere Vorstellungskraft, sie bleibt unanschaulich und unsinnlich.

Aber selbst wenn wir erkennen, wie sehr wir in wichtigen Entscheidungen von unserem Unbewußten geführt werden und wie unfrei wir noch sind, die Beweglichkeit und Variabilität unseres Sprechens und Denkens sind unabweisbar. Freiheit ist das Leitmotiv der Evolution. Diese sei, so der Evolutionsbiologe Reichholf, nicht blind und richtungslos, und der Mensch kein bloßer Zufall. Der Mensch

> hat Macht über die Gene gewonnen. Im Rahmen des Evolutionsprozesses betrachtet, stellt sich die Entwicklung als fortschreitende Verselbständigung der Lebewesen von ihrer Umwelt dar. Die Evolution hat eine Richtung: die Emanzipation von der Umwelt.[52]

Auch der Biologe und Philosoph Hans Jonas sieht Freiheit als den »Ariadnefaden« für die Deutung des Lebens. Das Moment der Freiheit sei schon im Urakt der Absonderung des Lebens von der Materie enthalten. Meilensteine in der Entwicklung zur Freiheit seien der Übergang von standortgebundenen Pflanzen zur freien Beweglichkeit der Tiere, dann das Sehen und die Entstehung der Gefühle. Jedesmal sei ein Gewinn von Distanz zu verzeichnen, die Freiheit ermöglicht. Menschliches Sehen ist Umsicht, Übersicht und Einsicht, vor allem aber Raum schaffende Fernsicht und somit Zeit gewinnendes Voraus-Sehen. Sprache aber reicht weiter, als je ein Auge vermag, und führt den Menschen zu Ferninteressen und Fernzielen. Sie ermöglicht die Freiheit, ohne die es keine »Ethik der Verantwortung« (Jonas) geben könnte. Beide Biologen deuten somit die Evolution als eine Aufwärtsentwicklung in die Dimension der Freiheit hinein. »Das Wort Freiheit klingt so schön, daß man es nicht entbehren könnte, und wenn es einen Irrtum bezeichnete.« (Goethe)

Sprache und Weltbild – eine Anmerkung

Kehren wir zum Anfang dieses Kapitels zurück und zu der Ansicht, die – wenn man sie zu Ende denkt – Sprache als das Gegenteil von Freiheit begreift: die Ansicht, daß jede Sprache ein eigenes Weltbild vermittele. Wer keine fremde Sprachen kennt, bleibe im Weltbild seiner Muttersprache gefangen. Wir sähen die Dinge nicht, wie sie sind, sondern wie wir selbst sind – und dazu gehöre besonders unsere Sprachlichkeit. Unbestreitbar, daß Sprache das Denken verführen kann und daß wir uns von den Vorgaben unseres Wortschatzes (ver)leiten lassen. Unablässig die Versuche, uns als Konsumenten oder Wähler sprachlich zu manipulieren. Es gibt auch tiefliegende Unterschiede in den Sprachen, die unser Verhalten auf subtile Weise beeinflussen mögen, ohne daß wir es merken. Wir sagen: »Das haben wir hinter uns gebracht« oder »Das Schönste liegt noch vor uns«, d.h. wir sehen einen horizontalen Zeitpfeil. Im Chinesischen hingegen herrscht die Vorstellung eines vertikalen Zeitpfeils, ähnlich einer aufschießenden Fontäne. Auch das vorhandene Farbvokabular vermag in gewissen Graden unsere Farbwahrnehmung oder doch das Wiedererkennen zu beeinflussen.[53] Offenkundiger sind die sozialen Rangunterschiede, die bei einigen Sprachen stark markiert werden. Höher gestellte Menschen grüßt man auf Kisuaheli nicht mit einem einfachen »Guten Tag«, sondern mit der Formel »shikamoo«, wörtlich: »Ich berühre deine Füße«. Im Koreanischen »essen« solche Respektspersonen nicht, sie »speisen« nur. Die Sprache der Trio in Surinam z.B. kennt einen »Frustrativ«. Ein Sprecher muß immer kenntlich machen, ob ein intendiertes Ereignis erreicht wurde oder nicht – im zweiten Fall würde das Verb des Satzes die Frustrativ-Endung -re erfordern. Diese kann aber auch an Nomina erscheinen, wenn eine Person oder ein Gegenstand nicht die üblichen Erwartungen erfüllt: eine weri-re ist eine Frau (weri), die keine Kinder bekommen kann, während ein Mann (kiri), der nicht zum Jäger taugt, zum kiri-re wird.[54] Die Liste (aus unserer Sicht) exotischer Spracheigenschaften ließe sich leicht verlängern.

Gewiß bestimmen solche Unterschiede das Denken mit. Es sind die Denkweisen unserer Vorfahren, die sich in den Sprachen niedergeschlagen haben. Aber sind sie heute noch wirksam und lebendig? Jede Sprache ist ein vielseitiges und flexibles Werkzeug, das immer wieder auf überraschend neue Weise gehandhabt werden kann. Die in den Wörtern steckenden Denkvorschriften einschließlich solcher, die in den grammatischen Zwängen verborgen sind, kann man in Texten überspielen. Sprachliche Festlegungen sind immer nur Ausgangspunkte für das Denken, und ungleich stärker als lexikalische und grammatische Fixierungen ist das Vermögen der Sprachen, sich in Texten jederzeit selbst zu widerlegen. Wir meinen auch meist Texte, wo wir Sprache sagen. Es sind Texte, die uns aufhetzen oder trösten. Hinter den Texten steht nicht eigentlich die Sprache, sondern ein

Autor. Er ist es, der Haß oder Liebe, Hetze oder Trost, Infamie oder Tugend in die Texte steckt und uns damit ansteckt. Das Signum der Sprache selbst ist nicht die Gewalt, die sie auf das Denken auszuüben vermag, sondern die Möglichkeit zur Freiheit. Die angebliche »Tyrannei der Wörter«, um nur einen berühmten Buchtitel zu nennen, ist nicht der dominierende Aspekt der Sprache.[55] Christen nennen gern die eigene Glaubensgemeinschaft eine »Kirche« und halten die anderen christlichen Gruppen für »Sekten«. Solche Bezeichnungen können eine Zeitlang unser Denken trüben. »So ist auch das Deutsche nie eine ›Nazisprache‹ gewesen, trotz der Existenz eines Nazi-Wortschatzes ... Die Sprache als solche ist das Unschuldigste, da sie gegenüber ihren Verwendungen im Sprechen völlig unbestimmt ist.«[56] Wie wenig die Sprache als solche das Denken gleichschaltet, zeigen die unermeßlichen Widersprüchlichkeiten, das Chaos der Ideen und das Durcheinander der Wertungen, die sich in unserer Muttersprache denken und sagen lassen. Entstehen nicht immer wieder tiefe und verhängnisvolle Mißverständnisse auch zwischen Menschen gleicher Bildung und Sprache? Die Verfechter der Weltbildtheorie haben meist vom Wortschatz her argumentiert. Die Syntax wurde ignoriert. Der Grundzug der Grammatik aber ist Beweglichkeit. Die festlegende Wirkung des Einzelworts zerbricht an den Möglichkeiten der Grammatik und damit am lebendigen Geist. Grammatik und Geist – man kann sie sich nicht identisch genug denken. Das grammatische Spiel befreit vom Zwang der Wörter. Wir sind frei, die Wörter (und damit die Dinge, auf die sie verweisen) in unseren Sätzen hin- und herzuwenden, mit Fragezeichen zu versehen, hochzuloben oder abzuurteilen. Jeder Aussage, die wir machen, ist die Möglichkeit mitgegeben, sie zu negieren. Im Vermögen der Negation drückt sich Freiheit am deutlichsten aus.

Gewiß spiegelt unsere Sprache die traditionelle Vorherrschaft des Mannes, und doch kann man auch im Deutschen die herrlichsten feministischen Traktate verfassen. »Wir sind nicht Sklaven der Wörter, denn wir sind Herren der Texte.«[57] Und natürlich sind Herrinnen hier mitgemeint. Grammatische Sprache bleibt die uneinnehmbare Bastion menschlicher Freiheit und Singularität; Vermittlerin unserer Wirklichkeiten und Werkstatt des Möglichen. Von einer besseren Welt träumen – welches Tier könnte das?

---

1 Lorenz 1973, 18

2 Koehler 1973, 263

3 Lorenz 1973, 174

4 Bickerton (1995, 90ff.) führt für das auf buchstäbliche Einsicht in die Situation angewiesene Denken den Terminus »on-line thinking« ein im Gegensatz zum »off-line thinking«, das grammatische Sprache voraussetzt.

5 Locke 1962, II, S. 105f.

6 Hamann 1967, 143

7 Gehlen 1974, 274

 8 Humboldt III (1963), 191
 9 Lane 1984, 41
10 Mauthner I (1982), S. 199; Herder V (1963), 47. Vgl. auch S. 163f.
11 Helen Keller 1994, 62f.
12 Humboldt VII, 2 (1908), 581
13 Sprache erzeugt Besonnenheit, d.h. distanzierte Reflexion. Herder (V, 1967, S. 34)
   meinte es allerdings umgekehrt, der Mensch, »in den Zustand von Besonnenheit
   gesetzt«, habe Sprache erfunden. Ist Besonnenheit, modern gesprochen, Affektabkoppelung, hätte Herder wiederum recht. Sprache ist die Fortsetzung der schon
   im Spiel der Säugetierjungen vorfindbaren *Affektabkoppelung* bis hin zur distan-
   zierten Reflexion.
14 Humboldt V (1963), 110
15 Auf eben diese Unmöglichkeit hatte schon Süßmilch (1766, 28) hingewiesen.
16 Zimmer 1984, 98
17 Stachowiak 1987, 400
18 Hocking 1992, 271
19 Scupin & Scupin II (1910), 189
20 Wygotsky 1964, 227; Berk 1994
21 Scupin & Scupin II (1910), 189
22 Vgl. hierzu Vollmer (1975, 104 und 145) im Anschluß an Lorenz.
23 Grandin 1995, 21, 28, 38
24 Laborit 1994, 46
25 Vgl. Popper/Lorenz 1985, 87
26 Der Gedanke der Distanz und des Ausbruchs aus dem Bannkreis der Unmittelbarkeit steht im Zentrum der Überlegungen Gehlens (1974). Bickerton (1992; 1995,
   56ff.) spricht von *constructional learning* und *off-line thinking*.
27 Scheler 1975, 40
28 Vgl. auch Arnold Gehlen (1974, 199): »In der Sprache ist eine Aktivität möglich,
   die in der faktischen Dingwelt nichts verändert. Das ist die Bedingung aller
   ›Theorie‹«. Ebenso S. 49f.
29 Dieses »Innehalten« wird durch eine Zwischenschicht von Neuronen gewährleistet, die weder ihren Input direkt von außen bekommen noch direkt nach außen
   geben. So entstehen in höheren Organismen interne Repräsentationen der Außenwelt und das Geflüster der Nervenzellen untereinander. »Das Prinzip der Zwi-
   schenschichten ist beim menschlichen Gehirn auf die Spitze getrieben.« (Spitzer
   2004, 51)
30 Katz & Katz 1928, 118
31 Scheler 1975, 55
32 Lindner 1898, 73
33 Scupin & Scupin I (1907), 109
34 Monika Müller 1990, 6
35 Katz & Katz 1928, 178
36 Lindner 1898, 99
37 Walker 1987, 158f.
38 Kunert 1997, 48
39 Steiner 1975, 139
40 Helen Keller 1994, passim
41 Lindner 1898, Seite 77

42 Jacob 1988, 351

43 Mauthner I (1982), 73

44 Eine ausführliche Erörterung von sechs Erklärungsansätzen der Kindestötungen bei Affen findet sich bei Paul 1998, 47ff.

45 Warum tut es einem weh, wenn man sieht, wie das eine Junge auf dem anderen herumhackt, bis es sein Geschwister schließlich aus dem Nest befördert hat? Warum sehen wir solche Bilder mit gemischten Gefühlen, auch wenn wir heute wissen, daß die Natur dies weise eingerichtet hat?

46 Dawkins 1978

47 Vgl. Paul & Voland 1997, 139

48 Das Kinderzitat und die völkerkundlichen Hinweise stammen von Heeschen (1989, S. 220).

49 Über die Sprache ist viel schöngeistiger Schwulst verbreitet worden, ohne jeden Erkenntniswert. Meist schreibt man »Sprache«, wo es richtiger »manche Texte« heißen würde. Aber das klingt weniger tiefsinnig.

50 Herder XIII (1967), 146

51 Friedemann Schrenk in Die ZEIT, 22.8.97

52 Reichholf 1994, 237. Auf der molekulargenetischen Ebene – der DNS – gibt es keine Aufwärtsentwicklung, sondern nur einen riesigen Replikationszirkus. Hier hat die Evolution weder Richtung noch Ziel, wie Dawkins und Gould betonen (um nur die prominentesten Vertreter dieser heute dominierenden Richtung zu nennen). Aber was berechtigt diese Wissenschaftler, die Organismen, *den Menschen eingeschlossen*, lediglich als Vollzugsbeamte ihrer Gene zu betrachten? Für Reichholf sind sie »eigenständige Partner« der Gene. Aus organismischer Perspektive aber könnte Freiheit durchaus das Leitmotiv der Evolution sein.

53 Olin 2003. Im lang anhaltenden, anhand von Farbwörtern ausgetragenen Streit zwischen sprachlichem Relativismus und einem universalistischen Ansatz haben zuletzt die Relativisten mit Studien an einer Papua-Sprache gepunktet.

54 Carlin & Arends 2002

55 Chase 1938

56 Coseriu 1997, 21, 26

57 Weinrich 1970, 24

Vielfalt des Lebens und der Lebenswelten

Keins ist wie das andere

> Wahre Bildung bewirkt Ungleichheit, die Ungleichheit des Charakters, die Ungleichheit von Erfolg; die prächtige Ungleichheit von Begabung, von Genialität; denn Ungleichheit, nicht Mittelmäßigkeit, individuelle Überlegenheit, nicht Gleichmacherei sind das Maß, an dem der Fortschritt in der Welt gemessen wird. (Felix E. Schelling)

Vielfalt als Prinzip des Lebens

Wie bewundernswert die Mannigfaltigkeit der Blätter! Jede Blume, jeder Busch und Baum haben eine eigene Blattform entwickelt. In der Natur gilt das Gesetz der Erneuerung durch Vielfalt. Durch Mutationen, Genkombination und sexuelle Selektion werden unentwegt Verschiedenheiten geschaffen, die sich in der Auseinandersetzung mit der Umwelt bewähren oder untergehen. Die Stärke alles Lebendigen liegt in der Veränderlichkeit, denn Vermehrung der Vielfalt ist die Weise des Lebens, sich abzusichern und Vorsorge für eine unvorhersehbare Zukunft zu treffen. Vielfalt macht katastrophenfest: Wenigstens eine Variante wird so ausgerüstet sein, daß die Art überdauert. Wer also ein bestimmtes Merkmal bei einem Hund heranzüchten will, braucht nicht lange zu warten, sondern beginnt die Zuchtwahl am besten schon mit dem ersten Wurf seiner Hündin. Unter ihren Welpen kann er zumindest die aussortieren, die eher das Gegenteil des gewünschten Merkmals andeuten.

Fügen wir noch einige Details hinzu. »Golden wehn die Töne nieder«. Wir alle können die Schönheit dieser Gedichtzeile nachempfinden. Man glaubt zu sehen, wie die Töne heranwehen und dabei golden aufblinken. Doch gibt es Menschen, für die solche Sinnesverschmelzungen nicht nur Sprachzauber sind; Menschen, die Farben nicht nur sehen, sondern auch »real« hören, oder Töne nicht nur hören, sondern auch sehen, fühlen oder gar schmecken: die Synästhetiker. Bestimmte Geschmackswörter wie *süß* rufen bestimmte Farbempfindungen hervor, ja sogar einzelne Laute werden mit Farben verbunden: ein scharfes *s* wirkt rot, ein *u* hell mit grünen und blauen Tupfern usw. Synästhetiker unterscheiden sich aber nicht nur von uns, sondern auch untereinander, denn ihre Sinnesvermischungen sind jeweils individuell.

Jeder hat so etwas wie einen genetischen Personalausweis. Der Polizei genügt heute schon ein Haar oder eine Zigarettenkippe, an der immer etwas eingetrockneter Speichel hängt, um eine Person einwandfrei zu identifizieren. Denn jede menschliche Zelle, auch eine Haarzelle, enthält den gesamten genetischen Code eines Menschen. Neben dem Fingerabdruck gibt es auch einen Augenabdruck, mit dem heute schon einige Banken arbeiten. Eine im Geldautomaten eingebaute Kamera prüft die Iris des Auges und vergleicht sie mit einem zuvor aufgenommenen Foto. Geheimnummern werden überflüssig.

Ebenso haben wir einen genetisch verankerten Eigengeruch, der darauf basiert, daß das Immunsystem uns von Fremdkörpern unterscheiden muß. Bekannt sind die Abstoßreaktionen bei Organverpflanzungen. Dagegen hat unsere Bewertung von Düften und Gerüchen auch eine starke erlernte und damit kulturelle Komponente, die unsere Verschiedenheiten potenziert. Japaner mögen Sojaduft viel lieber als den Duft von Pizza, bei Europäern ist es umgekehrt. Mediziner, die z.Zt. die Sprachregionen im Hirn des Menschen neu vermessen, kamen zu dem Schluß: Die Hirnkarten von Menschen sind so unterschiedlich wie ihre Gesichter.[1]

Kein Wunder, denn jedes Hirn sucht aktiv Kontakt mit der Welt, macht unverwechselbare Erfahrungen und organisiert sich dabei selbst.

Der Mensch ist schließlich das Wesen mit der höchsten innerartlichen Verschiedenheit, die sich auch in der Vielfalt der Rassen, Sprachen und Kulturen ausdrückt.

> Jede der sich durch eigene Bräuche, Ideologien und damit Zielvorstellungen, Sozialtechniken und Wirtschaftsformen auszeichnenden Völkerschaften stellt ein Experiment des Lebensstroms dar und wird so gewissermaßen zu einer Speerspitze der Evolution. Nicht Einheitlichkeit, sondern Vielfalt ist ein Prinzip der Lebens.[2]

Anfang der fünfziger Jahre erregte Alfred C. Kinsey mit seinen großen empirischen Studien über das Sexualverhalten amerikanischer Männer und Frauen weltweites Aufsehen. Die wenigsten wußten, daß Kinsey mehr als zwanzig Jahre seines Forscherlebens den Gallwespen gewidmet hatte. Verblüffend, daß ausgerechnet Studien über Wespenvölker ihm zu einer »zunehmenden Einsicht in die Einzigartigkeit des Individuums und die große Variationsbreite, die in jeder Gesamtheit von Individuen vorkommen kann«, verholfen hatten. Später nutzte er diese Einsicht bei seiner Erforschung des Menschen. »Damit eine Stichprobe repräsentativ ist, muß der Taxonom mit viel größeren Reihen arbeiten, als der alte Systematiker je für notwendig erachtet hätte. Wo der Systematiker ein einzelnes oder einige wenige Individuen als Grundlage seiner Darstellung und seiner Einsicht in das Wesen einer Spezies benutzte, untersucht der Taxonom Stichproben in einem Umfang, der Hunderte von Individuen aus jeder Lokalisierungsstelle und Zehntausende der Gesamtspezies erfassen kann«, schrieb Kinsey im Vorwort seiner Studie über die Sexualität des Mannes.[3] Getreu seinen Prinzipien als Gallwespenspezialist befragte er insgesamt 12.000 Amerikaner und deckte damit eine erstaunliche, ja für viele anstößige Vielfalt im menschlichen Sexualverhalten auf.

Kinsey und seine Mitarbeiter selbst aber lernten nicht, Anstoß zu nehmen, sondern etwas anderes:

> Daß wir etwas von ihren Befriedigungen und Kümmernissen, von den Hintergründen ihres Lebens verstehen lernten, hat unsere Sympathie, unsere Bereitschaft, die Menschen zu nehmen wie sie sind, erhöht.[4]

Keineswegs darf sich eine Elterngeneration der Pflicht entziehen, über Erziehungswege und -ziele nachzudenken. Aber wir dürfen sie nur durchsetzen, wenn wir uns immer wieder korrigieren lassen und zugleich lernen, unsere Kinder so zu nehmen, wie sie sind.

Vielfalt der Sprachen

Die Sprachen selbst sind ein augenfälliges Beispiel für die Mannigfaltigkeit des Lebens. In der biblischen Sage von der babylonischen Sprachenverwirrung gilt ihre Vielfalt als Strafe. Könnte sie nicht auch ein Geschenk sein? Jacob Grimm nannte die endlose Mannigfaltigkeit der Sprachen »wohltätig und notwendig, keineswegs verwirrend«; Martin Buber pries ihre »wundersame Verschiedenheit, in der das weiße Licht der Menschensprache sich zugleich brach und bewahrte.«[5] Warum gibt es überhaupt viele Sprachen, und nicht nur eine? Warum gibt es auch innerhalb einer Sprache so viele Dialekte und Mundarten? Die Sprache ist ein Brauch, in dem sich ein Stück unserer Identität ausdrückt. In ihr bestimmen wir unsere Zugehörigkeit zu einer Gruppe und grenzen uns von anderen ab. Vielfalt und ständiger Wandel der Sprachen sind somit vorprogrammiert und ein zentraler Aspekt von Sprachen. Auch die vielen auseinander driftenden Spielarten des Englischen sind letztlich ein Ausdruck für das Streben nach Identität in der Vielfalt und ein Mittel der Freund-Feind-Erkennung. Dies ist wohl der eigentliche Sinn für die evolutiv herausgeschliffene Aufspaltung der Sprachen. So gibt es auch eine Vielzahl von Gebärdensprachen, die ebenso sehr voneinander abweichen wie Lautsprachen. Würden Taubstummenzentren keinen ständigen Kontakt untereinander halten, würden sich ihre Gebärdensprachen zwangsläufig voneinander fortentwickeln. Ein verbindlicher Standard, eine offizielle Hochsprache, muß – wie auch immer – planvoll durchgesetzt werden und verdankt sich somit einem politischen Akt. So gesehen, *beherrscht* niemand eine Sprache, nicht einmal seine Muttersprache. Sie gehört immer vielen zugleich an.

Die Vielfalt setzt sich bis in die Familien, bis hin zum einzelnen fort, der – neben seiner unverwechselbaren Stimmfärbung – mitunter ganz persönliche Sprechweisen, seinen »Idiolekt« ausbildet. Die Subtilität und Nanciertheit menschlichen Sprachverhaltens ist nahezu unbegrenzt. In Humboldts Worten: »Geht man noch weiter in das Feinste über, so besitzt wirklich jeder Mensch seine eigne (Sprache).« Wir verwachsen mit der Sprache, sie wird Teil unserer Persönlichkeit. »Nicht nur Kleider, auch Wörter und Satzformen machen Leute.«[6]

Vielfalt des Erwerbs: von Mädchen und Jungen

Auch beim Erwerb von Sprachen gibt es eine Fülle von Verschiedenheiten der Entwicklungswege sowie der Geschwindigkeit, mit der einzelne Wegstrecken durchmessen werden. Deshalb, und angesichts der relativ kleinen Anzahl von Kindern, deren Sprachentwicklung sorgfältig (und wohl niemals lückenlos) beobachtet wurde, sind alle Erkenntnisse über Entwicklungsschritte eher vorläufig. Kein Forscher geht heute so weit zu behaupten, daß etwa der Erwerb der Verneinung oder des Passivs unbedingt und immer so zu verlaufen hätte, wie er ihn beobachtet hat.

Häufig wählen Kinder unterschiedliche Ausgangspunkte und nehmen unterschiedliche Umwege, um am Ende doch gemeinsam bei der Erwachsenengrammatik zu landen. So verwenden einige Kinder für das Verneinungswort *nein* oder *nicht* eine Zeitlang regelmäßig die Anfangsposition, andere die Schlußposition, wie die niederländisch sprechende Mieke: »Trein niet« (»Zug nicht«, d.h. Wir fahren nicht mit dem Zug.[7]). Die meisten Kinder experimentieren zunächst mit dem Mittelwort auf -t. Nach dem Muster von *gespielt* erscheinen Formen wie

> gesingt
> genehmt
> geschlaft.

Andere aber orientieren sich anfangs an einer Form wie *getragen* und produzieren Partizipien wie

> gespielen
> geklopfen
> getanzen.[8]

Kleine Zufälligkeiten in den Anfangsbedingungen spielen auch beim Spracherwerb eine Rolle und verbürgen die Individualität und Originalität der Entwicklung. Trotz solcher Anfangsunschärfen reimt sich am Ende alles zusammen, und sie sprechen wie wir.

Lindner vergleicht seine beiden Kinder:

> Auffällig ist um dieselbe Zeit seine Geschicklichkeit im Nachsprechen, was bei seiner Schwester im gleichen Alter durchaus nicht zu bemerken war, während er dagegen von deren praktischem Geschick auch nicht eine Spur zeigt. Er kann keinen Schuh, viel weniger einen Strumpf selbst anziehen, was seine Schwester bereits mit elf Monaten sehr geschickt konnte.[9]

Zugleich fällt ihm auf, daß sein Sohn viel unverfrorener mit der Sprache umspringt und viel mehr Neu- und Umbildungen von Wörtern riskiert als seine Schwester. Wer das Glück hat, mehrere Kinder sein eigen zu nennen, kann wohl mit solchen Verschiedenheiten im Spracherwerb aufwarten. Kein Kind ist hier genau wie das andere.

In dem von Gipper betreuten Münsteraner Projekt wurden jeweils elf Mädchen und Jungen bis zum Alter von drei Jahren beobachtet. Es zeigten sich Unterschiede der folgenden Art:

> ANNE ist in ihrer gesamten Entwicklung, besonders in der sprachlichen, auffallend früh und bietet entsprechend Belege, die zeitlich vor den Durchschnittsangaben liegen. Im weiteren Verlauf hatte sie bei 2.02 das Stadium sprachlicher Kompetenz erreicht, das die meisten Kinder erst mit 3.00 erreichen.
>
> HOLGER bezeichnet früh mittels Artikel, dann auch mit Pronomen vor allem die 3. Person. Damit wird die bei ihm besonders ausgeprägte Beherrschung grammatischer Strukturen vorbereitet und eingeleitet.
>
> Bei NILS besteht eine auffällige Diskrepanz zwischen seiner Bezeichnungsvielfalt einerseits und seiner geringen Kenntnisse grammatischer bzw. syntaktischer Strukturen andererseits.[10]

Neben den individuellen wurden auch geschlechtsspezifische Unterschiede beobachtet. Während die Jungen im Sinnbereich Fahrzeug und Verkehr durchschnittlich siebzig bis hundert Wörter benutzen, fanden sich bei den Mädchen in der Regel nur die Hälfte. Der zweieinhalbjährige Reinhard z.B. spielt intensiv mit seiner Eisenbahn und schaut auch mal mit dem Vater oder dem größeren Bruder Eisenbahnkataloge durch. Das Interesse schlägt sich in einem erstaunlichen Wortschatz nieder. Er gebraucht – lautlich nicht immer korrekt – Wörter wie Eisenbahn, Zug, Güterzug, Schnellzug, Lok, Dampflok, Diesellok, Werklok, E-Lok, weitere Loktypen wie P-8, V-220, E-94, dazu Bezeichnungen für verschiedene Wagentypen usw. Mädchen bekamen seltener Spielzeugautos geschenkt, wurden auch von ihren Eltern weniger auf bestimmte Fahrzeugtypen aufmerksam gemacht. Aber im Sinnbereich Kleidung achten Mädchen früher und verstärkt als Jungen auf Accessoires wie Kette, Perle, Handtasche usw.[11] So werden früh Interessen ausgebildet. »Generell war zu beobachten, daß Mädchen den Jungen besonders in den ersten Phasen der Spracherlernung um drei bis sechs Monate voraus sind.«[12] Mädchen halten diesen Vorsprung aber im Durchschnitt nur zweieinhalb Jahre.

Im Schulalter zeigen sich dann wieder in einigen Bereichen erfaßbare Unterschiede zugunsten der Mädchen. Allgemein scheinen Frauen sprachlich anpassungsbereiter und wandlungsfähiger zu sein als Männer. Wenn sie z.B. in eine andere Gegend ziehen, nehmen sie (nach Jean Petit) viel schneller den Akzent ihres neuen Wohnorts an. Sie suchen Beziehungen, wo sich Männer lieber auf Dinge einlassen. Mädchen und Jungen sind eben schon »vom ersten Tag an anders«, so ein Buch von Baron-Cohen (2003), auch in ihrem Verhalten: Im Vergleich zu männlichen Säuglingen interessierten sich weibliche auffallend mehr für das über ihr Bettchen gebeugte Gesicht als für ein abstraktes Mobile. Erstaunlich. Aber schon Clara Stern hat – später bestätigte – Geschlechtsunterschiede aufgrund geduldiger Dauerbeobachtung, mit dem geschulten Psychologenblick, vor allem aber mit mütterlicher Einfühlungsgabe bei ihren Kindern Hilde und Günther entdeckt und ausführlich beschrieben.

Fest steht darüber hinaus, daß Jungen wesentlich häufiger als Mädchen an den unterschiedlichsten Störungen der Sprachentwicklung leiden, als Fünfzehnjährige bei Aufgaben zu Lektüre- und Textverständnis durchweg schlechter abschneiden, dazu an Schulen für Lernbehinderte deutlich überrepräsentiert und insgesamt nicht nur psychisch auffälliger, sondern auch körperlich anfälliger sind als ihre weiblichen Altersgenossinnen. Ein Faktor dabei könnte die geschlechterspezifische Gehirnorganisation von Jungen und Mädchen sein.[12]

Von Geschwisterkindern

Überraschend ist immer wieder, wie verschieden Geschwister sind. Wachsen sie nicht mit vielen gemeinsamen Genen in der gleichen Kultur, am gleichen Ort, mit denselben Eltern und ihren schon festgelegten Umgangsformen auf? Bemühen sich Eltern nicht redlich, ihre Kinder gerecht zu behandeln, ihnen allen den gleich hohen Lebensstandard zu bieten und keines dem anderen vorzuziehen? Haben wir nicht immer wieder gehört, wie prägend das soziale Milieu und der elterliche Erziehungsstil sein kann? Gewiß! Doch gibt es neben gleichmacherischen Einflüssen, denen alle Familienmitglieder in ähnlicher Weise ausgesetzt sind, auch solche, die kein Kind mit dem andern teilt; und die machen eben auch Geschwister eher voneinander verschieden. Jedes Kind nimmt die Handlungsweisen der Eltern aus seiner individuellen Sicht wahr, gibt ihnen eine persönlich gefärbte Bedeutung.

Je genauer man hinschaut, um so verschlungener sind die Entwicklungswege, selbst innerhalb ein und desselben Familienverbundes. Wie unterschiedlich wird ein Zuhause von einem älteren Kind erlebt, das oft ein
jüngeres im Schlepptau hat, und von diesem jüngeren Kind selbst, das sich
die Gunst des Älteren erkämpfen muß, statt nur bei den Eltern aufgehoben
zu sein? So folgte der kleine Charles Trénet seinem drei Jahre älteren Bruder
auf Schritt und Tritt. Als dieser dann in die Schule kam, gab es bei Charles
Tränen und Wutanfälle, weil er nicht mitdurfte.[14] Auch Günthers Position
ist durch die ältere Schwester mitbestimmt. Eine Zeitlang, berichtet seine
Mutter, konnte er keinerlei Beschäftigung bei Hilde sehen, ohne sie nachmachen zu wollen. »Alles, was H. spielte, wollte er auch spielen, und es gab
viel Thränen und Streit.« Er lernt also schon früh, um Gleichberechtigung
zu kämpfen (auch wenn sie ihm nicht unbedingt zusteht). Der Erstgeborene wiederum, eben noch Alleinherrscher, muß zusehen, wie ihn die
Nächstgeburt entthront; wie das neu angekommene Baby mit Zärtlichkei-
ten überschüttet wird. Auch wenn man ihm klarzumachen versucht, daß er
ja als Baby die gleichen Vorrechte genossen hat, fühlt er sich ins zweite
Glied versetzt. Jüngere dagegen müssen sich gefallen lassen, daß sie Älteren
ähnlich sind, wo sie doch nur sich selbst ähnlich sein wollen.

Mütter scheinen Einzelkinder und Erstgeborene – solange sie Einzelkinder sind – sprachlich etwas besser zu fördern als später Geborene. So haben
Zwillinge gegenüber Einzelkindern im Durchschnitt einen sprachlichen
Rückstand von dreieinhalb Monaten.[15] Ein Einzelkind besetzt eine freie Ni-
sche, die ihm in der Familie natürlich zufällt; seine Rolle ist ihm auf den
Leib geschrieben. Es ist *das* Kind, nicht: *ein* Kind. Als Geschwisterkind muß
man seine Rolle noch finden, und das geht nur in klarer Abhebung von anderen. Verschiedenheit ist sinnvoll und gewollt. Ist die Rolle des schuleifri-
gen Lerners schon besetzt, so sind an dieser Stelle keine Meriten mehr zu
gewinnen. Aber wie wäre es mit der des Charmeurs, der seine Umgebung
auf unverwechselbare Weise zu beeindrucken versteht? Nur als Geschwisterkind gibt es die Möglichkeit, derjenige zu sein, der aus der Reihe tanzt
(oder dem diese Rolle zugeschrieben wird); nur als Geschwisterkind kann
man den Familienclown spielen. Jedenfalls fällt die Rolle des »Rebellen der
Familie«, der auch im Erwachsenenleben häufiger als Neuerer hervortritt,
eher den später Geborenen zu – so Frank Sulloway, der etwa 10.000 Lebens-
läufe aus allen Epochen der abendländischen Geschichte analysiert hat.[16]
Erweisen sich anfänglich vielleicht zufällig eingenommene Haltungen in
Familie und Kindergarten als erfolgreich, können sie sich schnell verfestigen und die Entwicklung in bestimmte Bahnen lenken. Irgendwann gilt
dann der eine als der »Sonnenschein« der Familie, der andere wieder als ein
besonders pingeliger Typ, als Ordnungsfanatiker oder als der handwerkli-
che Fachmann, der schon früh im Haushalt herumbastelt und repariert. Die
eine gerät an einen Brieffreund aus Schottland, wird zum großen Schott-

landkenner und studiert schließlich Anglistik. Die andere kommt einmal
ins Krankenhaus, genießt die freundliche Atmosphäre und könnte sich vorstellen, Krankenschwester zu werden. Am Ende werden die individuellen
Erfahrungen, die man mit keinem Geschwister teilt, prägender als der Einfluß der Familie. Mal abgesehen von der Säuglings- und Kleinkindzeit, ist
der erzieherische Einfluß auf unsere Kinder im allgemeinen kleiner als weit-
hin angenommen. Starken Einfluß haben Freundeskreise und Cliquen der
Altersgenossen, in die man später hineingerät. So übernehmen Immigran-
tenkinder nicht den Akzent ihrer Eltern, sondern den ihrer Spielgefährten.
Aus evolutionstheoretischer Sicht macht das Sinn. Denn unser Nachwuchs
muss sich schließlich im Kreise der Altersgenossen (*peers*) behaupten und
dort seinen Ehepartner finden.

Von Hochbegabten: Spracherwerb im Eilverfahren

Wir brauchen uns nur ein wenig umtun und in einige der ungezählten Le-
bensbeschreibungen hineinschauen. Überall springen uns frühe Eigenarten
der Menschen ins Auge, die nicht hinreichend erklärt werden können.
Charles Schulz, der Schöpfer der Peanuts-Comics, wollte schon als Kind
nichts als zeichnen, nicht einmal malen oder Collagen herstellen. Das alles
war ihm pure Zeitverschwendung. Lilli Palmer wollte Gedichte aufsagen, so
sehr, daß sie sich auch nicht bremsen ließ, als sie merkte, daß sie mit ihrem
Auswendiglernen und Vortragen ihre Mitschüler geradezu einschüchterte.
 Auch der sprachliche Frühstarter Carl, Erstgeborener eines Industriekauf-
manns und einer Lehrerin, erntet bei Bekannten der Eltern eher Ablehnung.
»So wie der spricht, redet kein Kind«. »Typisch, die Mutter ist Lehrerin«.
Ebenso reagieren andere Kinder abweisend, weil Carl »so komisch spricht«.
In der Tat klingt es befremdlich, wenn ein knapp Zweijähriger schon auf
Warum-Fragen mit Weil-Sätzen antwortet und komplizierte Satzgefüge kon-
struiert: »Carl guckt, ob ein Pfirsich da ist«. Aber die Freude an der Sprache
ist ihm nicht zu nehmen. So fliegt er auf Wörter wie »Elektrotherapie« oder
»Philharmonie«. Mit detektivischem Gespür geht er überall auf die Suche
nach Buchstaben und entdeckt sie überall wieder: Das »U« der U-Bahn auf
Straßenschildern, Firmenzeichen, Autobeschriftungen. So ist es fast schon
folgerichtig, daß Carl mit drei Jahren seine Kinderbücher alleine liest.[17]
 Auch wir haben es erst nicht recht wahrhaben wollen, wenn uns eine
Mutter sagte, ihr Kind habe schon als Einjähriges in ganzen Sätzen gesprochen. Da hat sie sich wohl ein wenig in der Zeit vertan, dachte man bei
sich. Bis wir uns näher mit dem Phänomen der Hochbegabung befaßten.
Die Deutsche Gesellschaft für das hochbegabte Kind hat in ihrer Zeitschrift *Labyrinth* eine stattliche Reihe von Beispielen sprachlicher Frühentwicklung
zusammengetragen, die keinen Zweifel mehr zuläßt. Daraus einige Proben:

Wir haben insgesamt fünf Kinder im Alter von drei bis fünfzehn Jahren. Daß Lisa etwas anders war als andere Kinder, merkten wir, als sie gerade sechs Wochen alt war. In einem Alter, in dem Säuglinge üblicherweise gerade lächeln gelernt haben, zog sie augenscheinlich bewußt Grimassen, um ihren großen Bruder zum Lachen zu bewegen ... Mit eineinhalb Jahren sprach sie fließend in ausdrucksstarken Sätzen vergleichbar mit einem Kindergartenkind. (Susanne Matz über Lisa)

Im Alter von zwei Jahren hatte er sich alle Buchstaben, Zahlen und die Zeichen gängiger Automarken, Firmenzeichen und Logos der Sparkassen und der Banken erfragt. Damals fiel uns auch seine komplexe Sprachentwicklung auf. Er benutzte Nebensätze und Passivkonstruktionen. (Helga Thieroff über Kai)

Kaum daß er mit fünfzehn Monaten laufen lernte, sprach er mit siebzehn Monaten seinen ersten Satz mit sieben Wörtern. Das kam so: Während einer Autofahrt auf einer Landstraße fuhr ein LKW mit Anhänger donnernd an uns vorüber. Überrascht hörten wir vom Rücksitz den Kommentar: »Ein ganz großer Laster war das eben.« (Brigitte Neb über Roland)

Keins ist wie das andere, jedes eine Originalausgabe aus Gottes Hand (so sagte es Kierkegaard).

Verzögerte Sprachentwicklung

Entwicklungsverzögerungen können immer nur relativ zur normalen Entwicklung erfaßt werden. Deshalb ergänzen wir unsere Zahlenangaben aus dem Kapitel »Frühstarter und Spätzünder« mit Ergebnissen aus weiteren Studien. In der sog. Bristol-Studie wurden 128 Kinder im Alter von 3;6 Jahren getestet. Die sprachlich fortgeschrittensten Kinder hatten gegenüber den langsamsten einen Entwicklungsvorsprung von über zwei Jahren! In einer deutschen Untersuchung mit 120 Kindern waren bei Viereinhalbjährigen schon Entwicklungsunterschiede von über einem Jahr festzustellen. Bei einer solchen Spannbreite der Entwicklung müssen Eltern auch das Warten lernen.

Abwarten und Nichtstun kann allerdings nicht immer richtig sein. In einer englischen Zwillingsstudie wurde bei 5% der Zweijährigen ein deutlich verzögerter Spracherwerb festgestellt, der zu 70% genetisch bedingt war. Experten schätzen, daß 6–8% aller Vorschulkinder von Sprachentwicklungsstörungen betroffen sind – mit zunehmender Tendenz. »Als Kinderarzt mit fast 35 Berufsjahren verzweifle ich an der Aufgabe, Eltern Wahrheiten zu vermitteln ... Vierjährige Windel- und Schnullerträger, beim Untersuchungstermin U 8 lallendes Gestammel bei geringstem Wortschatz, schwere motorische Defizite – eine leider rasch wachsende Minderheit«, so in einem Leserbrief (*Die Zeit* 2001).

Hannelore Grimm und ihr Bielefelder Team haben einen Elternfragebogen vorgelegt, mit dem Risikokinder früh erfaßt werden. Dabei ist der Wortschatzumfang um das zweite Lebensjahr herum zu bestimmen. Bei dem zu dieser Zeit fälligen Untersuchungstermin U 7 kreuzen die Eltern im Wartezimmer des Kinderarztes von 260 vorgegebenen Wörtern diejenigen an, die sie bei ihrem Kind schon gehört haben. Werden jetzt nicht mehr als 50 Wörter angekreuzt, und das ist nach den bisher vorliegenden Studien bei 13% bis 20% der Fall, darf man das nicht mehr auf die leichte Schulter nehmen. Denn gewöhnlich können Zweijährige um die 200 und mehr Wörter. Jetzt muß weiter geprüft werden, auch wenn sich herausgestellt hat, daß die Hälfte dieser Kinder ihren Rückstand bis zum dritten Lebensjahr wieder aufgeholt hat. Bei diesen handelt es sich also um falschen Alarm. Aber man muß Alarm schlagen, da man ja nicht weiß, bei wem es sich um bloße Spätentwickler handelt und bei wem um eine gestörte Entwicklung. Wir haben eben noch keine besseren Instrumente, um zu diesem Zeitpunkt zwischen diesen beiden Gruppen unterscheiden zu können. Denn die Hälfte, die nicht aufholt, bleibt in der Folge immer mehr zurück. Im Vergleich zu Normalkindern werden ihre Sprachdefizite immer auffälliger, wenn nicht frühzeitig Sprachtherapeuten hinzugezogen werden. Meist ist aber mehr nötig als eine isolierte Sprach- und Sprechtherapie.– Andere, vielleicht noch bessere Instrumente zur Früherkennung wie z.B. Hirnstrommessungen und das Erkennen von Auffälligkeiten bei Sprechmelodie und -rhythmus sind z.Zt. noch in Erprobung.

Wenn Kinder zurückbleiben, versuchen auf die Dauer auch die Eltern nicht mehr so viel, wie sie es normalerweise tun. Ohne ihr Kind aufzugeben, regen sie es schließlich doch deutlich weniger an und ermutigen es seltener zu neuen Dingen. Klar, denn die besondere positive Dynamik zwischen Mutter und Kleinkind wird stets von beiden Seiten gespeist. Fällt eine Seite deutlich zurück, hat das auch negative Konsequenzen für die andere: ein Teufelskreis, der durch Früherkennung und -therapie verhindert werden kann.[18]

Die Verschiedenheit der Temperamente und Charaktere

> Man kann die Kinder nach seinem Sinne nicht formen.
> Wie Gott sie uns gab, so muß man sie haben und lieben.
> (Johann Wolfgang von Goethe)

Die moderne Zwillingsforschung, die besonders die Fälle untersucht, in denen eineiige Zwillinge getrennt aufwachsen, hat klare Beweise für die unterschiedlichen charakterlichen Veranlagungen der Menschen vorgelegt. Der genetische Einfluß von Persönlichkeitseigenschaften wie Schüchternheit,

Geselligkeit, Gewissenhaftigkeit, Aggressivität liegt nach heutigen Kenntnissen bei 40% bis 60%.[19]

Weiß nicht schon der Hunde- und Katzenkenner, daß jedes seiner Tiere unterschiedlich veranlagt ist und schon sehr früh eine eigene Persönlichkeit entwickelt? Es wird heute niemandem mehr absurd erscheinen, wenn man zum Vergleich mit einer Tiergeschichte aufwartet. Seit wenigen Jahrzehnten werden Tiere in freier Wildbahn oft jahrelang aufmerksam beobachtet. Dabei wird immer deutlicher, wie nah uns die Primaten auch in ihrem Sozialverhalten sind. Jane Goodall, die berühmte Schimpansenforscherin, berichtet von einer betagten Schimpansin, die sie Flo getauft hat. Drei ältere Kinder sind wohlgeraten, ein Sohn steigt sogar zum ranghöchsten Männchen auf. Mit ihrem Jüngsten, Flint, hat sie jedoch ernsthafte Erziehungsprobleme. Weigert sie sich, den Vierjährigen huckepack zu tragen oder ihm die Brust zu geben, reagiert er mit heftigen Wutanfällen, wälzt sich schreiend am Boden, schlägt, tritt und beißt seine alte Mutter, bis sie ihm schließlich seinen Willen läßt. Erst als seine Schwester geboren wird, kann sie ihn entwöhnen. Doch selbst dann besteht er immer wieder darauf, wie ein Kleinkind getragen zu werden und abends in ihr Schlafnest zu kriechen. Erst mit acht, als Flo schon zu schwach ist, ihn zu schleppen, verzichtet er widerstrebend.

Vielleicht sind wir jetzt ordentlich wütend auf den Sohn, der so aus der Art geschlagen ist. Aber die Geschichte ist noch nicht zu Ende. Als Flo wenig später stirbt, verläßt den »mißratenen« Flint anscheinend aller Lebensmut. Er ißt kaum noch, wird apathisch und überlebt seine Mutter nur um drei Wochen.[20]

Man muß schon verbohrt sein, um solche Beobachtungen als wissenschaftsunwürdige Anekdoten abzutun, in denen Tiere »vermenschlicht« werden. Uns hat die Geschichte gelehrt, wie schwer Erziehung sein kann in Anbetracht der Eigenart von Kindern; und daß die Kinder selbst unter ihrer Eigenart leiden können.

Schon Babys können unterschiedliche Toleranzschwellen haben. Wenn diese sehr niedrig sind, müssen das Essen, die Tasse Kakao, das Badewasser genau temperiert sein, sonst hagelt es Protest. Viel weniger belastend sind Kinder, die hier großzügiger sind. Dankbar wird der Kakao getrunken, auch wenn er nur in etwa die erwartete Temperatur hat. Manche Kleinkinder sind oft schwer zu ertragen, da sie übererregbar sind – woran sie selbst ebensowenig wie die Eltern schuld sind. Wie sehr kann das Erziehungsklima von der Irritabilität (Reizbarkeit) der Neugeborenen bestimmt sein![21] Von Anfang an lenken nicht nur Eltern ihre Kinder, sondern auch Kinder ihre Eltern.

> Mein meistgesprochnes Wort als Kind war »Nein«.
> Ich war kein einwandfreies Mutterglück.
> Und denke ich an jene Zeit zurück –
> Ich möchte nicht mein Kind gewesen sein. (Mascha Kaléko)

Die Einflüsse gehen also nie nur in die eine Richtung, sondern von der Mutter zum Kind wie auch vom Kind zur Mutter. Mütter gut entwickelter, initiativreicher Kinder z.B. haben mehr Anlässe, sich bestätigend und anregend einzubringen und somit die seelisch-geistige wie die sprachliche Entwicklung zu fördern. Sie haben es vielleicht auch leichter, in diesem Sinne eine »gute« Mutter zu sein.[22]

Kinder sind Lust und auch Last und keineswegs bloße Knetmasse, die wir nur richtig »in Form« zu bringen (zu »in-formieren«) hätten. Unsere erste Aufgabe ist, sie in ihrer Eigenart zu erkennen.

> Nur eine gleichmachende kulturelle Umwelt läßt die genetischen Unterschiede nicht zutage treten. Je reicher und vielseitiger die Möglichkeiten sind, Erfahrungen zu machen, desto größer sind auch die Chancen, daß genetisch bedingte Unterschiede zur Entfaltung gelangen.[23]

So muß alle Pädagogik von der Verschiedenheit der Temperamente, Anlagen, Interessen, der Lebensumstände und -perspektiven ausgehen, ohne die Menschen abzustempeln. Individuelle Entfaltung und nicht Einebnung der Unterschiede ist auch das wahre demokratische Prinzip; dabei möglichst niemand ausschließen und jeden an der politischen Willensbildung beteiligen. Letztlich gibt es nur individuelle Entwicklungen, und wir dürfen die Vielschichtigkeit und den Facettenreichtum individueller Lebensgeschichten nicht beschneiden. Der »Spock«, seit Jahrzehnten die Erziehungsbibel der Amerikaner, gibt gleich zu Anfang den Rat, nichts allzu wörtlich zu nehmen, was in diesem Buch beschrieben sei. Denn jedes Kind sei anders, und alle Eltern seien verschieden. Diese wüßten allemal besser über ihr Kind Bescheid als der Autor, der es ja gar nicht kenne.[24]

Obwohl es unser Kind ist und einige unserer Merkmale in ihm unverkennbar fortleben: Nie dürfen wir vergessen, daß das Leben mit ihm auch einen Neuanfang gesetzt hat und ihm in der verwirrenden Vielfalt von molekularen Geschehnissen während der Verschmelzung von Ei- und Samenzelle und bei der Ausbildung neuronaler Netze nach der Geburt eine unverwechselbare Individualität geschaffen hat. Erziehung ist deshalb immer Führen und Wachsenlassen zugleich, ist notwendige Einweisung in eine Tradition und zugleich Befähigung zur Freiheit und Selbstbestimmung.

Das Schweigen der Anja-Kristin

Wir schließen dieses Kapitel mit der schier unglaublichen Geschichte vom zwei Jahre langen Schweigen der Anja-Kristin. Sie ist ein Nachzügler mit zwei Brüdern, die zwölf und vierzehn Jahre älter sind. Ihre Eltern haben also schon Erfahrung mit Kindern. Das ist wichtig, denn wir stützen uns hier allein auf den Bericht der Mutter und die Deutung des Geschehens durch die Familie. Anjas Babylallen war normal verlaufen, allerdings konnte sie schon mit fünf Monaten mit »a-a« anzeigen, daß sie jetzt ausgewindelt und über die Toilette gehalten werden wollte. Mit neun Monaten, also wiederum sehr früh, gab es dann eine Phase, in der sie mehrere Einwortsätze regelmäßig gebrauchte, bis sie im elften Monat plötzlich damit aufhörte. Martina Müller schreibt über ihre Tochter, die sich später als hochbegabt herausstellen wird:

Anja-Kristin an ihrem 2. Geburtstag. »Weil wir die brennenden Geburtstagskerzen vor der großen Auspackzeremonie außer Reichweite des Kindes gebracht hatten, teilte uns Anja durch die typische Handbewegung für ›heiß‹ mit, daß sie sie bestimmt nicht angefaßt hätte, denn nach dem Zeigen kam ein energisches Kopfschütteln, das die Mitteilung beendete.«

Ein halbes Jahr später: »Sie hat auf die Fischlein im Wasser gezeigt, ihr rechtes Händchen gekrümmt, so als hätte sie da schon Brotkrümel, hat sich in die Hand gegriffen, um imaginäres Futter zu verstreuen und uns dann gezeigt, daß die Fischlein doch von ihr etwas zu fressen haben wollten. Deshalb auch die Handbewegung zum eigenen Mund.«

Sprachverständnis, Erinnerungsvermögen und Denk- bzw. Kombinationsleistungen ließen sich nur aus ihrem Handeln ableiten, denn für Anja hatte die Sprache fast 3 Jahre nur passive Bedeutung. Sie hörte und verstand alles bis ins Detail, verweigerte die Sprache aber konsequent. Die Ursache dafür verstanden wir erst später. Der Kontakt zu ihrer Umwelt ging ihr dadurch jedenfalls nicht verloren, sie verständigte sich mit großem pantomimischen Geschick und konnte, stets mit sicherem Blick Typisches erfassend, selbst fremden Kindern ganze Handlungsketten verständlich und nachvollziehbar machen. Sprache war für sie einfach nicht notwendig, der Winzling lehnte konsequent ab. ... Wir setzten unerschütterliches Vertrauen in die Tatsache, daß ein reger Geist sich früher oder später auch sprachlich als solcher zu erkennen geben wird, und behielten unseren Grundsatz, daß Sprache sich nur dort entwickelt, wo gesprochen wird, bei. Wir erzählten mit ihr und lasen ihr Geschichten vor, wann immer es unsere Zeit erlaubte. Dadurch zertrümmerten wir nicht Anjas heile harmonische Welt; sie erlebte Zuversicht und bedingungsloses Annehmen ... Ständig waren Gespräche im Gange. Einseitige Gespräche zwar, aber Gespräche, die Anjas Beteiligung verrieten – durch Laute mit deutlicher Sprachmelodie, Mimik und Gestik, interessierte Fragelaute, Handzeichen mit fester, immer gleich benutzter Bedeutung und mit fröhlich jauchzender Zustimmung, wenn etwas genau nach ihren Wünschen und Vorstellungen ablief, was sie mir vorher in der ihr eigenen Art ohne Worte mitgeteilt hatte.

Und plötzlich spricht sie wieder, aber längst nicht mehr in Einwortsätzen:

Fast schlagartig aktivierte sie ihren gesamten passiven Wortschatz, sprach in Sätzen, fragte endlos und systematisierte ihr Faktenwissen. Erst zu diesem Zeitpunkt wurde uns klar, daß wir ihr zwar auf jede fragende Gebärde eine kindgerechte Antwort bzw. Erklärung geliefert, sie aber dennoch massiv unterschätzt hatten. Ihr Merkvermögen hatte Dinge gespeichert, die enorm weit zurücklagen, und die Nähe ihrer großen Brüder hatte sie systematisch der größeren geistigen Anregungen und der bereitwilligen ausführlichen Antworten wegen gesucht. Denn diese sortierten nicht aus in geeignet oder ungeeignet für ein kleines Kind, wie das der Erwachsene leider automatisch macht. Anja verfügte über Kenntnisse, die weit über den alterstypischen lagen, und mit ihren Fragen drängte sie unbekümmert voran.

Und der Grund ihrer zwei Jahre währenden Sprachverweigerung:

Über den Babykopf (11 Monate) hinweg hatten sich ihre Brüder, von dröhnendem Gelächter unterbrochen, über *ihre eigenen* Sprechanfänge lustiggemacht. Sie erinnerten sich und lachten über *Ididies* für Radieschen, *Posidei* für Polizei, *Maßmanine* für Waschmaschine usw. Sie endeten mit der Feststellung: »Na, wenn Anja erst richtig anfängt zu spre-

chen, dann kriegen wir wieder was zum Lachen!« Anja wurde Opfer ihres
zeitigen Sprachverständnisses und der Konsequenz, mit der sie zu reagieren pflegte. Von dem Tag an herrschte absolute Funkstille. Auslachen
ließ sie sich nicht, da konnten Mathias und Stefan lange warten. Als sie
dann ihr Schweigen freiwillig aufgab, sprach sie in Sätzen, ohne Grund
für Lachen auf ihre Kosten zu geben.[25]

Wie kann ein Kind diese Willenskraft aufbringen und sich mit Gesten, Grimassen und Pantomimen verständigen, wenn schon Worte zur Verfügung
standen! Wir wissen, daß sich Kinder, die sich ihrer wachsenden Kompeten-
zen bewußt werden, hochempfindlich sind und hoch beleidigt reagieren
können, wenn man ihre Selbständigkeit anzweifelt. An der Tatsache, daß
Anja-Kristin plötzlich schwieg, läßt sich jedenfalls nichts deuten. Sie
sprach ja schon einige Einwortsätze, als sie verstummte und fast zwei Jahre
lang nur noch gestikulierte. Abgesehen davon war sie ein normales, fröhli-
ches Kind, das sich durchaus zu verständigen wußte. Dennoch machten
sich die Eltern natürlich Sorgen. Der Kinderarzt, Psychologen und Sprachtherapeuten wurden aufgesucht. Die machten ihre Verstehensproben, die
Anja glänzend bestand: »Rutsch mal ein wenig nach rechts«, und ähnliches, und Anja tat, wie geheißen. Aber wenn dann die Frage kam: »Warum
sprichst du denn nicht? Sag doch mal was!« war ihre einzige Reaktion ein
energisches Kopfschütteln. Ins Bild paßt auch, daß sie oft vor sich hinmur-
melte, wenn sie allein in ihrem Zimmer intensiv mit etwas beschäftigt war.
(Vgl. S. 270ff.: Lautes Mitdenken beim Problemlösen). Kam man dann aber
näher, hörte sie abrupt auf.

Der Mutter ist noch gut in Erinnerung, wann Anja sich wieder zu spre-
chen entschloß. Wenn sie etwas zu trinken wollte, was noch nicht auf dem
Tisch stand, gab es meist drei Möglichkeiten: Entweder zeigte sie auf den
Vorhang, in Richtung Regal oder auf den Kühlschrank, und man wußte,
was sie wollte. Diesmal jedoch wollte sie etwas, was die Familie erst kürzlich
im Urlaub getrunken hatte: Rudolfsquelle. Statt zu zeigen, rutschte ihr das
Wort heraus: »Quelle«. Die Mutter ist sprachlos, schaut Anja ungläubig an.
»Na Rudolfsquelle doch!« insistiert Anja. Der Bann war gebrochen. Sie hat-
te sich selbst – vielleicht in einem unbedachten Augenblick – aus dem
Schweigen entlassen und konnte oder wollte (was ist da richtiger?) nicht
mehr in ihre Sprachlosigkeit zurück.

Die Wörter, die man ihr zugesprochen hatte, waren nicht wegge-
schwommen; Anja hatte sie festgehalten. Und sie hatten sich immer deutlicher konturiert, so daß sie mit drei Jahren fast fehlerfrei artikulierte.

Ein machtvolles Schweigen, das die Worte in sich hineinsaugt und vor-
erst nicht wieder hergibt. Ein solcher Einzelfall hat mitunter größeren Aufklärungswert als viele systematische Studien, die mit Durchschnittswerten
rechnen. Wir haben einen weiteren Beleg dafür, daß hörendes Verstehen
hinreicht, um Sprache zu erwerben. Offensichtlich werden dabei auch Im-

pulsmuster zu den Neuronenknäueln weitergeleitet und dort gespeichert, die normalerweise die Sprechmuskeln in Tätigkeit setzen. So wird das Sprechen mitgelernt, obwohl es nicht ausgeübt wird.

Eins lernen wir auf jeden Fall von Anja-Kristin: daß wir das Geheimnis von Kindheit und Spracherwerb bisher nur angekratzt haben.

1 Hatt 1994; Thimm 2002
2 Eibl-Eibesfeldt 1992, 319
3 Kinsey 1965, 16
4 ebd.
5 Jacob Grimm 1958, 24; Buber 1962, 3
6 Michael Hamburger, zitiert in Daniels 1966, 491
7 Van der Geest 1978, 297
8 Petit 1998
9 Lindner 1898, 38
10 Gipper 1985, 194
11 Gipper 1985, 206
12 Gipper 1985, 212 und 264
13 Kimura 1985
14 Trénet 1978, 29
15 Jones & Adamson 1987; Dale u.a. 1998
16 Sulloway 1997
17 Gafni u.a. 1985
18 Auf den Sprachtest der Mainzer Uni-Klinik wurde schon auf S. 55 hingewiesen, Siehe auch Dannenbauer 2001.
19 Asendorpf 1997, 467
20 Goodall 1991
21 Rauh 1995, 198
22 Vgl. Ahnert 1991 und Szagun 1996, 284
23 Grossmann 1993, 74
24 Spock 1946, 2f.
25 Martina Müller 1994, 18 und 20. In den Zitaten sind auch Passagen eines Briefes von Frau Müller eingearbeitet, in dem sie auf unsere Anfrage weitere, klärende Details nachgeliefert hat. Dafür sei hier herzlich gedankt.

Entwicklung und Erwerb: die Lehrbarkeit der Sprache

> Die Sprache muß, meiner vollkommensten Überzeugung nach, als unmittelbar in den Menschen gelegt angesehen werden; denn als Werk seines Verstandes in der Klarheit des Bewußtseins ist sie durchaus unerklärbar. (Wilhelm von Humboldt)

> Die Tiere werden durch ihre Organe belehrt, sagten die Alten. Ich setze hinzu: die Menschen gleichfalls, sie haben jedoch den Vorzug, ihre Organe wieder zu belehren. Zu jedem Tun, daher zu jedem Talent, wird ein Angebornes gefordert ... (Johann Wolfgang Goethe in seinem letzten Brief an Wilhelm von Humboldt, 17.3.1832)

Gibt es eine kritische Zeitspanne für den Grammatikerwerb?

Die Entstehung der Sprache ist eines der Großereignisse in der Entwicklung des Lebens überhaupt. Jacob Grimm lehnte in seiner Akademierede »Über den Ursprung der Sprache« (1851) die Vorstellung einer »offenbarten« Sprache und deren »Angeborenheit« zugunsten einer »geschaffenen, naturwüchsigen Menschensprache« ab. »Angeboren« war ihm gleichbedeutend mit »offenbart« – Sprache, als göttliches Gesetz den Menschen »unmittelbar im Akt der Schöpfung mitgeteilt«.[1]

»Angeboren« hat heute eine andere Bedeutung. Die großen Denker der Vergangenheit mußten an der Ursprungsfrage scheitern, solange noch keine ausgearbeitete Evolutionstheorie vorlag. Für Nietzsche war dies der »Erbfehler der Philosophen«:

> Sie wollen nicht lernen, daß der Mensch geworden ist, daß auch das Erkenntnisvermögen geworden ist; während einige von ihnen sogar die ganze Welt aus diesem Erkenntnisvermögen sich herausspinnen lassen.[2]

Wie wenig wir auch heute noch darüber wissen, sicher ist: Die Sprache fiel ebensowenig fertig vom Himmel wie unser Erkenntnisvermögen. Sie ist auch nicht aus einem Guß. Sie ist etwas Komplexes, zusammengesetzt aus vielen Teilen, die in verschiedenen Sprachen auch jeweils verschieden gut gelungen sind. Ist doch der Mensch selbst nicht ohne Fehl und Tadel – wie sollte es da seine Sprache sein?

Eine wichtige Trennung ist die von Wortschatz und Grammatik. Wörter sind vor der Grammatik da, und aus ihnen wird sie herausgesponnen. Wenn wir einmal von der Möglichkeit absehen, neue Wörter durch Ableitung oder Zusammensetzung aus bekannten zu bilden, so müssen Wörter einzeln gelernt werden, fast wie Vokabeln in der Schule. Mit Wörtern bringen wir die Welt auf den Begriff. Sie sind die Bausteine des Denkens. Entfernt man aus einem Text alle grammatischen Elemente und wirbelt die Wörter durcheinander, kann man mitunter durchaus noch feststellen, worum es geht. Darüber gibt es exakte Studien. Die grammatischen Elemente allein bieten weitaus weniger Information, ja lassen uns hilflos.

Den nie versiegenden Strom an neuen Wörtern verdanken wir den unterschiedlichsten Fachleuten: den Gärtnern, Kfz-Handwerkern, Zimmerleuten, Bergleuten, Seeleuten, Schafzüchtern, Heilkundigen usw. sowie den Wissenschaftlern jedweder Couleur. Durch deren Fachsprachen schwillt der Wortschatz einer Sprache ungeheuer an. So ist unser Vermögen, neue Wörter zu erzeugen, nahezu unendlich, aber die Faszination, die von der Sprache ausgeht, gilt vor allem dem geschlossenen System der Grammatik, deren Elemente sich in der Rede abertausendmal wiederholen. Für ihren Erwerb, hat man gesagt, gebe es eine »kritische Phase« oder »sensible Periode«. In dieser Zeit besitze das Kind besondere Antennen für die Grammatik. Empfängt das Kind jetzt Sprache, so könne es kraft seines genetischen Vorwissens und elterlicher Mithilfe die Grammatikregeln aus dem Zugesprochenen extrahieren. Macht aber jetzt die Umwelt kein Sprachangebot, so verkümmere diese Fähigkeit. Die Antennen werden abgebaut. Bis zur Pubertät sei Grammatikerwerb möglich. Danach sei es endgültig vorbei.[3]

Früher berief man sich hauptsächlich auf die Erfahrungen mit hirnverletzten Patienten, die ihre Sprache verloren. Kinder gewannen ihre Sprache wieder. Patienten jenseits der Pubertät konnten bei entsprechend schweren Hirnschäden ihren Sprachverlust nicht mehr ausgleichen. Ebenso berief man sich auf Tierversuche. Hier wurden für viele nicht-sprachliche Leistungen plastische Phasen der optimalen Formbarkeit nachgewiesen. Zebrafinken z.B. lernen ihren Artgesang zwischen dem 25. und dem 50. Lebenstag. Weder vorher noch danach sind sie für ihn empfänglich. Oder: Bestimmte Sehfehler, z.B. bei der Tiefenwahrnehmung, können bei Katzen und Menschen nur bis zu einem bestimmten Alter korrigiert werden. Eine spätere Rehabilitation ist so gut wie ausgeschlossen.

Zu spät: das Mädchen »Genie« und die verlorene Grammatik

Der traurige Fall eines Mädchens, das 12 Jahre lang (fast) ohne Ansprache in einem Hinterzimmer eingesperrt lebte, hat mehr Klarheit in diese Streitfrage gebracht. Die sogenannten »wilden« Kinder, die außerhalb der Gesellschaft ohne Sprache aufwachsen, lassen sich in »Wald- oder Wolfskinder« und »Käfigkinder« unterscheiden. »Genie«, von der hier die Rede ist, war wie Kaspar Hauser ein Käfigkind. Sie war eineinhalb Jahre alt, als sie von ihrem Vater in das Hinterzimmer verbannt wurde. Tagsüber war sie auf einem Kackstühlchen angeschirrt, nachts in einem Schlafsack so festgebunden, daß er wie eine Zwangsjacke funktionierte. Sie wurde in aller Eile mit Brei abgefüttert. Wenn sie Laut gab, wurde sie hart geschlagen, so daß sie völlig verstummte. Auch über Radio oder Fernsehen drang keine Sprache an ihr Ohr. Die Mutter, hilflos, fast erblindet, fügte sich den Anordnungen eines psychisch kranken Vaters, der sich später, nach der »Entdeckung« Genies, das Leben nahm. Ein unglaubliches Martyrium, das sich über zwölf lange Jahre hinzog, ein schweres Einzelschicksal. Für die Wissenschaft – darf man das sagen? – ein Glücksfall. Das war den Wissenschaftlern in dem renommierten Krankenhaus, in das Genie mit dreizehneinhalb Jahren aufgenommen wurde, sofort klar. Ärzte, Therapeuten und Psychologen der verschiedensten Fachrichtungen wurden eingeschaltet, dazu Sprachwissenschaftler. Susan Curtiss, eine sechsundzwanzigjährige Linguistin, erhielt Gelegenheit, Genie über mehrere Jahre mehrmals wöchentlich zu besuchen, ihre Freundin zu werden, beim Essen, bei Spaziergängen und Spielen ihre Sprachentwicklung zu beobachten. Daneben gab es eine Fülle von Tests über die körperliche und geistig-seelische Entwicklung sowie eine Vielzahl von Videoaufzeichnungen.

Genie ist nicht der klassische Fall der Ausbeutung eines Menschenlebens durch die Wissenschaft, auch wenn sie später zum Zankapfel konkurrierender Betreuungsinstanzen wurde. Gewiß war Susan Curtiss' Interesse an dem Mädchen nicht uneigennützig, – bot es der angehenden Wissenschaftlerin doch den Stoff für eine Doktorarbeit, die weltweit Beachtung finden würde und gefunden hat. Aber die junge Linguistin wurde für Genie ein Segen. Sie wurde für mehrere Jahre eine der festen Bezugspersonen, die Beständigkeit und Sicherheit in ihr Leben brachten. (Den Verkaufserlös ihres Buches hat sie Genie zur Verfügung gestellt). Darüber hinaus erfuhr Genie intensive Einzelbetreuung von Psychologen und Sozialarbeitern.

Es gelang, die nunmehr dreizehneinhalbjährige Genie aus ihrer körperlichen und geistig-seelischen Verwahrlosung herauszuholen. Wiederholte Intelligenztests machten deutlich: Genie holte enorm auf, war keineswegs schwachsinnig. Anfangs sprach sie nicht, konnte nicht einmal weinen, spuckte ständig. Dann aber straffte sich ihr Körper, sie konnte Menschen anblicken (statt durch sie gleichsam hindurchzublicken), lernte später nähen und bügeln. Sie fing an zuzuhören, reduzierte ihre Gestik, sie sprach und wurde hungrig auf Wörter. Eine Zeitlang setzte eine wahre Aufholjagd nach Wörtern ein. Genie sprach mehr oder weniger in Einworthäppchen, natürlich mit viel Körpersprache verbunden. Würde sie jetzt auch die Grammatik nachholen? Genie wurde, ohne es zu wissen, zum Schiedsrichter im Kampf zwischen Biologen und Lerntheoretikern. Für die Biologen war die Grammatikuhr der Vierzehnjährigen schon abgelaufen.

Nach einem Jahr hatte Genie das Zweiwortstadium erreicht. Schon zeichnete sich der Triumph der Lernextremisten ab. Die zweite, die grammatische Lernexplosion, mußte unmittelbar bevorstehen. Sie blieb aus. Nach drei weiteren Jahren intensiver Betreuung sprach sie meist immer noch im verkürzten Telegrammstil der Zweiwortphase. Zum Beispiel wurden persönliche Fürwörter außer *I, you* und *me* konstant weggelassen. Nie lernte sie die im Englischen so häufige Einleitungsformel *there's* zu gebrauchen wie in *There's a hole in my bucket.* Reihte sie mehrere Wörter aneinander, kamen sinnvolle, aber selten grammatisch akzeptable Sätze heraus:

> bad orange fish – no eat – bad fish[4]

Sie hatte klare Vorstellungen über Gegenwart, Vergangenheit und Zukunft, gebrauchte ihre Verben aber immer nur in der Grundform. Wie Zweijährige stellte sie bei Verneinungen häufig das Verneinungswort voran: *no stay hospital; no like hospital; no come in,* oder kam doch über diese ungrammatische Struktur nur gelegentlich hinaus, wenn sie wie folgt die Verneinungspartikel in das Satzinnere verlegt, wo sie hingehört:

> Ellen not work at school.
> Genie not learn P.E. at school.[5]

Der nächste Schritt – die *do-Verneinung* – gelingt nicht mehr. Warum bleibt sie hier stecken? Sehr auffällig ist, daß sie keine Fragen mit Fragewörtern an der Spitze formuliert. Als man ihr solche Formen beibringen will, produzierte sie Wortsalat der folgenden Art:

> Where is may I have a penny?
> I where is graham cracker on top shelf?

Grammatikunterricht, mit dem man es zeitweilig versuchte, führte zu solchem kompletten Unsinn, wie sie ihn zuvor spontan nicht produziert hatte.

Sie will sich aber mitteilen, z.B. berichten, was sich in der Turnhalle abspielte. Was macht man, wenn man erzählen will, wer wann was tat oder was mit wem passierte, aber keine oder wenig Grammatik hat, nur genügend Wörter? Genie ist dann, berichtet ihre Mentorin, äußerst erfinderisch, entwirft Skizzen, mimt, gestikuliert, beginnt von vorn, wenn ich nicht richtig verstanden habe. Dreijährige meistern solche Situationen mit den bekannten *Und dann-Ketten:* »Und dann bin ich rübergelaufen und dann hat sie gesagt, sie gibt mir nicht den Ball und da habe ich mir den Ball genommen ...« Für Genie bleibt so etwas eine fast unlösbare Aufgabe. Als sie einmal davon spricht, was während ihrer Gefangenschaft geschah, kann sie sich wie folgt verständlich machen:

> Father take piece wood. Hit. Cry.

Ausformuliert: »Vater nahm dann ein Stück Holz und schlug mich damit. Da mußte ich weinen«.

Was das Ende der Lernbarkeitsphase einläutet, wissen wir nicht. Bis zum Antritt des Gegenbeweises gilt für uns: Es gibt eine Fristenregelung für die

Grammatik. Die Frist reicht bis zur Pubertät. Wer sie bis dahin nicht erlernt hat, lernt sie nie mehr.[6]

Gute Grammatik trotz geistiger Behinderung

Genie konnte also ihre Intelligenz, nicht aber ihre Grammatik ausbilden. Umgekehrt gibt es Menschen, die bei schwerer geistiger Behinderung dennoch grammatisch korrekt sprechen. So etwa Marta, die in einem behüteten, liebevollen Elternhaus aufwuchs, aber keine Zahlen versteht, ihr Alter nicht weiß und bei Sortieraufgaben, die schon Dreijährige lösen, als Teenager versagt. Ihre begriffliche Schwäche zeigt sich an falschen Wortbedeutungen bei einem ohnehin dürftigen Wortschatz. Was sie sagt, ist dementsprechend oft Unsinn, aber sie baut dabei zumeist grammatisch korrekte Sätze. Es folgen eine Sprachprobe von Marta und zwei weitere von Rick, einem ähnlich gelagerten Fall:

Marta:	She was thinking that it's no regular school, it's just plain old no buses. (Sie dachte, es sei eine normale Schule, es handelt sich um einfache alte Nicht-Busse.)
Rick:	She looks like she has blonde hair.
Versuchsleiter:	What colour is blonde?
Rick:	Black.
Versuchsleiter:	Who gets up first in the morning?
Rick:	Me.
Versuchsleiter:	And then what?
Rick:	Cindy gets up third.
Versuchsleiter:	Third?! Is there someone else getting up?
Rick:	No.[7]

Im übrigen ist auch Martas Sprachentwicklung erheblich verzögert, nach und nach wird aber ihr Satzbau immer ausgefeilter und sie spricht in komplexen Sätzen wie im obigen Beispiel – Sätze, wie sie der weitaus intelligenteren Genie nie über die Lippen kamen. Grammatikerwerb ist also nicht eng an Intelligenz und logisches Denken gebunden.

Weitere Zeugen für diese These sind Menschen, die an dem sehr seltenen Williams-Syndrom leiden. Diese Menschen haben wahrscheinlich einen Gen-Defekt, der Stoffwechselprobleme im Kalziumhaushalt verursacht und Herz- und Kreislaufschäden hervorruft. Der Körper ist in der Regel zart gegliedert und mit einem typischen, ansprechenden »Elfengesicht« ausgestattet. Meistens liegt eine leichte bis mittelschwere geistige Behinderung vor mit typischen Schwächen beim räumlichen Vorstellungsvermögen, beim Rechnen und in der Fein- und Grobmotorik.

Ihre Stärken liegen im sozialen und sprachlichen Bereich. Wo sich der Autist abschottet, sind sie kontaktfreudig bis ins Extrem. Sie sind freundlich, ja allzu freundlich und distanzlos – etwa wenn sie Passanten ansprechen und ihnen gar um den Hals fallen. Grammatisch korrekte Sätze sprudeln aus ihnen hervor, wobei sie eine Vorliebe für eher seltene Wörter zeigen, die ihnen sichtlich Freude bereiten. Allerdings überdeckt der Spaß, der sie mit Wörtern hantieren läßt, Mängel in der Logik der Aussage. Es bleibt bei einer oberflächlichen Leutseligkeit.[8]

Auch hundert Jahre Hirnforschung mit hirnverletzten Patienten bestätigen: Es gibt Leistungsausfälle ausschließlich im grammatischen Bereich – z.B. bei Patienten, die nach einem Hirnschlag nur noch in unverbundenen Wörtern oder von häufigen Pausen unterbrochenen, sinnschweren Wortblöcken reden können (Aphasie). Sie stehen in merkwürdigem Kontrast zu solchen Patienten, die in flüssigen, grammatisch wohlgeformten Phrasen nur noch sinnloses Zeug von sich geben können, aber deren Schädigung charakteristischerweise in einem anderen Hirnbereich liegt. Grammatik ist offenbar etwas sehr Spezielles. Sie gehört nicht zu unserem lexikalisch-begrifflichen Wissen und analytischen Verstand. Obwohl vielfach miteinander verflochten, sind Wortschatz und Grammatik separate Leistungsbereiche, so wie letztlich die Sprache insgesamt einen eigenständigen Phänomenbereich darstellt.

Sensible Phasen und Hirnphysiologie

> Was wir an Kindern in den ersten drei Jahren beobachten ..., ist eine Ursprünglichkeit und Genialität, die dem Menschen als Menschen in diesen Jahren zukommt und die er später nur noch hat, insoweit er Kind zu bleiben vermag. (Karl Jaspers)

Einiges spricht dafür, daß das Alter zwischen zwei und vier Jahren eine sensible Phase ist, in der sich nicht nur die Grammatik entfaltet, sondern auch die Intelligenz sprunghaft entwickeln kann. Dies geht unter anderen aus pädagogisch-psychologischen Studien hervor, in denen verschiedene Gruppen von Kindern im Alter von zwei, viereinhalb und acht Jahren getestet wurden. Zweijährige, die aus durchaus guten Heimen adoptiert wurden (aber trotzdem leicht zurückgeblieben waren), konnten in den folgenden zweieinhalb Jahren ihren Intelligenzquotienten um durchschnittlich 15 Punkte steigern.[9]

Die neuropsychologische Forschung ist zur Zeit dabei, für eine Reihe spezieller Fähigkeiten oder »Intelligenzen« »Zeitfenster« zu ermitteln – so, wie es für bestimmte Krankheiten »therapeutische Zeitfenster« gibt. In dieser Zeit kann der Arzt rettend eingreifen. Danach klappt das Fenster mehr oder weniger zu, und ein Eingreifen hat deutlich weniger Erfolg. Das Gehirn erweist sich als Organ, das sich selbst umgestaltet, aber nur wenn es zu bestimmten Zeiten in bestimmter Weise gebraucht wird. »Termingerecht« können Fähigkeiten heranreifen, aber auch Krankheiten ausbrechen.

Führend bei der Suche nach sensiblen Phasen ist die Hirnphysiologie, u.a. die Epilepsiediagnostik. Durch neue Techniken sind heute charakteristische Veränderungen in der Großhirnrinde nachweisbar. Früher testeten die Hirnforscher hirnverletzte Patienten; heute kann man sprachgesunden Versuchspersonen bestimmte Aufgaben stellen und feststellen, welche Hirnareale aktiv werden, während sie die Aufgaben ausführen. So kann man bestimmte Ausfälle, aber auch spezielle Begabungsinseln überprüfen und verorten. Elly und Stefan sind noch mit sieben Jahren sprachlich weit zurückgeblieben, benutzen aber Zahlwörter und können viel besser zählen und rechnen als andere Siebenjährige. Die Frage, ob für diese Leistung eine bestimmte Zellgruppe verantwortlich ist, ist beantwortbar geworden. So werden wir wohl bald einen Sprachatlas des Gehirns zeichnen und unterschiedliche sprachliche Funktionskreise mit ihren Hirnfeldern voneinander abgrenzen können.

Bei einem Neugeborenen müssen nicht nur die Wachstumsprozesse gesteuert und Routinen eingeschliffen werden, die die körperlichen Lebensfunktionen aufrechterhalten. Gleichzeitig stürzen Tausende von Informationen Sekunde für Sekunde über die sich entwickelnden Sinnesorgane auf das Gehirn ein, stellen es unter Lerndruck, vermitteln überlebenswichtige Hinweise. Eine grundsätzliche Verdrahtungsstruktur des Gehirns liegt bei Geburt vor. Später nimmt das Gewicht unseres Gehirns noch um das Vierfache des Geburtsgewichts zu, so daß schließlich rund hundert Billionen Nervenärmchen miteinander verschaltet sind. Dieses enorme Gehirnwachstum geht einmal auf die Vermehrung der sog. Gliazellen zurück, die die Neuronen versorgen und entsprechend funktionstüchtig halten, zum anderen auf die Vernetzung der Neuronen untereinander. Diese Vernetzungsmuster sind das eigentliche Geheimnis. Das Gehirn eines Zweijährigen hat doppelt soviel Schaltstellen (Synapsen) und verbraucht doppelt so viel Energie wie das eines Erwachsenen![10]

Es gibt nicht nur Vernetzungen benachbarter Nervenzellen. Die Nervenstränge (Axonen) wachsen auch zielgenau zu anderen Hirngebieten hin, wo sie Verknüpfungspartner finden. Dabei entstehen neue, grundlegende Verbindungen, die *strukturbildend* sind. Sie verhelfen grundsätzlich neuen Erkenntnis-, Denk- und auch emotionalen Verarbeitungsmöglichkeiten zum Durchbruch. Zugleich gibt es eine Vielzahl von *strukturfüllenden* Verbindungen, die die neuen Möglichkeiten ausarbeiten und ausreizen.

Die Bedeutung neuer Erfahrungen ist für beide Ebenen dieser Verschaltungen wichtig. Der aktuelle Entwicklungsstand der Gehirnstruktur scheint darüber zu entscheiden, ob neues Lernen nur begrenzt und nur innerhalb schon festgelegter Wege etwas bewirken kann oder ob jetzt neue Entwicklungsfenster aufgestoßen werden. Letzteres wäre der fruchtbare Moment für ein entsprechendes Lernangebot der Umwelt. In sensiblen Phasen können bei entsprechenden Erfahrungen bestimmte Feinverschaltungen zwischen Zellgruppen geradezu wuchern und ein sich selbst verstärkendes Steigerungsspiel in Gang setzen (positiver *feedback*). Kommen die Erfahrungen später oder zu spät, wachsen die Feinverschaltungen viel spärlicher oder überhaupt nicht mehr.

Jedenfalls bilden Sinnesreize das Lebenselixier der Nervenzellen. Frühe Spracherfahrungen verstärken die von ihnen erregten Nervenbahnen, schreiben sich in unser Gehirn ein, bewirken dort Veränderungen. Nervenzellen, die kräftige Signale abgeben, noch dazu im Chor mit anderen verbundenen Zellen, haben einen Vorteil gegenüber denen, die nicht synchron oder weniger stark feuern. So wird bei jedem ein individuelles Vernetzungsmuster und damit eine eigene Könnensstruktur herausmodelliert. Selten oder gar nicht benutzte Schaltkreise werden nach und nach entkoppelt: eine Erklärung für die im dritten Kapitel erörterten frühen Hörverluste. Andererseits bleiben früh und gut ausgebaute Verbindungen wegsam auch nach langen Zeiten der Ruhe.

Wie wir am Beispiel von Genie gesehen haben, gilt für den Grammatikerwerb die Pubertät als Obergrenze. Helen Keller war schon über sieben Jahre alt, als sie die Sprache mit Hilfe des Tastalphabets erlernte. Ihr Spracherwerb war dann ähnlich gestaffelt wie bei normalen Kindern. Aber er verlief etwa dreimal so schnell wie normal. Auch »Alex«, wie ihn seine Ärzte nennen, hatte Glück im Unglück. Er wurde mit dem sogenannten Sturge-Weber-Syndrom geboren, bei dem die Blutzufuhr zur linken Hirnhälfte gestört ist. Als er neun Jahre alt war, wurde diese Hirnhälfte entfernt. Kinder mit einer solchen Totaloperation erreichen meist einen IQ von 70 und können ein (fast) normales Leben führen. Bis zur Operation hatte Alex nur einige Laute und als einziges verstehbares Wort *Mama* hervorgebracht. Zehn Monate später – einen Monat nach Absetzung starker krampflösender Mittel – fing er an zu sprechen und durchlief typische Phasen des normalen Spracherwerbs, nur schneller. Einige Sprachdefizite verblieben. Der Fall ist nicht ganz eindeutig, da Alex zum Zeitpunkt der Operation schon das *Sprachverständnis* eines Dreieinhalbjährigen hatte. Er zeigt aber doch, wie ungemein lernfähig und bereit zur Sprachaufnahme unser Hirn bis zur Pubertät ist.[11] Entgegen früheren Annahmen weiß man aber heute, daß auch Erwachsenengehirne ständig neue Nervenzellen bilden, was vielleicht unsere Lernfähigkeit bis ins hohe Alter hinein ermöglicht.

Funktionskreise: das arbeitsteilige Gehirn

Sprache stellt ein ähnlich komplexes Verhalten wie das Sehen dar, das in eine Vielzahl von Komponenten zerfällt. Rund dreißig Regionen der Gehirnlandschaft sind mit der Verarbeitung visueller Informationen befaßt. Das Sehen wird somit von einem Team von Spezialisten im Gehirn arbeitsteilig bewältigt, d.h. unterschiedliche Zellfamilien können Unterschiedliches (sog. *Module*). Diesen Schluß macht die moderne Hirnforschung unausweichlich. Nicht anders kann es bei der Sprache sein. Über das ganze Hirn verteilte Neuronengruppen sind an der Sprachverarbeitung beteiligt. Viele Einzelleistungen müssen beim Verstehen und Sprechen zusammenwirken. Wie Lernen und genetische Voreinstellungen zusammenhängen, kann deshalb nicht pauschal für Sprache als Ganzes beantwortet werden. Wir müssen Sprache aufteilen. Selbstverständlich müssen die »technischen« Voraussetzungen eines »Hör-Sprechapparats« vorliegen:

– Kleinkinder haben ein besonderes Gehör für die in allen Sprachen wichtigen Lautunterschiede. Davon geht ein Teil verloren, wenn das Ohr nicht durch ein entsprechendes, frühes Sprachangebot gereizt wird. Die Ordnungsschwelle (vgl. S. 52f.) kann im bestimmten Umfang trainiert werden; Kinder erreichen den für Erwachsene typischen Wert von dreißig Millisekunden im Alter von acht bis zehn Jahren. Schon Säuglinge haben einen regelrechten Spürsinn für intonatorische und rhythmische Muster, für Silbenbau und Silbengrenzen.
– Das Sprechen erfordert unendlich genaue und schnelle Bewegungen der Zunge, der Lippen, des Kehlkopfs in Feinabstimmung mit den Atmungsorganen. Viele Muskelkoordinationen des Stimmtrakts sind schon entwickelt, während andere, einfachere Motoriken, etwa Finger- und Handkontrolle, nicht so weit entfaltet ist. Wie ungeschickt stellen sich noch Fünfjährige beim Anziehen und Zuknöpfen an!
– Die Führbarkeit der Stimme durch das Ohr ist genetisch angebahnt (vgl. S. 163ff.).

Unsere Hör-Sprech-Organe brauchen das Zugesprochene zur Feineinstellung und arbeiten dann, »wie es sich gehört«.[12] So sind schon aus anatomischen Gründen Schimpansen nicht des Sprechens fähig. Wer ihnen das Sprechen beibringen will, muß genauso scheitern wie einer, der versuchen wollte, »den Kopf so zu drehen, daß das Gesicht voll nach hinten blickt. Einfache mechanische Grenzen verhindern dies.«[13] Das fundamentale Angewiesensein der Lautsprache auf diese organischen Strukturen zeigt, daß ein bloßes Sowohl-als-Auch in der Erbe-Umwelt-Frage zu bequem ist.

Wie steht es nun mit anderen Teilbereichen der Sprache? Unter normalen Begleitumständen ist Grammatikerwerb bei Kindern ziemlich sicher, er gilt als umweltstabil.[14] Es gibt viele, aber eben fruchtbare Fehler und wenige echte Pannen, obwohl doch gerade die Grammatik so viele Fallstricke bereit-hält.[15] Eine besondere, unbewußt wirksame Intelligenz – so folgern wir – ver-hilft dem Kind, das komplexe System der Grammatik zu erfassen. Diese »quasi-rationale« Leistung steht im merkwürdigen Kontrast zum unent-wickelten analytischen Verstand eines Dreijährigen, der die im Grunde viel einfacheren elementaren Rechenoperationen noch längst nicht bewältigt und erst später erlernt, indem er sie bewußt übt. Die am Ende sich ergeben-de Unfehlbarkeit der Kinder in vielen sprachlichen Dingen ist frappant. Au-ßerdem überrascht die Rasanz des Grammatikerwerbs in diesem Alter: als ob die Kinder ihren Sprachkarren auf einen Berg gezogen hätten, und dann aber »Los geht's!«

Dennoch braucht auch ein jugendfrisches Nervensystem viele Jahre, um die Endstufe eines vollautomatisierten Hörverstehens und Sprechens zu er-reichen. Heute wird uns immer klarer, daß Sprechen und Verstehen aus vielen Teilfunktionen und Untersystemen bestehen, die nicht alle hübsch nacheinander abgespult werden können, sondern teilweise parallel laufen und zudem noch zeitlich genau abgestimmt interagieren. Unterschiedliche neuronale Mini-Netzwerke, die zeitlich perfekt aufeinander abgestimmt sind, kümmern sich um Grammatik und Wortbedeutung. Darauf deuten Experimente der Arbeitsgruppe um Angela Friederici hin. Sie spielte ihren Versuchspersonen drei Typen von Sätzen vor: einen korrekten (»Der König wurde ermordet«), einen sinnlosen (»Der Honig wurde ermordet«) und einen grammatisch falschen (»Der König wurde im ermordet«) Nach nur 200 Millisekunden reagierten die Probanden auf den Grammatikfehler, brauchten aber doppelt so lange, bis sie dahinterkamen, daß der gramma-tisch korrekte Satz vom Honigmord sinnlos ist. Den beiden Leistungen konnten unterschiedliche Hirngebiete zugewiesen werden. Offensichtlich funktioniert also die Grammatikerkennung rasend schnell. Die neuronalen Grundlagen für die hochautomatische, blitzschnelle Voranalyse (Phase 1) müssen anscheinend in einem ziemlich engen Lernfenster zwischen dem zweiten und vierten Lebensjahr erworben werden. Um voll auszureifen, braucht dieses Teilsystem des Verstehens jedoch noch einige Jahre.[16] Je mehr wir über Funktionsweisen unseres Gehirns herausfinden, um so mehr geraten wir ins Staunen. Es ist alles komplizierter, als wir je gedacht hatten.

Konvergenz von Innen und Außen

Wenn von Vererbung die Rede ist, fällt uns meistens das in der Familie Jo-hann Sebastian Bachs verbreitete musikalische Talent ein. Gibt es etwas Vergleichbares in bezug auf Grammatik? Supertalente der Grammatik kann es nicht geben, da es keine Steigerung von »richtig« gibt. Aber im vorigen Kapitel haben wir Kinder kennengelernt, die ihre Sprache im Zeitraffertempo erwerben – als ob die Rasanz des normalen Spracherwerbs nicht schon verblüffend genug wäre. Und man hat Familien mit charakteristischen grammatischen Ausfällen gefunden, die bei sorgfältiger Prüfung im Unterschied zu Genies Fall nicht auf das Konto der Umwelt (der »bösen« Eltern, der »bösen« Gesellschaft) gehen können.[17]

Die Frage nach der Erblichkeit setzt voraus, daß ein gegebenes Merkmal (z.B. gute Grammatik, reicher Wortschatz) bei verschiedenen Menschen in unterschiedlicher Ausprägung vorkommt. Dann lautet die Frage: In welchem Grade gehen die festgestellten *Unterschiede* auf Unterschiede im Erbgut und in welchem Maße auf Umweltunterschiede zurück? Sie läßt sich also nur in dieser Form prozentual fassen. Erläutern wir dies am Bild vom Trommelwirbel, der aus der Ferne an unser Ohr dringt. Es ist sinnlos, zu fragen, welchen Anteil der Trommler oder seine Trommel daran hat. Nun ändert sich etwas am Trommelwirbel, und wir dürfen uns fragen, ob das an einer anderen Trommel oder an einem anderen Trommler liegt.[18]

Der Mensch wird auf zweifache Art belehrt: durch seine Natur und seine Kultur (die aber ihrerseits in die Menschennatur eingebettet ist!). So ist auch Sprache beides, zugleich genetische Mitgift und Kultur und Tradition, die Menschen sich erarbeiten und an die nachfolgende Generation weiterreichen. Eins ist nicht möglich ohne das andere, so wie Breite und Länge zusammenkommen müssen, um eine Fläche zu bestimmen. Der genetische Funke braucht das Brennmaterial der Erfahrung, sonst verglüht er mitunter sehr schnell.

Wenn wir also fragen, in welchem Maße Spracherwerb erblich oder auf die sprechende Umwelt rückführbar ist, dann unter folgenden Voraussetzungen:

1. Spracherwerb braucht unverzichtbar beide Beiträge. Bis vor wenigen Jahren waren wir noch nicht viel weiter als William Stern, der die Sprachentwicklung als ein »Konvergenzprodukt« bezeichnete:

> Seelische Entwicklung ist nicht ein bloßes Hervortreten-Lassen angeborener Eigenschaften, aber auch nicht ein bloßes Empfangen äußerer Einwirkungen, sondern das Ergebnis einer *Konvergenz* innerer Angelegtheiten mit äußeren Entwicklungsbedingungen. Diese »Konvergenz« gilt für die großen Züge, wie für die Einzelerscheinungen der Entwicklung. Bei keiner Funktion oder Eigenschaft dürfte man fragen: »Stammt sie von außen oder von innen?«, sondern »*Was an ihr* stammt von außen und was von innen?«; denn stets wirkt beides an ihrem Zustandekommen mit, nur jeweils mit verschiedenen Anteilen.[19]

So gesehen, sind Prozentangaben (»zu 70% vererbt, zu 30% umweltabhängig«) unsinnig. Heute brauchen wir aber bei einem faden, schwächlichen Sowohl-Als-auch nicht stehen bleiben. Es gilt:

2. Den Primat haben die Gene, die den Rahmen unserer Möglichkeiten abstecken. Sie sind's, die erst einmal den Organismus bauen, der lernen kann. So hat *jedes* Kennen und Können eine genetische Basis, auch kulturelle Erfindungen wie das Schachspiel. Ein (trivialer?) Punkt, der gern übersehen wird.

3. Die gesellschaftspolitisch relevante Frage ist die nach den genetischen und organischen Einschränkungen der Lehrbarkeit. Positiv gewendet: Wo und wann macht uns unsere genetische Ausstattung besonders empfänglich für Lernangebote? Wenn gerade krasse Minderleistungen eindeutig auf erbliche oder organische Schäden zurückgehen (Autismus, Down-Syndrom usw.), müssen auch Normalleistungen erblich bedingt sein. Als Eltern und Erzieher möchten wir wissen: Was können wir tun?

– Was gehört quasi zu unserem natürlichen Repertoire? Was lernen wir so gut wie fehlerfrei (z.B. Phonotaktik: welche Laute wie miteinander verbindbar sind)?[20] Was lernen wir fast wie von selbst, allerdings mit Hilfe fruchtbarer Fehler (z.B. Grammatik)? Können wir noch etwas dazutun, um die Entwicklung günstig zu beeinflussen? In welcher Weise und mit welchen Mitteln können/dürfen wir uns noch einmischen?
– Was ist der richtige Zeitpunkt, um jeweils das beste zu erreichen?
– Was fällt uns eher schwer, vielleicht zu schwer? Lohnt sich der Aufwand für die Betroffenen? Für die Gesellschaft? Was wäre nur durch Dressur und Training, das den Betroffenen sehr sauer werden könnte, zu erreichen? Was können wir uns verstandesmäßig erarbeiten?
– Wo sollen wir den Kindern gezielte Lernangebote machen? (z.B. Wortschatz, durch Gespräche, durch Bücher)
– Wo deuten Entwicklungsverzögerungen auf genetisch oder anderweitig bedingte Stoffwechsel-/Organstörungen hin? Hier könnten mitunter medizinische Hilfen wie gezielte Hormon- oder Vitamingaben ebenso wirksam sein wie Übungsprogramme.
   Hier wären quantitative Gewichtungen nicht mehr unsinnig, und Wissenschaftler werden weiter um sie streiten.

4. Die Erblichkeit eines Faktors sagt im Prinzip nichts über unsere Eingriffsmöglichkeiten. Ein reiches genetisches Potential bedeutet auch nicht das Ende aller Erziehung und Ausbildung, sondern bietet entsprechend reiche Chancen. Zwar ist gegen viele Erbkrankheiten heute noch kein Kraut gewachsen. Ihre brutale Unabwendbarkeit bleibt im Gedächtnis. Wir vergessen darüber andere, die heilbar geworden sind. Ob und wie bei genetisch bedingten Sprachstörungen durch frühe Intervention geholfen werden kann, ist im Einzelfall zu prüfen.
   Im Normalfall geht es darum, schon vorhandene Lernbereitschaften optimal ins Spiel zu bringen bzw. sie zu erweitern. Die Forschung hätte also aufzuklären, worin diese Lern-Voreinstellungen genau bestehen und auf

welche Weise Innen und Außen, d.h. Eigenbeitrag der Lernenden und der Beitrag ihrer Umwelt, ineinander greifen.

Sprache als quasi-rationale Leistung

»Von der unglaublichen Kompliziertheit und Vollkommenheit der vegetativen und motorischen Vollzüge selbst haben wir keine Erkenntnis und das Bewußtsein ist also offenbar nicht da, uns darüber zu belehren«, d.h., die erforderlichen Verrechnungsprozesse laufen automatisch ab, ohne daß wir uns ihrer bewußt wären.[21] Nicht anders steht es um die Grammatik. Achten wir je auf sie im lebendigen Vollzug der Rede? Wir mögen unsere Worte mit Bedacht wählen, an die Grammatik denken wir fast nie. Sie stellt sich wie von selbst ein. Ebensowenig wissen wir von den komplizierten Verrechnungsschritten, die unser Hirn anstellen muß, damit wir uns von unseren Augen geleitet sicher in unserer Wohnung bewegen oder im dichten Geäst eine reife Frucht pflücken können. Wollten wir uns dies jeweils im Einzelfall bewußt machen, würde es stören statt helfen. Das gleiche gilt für viele andere vitale Leistungen, die man *quasi-rational* nennen könnte: Es ist so, als ob sie von Bio-Mathematikern und Bio-Ingenieuren ersonnen wären. Die aber erfinden nicht selbst, sondern versuchen ja gerade, der Natur auf die Schliche zu kommen und ihre Konstruktionsweisen nachzubuchstabieren – so wie Sprachwissenschaftler die Grammatik einer Sprache analysieren, die ja immer schon da ist. Grammatisch richtig sprechen ist eine quasi-rationale Leistung wie etwa auch die Fähigkeit, Schallquellen zu lokalisieren. Wir hören, aus welcher Richtung jemand zu uns spricht, weil unser Gehirn die Zeitdifferenz zwischen den Schallwellen verrechnet, die unser linkes und rechtes Ohr erreichen. Obwohl das Gehirn gerade mit dieser Zeitdifferenz arbeitet, bringt es zugleich das Kunststück fertig, sie für unser Bewußtsein zu unterdrücken: Es würde nur stören. Bekannt ist die Anekdote vom Tausendfüßler, den man fragte, wie er mit seinen vielen Beinen so elegant laufen könne. Als er darüber nachzudenken begann, kam er nicht mehr vom Fleck.[22]

Unser biologisches Können ist Voraussetzung unseres Er-Kennens. Daß die Vernunft diesem Können ähnlich funktioniert, darf uns nicht wundern. »Denn warum soll ausgerechnet unsere Vernunft andere Prinzipien besitzen als jene, die das Lernen seit vier Milliarden Jahren ermöglichen?«[23] Das Leben selbst – so die entscheidende Einsicht von Konrad Lorenz – ist ja schon ein erkenntnisgewinnender, somit auf Lernen angewiesener Vorgang. Im Bauplan des Gehirns ist das »Wissen« aus Millionen Jahren Evolution gespeichert. Das Ich-Wissen unseres Bewußtseins ist nur eine besondere Form des Wissens, die Spitze des Eisbergs, Wissen, das von sich selbst weiß.

Eine komplizierte Choreographie der Gene sorgt dafür, daß nicht nur bei der Geburt bestimmte Fähigkeiten fertig bereitliegen, sondern weitere Fähigkeiten nach einem vorweg bestimmten Zeitplan die Entwicklung vorantreiben – allerdings nur bei entsprechenden reichhaltigen Umweltanreizen. Die Gene haben nicht Arme und Hände, Lungen und Nieren ausgeformt und dann haltgemacht. Körper *und* Geist sind genetisch vorgeprägt. Mit Sicherheit gilt dies auch für die Sprache. Wir werden mit *spezifischen vitalen Intelligenzen* geboren, die im Kontakt mit Sprache ausgeformt, angereichert und verfeinert werden. Wir sind von Natur aus für den Spracherwerb bestens präpariert. So ist auch normalerweise der Spracherwerb un-aufhaltsam und sein Erfolg garantiert. Trotzdem lernen wir nicht das Sprechen wie die Spinnen das Weben (wie Steven Pinker allzu pointiert formuliert). Zum Ausreifen sprachlicher Fähigkeiten bedarf es vielfacher Spracherfahrung, aufgrund derer sich das Gehirn selbst strukturiert.

Der Mensch – ein Genie des Lernens

Wenn aber die Sprachlichkeit des Menschen immer Natur und Kultur zugleich ist, ist auch Lernen immer mit im Spiel. Der Mensch ist ungemein viel lernfähiger als Tiere, bis ins Alter hinein. Herder nannte ihn deshalb den »Lehrling der Natur«, den »Lehrling aller Sinne«, den »Lehrling der ganzen Welt«.[24] Er ist nicht von vorneherein in eine für ihn vorgedachte Umwelt eingepaßt, sondern verfügt statt dessen über eine »unerreichbare Anpassungsbereitschaft.«[25] Beim kindlichen Umgang mit der Grammatik sind besondere kindliche Lernbegabungen – wir meinen: stammesgeschichtlich erworbene Lernrezepte – am Werk:

– der Ansporn, einfach etwas zu versuchen, die Spontaneität der Kinder. Dazu paßt, daß Kinder – im Gegensatz zum Computer – auf Unzulänglichkeiten spezialisiert und in der Lage sind, Irrtümer nach und nach zu korrigieren;
– das Erfassen von Analogien: die Leichtigkeit, mit der ein Fall auf andere – in einer oder mehrerer Hinsicht ähnliche – Fälle übertragen wird; in Wortbildung und Syntax ist dies nichts anders als die Fähigkeit, von endlichen Mitteln unendlichen Gebrauch zu machen;
– die Tendenz, Sprache zu regularisieren und durchzustylen, die berühmten Ausnahmen von der Regel wegzuretuschieren und dabei auch wider den Augenschein schlicht vom Teil auf das Ganze zu schließen;
– der Mut zur Lücke, der Trick, Probleme einfach eine Zeitlang liegen zu lassen, provisorische Strukturen zu schaffen und Übergangsregelungen zu treffen, Details für später zu reservieren und sich von den Kompliziertheiten des Zugesprochenen nicht beirren zu lassen, kurz die kreative Unordnung der Kinder;[26]

– die kluge Aufteilung der Lernaufgabe, verbunden mit dem Widerstand gegen Einmischungen von außen;
– die hochentwickelte Fähigkeit, durch langen Gebrauch ganze Wortgruppen als sprachliche Fertigteile zu automatisieren – ein Sonderfall der Fähigkeit, eine Funktion durch ihre ständige Ausübung zu verbessern.

Da auf jeden Fall gelernt wird, betrifft die *praktische* Frage nicht die *Lernbarkeit*, sondern die *Lehrbarkeit* der Sprache. Ist es sinnvoll und notwendig, von außen Lernen anzukurbeln und gezielt zu steuern? Haben wir zum Lernen noch Helfer oder Lehrer nötig, ohne die nichts geht? Hier wäre als erstes anzuführen, daß Sprache im warmen Nest vorsprachlicher Kommunikation großgezogen wird. Und dieses Nest wird von den Eltern gebaut. Sie führen die Regie.

Solche Vermittler sind selbst dann unabdingbar, wenn sich die Kinder der Grammatik ihrer Muttersprache bemächtigen. Denn ohne daß die Wörter, die es hört, auch etwas bedeuteten, würde kein Kind auch nur ein winziges Stückchen Grammatik lernen. Alle Bedeutungen sind ja kulturell vermittelt. Sie werden von Kindern aufgenommen, weil die Eltern die Sprechsituationen sinnfällig gestalten und die Kinder schon ein Handlungswissen erworben haben. Später spielen besonders Bücher beim Aufbau eines Wortschatzes eine Rolle. Seine Art und Größe sind Kennzeichen einer Kultur. Das gilt für den Wortschatz des einzelnen wie für eine ganze Sprache. So wie es »primitive« Kulturen gibt – Steinwerkzeuge schneiden schlechter als Stahl oder Laser –, so gibt es auch »primitive« Wortschätze. Wie irreführend, alle *Sprachen* (statt Grammatiken) als gleich komplex, hoch entwickelt und damit als gleichwertig anzusehen! Als ob der Wortschatz, besonders aber die Schriftkultur einer Sprache eine vernachlässigenswerte Größe wäre![27]

Goethes »Was du ererbt von deinen Vätern, erwirb es, um es zu besitzen« meint unser kulturelles Erbe. Wir müssen uns den Reichtum an Wörtern und Begriffen, den unsere Sprache bereithält, erarbeiten, um ihn zu besitzen. Sprache ist deshalb – in den Worten Jacob Grimms – »ein Gut, das die Nachwelt zu erhalten, zu verwalten und zu mehren angewiesen ist.« So ist auch die Vielfalt der Sprachen, in die die Menschheit sich spaltet, in erster Linie ein Kulturphänomen, das zwar biologische Wurzeln hat, aber nicht als direkte Folge biologischer Vererbung zu betrachten ist. Kulturen wandeln sich viel schneller, driften somit auch viel schneller auseinander als eine biologische Art. Wenn Pinscher und Pudel sich begegnen, können sie sich in ihrer Weise verständigen, wo immer sie aufgewachsen sind; wir wohl auch, aber nicht mehr sprachlich.

Lernlust als natürliche Mitgift

Zu den kindlichen Lernbegabungen muß das Lernen-Wollen kommen. Streng genommen ist der Lauterwerb eine ziemliche Plackerei. Aber für normale Kinder ist das Üben mit der Stimme wie Spielen und macht Spaß. Kinder wollen Sprache, drängen zur Sprache gerade auch bei Erfahrungsentzug. Sie lassen sich nicht kleinkriegen, sie geben nicht einfach auf. Auch gehörlose Kinder fangen an zu lallen, wollen also die in ihnen angelegten stimmlichen Möglichkeiten erproben und entwickeln. Sie verstummen, wenn sie den selbsterzeugten Klängen nicht nachlauschen können. Lallen ist vererbt. Alle Kinder in allen Kulturen beginnen damit. Selbst gehörlose Kinder lallen, obwohl sie nie die Gelegenheit hatten, es durch Nachahmung zu lernen.

Erst wenn wir auf Kinder stoßen, denen der Lernwille fehlt, werden wir darauf aufmerksam, daß auch hier genetische Vorgaben am Werk sind. Wir erkennen, daß Kinder die vielen Hürden der Sprache nur mit ihrer großen Sprechlust und einem unbändigen Mitteilungsdrang so leicht nehmen können. Ellys Mutter sieht hier das zentrale Manko ihrer Tochter, das ihren Autismus am besten erkläre. Sie entdeckt an Elly im Vergleich zu ihren älteren Geschwistern eine tiefliegende Interesselosigkeit am Kommunizieren wie auch an tausend anderen kleinen Betätigungen. Wie selbstverständlich ist es für uns, wenn Kinder so schnell wie möglich alles selber machen wollen: den Löffel in die Hand nehmen, einen Brief einwerfen, eine Drehtür aufstoßen! Elly fühlt sich dazu ebensowenig gedrängt, wie sie Lust an sprachlicher Betätigung hat. Eine ausgesprochene Sprechfaulheit kennzeichnet auch Genie – trotz intensiver Bemühungen ihrer Therapeuten, sie zum Sprechen anzuregen. Selten ergreift sie sprachlich die Initiative und beschränkt sich aufs Reagieren. Dagegen läßt sich die Sprechlust normal entwickelter Kinder in den Notaten der Eltern zig-fach belegen.

Auch das Experimentierspiel mit der Sprache, die systematische grammatische Variation, wird lustvoll angewendet. Die Warum-Frageketten scheinen ebenfalls Spaß zu machen, so daß es auf die Antworten nicht so sehr ankommt:

> Dieses Spiel konnten meine Jungen bis dreißigmal hintereinander fortsetzen. Ich konnte mich durch verschiedene und gleiche Antworten davon überzeugen, daß es dem Jungen ja gar nicht auf die Erklärung und den Inhalt meiner Antwort ankam, sondern lediglich auf die Tatsache, daß ich jedesmal antwortete ... Wie mißverstehen doch Eltern ihr kleines Kind, wenn sie empört nach dem dritten Male Ruhe gebieten, weil sie glaubten, mit der Erklärung das Kind belehrt und befriedigt zu haben. Dieses Niveau der beharrlichen Warum-Frage kommt erst in der Schulzeit. Vorerst spielt das Kind mit der Appellfunktion.[28]

Welch ein Gegensatz zu Elly! Bei ihr ist nicht nur die Lust an der Betätigung der Artikulationsorgane kaum vorhanden, sie zeigt später auch nur eine gering ausgeprägte Zielstrebigkeit. Nur selten scheint sie sich auf etwas regelrecht zu freuen; d.h. sie bildet keine Erwartungen aus, die in die Zukunft vorgreifen. Ebenso fehlen ihr Vorstellungskraft und Phantasie. All diese Auffälligkeiten hängen wohl in noch schwer durchschaubarer Weise zusammen und sind auch mit ihrem langsamen Sprachwachstum verknüpft. Lange Zeit will und kann Elly mit Sprache nichts anfangen. Wo sollen die Eltern den Hebel ansetzen? Ihnen bleibt nur übrig, sobald überhaupt kleine Vorlieben und Interessen erkennbar werden (z.B. ihr Interesse an Zahlen), diese so weit wie möglich als Motor zu benutzen.

Wie sehr aber der Mensch ein Genie des Lernens ist, das bezeugen am stärksten Menschen wie Helen Keller, Christopher Nolan und Emmanuelle Laborit, die trotz schwerster Behinderung zur Sprache kommen.

Kinder-leichte Muttersprache: Gene für die Grammatik?

Können wir nun bei der Grammatik mehr tun, als die Bedingungen für *spontanes Lernen* schaffen? Können wir sie darüber hinaus gezielt beibringen? Bei Genie war es ein aussichtsloses Unterfangen. Wenn man Grammatik gezielt unterweisen will, verschlimmbessert man die Situation nur, und das Ergebnis ist erst recht ein Wortsalat. So auch bei der autistischen Elly. Mit zehn sind viele Sätze immer noch ungrammatisch. »Give Becky green lollipop« kann bei ihr – erwartungsgemäß – heißen, daß Becky den Lutscher bekommt, aber auch, daß Becky ihn weggibt. »No four find Daddy peanut« soll heißen »I can't find four big peanuts«. Sie sagt »grow be eleven« und wird korrigiert: »Vergiß das ›to‹ nicht, sag »grow to be eleven«. Herauskommt: »Elly grow be to eleven.«[29]

So haben wir bisher in den Elterntagebüchern auch kein Notat gefunden, in dem man ernsthaft versucht hätte, Kindern den Gebrauch von Relativpronomen oder von *wenn, als, aber, schon* usw. beizubringen. Wie könnte es auch sein, da wir bei der Grammatik ebenso wie die Kinder nicht eigentlich wissen, was wir da tun:

> Gisa, gerade drei Jahre, ruft kläglich: »Muß Pipi.«. Unten im Klo steht sie in einer Lache. Also Hosen runter, dann raufgetragen ins Bad. »Muß noch mehr Pipi.« Ich setze sie aufs Klo. Dann, absitzend: »Hab alles rausgepipit.« Auf das letzte Wort kommt es uns hier an. Sie hat es von uns nie gehört. Fragen wir Gisa, die inzwischen zwölf Jahre alt ist. Heißt es »er hat uns aufgehalten« oder »aufhalten«? Wir wurden »gefilmt« oder »filmt«? »Er hat kapiert?« oder »gekapiert«? »Er hat uns besucht« oder »besucht«? – Sie wird keinen Fehler machen. Aber die Regeln, nach denen sie verfährt, um ihre Partizipien richtig zu bilden, weiß sie nicht – und der geneigte Leser wahrscheinlich auch nicht.[30]

Müssen wir also ein Grammatik-Gen postulieren? »Niemand hat bisher ein Sprachorgan oder Grammatik-Gen gefunden, aber die Suche hat begonnen.«[31] Möglich schon, und wir dürfen auf seine Entdeckung gespannt sein. Vielleicht gibt es ein Meistergen, eine Art Hauptschalter, der das Grammatikspiel startet, und dazu ein ganzes Arsenal weiterer Gene, die Zellverbände in unserem Gehirn für bestimmte Spracherfahrungen vorstrukturieren. Vielleicht Gene für eine »Urgrammatik«, die Grammatik hinter allen möglichen Grammatiken, einen minimalen, fertig vorliegenden Sprachbauplan aller natürlichen Sprachen? Entsprechend wird versucht, alle Sprachen als Varianten eines *in uns allen eingeschriebenen Grundmusters* zu beschreiben – oder, in Humboldts Worten, »den inneren geheimnisvoll wunderbaren Zusammenhang aller Sprachen« zu erkennen. Alle Sprachen sind einzigartig, konstruieren aber ihre Besonderheiten aus dem *einen* Grundstoff. Jeder hat seine Sprache, und doch alle die eine.

Die Gene könnten aber auch auf alle Sprachen anwendbare spezifische Lernfähigkeiten und Findungsprozeduren definieren, die langfristig aus vielen Einzelbeispielen Gemeinsamkeiten des Sprachinput herausholen, erkennen und verarbeiten. Kindliche Lernfähigkeiten und Sprache müssen zueinander passen wie die Flosse zum Wasser und der Huf zum Steppenboden. Dieses Passungsverhältnis hätte künftige Forschung noch stärker heraufzuarbeiten. Der Gegensatz zwischen »Urgrammatik vor aller Spracherfahrung« und »sprachspezifischen Lernfähigkeiten« löst sich insofern auf, als beide Standpunkte genetisches Vorwissen beinhalten. Grammatik ist kindgemäß, kinder-leicht im buchstäblichen Sinne – sonst gäbe es sie nicht. Solche Lernfähigkeiten werden heute unter dem Stichwort »Konnektionismus« in neuronalen Netzen simuliert (vgl. S. 104).[32]

Die Gene bauen ein Gehirn (die biologische *hardware*), das sich unter dem Einfluß der Umwelt (*software*) selbst organisiert. Wir sind »von Natur ein Kulturwesen«, Kultur ist unsere »zweite Natur«.[33] Das ist bei der Sprache sonnenklar: Jeder erwirbt nur die Sprache oder den Dialekt, der ihm zugesprochen wird. Sprachen sind kulturelle Hervorbringungen, kein unmittelbares Ergebnis genetischer Determinanten. Als solche bleiben sie zwar ein Teil der Naturgeschichte des Menschen, aber sie sind doch die Fortsetzung der Evolution mit je eigenen Mitteln. Je mehr Sprachen untersucht werden, desto deutlicher wird auch ihre Verschiedenheit.[34]

Die Gene, die alles ins Rollen brachten, entwickelten sich in Jahrmillionen und wirken heute noch in den Spracherwerb hinein. Sie schufen Kulturen, die sich seit etwa 200.000 Jahren in enger »Absprache« mit den jeweiligen Umwelten in verschiedenen Richtungen entwickelten. So entstanden unterschiedliche Sprachen und eigenständige kulturelle Traditionen, bei denen sich z.T. unterschiedliche Erwerbsaufgaben stellen. Dazu kommen Zehntausende von Stunden intensiver persönlicher Sprachbegegnungen von Eltern und Kind, Kind und Geschwistern, mit all den Zufällen, die das Leben mit sich bringt. Dieses Gewirr von uralten und neuen Wirkungen und Wechselwirkungen zu entflechten, wird noch einiges an Arbeit kosten.

Geteilte Umwelt und individueller Erfahrungshintergrund

Was sind denn nun die Umweltfaktoren, die auch die Sprachentwicklung beeinflussen könnten? Lange Zeit haben die Milieutheoretiker vor allem die Schulbildung, Sozialschicht, Wohnverhältnisse, Nachbarschaft, den elterlichen Erziehungsstil im Auge gehabt. Man hat sogar die Anzahl der Bücher im elterlichen Haushalt herangezogen. Dann haben aber die Zwillingsstudien gezeigt, daß gerade diese globalen Milieufaktoren die Persönlichkeit viel weniger prägen als die ungezählten individuellen Erfahrungen, die nicht alle Familienangehörigen zugleich trifft, sondern die jeder für sich selbst macht. Obwohl sie in die gleiche Schule gehen, haben Geschwister oft während vieler Jahre nicht einen einzigen Lehrer gemeinsam. Dazu kommen Zufallsbegegnungen, Schicksalsschläge wie Unfälle und Krankheiten, die den einzelnen aus der Bahn werfen können, individuelle Freundschaften, und unser aller Leben nimmt seinen ganz eigenen unverwechselbaren Lauf. Von wie vielen biographischen Zufällen hing es ab, daß ausgerechnet Anne Sullivan für die siebenjährige Helen engagiert wurde und trotz der anfänglichen zermürbenden Kämpfe mit ihrem wilden Zögling weiter machte bzw. bleiben durfte! Ohne sie hätte es die erlöste, zur Sprache befreite Helen Keller, wie wir sie aus ihrem Lebensbericht kennen, aller Wahrscheinlichkeit nach nie gegeben. Aber nicht nur von außen stößt uns zu, was alles ändern kann. Jeder schafft sich auch einen Teil seiner Umwelt selbst. Es ist auch wichtig, wie der Einzelne auf gemeinsames Schicksal wie Elternhaus und Schule reagiert. Hier kommen von Anfang an unsere genetische Vorprägungen mit ins Spiel und verschlingen sich mit den Umweltgegebenheiten. Von Geburt an sind manche Kinder schüchtern, andere eher impulsiv. Solche Temperamentsunterschiede zwischen Geschwistern können dazu führen, daß sie auch von ihren Eltern etwas anders angesprochen werden. So tragen schon kleine Kinder aktiv zum Eltern-Kind-Verhältnis bei. Nicht alle Geschwister bekommen Klavierunterricht, oft aus guten Gründen. Und nicht nur der Zufall regiert. Wir wählen die Clique, aber genauso wählt die Clique uns.

Die ins Endlose wachsende Vielheit kleiner und kleinster Faktoren macht sich auch in der Sprachentwicklung bemerkbar. Auf Schritt und Tritt begegnen uns Eigenheiten der Kinder, was die Laute, die Wörter und ihre Verbindungen oder die Bedeutungen anbetrifft. Es ist Mai und Hilde Stern, schon über zwei Jahre alt, läuft ans Fenster, durch das die Sonne flutet und sagt »Winter daussen, ja«. Sie meint die Sonne, die sie, trotz sanfter Korrekturen, schon seit Monaten mit »Winter« verwechselt.

Die Muttersprache als Dechiffrierschlüssel für fremde Sprachen

> Alles Lob, das man den alten Sprachen als Bildungsmitteln erteilt, fällt doppelt der Muttersprache anheim, welche noch richtiger die Sprach-Mutter hieße ... Die Kinder würden die Sprache nicht lernen, wenn sie nicht schon eine Sprache hätten. (Jean Paul)

Frühe Seherfahrungen bestimmen die Entfaltung der Sehleistungen mit und verändern die Anatomie des Hirns. Analog dazu darf man annehmen, daß sich die Spracherfahrungen der frühen Kindheit in einer dauerhaften Architektur entsprechender Hirngebiete niederschlagen.

So bringt die Muttersprache Vorleistungen auf eine mehrsprachige Zukunft, indem durch sie und mit ihr z.B. die natürliche Trägheit des artikulatorischen Apparats überwunden wird und sich die Feinmotorik der Sprechorgane ausbildet.

Ein weiteres Beispiel: Man nimmt heute an, daß besondere Zellverbände existieren, die zwischen Begriffen und zugehörigen Wortformen vermitteln. Ein Indiz dafür liefert eine besondere Störung, die Farbanomie. Die Patienten wissen einerseits genau, was *rot* oder *grün* bedeuten, sie haben eine klare Vorstellung von den Farben. Andererseits haben sie keine Schwierigkeiten, Wortformen abzurufen oder zu bilden. Aber wenn man ihnen rot zeigt, sagen sie vielleicht *grün*, und wenn man ihnen umgekehrt ein Farbwort nennt, tippen sie meist auf das falsche Farbplättchen. Hypothese: Ein Vermittlungssystem ist beschädigt, das Wörter an Begriffe bindet und umgekehrt, ein System mithin, das durch frühe Spracherfahrungen aufgebaut und von den später zu erwerbenden Sprachen mitbenutzt wird.[35]

Aber darin erschöpft sich die Vorleistung der Muttersprache nicht. Sie ist auch vorgeleistete Weltbemächtigung. Sie entlastet von der Mühe, ein Wort wie *école* zu verstehen, weil wir alle schon wissen, was es so mit Schule auf sich hat. Wir können gewöhnlich auch schon lesen und schreiben, wenn wir es mit Fremdsprachen zu tun bekommen, und nutzen das auch. Alle Sprachen sind einzigartig, und doch konstruieren sie ihre Besonderheiten aus einem gemeinsamen Grundstoff. So liegt es nahe, sich in jede weitere Sprache in Anlehnung an die Erstsprache einzuarbeiten. Es ist allerdings keineswegs so, daß die Schüler automatisch solche Fügungsweisen auf eine Fremdsprache übertragen, die sich mit denen der Muttersprache decken. Überraschenderweise machen Schweden, die Deutsch lernen, auch Fehler wie:

> Im Winter ich laufen Ski.
> Gestern Karl kaufte ein Buch.
> Jetzt Maria schläft,[36]

obwohl hier Deutsch und Schwedisch der gleichen Regel folgen (Verbzweitstellung). Eine *sprachimmanente Entfaltungslogik* ist auch für den Zweitspracherwerb zu veranschlagen und könnte mit muttersprachlichen Tendenzen konkurrieren. Die Dinge sind – wie immer – viel komplizierter.

Es gilt jedoch, sich von einem mehr als hundertjährigen Irrtum zu befreien, der darin bestand, die Muttersprache als Lernhindernis für weitere Sprachen zu betrachten. Statt so zu tun, als ob es sie nicht gäbe, sollte sie der Lehrer gezielt einsetzen. Auf Anhieb – und ohne das Regelwerk der Grammatiker zu bemühen – werden uns fremdartige Strukturen klar, wenn wir sie einfach in der Muttersprache nachbilden, wie in folgenden Beispielen die Grammatik des Maltesischen:

> Fejn hu l-katidral?
> Wo ist die Kathedrale?
> Wörtlich: Wo er der Dom?

> Fejn hi l-knisja?
> Wo ist die Kirche?
> Wörtlich: Wo sie die Kirche?

> il princep iz-zghir
> der kleine Prinz
> Wörtlich: der Prinz der kleine

> il-bahar il-mejjet
> das tote Meer
> Wörtlich: das Meer das tote

Wenn im Chinesischen der Plural mit Hilfe eines eingefügten »Meßworts« gekennzeichnet wird, machen wir uns dies ebenso an der Muttersprache klar. So wie wir *zwei Stück Seife* oder *zwei Riegel Schokolade* sagen, heißt es dort:

> liang-ben shu = zwei Band Buch = zwei Bücher
> wu-ba dao = fünf Griff Messer = fünf Messer

Das kapiert jedes Schulkind. Auf diese Weise werden Sprachen füreinander transparent. Der Trick, unbekannte schwierige Fügungen in der Muttersprache nachzubauen, verhindert, daß wir uns in den Grammatiken fremder Sprachen hoffnungslos verheddern. Kindern, aber auch manchem Erwachsenen fehlt die Fähigkeit zur tiefdringenden Sprachanalyse. Aber wir können unsere analytische Schwäche mit Hilfe der Muttersprache überwinden. Es ist ein Skandal, daß im konventionellen Fremdsprachenunterricht die gezielte Mithilfe der Muttersprache immer noch verpönt ist – so, als ob die Muttersprache Feindin und nicht Verbündete der Fremdsprache wäre. Denn sie bahnt uns den Weg zu allen weiteren Sprachen – ganz unabhängig davon, ob sie der Lehrer geschickt benutzt oder nicht. Was wir umlernen müssen, ist weniger wichtig als das, was wir unbewußt oder bewußt von ihr auf die Fremdsprache übertragen können. Die Muttersprache hat uns Augen und Ohren aufgetan für grundlegende grammatische Mechanismen. Sie hat Zellverbände geformt und gewissermaßen für Sprache in Beschlag genommen, die bei mehreren Sprachen auch mehrfach Dienst tun können.

Wider Rassenwahn und Machbarkeitswahn

Überall da, wo wir erziehend und belehrend eingreifen, sollten wir es in Kenntnis natürlicher Voreinstellungen tun. Gibt es Dinge, die wir leichter und lieber lernen als andere, ebenso komplizierte? Lernen wir sie nur zu gewissen Zeiten leichter und lieber? Die Mathematik, selbst ihre Anfangsgründe, sind dem Menschen weit weniger mitgegeben als die Sprache. Er muß sich darin unterweisen lassen; manch einer stößt rasch an Grenzen. An diese stoßen wir auch sehr schnell, wollten wir Menschen eine Fremdsprache vornehmlich durch systematische Sprachanalyse beibringen. Dazu braucht man schon eine Menge Grips.

Diese Fragen haben mit unseren natürlichen Begabungen zu tun. Wo wir aber glauben, wir müßten der Natur etwas abringen, ja ihr entgegenarbeiten, sollten wir genau wissen, ob sich der Einsatz lohnt. Sonst werden wir nur Elend über die Menschen bringen. Das brutale, in Schulgesetzen verankerte, ein Jahrhundert andauernde Verbot der Gebärdensprache ist nur ein besonders krasses Beispiel für den Hochmut der Besserwisser, die die Frage nach den Naturanlagen des Menschen außer acht ließen. Desgleichen hat die Theorie der »eiskalten Mütter«,[37] mit der Psychoanalytiker kindlichen Autismus erklären wollten, viel Leid über betroffene Familien gebracht. Das ist heute für jeden einsehbar und unbestreitbar. Ähnlich liegt der Fall bei denen, die uns etwa weismachen wollen, daß alle Menschen bei annähernd gleichem Zeitaufwand das Abitur schaffen könnten. Wenn es dann mit dem Abitur nicht klappt und unsere Sprößlinge nicht die Höhen mathematischer Abstraktionen erklimmen wollen, müßten ja letztlich Eltern und Lehrer schuld sein, die nicht für ein entsprechendes Erziehungs- und Bildungsklima gesorgt haben. Der Vorwurf wird nicht immer ausgesprochen, ist aber die logische Folge der extremen Milieutheorie und in seiner Pauschalität falsch.

Es ist gewiß nicht unserer Umsicht und Erziehungskunst *allein* zu verdanken, wenn unser Nachwuchs Kindheit und Jugend heil übersteht und uns auch in späteren Jahren viel Liebe zurückschenkt. Können wir ausschließen, daß wir einfach ein besseres Los in der genetischen Lotterie gezogen haben als andere? Vielleicht noch schwieriger: Können wir ohne Neid akzeptieren, daß andere es besser angetroffen haben als wir selber?

So hat das Thema in vielen Fällen eine persönliche Brisanz. Diejenigen, die dazu neigen, Ursachen für Fehlentwicklungen in der Menschenumwelt zu suchen, wollen das Leid bekämpfen, statt schicksalsergeben die Hände in den Schoß zu legen. Sie bürden uns damit aber auch Verantwortung auf. Und dann folgt allzu schnell der nächste Schritt: Sie klagen an und weisen Schuld zu! Dabei übersehen sie, daß sie damit oft diejenigen Familien doppelt bestrafen, die ohnehin schon zutiefst leiden. Da erweisen sich die selbsternannten Menschenfreunde als zutiefst inhuman.

Und gewiß hat das Thema Erbe und Umwelt auch politische Brisanz. Leider haben sich die beiden großen politischen Irrlehren unserer Zeit, die Lehre von der rassischen Determiniertheit und die kommunistische Lehre von der grenzenlosen Formbarkeit des Menschen, mit einem (pseudo-)wissenschaftlichen Mäntelchen getarnt. Auf der einen Seite wurde die biologische Überlegenheit einer Rasse propagiert, die zur Herrschaft quasi geboren war. Auf der anderen Seite wurde der Mensch als Rohmaterial, bestenfalls als physisches und psychisches Halbfabrikat betrachtet, das die Partei nach ihrem Bilde formen konnte. Rassenwahn der Faschisten, Machbarkeitswahn der Kommunisten.

Einige – (wenige?) – Wissenschaftler haben sich korrumpieren lassen und mitgespielt. Die Wissenschaft selbst ist dadurch in Verruf gekommen. Das erleichtert es heute Hinz und Kunz, sobald ihnen ein wissenschaftlicher Befund nicht in den Kram paßt, diesen zu ignorieren oder gar den Wissenschaftler zu denunzieren. Es gibt aber keinen anderen Weg als die freie Wissenschaft und den freien Meinungsaustausch unter Wissenschaftlern, um das hochkomplexe Wechselspiel zwischen genetischer Gebundenheit und kulturellen Einflüssen bzw. dem Machbaren aufzuklären.

Auch ohne daß Ideologien im Spiel sind, können einmal den Genen, ein anderes Mal den Umwelteinflüssen Wirkungen zugeschrieben werden, die ihnen nicht zukommen. Die Verhältnisse sind kompliziert, Irrtümer nicht auszuschließen. Die imposanten technisch-naturwissenschaftlichen Leistungen der letzten zweihundert Jahre haben das Antlitz der Erde und das Leben der Menschen entscheidend verändert. Auch wenn sie uns mit Bewunderung und Schrecken zugleich erfüllen, bestärken sie uns doch insgeheim in der schmeichelhaften Vorstellung, daß alles machbar sei. Wir übersehen, daß die Fortschritte der Maschinenbauer im krassen Mißverhältnis zu den praktischen Verbesserungen stehen, die wir etwa Philosophen, Soziologen und Pädagogen, ja selbst den Medizinern zu verdanken haben. Mit unseren Maschinen z.B. können wir heute weltweit kommunizieren. Aber haben uns unsere Philosophen, Soziologen und Pädagogen etwa friedlicher als unsere Vettern im Tierreich machen können? Ein wenig schon. Und haben wir etwa den Wettstreit zwischen uns und den Krankheitskeimen, die von und mit uns leben, gewonnen? Es sieht so aus, als ob wir über ein Patt nie hinauskommen.

Die Sprachwissenschaft kennt keinen Rassenwahn und keinen Machbarkeitswahn. Sie lehrt statt dessen ehrfürchtiges Staunen: daß Sprache unter natürlichen Bedingungen wie von selbst geschieht, ohne unseren sezierenden Verstand, ohne unsere Menschenklugheit. So bewundernswert die Sprachkunst großer Dichter, der Wortwitz der Kabarettisten und manchmal die Schlagfertigkeit von Politikern sein können, noch staunenswerter ist Sprache als biologisch verankerte Kulturleistung, die uns allen zukommt, dem Angehörigen der Steinzeitkultur, dem Bergbauern mit seiner lokalen Mundart, dem Mann auf der Straße.

1 Grimm 1958, 13 und 22
2 Nietzsche 1994, 18
3 Schon Humboldt (III, 1963, 221) machte darauf aufmerksam, daß »allen menschlichen Kräften ein gewisser Zeitpunkt im Lebensalter zu ihrer Entwicklung angewiesen ist, und daß unter den verschiedenartigsten Umständen alle Kinder ungefähr in demselben, nur innerhalb eines kurzen Zeitraums schwankenden Alter sprechen und verstehen.«
4 Rymer 1993, 106
5 Curtiss 1977, 152; folgende Zitate: 31, 35.
6 Das gilt – nach neuesten Erkenntnissen – auch für Gebärdensprachen. (Pinker 1996, 44)
7 Curtiss 1988, 379
8 Vgl. Finn 1991
9 Tizard 1979
10 Martin 1995
11 Hawkes 1996
12 Gehlen 1974, 329
13 Reichholf 1997, 163
14 Die Begriffe »umweltstabil« und umweltlabil« wurden von Bowlby (1971) geprägt.
15 Es gibt allerdings einen ziemlich konstanten Anteil von etwa drei Prozent von »dysgrammatischen« Kindern in der Bevölkerung, d.h. von Kindern, die in sehr auffälliger Weise mit der Grammatik nicht zurechtkommen.
16 Neville u.a. 1992; Emmorey u.a. 1995; Friederici 1996
17 Pinker 1994, 48
18 Nach Kummer 1971, zitiert bei de Waal (2001, 8)
19 Stern 1927, 27
20 Petit (1989, 1992, 1998) hat, amerikanische Anregungen aufgreifend, nach Bereichen gesucht, die von den Kindern fehlerfrei erworben wurden. Wo hätte man die berühmten aufschlußreichen Übergeneralisierungen noch erwarten können? Warum tauchen sie nicht auf? So stieß er auf die wahrhaft verblüffende »Unfehlbarkeit« der Kinder bei gewissen phonotaktischen Regeln verschiedener Sprachen.
21 Gehlen 1974, 70
22 Lorenz (1973, 163) spricht in Anlehnung an Brunsvik von *ratiomorphen* Leistungen. Nietzsche nannte sie »physiologische« Tugenden und Tüchtigkeiten und sprach in seinem Zarathustra von der »Vernunft des Leibes«, die »sagt nicht Ich, aber tut Ich.«
23 Kaspar 1981, 69

24 Herder V (1967), 98

25 Gehlen 1974, 146

26 Fremdsprachenschüler hingegen suchen meist alle Elemente im Satz unterzubringen und machen dabei Fehler, die man bei Kindern nicht findet.

27 So kennt Humboldt (III, 1963, 12 und 2) durchaus die »Unvollkommenheit einiger Sprachen«, betont aber zugleich, daß es keine unterentwickelten Grammatiken gibt: »Es ist eine bemerkenswerte Erscheinung, daß man wohl noch keine Sprache jenseits der Grenzlinie vollständigerer grammatischer Gestaltung gefunden, keine in dem flutenden Werden ihrer Formen überrascht hat.«

28 Thumb 1942, 98

29 Park 1968, 215

30 Butzkamm 1993, 92

31 Pinker 1994, 46

32 Humboldt (V, 1963, 206). Er wollte die Aufgabe lösen, »wie sich die allgemeine menschliche Sprache in den besondren Sprachen der verschiedenen Nationen offenbart.« (III, 1963, 113). Im Sinne einer vererbten Urgrammatik postuliert Bickerton (1992; 1995) ein »Bioprogramm« für Sprache, das er aus den verblüffenden Gemeinsamkeiten nicht miteinander verwandter Kreolsprachen ableitet. Es gibt unterschiedliche Auffassungen darüber, wie genau das in uns eingewobene Grundmuster von Sprache auszusehen hat.

33 Gehlen 1974, 38;80. Max Scheler hat schon 1928 den Menschen als wesentlich »umweltfrei« und »weltoffen« charakterisiert (Scheler 1975, 38). Vgl. Lorenz 1973, 94: »... wie abwegig die disjunktive Begriffsbildung von ›angeboren‹ und ›erlernt‹ ist (*nature and nurture*). Alle Lernfähigkeit gründet sich auf offenen Programmen, die nicht weniger, sondern mehr im Genom festgelegte Information voraussetzen als eine sogenannte angeborene Verhaltensweise.«

34 »Die biologische Hardware passt sich der Software beständig an. Es ist, als würde ein Personal Computer sich beständig selbst so umkonfigurieren, dass die laufende Software, einschließlich der bearbeiteten Daten, optimal verarbeitet werden kann.« (Spitzer 2000, 11)

35 Damasio & Damasio 1994

36 Hakansson o.J.

37 Der Begriff wurde von dem Psychoanalytiker Bruno Bettelheim geprägt.

Nachspiel: Pädagogik für Eltern

Zeit für Menschen, Zeit für Medien

> Kein Erfolg ist so weit verbreitet wie erfolgreiche Elternschaft. Wäre es
> nicht so, hätte unsere Art nicht überleben können. (Clara Claiborne Park)

Eine kulturelle Revolution: das Fernsehen

Kein anderes Lebewesen ist so lange Kind, kein Tierjunges braucht so lange
Eltern wie das Menschenjunge. Kinder brauchen Erwachsenen-Zeit. Sie
brauchen täglich ein Stück unserer ungeteilten Aufmerksamkeit. Daß sich
die Sprache bei Zwillingen langsamer entwickelt als bei Einlingen, hängt
u.a. damit zusammen, daß sie weniger ungeteilte Zuwendung von den Eltern bekommen.[1]
Wie kann man Kinder systematisch verdummen lassen? Indem wir uns
durchs Fernsehen vertreten lassen: der Fernseher als Babysitter. Selbst
wenn die Programme allemal gut wären, ist das persönliche Gespräch meist
das Bessere. Fernsehkinder werden um das Bessere betrogen. So stellte die
Sprachtherapeutin Sally Ward aus Manchester eine Sprachentwicklungsverzögerung bereits bei 80% derjenigen Einjährigen fest, die täglich mehrere Stunden vor dem Fernseher verbrachten. Das scheint leider in Deutschland heute ebensowenig eine Seltenheit zu sein wie in England. Auch eine
deutsche Studie konnte nachweisen, daß sich ein langfristig hoher Fernsehkonsum (zwei Stunden pro Tag), der schon in der Vorschulzeit einsetzt, negativ auf die Lesefähigkeiten in den ersten Grundschuljahren auswirkt. In
der Gruppe der 11–15jährigen, so eine weitere Studie, hatten Vielseher
weniger Gespräche, eingeschränkte Interessen und schlechtere Deutsch-
noten. Vielleicht noch wichtiger: die emotionale Betroffenheit gegenüber
den Fernsehinhalten nimmt mit zunehmenden Konsum ab. Viel Fernsehen führt zu emotionaler Verarmung.[2] Bald können ja nur noch Großmüt-
ter und Großväter ermessen, wie sehr sich eine fernsehlose Kindheit von
der heutigen unterscheidet. Sind wir uns wirklich bewußt, wie tiefgreifend
sich unsere Welt durch das Fernsehen verändert hat? Die entscheidende Veränderung besteht nicht in der weltweiten Bildübertragung, sondern
darin, was wir aus unserer Zeit machen. Des Menschen Zeit ist nicht ver-

mehrbar. Sage mir, womit du deine Zeit verbringst, und ich sage dir, wer du bist.

Sofern sie zur Gruppe der fernsehenden Kinder gehörten, verbrachten 1993 die Sechs- bis Dreizehnjährigen täglich fast drei Stunden vor deutschen Bildschirmen, Kinder aus den neuen Bundesländern noch mehr: eine einschneidende Veränderung im Leben der Kinder. Eine neue Massenkultur für Kinder ist entstanden. Die grauen Männer mit den grauen Zigarren in den eleganten grauen Limousinen, die Zeitdiebe in Michael Endes wundersamem Märchen *Momo*, das sind in erster Linie die Fernsehmacher. Wenn wir über die Qualität des Fernsehens streiten, über Programmreformen und Präsentationsarten, so ist das gut und notwendig. Ob gute oder schlechte Programme, saubere Recherche oder Desinformation, dummes Geschwätz oder tiefschürfende Analyse, kultivierte Höflichkeit oder Schnoddrigkeiten und Schamlosigkeiten – all das kann wesentlich sein für das Gedeihen oder Scheitern unserer demokratischen Gesellschaft. Nur: Bei Kindern ist entscheidend, wie viel sie überhaupt fernsehen. Auch das Mittelmäßige ist dann nicht nur unnütz, sondern verderblich. Kindern ist es selbst oft ganz egal, was aus der Röhre kommt: Sie starren hinein und haben nicht mehr die Kraft, sich davon zu lösen: Fernsehen macht süchtig. Und die Macht der Bilder erstickt die Fantasie. Nach der Ward-Studie[3] ist bereits eins von fünf Vorschulkindern dadurch geschädigt, daß der Fernseher oder der Videorecorder läuft, egal, was gezeigt wird.

Bei Kleinkindern bleibt vom Gesehenen, wie einschlägige Tests immer wieder nachgewiesen haben, so gut wie nichts im Gedächtnis haften. Auch gut gemachte Kinderprogramme rufen bei dem heute üblichen häufigen Fernsehkonsum somit kaum einen positiven Lerneffekt hervor.

Fernsehen total und was man dagegen tun kann

Statt dessen erzeugt die ständige, alles überdeckende elektronische Geräuschkulisse in manchen Wohnungen Hör-, Sprach- und Konzentrationsprobleme. Als die Mitarbeiter von Sally Ward 370 Kinder mit solchen Problemen in ihren Wohnungen in Manchester aufsuchten, wurden sie zumeist vom laufenden Fernseher oder mit dröhnender Musik empfangen. Polstergarnituren, die vielleicht früher so aufgestellt waren, daß man zum Gespräch einander gegenüber saß, waren vor dem Fernseher plaziert. Das Fernsehen wurde nicht einmal leiser gestellt, wenn die Besucher eintraten, geschweige denn abgeschaltet. Schon drei Monate alte Babys waren vor dem Fernseher abgestellt. Für diese Kinder gab es nur Ruhe, wenn es ins Bad oder ins Bett ging. Manche Kinder machten den Eindruck, als ob sie ertaubt seien. Aber sie waren nicht taub, sie hatten irgendwie abgeschaltet, waren schlicht geistesabwesend. Mit Spielzeug allein gelassen, konnten sie nicht spielen. Bei den Eltern war das Mutterische wenig ausgeprägt. Soziale Schichtzugehörigkeit und das Geschlecht spielten dabei kaum eine Rolle.[4]

Die wichtigste und klarste Schlußfolgerung aus Tausenden (!) von Studien zum Fernsehen ist schließlich die, daß das Fernsehen andere, sinnvollere Tätigkeiten ersetzt. Das Kind braucht ganz schlicht unsere Zeit, die wir nicht noch mit elektronischer Berieselung teilen dürfen. Diese Zeit der ungestörten persönlichen Zuwendung ist ja geradezu zwangsläufig mit Sprache verbunden – was immer man zusammen tut. In der Auseinandersetzung mit realen Dingen kann das Kind Fragen stellen und seine Erfahrungslücken schließen. Anstelle des Hagelschlags von Werbespots, anstelle des ständigen Tempo-, Themen- und Szenenwechsels, der für Fernseh- und Musiksendungen so typisch ist, braucht das Kind das Verweilen, um Informationen einzuordnen und miteinander zu verknüpfen. Kinder verpassen nichts, wenn sie die *Sesamstraße* oder die *Teletubbies* nicht kennen.

So haben Fernsehkinder auch keinen größeren Wortschatz als Nichtseher. Im Gegenteil, Schulnoten und Fernsehkonsum korrelieren negativ: je mehr Fernsehen, desto schlechter die Noten. Das ist das Ergebnis einer Studie an über 5.000 Einwandererkindern in Florida und Kalifornien. Diese Kinder waren in der Schule meist besser als die Einheimischen. Aber je länger die Kinder in Amerika lebten, desto weniger Zeit verwendeten sie für Hausaufgaben, desto schlechter wurden die Schulleistungen, desto mehr sahen sie fern. In einer internationalen Studie wurden 24.000 Schüler aus den USA, Kanada, Großbritannien, Irland, Südkorea und Spanien im Alter von dreizehn Jahren in Mathematik und den Naturwissenschaften getestet. Die Schüler schnitten um so schlechter ab, je mehr sie fernsahen. Im Durchschnitt sahen die amerikanischen Schüler am meisten fern und erzielten die schlechtesten Mathematikergebnisse.[5] Schon Anfang der siebziger Jahre bemerkte Bronfenbrenner recht bissig:

> Die meisten amerikanischen Familien bestehen aus zwei Eltern, einem oder mehreren Kindern und einem Fernsehgerät.[6]

So bahnen sich gefährliche Fehlentwicklungen schon früh bei den von den Eltern alleingelassenen Fernsehkindern an. Vor vier Jahren sollte man mit dem Fernsehen gar nicht anfangen. Dann gilt es, zu dosieren und auszuwählen. Verantwortungsbewußte Eltern werden zusammen mit den Kindern die interessantesten Sendungen aus der Programmzeitschrift aussuchen und sich darüber unterhalten, warum sie attraktiv und sinnvoll sein könnten oder was gegen sie spricht. Wenn man den Kindern seine Gründe darlegt, kann man auch klare Verbote aussprechen und durchsetzen. Wir raten davon ab, den Kindern einen eigenen Fernseher in ihr Zimmer zu stellen, um den Konflikten darüber aus dem Wege zu gehen, welches Programm nun gesehen werden soll. Am wichtigsten bei diesen Konflikten ist das eigene Vorbild. Man muß auch zugunsten der Kinder mitunter selbst aufs Fernsehen verzichten können. Leider hapert es da am meisten: Inzwischen haben wir eine junge Elterngeneration, die selbst fernsehsüchtig ist.

Die Manchester-Studien zeigen auch einen Weg aus der Misere. Sally Ward und ihr Team konnten die Sprachverzögerung, die sie bei neun Monate alten Babys mit Hilfe von Hörverstehenstests festgestellt hatten, wieder wettmachen, vor allem durch eingehende Beratung der Eltern. Jeweils zwei Therapeutinnen statteten den Eltern mehrere Hausbesuche ab, die insgesamt nicht mehr als zweieinhalb Stunden dauerten. Dabei empfahlen sie den »Fernseheltern«, wenigstens eine halbe Stunde täglich mit ihren Kindern ohne elektronischen Hintergrund zuzubringen. Der Einsatz lohnte sich. Die Entwicklungsverzögerung konnte dauerhaft aufgeholt werden. Dies bedeutete ein Minimum an therapeutischem Aufwand im Vergleich zu dem Sprachtraining, das sprachauffällige ältere Kinder absolvieren müssen. Das Programm setzte bei den Eltern an, ohne diese zu überfordern, und zu einem Zeitpunkt, als die Kinder noch nicht ein Jahr alt waren.[7]

Wenn das Fernsehen wichtige und schöne andere Dinge – z.B. das Lesen – verdrängt, so gilt diese Verdrängungsthese natürlich nur für Zeiten und Schichten, in denen sich eine Lesekultur schon entfaltet hatte. Gewiß gab und gibt es – früher vielfach armutsbedingt – Familien ohne Bücher, in denen das Fernsehen keine Lektüre verdrängen konnte. Daß in ausgesprochenen Dialektgegenden das Fernsehen auch die Hochsprache stützen kann, soll nicht unter den Tisch fallen.

Den Eltern raten wir also: (1) Vorbild sein, selbst weniger Fernsehen konsumieren und mehr mit den Kindern unternehmen; (2) den Fernsehkonsum der Kinder rigoros kontrollieren; (3) sich eine tolle Sendung gemeinsam anschauen und Freude daran haben.

Attentate auf die Seele des Kindes

»Der Mensch ist, was er ißt«, formulierte Ludwig Feuerbach. Viel mehr noch ist der Mensch das, was er *geistig* zu sich nimmt. Das High-Tech-Betäubungsraffinement, dem die Kinder so massiv ausgesetzt sind, hat schon jetzt deutliche Folgen. Alle Lehrer und Erzieher, die einige Dienstjahre auf dem Buckel haben, wissen ein Lied davon zu singen. Denn in den Schulen kann man die Veränderungen spüren. Wir lassen die Entschuldigung der Politiker und Medienmacher nicht gelten, daß die elektronischen Medien nun leider als Beruhigungspillen und billige Babysitter »mißbraucht« würden. Viel zu viele Programme sind unzweideutig als Verführung Minderjähriger zu billigstem Konsum ausgelegt. Die Mechanismen des Marktes triumphieren mühelos über jeden Anflug von Anständigkeit. Marktforscher und Psychologen werden ausgeschickt, um Kinderseelen und Elternpsychen auszuspähen. Mit raffinierten, perfekt gemachten Werbespots, die Millionen kosten, werden Kinder (und Erwachsene) umgarnt.[8] »Auf dem Markt«, so Nietzsche, »glaubt niemand an den höheren Menschen.« Eine schwedische Studie belegt, daß Kinder erst mit sechs Jahren in der Lage sind, Werbespots im Fernsehen vom Unterhaltungsprogramm zu unterscheiden. Bei Comics oder Spielen, so ergaben Tests in den Niederlanden, fällt es noch den Zehnjährigen schwer, die Werbung dahinter zu erkennen. Und erst mit zwölf Jahren, so meinen die Experten, können Kinder den Sinn und Zweck von Werbung vollständig begreifen oder gar kritisch hinterfragen.

Wir wenden uns gegen die Industrialisierung der Kindheit und die Aufhebung der Grenzen zwischen Erwachsenen und Kindern, die zu allem Zugang haben. Im immer rabiateren Kampf um Einschaltquoten wachsen Hetzigkeit und Fetzigkeit und die Zahl der Programme, die bewußt auch an die niederen Instinkte der Zuschauer appellieren. Es wird hingenommen, daß Kinder und Heranwachsende mit Obszönitäten, Perversionen und gemeinsten Brutalitäten behelligt werden. Manche Szenen – man denke etwa an die *chain saw massacre movies* – können selbst geistig und seelisch gesunde Erwachsene nicht wiederholt aufnehmen, ohne Schaden zu nehmen. Welche Gegenwehr bleibt da den Kindern? Und man komme uns nicht damit, man habe das nicht wissen können. Als man die Lawine der Privatsender und der Rund-um-die-Uhr-Programme lostrat, hatte man doch die USA als abschreckendes Beispiel vor Augen.

Im Mittelpunkt dieses Buches steht frühe Kindheit und Vorschulzeit. Darum fällt auch unsere Fernsehschelte so grob aus: Es ist (und bleibt?) das Enthemmungsmedium, das zum ersten Mal in der Menschheitsgeschichte der breiten Masse, Kindern inklusive, den täglichen Konsum von Bestialitäten aller Art ermöglicht. Tiere, Tote, Titten – und die Kinder schauen mit, nicht nur bei den Tieren. Dies ist kein Rundumschlag gegen das Fernsehen (das wir selbst gar nicht missen möchten)![9] Es geht um den nicht unbeträchtlichen Teil unserer Kinder mit hohem Fernsehkonsum, die, wie nachgewiesen, überwiegend grottenschlechte Unterhaltung sieht. Wir schlagen Alarm. Fernsehen ist Teil der Kinder krankmachenden modernen Lebensumstände. Kern des Problems sind gehetzte und gestreßte Eltern und Kinder, die in Wohnkäfigen vor dem Fernseher ruhig gestellt werden. Das Kind betätigt weder seine Sprechorgane noch sonst etwas. Sprachstörungen treten auf im Verein mit Sehfehlern, Fußschäden, Haltungsschäden, Übergewicht, Allergien. In Sachen Fernsehen und Kinder dürfen wir nicht weitermachen wie bisher, denn eine bloß den Schulen aufgebürdete Schadensbegrenzung wird nicht greifen.

Vorlesen und das Prinzip des Verweilens

Lesen erlaubt das Zurückblättern und Verweilen. Man kann unterbrechen, über das Gelesene nachsinnen, im Gespräch den Sinn eines Abschnitts ausschöpfen, den Text wieder aufnehmen. Anstelle der fertigen Bilder des Fernsehens entstehen eigene Bilder im Kopf des Lesers.

Noch vor Sprechbeginn kann man damit anfangen, gemeinsam mit dem Kind Bilderbücher anschauen und vorlesen – und zwar regelmäßig. Einfach, weil es beiden Freude macht und auch weil dieses gemeinsame Tun Eltern und Kind aneinander bindet. Zudem gibt es Hinweise aus der Forschung, daß sich ein solcher Frühbeginn günstig auf die Sprachentwicklung auswirkt.[10] Hilde ist mit 3;7 gerade an dem Punkt angelangt, an dem sie ganze Ketten von Warum-Fragen stellt:

> (Hilde sieht sich den Walfisch in ihrem Tierbuch an.)
> Hilde: Was frißt der?
> Mutter: Fische.
> Hilde: Warum frißt er Fische?
> Mutter: Weil er Hunger hat.
> Hilde: Warum frißt er keine Semmel?
> Mutter: Weil wir ihm keine geben.
> Hilde: Warum geben wir ihm keine?
> Mutter: Weil die Bäcker nur für die Menschen Semmel backen.
> Hilde: Warum nich für die Fische?
> Mutter: Weil sie nicht genug Mehl haben.
> Hilde: Warum haben sie nich genug Mehl?
> Mutter: Weil nicht genug Korn wächst. Du weißt doch, aus dem Korn
> wird das Mehl gemacht.
> Hilde: Ach so![11]

Später werden dann die Texte zu den Bildern länger. Wer genau hinhört, merkt, daß jetzt in den Texten gelegentlich Wörter und Wendungen auftauchen, die man bisher im alltäglichen Gespräch selten oder gar nicht verwendet hat.

> »Halt, keinen Schritt weiter!« »Was«, sprach der Riese, »du Wicht, den ich zwischen den Fingern zerdrücken kann, du willst mir den Weg vertreten?«

Ausdrücke wie *Wicht* oder *den Weg vertreten*, die für das Kind neu sein mögen, werden in der Erzählsituation unmittelbar klar. Alle bisherigen Studien zur Rolle von Bilderbüchern machen deutlich, daß Vorlesen und Besprechen den Wortschatz der Kinder erweitern und das Lesenlernen fördern.[12]

Eine kanadische Lehrerin erzählte, wie ihr Dreijähriger sie auf einer Zugfahrt unvermittelt fragte, was »reluctant« bedeute. Als sie wissen wollte, wie

Typisch für Kinderbücher sind die Wiederholungen. Sie erleichtern das Verstehen und geben Gelegenheit mitzusprechen. Großmutter Hedwig läßt an markanten Stellen eine Lücke, in die der zweijährige Lukas hineinspricht. In der entzückenden Geschichte von der kleinen Spinne *(Eric Carle, Gerstenberg Verlag)* kommen alle Tiere in der Nähe nacheinander an den Weidenzaun, in dem die Spinne ihr Netz spinnt. »Und dann kommt das ...?« »Und das Schaf macht ...?« »Bäh«, kräht Lukas, und die Großmutter stimmt ein.

Auf die Fragen der Tiere zeigt die Spinne die gleiche Reaktion. Gebannt wartet Lukas auf sein Stichwort: Die kleine Spinne spinnt uuunnd? »Schweigt« ergänzt Lukas mit leiser Stimme.

er darauf komme, wiederholte er einen Satz mit diesem Wort: »he was reluctant to ...« ›es widerstrebte ihm, zu ...‹. Der Satz stammte aus einem Bilderbuch, das sie schon seit mehreren Monaten nicht mehr angeschaut hatten.

Man erkennt, wie eine Lektüre noch lange nachwirkt. Vorschulkinder sind überhaupt aufgeschlossen für neue Wörter, wie ein mittlerweile schon klassisches Lernexperiment belegt. In einem Kindergarten wurden die Kinder ganz beiläufig gebeten, das »chromium« Tablett und nicht das blaue zu holen. In dieser Situation konnte sich das Kunstwort »chromium« nur auf ein olivgrünes Tablett beziehen. Die einmalige Bezeichnung reichte aus, daß über die Hälfte der Kinder sich noch nach einer Woche an das Kunstwort als Farbbezeichnung erinnern konnten.[13]

Überhaupt: Kindern vorlesen, das ist ein entscheidender Faktor, der die Entwicklung vorantreibt, möglichst jeden Tag, zur gleichen Abendstunde. Manchmal ein Kerzchen dazu anzünden, es feierlich machen. Kostbares Zeitverbringen, an das man sich Jahre später noch gern erinnert. Besser ausgebildete und gehobenen Schichten zugehörige Eltern lesen ihren Kindern häufiger vor und erzielen damit auch einen nachweisbaren Effekt auf ihre Sprachentwicklung.[14] Schade, daß weniger gebildete und begüterte Eltern das Mittel des Vorlesens weniger nützen.

Vom Sinn der Märchen

Kinder brauchen nicht gleich alles haargenau verstehen. Sie schnappen Wörter auf, auch wenn sie sie nur halb verstehen, und lernen Umfang und Grenzen der Wortbedeutungen nach und nach. Wahrscheinlich wollen sie eine Zeitlang auch immer wieder dieselbe Geschichte hören, weil sie jedesmal etwas mehr davon verstehen. So wird es ihnen auch beim Märchenerzählen gehen:

> Bubi (3;5) erhielt ein Buch mit Grimmschen Märchen; es wurde ihm daraus das Märchen von Hänsel und Gretel in recht einfacher Form im Auszug vorgetragen. Nachher stellten wir dann ein paar prüfende Fragen, aus deren Beantwortung hervorging, daß nur einzelnes gut verstanden worden war, z.B., daß Hänsel weiße Steinchen in die Hosentasche steckte und dann und wann eins davon hinwarf, aber das Wozu? war unserem Jungen nicht klar. Am meisten interessierte ihn das Herumknabbern der Kinder am Pfefferkuchenhaus und das Auftreten der alten Hexe. Das war aber auch auf dem einen Bilde zu sehen, und alles, was Bubi *gesehen* hatte, prägte sich ihm viel deutlicher und genauer ein, als das, was er nur *gehört* hatte. Beständig verwechselte das Kind Stiefmutter und Hexe miteinander; und etwas, was gar nicht in seinen Kopf hinein wollte, war, daß den Kindern Böses geschah, obwohl sie artig gewesen waren. Wiederholt fragte Bubi: »War'n die Kindern ungezogen?« Als wir verneinten, meinte er ratlos: »Nu, weil die alte Frau doch so böse is!«[15]

Mit 3;7 wird Bubi das Märchen von Schneewittchen erzählt. Er hört atemlos zu; die Geschichte regt ihn aber so auf, daß er danach verängstigt ist. Bei Märchen, in denen Unschuldige leiden müssen und Bösewichte grausam bestraft werden, sollte man die Kinder auf den Schoß nehmen und fest umschlungen halten: Solche Geborgenheit nimmt die Angst. Ein besseres Verständnis und echtes Interesse an den Märchen, die wir alle kennen, regt sich wohl erst ab vier Jahren. Im Laufe der Zeit wird das Kind immer besser verstehen. Erinnert sei an das Sternsche Prinzip der »Mehrdarbietung«, die dem Entwicklungsstand des Kindes immer ein wenig vorauseilt. Ihr entspricht, auf der Seite des Kindes, das Prinzip der freien Wahl beim Lernen: Wie es versteht und was es behält, ist allein Sache des Kindes. Auch später erleben wir, daß uns der tiefere Sinn einer Idee oder Sentenz, der uns jahrelang verborgen blieb, plötzlich klar vor Augen steht. So sind die Mißverständnisse unserer Kinder nicht nur drollig. Sie sind ein Anstoß, über uns selbst nachzudenken.

Wozu Märchen gut sind, zeigt uns Bernt von Heiseler:

> Heut glaube ich die Freude ganz zu verstehen, mit der meine Mutter ihre Märchen ausstreute und sie in mir wie in einem empfänglichen Gartenboden lebhaft keimen und Wurzel fassen sah. Ihre eigentlich strenge, von sittlichen Forderungen bestimmte Art verlangte nach einem Weg, sich mir mitzuteilen, doch war ihre Güte, ihr Wissen vom kindlichen Wesen zu zart, um mich mit unverständlichen Gesetzestafeln zu erschrecken. In den Märchen sah sie die Möglichkeit, mich durch meine Phantasie zum Guten zu lenken. Immer liegt ja eine Lehre und ein weiser Weltsinn in ihnen, und diese können nicht ohne Wirkung bleiben.[16]

Wie geschickt Geschichten genutzt werden können, zeigen uns die Eltern von Stefan, einem autistischen Kind, das noch mit vier Jahren neben ein paar Süßigkeiten kaum feste Nahrung zu sich nahm und immer noch auf seiner Flasche bestand:

> In der Apotheke hatte meine Mutter ein buntes Werbeheft erhalten, in dem »Die Geschichte von dem Vogel Mul, der Eule Ga und der Zauberfrucht Tol« in Bildern geschildert wurde. Dieses Bilderheft liebten mein Bruder und ich sehr. Meine Mutter mußte uns immer und immer wieder die Geschichte vorlesen und die Bilder zeigen. Eines abends legte mein Bruder für die Eule Ga ein Stück Schokolade vor das Fenster. Am nächsten Tag war sie verschwunden. Stattdessen lag ein Stück Papier mit einer krakeligen Schrift dort. Die Eule Ga schrieb, die Schokolade hätte ganz prima geschmeckt und sie würde jetzt jeden Abend vorbeifliegen und schauen, ob wir Leckeres für sie hätten. So kam es, daß wir ihr jeden Abend etwas auf die Fensterbank legten. Von mir erhielt sie meistens eine Pfannkuchenzahl.

> Eines morgens hatte die Eule Ga uns etwas mitgebracht. »Eßbare Bananentiere«, wie sie schrieb. Und tatsächlich, diese Bananentiere aß auch ich, so oft die Eule eins brachte. (Bei den Bananentieren handelte es sich um Bananen, die mit dem Ende nach oben auf 4 Streichholzbeinchen standen und Augen aus Liebesperlen hatten.) Zuerst hatte ich noch Widerstand geleistet, als das Bananentier »kapu« gemacht – nämlich geschält – wurde. Doch die Eule schrieb, das sei nötig. Ich würde ja auch nicht das Bonbonpapier mitessen. Das verstand ich zum Erstaunen meiner Eltern und meine Ernährung war um ein weiteres Element vergrößert.[17]

Es geht aber auch ganz ohne pädagogische Absichten. So erinnert sich die Erfinderin der unvergänglichen Pippi Langstrumpf:

> Es begann in Kristins Küche, als ich ungefähr fünf Jahre alt war. Bis dahin war ich ein kleines Tier gewesen, das mit Augen, Ohren und allen Sinnen nur das in sich eingesogen hatte, was *Natur* war. Daß es auch *Kultur* gab, erfuhr ich erst, als ich auf Kinderbeinen in Kristins Küche stiefelte, wo mich überraschend ein Hauch davon streifte.
> Kristin war mit unserem Kuhknecht verheiratet, und was wichtiger war, sie war Edits Mama. Diese Edit – gesegnet sei sie jetzt und allezeit – las mir das Märchen vom Riesen Bam-Bam und der Fee Viribunda vor und versetzte meine Kinderseele dadurch in Schwingungen, die bis heute noch nicht ganz abgeklungen sind. In einer seit langem verschwundenen, armseligen kleinen Häuslerküche geschah dieses Wunder, und seit jenem Tage gibt es für mich in der Welt keine andere Küche.[18]

Wenn die Mutter vorliest, kann man sogar das Kranksein genießen, wie Hans Graf von Lehndorff aus seiner ostpreußischen Kindheit berichtet:

> Wenn man krank lag und sie kam, dann war alles gut. Sie setzte sich ans Bett, las mit starker innerer Beteiligung etwas Spannendes vor und strickte dabei in einem Tempo, daß die Schultern knackten und der Stuhl wackelte. Und trotz aller Dynamik, die sich da ständig auswirkte, war man wunschlos glücklich und hoffte nur, daß es nie anders sein würde.[19]

Erzählen ist natürlich noch besser als vorlesen. Wer aber so viele Geschichten nicht im Kopf hat, dem hilft ein Mittelding zwischen Erzählen und Lesen, wenn man mit dem aufgeschlagenen Buch auf den Knien den Text halb vorliest, halb erzählt:

> Überhaupt Erzählen! Jeden Abend lauschen jetzt beide Kinder gespannt, wenn ich ihnen Rübezahlmärchen erzähle. Auf dies Viertelstündchen freut sich Hilde schon den ganzen Tag; sie sitzt dann da mit grossen Augen, nur hin und wieder stumm nickend – nie unterbricht sie mich, sie steht ganz im Zauber der Erzählung. Sie ist wohl jetzt so recht im Märchenalter und da soll sie ihre echte rechte Märchenfreude haben (Stern & Stern, Tagebücher)

Anstiftung zum Selberlesen

Mit vier Jahren begann der kleine Matthias nach der Bedeutung von Buchstaben und Wörtern zu fragen und brachte sich so selbst das Lesen bei. »Auf einmal«, so die Mutter, »saß unser Sohn mit seinem Geschwisterkind auf dem Sofa und las ihm aus Bilderbüchern vor.«

> Die Zeit im Kindergarten, so seine Mutter, war für den Jungen sehr schön. Seine Erzieherin hat ihn seinen Bedürfnissen entsprechend gefördert. Er durfte im Kindergarten lesen und bei Kreisgesprächen das einbringen, was er schon wußte.[20]

Zu solchen »Spontanlesern« gehören nach deutschen Schätzungen etwa 2–3% eines Einschulungsjahrgangs. Lilli Palmer, die bei Dreharbeiten oft wochenlang von zu Hause fort war, hatte für ihren Sohn Carey eine Kinderfrau – Pat – engagiert:

> Sie las ihm täglich eine Stunde lang aus seinen Kinderbüchern vor, und er konnte sie alle auswendig, bevor er zwei Jahre alt war. Er merkte sich genau, wann Pat die Seiten umblätterte, und kam gern ins Wohnzimmer und »las vor«. Zum Erstaunen zufälliger Besucher »las« das winzige Kind, indem es den Kopf vom Beginn bis zum Ende jeder Zeile drehte und dann die Seite umwendete, manchmal – und genau richtig – mitten im Wort. Ich schrieb ein Tagebuch über ihn, von seiner Geburt an bis zu seinem sechsten Lebensjahr. Am 1. März 1948, eine Woche nach Careys viertem Geburtstag, finde ich folgende Eintragung: »Pat fragt heute, ob sie ihm täglich zehn Minuten Unterricht geben dürfe, denn er will durchaus lesen lernen. Ich sagte, ja, zehn Minuten, aber nicht mehr.« Sechs Monate später konnte er fließend lesen. Er las wie ein Erwachsener, ohne kindliche Betonung, wenn auch stark lispelnd. Zu seinem fünften Geburtstag bekam er die »Enzyklopädie für Kinder«, und von diesem Augenblick an wurde es still im Kinderzimmer. Er las.[21]

Auch Gisa »las« uns vor, obwohl sie kaum einen Buchstaben entziffern konnte. Sie kannte die Texte auswendig. Das merkte man auch daran, daß sie uns korrigierte, wenn wir mal beim Vorlesen ein Wort ausließen.

Matthias und Carey mögen begabter sein als andere. Dennoch sollten auch durchschnittlich begabte Kinder mit ihren Eltern schon vor Schuleintritt lesen lernen. Warum sollten aber Eltern tun, was doch normalerweise Sache der Schule ist? Es trifft zwar zu, daß unser Gehirn fürs Lesen nicht in gleicher Weise genetisch gerüstet ist wie für die Lautsprache. Lesen ist eine kulturelle Erfindung, nicht älter als 5.000 Jahre. Dennoch sind geistig gesunde Kinder erstaunlich gut in der Lage, sich das Lesen in relativ kurzer Zeit zu erarbeiten, möglicherweise weil der Mensch sich schon in grauer Vorzeit aufs Fährtenlesen verstanden hat.[22] So empfehlen wir das frühe Lesen, nicht weil wir elterlichen Ehrgeiz anstacheln möchten. Nicht weil wir ihnen einen Vorsprung vor Nachbars Hänschen sichern möchten. Nicht weil wir meinen, man könne durch frühe Förderung aus normalen Kindern wahre Intelligenzknubbel machen. Wir empfehlen es deshalb, weil es kaum schönere Gelegenheiten des Zusammenseins gibt, als miteinander zu lesen. Gemeinsam mit Vater oder Mutter schließen sich dem Kind ganz neue Welten auf. Für Françoise Dolto war Lesenlernen der »Eintritt ins Zauberreich«, eine Grundlage für späteres Glück; für Astrid Lindgren war es »das grenzenloseste aller Abenteuer der Kindheit ... Nehmt zehn jetzt lebende Menschen, die ihr hochschätzt und von denen ihr meint, daß sie wirklich etwas für die Menschheit geleistet haben, blättert die Jahre um, und ich bin überzeugt, ihr findet zehn kleine Leseratten.«[23]

Entwicklungsschub durch Schriftsprache

Ein Geruch steigt uns in die Nase. »Hier riecht's aber *brenzlig*«, sagt der Vater. »Da *ülmt* ja noch ein Feuerchen.« Hier beziehen die neuen Wörter ihren Sinn aus unmittelbarer Erfahrung. Aber später gewinnen wir immer mehr Wörter aus Texten. Denn die Schriftsprache ist mehr als ein Abkömmling der Lautsprache. Sie hat sich nach eigenen Gesetzen fortentwickelt und wirkt bereichernd auf die Lautsprache zurück. Sie leistet einen eigenen Beitrag zur Entwicklung des Sprechens und Denkens, der immer gewichtiger und mächtiger werden wird.

Der Schreiber kann ja nicht auf die Dinge zeigen. Er ist mit dem Leser nicht persönlich verbunden. Um sich verständlich zu machen, muß er eine Situation völlig neu erschaffen. Das zwingt zur sprachlichen Durch- und Ausgestaltung. Wir stehen an einem Seeufer im Frühling und finden alles *herrlich* und *schön*. Wieviel mehr an Sprachkunst muß der Schreiber aufbieten, damit wir die Schönheit dieses Frühlingsmorgens am Seeufer nachempfinden? Oder denken wir an die Sprache des Rechts, an mathematische Definitionen oder Bauvorschriften. Mit welcher Sorgfalt muß hier formuliert werden, müssen auch die logischen Bezüge durchgestaltet werden! Unsere Alltagsgespräche sind meist syntaktisch sehr einfach gebaut. Eine komplexe Syntax hingegen ist normalerweise das Ergebnis sorgfältiger Komposition. So erzeugen Texte eine neue Art zu denken.

Es leuchtet deshalb ein, daß das Kind, das viel liest und gern liest, ein wertvolles Rüstzeug für die Schule, ja für das ganze Leben gewinnt. Die Forschung sagt: Eine *lexikalische Barriere* trennt Schulkinder, die kaum lesen, von solchen, die viel und gern lesen. Gelingt einem Kind der Durchbruch zum selbständigen Lesen, hat es die besten Voraussetzungen für eine erfolgreiche Schullaufbahn. Abstraktes Denken und analytische Fähigkeiten werden geschärft. Wie viel Sprachanalyse steckt allein schon in der säuberlichen Einteilung des Redestroms in durch Leerzeichen getrennte Wörter!

Lesen – und die Lust zu lesen – ist einfach zu wichtig, als daß wir es ganz der Schule überlassen dürfen. Am besten erfährt ein Kind zu Hause, wie Lesen Menschen miteinander verbindet und welches Glück es bescheren kann. Meist fragt es dann selbst schon nach Buchstaben und will lernen. Oder es will beim Vorlesen mit in den Text schauen. Wenn man dann mit dem Finger unter dem Text hergeht, kann das Kind mitverfolgen, wie Laut und Schrift einander entsprechen. Auch der eigene Name lockt, will wieder erkannt und dann auch geschrieben werden. Wenn Lehrer so den Willen des Kindes auf ihrer Seite haben, ist es schon nebensächlich, ob das Kind schon ein paar Buchstaben kennt und weiß, daß man bei uns von links nach rechts und von oben nach unten liest.

Wir haben kein Leselernprogramm benutzt, aber ein wenig nachgeholfen: mit Kindertapeten voller bunter Buchstaben, mit Gebäck und Suppennudeln in Buchstabenform, mit großen Schaumstoffwürfeln, die man immer wieder neu mit Wörtern, Silben und Buchstaben bekleben kann, und mit Magnetbuchstaben auf dem Kühlschrank. Wir haben Wörter mit dem Stock in den weichen Waldboden geritzt, mit dem Finger oder auch mal mit dem großen Zeh in den Küstensand und auf die beschlagene Fensterscheibe. Ich erinnere mich an unseren Zeitvertreib auf Heimfahrten von Oma und Opa: »Wie heißt die Stadt da auf dem riesigen blauen Schild? Fängt mit A an. – Na, jetzt sind wir vorbei, aber gleich bekommst du bestimmt noch mal eine Chance.« Im Grunde war das gemeinsame Erkunden der Buchstaben und Wörter auch nur eine von vielen schönen Weisen, sich mit dem Kind zu beschäftigen. Es gab kein Lernpensum zu bewältigen, es gab keinen Stundenplan.

Lesenlernen ist einfach ein weiteres Spiel, d.h. wir hören sofort auf, wenn es einem der Partner kein Vergnügen mehr macht. Man kann sogar ein Gespür dafür entwickeln, um schon kurz vorher aufzuhören. Und weil jedes Spiel sich selbst genügt, gibt es auch keine Belohnungen in Form von Leckereien – sie würden das Tun nur entwerten. An ein Spiel knüpft man auch keine hochfliegenden Erwartungen, wir lassen uns überraschen. Dennoch kann man das Leselernspiel auch ein wenig systematischer betreiben und schon früh mit dem Zeigen und Erkennen von Wortkarten beginnen, wie sie Glenn Doman empfiehlt, und von seinen und den Erfahrungen anderer profitieren. Meist fällt einem auch noch Neues dazu ein.

Das erste sich langsam vorantastende Erlesen der Wörter ist ja selbst gar kein Leseerlebnis, sondern purer Gedächtnissport. Als geübten Lesern ist uns nicht bewußt, welch komplizierte Prozesse beim Lesen ablaufen. Zum Beispiel ist das Kind gewohnt, daß ein Messer ein Messer bleibt, von welcher Seite man es auch ansieht: ob die Schneide nach rechts oder nach links weist, ob es mit dem Griff nach oben oder unten liegt. Nun muß es aber lernen, daß es sich bei d, b, p, q, nicht um denselben, sondern um vier verschiedene Buchstaben handelt, oder daß 6 und 9 verschiedene Zahlen sind.

Im Lesen stecken aber noch viel mehr Schwierigkeiten, auf die wir hier nicht eingehen können. So kommt es, daß beim Anfänger die Konzentration auf das Erlesen der Wörter Buchstabe für Buchstabe den Sinn ausblenden kann. Selbst wenn Bilder dabei sind, die man sich vorher ansieht und bespricht. Später, wenn das Kind langsam und stockend kleine Abschnitte erlesen kann, kann man das Interesse an der Geschichte wach halten, indem man am Ende den gerade erlesenen Abschnitt noch mal vorliest und darauf ein kräftiges Stück weiter liest, bis das Kind wieder an der Reihe ist.

Viele Kinder können schon lesen, bevor sie in die Schule kommen – nicht als Spontanleser, sondern weil ihre Eltern bewußt mitgeholfen haben. Negative Auswirkungen des spielerischen frühen Lesenlernens sind nicht bekannt geworden. Wir bauen auf den natürlichen Betätigungsdrang und den Kapiertrieb der Kinder. Wieder hat uns hier am meisten überzeugt, was behinderte Kinder bei gezielter elterlicher Mitarbeit leisten konnten: »Fräulein Mirrielees«, wie sie ein dankbarer Schüler in seinen Memoiren nennt, hatte sich auf gehörlose Kinder spezialisiert. Sie hatte erkannt, daß diese Kinder das Lesen noch vor dem Sprechen lernen können, quasi als Erstsprache. Wie bei Helen Keller ist der Ausgangspunkt das Handeln und Erleben, wieder wird mit ganzen Sätzen operiert. So besucht man einen Bauernhof, geht in den Kuhstall, sieht, was die Kuh frißt und daß die Milch nicht aus dem Kühlschrank kommt. Zu Hause werden dann drei Texte erstellt und aufeinander bezogen: (1) eine Bildfolge (wobei das Dargestellte auch durch Gestik unterstützt wird), darunter (2) der den Bildern genau zugeordnete Satz in Druckschrift, der (3) dann auch noch vorgesprochen wird, etwa »Die Kuh frißt Heu und gibt Milch«. Die Kinder müssen dreimal hinschauen: (1) auf die bunten Bilder, (2) auf den darunter gelegten Text, also auf seltsame Folgen von schwarzen Schnörkeln mit unregelmäßigen Zwischenräumen, (3) auf den Sprecher, d.h. die Mundbilder mit unterstützender Gestik. Die Schriftbilder sind hier das eigentliche Geheimnis, in das es einzudringen gilt. Sie müssen als sichtbare Spur der schon zurückliegenden Erfahrungen gedeutet werden, als Vergegenwärtigung des Vergangenen und ein Verweisen, wie das auch die Bilder – aber auf weniger geheimnisvolle Weise – tun. Es klappt, die Kinder lernen zunächst lesen und dann, mit unterschiedlichem Erfolg, wobei Hörreste eine Rolle spielen, auch das Lippenablesen und Artikulieren. Entscheidend wohl auch, daß Fräulein Mirrielees den Unterricht nicht selbst übernimmt, sondern nur die Eltern instruiert.[24]

Das war natürlich mehr als ein Spiel und besonders für die Mutter regelmäßige Arbeit. Wir erfahren aber auch, daß die (hörenden) Nachbarskinder sich freiwillig dazu gesellten und gleichfalls lesen lernten. Und wir erfahren noch einmal eindrücklich, daß sich Vorschulkinder Schriftmuster gut einprägen und mit den dazugehörigen Bedeutungen verknüpfen können. Das junge Hirn ist ebenso bereit, Schriftbilder zu entziffern wie Lautbilder aufzunehmen und nachahmend zu erkennen.

Oft lernen ja jüngere Geschwister das Lesen und Schreiben mit, wenn älter bei den Schularbeiten sitzen. Welcher Liebhaber der Provence erinnert sich nicht an die Kindheitserinnerungen von Marcel Pagnol? Seine Mutter schickt den Kleinen oft stundenlang zum Vater in die Schulklasse, einfach, um ihn beaufsichtigt zu wissen. Er malt, spielt für sich, hört aber auch mal zu und sieht, was der Vater vorne an der Tafel zelebriert. Eines Tages überrascht er ihn damit, daß er lesen kann – bevor es eigentlich vorgesehen war.[25]

Lesen – der natürliche Ausweg für hochbegabte Kinder

Hochbegabte Kinder lernen nicht nur im Schnelldurchgang sprechen, sie bringen sich auch durchweg selbst das Lesen noch vor der Schule bei. Sie lernen lesen, wie sie sprechen lernen, ohne daß man ihnen groß was erklären müßte. Ihnen fällt von selbst auf, daß etwa ein e nach einem i oder ein h nach einem o keinen eigenen Lautwert hat, sondern nur als Längenzeichen fungiert. Oft bekommen es die Eltern gar nicht richtig mit und sind ganz verblüfft, wenn ihnen ihr vierjähriger Sprößling plötzlich ein Plakat vorliest. Solche Kinder sind oft ausgesprochene Kurzschläfer und im Wachzustand stets aufnahmebereit und lernbegierig, zur Lust, aber auch zum Leidwesen ihrer ständig geforderten Eltern. Hier ist das selbständige Lesen das beste Mittel, das Eltern entlastet und den anstrengungsbereiten Kindern unbegrenztes Futter für ihren sich rasant entwickelnden Verstand liefert. Manche haben ganze Kinderbüchereien ausgelesen. Typischerweise verlangen sie auch Nachschlagewerke und benutzen sie selbständig. Da sich die Kinder über das Buch häufig auch das Schreiben selbst beibringen, lernen sie in Druckbuchstaben schreiben und erst in der Grundschule zusätzlich die Schreibschrift.

Yann ist 21 Monate alt und interessiert sich jetzt auch für deutsche Sätze.

Es gibt sogar den kuriosen Fall, daß ein hochbegabtes Kleinkind beim Lesen schon weitaus mehr Sprache aufnimmt und verarbeitet als beim Sprechen. Als Yann ungefähr ein Jahr war, merkten seine Eltern, daß er beim Vorlesen immer nur ganz kurz auf die Bilder und viel intensiver auf den Text schaute. Sie haben dann viel mit Wortkarten gespielt und die ganze Wohnung etikettiert: Das Wort »Tür« wurde auf die Tür geklebt, »Schrank« auf den Schrank usw., und zwar zunächst auf Französisch, denn seine Mutter war Französin, dann auch auf Deutsch, in der Vatersprache:

> Als er 18 Monate alt war, schöpften wir Verdacht, er könne wirklich lesen. Er saß auf dem Teppich und las alleine ein Bilderbuch; bei dem Wort »Au Revoir« in dem Text winkte er mit einem Händchen, beim Wort »Löwe« machte er »Grrrr«. Später verstärkte sich dieser Verdacht zur Gewißheit, als wir versuchten, ihm geschriebene Botschaften anzubieten. Mit ein Zentimeter großen Buchstaben stand da zum Beispiel: »Wenn du eine Banane willst, hole eine aus der Küche.« Er warf nur einen kurzen Blick darauf und flitzte ab in die Küche! Da war er ganz genau 20 Monate alt. ... Mit 26 Monaten konnte er dann auch deutsche Bücher lesen. Jetzt fing er an zu sprechen und las laut vor sich hin.[26]

Yann sprach damals zeitgerecht in Zwei- und Dreiwortsätzen. Beim lauten Lesen aber sprach er die vollständigen Sätze, wie der Text sie forderte. Der Vorsprung, den das verstehende Hören vor dem Sprechen hat, hatte sich bei ihm auch auf das Lesen ausgedehnt.

Yann liest die Glückwunsch-
karten, die er zu seinem
2. Geburtstag bekommen
hat.

Leider scheint es bisweilen, als ob sich manche Lehrer darüber ärgerten, daß einige Kinder so vorpreschen. »Ein Schulmeister hat lieber einige Esel als ein Genie in seiner Klasse«, heißt es recht bissig in Hermann Hesses autobiographisch getöntem Schulroman *Unterm Rad*. Das permanent unterforderte, immer wieder gebremste Kind wirkt vorlaut, wird zurechtgewiesen, wird fast zwangsläufig zum Störenfried. Das gilt nicht nur für die Frühleser, sondern ganz besonders für wirklich hochbegabte Kinder. Denn das seltene Geschenk echter Hochbegabung – vielleicht zwei Prozent eines Jahrgangs – wird oft nicht rechtzeitig genug erkannt und richtig gewürdigt. Ausnahmen bilden nur die musikalischen Talente. Die wenigsten Lehrer und Erzieher sind über das Phänomen der Hochbegabung gründlich aufgeklärt worden. Um so empörender die Besserwisserei der Ahnungslosen, die alle solche Fälle unterschiedslos unter der Rubrik »übertriebener elterlicher Ehrgeiz« abhaken (den es natürlich auch gibt). So kommt es vor, daß hochbegabte Kinder regelrecht zu Schulversagern gemacht werden.[27] Sie simulieren Krankheiten oder werden wirklich krank, um nicht zur Schule gehen zu müssen. Je nach Temperament und Veranlagung rebellieren sie, verspüren regelrechten Haß auf die Schule und schmieren voller Wut ihre Klassenarbeiten dahin; oder sie ziehen sich ganz zurück, verweigern sich und verlieren den Glauben an sich und gar die Lust am Leben.

Charlotte, Tochter eines Lehrers, erinnert sich:

> Oft habe ich meine Mutter gefragt, was das bedeutete, was da geschrieben stand. Meine Eltern glaubten beide, es wäre besser für mich, Lesen und Schreiben in der Schule zu lernen, und weigerten sich, so sehr ich auch bettelte. Schließlich gab meine Mutter nach, weil sie wußte, ich war so furchtbar neugierig. Sie wollte mir das Lesen nicht beibringen, aber sie kaufte mir einen »Brockhaus für Kinder«, der viele Bilder mit den dazugehörigen Bezeichnungen enthielt. Innerhalb weniger Monate konnte ich kleine Sätze lesen.

Hier siegte der mütterliche Instinkt über die verdrehte Logik, daß Lernen eine Sache der Schule sei. *Lernen ist ein Urbedürfnis des Menschen und kein Monopol von Institutionen.*

Aufgeklärte Lehrer richten ihren fortgeschrittenen Erstkläßlern eine freundliche Leseecke ein, in die sie sich still zurückziehen können. Gelegentlich dürfen sie vorlesen und lernen eine Menge hinzu, denn ausdrucksvoll vorlesen ist eine Kunst, die geübt werden muß, und ist nicht mit dem Stillesen zu vergleichen. Solche Lehrer verstehen es auch, ihren Leseratten spezielle Hausaufgaben zu geben und sie so geschickt als Gehilfen für langsamere Lerner einzusetzen, daß beide Parteien davon profitieren. Abschließend das nachahmenswerte Beispiel einer Erzieherin, die ein hochbegabtes Kind anerkennt und es mit einfachsten Mitteln in ihre Gruppe integriert:

> Sie gab Mathias Aufträge, bei denen seine Lesefähigkeit ganz selbstverständlich gebraucht wurde: Speiseplan lesen, ob heute Löffel oder Gabel auf den Tisch müssen, ein ganz bestimmtes Buch holen usw. Später sollte Mathias die Namen der Kinder unter die jeweiligen Zeichnungen schreiben. Die Kinder in seiner Gruppe hatten überhaupt keine Probleme

damit, Mathias zu akzeptieren. Ganz selbstverständlich baten sie ihn um kleine Gefälligkeiten wie »Schreib hier mal bitte, ›Für Freulain Geran fon Daniel‹ drauf.«[28]

Für das begabte Schulkind ist selbständiges Lesen der beste Ausweg aus der ständigen Bedrohung, die Langeweile heißt.

Kehren wir noch einmal zu Anne Sullivan zurück, Helens »Teacher«. Mit 14 kommt sie aus dem Armenhaus in ein Blindeninstitut und kann weder lesen noch schreiben. Dann lernt sie die Blindenschrift, und als ihr zwei Operationen das Augenlicht wiedergeben, normal lesen. »Sie las ohne Rücksicht auf ihre Augen, als ginge es um ihr Leben, wie eine Ertrinkende, die sich an ein Stück Holz klammert. Sie las beim Schein der Straßenlaternen, hielt das Buch zum Fenster hinaus und las, las.«[29] Lesen war das Tor zum Leben, zu einem anderen, besseren Leben.

Sich vorlesen lassen

Anhaltende Leselust ist auch ein Hauptindikator für gute Leistungen in allen Schulfächern – so ein Ergebnis der Pisa-Studie. Denken wir auch an die langsameren Kinder, die nur schlecht vorbereitet in die Schule kommen und bald noch weiter zurückfallen. Meist sind es Kinder aus der Unterschicht, die weniger vorgelesen bekommen und auch einen weniger umfangreichen Wortschatz besitzen. Wie kann man ihnen helfen, wie könnte man von vornherein verhindern, daß sie zurückbleiben?

Wie in den Manchester-Studien zum Fernsehen führt der Weg über die Eltern. Studien aus dem Londoner Stadtteil Haringey zeigen, wieviel es bewirkt, wenn Eltern sich von ihren Grundschulkindern regelmäßig vorlesen lassen. Haringey ist ein typisches Arbeiterviertel mit hohem Ausländeranteil. Die Schulen stellten kostenlos geeignete Bücher zur Verfügung. Die Forscher verlangten von den Eltern nichts weiter, als daß sie sich von ihren Kindern aus den mitgebrachten Büchern regelmäßig vorlesen ließen und darüber auch Buch führten (Eintrag auf einer *report card*). Die Eltern wurden nicht belehrt, geschweige denn besonders geschult. Selbst wenn Eltern kaum Englisch sprachen oder nicht lesen konnten, machten die Kinder, die zu Hause vorlasen, immer noch größere Fortschritte als eine Kontrollgruppe, der in Förderstunden besondere schulische Nachhilfe erteilt wurde.[30] Die Forschungsarbeiten in Haringey und Manchester zeigen eindeutig: *Wer den Kindern helfen will, muß zunächst den Eltern helfen!*[31] Eltern aller sozialen Schichten sind leicht ansprechbar, wenn es um das Wohlergehen ihrer Kinder geht. Manche brauchen aber gezielte Anregungen, die sie dankbar aufnehmen.

Bei der Buchauswahl plädieren wir also erst einmal für die klassischen Abenteuergeschichten, dazu Tiergeschichten, für die sich besonders Mädchen erwärmen, und Geschichtserzählungen über die Pharaonen, Hannibal, Rom oder den Löwen von Flandern, weniger für problembeladene Geschichten aus dem modernen Alltag. Letztere scheinen bei Lehrern beliebter zu sein als bei den Kindern, wie die moderne Leseforschung herausgefunden hat, vielleicht weil sie auf Werte zielen wie Toleranz und Umweltbewußtsein. Man muß die Kinder eben nicht »anpredigen«, wie schon Jean Paul wußte, der »orientalische, romantische« Kindererzählungen empfahl, Geschichten »von großen Gefahren und noch schöneren Errettungen.« Übrigens auch unterschiedlichste Sachbücher, wenn ein schon keimendes Interesse da ist, das man nur anzustoßen braucht.

Später kann man die Bücher, die die Heranwachsenden lesen, ebenfalls lesen, jeder für sich, aber nachher tauscht man sich darüber aus, wie Astrid Lindgren vorschlägt:

> Habt ihr guten Kontakt zu eurem Kind? Oder kapselt es sich in einer eigenen Welt ab, zu der ihr keinen Zutritt habt? Wünscht ihr mitunter, ihr wüßtet ein wenig mehr darüber, was in ihm vorgeht? *Ja, aber dann müßt ihr ihm den Weg zum Buch weisen!* Zusammen mit eurem Kind müßt ihr lustige oder auch traurige Bücher lesen, egal welche. Eins weiß ich, ihr werdet bald entdecken, daß diese Bücher das beste Verbindungsglied sind, das es gibt. Vertrautheit stellt sich ein, wenn ihr zusammen über ein Buch lacht oder weint. Und vieles von dem, was euer Kind innerlich beschäftigt hat, kommt zur Sprache, wenn ihr euch über das Gelesene unterhaltet.[32]

Kinder- und Jugendbücher jetzt noch mal lesen zu dürfen: Endlich darf man sich das leisten; schließlich hat man ja eine Aufgabe – und genießt ihre Lektüre fast genau so wie beim ersten Mal.

Hörkassetten und Audio-CD's

Hörkassetten und Audio-CD's sind willkommen, solange sie nicht das Erzählen und Lesen ersetzen. Wieder gilt es gut auszuwählen, denn auch diese Produkte sind heute Massenware, und billiger Ramsch geht millionenweise über den Ladentisch. Gefertigt wird wie am Fließband. Es gilt die totale Vermarktung: meist geht eine Fernsehserie voran; es folgen DVD's, Tonkassetten, Audio-CD's, T-Shirts usw. Ein Medium wirbt fürs andere. Schnelligkeit ist gefragt. Für Feinarbeit an den Rollen, am Drehbuch und an den Geräuschkulissen bleibt oft keine Zeit. Aber es gibt auch viele gute Original-Kinderhörspiele kleinerer Verlage und ansprechende Bearbeitungen guter Kinderbücher von bekannten Autoren wie Erich Kästner, Astrid Lindgren, Michael Ende, Otfried Preußler, J.R.R. Tolkien, Edith Nesbit. Man muß sich schon Mühe geben, sie ausfindig zu machen und beim Buchhandel zu bestellen. Hierbei hilft das rororo-Büchlein *Die besten Hörkassetten für mein*

Kind. »Gedankenlos gekaufte Kassetten bedeuten auch Gedankenlosigkeit gegenüber dem Kind«, schreiben die Autoren. Wählen wir bewußt Kinderbücher, Kassetten und Audio-CD's aus, die uns selbst gefallen.[33]

Lassen Sie auch mal beim eigenen Vorlesen den Kassettenrecorder mitlaufen, damit sich die Kinder die Geschichte noch einmal anhören können – gesprochen von den Eltern oder Geschwistern. Daß die Kassetten unermüdlich im Erzählen derselben Geschichte sind und sich nach Belieben vor- und rückspulen lassen, ist ein großer Vorteil. Sie erlauben das Beharren und Verweilen, das Auskosten derselben Passagen. Auf längeren Autofahrten sind sie ein Segen. Da gibt es dann auch die Gelegenheit, Pausen einzuschalten, etwa um sich darüber klar zu werden, wen oder was man an der Geschichte am liebsten mag, oder die Geschichte gemeinsam fortzuspinnen oder zu verändern. Oder man spielt eine Szene nach: jeder übernimmt eine Rolle. Das kann lustig werden. Reden im Anschluß an gemeinsames Hören. Viele Familien haben sich auf diese Weise lange Urlaubsfahrten auf angenehme Weise verkürzt.

Bei Radio/Fernseh-Vergleichen konnten Kinder die Radioversionen insgesamt besser nacherzählen als die Fernsehgeschichten.

Besinnung

Unsere schnellebige Kultur macht uns allesamt unsicher. Technisch-industrielle Entwicklungen wie die Pille und das Fernsehen, gesellschaftliche Veränderungen wie neue Kriege und Flüchtlingsströme sind Erfahrungen, die auch die Erwachsenen in Bedrängnis bringen. Ihre kulturellen Erfahrungen und Verarbeitungsformen reichen nicht aus, um verbindliche Vorbilder für die nachfolgenden Generationen abzugeben. Dennoch dürfen wir diese mit ihren Erfahrungen nicht allein lassen. Angesichts rasanter Veränderungen müssen wir uns mehr denn je auf unsere biologischen Grundlagen und kulturellen Wurzeln besinnen und intensiv bedenken, ob wir denn nun auch alles zulassen sollten, was uns technisch möglich ist und Profit bringt. Neil Postman, ein scharfsinniger Kulturkritiker, hat vor dem »Verschwinden der Kindheit« gewarnt, vor ihrer Auflösung in einer infantilen Gesellschaft. Der sicherste Weg ins Verderben wäre, unsere Probleme auf Kosten unserer Kinder zu lösen. Haben wir ihn schon beschritten?

---

1 Hannelore Grimm 1995, 757; Dale u.a. 1998
2 Ennemoser 2003; Myrtek & Scharff 2000
3 Ward 1992; 1994
4 ebd.
5 Rumbaut 1996

6 Bronfenbrenner 1974, 138

7 Ward 1992; 1994

8 Judith Reicherzer: »Anmache total«, DIE ZEIT, 21.2.1997. Im Jahr 2002 wurden in den USA 15 Milliarden Dollar in Werbung für Kinderprodukte gesteckt.

9 Als nüchterner Forschungsbericht zum Thema Sprache und Fernsehen sei Böhme-Dürr (2000) empfohlen. Wer aber den kulturellen Umbruch, den das Fernsehen bewirkt, verstehen will, greife zu Postman (1986): »We have yet to learn what television is.«

10 Whitehurst u.a 1988; Debaryshe 1993

11 Stern & Stern 1987, 75

12 Böhme-Dürr 1990

13 Carey/Bartlett 1978. Die Kinder hatten also sofort das neue Wort auf das neue Tablett bezogen. Für dieses schnelle Erfassen und Behalten von neuen Bedeutungen, die man nur einmal gehört hat, hat sich der Begriff »fast mapping« eingebürgert.

14 In der sorgfältigen *Bristol-Studie* (Wells 1985, 346ff.), die die Sprachentwicklung von 128 Kindern in ihrem sozialen Kontext vom 15. bis zum 60. Monat detailgenau erfaßte, hatte der soziale Hintergrund (elterliche Bildung und ihre berufliche Stellung) einen substantiellen Einfluß auf den sprachlichen Entwicklungsstand der Dreieinhalbjährigen. Als man mit multiplen Regressionsanalysen untersuchte, wie elterliche Stellung das Kommunikationsverhalten beeinflußte und somit die Sprachentwicklung vorantrieb, erwies sich das Vorlesen als der mit Abstand wichtigste Beitrag, die Sprache der Kinder zu fördern.

15 Scupin & Scupin II (1910), 43

16 von Heiseler 1971, 13

17 Varga o.J., 9

18 Lindgren 1977, 69

19 Lehndorff 1983, 24

20 Aachener Nachrichten 11.10.1995

21 Palmer 1974, 134/135

22 Varney 2002

23 Lindgren 1977, 81

24 Kisor 1990. Der Autor hat auch Kontakt mit anderen Mirrielees-Schülern aufgenommen. Der Versuch, zunächst über die Schrift zur Sprache zu kommen, war auch bei ihnen erfolgreich.

25 Pagnol 1979

26 Vielhaber 1996, 9

27 »Versuche der Eltern, auf vorhandene Fertigkeiten ihrer Kinder hinzuweisen, wurden von der Schule nicht selten ignoriert, oder den Eltern wurde unterstellt, sie hätten mit ihren Kindern bewußt geübt. Es waren auch noch aus pädagogischen Vorzeiten stammende Sätze zu hören wie ›Bei mir wird jedes Kind gleich behandelt‹.« (Häuser & Schaarschmidt 1991, 158). Mißtrauen gegen hochbegabte Kinder spricht auch aus der Bezeichnung, die die Franzosen verwenden: *surdoué*, also »überbegabt«.

28 Heike Schulz in *Labyrinth* 49 (1996), 17–19. Das Zitat von Charlotte stammt aus einer Seminararbeit von Charlotte Lahaye, RWTH Aachen.

29 Behrens 2001, 38

30 Tizard 1981

31 Eine alte Forderung: »… so fange man mit den Müttern an; man wird über die Veränderung erstaunen, die man in der menschlichen Gesellschaft dadurch hervorbringen wird« (Campe 1979, 294). Gewiß wird man heute die Väter hinzunehmen.

32 Lindgren 1977, 80

33 Rogge 1995

Wie unsere Kinder verständig werden

> Glücklich ist das Kind, dem seine Mutter, seine älteren Geschwister, seine Anverwandten und Freunde, endlich seine frühesten Lehrer auch im Gehalt und Ton der Rede gleichsam Vernunft, Anstand, Grazie zusprachen; der Jüngling, der Mann wird sie nie verleugnen, solange er lebt. (Johann Gottfried Herder)

Zuversicht und Weltvertrauen

Nur das Kind, das sich sicher weiß, so sagten wir, kann neugierig sein, erkunden, lernen. Die Sicherheit durch personale Bindung ist Voraussetzung für sein spielerisches Interesse an der Welt. Intelligenzförderung ohne die Berücksichtigung emotionaler Grundbedürfnisse geht fehl. Diese sind bei allen gleich und doch auch immer wieder anders. Ein Kind muß abends mit der Gewißheit einschlafen, daß die Welt gut ist und auf eine gute Nacht ein guter Morgen folgt.

Seelisch gesunde Kinder haben Selbstvertrauen und Ich-Stärke, aber in unterschiedlicher Ausprägung. Denn die Neigung zu einer eher melancholischen oder fröhlichen Grundstimmung, wie auch zur Schüchternheit oder Kühnheit wird schon im ersten Lebensjahr deutlich, was für eine genetische Komponente spricht. Auch hier müssen wir immer wieder neu lernen, unser Kind in seiner Eigenart zu begreifen, und erspüren, wieviel Behütung es braucht und wo Behütung in Überbehütung umschlagen kann. Überbehütung kommt vor, aber seelische Vernachlässigung, Unverständnis und Interesselosigkeit der Eltern sind immer noch die häufigsten Ursachen für Entwicklungsstörungen.

Morgens, auf der Fahrt zum Kindergarten, werde ich Zeuge, wie sich Susi und Gisa, beide vierjährig, gegenseitig in harmlosen Prahlereien überbieten:

Susi: Und ich zauber das Haus in die Luft.
Gisa: Und ich den Kran in die Luft.
Susi: Und ich die Mauer in die Luft.
Gisa: Und ich die Kirche in die Luft.

Ein anderes Mal, etwa um dieselbe Zeit, stehen wir auf einer Brücke und schauen in den stark angestiegenen Fluß:

Vater: Die Inde führt aber ne Menge Wasser heute.
Gisa (großspurig): Das trink ich!
Vater (weist die Prahlerei nur indirekt zurück): Das ist doch ganz dreckig hier.

Offensichtlich sind die beiden Mädchen dabei, ein gesundes Selbstbewußtsein zu entwickeln. Ein Jahr zuvor war das noch anders. Wochenlang hatten wir vor dem Haus eine Baustelle, und die Bauleute waren der kleinen Gisa vom Sehen her bekannt. Sie steht draußen auf der Treppe, da kommt der Große mit dem Glasauge vorbei. Unvermittelt schimpft sie aus sicherer Entfernung los: »Du Tasse du«, und Ähnliches. Der Große merkt, daß ihn die Kleine auf'm Kieker hat und sagt: »Paß auf, ich hol dich gleich da runter.« Da rennt Gisa um das Haus herum auf die Terrasse, drückt sich in den Winkel der Regenrinne und vergräbt ihr Gesicht in den Armen. Schämt sich und heult. Später ziehen wir sie damit auf. Wieder deckt sie ihr Gesicht zu und schämt sich. Aber Stunden darauf wird sie wieder keck. Sie erzählt, was sie dem Großen mit dem Glasauge alles antun will: »Dann steck ich den ins Mehl« usw.

Das starke Schwanken zwischen Auftrumpfen und Zerknirschtheit zeigt, daß sie noch einige Zeit brauchen wird, um einen vernünftigen Ausgleich zwischen Selbsterhöhung und Kleinmut herzustellen. Aber ist das nicht eine lebenslange Aufgabe? Ist es nicht trotz all der kindlichen Prahlereien und Verstiegenheiten besser, sich ein hohes als zu dürftiges Ziel zu setzen? Das Leben sorgt schon von selbst dafür, daß die Bäume nicht in den Himmel wachsen, schreibt der Schweizer Romancier Robert Faesi, denn »sich etwas einbilden ist doch eine Voraussetzung dafür, etwas ausbilden zu wollen, das als Anlage, Drang und Wunsch schon in einem steckt.«[1]

So wie beim Kind Selbst- und Weltvertrauen heranreifen müssen, damit es Aufgaben annimmt und seine Intelligenz erprobt, so müssen auch Eltern Sicherheit im Umgang mit Kindern ausstrahlen. Hilde Schlesinger, die verschiedene Elterngruppen, darunter Eltern von gehörlosen Kindern, miteinander verglichen hat, kam zu dem Schluß: Eltern, die sich selbst in einer Situation der Machtlosigkeit und des Ausgeliefertseins wähnten, hatten keinen guten Einfluß auf die Sprachentwicklung ihrer Kinder. Ihre Unsicherheit schlug sich in autoritärem Gesprächsverhalten nieder, das sich wiederum negativ auf die Sprache ihrer Kinder auswirkte. Sie redeten auf die Kinder ein, statt mit ihnen zu reden. Schlesinger untersuchte dieselbe Gruppe gleich dreimal: als die Kinder fünf, acht und sechzehn Jahre alt waren. So konnte sie feststellen, daß ein direktiver mütterlicher Sprechstil auch später noch das Leseniveau der Kinder negativ beeinflußte.[2]

In Situationen, in denen die Angst überhand nimmt, wird überhaupt nicht gelernt. Angst lähmt das Denken. Wieviel Angst aber im Spiel ist, kann uns nur das Kind sagen. Sehr eindrucksvoll ist Lisas Geschichte, wie sie uns ihre Sprachtherapeutin Barbara Zollinger schildert. Das fast fünfjährige Adoptivkind ist völlig verstört und spricht noch nicht. Zollinger zeigt, wie sie sich in ihrem Vorgehen von dem Kind selbst leiten lassen und immer wieder achthaben muß, wo und wann das Kind sich ängstlich zurückzieht. Ein direktes Sprechtraining wäre völlig unangebracht gewesen. Das Sprechen des Kindes wächst aus der vertrauensvollen Kommunikation, an der die Therapeutin immer schon sprechend beteiligt ist, empor.[3]

Ich weiß noch, wie mein Onkel mir das Schwimmen beibringen wollte und versuchte, mich unter einen kleinen Wasserfall in eine Mulde zu locken. Ich wollte nicht, er zerrte mich hinein und ließ mich erst nach einer Weile heraus, obwohl ich sofort Zeter und Mordio schrie. Später wußte ich, daß meine Angst völlig grundlos gewesen war. Aber gelernt habe ich nichts, außer ihm eine Zeitlang zu mißtrauen. Oder doch: Ich erinnerte mich daran, als unsere vierjährige Gisa ängstlich vor den Wellen davonlief, die den Strand hinaufleckten. Ich konnte ihr die Angst nehmen. Wir liefen Hand in Hand in die Brandung hinein, um dann kehrtzumachen und mit dem Wasser um die Wette den Strand hinaufzulaufen. Ich konnte sie dazu überreden, weil ich ihr versprach: Nur du bestimmst, wann wir kehrtmachen. Jeden Tag wagte sie sich ein wenig weiter vor, bis sie jauchzend allein ins Meer lief.

Sich selbst fordern lernen

Sich selbst fordern lernen ist ein wesentlicher Baustein der Willensentwicklung: entdecken, was man wirklich möchte; Widerstände überwinden; Realitäten Rechnung tragen, ohne die Lust zu verlieren.

Vierjährige wurden vor folgende Aufgabe gestellt: »Wenn du wartest, bis ich eine Besorgung erledigt habe, bekommst du zwei Bonbons. Wenn du nicht so lange warten kannst, bekommst du nur einen, aber den sofort.«

> Einige der Vierjährigen konnten die ihnen sicherlich endlos erscheinenden fünfzehn bis zwanzig Minuten bis zur Rückkehr des Experimentators abwarten. Um sich in ihrem Kampf zu stärken, hielten sie sich die Augen zu, damit sie nicht auf die Versuchung starren mußten, oder sie legten den Kopf auf die Arme, führten Selbstgespräche, sangen, spielten mit Händen und Füßen oder versuchten gar, sich schlafen zu legen. Diese tapferen Vorschüler erhielten die zwei Bonbons. Andere jedoch, die impulsiver waren, schnappten sich den einen Bonbon fast durchweg innerhalb von Sekunden, nachdem der Experimentator das Zimmer zu seiner ›Besorgung‹ verlassen hatte.[4]

Diese hier in der Zusammenfassung von Goleman zitierten Studien Walter Mischels sagen niemandem etwas Überraschendes, wenn sie nicht ein Nachspiel gehabt hätten. Dieselben Kinder wurden nämlich über ein Jahrzehnt später noch einmal untersucht, und zwar wurden ihre Ergebnisse im *Scholastic Aptitude Test*, einer in den USA weitverbreiteten Hochschuleingangsprüfung, mit ihrem Verhalten als Vierjährige verglichen. Das Drittel der Kinder, das am längsten gewartet hatte, schnitt weitaus besser ab als das Drittel, das am schnellsten zum Bonbon gegriffen hatte. Das wahrhaft Spektakuläre an diesem Ergebnis: Ein auf Vierjährige zugeschnittener allgemeiner Intelligenztest hatte längst keine so klare Beziehung zu den späteren

Leistungen. Der traditionelle IQ-Test ist erst bei Schulkindern, die Lesen gelernt haben, ein brauchbarer Vorhersagemaßstab für die Schulleistungen von Achtzehnjährigen.

Nehmen wir einmal an, auch andere Forscherteams kämen bei einer Wiederholung der Versuchsreihe zum gleichen Ergebnis. In der Tat ist die Fähigkeit zum Triebaufschub der Wurzelgrund vieler Leistungen, »angefangen vom Durchhalten einer Diät bis zum Anstreben eines medizinischen Doktorgrades«.[5] Triebaufschub bedeutet ja keine Askese, sondern verspricht sogar höheren Genuß, weil im allgemeinen mit dem zeitweiligen Verzicht die Triebstärke zunimmt. Ein Eis schmeckt besser, wenn es sich die Kleine dadurch verdient hat, daß sie ein gutes Stück mitgewandert ist, ohne zu quengeln. Dasselbe leckere Eis bedeutet einem immer weniger, wenn man es umstandslos bekommt, sobald man danach verlangt.

Man lernt, sich anzustrengen, bis die äußeren Belohnungen wegfallen können. Am Ende fällt einem das Wandern nicht mehr schwer, ja, macht sogar Freude. Diese durch Anstrengung gewonnene Lust am Können wird zu einer Kernerfahrung.[6] Frohsinn, so meinte schon der Hamburger Aufklärer und Pädagoge Joachim Heinrich Campe, sei nichts anderes als »Gefühl fortschreitender Entwicklung unserer Kräfte und Fähigkeiten«.[7] Noch so ausgeklügelte Trainingspläne werden kein Kind zu einem Mozart oder Menuhin heranbilden. Aber: Ohne intensives Studium, ohne ständiges Üben und Ausüben ihrer Kunst seit früher Kindheit wären beide nicht die großartigen Musiker geworden.

Bei ihnen verwischten sich die Grenzen zwischen Arbeit und Spiel. Die pädagogische Kunst besteht darin, die natürlich vorhandene Leistungslust in die richtigen Kanäle zu leiten, statt Kinder bloß zu verwahren. Es ist das genaue Gegenteil dessen, was uns die Werbung ohne Unterlaß einredet: sich selbst verwöhnen, sich selbst etwas gönnen, ohne daß man dafür auch eine Leistung zu erbringen hat. Das ist der sicherste Weg zur Unzufriedenheit. »Verzicht nimmt nicht, Verzicht gibt« (Heidegger).

Interessen ausbilden: mit Kindern musizieren

Nur der weiß mit sich und seinem Leben etwas anzufangen, der eigene Interessen ausbilden konnte. Deshalb gilt es, der natürlichen Neugier und dem früh einsetzenden Kompetenzstreben des Kleinkindes soweit wie möglich entgegenzukommen. Nichts forcieren, aber das Kind einladen, am Reichtum menschlicher Kultur teilzuhaben. Wenn frühe Interessen auch wieder versickern können, mögen sie doch unterirdisch weiterwirken und Ansatzpunkte für neue bilden.

Ein besonders ergiebiger, ausbaubarer Bereich, der ein Leben lang Befriedigung verschaffen kann, ist die Musik. Wer vor dem zwölften Lebensjahr

Violine oder Gitarre spielte, bei dem ließen sich entsprechende Veränderungen im Gehirn nachweisen. In dem Gebiet der Hirnrinde, das Meldungen von den Muskeln, der Haut und den Gelenken bekommt, waren mehr Nervenzellen für die beim Spielen benutzten Finger und Hände zuständig als bei Spätstartern. Sie waren verzweigter und hatten längere Fortsätze. Junge Musiker können deshalb selbst nach jahrelanger Abstinenz noch passabel spielen. Ideal wäre kindgemäßer Instrumentalunterricht noch vor dem achten Lebensjahr. Es ist ein Riesenunterschied, ob man sich nur passiv berieseln läßt oder selber Musik macht! Jeder weiß natürlich, daß man auch später noch Instrumente spielen lernt. Charakteristisch gerade für den Menschen ist seine allgemeine hohe Lernfähigkeit bis ins späte Alter. »Spätberufene« Cellisten und Klavierspieler haben es aber viel schwerer. Allerdings ist im Auge zu behalten, daß fünf bis zehn Prozent aller Menschen tontaub sind, d.h. sie können beim besten Willen selbst einfache Melodien nicht richtig nachsingen, ohne daß man sie nun für schlicht unmusikalisch halten sollte. Für sie wären vielleicht Rhythmusinstrumente das Richtige.[8]

Sollte man mit Kindern nicht schon deshalb viel singen und musizieren, weil es Freude macht und – vielleicht mehr noch als das gemeinsame Lesen – Menschen miteinander verbindet? Familien, in denen zusammen musiziert wird, halten gut zusammen. Wenn Eltern selbst gerne singen und Musik machen, sollten sie nicht zögern, ihr Kind von klein auf zum Mitmachen zu bewegen. Das ganze Kinderleben kommt im Lied zum Ausdruck. Erst singt man ihnen vor, später fangen sie an, mitzusingen. Singen vertreibt Mißmut und Zwietracht. Manche Texte bieten Gesprächsstoff. Sie wollen erläutert sein oder laden zum Erzählen ein: »Fuchs, du hast die Gans gestohlen«; »Es tanzt ein Bi-Ba-Butzemann in unserm Haus herum« usw.

Aber man muß auch warten können. Etwa darauf, daß ein Sechsjähriger nun selbst liebgewordene Melodien auf der Blockflöte produzieren will. Wenn dann die Blockflöte später beiseite gelegt wird, braucht man dem nicht nachtrauern: Das Instrument hat seine Schuldigkeit getan. Echte musikalische Begabungen werden nicht locker lassen, weiter machen oder auf andere Instrumente umsteigen.

Übrigens scheint frühe Förderung im Instrumentalspiel sich auch günstig auf das Rechnen auszuwirken und zudem die sprachlichen Fähigkeiten dauerhaft zu verbessern – Effekte, die allerdings noch kaum verstanden werden.[9] Der Zeitaufwand für Flötenspiel und Notenlesen geht also nicht zu Lasten anderer Fächer. Die Grundschulen sollten verstärkt versuchen, mit Instrumentalunterricht auch sozial benachteiligte Kinder zu erreichen. Sprache, Musik und Mathematik, diese drei, könnten die großen Kopfgeburten des Menschen sein.

Durch nichts zu ersetzen: das Gespräch

> Ich war voller Fragen und mußte diese unbeantwortet mit mir herumtragen. (Rudolf Steiner)

> Als ich noch so klein war, daß ich auf dem Eckchen von dem Holzbänkchen sitzen konnte, worauf Mutters Füße ruhten, da hatte ich allerlei zu fragen: Was die Schneider, die Schuster, die Bäcker, kurz, was die Leute in der Welt zu tun haben. Und die Mutter mußte mir alles erklären. Ich wollte aber wissen, was die Könige tun. Die regieren, sagte die Mutter. Weißt du wohl, liebe Mutter, sagte ich, wenn ich König wäre, so würde ich einmal einen ganzen Tag gar nicht regieren, bloß um zu sehen, wie es dann in der Welt aussähe. Liebes Kind, sagte die Mutter, das tun manche Könige auch, und es sieht auch danach aus. (Heinrich Heine)

Man braucht nicht so weltklug und witzig zu sein, wie Heinrich Heine seine Mutter hier schildert. Jede Mutter hat einen riesigen Erfahrungsvorsprung, so daß sie ihrem Kleinkind allemal viel zu bieten hätte. Bubi stellt sich mit zweieinhalb vor, der Regen komme wohl aus einer Gießkanne, und mit viereinhalb meint er, derselbe Briefträger, der ihm die Post vom Vater in den Ferienort bringt, würde nun auch die Briefkästen leeren und die Post zum Vater in die Stadt bringen. Als seine Schere auf dem Balkon im Regen liegen geblieben war und er sie angerostet wiederfindet, hagelt es Fragen wie: »Is im Regen Rost drinne? Kommt der Rost vom Himmel? Was macht denn den Rost?«[10]
So gibt es in unserer komplizierten Welt tausenderlei Dinge, über die Kinder sich Gedanken machen. Daß Papa auch mal klein war, wird Julius schon gehört haben. Da für ihn ein abgerissener Knopf so sehr zum Kindsein gehört und gar nicht zu Erwachsenen paßt, kommt es zu folgendem Gespräch:

Julius (3;4):	Mami, was machst du?
Mutter:	Ich nähe einen Knopf an.
Julius:	Warum?
Mutter:	Weil Papi ihn abgerissen hat.
Julius:	Als Papi noch klein war?[11]

Lenny (ca. 4):	Is the sky a sort of nowhere?

Theodor (5;7):	War Onkel Julius in Afrika oder Amerika?
Vater:	In Afrika.
Theodor:	Wo die Neger sind?
Vater:	Ja.
Theodor:	War er auch schwarz?
Vater:	Nein.
Theodor:	Aber wenn er als Baby hingekommen wäre, dann wäre er schwarz?
Vater:	Nein. Um schwarz zu sein, müssen die Eltern auch schwarz sein. Wenn Mami und Papi nach Afrika gingen und dort ein Baby bekämen, dann würde es auch weiß sein.

Wir sollten nicht nur bereitwillig Auskunft geben, sondern uns über die Neugier der Kinder freuen: Bleibt ihnen der Wissensdurst erhalten, werden sie auch die Schule meistern. Oft wird uns nichts anderes übrig bleiben, als uns selbst erst einmal zu informieren und gründlich nachzuschlagen. Norbert Blüm war im Krieg mit seiner Mutter und seinem kleinen Bruder auf einem Bauernhof untergekommen. Der Besitzer E. F., »ein alter, versoffener Bauer«, wurde sein erster Freund:

> Wenn ich an seiner Hand über die Felder marschierte, ging mir eine neue Welt auf. Es war, als würde er die Welt zum zweiten Mal erschaffen. Er war mein kleiner Gottvater. Er erklärte mir Sachen, die ich gar nicht gesehen hatte ... Er brachte mir die Tricks der Hamsterjagd bei: Ins Falloch Wasser und dann am Ausgangsloch mit einem Knüppel stehen und ... Die Erstausstattung für das Glück der Freundschaft lieferte mir Ernst Frangel.

Nicht jeder wird auch auf Anhieb so gut Auskunft geben können wie der Vater Hoimar von Ditfurths:

> Schier unerschöpflich war seine Geduld, vor allem bei der Beantwortung unserer Fragen. Ich erinnere mich noch heute an lange Spaziergänge, während denen er mir auf meine Bitten das Funktionieren eines Fernglases erklärte – oder das einer Kanone, eines Automotors oder des Telephons. Seine Erläuterungen waren selbstverständlich auf das Fassungsvermögen eines Fünfjährigen zurechtgeschnitten. Aber ich erinnere mich an manche von ihnen bis auf den heutigen Tag, weil ich sie in späteren Jahren niemals gänzlich zu verwerfen brauchte – sie gaben das Wesentliche ungeachtet aller Vereinfachungen fast immer treffend wieder.[12]

Auch Elisabeth Noelle-Neumann hatte viel Glück mit ihrem väterlichen Gesprächspartner:

> Sachverhalte zu erörtern, lernte ich von meinem Vater. Zwar war er ein vielbeschäftigter Industrieller, doch zweimal pro Woche nahm er sich zwei Stunden Zeit für mich. Er legte sich auf den Diwan in seinem Herrenzimmer und rauchte eine Havanna; ich – damals 13, 14 Jahre alt – saß auf der Sitzrolle am Sofaende. Wir unterhielten uns über alles Mögliche, über Sokrates genauso wie über die aktuelle Politik. Als Jurist und guter Diskutierer manövrierte mein Vater mich bis zum Ende des Gesprächs stets aus mit Argumenten. Doch das letzte Wort behielt ich: »Aber trotzdem«, sagte ich und verließ sein Zimmer. (*Die Zeit* 2001)

Erklärungen sind mitunter versteckte Zurecht-Weisungen. Kinder spüren ihre Unterlegenheit. Da ist es wichtig, daß man sich einen guten Abgang verschafft. Wenn Verena nach bestimmten Belehrungen in ihr Kinderzimmer abzog, ließ sie mitten auf der Treppe noch ein lautes »ätschi-bätschi« vernehmen.

Lassen wir uns nicht einschüchtern, wenn wir mit einigen Eltern nicht mithalten können. Denn es geht auch einfacher. Wichtig sind zunächst die unzähligen kleinen Verrichtungen des Alltags, wie das Auswechseln einer Glühbirne oder das Ausfüllen eines Schecks, die man uns eben mal kurz erklärt. Warum schneit es im Winder, warum beschlagen die Scheiben? Woher kommt der Morgentau? Ein geburtstaubes Kind wird viele Dinge des praktischen Alltags nicht recht verstehen, wenn man es jahrelang auf Kosten der Kommunikation mit Artikulationen beschäftigt. So gelten die Tauben als einfältig und dumm, eben als »doof« – das Wort ist ja nichts anderes als eine mundartliche Variante von »taub«. Wenn taube Jugendliche keinen Unterricht bekommen, konstruieren sie sich schließlich phantastische Erklärungen für Krankheit, Tod, Geburt, Wachstum oder den Wechsel der Jahreszeiten. Laurent Clerc, der große Taubstummenlehrer des vorigen Jahrhunderts, weiß davon:

> So wird der Wind aus einem großen Blasebalg geblasen, der Regen ergießt sich durch kleine Löcher im Himmel auf die Erde, Schnee wird wie Mehl in einer himmlischen Mühle gemahlen, Blitz und Donner werden von Kanonen abgefeuert, die Sterne sind Kerzen, die jeden Abend angezündet werden.[13]

Schließlich braucht ein Kind ständige Gesprächspartner nicht nur zur Aufklärung über die Welt, sondern auch in einer eher versteckten Weise für die Sprache selbst. Als der dreijährige Bubi zum ersten Mal auf einem Spaziergang das Wörtchen *oder* gebrauchte, wartet er bei jeder Wegkreuzung und fragt: »Gehn wer hier oder hier?« Es ist, als ob Bubi das neue Wörtchen einüben möchte.[14] Das geschieht im Selbstgespräch, aber noch besser ist's mit anderen, die einem bestätigen können, ob man's richtig sagt und sinnvoll gebraucht.

> Vater: Was ißt du lieber, Honig oder Syrup?
> Hans: Honig und Syrup.
> Vater: Wen hast du lieber, Papa oder Mama?
> Hans: Dich habe ich lieb und die Mama.[15]

Wahrscheinlich wehrt sich hier Hans (3;9) nicht gegen das Ansinnen, sich zwischen Papa und Mama zu entscheiden, sondern er versteht einfach die Oder-Frage noch nicht. Das zeigt sich deutlicher, wenn Kinder auf solche Fragen schlicht mit ja oder nein antworten. Gerade das anfängliche Unverständnis der Kinder für solche Sprechweisen gilt uns als Indiz für die Vordenkerrolle grammatischer Sprache. Durch Sprache wird uns etwas in den Mund gelegt – und damit zu be-denken gegeben.

Wie absichtslos und ganz nebenbei Eltern im Gespräch Grammatikvorbilder abgeben, mögen auch die folgenden Ausschnitte belegen. So könnten Begründungsvorschläge, die Eltern machen, Vorstufen dafür sein, daß Kinder selbst etwas begründen:

B: Baust du noch ein Dreieck?
Jessica (1;10): Ja
B: Weil es so schön ist?
Jessica: Ja.[16]

Im nächsten Beispiel hilft der geschickte Wechsel vom »Warum« zum anschaulichen »Wie« dem Kind bei der Aufgabe, das »Warum« ansatzweise zu verstehen und das Begründen zu lernen:

(Anne, 1;10, beim Anschauen eines Bilderbuchs mit M.)
M: Anne ist ja auch schon mit Mama an den Bach gegangen, ne?
       Dürfen denn die Schweine in den Bach laufen?
Anne: Nein.
M: Warum nicht? (3 Sek. Pause) Wie ist der Bach denn?
Anne: Kalt.
M: Kalt, hm. Und wie noch? Wie ist er denn noch?
A: Naß.
M: Ja, naß, hm. Kalt und naß.

Kein Kind lernt aus heiterem Himmel, wie man begründet und dabei auch Weil-Sätze verwendet. Eltern helfen, weil sie das Gespräch suchen, ohne aber auch nur im entferntesten daran zu denken, daß sie zu diesem Zeitpunkt »warum« und »weil« einüben müßten. Das gilt auch für folgende Sprachalbereien, die bei der fünfjährigen Gisa und ihrem Vater beliebt waren:

Vater (schmeichelnd): Du bist mein Kissen.
Gisa (lieb): Ach, du bist meine Hand.
Vater: Und du bist meine Brille.
Gisa: Und du bist meine beiden Augen.
Vater (wechselt den Ton, wird frech): Und du bist meine Zähne, mit denen ich dich beiße.
Gisa (kontert sofort): Du bist meine Nase, ... die ich dich packe.
Vater (wieder normal): Du bist mein Mund, mit dem ich alles aufesse.
Gisa (ebenso): Du bist meine Nase, die ich alles kribbele. Usw.

Ganz nebenbei und völlig absichtslos werden Relativsätze geübt, die die Fünfjährige noch nicht einwandfrei beherrscht. Sie schafft es noch nicht, Präpositionen vors Relativpronomen zu setzen: »die Nase, an der ich dich packe.« Leider regen Mütter mit niedrigerem Bildungsniveau ihre Kinder weniger zum Sprechen und Erzählen an als Mütter der oberen Mittelschicht. Sie sprechen weniger häufig mit ihnen, verweilen nicht so lange bei einem Thema, verbieten ihnen mehr – was sich später auf die Schulleistung auswirkt.[17] So tut Elternaufklärung not. Der beste Ansatzpunkt ist das gemeinsame Lesen, das stets mit dem Gespräch verbunden ist. Denn auch den Texten nach-denken ist ein Selberdenken. Das Gespräch aber rankt sich nicht nur um das Lesen, sondern ist in allen gemeinsamen Unternehmungen dabei. Unternehmungsgeist entwickelt, wer der Außenwelt mit allen Sinnen freudig zugewandt ist. Plätzchen backen, basteln, Fahrrad reparieren, Puppenhaus möblieren, Raupen füttern und beobachten, wie sie sich verpuppen und die Schmetterlinge schlüpfen, mit dem Maßband herumlaufen und alles mögliche messen, Fingerlänge, Bauchumfang, Kopfumfang. Die Kinder glauben, sie lernen Zimtsterne machen, und das stimmt ja auch. Aber bei all diesen Verrichtungen, wie schon beim täglichen Anziehen, sprechen Mütter extra viel, beschreiben und kommentieren, ohne das Kind dabei mit Sprache zuzuschütten: »Und jetzt streifen wir noch das Wollmützchen mit den lustigen rosa Pünktchen über ...« Im Gespräch mit Erwachsenen wird Kindern eine Vielfalt intuitiver Unterstützung zuteil. Auch mitgehörte Sprache ist wichtig. Nicht zuletzt wird es darauf ankommen, wie Eltern miteinander sprechen. Kinder sind auch Zuhörer.

Strategie und Taktik beim Miteinanderreden

Tom Sawyer hatte von Tante Polly den Auftrag, einen Gartenzaun zu streichen. Was das bedeutete, war Tom klar. Ein ganzer Tag würde draufgehen, während seine Freunde nach Lust und Laune spielen konnten, was ihnen so einfiel. Ihm war elend zumute und er sann auf Abhilfe. Daß ihm seine Kameraden lange genug helfen würden, um anschließend gemeinsam spielen zu können, war nicht zu erwarten. Schließlich hatte jeder so seine Pflichten, die ihm niemand freiwillig abnahm. Konnte er sie dennoch überreden? Wir wissen, wie die Geschichte ausgeht. Es gelingt ihm, so zu tun, als ob ihm das Zäune Streichen Spaß machte, so sehr, daß es alle mal probieren wollen. Schließlich bekommt man nicht jeden Tag die Chance, einen Zaun zu streichen! Am Ende zahlen sie ihm noch Murmeln, um den Pinsel in die Hand nehmen zu dürfen.

Über Laute, Wörter und Satzbaupläne hinaus gilt es also noch etwas anderes zu lernen: wie man sich geschickt in andere Lagen versetzt und dabei in die Köpfe seiner Gesprächspartner hineindenkt, wie man sich im Gespräch durchsetzt und seine Ziele erreicht, ohne andere vor den Kopf zu stoßen und zu verletzen, kurz: die Pragmatik. Dabei geht es beileibe nicht nur darum, den eigenen Vorteil zu suchen: anderen etwas aufzuschwatzen oder abzuluchsen, sie zu umgarnen und zu beschummeln, zu überlisten und zum Narren zu halten. Die Ziele können ja ebenso gut darin bestehen, jemanden zu trösten, Entschuldigungen für jemanden zu finden, ihn zu entlasten, von Gefahren fernzuhalten, von einer guten Sache zu überzeugen. Übrigens: Wie man taktiert, welche Strategien man dabei einsetzt, dies bereitet Autisten, soweit sie überhaupt sprechen, merkwürdige Schwierigkeiten.

Im folgenden Gespräch aus der Adventszeit ist der erst zweieinhalbjährige Frederik zu einem geschickten Ablenkungsmanöver fähig:

Mutter: Sing doch mal ein Lied!
Frederik: Ja! / (singt) Laaa-la-laaa!
Mutter: Fein! / »O Tannenbaum« kannst des (= du das)?
Frederik: Ma auch! (= Mama soll auch singen)
Mutter: (singt) »O Tannenbaum« – Sing mit!
Frederik: (Sprechgesang) wie grün sind deine
Mutter: (singt) wie grün sind deine
Frederik: Ma mach / lieber / die Kerze aus!
Mutter: Die soll – ma lieber ausmachen?
Frederik: Jaa!
Mutter: Warum denn?
Frederik: Weil sie nich bennt!
Mutter: Die brennt doch!
Frederik: Ausmachen!
Mutter: (erstaunt) Ausmachen?
Frederik: Ja!
Mutter: Gefällt's dir nicht?
Frederik: Ja!
Mutter: Gut! (bläst die Kerze aus) Aus die Kerze!
Frederik: Und tetz (= jetzt) kann kein Tannenbaum singen!
Mutter: (lachend, weil sie von der Strategie des Söhnchens überrascht
          ist) Jetzt können wir »O Tannenbaum« singen?
Frederik: Kar nich!
Mutter: Gar nicht!
Frederik: Weil die Terze aus is!
Mutter: Weil die Kerze aus ist! – Man kann aber auch singen, wenn kei-
          ne Kerze an ist![18]

Weil beim Liedersingen immer Kerzen gebrannt haben, gehören für Frederik Kerzenschein und Liederklang zusammen. Statt nun zu sagen: »Ich will
nicht mehr singen«, lenkt er auf die Kerze ab.

Eine andere Taktik ist das Bluffen. Geschickt bluffen kann nur der, der
eine Vorstellung davon hat, wie es im Kopf des anderen aussieht, von welchen Annahmen er ausgeht und wie er gegebenenfalls reagieren würde – eine prinzipielle Fähigkeit, die im täglichen Miteinander unentbehrlich ist.
Wie wär's z.B. mit altbewährten Gesellschaftsspielen, bei denen alle, die
greifbar sind, mitmachen können? Hier wird gemeinschaftliches Handeln
eingeübt, denn alle sind auf die Einhaltung der Regeln verpflichtet. Da ist
ein Abend, an dem in großer Besetzung *Barrikade*, eine raffiniertere Version
des bekannten Brettspiels *Mensch, ärgere dich nicht* gespielt wird: Es spielen
eine Sechsjährige, ihre Eltern, Opa, Oma, Onkel und Tante. Jeder setzt fünf
Figuren ein, wirft zwei Würfel, kann den Gegner sowohl schlagen wie über-
springen und durch Sperren blockieren, um seine Figuren als erster ins Ziel
zu bringen. Vielleicht wäre das Spiel ohne die Kleine gar nicht zustande ge-

kommen. Man hätte sich wohl auf etwas mehr Erwachsenengemäßes geeinigt. Und doch ist das Ganze kein rein »pädagogisches« Unternehmen. Die Erwachsenen freuen sich nicht nur, wie die Kleine sich freut, wie sie Rückschläge verkraften kann, rechnen lernt, Fehler der Mitspieler erkennt, die eigenen Züge im Nachhinein bewertet, Taktiken durchschaut. Sie bekommen dabei selbst Spaß am Spiel. Hier und da wird auch etwas von der Persönlichkeit der Spieler spürbar. Sätze fallen wie:

> Was hast du mir denn da eingebrockt?
> Wenn du einen rausschmeißen kannst, dann bist du in deinem Element.
> Geradezu unverschämt, einen so einzukesseln.
> Das wirst du mir noch büßen.
> Irgendwie hab ich das Gefühl, ich komm zu wenig dran.
> Vielen Dank für die Blockade. Dann kann ich ja noch mal von vorn anfangen.
>
> Gisa: Gibt's du mir gleich 'nen Ratschlag? Der Papi gibt mir gleich einen Ratschlag.
> Onkel: Aber mehr Schlag als Rat.

Scherz und Ironie, bei der man das Gegenteil von dem sagt, was man meint – das sind schon raffinierte Spiele mit der Sprache, die noch vielen Schulkindern Probleme bereiten. So hat auch der fünfjährige Theodor Schwierigkeiten mit dem scherzhaften *understatement* der Mutter und fühlt sich genötigt zu präzisieren:

> Julius (3;9):   Wart ihr zu Fuß nach Dänemark?
> Mutter: Nein, nicht nach Dänemark, das wäre auch ein wenig weit.
> Theodor (5;4): Sogar zu weit wäre es.[19]

Daß solche Ausdrucksweisen wiederum für autistische Kinder ein ziemlich dorniges, unwegsames Gelände sind, mag als Hinweis dafür gelten, daß hier besondere Fähigkeiten gefordert sind. Versteht Ihr Kind schon, wenn etwas nicht wörtlich gemeint ist – etwa wie im folgenden Witz:

> Kunde zum Tankwart: »Sehen Sie bitte noch mal nach den Reifen!« – »In Ordnung: eins, zwei, drei, vier – alle sind da!«

Wenn sie gerade dabei sind, der Sprache auf die Schliche zu kommen, können sich Kinder über solche für uns faden Witze köstlich amüsieren. Wortspielereien, Rätsel und Knobelaufgaben aller Art können die Fahrten zu den Großeltern erheblich verkürzen.

Apropos »Begriffspyramiden« (S. 269f.). Mit Kindern und Nachbarskindern spielen wir das bekannte Ratespiel, in dem irgendein Gegenstand, ein Tier, ein Verkehrsmittel oder auch Berufe usw. erraten werden müssen. Der Fragesteller antwortet nur mit ja oder nein. Es kommt darauf an, mit möglichst wenig Fragen zum Ziel zu gelangen, und das gelingt am besten, wenn man die Begriffshierarchien von oben nach unten durchspielt, statt ohne Strategie wild drauflos zu fragen. Übt ungemein, besonders in altersgemischten Gruppen lernen die Kleinen viel mit!

Höflichkeit trainieren und vorleben

Soll man Kraftausdrücke und Schimpfwörter belächeln, sanft mißbilligen, sich energisch verbitten? Alles kann richtig sein, je nach Situation. Wohl muß dem Kind bewußt werden, wie sehr es andere mit Worten verletzen kann. Die Höflichkeit des Herzens und die damit verbundene Sprachkultur ist eine Sache des Vorlebens – *und zugleich* des Vorschreibens. D.h., man soll durchaus von früh an auf »bitte« und »danke« bestehen: solches Training hilft ungemein. Daß der Gossenjargon und der sprachliche Unflat unter den Jugendlichen (und nunmehr auch schon Erwachsenen) so zugenommen haben, mag auch mit unserer Angst vor Dressur zu tun haben. Unsere Eltern waren da ganz unbefangen: der gute Ton muß gelernt werden. Sie wußten aber auch, daß Kinder echte Höflichkeit und Rücksichtnahme, für die wir auch sprachliche Mittel einsetzen müssen, nur durch das lebendige Vorbild lernen. Sie hatten sich nicht aus der Vorbildrolle mit der Ausrede gestohlen, es gelte, den Führern zu entgehen und zur Selbständigkeit zu erziehen. »Jeder wird an sich selber die Erfahrung gemacht haben«, so Fontane in seinen Erinnerungen *Von zwanzig bis dreißig,* »dass der feine Ton anderer auch seiner eignen Sprechweise zu gute kommt.«

Noch als Erwachsener ist Christopher fasziniert von der Art und Weise, wie sein Vater ihn zurechtweist:

> Während er redete, hielt ich zwischen den Bissen inne, legte meine Hände auf den Tisch, Messer und Gabel nach oben gerichtet. »Du solltest wirklich nicht so dasitzen«, sagte er freundlich. »Warum nicht?« fragte ich überrascht. »Nun ...« Er suchte nach einem Grund, den er mir nennen konnte. Weil man dies als schlechtes Benehmen erachtet? Weil man es nicht darf? Weil ... »Nun«, sagte er und schaute in die Richtung, in die meine Gabel zeigte. »Stell dir einmal vor, jemand fiele ganz plötzlich durch die Zimmerdecke. Er landet womöglich auf deiner Gabel und das wäre sehr schmerzhaft.« »Verstehe«, sagte ich, obwohl ich es nicht wirklich tat. Es schien mir so weit hergeholt, ein so abstruser Grund dafür, das Messer und die Gabel flach zu halten, wenn man sie gerade nicht benutzte ...
>
> Auf dieselbe Art und Weise lernte ich etwas über die Nistgewohnheiten der Stare ... »In dem Loch unter den Ziegeln vor dem Wohnzimmerfenster ist ein Amselnest«, verkündete ich stolz. »Ich habe die Amsel gerade hineinfliegen sehen.« »Ich denke, daß es doch wahrscheinlich eher

ein Star ist«, sagte mein Vater. »Nein, es ist eine Amsel«, sagte ich in ent-
schiedenem Ton, denn ich haßte es, mich zu irren, haßte es, korrigiert zu
werden. »Nun«, sagte mein Vater, weil er begriff, wie ich mich fühlte,
doch nicht imstande war, eine Unrichtigkeit durchgehen zu lassen, »mag
sein, es ist eine Amsel, die einen Star besucht.«[20]

»Weil er begriff, wie ich mich fühlte« – Höflichkeit ist Einfühlungsvermögen, ist Herzenssache und deshalb keine »Sekundärtugend«. Sie hat viel mit
Dankbarkeit zu tun. Sie wirkt dort am stärksten, wenn Kinder dabei sind,
wie der Papa der Mama seine Dankbarkeit bezeugt und umgekehrt. »Beob-
achtungslernen« nennt das die Wissenschaft, aber brauchen wir die dafür?

Mit Kindern philosophieren

Gesellschaftsspiele lernt man am besten mit und von denen, die sie schon
können. Man konkuriert miteinander und engagiert sich, damit es span-
nend bleibt, aber nicht zuviel, damit es auch für alle vergnüglich hergeht.
Aber es gibt noch eine andere Art des Gesprächs mit Kindern, die alle unsere Kräfte herausfordert, so sehr, daß wir uns oft gar nicht darauf einlassen
wollen und das Kind lieber auf einen Tag vertrösten, der dann doch nicht
kommt: »Das verstehst du noch nicht, ich erklär dir das mal später.«

> Bubi (4;11). »Aber Mama, wenn ich ein Papa gewachst bin, und Du keine
> großen Hosen für mich hast?« Nachdem er hierüber beruhigt war, laute-
> te seine nächste Frage: »Aber was war denn, wie die ganzen Leuten ein
> Kindel waren?«[21]

Die erste Frage amüsiert uns, die zweite wirft uns um, könnte es sich doch um
die berühmte Frage handeln, was denn eher war, die Henne oder das Ei. In seinem sechsten Lebensjahr traktiert Bubi die Eltern mit folgenden Fragen:

> »Wo kommen die Flüsse her?« »Wohin läuft das Regenwasser?« »Was war
> denn los, wie alle Menschen, alle, alle noch nich auf der Straße (=Welt)
> waren?« »Welche Dame hatte denn zuerst Kinder, wie noch gar keine
> Kinder da waren?« »Wie noch niemand da war, wer hat da die See ge-
> baut, wo alles Wasser reinfließt?« »Wer macht denn immer die Berge?«
> »Warum hat ein Vogel keine Zähne?« »Wenn ein Mensch in ein Spiegel
> guckt, warum sieht er sich denn da immer wieder?« (...) »Wer macht das
> denn eigentlich, ob man ein Mädel ist oder ein Junge?« (...) »Warum hat
> denn eigentlich der liebe Gott die Mäuse auf die Welt runtergelassen,
> wenn wir sie dann totmachen?«[22]

Statt langatmiger Belehrungen wird man öfter zurückfragen, ob sie selbst
schon eine Antwort hätten. In anderen Fällen schlägt man gemeinsam
nach. Meist sind solche Fragen ein Anlaß, gründlich über Dinge nachzu-

denken, über die nachzudenken man beinahe schon verlernt hat. In die Jahre gekommen, stellen wir wieder die Fragen der Kinder: Wer bin ich? Warum bin ich? Und wenn wir Glück haben, können wir vielleicht schon mit einem Fünfjährigen ein wenig philosophieren. Der Mensch, der das Fragen aufgibt, hat auch schon das Leben aufgegeben.

Bubis Eltern halten jeden Abend mit dem schon im Bett liegenden Kind eine kleine Zwiesprache – Momente ungeteilter Zuwendung, die die Familienbande enger knüpfen:

> Da gehen wir noch einmal alle Freuden des Tages durch, die Bubi erlebt hat; er wird darauf aufmerksam gemacht, wie gut und schön es wieder gewesen sei. Auch eine begangene Unart wird objektiv besprochen, und Bubi nimmt sich nochmals fest vor, morgen bei der gleichen Gelegenheit braver zu sein; dann werden Pläne für den nächsten Tag geschmiedet, auf den sich Bubi schon wieder sehr freut, und mit einem heiteren Wort, einer Liebkosung wird die Zwiesprache beendet; unter solch fröhlichen Gedanken schläft das Kind friedlich ein.[23]

Werden wir in späteren Jahren noch so neugierig, aufgeschlossen, phantasievoll und schöpferisch sein wie in der Kindheit? So viel hängt davon ab, die kindliche Neugier und Kreativität, wie sie die Sprachentwicklung bezeugt, in das Jugend- und Erwachsenenalter hinüberzuretten. Denn das stärkste Mittel gegen die Destruktivität des Menschen ist seine Kreativität.

Auf das Kind hören

Die große Wende für die Taubstummen begann damit, daß ein Priester bei denen, die seine Schüler werden sollten, erst einmal selbst in die Schule ging, von ihnen die Gebärden erlernte und damit das Rüstzeug erwarb, sie zu bilden. Es war der Abbé de l'Epée,

> der sich als erster den armen, verachteten, ungebildeten Taubstummen zuwandte und sagte: »Lehrt mich.« Und dieser Akt der Demut trug ihm unvergänglichen Ruhm ein.[24]

Kindern zuhören ist schwerer, als man denkt. Ihnen richtig zuhören ist dem »Akt der Demut« des Abbé vergleichbar, ein zeitweises Absehen von sich selbst und seinen Interessen, und sich ganz dem Kind zuwenden. Natürlich muß es auch erlaubt sein, mitunter nur halb hinzuhören. Oder auch ganz wegzuhören. Denn das Kind muß auch lernen, seine Wünsche aufzuschieben, wenn es andere stört. Das lernt es auch, solange es weiß: Wenn es wirklich dringlich ist, sind meine Eltern für mich da und hören mich an. Und können dann auch Dinge, die ihnen selbst sehr wichtig sind, unterbrechen.

Wer Kraft und Zeit zum Zuhören aufbringt, erweist seinem Kind Achtung, und es ist diese Achtung, die das Kind so nötig hat, um sich selbst zu achten. Je mehr wir auf die Kinder selbst hören, desto geringer ist auch die Gefahr, daß wir es mit gutgemeinten Wünschen überfordern oder auch unterfordern.

> Immer, wenn mir bewußt wird, wieviel ich in den letzten fünf Jahren über Hochbegabung gelernt habe, wünsche ich mir, daß ich die Zeit zurückdrehen könnte, um noch einmal Mathias als Kleinkind zu erleben – diesmal jedoch mit der Fähigkeit, ihn von Anfang an zu verstehen,[25]

schreibt eine Mutter, der das außergewöhnliche Verhalten ihres Sohnes lange Zeit rätselhaft ist.

Kinder sind nicht wie wir – sind nicht nur eine Portion unwissender, schwächer, anlehnungsbedürftiger. In der Art, wie sie Lautgestalt und Grammatik ihrer Muttersprache dechiffrieren, sind sie uns klar überlegen. »Auf das Kind hören« ist also nicht einfach eine Sache der Freundlichkeit und Toleranz. Wir müssen sie in bestimmten Dingen ihren Weg gehen lassen, weil wir einen besseren nicht kennen.

Später, in der Schule, mag das *Prinzip der leichten Überforderung* gelten: Nicht alles muß einem gleich in den Schoß fallen. Die Aufgaben dürfen Anstrengungen abverlangen, die dann aber auch durch den Erfolg honoriert werden. Eltern haben es da viel leichter als die Lehrer, die ihre Aufmerksamkeit auf eine ganze Klasse verteilen müssen, wo doch jedes Kind im Grunde seinen ganz individuellen Wissens- und Könnensstand hat.

Man kann auch ein Kind mit Reizen überschwemmen. Schon Kleinkinder möchten nicht immer beguckt, gestreichelt und angesprochen werden. Doch wie sollen sie es ausdrücken, wenn ihnen der soziale Kontakt zu bedrängend wird? Sie wenden den Blick weg. Sensible Mütter respektieren die Signale des Kindes, gehen dann auf Abstand und warten, bis das Kind seinerseits wieder offen ist für Kontakte.

Die Gefahr der Überstimulation gilt es zu bedenken, wenn immer häufiger empfohlen wird, Kindern frühzeitig ein vielfältiges Angebot zu machen. Achten wir darauf, für was das Kind ein besonderes Interesse entwickelt und wann es Pausen fordert, vielleicht um eine informative Überlast zu vermeiden.

Es gibt kein wissenschaftlich fundiertes Förderprogramm, das genau auf das eigene Kind zugeschnitten ist. Eine solchermaßen durchprogrammierte frühe Kindheit – das wäre eine Horrorvision. Statt dessen lautet die Devise: Auf das Kind hören und im Gespräch bleiben! Ihm zeigen, wie seine Worte ernst genommen werden, wie wichtig und willkommen sie uns sind. Ihm zeigen, wie seine Worte verstanden werden und ihm sinnvolle Antworten klärend zurückspielen. Das Vorschulkind mit grammatischen Erklärungen in Ruhe lassen. Das Kind weiß den Weg und findet ihn. Auf das Kind hörend, schrauben wir unbewußt und unmerklich unsere Ansprüche höher und ermöglichen es ihm so, seine Sprache auszubauen und neue Sprachregister zu ziehen.

Das Sich-Leiten-Lassen ist mitunter leichter gesagt als getan. Heute komme ich mir auf den alten Tonbandaufnahmen mit Gisa oft schulmeisterlicher vor, als mir lieb ist. Einmal sang Gisa schön falsch. »Nein, das geht so, du mußt mit der Stimme runter.« Gisa wollte es nicht wahrhaben. Ich insistierte. Gisa blieb bei ihrer Version usw. Mir kam gar nicht in den Sinn, daß sie den Melodiebogen vielleicht nicht richtig hörte und folglich gar keine Korrekturmöglichkeit hatte. Ähnlich dem im dritten Kapitel erwähnten Pastor Theobald aus dem viktorianischen Roman, der bei seinem Sohn Trotz vermutete, weil er immer wieder »tomm« statt »komm« sagte. Und der daraufhin mit bestem Gewissen – nach alttestamentarischer Weise – seinen Sohn züchtigte.

Einen kuriosen Fall von Überforderung schildert Hansen. Das symbolische Spiel eines Dreijährigen kollidiert mit dem Realismus eines Zehnjährigen:

> Als mein Sohn 2;10 alt war, spielte er häufig mit einem zehnjährigen Jungen. Eines Tages war er im Garten emsig dabei, sein Holzpferd zu füttern. Er holte Gras, hielt es dem Pferd vors Maul, holte neues Gras usw. Der Zehnjährige schaute ihm spöttisch zu und sagte schließlich überlegen: »Das Pferd frißt ja gar nicht, das ist ja immer noch derselbe Haufen Gras!« »Doch, das frißt, das Pferdchen!« sagte Peter bestimmt. »Dann müßt's doch weniger werden. Kann ja auch nicht fressen, das olle Holzpferd!« Nun wurde Peter erregt und antwortete schon leicht weinerlich: »Aber mein Pferdchen hat de-eßt. Das hat großen Hunger. Der Onkel Kutscher hat Gras geholt, das hat das Pferdchen alles defressen.« Der Zehnjährige nörgelte weiter. Da ergriff Peter voll Erregung sein Holzpferd und steckte es mit dem Kopf in den Grashaufen, so daß das Hinterteil hoch stand: »Aber nu kann es fressen!« Aber auch das überzeugte den Zehnjährigen nicht: »Ha Kerl, nu kann's überhaupt nicht fressen, muß ja ersticken. Oder kannst du etwa nach oben schlucken?« Peter sah ihn einen Augenblick ratlos an, dann stieß er das Holzpferd, immer erregter werdend, ein paarmal heftig mit dem Kopf in den Grashaufen und fing schließlich an zu weinen. Das steigerte sich so, daß die Mutter eingreifen mußte und ihn nur mit Mühe besänftigen konnte.[26]

Fängt Peter an zu weinen, weil er mit dem Illusion zerstörenden Ansinnen des überlegenen älteren Knaben nicht fertig wird? Begreifen wir wirklich, was in den Köpfen der Dreijährigen bei ihren Phantasiespielen vorgeht? Warum Peter so tief verstört ist, als sein Freund nicht auf sein Spiel eingeht? Diese Verstörung ist mehr als der übliche Unwille und Ärger auf einen Spielverderber. Denn daß Peter sehr wohl zwischen einem Holzpferd und einem aus Fleisch und Blut, zwischen einem Omnibus und einem Stuhl, der zum

Bus deklariert wird, unterscheiden kann, ist doch klar. Oder? Für uns ist die Episode ein ferner Widerschein der magischen Epoche der Menschheit.

»Ehre die Kinder. Lausche andächtig ihren Worten und sprich zu ihnen mit unendlicher Liebe.« (Aus den zehn Geboten des Atomphysikers Leo Szilard) Seinem Kind zuzuhören, ist die beste Weise, es kennenzulernen. Es ist die Grundregel, die *eine* Verhaltensweise, die immer richtig ist. Es gibt auch keine bessere Gelegenheit, einen Menschen in seinem ganzen Wesen und Werden – das Wesen und Werden seiner Sprache eingeschlossen – zu begreifen. Wer sich darin übt, ein Kind in seinen Gefühlen, seinen Bedürfnissen, seinem Sich-klar-Werden über die Welt wahrzunehmen, wird sich am Ende selber besser verstehen. Angeregt von ihren »naiven« Fragen fangen wir wieder an, über Sinn und Ziel des Lebens nachzudenken und uns gemeinsam Antworten auszudenken.

Über hundert Jahre intensiver Forschung seit Preyers Die Seele des Kindes *(1882) haben zu einer wahren Wissensexplosion geführt. Doch jeder Mensch ist unmittelbar und einmalig. Die unverwechselbare Individualität schon des Kleinkindes zeigt die Grenzen der Forschung.*

---

1 Faesi 1963, 80

2 Schlesinger 1988. Eine deutsche, ganz anders angelegte Studie kommt zu ähnlichen Ergebnissen: Mütter wißbegieriger Kinder billigen diesen mehr Eigenständigkeit zu. Umgekehrt fordern wißbegierige Kinder aber auch weniger Eingriffe und Hilfen. (Lehwald 1991)

3 Zollinger 1996

4 Studie Walter Mischels, zitiert nach: Goleman 1996, 109

5 Goleman 1996, 110

6 Zu Kompetenz- und Tüchtigkeitsgefühlen als Leistungsmotiv vgl. Mönks & Lehwald 1991

7 Campe 1979, 75

8 Spitzer 2003, 246

9 Begley 1996, 46. Auch die Musik hat ja ihre »Grammatik«, d.h. Kombinationsregeln. Und die Sprache ihrerseits hat Satzmelodie und Satzrhythmus, und gerade

diese musikalischen Komponenten der Sprache sind es, die sich das Kind am frühesten merkt.

10 Scupin & Scupin II (1910), 98
11 Katz & Katz 1928, 48
12 von Ditfurth 1991, 48
13 Lane 1984, 41
14 Scupin & Scupin I (1907), 195
15 Lindner 1898, 102
16 Klein 1985, 268f. Dort auch das folgende Zitat.
17 Hannelore Grimm 1995, 753ff.
18 Wagner 1978, 278
19 Katz & Katz 1928, 117
20 Milne 1978, 135 (übersetzt von Monika Brinkmann)
21 Scupin & Scupin II (1910), 85
22 Scupin & Scupin II (1910), 158, 170, 174
23 Scupin & Scupin II (1910), 111
24 Lane 1984, 94
25 Schulz in *Labyrinth* 49 (1996), 17–19
26 Hansen 1965, 229–230

Epilog

> Das Wesen des Menschen aber ist es, sich erkennen in einem andern;
> daraus entspringt sein Bedürfnis und seine Liebe. (Wilhelm von Hum-
> boldt)

Spracherwerb – so heißt vielleicht der wichtigste Akt in dem Menschheits-
stück »Wie wir wurden, was wir sind«. Er hat uns vor vier große Themen geführt:

Am Anfang steht das Einverständnis zwischen Eltern und Kind. Einverständnis ist Grundbedingung der Sprache. Denn wie die Dinge heißen sollen, muß immer schon zwischen uns abgesprochen sein. Nur der Mensch
kann den Menschen verständig machen. Miteinander sprechen bedeutet
Aufeinander-angewiesen-Sein und Einander-verpflichtet-Sein. Dazu paßt
das kindliche Bedürfnis nach Bindung. Sicher an ihre Eltern gebundene
Kinder sind bereit zu lernen, den Dingen auf den Grund zu gehen, dabei etwas zu riskieren. Wer vertrauen darf, kann Vertrauen schenken, traut sich
selbst etwas zu. Übereinstimmen und Sich-Zusammenfinden sind ur-
sprünglicher als Sich-Auseinandersetzen, als Kritik und Widerspruch. Einvernehmen im Grundsätzlichen muß immer schon hergestellt sein. Wie
Eltern uns zureden – gütig, verständnisvoll, auf den sanften Zwang des besseren Arguments bauend oder aber uns herrisch in die Pflicht nehmend –,
so lernen wir auch mit uns selbst umzugehen.

Die Entdeckung, daß die Dinge Namen haben oder bekommen können,
weckt die Lust, Namen zu erfahren oder zu geben. Benennen ist erkennen-
des Einordnen, das sich die Dinge gefügig macht. Einzig der sprachbegabte
Mensch will die Welt erkennen, indem er sie verwortet. Nur er stellt Fragen.
Nur er kennt Sachlichkeit und die schier unbegrenzte Vielfalt der Interessen. Dieser Drang, der sich in der Wortlust der Kinder offenbart, treibt den
Menschen auf seiner Bahn voran. Mit jedem neuen Wort wachsen die Kinder in das Weltverständnis hinein, strömt die Macht der Sprache in sie ein.

Grammatische Sprache eröffnet dem Denken bisher ungekannte Freiheit, zum Guten wie zum Bösen. Sie ist eine fortwährende Aufforderung, es
anders zu sagen, umzukehren, auf den Kopf zu stellen. Kinder zeigen es
uns, indem sie mit der Sprache spielen. Wir können Wörter wie Bauklötzchen versetzen, ohne daß alles gleich abstürzt und sinnlos wird. Wir können in der Sprache ganz neue Wege einschlagen, alles in Frage stellen oder

die Dinge einfach verkehrt herum sagen: *Gott schuf den Menschen.* Oder: *Schuf Gott den Menschen? Oder: Der Mensch schuf Gott.* Indem wir es sagen, können wir es denken. Nichts ist uns mehr selbstverständlich, alles wird uns zur Frage. Die Schwäche aller Ideen, daß sie jederzeit angezweifelt, relativiert oder umgedreht werden können, ist die Stärke der Grammatik und zugleich die Chance für neue Ideen.

Verstehen gründet im Gemeinsamen. Gleichwohl spricht keiner wie der andere. Jeder hat nur einen Anteil an der Sprache, und jeder Anteil ist verschieden. In jedem Menschen entsteht Sprache von neuem. Auf ihrem Weg in die Sprache entwickeln schon Kleinkinder Stil und Geschmack und eine eigene Persönlichkeit, die anerkannt werden will. Vielfalt und ständiger Wandel kennzeichnen Sprache und Sprechende. Dazu paßt Humboldts »Liebe zur Individualität der Menschennatur«, die, wie er seiner Frau erklärt, in ihm »jeder anderen Empfindung zugrunde liegt.« Das gerade vergangene Jahrhundert war Zeuge des Versuchs, das Individuelle im Namen menschenverachtender Ideologie auszulöschen.

Und die Konsequenzen für die Erziehung? Es gilt, die Balance zwischen Führen und Wachsenlassen zu finden. Offensichtlich müssen wir unseren Kindern Sprache zusprechen. Ohne die Soufflierkunst der Eltern gäbe es keinen Spracherwerb. Später mögen uns kindliche Eigenschöpfungen wie *Himmeleis* oder *Sonnenbogen* amüsieren. Aber sind denn *Hagel* oder *Regenbogen* besser? Noch mehr Respekt müßte uns der Erwerb der Grammatik einflößen. Kinder erweisen sich als geniale Rätselknacker. Hier dürfen wir ihnen nicht einmal in ihre »Fehler« hereinreden. Denn es sind fruchtbare Fehler, ganz und gar notwendige Lernstationen auf dem Weg zum Ziel. Kinder schlagen sich selbst die Schneisen durch die Grammatik. Weil es alltäglich ist, kommt es uns nicht in den Sinn, dieses Wunder zu bestaunen. Zugleich braucht das Kind immer wieder Führung und Anleitung, etwa wenn es lernen muß, mit anderen zu teilen und den eigenen Standpunkt zu relativieren. Die rechte Erziehung wird immer eine Kunst bleiben. Sprache ist das wichtigste Mittel in der nie abreißenden »Kette des Unterrichts« (Herder), die den Menschen vor den Tieren auszeichnet.

> Ich habe mich oft gefragt und keine Antwort gefunden,
> woher das Sanfte und das Gute kommt,
> weiß es auch heute nicht und muß nun gehen,

klagte der – kinderlose – Dichter Gottfried Benn. Die Antwort, die dieses Buch gibt, ist: Das Sanfte und das Gute in der Welt, es kommt nicht von den Eltern und nicht von den Kindern, aber es ereignet sich zwischen ihnen, wie auch Sprache zwischen den Menschen entsteht. Hier hat uns die Natur mit Freundlichkeit, Fürsorglichkeit und Mitgefühl beschenkt. »Mami, ich habe dich so lieb, weil du mich geboren hast«, sagt Theodor, noch nicht ganz sechs Jahre alt, in einer spontanen Gefühlsaufwallung. Zwar können auch Tiermütter und ihre Kinder Liebe füreinander empfinden und Trauer über den Verlust. Aber nur der sprachbegabte Mensch als der »Freigelassene der Schöpfung« vermag das Liebesgebot, das ihm der Egoismus der Gene eingeflüstert hat, zu besprechen und zu bedenken und dabei über die eigene Nachkommenschaft und die eigene Gruppe hinaus auszudehnen. Das Gute, es ist uns eingesagt, so die biblische Tradition (Micha 6, Vers 8). Aus der Gemeinschaft mit Kindern bricht die Erkenntnis hervor, daß das Experiment Leben sich lohnt und – allen Weltuntergangspropheten zum Trotz – wert ist, fortgesetzt zu werden. Sollte der Mensch nur ein kosmischer Zufall sein? Diejenigen, die »die Blindheit des weltschaffenden Willens« (C.G. Jung) betonen, halten viele wissenschaftliche Trümpfe in der Hand. Aber wirklich »bewiesen« ist hier nichts, und in allen bisherigen Modellen des Lebens steckt noch irgendwo ganz tief der Wurm, urteilt der Wissenschaftskritiker Ernst Peter Fischer. Wer die Wahl hat, sollte die Hoffnung wählen, den nobleren Standpunkt.

Literaturverzeichnis

Adam, H. *Mit Gebärden und Bildsymbolen kommunizieren*. Würzburg: edition bentheim 1996.

Ahnert, Lieselotte. »Die Mutter und ihre Wirksamkeit im Rahmen frühkindlicher Interaktion.« In: Mönks, F.J. & Lehwald, G. (Hg): *Neugier, Erkundung und Begabung bei Kleinkindern*, 1991, 93–101.

Amman, Johann Conrad. *Abhandlung von der Sprache, und wie Taubstumme darin zu unterrichten sind (1700)*. Aus dem Lateinischen übersetzt von G. Graßhoff, Berlin 1928.

Anders, Gisa. *Eine Fantasie guckt aus dem Fenster. Wie ein autistischer Junge geheilt wurde*. Berlin: Frieling 1998.

Asendorpf, Jens. *Keiner wie der Andere: Wie Persönlichkeitsunterschiede entstehen*. München: Piper 1988.

Asendorpf, Jens. »Temperament«. In: Keller, Heidi (Hg.). *Handbuch der Kleinkindforschung*, 2. überarbeitete Auflage. Bern, Göttingen, Toronto: Verlag Hans Huber 1997, 455–482.

Astington, Janet Wilde. *The child's discovery of the mind*. London: Fontana 1994.

Augst, G. »Zur Ontogenese des Metaphernerwerbs – eine empirische Pilotstudie.« In: Augst, G. (Hg.). *Spracherwerb von 6 bis 16 – Linguistische, psychologische, soziologische Grundlagen*. Düsseldorf: Schwann 1978, 220–232.

Augst, G., Bauer, A. & Stein, A. *Grundwortschatz und Ideolekt. Empirische Untersuchungen zur semantischen und lexikalischen Struktur des kindlichen Wortschatzes*. Tübingen: Max Niemeyer 1977.

Autrum, H. *Streifzüge durch die Verhaltensforschung*. Nördlingen: dtv 1986.

Bachmann, W. *Das unselige Erbe des Christentums: Die Wechselbälge*. Gießen: Institut für Heil- und Sonderpädagogik Gießen 1985.

Baltaxe, C.A.M. »Pragmatic Deficits in the Language of Autistic Adolescents«. In: *Journal of Pediatric Psychology*, Vol. 2/No. 7/1977, 176–180.

Bar-Adon, A. & Leopold, W.F. (Hg.). *Child Language – A Book of Readings*. Englewood Cliffs, New Jersey: Prentice-Hall Inc. 1971.

Baron-Cohen, Simon. *Vom ersten Tag an anders*. Düsseldorf: Walter Verlag 2004.

Bates, Elizabeth, Philip S. Dale, & Donna Thal. »Individual Differences and their Implications for Theories of Language Development.« In: Paul Fletcher & Brian MacWhinney (Hg.). *Handbook of Child Language*, Cambridge, Mass.: Blackwell Publishers 1995; S. 96–151.

Bauby, Jean Dominique. *Schmetterling und Taucherglocke*. Paris 1997

Baumgarten, Eduard. »Versuch über die menschlichen Gesellschaften und das Gewissen.« In: *Studium Generale 10* (September 1950), 519–551.

Baursch, Eugen. *Die Blitze des Zeus. Tagebuchaufzeichnungen eines Schlaganfall-Patienten*. Overath: Buchverlag Andrea Schmitz 1992.

Bayer, H. *Sprache als praktisches Bewußtsein. Grundlegung einer dialektischen Sprachwissenschaft.* Düsseldorf: Schwann 1975.

Begley, Sharon. »Your Child's Brain.« In: *Newsweek,* 19. Februar 1996, 41–47.

Behrens, Katja. *Alles Sehen kommt von der Seele. Die Lebensgeschichte der Helen Keller.* Weinheim: Beltz 2001.

Berk, Laura E. »Why Children Talk to Themselves.« In: *Scientific American,* November 1994, 60–65.

Berko, J. »The Child's Learning of English Morphology«. In: *Word* 14, 1958, 150–177.

Bickerton, Derek. *Language & Species.* Chicago & London: The University of Chicago Press 1992.

Bickerton, Derek. *Language and Human behavior.* Washington: University of Washington Press 1995.

Bischof-Köhler, D. *Spiegelbild und Empathie: die Anfänge der sozialen Kognition.* Bern, Stuttgart, Toronto: Huber 1989.

Böhme-Dürr, K. »Die Rolle der Massenmedien im Spracherwerb«. In: Neumann & Charlton: *Spracherwerb und Mediengebrauch,* 1990, 149–168.

Böhme-Dürr, Karin, »Einfluß von Medien auf den Sprachlernprozeß«. In: Grimm, H. (Hg.) *Sprachentwicklung* 2002, 433–452.

Bose, Ines. *Dóch da sín ja' nur mûster // Kindlicher Sprechausdruck im sozialen Rollenspiel.* Frankfurt: Lang, 2003.

Bowlby, J. *Attachment and Loss. Volume I: Attachment.* Harmondsworth: Penguin 1971.

Bowlby, J. »Postscript«. In: Murray Parkes, C. u.a. (Hg.). *Attachment across the Life Cycle.* London: Routledge 1991, 293–297.

Boyes Braem, P. *Einführung in die Gebärdensprache und ihre Erforschung,* Hamburg: Signum 1990.

Brauns, Axel. *Buntschatten und Fledermäuse. Mein Leben in einer anderen Welt.* München: Goldmann 2004.

Breuer, Hubertus. »Linguistischer Urknall«. In: *Der Spiegel* 3/2000, 180–182.

Bronfenbrenner, U. *Wie wirksam ist die kompensatorische Erziehung?* Stuttgart 1974.

Brown, C. *Mein linker Fuß.* Bern, München: Scherz 1973.

Brown, R. *A first language: The early stages.* Cambridge MA: Harvard University Press 1973.

Brückner, C. *Die Stunde des Rebhuhns.* Berlin: Ullstein 1991.

Brüggebors, Gela. *So spricht mein Kind richtig.* Hamburg: Rowohlt 1987.

Bruner, J. *Child's Talk: Learning to Use Language.* New York: Norton 1983. Übersetzung: *Wie das Kind sprechen lernt.* Bern 1987.

Buber, M. »Das Wort das gesprochen wird.« In: *Werke,* Bd. 1, Schriften zur Philosophie, München: Kösel, und Heidelberg: Lambert Schneider 1962.

Bühler, Charlotte. *Kindheit und Jugend. Genese des Bewußtseins.* (4. Aufl.), Göttingen: Hogrefe 1967.

Bühler, K. *Sprachtheorie. Die Darstellungsfunktion der Sprache.* 2., unveränderte Auflage. Stuttgart: Gustav Fischer Verlag 1965 ([1]1934).

Butler, S. *Weg allen Fleisches.* Berlin: Aufbau Verlag 1969.

Butzkamm, W. »Verbal Play and Pattern Practice«. In: Felix, Sascha W. (Hg.). *Second Language Development. Trends and Issues.* Tübingen: Gunter Narr 1980, 233–248.

Butzkamm, W. »Rationaler und Ratiomorpher Grammatikerwerb«. In: *Linguistik und Didaktik* 45/46 (1981), 49–64.

Butzkamm, W. »Sprache und Erkenntnis«. In: *Philosophia Naturalis* Bd. 23 (1986), 358–381.

Butzkamm, W. »Geist und Sprache – Mit einer Anmerkung über sprachlichen Sexismus«. In: *Zielsprache Deutsch* 4 (1986), 4–11.

Butzkamm, W. »Freiheit und Unfreiheit in der Sprache. Zum Verhältnis von Sprache und Denken«. In: *Wirkendes Wort* 6 (1987), 418–431.

Butzkamm, W. »›Comprehensible Input‹ als Hauptfaktor des Spracherwerbs«. In: Buttjes, D., Butzkamm, W. & Klippel, F. (Hg.). *Neue Brennpunkte des Englischunterrichts – Festschrift für Helmut Heuer.* Frankfurt am Main: Peter Lang 1992, 180–192.

Butzkamm, W. *Psycholinguistik des Fremdsprachenunterrichts. Natürliche Künstlichkeit: Von der Muttersprache zur Fremdsprache*, Tübingen: Francke 1993. (2., verbesserte und erweiterte Auflage)

Butzkamm, W. »Wie die Bilder sich gleichen! Methodenstreit um die Muttersprache im Fremdsprachenunterricht und um die Gebärdensprache in der Gehörlosenbildung.« In: *Das Zeichen* 43 (1998), 68–73.

Campe, J.H. *Allgemeine Revision des gesamten Schul-und Erziehungswesens (Band 2).* Vaduz: Topos AG 1979. Originalausgabe: Hamburg 1785.

Carey, S. & Bartlett, E. »Acquiring a single new word.« In: *Papers and Reports on Child Language Development* 15 (1978), 17–29.

Carlin, Eithne B. & Arends, Jaques (Hg.). *Atlas of the languages of Suriname.* Leiden: KITLV Press 2002.

Carossa, H. *Eine Kindheit.* Ulm: Insel 1977.

Chase, Stuart. *The Tyranny of Words.* London 1938.

Cheney, Dorothy & Seyfarth, Robert. *How Monkeys See The World.* Chicago: Chicago University Press 1990.

Christoffersen, Mogens Nygaard. *Eine Untersuchung von Vätern mit 3–5-jährigen Kindern.* Soziales Forschungsinstitut, Ministerratskonferenz Stockholm, den 27.–28. April 1995 (Revidiert Juni 1995), Borgergade 28, DK-1300 Kopenhagen.

Chugani, H.T. & Phelps, M.E. »Maturational changes in cerebral functions in infants determined by FDG Positron Emission Tomography«. In: *Science*, Vol. 231/ 1986, 840–843.

Clahsen, Harald, Rothweiler, Monika & Woest, Andreas. »Lexikalische Ebenen und morphologische Entwicklung: Eine Untersuchung zum Erwerb des deutschen Pluralsystems im Rahmen der Lexikalischen Morphologie.« In: Rothweiler, M. (Hg.). *Spracherwerb und Grammatik, Linguistische Untersuchungen zum Erwerb von Syntax und Morphologie.* Linguistische Berichte Sonderheft 3/1990, Opladen: Westdeutscher Verlag 1990, 105–126.

Clark, Eve V. »The young word maker: a case study of innovation in the child's lexicon.« In: Wanner, E. & Gleitman, L.R. (Hg.). *Language Acquistion – Addresses, essays, lectures.* Cambridge 1984, 390–425.

Coseriu, Eugenio. *Die Sachen sagen, wie sie sind. Eugenio Coseriu im Gespräch.* (Johannes Kabatek & Adolfo Murguia). Tübingen: Narr 1997.

Courchesne, E., Press, G.A. & Yeung-Courchesne, R. »Parietal lobe abnormalities detected with MR in patients with infantile autism.« In: *AJR* 160 (1993), 387–393.

Crossley, R. & McDonald, A. *Annie – Licht hinter Mauern.* München: Piper 1990.

Crystal, D. *Listen to Your Child: A Parent's Guide to Children's Language.* Harmondsworth: Penguin 1986.

Curtiss, Susan. *Genie – A Psycholinguistic Study of a Modern-Day »Wild Child«*, New York, San Francisco, London: Academic Press 1977.

Curtiss, Susan. »The Special Talent of Grammar Acquisition.« In: Obler, L. & Fein, D. (Hg.). *The Exceptional Brain. Neuropsychology of Talent and Special Abilities.* New York & London: The Guilford Press 1988, 364–386.

Damasio, A. *Descartes' Irrtum. Fühlen, Denken und das menschliche Gehirn.* München: List 1995.

Damasio, Antonio R. & Damasio, Hanna. »Sprache und Gehirn.« In: *Spektrum: Gehirn und Bewußtsein.* Heidelberg, Berlin, Oxford: Spektrum, Akademischer Verlag 1994, 58–66.

D'Ambrosio, R. *Der stumme Mund: Die Erlösung eines jungen Menschen aus seelischer Erstarrung zu einer lebensbejahenden Existenz.* München 1970.

Dale, Philip S., Emily Simonoff, Dorothy V.M. Bishop, Thalia C. Eley, Bonny Oliver, Thomas S. Priceh, Shaun Purcell, Jim Stevenson & Robert Plomin. »Genetic influence on language delay in two-year-old children«. In: *Nature Neuroscience* Vol 1, No 4, August 1998, 324–328.

Daniels, Karlheinz (Hg.). *Über die Sprache. Erfahrungen und Erkenntnisse deutscher Dichter und Schriftsteller des 20. Jahrhunderts.* Carl Schünemann Verlag 1966.

Dannenbauer, Friedrich Michael. »Chancen der Frühintervention bei spezifischer Sprachentwicklungsstörung«. In: *Die Sprachheilarbeit* 46/3, 2001, 103–111.

Darwin, C. »A Biographical Sketch of an Infant«. In: *Mind – A Quarterly Review* Vol. II. 1877, 285–294.

Darwin, C. *The Correspondence of Charles Darwin*, Vol. 4 1847–1850, Cambridge: Cambridge University Press 1988.

Dawkins, Richard. *Das egoistische Gen.* Berlin: Springer 1978.

Deacon, Terrence W. *The symbolic species: the co-evolution of language and brain.* London: W.W. Norton 1997.

Debaryshe, Barbara D. »Joint picture-book reading correlates of early oral language skill.« In: *Journal of Child Language* 20 (1993), 455–461.

DeCasper, A.J. & Dinsmoor Sigafoos, A. »The Intrauterine heartbeat. A potent Reinforcer for newborns.« In: *Infant Behavior and Development* 6/1983, 19–25.

DeCasper, A.J. & Spence, M.J. »Prenatal Maternal Speech Influences Newborns' Perception of Speech Sounds.« In: *Infant Behavior and Development* 9/1986, 133–150.

Diamond, Jared. *Der dritte Schimpanse. Evolution und Zukunft des Menschen.* Frankfurt/Main: S. Fischer 1994.

Di Cesare, Donatella. »Wilhelm von Humboldt: Die analogische Struktur der Sprache.« In: Scharf, Hans-Werner (Hg.). *Wilhelm von Humboldts Sprachdenken.* Essen: Hobbing 1989, 67–80.

Diderot, D. *Lettre sur les sourds et muets.* Diderot Studies VII, Genève: Librairie Droz 1965.

Diller, G.D. »Hören und Gebärde – in Frühförderung und Vorschule aus pädagogischer Sicht.« In: Berufsverband Deutscher Hörgeschädigtenpädagogik (Hg.). *Brennpunkte der Hörgeschädigtenpädagogik*, BDH – 31. Bundeskongreß, Heidelberg 8.–10. Mai 1997, 140–151.

Ditfurth, Hoimar von: *Innenansichten eines Artgenossen – Meine Bilanz.* München: dtv 1991.

Dittmann, Jürgen. *Der Spracherwerb des Kindes. Verlauf und Störungen.* München: C.H. Beck 2002.

Dobzhansky, Theodosius: »Nothing in biology makes sense except in the light of evolution«. In: *American Biology Teacher 35*, 1973, 125–129.

Dolto, F. *Zwiesprache von Mutter und Kind: Die emotionale Bedeutung der Sprache.* Bergisch-Gladbach: Bastei Lübbe 1991.

Doman, Glenn & Doman, Janet. *How to teach your baby to read.* Gentle Revolution Press 2002.

Donaldson, Margaret. *Children's Minds.* Glasgow: Fontana/Collins 1983 (first published 1979).

Donaldson, Margaret. *Human Minds: An Exploration.* Harmondsworth: Penguin 1993.

Duden: Grammatik, hg. von der Dudenredaktion unter Leitung von Dr. phil. habil. Paul Grebe, Mannheim: Bibliographisches Institut, Abt. Dudenverlag 1959.

Dunbar, Robin. *Grooming, gossip, and the evolution of language.* Cambridge (Mass.): Harvard University Press 1996.

Dunn, Judy & Plomin, Robert. *Warum Geschwister so verschieden sind.* Stuttgart: Klett Cotta 1996.

Dürer, Albrecht. *Dürers schriftlicher Nachlaß,* hg. von G. Anton Weber. Regensburg und Rom: Verlag Friedrich Pustet 1912.

Ehrsam, E. & Heese, G. »Pädagogische Betrachtungen zum elektiven Mutismus.« In: *Zeitschrift für Kinderpsychiatrie* 21 (1954), 12–18.

Eibl-Eibesfeldt, Irenäus. »Functions of rituals«. In: Cranach, M. von, Foppa, K., Lepenies, W. & Ploog, D. *Human ethology. Claims and limits of a new discipline.* Cambridge: Cambridge University Press 1979, 3–55.

Eibl-Eibesfeldt, I. *Und grün des Lebens goldner Baum: Erfahrungen eines Naturforschers.* Köln: Kiepenheuer & Witsch 1992.

Eimas, P.D. »Sprachwahrnehmung beim Säugling.« In: *Spektrum der Wissenschaft,* März 1985.

Elschenbroich, Donata. *Weltwissen der Siebenjährigen.* München: Kunstmann 2001.

Emmorey, Karen, Bellugi, Ursula, Friederici, Angela D. & Horn, Petra. »Effects of age of acquisition on grammatical sensitivity; Evidence from on-line and off-line tasks.« In: *Applied Psycholinguistics* 16 (1995), 1–23.

Ennemoser, Marco. *Der Einfluss des Fernsehens auf die Entwicklung von Lesekompetenzen. Eine Längsschnittstudie vom Vorschulalter bis zur dritten Klasse.* Hamburg: Kovac, 2003.

Ernst, C. & Luckner, N. v. *Stellt die Frühkindheit die Weichen?* Stuttgart: Enke 1985.

Faesi, R. *Erlebnisse, Ergebnisse.* Zürich: Atlantis Verlag 1963.

Fein, G.G. »Pretend Play in Childhood: An Integrative Review« In: *Child Development,* 1981, 52, 1095–1118.

Felix, Sascha W. *Psycholinguistische Aspekte des Zweitsprachenerwerbs.* Tübingen: Narr 1982.

Fernald, Anne. »Human Maternal Vocalizations to Infants as Biologically Relevant Signals: An Evolutionary Perspective.« In: Barkow, Jerome H., Cosmides, Leda & Tooby, John (Hg.). *The Adapted Mind: Evolutionary Psychology and the Generation of Culture.* Oxford, New York, Toronto: Oxford University Press 1992, 391–427.

Finn, Robert. »Different Minds.« In: *Discover Magazine,* June 1991.

Fischer, Ernst Peter. *Die andere Bildung. Was man von den Naturwissenschaften wissen sollte*. München: Econ 2001.

Freese, Hans-Ludwig. *Kinder sind Philosophen*. Weinheim: Quadriga 1989

Friederici, Angela D. »Funktionale Organisation und Reorganisation der Sprache während der Sprachentwicklung: Eine Hypothese.« In: *Neurolinguistik* 8, Heft 1 (1994), 41–55.

Friederici, Angela D. »Auf der Suche nach den neuronalen Grundlagen der Sprache.« In: *Universitas* 51, Nr. 600 (Juni 1996), 583–596.

Friederici, Angela D. »Neurobiologische Grundlagen sprachlicher Repräsentation.« In: *Zeitschrift für Semiotik*, Band 18, Heft 2–3 (1996), 251–264.

Friederici, Angela D. »Menschliche Sprachverarbeitung und ihre neuronalen Grundlagen.« In: Meier, Heinrich & Ploog, David (Hg.). *Der Mensch und sein Gehirn*. München und Zürich: Piper 1997, 137–156.

Friederici, Angela D. »Wissensrepräsentation und Sprachverstehen.« In: Klix, F. & Spada, H. (Hg.). *Enzyklopädie der Psychologie*. Serie II, Kognition, Band 6, Wissen. Göttingen: Hogrefe 1998, 249–273.

Friedrich, Gisela. »Sprachentwicklung im Vorschulalter – Voraussetzung zur Entwicklung kindlicher Kompetenz.« In: Mönks, F.J. & Lehwald, G. (Hg). *Neugier, Erkundung und Begabung bei Kleinkindern*, 1991, 119–134.

Frith, Uta. »Autismus.« In: Spektrum: *Gehirn und Bewußtsein*; Heidelberg, Berlin, Oxford: Spektrum, Akademischer Verlag 1994, 96–103.

Fritzenschaft, Agnes, Gawlitzek-Maiwald, Ira, Tracy, Rosemarie & Winkler, Susanne. »Wege zur komplexen Syntax«. In: *Zeitschrift für Sprachwissenschaft*, Band 9, Göttingen: Vandenhoeck & Ruprecht 1990, 52–134.

Fröhlich, Andreas. »Ganzheitliche Entwicklungsförderung.« In: Fröhlich, A. (Hg.). *Handbuch der Sonderpädagogik*. Band 12. Berlin: Spieß 1991, 155–168.

Führer-Nicod, Vera B. *Recherches sur le bilinguisme franco-allemand chez les jeunes enfants*. Reims: Presses Universitaires, 1994.

Furth, H.G. *Thinking Without Language: Psychological Implications of Deafness*. New York and London: The Free Press 1966.

Gafni, D., Kluge, K. & Weinschenk, K. (Hg.). *Die verborgene Kraft*. Teil II. München: Minerva 1985.

Gänger, Elisabeth. *Neue Wege, Neue Ziele. Leben mit einem hörgeschädigten Kind*. Frankfurt/M.: S. Fischer 1995.

Gardner, H. *Frames of Mind. Theory of Multiple Intelligence*. London 1993.

Geest, van der, T. »Sprachentwicklungsprozesse in semantischer und interaktionistischer Sicht«. In: *Zeitschrift für Entwicklungspsychologie und pädagogische Psychologie* 10 (1978), 286–304.

Gehlen, Arnold. *Der Mensch. Seine Natur und seine Stellung in der Welt*. Frankfurt/M.: Athenaion Verlag (10. Auflage) 1974.

Ginsburg, Hans & Opper, Sylvia. *Piagets Theorie der geistigen Entwicklung*. Stuttgart: Ernst Klett Verlag 1975.

Gipper, H. (Unter Mitarbeit von Christine Boving u.a.) *Kinder unterwegs zur Sprache. Zum Prozeß der Spracherlernung in den ersten drei Lebensjahren – mit 50 Sprachdiagrammen zur Veranschaulichung*. Düsseldorf: Schwann 1985.

Goldin-Meadow, Susan & Mylander, Carolyn. »Spontaneous sign systems created by deaf children in two cultures«. In: *Nature*, Vol. 391, 15. Jan. 1998, 279–281.

Goleman, D. *Emotionale Intelligenz*. München, Wien: Hanser Verlag 1996.

Gomes-Pedro, J.C. »The effect of extended contact in the neonatal period on the behavior of mothers and infants.« In: Nugent, J.K., Lester, B.M. und Brazelton, T.B. (Hg.). *The cultural concept of infancy* (Vol. 1), Norwood, NJ: Ablex 1989.

Goodall, Jane. *Ein Herz für Schimpansen: Meine 30 Jahre am Gombe Strom.* Reinbek: Rowohlt 1991.

Gopnik, Alison, Meltzoff, Andrew N. & Kuhl, Patricia K.. *The Scientist in the crib. What early learning tells us about the mind.* New York: HarperCollins 2001.

Grandin, Temple (with Scariano, Margaret). *Emergence: Labelled Autistic.* Tunbridge Wells: Arena Press 1986.

Grandin, Temple. *Thinking In Pictures.* New York: Doubleday 1995.

Grandin, Temple. »*My Experiences with Visual Thinking Sensory Problems and Communication Difficulties*«, Colorado State University (February, 1996, updated); Internet: www.autism.org/temple/visual.html

Grimm, Hannelore. *Psychologie der Sprachentwicklung.* Bd. I: Allgemeine Grundlagen und Entwicklung grammatischer Formen. Bd. II: Entwicklung der Semantik und der sprachlichen Kommunikation. Stuttgart: Kohlhammer 1977.

Grimm, Hannelore. »Über den Einfluß der Umweltsprache auf die kindliche Sprachentwicklung«. In: Neumann & Charlton: *Spracherwerb und Mediengebrauch*, 1990, 99–112.

Grimm, Hannelore. *Störungen der Sprachentwicklung.* Göttingen: Hogrefe 1999.

Grimm, Hannelore (Hg.). *Sprachentwicklung.* Enzyklopädie der Psychologie Band C3. Göttingen: Hogrefe 2000.

Grimm, Hannelore, & Sabine Weinert. »Sprachentwicklung« In: Oerter, R. & Montada, L. (Hg.). *Entwicklungspsychologie*, 2002, 517–546.

Grimm, Hannelore. »Spezifische Störung der Sprachentwicklung.« In: Oerter, R. & Montada, L. (Hg.). *Entwicklungspsychologie*, 1995, 943–953.

Grimm, Jacob. *Über den Ursprung der Sprache.* Wiesbaden: Insel 1958.

Grossmann, K.E. »Universalismus und kultureller Relativismus psychologischer Erkenntnisse.« In: Thomas, A. (Hg.). *Kulturvergleichende Psychologie*, 1993, 53–80.

Grossmann, K.E., Scheuerer-Englisch, H. & Loher, I. »Die Entwicklung emotionaler Organisation und ihre Beziehung zum intelligenten Handeln.« In: Mönks, F.J. & Lehwald, G. (Hg). *Neugier, Erkundung und Begabung bei Kleinkindern*, 1991, 66–76.

Hakansson, Gisela. »*Against Full Transfer in SLA. Evidence from the acquisition of German word order by Scandinavian learners*«. Unveröffentliches Manuskript.

Hamburger, M. *Verlorener Einsatz. Erinnerungen.* Stuttgart: Flugasche Verlag 1987.

Hamann, Johann Georg. *Schriften zur Sprache*, hg. von J. Simon, Frankfurt 1967.

Hampson, J. and Nelson, K. »The relation of maternal language to variation in rate and style of language acquisition.« In: *Child Language* 20 (1993), 313–342.

Hansen, W. *Die Entwicklung des kindlichen Weltbildes.* München: Kösel-Verlag 1965.

Happé, Francesca. *Autism: an introduction to psychological theory.* London: UCL Press 1994.

Harlow, H.F. u.a. »Affectional responses in the infant monkey.« In: *Science*, Vol. 130 (1959), 431–432.

Harlow, H.F. u.a. »Learning To Love«. In: *American Scientist*, Vol. 54 (1966), 244–272.

Harlow, H.F. »Age-mate or peer affectional system.« In: Lehrman, D.S. u.a. (Hg.). *Advances in the study of behavior*, Vol. 2, New York: Academic Press 1969, 333–383.

Hartge, T. »Sprachalarm im Kindergarten.« In: *Psychologie Heute*, Heft 5/1996, 66–71.

Hassenstein, B. (in Zusammenarbeit mit Helma Hassenstein). *Verhaltensbiologie des Kindes*. München, Zürich: Piper 1987⁴.

Hatch, E. »Introduction«. In: Hatch, E. (Hg.). *Second Language Acquisition. A Book of Readings*. Rowley, Mass.: Newbury House 1978, 1–18.

Hatt, H. »›Es stinkt mir gewaltig‹ oder was Gerüche verraten.« In: *forschung – Mitteilungen der DFG* 4/94, 14–16.

Häuser, D. und Schaarschmidt, U. »Begabungsentwicklung: Erste Ergebnisse einer entwicklungspsychologischen Untersuchung an lesenden und rechnenden Vorschulkindern.« In: Mönks, F.J. & Lehwald, G. (Hg.). *Neugier, Erkundung und Begabung bei Kleinkindern*. München, Basel: Ernst Reinhardt Verlag 1991, 145–162.

Häusler, Ingrid. *Kein Kind zum Vorzeigen? Bericht über eine Behinderung*. Reinbek: rororo 1979.

Hawkes, Nigel. »Child with half a brain forces rethink on speech.« In: *The Times*, 18. April 1996.

Hawkins, E. *Awareness of Language: An Introduction*. Cambridge: Cambridge University Press 1987.

Heeschen, Volker. »Humanethologische Aspekte der Sprachevolution.« In: Gessinger, J. & Rahden, W. v. (Hg.). *Theorien vom Ursprung der Sprache*, Band II. Berlin, New York: Walter de Gruyter 1989, 196–248.

Heinbokel, Annette. *Hochbegabte – Erkennen, Probleme, Lösungswege*. Münster: LIT 1996.

Heine, H. *Die Harzreise*. Stuttgart: Philipp Reclam 1976.

Heinemann, M. *Zunahme von Sprachentwicklungsstörungen – ein aktuelles Problem (Ursachen und Konsequenzen)*, Vortrag bei der Deutschen Gesellschaft für Sprachheilpädagogik am 26.9.1996 in Münster.

Heinemann, M. & Höpfner, C. »Screening-Verfahren zur Erfassung von Sprachentwicklungsstörungen (SEV) im Alter von $3\frac{1}{2}$ bis 4 Jahren bei der U8.« In: *Der Kinderarzt 23. Jg. (1992), Nr. 10, 1635–1638.

Heiseler, B. v. *Haus Vorderleiten*. Stuttgart: Steinkopf Verlag 1971.

Henschel, U. »Was denkt das Tier?« In: *Geo* 5/1996, 14–37.

Herder, Johann Gottfried: *Sämtliche Werke*, hg. von Bernhard Suphan. Hildesheim: Georg Olms Verlagsbuchhandlung 1967.

Hildebrand-Nilshon, Martin. *Die Entwicklung der Sprache – Phylogenese und Ontogenese*. Frankfurt: Campus 1980.

Hocking, Bronwyn. *Sam – Mein Sohn ist autistisch*. München: Knaur 1992.

Hoppe, U., Delb, W., Rosanowski, F. & Iro, H. »Bestimmung des zeitlichen Auflösungsvermögens des Gehörs bei Kindern.« In: Gross, M. & Eysholdt, U. (Hg.). *Aktuelle phoniatrisch-pädaudiologische Aspekte* 1997.

Hörmann, H. *Psychologie der Sprache*. Berlin, Heidelberg, New York: Springer, verbess. Neudruck 1970.

Hörmann, H. *Meinen und Verstehen*. Frankfurt/M.: Suhrkamp 1976.

Hörmann, H. *Einführung in die Psycholinguistik*. Darmstadt: Wissenschaftliche Buchgesellschaft 1981.

Hull, John M. *Im Dunkeln sehen – Erfahrungen eines Blinden*. München: C.H.Beck 1992.

Humboldt, W.v. *Gesammelte Schriften*, hg. von Albert Leitzmann u.a., 17 Bde., Akademieausgabe Berlin: B. Behrs Verlag 1908ff.

Humboldt, W.v. *Werke in fünf Bänden*, hg. von Flitner, A. & Giel, K., Stuttgart: Cotta'sche Buchhandlung 1963.

Humboldt, Wilhelm & Caroline von. *Wilhelm und Caroline von Humboldt in ihren Briefen – Dritter Band: Weltbürgertum und preußischer Staatsdienst.* Hg. von Anna von Sydow, Berlin: Ernst Siegfried Mittler und Sohn 1909.

Humphrey, N. *Die Naturgeschichte des Ich.* Hamburg: Hoffmann & Campe 1995.

Hurrelmann, B. »Familiale Voraussetzungen des Fernsehens und des Lesens von Kindern – Eine interaktionistische Perspektive auf die Mediensozialisation«. In: Neumann & Charlton: *Spracherwerb und Mediengebrauch*, 1990, 169–194.

Ingram, D. *First Language Acquisition. Method, Description and Explanation.* Cambridge: Cambridge University Press 1989.

Jacob, F. *Die innere Statue.* Zürich: Amman Verlag 1988.

Jaffke, C. *Fremdsprachenunterricht auf der Primarstufe: Seine Begründung und Praxis in der Waldorfpädagogik.* Weinheim: Deutscher Studienverlag 1994.

Jaspers, K. *Die Sprache.* München: Piper 1964.

Jerison, Harry J. »Paleoneurology and the Evolution of Mind«. In: *Scientific American Vol 234, No 1*, Jan. 1976, 90–101.

Jespersen, O. *Die Sprache – Ihre Natur, Entwicklung und Entstehung*, Heidelberg: Carl Winters Universitätsbuchhandlung 1925.

Jonas, Hans. *Organismus und Freiheit. Ansätze zu einer philosophischen Biologie.* Göttingen 1973.

Jones, Celeste Pappas & Adamson, Lauren B. »Language Use in Mother-Child and Mother-Child-Sibling Interactions.« In: *Child Development* 58 (1987), 356–366.

Kainz, F. *Psychologie der Sprache. Zweiter Band: Vergleichend-genetische Sprachpsychologie*, 2., umgearbeitete Auflage. Stuttgart: Ferdinand Enke Verlag 1960.

Kaiser, G. »Comment/discussion.« In: Nitsch, K. (Hg.). *Was wird aus unseren Kindern?* Heidelberg: Hüthig 1978, 34–45.

Kantonale Gehörlosenschule Zürich & Schweizerischer Gehörlosenbund. »LBG in der Gehörlosenschule.« In: *Das Zeichen* Nr. 29/September 1994, 294–299.

Käsermann, M.-L. *Spracherwerb und Interaktion.* Phil. Dissertation. Bern 1978. Bern: Huber 1980.

Kaspar, Robert. »Die Evolution des Erkennens – Geschichte, Grundlagen und Konsequenzen der evolutionären Erkenntnistheorie.« In: Kaltenbrunner, Gerd-Klaus (Hg.). *Wir sind die Evolution: Die kopernikanische Wende der Biologie.* Freiburg, Basel, Wien: Herder 1981, 57–77.

Kast, Bas. *Revolution im Kopf. Die Zukunft des Gehirns.* Berlin: Berliner Taschenbuch Verlag 2003

Kasten, H. *Geschwister – Vorbilder, Rivalen, Vertraute.* Berlin, Heidelberg, New York: Springer-Verlag 1994.

Katz, David & Katz, Rosa. *Gespräche mit Kindern – Untersuchungen zur Sozialpsychologie und Pädagogik.* Berlin: Verlag Julius Springer 1928.

Kegel, Gerd. »Sprach- und Zeitverarbeitung bei sprachauffälligen Kindern.« In: Internationale Frostig-Gesellschaft (Hg.). *Auditive Wahrnehmung (Jahrestagung (1995). Marianne Frostig – Lernschwierigkeiten angehen – gemeinsam mit allen Beteiligten.* Dortmund 1997.

Kegel, Gerd & Tramitz, Christiane. *Olaf – Kind ohne Sprache: Die Geschichte einer erfolgreichen Therapie.* Opladen: Westdeutscher Verlag 1991.

Keller, Heidi. »Sozial-emotionale Entwicklung im Kleinkindalter: Mechanismen und Prozesse.« In: Neumann & Charlton: *Spracherwerb und Mediengebrauch,* 1990, 69–97.

Keller, Heidi. u.a. »Zusammenhänge zwischen Parametern der frühen Mutter-Kind-Interaktion und Aspekten des späteren Spracherwerbs.« In: *Sprache & Kognition,* 15, 1996, Heft 1–2, 23–31.

Keller, Helen. *Die Geschichte meines Lebens.* Stuttgart: Verlag von Robert Lutz 1904.

Keller, Helen. *Mitten im Lebensstrom. Neue Erinnerungen von Helen Keller.* Stuttgart: Robert Lutz Nachfolger Otto Schramm 1930[2].

Keller, Helen. *The Story of My Life.* Garden City, New York: Doubleday 1954.

Keller, Helen. *Meine Welt.* München: dtv 1994.

Kennell, J.H. u.a. »Maternal Behavior One Year After Early and Extended Post-Partum Contact.« In: *Developmental Medicine and Child Neurology,* Vol. 16 (1974), 172–179.

Kestner, Karin. *777 Gebärden 1–3.* CD-ROM/DVD zum Erlernen der Deutschen Gebärdensprache. Guxhagen: Kestner Verlag 2002.

Kestner, Karin. *Tommys Gebärdenwelt 1 und 2.* 2 CD-ROMs. Guxhagen: Kestner Verlag 2003.

Kielhöfer, Bernd. *Französische Kindersprache.* Tübingen: Stauffenburg 1997.

Kimura, D. »Male brain, female brain: The hidden difference.« In: *Psychology Today,* 19/1985, 50–58.

Kinsey, A.C., Pomeroy, W.B. & Martin, C.E. *Das sexuelle Verhalten des Mannes.* Berlin, Frankfurt: Fischer 1965.

Kisor, Henry. *What's that pig outdoors? A memoir of deafness.* Harmondsworth: Penguin 1990.

Klaus, M.H. u.a. »Human Maternal Behavior at the First Contact With Her Young.« In: *Pediatrics,* Vol. 46, No. 2/August 1970, 187–192.

Klein, Josef. »Vorstufen der Fähigkeit zu BEGRÜNDEN bei knapp 2-jährigen Kindern.« In: Kopperschmidt & Schanze (Hg.). *Argumente – Argumentation.* München: Wilhelm Fink Verlag 1985, 261–272.

Knobloch, Clemens. *Sprachpsychologie: ein Beitrag zur Problemgeschichte und Theoriebildung.* Tübingen: Niemeyer 1984.

Koehler, Otto. »Tiersprachen und Menschensprachen.« In: Altner, G. (Hg.). *Kreatur Mensch,* München: dtv 1973, 233–264.

Koestler, Arthur. *Der Mensch – Irrläufer der Evolution.* Bern und München: Scherz 1978.

Kolata, G. »Studying Learning in the Womb.« In: *Science* 225, 1/1984, 302–303.

Kolonko, B. »Sag das nochmal richtig: Sprachpädagogische Arbeit im Kindergarten.« In: *Unsere Jugend* 5 (1996), 209–218.

Kornadt, H.J. »Kulturvergleichende Motivationsforschung.« In: Thomas, A. (Hg.). *Kulturvergleichende Psychologie.* Göttingen: Hogrefe 1993, 181–216.

Kraft, B. »Die Aneignung kommunikativer Kompetenz als Gegenstand der Kindersprachforschung.« In: *Zeitschrift für Germanistik* 1991, 623–635.

Krenz, A. *Seht doch, was ich alles kann! Was Kinder uns sagen wollen.* Freiburg, Basel, Berlin 1993.

Kuhl, Patricia K. »Learning and representation in speech and language.« In: *Current Opinion in Neurobiology* 4 (1994), 812–822.

Kuhl, P.K., Andruski, J.E., Chistovich, I.A., Chistovich, L.A., Kozhevnikova, E.V., Ryskina, V.L., Stolyarova, E., I., Sundberg, U. & Lacerda, F. »Cross-language analysis of phonetic units in language addressed to infants.« In: *Science* 277 (1997), 684–686.

Kunert, Günter. *Erwachsenenspiele. Erinnerungen.* München, Wien: Carl Hanser 1997.

Kurz, I. *Gesammelte Werke*, Bd. 4. München: Georg Müller 1925.

Laborit, E. *Le Cri de la Mouette.* Paris: Robert Laffont 1994.

Lane, H. *When the Mind Hears. A History of the Deaf.* New York: Random House 1984. Übersetzung: *Mit der Seele hören. Die Geschichte der Taubheit.* München: Carl Hanser Verlag 1988.

Lane, H. »Die Kontroverse um das Cochlea-Implantat.« In: *Das Zeichen* 29/September 1994, 332–343.

Lehndorff, H. Graf von. *Menschen, Pferde, weites Land.* München: dtv 1983.

Lehwald, Gerhard. »Früherfassung und Frühförderung von Begabungen: Methodische Probleme, empirische Befunde, praktische Konsequenzen.« In: Mönks, F.J. & Lehwald, G. (Hg.). *Neugier, Erkundung und Begabung bei Kleinkindern,* 1991, 135–144.

Leslie, Alan M. »Pretense and Representation: The Origins of ›Theory of Mind‹.« In: *Psychological Review* 1987, Vol. 94, No. 4, 412–426.

Levine, S. & Carey, S. »Up front: The acquisition of a concept and a word.« In: *Journal of Child Language* 4 (1982), 395–416.

Lewandowski, T. »Spracherwerb und kognitive Entwicklung.« In: Augst, G. (Hg.). *Spracherwerb von 6 bis 16 – Linguistische, psychologische, soziologische Grundlagen.* Düsseldorf: Schwann 1978, 161–180.

Lewis, M.M. »The Beginning of Reference to Past and Future in a Child's Speech.« In: Bar-Adon, A. & Leopold, W.F. (Hg.). *Child Language – A Book of Readings.* Englewood Cliffs, New Jersey: Prentice-Hall Inc. 1971, 64–74.

Lieberman, Philip. *Uniquely Human. The Volution of Speech, Thought, and Selfless Behavior.* Cambridge, MA and London: Harvard University Press 1991.

Lindgren, A. *Das entschwundene Land.* Hamburg: Oetinger 1977.

Lindner, G. *Aus dem Naturgarten der Kindersprache.* Leipzig: Th. Griebens Verlag 1898.

Lipps, Hans. *Die Verbindlichkeit der Sprache.* Frankfurt/M.: Vittorio Klostermann 1958 (Zweite Auflage).

List, G. und G. (Hg.). *Gebärde, Laut und graphische Zeichen – Schrifterwerb im Problemfeld von Mehrsprachigkeit,* Opladen: Westdeutscher Verlag 1990.

Locke, J. *Über den menschlichen Verstand.* Bd. II, Hamburg 1962.

Lorenz, K. »Stammes- und kulturgeschichtliche Ritenbildung.« In: *Naturwissenschaftliche Rundschau* 19 (1966), 361–370.

Lorenz, K. »Psychologie und Stammesgeschichte (1954).« In: Lorenz, K.: *Über tierisches und menschliches Verhalten – Aus dem Werdegang der Verhaltenslehre,* Gesammelte Abhandlungen Band II, München: Piper 1971, 201–254.

Lorenz, K. *Die Rückseite des Spiegels: Versuch einer Naturgeschichte menschlichen Erkennens.* München: Piper 1973.

Lorenz, K. »Über die Entstehung der Mannigfaltigkeit.« In: Lorenz, K.: *Das Wirkungsgefüge der Natur und das Schicksal des Menschen.* München: Piper 1983, 54–81.

Lorenz, K. (Unter Mitarbeit von Michael Martys und Angelika Tipler) *Hier bin ich – Wo bist du? Ethologie der Graugans.* München: Piper 1991 (1988).

Lorenz, K. & Kreuzer, F. *Leben ist Lernen: Von Immanuel Kant zu Konrad Lorenz. Ein Gespräch über das Lebenswerk des Nobelpreisträgers.* München, Zürich: Piper 1984.

Luczak, Hanna. »Das Gesicht, der Schlüssel zu uns selbst.« In: *Geo* Nr. 10 (1994), 20–34.

Lüth, Paul. *Der Mensch ist kein Zufall.* Frankfurt: Fischer Taschenbuch 1984.

Lurija, A. R. *Romantische Wissenschaft – Forschungen im Grenzbezirk von Seele und Gehirn.* Reinbek: Rowohlt 1993 (1982[1]).

MacNamara, J. *Names For Things. A Study of Human Learning.* Cambridge/Mass., London/England: MIT Press 1984.

Mann, Golo. *Erinnerungen und Gedanken. Eine Jugend in Deutschland.* Frankfurt: Fischer 1991.

Martin, R.D. »Hirngröße und Evolution.« In: *Spektrum der Wissenschaft* 9 (1995), 48–55.

Masalskis, Hans. *Das Sprachgenie: Georg Sauerwein. Eine Biographie.* Paderborn: Igel 2003.

Mauthner, F. *Beiträge zu einer Kritik der Sprache.* Bd. I: Zur Sprache und zur Psychologie. Bd. II: Zur Sprachwissenschaft. Bd. III: Zur Grammatik und Logik. Frankfurt/M., Berlin, Wien: Ullstein 1982.

Mehler, J., Jusczyk, P., Lambertz, G., Halsted, N., Bertoncini, J. & Amiel-Tison, C. »A precursor of language acquisition in young infants.« In: *Cognition* 29 (1988), 143–178.

Menz, C. & Groner, R. »›Zweitlesenlernen‹ – die experimentelle Analyse der okulomotorischen und artikulatorischen Koordination bei einer komplexen Dekodierleistung.« In: Foppa, K. & Groner, R. (Hg.). *Kognitive Strukturen und ihre Entwicklung.* Bern, Stuttgart, Wien: Huber 1981, 201–228.

Merzenich, M.M., Jenkins, W.M., Johnston, P., Schreiner, C., Miller, S.L. & Tallal, P. »Temporal Processing Deficits of Language-Learning Impaired Children Ameliorated by Training.« In: *Science* 1996 (January 5); 271 (5245): 77 (in Reports).

Milne, Christopher. *The Enchanted Places.* Harmondsworth: Penguin 1978.

Mönks, F.J. und Lehwald, G. (Hg). *Neugier, Erkundung und Begabung bei Kleinkindern.* München, Basel: Ernst Reinhardt Verlag 1991.

Moritz, Karl Philipp. *Anton Reiser* (1785). Suttgart: Reclam 1972.

Morris, D. *Manwatching. A Field Guide to Human Behaviour.* Oxford: Abrahams 1987.

Morris, D. *Babywatching.* London: Vauxhall Bridge Road 1991.

Mulick, J.A., Jacobson, J.W. & Kolbe, F.H. »Autisten am Computer.« In: von Randow, G. (Hg.). *Der Fremdling im Glas und weitere Anlässe zur Skepsis, entdeckt im »Skeptical Inquirer«.* Reinbek: Rowohlt 1996, 107–121.

Müller, Martina. »Als ›typischer Zweitklässler‹ in der 3. Klasse«. Über Kinder (Folge 19): Anja-Kristin aus Halle. In: *Labyrinth* 44 (Oktober 1994), 18–20.

Müller, Monika. »Was wäre, wenn ein Kieselstein so wertvoll wie Gold wäre?« Über Kinder (Folge 8): Bernadette und Samuel aus Radolfzell. In: *Labyrinth* 32 (September 1990), 5–6.

Myrtek, M. & Scharff, C. *Fernsehen, Schule und Verhalten. Untersuchungen zur emotionalen Beanspruchung von Schülern.* Bern: Huber 2000.

Nabokov, Vladimir. *Speak Memory. An Autobiography Revisited.* London: Weidenfeld and Nicolson 1967.

Neugebauer, Hanna. »Aus der Sprachentwicklung meines Sohnes.« In: *Zeitschrift für angewandte Psychologie* 9 (1914), 298–306.

Neuhaus, Wilhelm. *Der Aufbau der geistigen Welt des Kindes.* München/Basel: Ernst Reinhardt Verlag 1955.

Neumann, K. & Charlton, M. (Hg.). *Spracherwerb und Mediengebrauch*, Tübingen: Narr 1990.

Neville, Helen J. »Developmental Specificity in Neurocognitive Development in Humans.« In: Gazzaniga, Michael S. (Hg.). *The Cognitive Neuroscience.* Cambridge, Mass. 1994.

Neville, Helen J., Mills, Debra L. & Lawson, Donald S. »Fractionating Language: Different Neural Subsystems with Different Sensitive Periods.« In: *Cerebral Cortex* 2 (1992), 244–258.

Nietzsche, Friedrich. *Menschliches, Allzumenschliches. Ein Buch für freie Geister.* Goldmann Klassiker. 4. Auflage 1994.

Nolan, Christopher. *Dam-Burst of Dreams.* London, Sydney and Auckland: Pan Books 1981.

Nolan, Christopher. *Under The Eye of the Clock – The Life Story of Christopher Nolan.* London: Weidenfeld and Nicolson 1987.

Oerter, Rolf. »Kindheit«. In Oerter, R. & Montada, L. (Hg.). *Entwicklungspsychologie* 2002, 209–257.

Oerter, Rolf & Montada, Leo (Hg.). *Entwicklungspsychologie* (5. vollständig überarb. Auflage), Weinheim: Beltz PsychologieVerlagsUnion 2002.

Olin, Dirk. »Color cognition«. In: *New York Times Magazine*, 30.11. 2003.

Oller, D.K. and Eilers, R.E. »The Role of Audition in Infant Babbling.« In: *Child Development* 59 (1988), 441–449.

Orzessek, A. »Wenn Mozart farbig schillert.« In: *DIE ZEIT*, 12.9.1997.

Otto, Berthold. *Kindesmundart.* Berlin: Modern-Pädagogischer und Psychologischer Verlag 1908.

Oyama, S. »A sensitive period for the acquisition of a non-native phonological system.« In: *Journal of Psycholinguistic Research* 5 (1976), 261–285.

Pagnol, Marcel. *Eine Kindheit in der Provence.* München: Wilhelm Goldmann Verlag 1979.

Palmer, Lilli. *Dicke Lilli – Gutes Kind.* München, Zürich: Droemer Knaur 1974.

Pape, S. »Hier haben es Mütter gut.« Serie: Mein Mann ist Ausländer. In: *Brigitte* 11 (1972), 100–106.

Papousek, H. »Biologische Wurzeln der ersten Kommunikation im menschlichen Leben.« In: Böhme, W. (Hg): *Evolution und Sprache: Über Entstehung und Wesen der Sprache.* (Herrenalber Texte 66) Karlsruhe: Tron 1985, 33–64.

Papousek, H. & Papousek, M. »Das Spiel in der Frühentwicklung des Kindes.« In: *Suppl. Pädiatrische Praxis* 18 (1977), 17–32.

Papousek, M. »Wurzeln der kindlichen Bindung an Personen und Dinge: die Rolle der integrativen Prozesse.« In: Eggers, C. (Hg.). *Bindungen und Besitzdenken beim Kleinkind.* München: Urban & Schwarzenberg 1984, 155–184.

Papousek, M. »Die Entwicklung der Sprache im Leben des Kindes.« In: Böhme, W. (Hg.). *Evolution und Sprache: Über Entstehung und Wesen der Sprache.* (Herrenalber Texte 66) Karlsruhe: Tron 1985, 48–64.

Papousek, M. »Die muttersprachliche Umwelt des Säuglings und ihre Bedeutung für die Entwicklung von Vokalisation und Sprache.« In: Wessel, K.F. & Naumann, F. (Hg.). *Kommunikation und Humanontogenese*. Bielefeld: Kleine Verlag 1994, 144–171.

Papousek, M. *Vom ersten Schrei zum ersten Wort: Anfänge der Sprachentwicklung in der vorsprachlichen Kommunikation*. Bern, Göttingen: Hans Huber Verlag 1994.

Papousek, M. & Hwang, S.-F.C. »Tone and intonation in Mandarin babytalk to presyllabic infants: Comparison with registers of adult conversation and foreign language instruction.« In: *Applied Psycholinguistics* 12 (1991), 481–504.

Park, Clara Claiborne. *The Siege*. Gerrads Cross: Colin Smythe Limited 1968.

Pascalis, O., & Slater, A. (Hg.). The development of face processing in infancy and early childhood: current perspectives. London: Nova Science Publishers, 2003.

Paul, Andreas. *Von Affen und Menschen: Verhaltensbiologie der Primaten*. Darmstadt: Wissenschaftliche Buchgesellschaft 1998.

Paul, Andreas & Voland, Eckart: »Die soziobiologische Perspektive. Eltern-Kind-Beziehungen im evolutionären Kontext.« In: Keller, Heidi (Hg.). *Handbuch der Kleinkindforschung*, 2., überarb. Auflage, Bern, Göttingen, Toronto, Seattle: Verlag Hans Huber 1997, 121–147.

Paul, Jean. *Levana oder Erziehlehre*. In: Jean Paul. Werke. Bd. 5. München: Carl Hanser Verlag 1963, 515–875.

Penner, Zvi. »Phonologische Entwicklung: eine Übersicht. In: Grimm, H. (Hg.). *Sprachentwicklung* 2000, 105–136.

Petit, Jean. *De l'enseignement des langues secondes à l'apprentissage des langues maternelles*. Paris: Librairie Honoré Champion 1985.

Petit, Jean. *Acquisition Linguistique et Interférences*. Paris: Publication de l'Association des Professeurs de Langues Vivantes de l'Enseignement Public 1987.

Petit, Jean. »Spracherwerb durch Fehler und fehlerfreier Spracherwerb, eine psycholinguistische und sprachtypologische Überlegung.« In: *Beiträge zur Fremdsprachenvermittlung aus dem Konstanzer Sprachlehrinstitut* 19 (1989), 1–28.

Petit, Jean. *Au secours, je suis monolingue et francophone! Ètiologie et traitement d'un syndrome de sénescence précoce et d'infirmité acquisitionnelle*. Reims: Presses Universitaires de Reims 1992.

Petitto, Laura Ann. »Bilingual signed and spoken language acquisition form birth: implications for the mechanisms underlying early bilingual language acquisition«. In: *Journal of Child Language* 28 (2001), 453–496.

Piaget, Jean. *Das moralische Urteil beim Kinde*. Zürich: Rascher 1954.

Piaget, Jean & Inhelder, Bärbel. *Die Entwicklung der physikalischen Mengenbegriffe beim Kinde*. Stuttgart: Ernst Klett Verlag 1975.

Piaget, Jean & Inhelder, Bärbel. *Die Psychologie des Kindes*. Stuttgart: Ernst Klett Verlag 1980.

Picard, Max. *Der Mensch und das Wort*. Erlensbach-Zürich und Stuttgart: Eugen Rentsch Verlag 1955.

Pienemann, Manfred. »Is Language Teachable? Psycholinguistic Experiments and Hypotheses.« In: *Applied Linguistics*, Vol. 10, No. 1 (1989), 52–79.

Pienemann, Manfred. *Language Processing and Second Language Development Processability Theory*. Amsterdam: John Benjamins 1998 (im Druck).

Pinker, Steven. *The Language Instinct*. New York: William Morrow and Company 1994.

Pinker, Steven. *How the mind works*. New York: Norton 1997.

Plath, Monika & Richter, Karin. »Zur Entwicklung von Lesemotivation von Grundschulkindern.« In: *Grundschule*, 7–8/2002.

Plessner, Helmuth. *Gesammelte Schriften VIII. Conditio Humana.* Frankfurt/Main: Suhrkamp 1983.

Plessner, Helmuth. *Gesammelte Schriften IV. Die Stufen des Organischen und der Mensch.* Frankfurt/Main: Suhrkamp 1983.

Poizner, H., Klima, E.S. & Bellugi, U. *Was die Hände über das Gehirn verraten. Neuropsychologische Aspekte der Gebärdensprachforschung,* Hamburg: Signum 1990.

Pöppel, Ernst. *Lust und Schmerz. Über den Ursprung der Welt im Gehirn.* München: Goldmann 1995.

Popper, Karl. *Unended quest. An intellectual autobiography.* Fontana 1976.

Popper, K.R. & Lorenz, K. *Die Zukunft ist offen. Das Altenberger Gespräch. Mit den Texten des Wiener Popper-Symposiums.* Hg. von Karl Kreuzer. München, Zürich: Piper 1985.

Portes, A. & Rumbaut, R.G. *The Economist,* February 17th 1996.

Portmann, A. *An den Grenzen des Wissens: Vom Beitrag der Biologie zu einem neuen Weltbild.* Düsseldorf 1976.

Porzig, W. *Das Wunder der Sprache: Probleme, Methoden und Ergebnisse der modernen Sprachwissenschaft.* München, Bern: Francke Verlag 1962[3].

Postman, Neil. *Amusing ourselves to death.* Harmondsworth: Penguin 1986.

Preyer, W. *Die Seele des Kindes. Beobachtungen über die geistige Entwicklung des Menschen in den ersten Lebensjahren.* Leipzig: Th. Griebens Verlag 1900[5].

Prillwitz, S. »Zum Gebärdenspracherwerb gehörloser Kinder.« In: *Das Zeichen* 3 (1988), 76–84.

Radigk, W. *Wie Andy das Sprechen lernt.* Königstein: Scriptor 1982.

Radü, H.J. *Sprachleistungen 4jähriger Kinder – Ergebnisse einer Kindergartenreihenuntersuchung an 1641 Kindern in Bochum,* Vortrag.

Ramge, H. *Spracherwerb: Grundzüge der Sprachentwicklung des Kindes.* Tübingen: Max Niemeyer Verlag 1975[2].

Ramus, Franck. »Language discrimination by newborns: Teasing apart phonotactic, rhythmic and intonational cues«. In: *Annual Review of Language Acquisition* 2/2002, 85–115.

Rauh, Hellgard. »Frühe Kindheit.« In: Oerter, R. & Montada, L. (Hg.). *Entwicklungspsychologie* 2002, 131–208.

Rehberg, Karl-Siegbert. »Nachwort des Herausgebers.« In: *Arnold Gehlen Gesamtausgabe.* Band 3.2, Frankfurt: Vittorio Klostermann 1993, 751–786.

Reichholf, J.H. *Der schöpferische Impuls – Eine neue Sicht der Evolution.* München: dtv 1994 (1992[1]).

Reimann, B. »Mütterliche Rückfragen in Dialogen früher Phasen des Spracherwerbs.« In: *GAL-Bulletin. Zeitschrift für angewandte Linguistik.* Heft 25, August 1996, 31–51.

Riedl, R. *Biologie der Erkenntnis. Die stammesgeschichtlichen Grundlagen der Vernunft.* Berlin: Parey 1981.

Riedl, R. *Begriff und Welt: biologische Grundlagen des Erkennens und Begreifens.* Berlin: Parey 1987.

Riksen-Walraven, Marianne. »Die Entwicklung kindlicher Kompetenz im Zusammenhang mit sozialer Unterstützung.« In: Mönks, F.J. & Lehwald, G. (Hg). *Neugier, Erkundung und Begabung bei Kleinkindern,* 1991, 77–92.

Ringler, N.M. u.a. »Mother-to-child Speech at 2 Years: Effects of Increased Early Postnatal Contact.« In: *Journal of Pediatrics*, Vol. 86, No. 1/1975, 141–144.

Rogge, Jan Uwe. *Kinder können fernsehen. Vom sinnvollen Umgang mit dem Medium.* Reinbek: Rowohlt Taschenbuch Verlag 1990.

Rogge, Jan-Uwe & Regine. *Die besten Hörkassetten für mein Kind.* Hamburg: rororo 1995.

Rumbaut, R.G. *»Becoming American: Acculturation, Achievement, And Aspirations among Children of Immigrants.*« Lecture presented at the session on »Growing Up American: Dilemmas of the New Second Genration,« Annual meeting of the American Association for the Advancement of Science. Baltimore Feb. 10, 1996.

Rutter, M. »Autism: Psychopathological Mechanisms and Therapeutic Approaches«. In: Bortner, M. (Hg.). *Cognitive Growth and Development. Essays in Memory of Herbert G. Birch.* New York: Bruner/Mazel 1979, 273–299.

Rymer, Russ. *Genie – A Scientific Tragedy.* Harmondsworth: Penguin 1993.

Sacks, Oliver. *Stumme Stimmen: Reise in die Welt der Gehörlosen.* Hamburg: Rowohlt 1990.

Sacks, Oliver. *An Anthropologist on Mars.* London and Basingstoke: Picador 1995.

Sacks, Oliver. *A leg to stand on.* New York: Simon & Schuster 1998.

Salimbene von Parma. *Die Chronik des Salimbene von Parma*, Nach der Ausgabe der *Monumenta Germaniae*, Band 1, hg. von Alfred Doren, Leipzig: Verlag der Dykschen Buchhandlung 1914.

Schaller, S. *Ein Leben ohne Worte – Ein Taubstummer lernt Sprache verstehen.* München: Droemersche Verlagsanstalt Th. Knaur Nachf. 1992.

Schaner-Wolles, Chris. »Plural vs. Komparativerwerb im Deutschen. Von der Diskrepanz zwischen konzeptueller und morphologischer Entwicklung.« In: Günther, H. (Hg.). *Experimentelle Studien zur deutschen Flexionsmorphologie.* Hamburg: Helmut Buske Verlag 1988.

Scheck, Denis. »Sterben ist mein größter Erfolg.« Interview mit Harold Brodkey. In: *Focus* 39 (1995), 166–168.

Scheler, Max. *Die Stellung des Menschen im Kosmos.* Bern und München: Francke 1975.

Schlesinger, H. »Questions and answers in the development of deaf children.« In: Strong, M. (Hg.) *Language Learning & Deafness.* Cambridge 1988.

Schlesinger, Hilde S. & Meadow, Kathryn P. *Sound and Sign – Childhood Deafness and Mental Health.* Berkeley, Los Angeles, London: University of California Press 1972.

Schlipp, P.A. & Friedman, M. (Hg.). *Martin Buber.* Stuttgart: Kohlhammer 1963.

Schmidt, Matthias. »Schrift und digitaler Code.« In: *Medien praktisch* 85 (Januar 1998), 65–66.

Schneider, W. *Wörter machen Leute: Magie und Macht der Sprache.* Hamburg: rororo 1979.

Scupin, Ernst & Scupin, Gertrud. *Bubi's erste Kindheit – Ein Tagebuch über die geistige Entwicklung eines Knaben während der ersten drei Lebensjahre.* Leipzig: Th. Griebens Verlag (L. Fernau) 1907.

Scupin, Ernst & Gertrud. *Bubi im vierten bis sechsten Lebensjahr. Ein Tagebuch über die geistige Entwicklung eines Knaben während der ersten sechs Lebensjahre.* Leipzig: Th. Griebens Verlag (L. Fernau) 1910.

Sellin, B. *ich will kein inmich mehr sein. botschaften aus einem autistischen kerker.* Hg. v. Michael Klonovsky. Köln: Kiepenheuer & Witsch 1993.

Slobin, D.I. »Cognitive prerequisites for the development of grammar.« In: Ferguson, C.A. & Slobin, D.I. (Hg.). *Studies of Child Language Development.* New York: Holt, Rinehart and Winston 1973, 175–208.

Sodian, Beate. »Entwicklung begrifflichen Wissens«. In: Oerter, R. & Montada, L. (Hg.). *Entwicklungspsychologie* 2002, 443–466.

Spitz, R.A. *Vom Dialog.* Frankfurt/M.: Ullstein 1982.

Spitzer, Manfred. *Geist im Netz. Modelle für Lernen, Denken und Handeln.* Heidelberg: Spektrum 2000.

Spitzer, Manfred. *Selbstbestimmen. Gehirnforschung und die Frage: Was sollen wir tun?* Heidelberg: Spektrum 2004.

Spitzer, Manfred. *Musik im Kopf. Hören. Musizieren, Verstehen und Erleben im neuronalen Netzwerk.* Stuttgart: Schattauer 2003.

Spock, B. *The Pocket Book of Baby and Child Care.* New York 1946.

Stachowiak, F.J. »Spracherwerb, Semantik und menschlicher Kortex – vom lautbegabten zum sprachbegabten Wesen.« In: dgs – Landesgruppe Rheinland. Redaktion Theo Borbonus; Heribert Gathen (Hg.). *Spracherwerb und Spracherwerbsstörungen* (Tagungsbericht der XVII. Arbeits- und Fortbildungsveranstaltung der dgs, 1.–4. Oktober 1986 in Düsseldorf). Hamburg: Wartenberg 1987, 391–409.

Steiner, George. *After Babel. Aspects of Language and Translation.* Oxford: Oxford University Press 1975.

Steinthal, Hermann. *Abriß der Sprachwissenschaft.* Berlin: Dümmler 1881.

Stern, Clara & Stern, William. *Die Kindersprache – Eine psychologische und sprachtheoretische Untersuchung.* Nachdruck der 4., neubearb. Aufl., Leipzig 1928, Darmstadt: Wissenschaftliche Buchgesellschaft 1987.

Stern, Clara & Stern, William. *Die Tagebücher 1900–1918.* (Elektronische Abschrift der unveröffentlichten Tagebücher aus dem Nachlaß, von Werner Deutsch u.a. in Textdateien erfaßt.). Nijmegen: Max-Planck-Institut für Psycholinguistik. Verfügbar in der Datenbank CHILDES.

Stern, W. *Helen Keller, Entwicklung und Erziehung einer Taubstummblinden als psychologisches, pädagogisches und sprachtheoretisches Problem.* Berlin: Reuther und Reichard 1905.

Stern, W. »Helen Keller – Persönliche Eindrücke.« In: *Zeitschrift für angewandte Psychologie* 3 (1910), 321–333.

Stern, W. »William Stern.« In: Schmidt, Raymund (Hg.). *Die Philosophie der Gegenwart in Selbstdarstellungen.* Bd. VI. Leipzig: Felix Meiner 1927, 129–184.

Stern, W. *Allgemeine Psychologie auf personalistischer Grundlage.* Haag 1935.

Stern, W. *Psychologie der frühen Kindheit bis zum sechsten Lebensjahr.* Leipzig: Quelle & Meyer 1967.

Supácek, I. & Simánková, N. »Sprachentwicklung und Sprachstörungen bei 2000 longitudinal untersuchten Kindern in Prag.« In: Czechoslovak Medical Society J.E. Purkyne (Hg.). *Papers presented at the 10th Congress of the Union of European Phoniatricians* (Prague, November 10th to 12th, 1982), 47–51.

Süßmilch, Johann Peter. *Versuch eines Beweises, daß die erste Sprache ihren Ursprung nicht vom Menschen, sondern allein vom Schöpfer erhalten habe.* Berlin: Buchladen der Realschule 1766.

Szagun, Gisela. *Sprachentwicklung beim Kind.* Weinheim: Psychologie Verlags Union 1996[6].

Szagun, Gisela. *Wie Sprache entsteht. Spracherwerb bei Kindern mit normalem und beeinträchtigtem Hören*. Weinheim: Beltz 2001.

Szilard, L. *Die Stimme der Delphine*. Hamburg, Reinbek 1963.

Taeschner, Traute. *The sun is feminine. A study on language acquisition in bilingual children*. Berlin: Springer 1983.

Tallal, P., Miller, S.L., Bedi, G., Byma, G., Wang, X., Nagarajan, S.S., Schreiner, C., Jenkins, W.M. & Merzenich, M.M.»Language Comprehension in Language-Learning Impaired Children Improved with Acoustically Modified Speech.« In: *Science* 1996 (January 5); 271 (5245): 81 (in Reports).

Tau, Max. *Trotz allem! Lebenserinnerungen aus siebzig Jahren*. Hamburg: Siebenstern Taschenbuch Verlag o.J.

The Economist, »Womb for improvement«, Vol. 337, No. 7941, November 18th 1995, 109–112.

Thimm, Katja. »Geist unterm Messer.« In: *Der Spiegel* 43/2002, 229–234.

Thimm, Katja. »Jeden Tag ein neues Universum«. In: *Der Spiegel* 43/2003, 198–210.

Thomas, A. (Hg.). *Kulturvergleichende Psychologie*. Göttingen: Hogrefe 1993.

Thumb, Norbert. *Der Aufbau der Persönlichkeit als entwicklungsbiologisches Problem*. Wien: Franz Deuticke 1942.

Tinbergen, N. »The Croonian Lecture, 1972: Functional ethology and the human sciences.« In: *Proceedings of the Royal Society of London*, Biological Sciences, Series B, Volume 182, Number 1069, London: The Royal Society 1972, 385–410.

Tinbergen, N. & Tinbergen, E. *Autismus bei Kindern: Fortschritte im Verständnis und neue Heilbehandlungen lassen hoffen*. Berlin, Hamburg: Verlag Paul Parey 1984.

Tizard, J. »Race and Intelligence«. In: Bortner, M. (Hg.). *Cognitive Growth and Development. Essays in Memory of Herbert G. Birch*, New York: Bruner & Mazel 1979, 165–186.

Tizard, J. u.a. »Collaboration between teachers and parents in assisting children's reading.« In: *British Journal of Educational Psychology* 52 (1981), 1–15.

Tomasello, Michael. *The cultural origins of human cognition*. Cambridge/Mass.: Harvard University Press 2000.

Tomatis, A. *Der Klang des Lebens: Vorgeburtliche Kommunikation – die Anfänge der seelischen Entwicklung*. Hamburg: Rowohlt Verlag 1987.

Tomatis, A. *Klangwelt Mutterleib – Die Anfänge der Kommunikation zwischen Mutter und Kind*. München: Kösel-Verlag 1994.

Trabant, Jürgen. *Artikulationen. Historische Anthropologie der Sprache*. Frankfurt: Suhrkamp 1998.

Tracy, Rosemarie. »Spracherwerb trotz Input.« In: Rothweiler, M. (Hg.). *Spracherwerb und Grammatik, Linguistische Untersuchungen zum Erwerb von Syntax und Morphologie*. Linguistische Berichte Sonderheft 3/1990, Opladen: Westdeutscher Verlag 1990, 22–49.

Tracy, R. »Zur Komplexität der Erwerbsaufgabe – eine *Herausforderung* aus linguistischer Perspektive«. In: Neumann & Charlton: *Spracherwerb und Mediengebrauch*, 1990, 113–131.

Tracy, Rosemarie. »Sprache und Sprachentwicklung. Was wird erworben?« In: Grimm, H. (Hg.) *Sprachentwicklung*. Göttingen: Hogrefe 2002, 3–35.

Traufetter, Gerald. »Stimmen aus der Steinzeit.« *Der Spiegel* 43/2002, 218–222.

Trénet, Charles. *Mes jeunes années*. Paris: Laffont 1978.

Trumler, Eberhard. *Hunde ernst genommen*. München: Piper 1989 (Neuausgabe).

Twain, M. *Bummel durch Europa*. Gesammelte Werke, Bd. 4. Frankfurt/M.: Insel 1985.

Unamuno, M. de. *Das tragische Lebensgefühl*. Gesammelte Werke, hg. von Otto Buek. Wien, Leipzig 1925.

Vahle, Hermann. »Der Sprachunterricht.« In: *Handbuch des Taubstummenwesens*, hg. vom Bunde deutscher Taubstummenlehrer. Osterwieck am Harz: Elwin Staude Verlagsbuchhandlung 1929, 198–352.
Varga, Stefan & Andrea. »*Ich wollte doch wie andere Kinder sein*.« Manuskript: Aachen o.J.
Varney, Nils R. »How reading works: considerations from prehistory to the present«. In: *Applied Neuropsychology*, 9/2002, 3–12.
Vaughn, B.E., Kopp, C.B. & Krakow, J.B. »The emergence and consolidation of self-control from eighteen to thirty months of age: Normative trends and individual differences.« In: *Child Development* 55 (1984), 990–1004.
Vielhaber, Harald & Francoise. »Elternbericht: das Leben mit einem hochbegabten Kleinkind. Über Kinder (Folge 23): Yann aus Neuss.« In: *Labyrinth* 48 (Januar 1996), 9–10.
Voit, H. »»Wo bleibt die freie Wahl für gehörlose Kleinkinder?«« In: *Das Zeichen*, Nr. 33/September 1995, 302–306.
Vollmer, Gergard. *Evolutionäre Erkenntnistheorie*. Stuttgart: S. Hirzel Verlag 1975.
Volterra, V. & Erting, C.J (Hg.). *From gesture to language in hearing and deaf children*. Berlin: Springer-Verlag 1990.
Völzing, P.-L. *Kinder argumentieren. Die Ontogenese argumentativer Fähigkeiten*. Paderborn: Schoeningh 1982.

de Waal, Frans. *Bonobo. The forgotten ape*. Berkeley: University of California Press 1997.
de Waal, Frans. *The ape and the Sushi master. Cultural reflections of a primatologist*. New York: Basic Books 2001.
Wagner, K.R. »Der Erwerb von Sprechstrategien im Kindesalter.« In: Augst, G. (Hg.). *Spracherwerb von 6 bis 16 – Linguistische, psychologische, soziologische Grundlagen*. Düsseldorf: Schwann 1978, 267–284.
Wagner, Klaus R. »Wie viel sprechen Kinder täglich? Zur Bedeutung von Kontaktzeiten für das Sprachenlernen«. In: Primary English 3/2003, 4–5.
Walker, Lou Anne. *A Loss for Words. The Story of Deafness in a Family*. First Perennial Library edition 1987.
Wallisfurth, Maria. *Sie hat es mir erzählt*. Herder: Freiburg, Basel, Wien 1979. Neu aufgelegt als: *Lautlose Welt. Das Leben meiner gehörlosen Mutter*. München und Zürich: Piper 1997.
Wandruszka, M. *Die Mehrsprachigkeit der Menschen*. Piper: München 1979.
Ward, Sally. »The predictive validity and accuracy of a screening test for language delay and auditory perceptual disorder.« In: *European Journal of Disorders of Communication* 27 (1992), 55–72.
Ward, Sally. »The validation of a treatment method for auditory perceptual disorder in young children.« In: *The Speech, Language and Hearing Centre*, London 1994. Unveröffentlichtes Manuskript.
Weaver, Ian C.G. et al. »Epigenetic programming by maternal Behavior.« In: *Nature Neuroscience*, August 2004, 847–854.

Weinert, Sabine. »Regelabstraktion ohne abstraktes Denken? Diskussion einiger lernpsychologischer Thesen zum Erwerb der Muttersprache.« In: Montada, L. (Hg.). *Bericht über den 38. Kongreß der Deutschen Gesellschaft für Psychologie.* Göttingen: Hogrefe 1993, 779–790.

Weinrich, Harald. *Linguistik der Lüge.* Heidelberg 1970.

Weissenborn, Jürgen. »Ich weiss ja nicht von hier aus wie weit es von da hinten aus ist«. In: Harro Schweitzer (Hg.). *Sprache und Raum.* Stuttgart 1984, 209–244.

Weissenborn, Jürgen, »Der Erwerb von Morphologie und Syntax«. In: Grimm, H. (Hg.). *Sprachentwicklung* 2000, 141–165.

Wells, Gordon. *Language development in the pre-school years.* Cambridge, London, New York: Cambridge University Press 1985.

Wendlandt, Wolfgang. *Sprachstörungen im Kindesalter, Materialien zur Früherkennung und Beratung.* (2. überarbeitete und erweiterte Auflage). Stuttgart, New York: Georg Thieme Verlag 1995.

Whitehurst, G.J., Falco, F.L., Lonigan, C.J., Fischel, B.D., DeBaryshe, M.C., Valdez-Menchaca, M.C. & Caulfield, M. »Accelerating language development through picture book reading.« In: *Developmental Psychology* 24 (1988), 525–559.

Winner, Ellen. *Gifted Children – Myths and Realities.* New York: Basic Books 1996.

Winterholler, C. »*Das Plural – Die Plurals« – Zum Plural beim Kindspracherwerb.* Magisterarbeit in der Philosophischen Fakultät II der Friedrich-Alexander-Universität Erlangen/Nürnberg 1991.

Witzel, Holger. »Was macht eigentlich Birger Sellin?« In: *STERN* 11 (1997), 212.

Wode, H. »*Die Entwicklung des sprachlichen Hörens und seine Bedeutung für einen zeitgemäßen Deutschunterricht«,* 19–33.

Wode, H. »Nature, Nurture, and Age in Language Acquisition. The Case of Speech Perception.« In: *Studies in Second Language Acquisition* 16 (1994), 325–345; 1994a.

Wode, H. »Perzeption, Produktion und die Lernbarkeit von Sprachen.« In: Ramers, K.H., Vater, H. & Wode, H. (Hg.). *Universale phonologische Strukturen und Prozesse.* Tübingen: Max Niemeyer Verlag 1994; 1994b.

Wright, R. *Diesseits von Gut und Böse.* München: Limes 1996.

Wudtke, H. »Lesenlernen – Können Gebärden helfen?« In: List, G. & List, G. (Hg.). *Gebärde, Laut und graphisches Zeichen – Schrifterwerb im Problemfeld von Mehrsprachigkeit.* Opladen: Westdeutscher Verlag 1990, 100–115.

Wygotsky, L.S. *Denken und Sprechen.* Berlin: Akademie-Verlag 1964 (Lizenzausgabe S. Fischer 1969).

Zillmann, F. »Der hl. Augustinus und die Taubstummen«. In: *Zeitschrift für Caritaswissenschaft und Caritasarbeit* 3/1922, 115–119.

Zimmer, D.E. *Unsere erste Natur – Die biologischen Ursprünge menschlichen Verhaltens.* München: Kösel-Verlag 1979.

Zimmer, D.E. *Die Vernunft der Gefühle. Ursprung, Natur und Sinn der menschlichen Emotion.* München: Piper 1984.

Zimmer, D.E. *So kommt der Mensch zur Sprache: Über Spracherwerb, Sprachentstehung, Sprache & Denken.* Zürich: Haffmans Verlag 1986.

Zimmer, D.E. *Die Elektrifizierung der Sprache: Über Sprechen, Schreiben, Computer, Gehirne und Geist.* Zürich: Haffmann Verlag 1992.

Zollinger, B. *Die Entdeckung der Sprache.* Bern, Stuttgart, Wien: Haupt 1996 (Beiträge zur Heil- und Sonderpädagogik; 16).

Zöller, D. *Wenn ich mit euch reden könnte ...* Bern, München, Wien: Scherz Verlag 1989.

Personenregister

Amman, Johann Conrad 33
Angelus Silesius 122
Augst, Gerhard 95, 261

Bach, Johann Sebastian 43, 316
Baron-Cohen, Simon 296
Baursch, Eugen 179, 180
Benn, Gottfried 375
Bettelheim, Bruno 331
Bickerton, Derek 287, 288, 331
Bischof-Köhler, Doris 22, 41
Bowlby, John 27, 41, 330
Boyes Braem, Penny 41, 173
Brodkey, Harold 33
Bronfenbrenner, Urie 335, 353
Brown, Christie 90, 95, 177, 178, 179,
    180, 190, 199
Bruner, Jerome S. 74, 76
Buber, Martin 3, 56, 293, 306
Bühler, Charlotte 38, 42, 58, 75, 87, 108
Bühler, Karl 58, 71, 75
Busch, Wilhelm 186
Butler, Samuel 49, 54

Campe, Joachim Heinrich 63, 73, 75,
    248, 354, 358, 372
Carle, Eric 339
Cavalli-Sforza 220
Christoffersen, Mogens Nygaard 42
Clerc, Laurent 155, 362
Crossley, Rosemary 189
Curtiss, Susan 309, 330

Dale, Philip S. 306, 352
Damasio, Antonio 41, 42, 147, 331
Darwin, Charles 29, 41, 78, 94, 263
Dawkins, Richard 282, 289
de l'Epée, Abbé 369
Dittmann, Jürgen 3, 220
Dobszhansky, Theodosius 135

Dolto, Françoise 156, 344
Doman, Glenn und Janet 345
Dürer, Albrecht 238
Dürrenmatt, Friedrich 285

Eibl-Eibesfeldt, Irenäus 75, 95, 306
Emmorey, Karen 174, 330
Ende, Michael 334, 351

Faesi, Robert 356, 372
Fernald, Anne 75, 108
Feuerbach, Anselm Ritter von 168
Feuerbach, Ludwig 336
Fichte, Johann Gottlieb 40
Fischer, Ernst Peter 376
Friederici, Angela D. 262, 316, 330
Friedrich I (der Staufer) 27

Gardner, Howard 36f.
Gehlen, Arnold 42, 75, 95, 137, 147,
    148, 173, 261, 265, 287f., 330, 331
Gipper, Helmut 76, 94, 95, 130, 172,
    208, 220, 256, 261, 295, 306
Goethe, Johann Wolfgang von 75, 109,
    283, 285, 300, 307, 321
Goleman, Daniel 37, 42, 357, 372
Goodall, Jane 301, 306
Grandin, Temple 95, 182, 183, 190,
    201, 273, 288
Grimm, Hannelore 2f., 95, 107, 300,
    352, 373
Grimm, Jacob 105, 200, 272, 293, 306,
    307, 321, 330

Hansen, Wilhelm 29, 42, 121, 130,
    225, 235, 260, 261, 371, 373
Harlow, Harry und Margaret 27, 40ff.
Hassenstein, Bernard 10, 11, 19, 56, 75
Hauser, Kaspar 168, 308
Heeschen, Volker 289

Heidegger, Martin 358
Heine, Heinrich 222, 360
Heinemann, M. 55
Heiseler, Bernt von 19, 29, 41f., 124, 130, 341, 353
Herder, Johann Gottfried 5, 43, 58, 75, 77, 96, 146, 147, 148, 201, 220, 236, 263, 267, 268, 275, 284, 288, 289, 320, 331, 355, 375
Hesse, Hermann 21, 279
Hetzer, Hildegard 29
Hildebrand-Nilshon, Martin 75, 148, 261
Hölderlin, Friedrich 43, 283
Hörmann, Hans 3, 75, 212, 221
Hull, John 42, 120f.
Humboldt, Wilhelm von V, 1, 77, 147, 148, 149, 199, 201, 208, 220, 222f., 243, 245, 261, 266, 270, 275, 288, 294, 307, 324, 330f., 374f.
Humphrey, Nicholas 41
Huxley, Aldous 282

Jacob, François 41, 244, 261, 280, 289
James, William 149
Jaspers, Karl 280, 312
Jean Paul (J.P. Friedrich Richter) 107, 128, 140, 257, 326, 351
Jespersen, Otto 2, 15, 41, 121, 130
Jonas, Hans 285
Jung, Carl Gustaf 376
Jünger, Friedrich Georg 13

Kainz, Friedrich 75, 87, 95
Kästner, Erich 351
Katz, David und Katz, Rosa 41, 261, 288, 373
Kegel, Gerd 55
Keller, Helen 83, 85, 88, 95, 143, 148, 151, 152f., 167, 172, 254, 261, 279, 281, 288, 314, 323, 325, 346
Kestner, Karin 171, 174
Kinsey, Alfred C. 292f., 306
Kleist, Heinrich von 50
Kraus, Karl 277
Kuhl, Patricia K. 54, 76
Kunert, Günter 278, 288

Laborit, Emmanuelle 18, 41, 141, 149, 151, 172, 173, 273, 288, 323

Lane, Harlan 147, 172, 174, 288, 373
Langland, William 203
Lehndorff, Hans Graf von 342, 353
Lichtenberg, Georg Christoph 249, 278
Lindgren, Astrid 25, 344, 351, 353, 354
Lindner, Gustav 54, 75, 94, 121, 130, 235, 254, 261, 288, 295, 306, 373
Locke, John 265, 287
Lorenz, Konrad 10, 95, 148, 221, 230, 235, 263, 264, 287f., 319, 330f.
Lorm, Hieronymus 95
Lurija, Alexander R. 113, 121

Marx, Karl 212
Mauthner, Fritz 41, 63, 121, 130, 145, 148, 201, 280, 288f.
Matz, Susanne 299
Mischels, Walter 357, 372
Morgenstern, Christian V
Moritz, Karl Philipp 32, 42, 275
Morris, Desmond 11, 56, 75
Mozart, Wolfgang Amadeus 9, 358
Müller, Martina 303, 307

Nabokov, Vladimir 19, 41
Neb, Brigitte 299
Nietzsche, Friedrich 144, 280, 307, 330, 337
Nolan, Christopher 167, 175, 177ff., 180, 190, 199, 236, 323

Pagnol, Marcel 347, 353
Palmer, Lilli 32, 42, 298, 343, 353
Papousek, Mechthild und Hanus 31, 42, 60, 63, 69, 75, 108
Park, Clara Claiborne 95, 201, 260f., 331, 333
Paul, Andreas 42, 289
Petit, Jean 51, 54, 227, 230, 231, 235, 261, 296, 306, 331
Piaget, Jean 87, 111, 113, 114, 115, 119, 120, 121, 130, 172, 212
Pienemann, Manfred 173
Pinker, Steven 75, 95, 255, 261, 320, 330, 331
Plessner, Helmuth 3, 13, 130
Pöppel, Ernst 54, 201
Popper, Karl 143, 148, 235, 274f., 288
Preußler, Otfried 351

Preyer, Wilhelm 59, 75, 130, 220
Prillwitz, Siegmund 174

Ramge, Hans 41, 231, 235, 261
Rauh, Hellgard 42, 75, 121, 306
Reichholf, Josef H. 147, 285, 289, 330

Sacks, Oliver 41, 142, 148, 154, 172, 201
Salimbene von Parma 27, 41
Schaller, Susan 85, 95, 172
Scheler, Max 147f., 274, 276, 288, 331
Schelling, Felix E. 291
Schlesinger, Hilde 356, 372
Schmidt, Matthias 135
Schneider, Wolf 148
Schulz, Charles 298
Schulz, Heike 353, 373
Scupin, Ernst und Gertrud 16f., 21, 24,
    41f., 75f., 94f., 107, 121, 130, 148,
    172, 208, 220, 235, 260f., 288, 353,
    373
Sellin, Birger 188, 201
Sicard, Abbé 134f.
Spock, Benjamin 302
Steiner, Rudolf 47, 54, 288, 360
Stern, Clara und William 16, 41, 50,
    54, 75, 87, 90, 94f., 102, 130, 156f.,
    167, 172, 220, 255, 260f., 280, 296,
    317, 342, 353

Sullivan, Anne 83, 89, 143, 325, 350
Sulloway, Frank 297, 306
Süßmilch, Johann Peter 131, 288
Szagun, Gisela 3, 93, 171, 232, 306
Szilard, Leo 372

Tau, Max 43, 54
Thieroff, Helga 299
Tinbergen, Nico 25f., 41, 201
Tolkien, J.R.R. 351
Tomasello, Michael 70f., 76, 261
Tomatis, Alfred 8
Tracy, R. 107f.
Twain, Mark 219, 221

Varga, Stefan und Andrea 148, 201, 353
Voland, Eckart 42, 289
Völzing, Paul Ludwig 201, 261

Wallisfurth, Maria 147, 161, 173
Wandruszka, Mario 50, 54, 237, 260
Ward, Sally 333f., 336, 352f.
Witzel, Holger 194, 201
Wygotsky, Lew Semjonowitsch 271,
    288

Zimmer, Dieter E. 54, 204, 220, 288
Zollinger, Barbara 20, 41, 75, 356, 372

Sachregister

(Die Endnoten zu den Kapiteln sind nicht berücksichtigt)

Absicht, Redeabsicht, Sprechintention 62ff.
Aktionsding 79, 84, 136
Akzent (von der Norm abweichende Aussprachenuancen) 47, 296, 298
Akkommodation (nach Piaget) 252
Altersgenossen 298
Analogiebildung 234f. 238, 240ff.
Angewandte Verhaltensanalyse 198
Asperger-Syndrom 181, 200
Aphasie 312
Appellfunktion 57, 135f., 203, 322
Ausdrucksbewegungen (angeborene) 42, 73f.
Ausländerdeutsch 96f.
Autismus 35, 69, 86, 120, 142, 181ff., 243, 328, 366
Automatisierung 259f.

Besonnenheit (nach Herder) 267f.
Bilinguismus, s. Zweisprachigkeit
Bindung, personale B. 11, 14, 19, 24, 26ff., 39f., 355, 374
Blindheit 120
Blickkontakt, dreieiniger (referentieller) 68f.

Cochlea-Implantat 171f.

Demokratie, parlamentarische 283
Denken
– über Sprache 125f.
– Freiheit des Denkens (durch Sprache) 25f., 71, 107, 137, 275ff., 285, 374
– lautes Mitdenken 271
– Probehandeln im Kopf 274f.
– Sprache und Denken 122ff., 140, 158, 160, 252, 265ff.
– Versprachlichung / Entsprachlichung des Denkens 266
– unbenanntes Denken 264ff.
– visuelles Denken 272f.
Dialog 5, 36f., 58f., 63ff., 101, 177, 180, 270
Distanzgewinn durch Sprache 268ff.
Doppeltes Verstehen 102ff.
Down-Syndrom 69, 318
Dysgrammatismus 330

Echoartiges Nachplappern (Echolalie) 188
Egozentrik 116ff.
Eigennamen 15f.
Eigentumsbegriff 15, 23, 212
Einfühlungsvermögen (Empathie) 21ff., 66f., 185f., 368
Einschlaf- und Aufwachmonologe 58f., 241
Einwortstadium 82, 98
Elterliche Didaktik und Souffliierkunst 31, 36, 61ff., 97ff., 375
Entfaltungslogik, sprachimmanente 247, 326
Entlastungsfunktion 259f.
Erblichkeit 315ff.
Erkenntnisapparat / Weltbildapparat (nach Konrad Lorenz) 216, 263
Erkenntnislust 26, 142f.
Erkunden 26, 183
Erwerbsreihenfolge 231f., 247ff., 253
Erziehung 23f., 296, 302, 328, 333ff.
Etymologie, kindliche 114
Evolution 30, 106, 110, 131ff., 216f., 282, 284f., 292, 298, 307, 319, 324

Farbanomie 326
Farbsinn 109
Farbwörter 141

Fehler, fruchtbare 228, 230, 248, 318
Fernsehen 333ff.
Fragen 142, 368f., 374
Fremdeln 19
Fremdsprachen, F.-Unterricht 47, 50f.,
    53, 101, 102f., 133, 162, 212, 242f.,
    326ff.
Funktionslust 58, 197
Funktionswandel 137f.
Funktionswörter 93, 213
Gebärdensprache 41, 85, 132ff., 149ff.,
    293, 328, 369
– Nicaraguanische 168f.
– Ungesto 169
Gefühle 14, 19, 34, 37f., 102, 143
- als Voraus-Urteile 268
Gehörlos, hörgeschädigt 18, 40f., 47,
    73, 107, 149ff., 280f., 346, 362, 369
Generalisierung, Übergeneralisierung
    231f., 245f.
Generatives Prinzip (sprachliche Pro-
    duktivkraft) 196, 240ff.
Genetische Doppelsicherung der
    Sprache 106, 199
Genetischer Eigennutz 281f., 376
Genetischer Personalausweis 292
Geruchssinn 10, 43, 292
Geschlechterspezifik 181, 294ff.
Geschwister 296ff.
Gesellschaftsspiele 365ff.
Gesichtererkennung 18f., 182f., 217
Gleichzeitigkeits-Spanne (beim Hören)
    52
Gottesbegriff 155
Grammatik 93, 103ff., 150, 168, 203ff.,
    308ff., 316ff., 362f.
– grammatische Entwicklungsfahrpläne
    247
– grammatikalischer Zwang 223
– grammatische Kombinatorik 245ff.,
    278
Habituierung – Dishabituierung 6
Hochbegabung 298ff., 303ff., 347f.
Hören
– kategoriales 43ff.
– Mithören 364
– vorgeburtliches 5ff.
– Vorsprung des Hörverstehens 48ff.,
    80, 348

Hörgeräte 53, 170f.
Hörschwelle 52f.
Hörverlust 45f., 170
Ich-Gefühl 13, 14ff., 18, 39
Identität durch Sprache 15, 152ff., 194,
    198, 293
Idiolekt 294
Individualität des Kindes 25, 291ff.,
    375
Intelligenz(en) 36ff., 66, 218, 312,
    357f.
Interessen 143, 146, 295ff., 302, 323,
    333, 351, 370, 374
Intonation (Sprechmelodik) 7f., 63, 66,
    102, 106, 182, 300

Jargon 59

Kindchenschema 105
Kindergarten (zweisprachiger K.) 51
Kindestötung durch Artgenossen 266,
    273 / 281f.
Kommunikation
– Gestützte Kommunikation 167, 189,
    199f.
Kompetenzstreben (s. auch Lernfreude,
    Funktionslust) 358
Konkretismus, kindlicher 112
Konnektionismus 324
Konstanzleistungen der Wahrnehmung
    217
Kontaktgeplauder (*phatic communion*)
    186
Konvergenz von Innen und Außen
    (nach Clara und William Stern) 73,
    316ff.
Korrigieren 98, 232f., 248f.
Körpersprache 31, 40, 61, 185, 309
Kulturvergleich 32, 105f., 110f., 141,
    321

Lallen 58ff., 162
Lateinunterricht 150, 166
Lautentwicklung 56ff., 77ff.
Lehrerfrage 98
Leitmotivische Verknüpfung 86, 184f.
Lernfreude, Lernbereitschaft 26ff.,
    142f., 318

Lern-Voreinstellungen (*learning biases*)
237, 315, 318, 324, 328
Lesen 163, 165, 338ff.
Lesenlernen 343ff.
Lese- und Schreibschwäche 52
Lüge 279f.

Mathematik 359
Magneteffekt (Hördiskrimination) 46f.
Mehrdarbietung, Prinzip der M. (nach
Clara und William Stern) 50, 100ff.,
341
Mensch-Tier-Vergleich 22, 24, 27, 31f.,
40, 66, 109, 123, 136, 142, 144, 246,
264, 268, 280f., 301, 315, 375
Metapher, metaphorische Erweiterung
139f., 157, 186, 236f.
Milieutheorie 325, 328
Mit-Wörter 65
Musik, Musizieren 1, 9, 34, 177, 349,
358f.
Mutismus 33ff., 303ff.
Mutterisch (Elternsprache) 96ff., 335
– direktiver Sprechstil 356

Nachahmung 63ff.
Nennfunktion, Benennen 70f., 83f.,
136ff., 145f., 204, 374
Nestwärme 27, 61
Neurobiologie 11
Neuronale Netze 104, 316
Neuronale Parallelverarbeitung 214

Oberbegriffe 111f., 269
Objekt-Permanenz 24, 111, 212
Ohr 5, 8, 44, 47, 170, 319
Oralismus 149ff.
Ordnungsschwelle (Hören) 52f.

Person-Permanenz 24, 111, 212
Perspektivenwechsel, Perspektivenüber-
nahme 115
Phantasie 143, 187, 276f., 323, 341,
371
Phonotaktik 7, 318
Präferenzmethode 7
Pragmatik 203f., 364f.
Prägung 10f.
Problemlösen 41, 146, 265, 270, 274

Pronomina (Vertauschung der P.) 15f.,
103, 188, 195
Protosprache 208
Psychoanalyse 156
Pubertät 37, 47, 269, 308, 311, 314

Raum-Wörter 158
Regularisierung 250f.
Reifung 23
Repräsentationssysteme 109ff., 263, 274
Rhythmus, sprachlicher 7f., 214, 300
Rollen, thematische 210f., 215
Rollenübergabe, Prinzip der R. 74
Routinen 61ff., 72, 176, 244
Rückbezüglichkeit (Doppelgegebenheit
des Lautes) 58, 138, 163f., 266f.

Sachlichkeit 70, 145ff., 279, 374
Schreiben 272, 344
Schrift 285, 345
Sehsinn 13, 18, 315
Selbständigkeitsstreben 74, 355f.
Selbstgespräch 270f.
Semantik 203
Sensible Phase („Zeitfenster") 307ff.
Sinnkonstanz (nach Hans Hörmann)
212, 217
Silbenplappern 58ff., 73, 169
Spiegelbild 21ff.
Spiegelneuronen 65
Sprache
– argumentative Funktion (nach Popper)
275
– Bildlichkeit der Sprache 126ff., 139ff.
– Bodenhaftung der Sprache 61, 71,
211, 218, 236ff.
– Evolution der Sprache 208
– Familiensprache / Privatsprache 129,
294
– genetische Verankerung 307ff.
– Lehrbarkeit 318
– Produktivkraft 140, 196, 240ff.
– als quasi-rationale Leistung 319f.
– sprachliche Schaukämpfe 283
– sprachliches Weltbild 286f.
– sprachlicher Ordnungsdienst 81,
159f.
– Unschärfe, schöpferische, als Grundzug der S. 237

– Vielfalt der Sprachen 293f.
– Vordenkerrolle, Sprache als Denkhilfe
    137, 140, 158, 264, 274
Sprachbegabung 39
Sprachentwicklungsverzögerung 93,
    299f.
Sprachgeschichte 157, 159f.
Sprachhandeln 66f.
Sprachmonopol (nach Plessner) 3
Sprachskepsis 280
Sprechlähmung, Sprechapraxie 175ff.
Stimme 5ff., 56ff., 162
Sturge-Weber-Syndrom 314
Symbolvermögen 86
Symbolisches Spiel, Als-ob-Spiel 38,
    87f., 133, 144
Synästhesie 291

Taubblind 73, 83ff.
Telegrammstil 208f., 310
Temperament (angeborenes) 300f.,
    325, 349, 355
Theorie des Geistes 117ff., 185
Toleranzschwelle 302
Trotzen 28f.

Überforderung, Prinzip der leichten Ü.
    370
Übergeneralisierung 232, 245
Übersetzung, maschinelle 204f.
Überstimulation 346, 370
Umdeutung (kindliche Etymologie)
    114
Universalien, sprachliche 106, 324
Urgrammatik 308, 324

Valenztheorie 211
Väter 30ff.
– alleinerziehend 42

Verhaltensforschung (s. Mensch-Tier
    Vergleich) 9, 31
Verklammerung, biologische (nach
    Helmuth Plessner) 13
Verwandtschaftsbezeichnungen 118f.
Vestibularapparat 8
Vorleistungen, muttersprachliche V. für
    weitere Sprachen 14, 326
Vor-Verständigtsein 61

Weltwissen, Weltverständnis, Alltags-
    wissen 87, 122ff., 173, 204ff., 213,
    215f., 218, 224, 280
Wiederkehr des Gleichen 61, 212, 224
Wilde Kinder (Wolfskinder, Käfigkinder)
    14, 90, 308ff.
Wille 67, 357
Williams-Syndrom 311f.
Wort
– erste Wörter 68, 77ff.
– Erfahrungsintegral 138f.
– Prototypen 216
– Wortbedeutung 79f., 122ff., 340
– Wortbildung 126ff., 307
– Wortlücke 270
– Wortschatz 90ff., 100, 215ff., 255,
    308
– Wort und Begriff 264
– Zeichencharakter des W. 131ff.

Zahlen, Zahlwörter 67, 222f., 313
Zeichen 68ff., 131ff.
Zeigen, Zeigfeld 68ff., 256
Zeit, Zeitsinn, Zeitbegriffe, Zeitwörter
    141, 155ff., 281
Zweitsprache, Zweisprachigkeit 14,
    50f., 91, 348
Zweiwortstadium 203ff., 309
Zwillinge 119, 297, 300f., 325, 333

Abbildungsverzeichnis

Seite 22

Aus: Andreas Paul. Von Affen und Menschen.
Verhaltensbiologie der Primaten, Darmstadt: Wissenschaftliche
Buchgesellschaft 1998, Tafel VII, 1. Bild.

Seite 38, 303, 339,
347, 348, 372

Privat.

Seite 83

Aus: Helen Keller, Die Geschichte meines Lebens, Stuttgart:
Verlag von Robert Lutz 1904, S. 85.

Seite 151

Aus: Emmanuelle Laborit (avec la collaboration de Marie-
Thérèse Cuny), Le Cri de la Mouette, Paris: Editions Robert
Laffont-Fixot 1994, © Arnaud Baumann/Sipa-Press.

Seite 175

Aus: Christopher Nolan, Under the Eye of the Clock. The Life
Story of Christopher Nolan, Preface by John Carey, London:
Weidenfeld & Nicolson 1987.

Seite 258

Aus: Wolfgang Wendlandt, Sprachstörungen im Kindesalter.
Materialien zur Früherkennung und Beratung, 2. überarbeitete
und erweiterte Auflage, Stuttgart/New York: Georg Thieme
Verlag 1995, S. 23.